ŒUVRES COMPLÈTES
DE VOLTAIRE

TOME VINGT-HUITIÈME

PRIX 1.25

PARIS
LIBRAIRIE HACHETTE ET Cⁱᵉ
79, BOULEVARD SAINT-GERMAIN, 79

A LA MÊME LIBRAIRIE

ŒUVRES
DES PRINCIPAUX ÉCRIVAINS FRANÇAIS

VOLUMES IN-18 JÉSUS

On peut se procurer chaque volume de cette série relié en percaline gaufrée, sans être rogné, moyennant 50 cent.; en demi-reliure, dos en chagrin, tranches jaspées, moyennant 1 fr. 50 cent.; et avec tranches dorées, moyennant 2 fr. en sus du prix marqué.

1re Série à 1 franc 25 c. le volume.

Barthélemy : *Voyage du jeune Anacharsis en Grèce dans le milieu du IVe siècle avant l'ère chrétienne.* 3 volumes.

Atlas pour le Voyage du jeune Anacharsis, dressé par J.-D. Barbié du Bocage, revu par A.-D. Barbié du Bocage. In-8, 1 fr. 50 c.

Boileau : *Œuvres complètes.* 2 vol.

Bossuet : *Œuvres choisies.* 5 vol.

Corneille : *Œuvres complètes.* 7 vol.

Fénelon : *Œuvres choisies.* 4 vol.

La Fontaine : *Œuvres complètes.* 3 volumes.

Marivaux : *Œuvres choisies.* 2 vol.

Molière : *Œuvres complètes.* 3 vol.

Montaigne : *Essais*, précédés d'une lettre à M. Villemain sur l'éloge de Montaigne, par P. Christ. 2 vol.

Montesquieu : *Œuvres complètes.* 3 volumes.

Pascal : *Œuvres complètes.* 3 vol.

Racine : *Œuvres complètes.* 3 vol.

Rousseau (J.-J.) : *Œuvres complètes.* 13 volumes.

Saint-Simon (le duc de) : *Mémoires complets et authentiques sur le siècle de Louis XIV et la Régence*, collationnés sur le manuscrit original par M. Chéruel, et précédés d'une notice de M. Sainte-Beuve, de l'Académie française.

Sedaine : *Œuvres choisies.* 1 vol.

Voltaire : *Œuvres complètes.*

2e Série à 3 francs 50 cent. le volume.

Chateaubriand : *Le Génie du Christianisme.* 1 vol.

— *Les Martyrs ; — le Dernier des Abencerrages.* 1 vol.

— *Atala ; — René ; — les Natchez.* 1 vol.

Fléchier : *Mémoires sur les Grands-Jours d'Auvergne en 1665*, annotés par M. Chéruel et précédés d'une notice par M. Sainte-Beuve. 1 vol.

Malherbe : *Œuvres poétiques*, réimprimées pour le texte sur la nouvelle édition des *Œuvres complètes* de Malherbe, publiées par M. Lalanne dans la Collection des GRANDS ÉCRIVAINS DE LA FRANCE. 1 vol.

Sévigné (Mme de) : *Lettres de Mme Sévigné, de sa famille et de ses amis*, réimprimées pour le texte sur la nouvelle édition publiée par M. Monmerqué dans la Collection des GRANDS ÉCRIVAINS DE LA FRANCE. 8 vol.

COULOMMIERS. — TYPOGRAPHIE PAUL BRODARD.

ŒUVRES COMPLÈTES
DE VOLTAIRE

COULOMMIERS
Imprimerie PAUL BRODARD.

ŒUVRES COMPLÈTES

DE VOLTAIRE

TOME VINGT-HUITIÈME

PARIS
LIBRAIRIE HACHETTE ET Cie
79, BOULEVARD SAINT-GERMAIN, 79

1894

MÉLANGES.

(SUITE.)

LES DROITS DES HOMMES,

ET

LES USURPATIONS DES PAPES.

(1739.)

I. *Un prêtre de Christ doit-il être souverain ?* — Pour connaître les droits du genre humain, on n'a pas besoin de citations. Les temps sont passés où des Grotius et des Puffendorf cherchaient le tien et le mien dans Aristote et dans saint Jérôme, et prodiguaient les contradictions et l'ennui, pour connaître le juste et l'injuste. Il faut aller au fait.

Un territoire dépend-il d'un autre territoire? Y a-t-il quelque loi physique qui fasse couler l'Euphrate au gré de la Chine ou des Indes? non, sans doute. Y a-t-il quelque notion métaphysique qui soumette une île Moluque à un marais formé par le Rhin et la Meuse? il n'y a pas d'apparence. Une loi morale? pas davantage.

D'où vient que Gibraltar, dans la Méditerranée, appartint autrefois aux Maures, et qu'il est aujourd'hui aux Anglais, qui demeurent dans les îles de l'Océan, dont les dernières sont vers le soixantième degré? c'est qu'ils ont pris Gibraltar. Pourquoi le gardent-ils? c'est qu'on n'a pu le leur ôter; et alors on est convenu qu'il leur resterait : la force et la convention donnent l'empire.

De quel droit Charlemagne, né dans les pays barbare des Austrasiens, dépouilla-t-il son beau-père, le Lombard Didier, roi d'Italie, après avoir dépouillé ses propres neveux de leur héritage? du droit que les Lombards avaient exercé en venant des bords de la mer Baltique saccager l'empire romain, et du droit que les Romains avaient eu de ravager tous les autres pays l'un après l'autre. Dans le vol à main armée, c'est le plus fort qui l'emporte : dans les acquisitions convenues, c'est le plus habile.

Pour gouverner de droit ses frères, les hommes (et quels frères! quels faux frères!), que faut-il? le consentement libre des peuples.

Charlemagne vient à Rome, vers l'an 800, après avoir tout préparé, tout concerté avec l'évêque, et faisant marcher son armée, et sa cassette dans laquelle étaient les présents destinés à ce prêtre. Le peuple romain nomme Charlemagne son maître, par reconnaissance de l'avoir délivré de l'oppression lombarde.

A la bonne heure que le sénat et le peuple aient dit à Charles : « Nous vous remercions du bien que vous nous avez fait; nous ne voulons plus obéir à des empereurs imbéciles et méchants qui ne nous défendent pas, qui n'entendent pas notre langue, qui nous envoient leurs ordres en grec par des eunuques de Constantinople, et qui prennent notre argent; gouvernez-nous mieux, en conservant toutes nos prérogatives, et nous vous obéirons. »

Voilà un beau droit, sans doute, et le plus légitime.

Mais ce pauvre peuple ne pouvait assurément disposer de l'empire; il ne l'avait pas; il ne pouvait disposer que de sa personne. Quelle province de l'empire aurait-il pu donner? l'Espagne? elle était aux Arabes; la Gaule et l'Allemagne? Pépin, père de Charlemagne, les avait usurpées sur son maître; l'Italie citérieure? Charles l'avait volée à son beau-père. Les empereurs grecs possédaient tout le reste; le peuple ne conférait donc qu'un nom : ce nom était devenu sacré. Les nations, depuis l'Euphrate jusqu'à l'Océan, s'étaient accoutumées à regarder le brigandage du saint empire romain comme un droit naturel; et la cour de Constantinople regarda toujours les démembrements de ce saint empire comme une violation manifeste du droit des gens, jusqu'à ce qu'enfin les Turcs vinrent leur apprendre un autre code.

Mais dire, avec les avocats mercenaires de la cour pontificale romaine (lesquels en rient eux-mêmes), que l'évêque Léon III donna l'empire d'Occident à Charlemagne, cela est aussi absurde que si on disait que le patriarche de Constantinople donna l'empire d'Orient à Mahomet II.

D'un autre côté, répéter après tant d'autres que Pépin l'usurpateur, et Charlemagne le dévastateur, donnèrent aux évêques romains l'exarchat de Ravenne, c'est avancer une fausseté évidente. Charlemagne n'était pas si honnête. Il garda l'exarchat pour lui, ainsi que Rome. Il nomme Rome et Ravenne, dans son testament, comme ses villes principales. Il est constant qu'il confia le gouvernement de Ravenne et de la Pentapole à un autre Léon, archevêque de Ravenne, dont nous avons encore la lettre, qui porte en termes exprès : *Hæ civitates a Carolo ipso una cum universa Pentapoli mihi fuerunt concessæ.*

Quoi qu'il en soit, il ne s'agit ici que de démontrer que c'est une chose monstrueuse dans les principes de notre religion, comme dans ceux de la politique et dans ceux de la raison, qu'un prêtre donne l'empire, et qu'il ait des souverainetés dans l'empire.

Ou il faut absolument renoncer au christianisme, ou il faut l'observer. Ni un jésuite, avec ses distinctions, ni le diable n'y peut trouver de milieu.

Il se forme dans la Galilée une religion toute fondée sur la pauvreté, sur l'égalité, sur la haine contre les richesses et les riches; une religion dans laquelle il est dit[1] qu'il est aussi impossible qu'un riche entre dans le royaume des cieux qu'il est impossible qu'un chameau passe par le trou d'une aiguille; où l'on dit que le mauvais riche[2] est damné uniquement pour avoir été riche; où Ananias et Saphira[3] sont punis de mort subite pour avoir gardé de quoi vivre; où il est ordonné

1. Matthieu, XIX, 24. (ÉD.) — 2. Luc, XVI, 21-24. (ÉD.) — 3. Actes, V. (ÉD.)

aux disciples[1] de ne jamais faire de provisions pour le lendemain; où Jésus-Christ, fils de Dieu, Dieu lui-même, prononce ces terribles oracles contre l'ambition et l'avarice : « Je ne suis pas venu pour être servi[2] mais pour servir. Il n'y aura jamais[3] parmi vous ni premier ni dernier. Que celui de vous qui voudra s'agrandir soit abaissé. Que celui de vous qui voudra être le premier soit le dernier. »

La vie des premiers disciples est conforme à ces préceptes; saint Paul travaille de ses mains, saint Pierre gagne sa vie. Quel rapport y a-t-il de cette institution avec le domaine de Rome, de la Sabine, de l'Ombrie, de l'Émilie, de Ferrare, de Ravenne, de la Pentapole, du Bolonais, de Comacchio, de Bénévent, d'Avignon? On ne voit pas que l'Évangile ait donné ces terres au pape, à moins que l'Évangile ne ressemble à la règle des théatins, dans laquelle il fut dit qu'ils seraient vêtus de blanc : et on mit en marge, *c'est-à-dire de noir*.

Cette grandeur des papes, et leurs prétentions mille fois plus étendues, ne sont pas plus conformes à la politique et à la raison qu'à la parole de Dieu, puisqu'elles ont bouleversé l'Europe et fait couler des flots de sang pendant sept cents années.

La politique et la raison exigent, dans l'univers entier, que chacun jouisse de son bien, et que tout État soit indépendant. Voyons comment ces deux lois naturelles, contre lesquelles il ne peut être de prescription, ont été observées.

II. *De Naples.* — Les gentilshommes normands, qui furent les premiers instruments de la conquête de Naples et de Sicile, firent le plus bel exploit de chevalerie dont on ait jamais entendu parler. Quarante à cinquante hommes seulement délivrent Salerne au moment qu'elle est prise par une armée de Sarrasins. Sept autres gentilshommes normands, tous frères, suffisent pour chasser ces mêmes Sarrasins de toute la contrée, et pour l'ôter à l'empereur grec qui les avait payés d'ingratitude. Il est bien naturel que les peuples, dont ces héros avaient ranimé la valeur, s'accoutumassent à leur obéir par admiration et par reconnaissance.

Voilà les premiers droits à la couronne des Deux-Siciles. Les évêques de Rome ne pouvaient pas plus donner ces États en fief que le royaume de Boutan ou de Cachemire. Ils ne pouvaient même en accorder l'investiture quand on la leur aurait demandée; car dans le temps de l'anarchie des fiefs, quand un seigneur voulait tenir son bien allodial en fief pour avoir une protection, il ne pouvait s'adresser qu'à son seigneur suzerain. Or, certainement le pape n'était pas seigneur suzerain de Naples, de la Pouille et de la Calabre.

On a beaucoup écrit sur cette vassalité prétendue; mais on n'a jamais remonté à la source. J'ose dire que c'est le défaut de presque tous les jurisconsultes comme de tous les théologiens. Chacun tire bien ou mal, d'un principe reçu, les conséquences les plus favorables à son parti : mais ce principe est-il vrai? ce premier fait sur lequel ils s'appuient est-il incontestable? c'est ce qu'ils se donnent bien de garde d'exami-

---

1. Matt. x, 9, 1. (Éd.) — 2. Matt., xx, 28. (Éd.) — 3. *Id.*, *ib.*, 26-27. (Éd.)

ner. Ils ressemblent à nos anciens romanciers, qui supposaient tous que Francus avait apporté en France le casque d'Hector. Ce casque était impénétrable, sans doute ; mais Hector, en effet, l'avait-il porté? Le lait de la Vierge est aussi très-respectable ; mais les sacristies qui se vantent d'en posséder une roquille la possèdent-elles en effet?

Giannone est le seul qui ait jeté quelque jour sur l'origine de la domination suprême affectée par les papes sur le royaume de Naples. Il a rendu en cela un service éternel aux rois de ce pays ; et pour récompense, il a été abandonné par l'empereur Charles VI, alors roi de Naples, à la persécution des jésuites ; trahi depuis par la plus lâche des perfidies, sacrifié à la cour de Rome, il a fini sa vie dans la captivité. Son exemple ne nous découragera pas. Nous écrivons dans un pays libre ; nous sommes nés libres, et nous ne craignons ni l'ingratitude des souverains, ni les intrigues des jésuites, ni la vengeance des papes. La vérité est devant nous, et toute autre considération nous est étrangère.

C'était une coutume dans ces siècles de rapines, de guerres particulières, de crimes, d'ignorance et de superstition, qu'un seigneur faible, pour être à l'abri de la rapacité de ses voisins, mît ses terres sous la protection de l'Église, et achetât cette protection pour quelque argent ; moyen sans lequel on n'a jamais réussi. Ses terres alors étaient réputées sacrées : quiconque eût voulu s'en emparer était excommunié.

Les hommes de ce temps-là, aussi méchants qu'imbéciles, ne s'effrayaient pas des plus grands crimes, et redoutaient une excommunication qui les rendait exécrables aux peuples encore plus méchants qu'eux, et beaucoup plus sots.

Robert Guiscard et Richard, vainqueurs de la Pouille et de la Calabre, furent d'abord excommuniés par le pape Léon IX. Ils s'étaient déclarés vassaux de l'empereur ; mais l'empereur Henri III, mécontent de ces feudataires conquérants, avait engagé Léon IX à lancer l'excommunication à la tête d'une armée d'Allemands. Les Normands, qui ne craignaient point ces foudres comme les princes d'Italie les craignaient, battirent les Allemands, et prirent le pape prisonnier : mais, pour empêcher désormais les empereurs et les papes de venir les troubler dans leurs possessions, ils offrirent leurs conquêtes à l'Église sous le nom d'*oblata*. C'est ainsi que l'Angleterre avait payé le denier de Saint-Pierre ; c'est ainsi que les premiers rois d'Espagne et de Portugal, en recouvrant leurs États contre les Sarrasins, promirent à l'Église de Rome deux livres d'or par an ; ni l'Angleterre, ni l'Espagne, ni le Portugal, ne regardèrent jamais le pape comme leur seigneur suzerain.

Le duc Robert, *oblat* de l'Église, ne fut pas non plus feudataire du pape ; il ne pouvait pas l'être, puisque les papes n'étaient pas souverains de Rome. Cette ville alors était gouvernée par son sénat : l'évêque n'avait que du crédit ; le pape était à Rome précisément ce que l'électeur est à Cologne. Il y a une différence prodigieuse entre être oblat d'un saint, et être feudataire d'un évêque.

Baronius, dans ses *Actes*, rapporte l'hommage prétendu fait par Robert, duc de la Pouille et de la Calabre, à Nicolas II ; mais cette pièce est fausse, on ne l'a jamais vue, elle n'a jamais été dans aucune archive. Robert s'intitula *duc par la grâce de Dieu et de saint Pierre* ; mais certainement saint Pierre ne lui avait rien donné, et n'était point roi de Rome. Si l'on voulait remonter plus haut, on prouverait invinciblement, non-seulement que saint Pierre n'a jamais été évêque de Rome, dans un temps où il est avéré qu'aucun prêtre n'avait de siége particulier, et où la discipline de l'Église naissante n'était pas encore formée; mais que saint Pierre n'a pas plus été à Rome qu'à Pékin. Saint Paul déclare expressément que sa mission était « pour les prépuces entiers, et que la mission de saint Pierre était pour les prépuces coupés[1] ; » c'est-à-dire que saint Pierre, né en Galilée, ne devait prêcher que les Juifs, et que lui Paul, né à Tarsus, dans la Caramanie, devait prêcher les étrangers.

La fable qui dit que Pierre vint à Rome sous le règne de Néron, et y siégea pendant vingt-cinq ans, est une des plus absurdes qu'on ait jamais inventées, puisque Néron ne régna que treize ans. La supposition qu'on a osé faire qu'une lettre de saint Pierre, datée de Babylone, avait été écrite dans Rome, et que Rome est là pour Babylone, est une supposition si impertinente qu'on ne peut en parler sans rire. On demande à tout lecteur sensé ce que c'est qu'un droit fondé sur des impostures si avérées.

Enfin, que Robert se soit donné à saint Pierre, ou aux douze apôtres, ou aux douze patriarches, ou aux neuf chœurs des anges, cela ne communique aucun droit au pape sur un royaume; ce n'est qu'un abus intolérable, contraire à toutes les anciennes lois féodales, contraire à la religion chrétienne, à l'indépendance des souverains, au bon sens, et à la loi naturelle.

Cet abus a sept cents ans d'antiquité; d'accord : mais en eût-il sept cent mille, il faudrait l'abolir. Il y a eu, je l'avoue, trente investitures du royaume de Naples données par des papes; mais il y a eu beaucoup plus de bulles qui soumettent les princes à la juridiction ecclésiastique, et qui déclarent qu'aucun souverain ne peut en aucun cas juger des clercs ou des moines, ni tirer d'eux une obole pour le maintien de ses États : il y a eu plus de bulles qui disent, de la part de Dieu, qu'on ne peut faire un empereur sans le consentement du pape. Toutes ces bulles sont tombées dans le mépris qu'elles méritent; pourquoi respecterait-on davantage la suzeraineté prétendue du royaume de Naples? Si l'antiquité consacrait les erreurs, et les mettait hors de toute atteinte, nous serions tous tenus d'aller à Rome plaider nos procès, lorsqu'il s'agirait d'un mariage, d'un testament, d'une dîme; nous devrions payer des taxes imposées par les légats ; il faudrait nous armer toutes les fois que le pape publierait une croisade; nous achèterions à Rome des indulgences; nous délivrerions les âmes des morts à prix d'argent; nous croirions aux sorciers, à la magie, au pouvoir des reliques sur les diables; chaque prêtre pourrait envoyer des diables dans le corps des hérétiques; tout prince qui aurait un différend avec le pape perdrait sa

[1] *Épître aux Galates*, chap. II.

souveraineté. Tout cela est aussi ancien ou plus ancien que la prétendue vassalité d'un royaume, qui, par sa nature, doit être indépendant.

Certes, si les papes ont donné ce royaume, ils peuvent l'ôter; ils en ont en effet dépouillé autrefois les légitimes possesseurs. C'est une source continuelle de guerres civiles. Ce droit du pape est donc en effet contraire à la religion chrétienne, à la saine politique, et à la raison; ce qui était à démontrer.

III. *De la monarchie de Sicile.* — Ce qu'on appelle *le privilége*, la prérogative de la monarchie de Sicile, est un droit essentiellement attaché à toutes les puissances chrétiennes, à la république de Gênes, à celles de Lucques et de Raguse, comme à la France et à l'Espagne. Il consiste en trois points principaux, accordés par le pape Urbain II à Roger, roi de Sicile :

Le premier, de ne recevoir aucun légat *a latere* qui fasse les fonctions de pape, sans le consentement du souverain ;

Le second, de faire chez soi ce que cet ambassadeur étranger s'arrogeait de faire ;

Le troisième, d'envoyer aux conciles de Rome les évêques et les abbés qu'il voudrait.

C'était bien le moins qu'on pût faire pour un homme qui avait délivré la Sicile du joug des Arabes, et qui l'avait rendue chrétienne. Ce prétendu privilége n'était autre chose que le droit naturel, comme les libertés de l'Église gallicane ne sont que l'ancien usage de toutes les Églises.

Ces priviléges ne furent accordés par Urbain II, confirmés et augmentés par quelques papes suivants, que pour tâcher de faire un fief apostolique de la Sicile, comme ils l'avaient fait de Naples; mais les rois ne se laissèrent pas prendre à ce piége. C'était bien assez d'oublier leur dignité jusqu'à être vassaux en terre ferme; ils ne le furent jamais dans l'île.

Si l'on veut savoir une des raisons pour laquelle ces rois se maintinrent dans le droit de ne point recevoir de légat, dans le temps que tous les autres souverains de l'Europe avaient la faiblesse de les admettre, la voici dans Jean, évêque de Salisbury: « Legati apostolici... ita « debacchantur in provinciis, ac Satan ad Ecclesiam flagellandam a facie « Domini. Provinciarum diripiunt spolia, ac si thesauros Crœsi studeant « comparare. » « Ils saccagent le pays, comme si c'était Satan qui flagellât l'Église loin de la face du Seigneur. Ils enlèvent les dépouilles des provinces, comme s'ils voulaient amasser les trésors de Crésus. »

Les papes se repentirent bientôt d'avoir cédé aux rois de Sicile un droit naturel : ils voulurent le reprendre. Baronius soutint enfin que ce privilége était subreptice, qu'il n'avait été vendu aux rois de Sicile que par un antipape; et il ne fait nulle difficulté de traiter de tyrans tous les rois successeurs de Roger.

Après des siècles de contestations et d'une possession toujours constante des rois, la cour de Rome crut enfin trouver une occasion d'aservir la Sicile, quand le duc de Savoie, Victor-Amédée, fut roi de cette île en vertu des traités d'Utrecht.

Il est bon de savoir de quel prétexte la cour romaine moderne se servit pour bouleverser ce royaume si cher aux anciens Romains. L'évêque de Lipari fit vendre un jour, en 1711, une douzaine de litrons de pois verts à un grènetier. Le grènetier vendit ces pois au marché, et paya trois oboles pour le droit imposé sur les pois par le gouvernement. L'évêque prétendit que c'était un sacrilége, que ces pois lui appartenaient de droit divin, qu'ils ne devaient rien payer à un tribunal profane. Il est évident qu'il avait tort. Ces pois verts pouvaient être sacrés quand ils lui appartenaient ; mais ils ne l'étaient pas après avoir été vendus. L'évêque soutint qu'ils avaient un caractère indélébile ; il fit tant de bruit, et il fut si bien secondé par ses chanoines, qu'on rendit au grènetier ses trois oboles.

Le gouvernement crut l'affaire apaisée ; mais l'évêque de Lipari était déjà parti pour Rome, après avoir excommunié le gouverneur de l'île et les jurats. Le tribunal de la monarchie leur donna l'absolution *cum reincidentia*; c'est-à-dire qu'ils suspendirent la censure, selon le droit qu'ils en avaient.

La congrégation qu'on appelle à Rome *de l'immunité* envoya aussitôt une lettre circulaire à tous les évêques siciliens, laquelle déclarait que l'attentat du tribunal de la monarchie était encore plus sacrilége que celui d'avoir fait payer trois oboles pour des pois qui venaient originairement du potager d'un évêque. Un évêque de Catane publia cette déclaration. Le vice-roi, avec le tribunal de la monarchie, la cassa, comme attentatoire à l'autorité royale. L'évêque de Catane excommunia un baron Figuerazzi et deux autres officiers du tribunal.

Le vice-roi indigné envoya, par deux gentilshommes, un ordre à l'évêque de Catane de sortir du royaume. L'évêque excommunia les deux gentilshommes, mit son diocèse en interdit, et partit pour Rome. On saisit une partie de ses biens. L'évêque d'Agrigente fit ce qu'il put pour s'attirer un pareil ordre ; on le lui donna. Il fit bien mieux que l'évêque de Catane ; il excommunia le vice-roi, le tribunal, et toute la monarchie.

Ces pauvretés, qu'on ne peut lire aujourd'hui sans lever les épaules, devinrent une affaire très-sérieuse. Cet évêque d'Agrigente avait trois vicaires encore plus excommuniants que lui. Ils furent mis en prison. Toutes les dévotes prirent leur parti ; la Sicile était en combustion.

Lorsque Victor-Amédée, à qui Philippe V venait de céder cette île, en prit possession, le 10 octobre 1713, à peine le nouveau roi était arrivé, que le pape Clément XI expédia trois brefs à l'archevêque de Palerme, par lesquels il lui était ordonné d'excommunier tout le royaume, sous peine d'être excommunié lui-même. La Providence divine n'accorda pas sa protection à ces trois brefs. La barque qui les conduisait fit naufrage ; et ces brefs, qu'un parlement de France aurait fait brûler, furent noyés avec le porteur. Mais comme la Providence ne se signale pas toujours par des coups d'éclat, elle permit que d'autres brefs arrivassent ; un, entre autres, où le tribunal de la monarchie était qualifié de *certain prétendu tribunal*. Dès le mois de novembre, la congrégation de l'immunité assembla tous les procureurs des couvents de Sicile qui étaient à Rome, et leur ordonna de mander à tous les moines qu'ils eussent à observer l'interdit fulminé précédemment par l'évêque de Catane, et à s'abstenir de dire la messe jusqu'à nouvel ordre.

Le bon Clément XI excommunia lui-même nommément le juge de la monarchie, le 5 janvier 1714. Le cardinal Paulucci ordonna à tous les évêques (et toujours avec menace d'excommunication) de ne rien payer à l'État de ce qu'ils s'étaient engagés eux-mêmes à payer par les anciennes lois du royaume. Le cardinal de La Trimouille, ambassadeur de France à Rome, interposait la médiation de son maître entre le Saint-Esprit et Victor-Amédée; mais la négociation n'eut point de succès.

Enfin, le 10 février 1715, le pape crut abolir par une bulle le tribunal de la monarchie sicilienne. Rien n'avilit plus une autorité précaire que des excès qu'elle ne peut soutenir. Le tribunal ne se tint point pour aboli; le saint-père ordonna qu'on fermât toutes les églises de l'île, et que personne ne priât Dieu. On pria Dieu malgré lui dans plusieurs villes. Le comte Maffei, envoyé de la part du roi au pape, eut une audience de lui. Clément XI pleurait souvent, et se dédisait aussi souvent des promesses qu'il avait faites. On disait de lui : « Il ressemble à saint Pierre, il pleure et il renie. » Maffei, qui le trouva tout en larmes de ce que la plupart des églises étaient encore ouvertes en Sicile, lui dit : « Saint-Père, pleurez quand on les fermera, et non quand on les ouvrira. »

IV. *De Ferrare.* — Si les droits de la Sicile sont inébranlables, si la suzeraineté de Naples n'est qu'une antique chimère, l'invasion de Ferrare est une nouvelle usurpation. Ferrare était constamment un fief de l'empire, ainsi que Parme et Plaisance. Le pape Clément VIII en dépouilla César d'Este, à main armée, en 1597. Le prétexte de cette tyrannie était bien singulier pour un homme qui se dit l'humble vicaire de Jésus-Christ. Le duc Alfonse d'Este, premier du nom, souverain de Ferrare, de Modène, d'Este, de Carpi, de Rovigo, avait épousé une simple citoyenne de Ferrare, nommée Laura Eustochia, dont il avait eu trois enfants avant son mariage, reconnus par lui solennellement en face d'Église. Il ne manqua à cette reconnaissance aucune des formalités prescrites par les lois. Son successeur, Alfonse d'Este, fut reconnu duc de Ferrare. Il épousa Julie d'Urbin, fille de François, duc d'Urbin, dont il eut cet infortuné César d'Este, héritier incontestable de tous les biens de la maison, et déclaré héritier par le dernier duc, mort le 27 octobre 1597. Le pape Clément VIII, du nom d'Adolbrandin, originaire d'une famille de négociants de Florence, osa prétexter que la grand'mère de César d'Este n'était pas assez noble, et que les enfants qu'elle avait mis au monde devaient être regardés comme des bâtards. Cette raison est ridicule et scandaleuse dans un évêque; elle est insoutenable dans tous les tribunaux de l'Europe : d'ailleurs, si le duc n'était pas légitime, il devait perdre Modène et ses autres États; et s'il n'y avait point de vice dans sa naissance, il devait garder Ferrare comme Modène.

L'acquisition de Ferrare était trop belle pour que le pape ne fît pas valoir toutes les décrétales et toutes les décisions des braves théologiens qui assurent que le pape *peut rendre juste ce qui est injuste*. En conséquence, il excommunia d'abord César d'Este; et, comme l'excommunication prive nécessairement un homme de tous ses biens, le père commun des fidèles leva des troupes contre l'excommunié, pour lui ravir son héritage, au nom de l'Église. Ces troupes furent battues; mais le duc de Modène et de Ferrare vit bientôt ses finances épuisées et ses amis refroidis.

Ce qu'il y eut de plus déplorable, c'est que le roi de France, Henri IV, se crut obligé de prendre le parti du pape, pour balancer le crédit de Philippe II à la cour de Rome. C'est ainsi que le bon roi Louis XII, moins excusable, s'était déshonoré en s'unissant avec le monstre Alexandre VI et son exécrable bâtard le duc Borgia. Il fallut céder; alors le pape fit envahir Ferrare par le cardinal Aldobrandin, qui entra dans cette florissante ville avec mille chevaux et cinq mille fantassins.

Depuis ce temps, Ferrare devint déserte; son terroir inculte se couvrit de marais croupissants. Ce pays avait été, sous la maison d'Este, un des plus beaux de l'Italie; le peuple regretta toujours ses anciens maîtres. Il est vrai que le duc fut dédommagé. On lui donna la nomination à un évêché et à une cure, et on lui fournit même quelques minots de sel des magasins de Cervia; mais il n'est pas moins vrai que la maison de Modène a des droits incontestables et imprescriptibles sur ce duché de Ferrare, dont elle est si indignement dépouillée.

V. *De Castro et Ronciglione*. — L'usurpation de Castro et Ronciglione sur la maison de Parme n'est pas moins injuste; mais la manière a été plus basse et plus lâche. Il y a dans Rome beaucoup de juifs, qui se vengent comme ils peuvent des chrétiens en leur prêtant sur gages à gros intérêts. Les papes ont été sur leur marché. Ils ont établi des banques que l'on appelle *monts-de-piété*; on y prête sur gages aussi, mais avec un intérêt beaucoup moins fort. Les particuliers y déposent leur argent, et cet argent est prêté à ceux qui veulent emprunter, et qui peuvent répondre.

Rainuce, duc de Parme, fils de ce célèbre Alexandre Farnèse qui fit lever au roi Henri IV le siége de Rouen et le siége de Paris, obligé d'emprunter de grosses sommes, donna la préférence au mont-de-piété sur les juifs. Il n'avait cependant pas trop à se louer de la cour romaine. La première fois qu'il y parut, Sixte-Quint voulut lui faire couper le cou pour récompense des services que son père avait rendus à l'Église.

Son fils Odoard devait les intérêts avec le capital, et ne pouvait s'acquitter que difficilement. Barbarin ou Barberin, qui était alors pape sous le nom d'Urbain VIII, voulut accommoder l'affaire en mariant sa nièce Barbarini ou Barbarina au jeune duc de Parme. Il avait deux neveux qui le gouvernaient : l'un Taddeo Barbarini, préfet de Rome; et l'autre le cardinal Antonio; et de plus un frère, cardinal aussi, mais qui ne gouvernait personne. Le duc alla à Rome voir ce préfet et ces cardinaux, dont il devait être le beau-frère, moyennant une diminution des intérêts qu'il devait au mont-de-piété. Ni le marché, ni la nièce du pape, ni les procédés des neveux ne lui plurent; il se brouilla avec eux pour la grande affaire des Romains modernes, le *puntiglio*, la science du nombre des pas qu'un cardinal et un préfet doivent faire en reconduisant un duc de Parme. Tous les caudataires se remuèrent dans Rome pour ce différend, et le duc de Parme s'en alla épouser une Médicis.

Les Barberins ou Barbarins songèrent à la vengeance. Le duc vendait tous les ans son blé du duché de Castro à la chambre des apôtres pour acquitter une partie de sa dette, et la chambre des apôtres revendait chèrement son blé au peuple. Elle en acheta ailleurs, et défendit l'entrée du blé de Castro dans Rome. Le duc de Parme ne put vendre son blé aux Romains, et le vendit aussi ailleurs, comme il put.

Le pape, qui d'ailleurs était un assez mauvais poëte, excommunia Odoard, selon l'usage, et incaméra le duché de Castro. Incamérer est un mot de la langue particulière à la chambre des apôtres : chaque chambre a la sienne. Cela signifie prendre, saisir, s'approprier, s'appliquer ce qui ne nous appartient point du tout. Le duc, avec le secours des Médicis et de quelques amis, arma pour désincamérer son bien. Les Barberins armèrent aussi. On prétend que le cardinal Antonio, en faisant délivrer des mousquetons bénits aux soldats, les exhortait à les tenir toujours bien propres, et à les rapporter dans le même état qu'on les leur avait confiés. On assure même qu'il y eut des coups donnés, et rendus, et que trois ou quatre personnes moururent dans cette guerre, soit de l'intempérie, soit autrement. On ne laissa pas de dépenser beaucoup plus que le blé de Castro ne valait. Le duc fortifia Castro; et tout excommunié qu'il était, les Barberins ne purent prendre sa ville avec leurs mousquetons. Tout cela ne ressemblait que médiocrement aux guerres des Romains du temps passé, et encore moins à la morale de Jésus-Christ. Ce n'était pas même le *contrains-les d'entrer*; c'était le *contrains-les de sortir*. Ce fracas dura, par intervalles, pendant les années 1642 et 1643. La cour de France, en 1644, procura une paix fourrée. Le duc de Parme communia, et garda Castro.

Pamphile, Innocent X, qui ne faisait point de vers, et qui haïssait les deux cardinaux Barberins, les vexa si durement pour les punir de leurs vexations, qu'ils s'enfuirent en France, où le cardinal Antonio fut archevêque de Reims, grand aumônier, et chargé d'abbayes.

Nous remarquerons en passant qu'il y avait encore un troisième cardinal Barberin, baptisé aussi sous le nom d'Antoine. Il était frère du pape Urbain VIII. Celui-là ne se mêlait ni de vers ni de gouvernement. Il avait été assez fou dans sa jeunesse pour croire que le seul moyen

---

1. Luc, XIV, 23. (ÉD.)

de gagner le paradis était d'être frère lai chez les capucins. Il prit cette dignité, qui est assurément la dernière de toutes; mais étant depuis devenu sage, il se contenta d'être cardinal et très-riche. Il vécut en philosophe. L'épitaphe qu'il ordonna qu'on gravât sur son tombeau est curieuse :

« Hic jacet pulvis et cinis, postea nihil. »
Ci-gît poudre et cendre, et puis rien.

Ce *rien* est quelque chose de singulier pour un cardinal.

Mais revenons aux affaires de Parme. Pamphile, en 1646, voulut donner à Castro un évêque fort décrié pour ses mœurs, et qui fit trembler tous les citoyens de Castro qui avaient de belles femmes et de jolis enfants. L'évêque fut tué par un jaloux. Le pape, au lieu de faire chercher les coupables, et de s'entendre avec le duc pour les punir, envoya des troupes et fit raser la ville. On attribua cette cruauté à dona Olimpia, belle-sœur et maîtresse du pape, à qui le duc avait eu la négligence de ne pas faire de présents lorsqu'elle en recevait de tout le monde. Démolir une ville était bien pis que de l'incamérer. Le pape fit ériger une petite pyramide sur les ruines, avec cette inscription : *Qui fu Castro*[1].

Cela se passa sous Rainuce II, fils d'Odoard Farnèse. On recommença la guerre, qui fut encore moins meurtrière que celle des Barberins. Le duché de Castro et de Ronciglione resta toujours confisqué au profit de la chambre des apôtres, depuis 1646 jusqu'à 1662, sous le pontificat de Chigi, Alexandre VII.

Cet Alexandre VII ayant, dans plus d'une affaire, bravé Louis XIV, dont il méprisait la jeunesse et dont il ne connaissait pas la hauteur, les différends furent poussés si loin entre les deux cours, les animosités furent si violentes entre le duc de Créqui, ambassadeur de France à Rome, et Mario Chigi, frère du pape, que les gardes corses de Sa Sainteté tirèrent sur le carrosse de l'ambassadrice, et tuèrent un de ses pages à la portière. Il est vrai qu'ils n'y étaient autorisés par aucune bulle; mais il parut que leur zèle n'avait pas beaucoup déplu au saint-père. Louis XIV fit craindre sa vengeance. Il fit arrêter le nonce à Paris, envoya des troupes en Italie, se saisit du comtat d'Avignon. Le pape, qui avait dit d'abord que « des légions d'anges viendraient à son secours, » ne voyant point paraître ces anges, s'humilia, demanda pardon. Le roi de France lui pardonna, à condition qu'il rendrait Castro et Ronciglione au duc de Parme, et Commacchio au duc de Modène, tous deux attachés à ses intérêts, et tous deux opprimés.

Comme Innocent X avait fait ériger une petite pyramide en mémoire de la démolition de Castro, le roi de France exigea qu'on érigeât une pyramide du double plus haute, à Rome, dans la place Farnèse, où le crime des gardes du pape avait été commis. A l'égard du page tué, il n'en fut pas question. Le vicaire de Jésus-Christ devait bien au moins une pension à la famille de ce jeune chrétien. La cour de Rome fit ha-

[1] Tel fut Castro. (ÉD.)

bilement insérer dans le traité qu'on ne rendrait Castro et Ronciglione au duc que moyennant une somme d'argent équivalente à peu près à la somme que la maison Farnèse devait au mont-de-piété. Par ce tour adroit, Castro et Ronciglione sont toujours demeurés incamérés, malgré Louis XIV, qui dans les occasions éclatait avec fierté contre la cour de Rome, et ensuite lui cédait.

Il est certain que la jouissance de ce duché a valu à la chambre des apôtres quatre fois plus que le mont-de-piété ne peut redemander de capital et d'intérêts. N'importe, les apôtres sont toujours en possession. Il n'y a jamais eu d'usurpation plus manifeste. Qu'on s'en rapporte à tous les tribunaux de judicature, depuis ceux de la Chine jusqu'à ceux de Corfou ; y en a-t-il un seul où le duc de Parme ne gagnât sa cause ? Ce n'est qu'un compte à faire. Combien vous dois-je ? combien avez-vous touché par vos mains ? payez-moi l'excédant, et rendez-moi mon gage. Il est à croire que quand le duc de Parme voudra intenter ce procès, il le gagnera partout ailleurs qu'à la chambre des apôtres.

VI. *Acquisitions de Jules II.* — Je ne parlerai point ici de Comacchio ; c'est une affaire qui regarde l'empire, et je m'en rapporte à la chambre de Vetzlar et au conseil aulique. Mais il faut voir par quelles bonnes œuvres les serviteurs des serviteurs de Dieu ont obtenu du ciel tous les domaines qu'ils possèdent aujourd'hui. Nous savons par le cardinal Bembo, par Guichardin, et par tant d'autres, comment La Rovère, Jules II, acheta la tiare, et comment il fut élu avant même que les cardinaux fussent entrés dans le conclave. Il fallait payer ce qu'il avait promis, sans quoi on lui aurait représenté ses billets, et il risquait d'être déposé. Pour payer les uns il fallait prendre aux autres. Il commence par lever des troupes ; il se met à leur tête, assiège Pérouse, qui appartenait au seigneur Baglioni, homme faible et timide, qui n'eut pas le courage de se défendre. Il rendit sa ville en 1506. On lui laissa seulement emporter ses meubles avec des *agnus Dei*. De Pérouse Jules marche à Bologne, et en chasse les Bentivoglio.

On sait comment il arma tous les souverains contre Venise, et comment ensuite il s'unit avec les Vénitiens contre Louis XII. Cruel ennemi, ami perfide, prêtre, soldat, il réunissait tout ce qu'on reproche à ces deux professions, la fourberie et l'inhumanité. Cet honnête homme se mêlait aussi d'excommunier. Il lança son ridicule foudre contre le roi de France Louis XII, le père du peuple. Il croyait, dit un auteur célèbre, mettre les rois sous l'anathème, comme vicaire de Dieu ; et il mettait à prix les têtes de tous les Français en Italie, comme vicaire du diable. Voilà l'homme dont les princes baisaient les pieds, et que les peuples adoraient comme un Dieu. J'ignore s'il eut la vérole, comme on l'a écrit ; tout ce que je sais, c'est que la signora Orsini, sa fille, ne l'eut point, et qu'elle fut une très-honorable dame. Il faut toujours rendre justice au beau sexe dans l'occasion.

VII. *Des acquisitions d'Alexandre VI.* — La terre a retenti assez de la simonie qui valut à ce Borgia la tiare, des excès de fureur et de débauche dont se souillèrent ses bâtards, de son inceste avec Lucrezia sa fille. Quelle Lucrezia! On sait qu'elle couchait avec son frère et son père, et qu'elle avait des évêques pour valets de chambre. On est assez instruit du beau festin pendant lequel cinquante courtisanes nues ramassaient des châtaignes en variant leurs postures, pour amuser Sa Sainteté, qui distribua des prix aux plus vigoureux vainqueurs de ces dames. L'Italie parle encore du poison qu'on prétendit qu'il prépara pour quelques cardinaux, et dont on croit qu'il mourut lui-même. Il ne reste rien de ces épouvantables horreurs que la mémoire; mais il reste encore des héritiers de ceux que son fils et lui assassinèrent, ou étranglèrent, ou empoisonnèrent pour ravir leurs héritages. On connaît le poison dont ils se servaient; il s'appelait *la cantarella*. Tous les crimes de cette abominable famille sont aussi connus que l'Évangile, à l'abri duquel ces monstres les commettaient impunément. Il ne s'agit ici que des droits de plusieurs illustres maisons qui subsistent encore. Les Orsini, les Colonne souffriront-ils toujours que la chambre apostolique leur retienne les héritages de leur ancienne maison?

Nous avons à Venise des Tiepolo, qui descendent de la fille de Jean Sforce, seigneur de Pesaro, que César Borgia chassa de la ville au nom du pape son père. Il y a des Manfredi, qui ont droit de réclamer Faenza. Astor Manfredi, âgé de dix-huit ans, rendit Faenza au pape et se remit entre les mains de son fils, à condition qu'on le laisserait jouir du reste de sa fortune. Il était d'une extrême beauté; César Borgia en devint éperdument amoureux; mais comme il était louche, ainsi que tous ses portraits le témoignent, et que ses crimes redoublaient encore l'horreur de Manfredi pour lui, ce jeune homme s'emporta imprudemment contre le ravisseur; Borgia n'en put jouir que par violence, ensuite il le fit jeter dans le Tibre avec la femme d'un Caraccioli qu'il avait enlevée à son époux.

On a peine à croire de telles atrocités; mais s'il est quelque chose d'avéré dans l'histoire, ce sont les crimes d'Alexandre VI et de sa famille.

La maison de Montefeltro n'est pas encore éteinte. Le duché d'Urbin, qu'Alexandre VI et son fils envahirent par la perfidie la plus noire et la plus célébrée dans les livres de Machiavel, appartient à ceux qui sont descendus de la maison de Montefeltro, à moins que les crimes n'opèrent une prescription contre l'équité.

Jules Varano, seigneur de Camerino, fut saisi par César Borgia dans le temps même qu'il signait une capitulation, et fut étranglé sur la place avec ses deux fils. Il y a encore des Varano dans la Romagne; c'est à eux, sans doute, que Camerino appartient.

Tous ceux qui lisent ont vu avec effroi, dans Machiavel, comment ce César Borgia fit assassiner Vitellozzo, Vitelli, Oliverotto da Fermo, il signor Pagolo, et Francesco Orsini, duc de Gravina. Mais ce que Machiavel n'a point dit, et ce que les historiens contemporains nous apprennent c'est que, pendant que Borgia faisait étrangler le duc de Gravina et ses amis dans le château de Sinigaglia, le pape son père faisait arrêter le cardinal Orsini, parent du duc de Gravina, et confisquait tous les biens de cette illustre maison. Le pape s'empara même de tout le mobilier. Il se plaignit amèrement de ne point trouver parmi ces effets une grosse perle estimée deux mille ducats, et une cassette pleine d'or qu'il savait être chez le cardinal. La mère de ce malheureux prélat, âgée de quatre-vingts ans, craignant qu'Alexandre VI, selon sa coutume, n'empoisonnât son fils, vint en tremblant lui apporter la perle et la cassette; mais son fils était déjà empoisonné, et rendait les derniers soupirs. Il est certain que si la perle est encore, comme on le dit, dans le trésor des papes, ils doivent en conscience la rendre à la maison des Ursins, avec l'argent qui était dans la cassette.

Conclusion. — Après avoir rapporté, dans la vérité la plus exacte, tous ces faits, dont on peut tirer quelques conséquences, et dont on peut faire quelque usage honnête, je ferai remarquer à tous les intéressés qui pourront jeter les yeux sur ces feuilles, que les papes n'ont pas un pouce de terre en souveraineté qui n'ait été acquis par des troubles ou par des fraudes. A l'égard des troubles, il n'y a qu'à lire l'histoire de l'empire et les jurisconsultes d'Allemagne. A l'égard des fraudes, il n'y a qu'à jeter les yeux sur la donation de Constantin et sur les décrétales.

La donation de la comtesse Mathilde au doux et modeste Grégoire VII est le titre le plus favorable aux évêques de Rome. Mais, en bonne foi, si une femme à Paris, à Vienne, à Madrid, à Lisbonne, déshéritait tous ses parents, et laissait tous ses fiefs masculins, par testament, à son confesseur, avec ses bagues et joyaux, ce testament ne serait-il pas cassé suivant les lois expresses de tous ces États?

On nous dira que le pape est au-dessus de toutes les lois, qu'il peut rendre juste ce qui est injuste; *potest de injustitia facere justitiam; Papa est supra jus, contra jus et extra jus:* c'est le sentiment de Bellarmin[1]; c'est l'opinion des théologiens romains. A cela nous n'ayons rien à répondre. Nous révérons le siège de Rome; nous lui devons les indulgences, la faculté de tirer des âmes du purgatoire, la permission d'épouser nos belles-sœurs et nos nièces l'une après l'autre, la canonisation de saint Ignace, la sûreté d'aller en paradis en portant le scapulaire; mais ces bienfaits ne sont peut-être pas une raison pour retenir le bien d'autrui.

Il y a des gens qui disent que si chaque Église se gouvernait par elle-même sous les lois de l'État; si on mettait fin à la simonie de payer des annates pour un bénéfice; si un évêque, qui d'ordinaire n'est pas riche avant sa nomination, n'était pas obligé de se ruiner lui ou ses créanciers, en empruntant de l'argent pour payer ses bulles, l'État ne serait pas appauvri, à la longue, par la sortie de cet argent qui ne revient plus. Mais nous laissons cette matière à discuter par les banquiers en cour de Rome.

Finissons par supplier encore le lecteur chrétien et bénévole de lire l'Évangile, et de voir s'il y trouvera un seul mot qui ordonne le moin-

1. *De Romano pontifice*, tom. I, lib. IV. (Ed.)

dre des tours que nous avons fidèlement rapportés. Nous y lisons, il est vrai, « qu'il faut se faire des amis avec l'argent de la mammone d'iniquité. » Ah! *beatissimo padre*, si cela est, rendez donc l'argent.

LES COLIMAÇONS
DU RÉVÉREND PÈRE L'ESCARBOTIER,

PAR LA GRACE DE DIEU CAPUCIN INDIGNE, PRÉDICATEUR ORDINAIRE ET CUISINIER DU GRAND COUVENT DE LA VILLE DE CLERMONT EN AUVERGNE,

AU RÉVÉREND PÈRE ÉLIE,

CARME CHAUSSÉ, DOCTEUR EN THÉOLOGIE.

(1768.)

PREMIÈRE LETTRE.

MON RÉVÉREND PÈRE,

Il y a quelque temps qu'on ne parlait que des jésuites, et à présent on ne s'entretient que des escargots. Chaque chose a son temps; mais il est certain que les colimaçons dureront plus que tous nos ordres religieux; car il est clair que, si on avait coupé la tête à tous les capucins et à tous les carmes, ils ne pourraient plus recevoir de novices; au lieu qu'une limace à qui l'on a coupé le cou reprend une nouvelle tête au bout d'un mois.

Plusieurs naturalistes ont fait cette expérience; et, ce qui n'arrive que trop souvent, ils ne sont pas du même avis. Les uns disent que ce sont les limaces simples, que j'appelle incoques, qui reprennent une tête; les autres disent que ce sont les escargots, les limaçons à coquille. *Experientia fallax*[1], l'expérience même est trompeuse[2]. Il est très-vraisemblable que le succès de cette tentative dépend de l'endroit dans lequel on fait l'amputation, et de l'âge du patient. Je dois, sans vanité, me connaître mieux en colimaçons que messieurs de l'Académie des sciences, et même que la Sorbonne, qui se connaît à tout; car depuis que le bienheureux Matthieu Baschi, à qui Dieu apparut, nous ordonna de rendre notre capuchon plus pointu (dont nous tenons le grand nom de capucin), nous avons toujours mangé des fricassées d'escargots aux fines herbes.

Comme les cuisiniers ont toujours été des espèces d'anatomistes, je

1. Aphorisme d'Hippocrate. (K.)
2. Dans un programme des *Reproductions animales* imprimé, il est dit, page 6, dans l'avis du traducteur, que la tête et les autres parties se reproduisirent dans l'escargot terrestre, et que les cornes se reproduisirent dans le limaçon sans coquille ; c'est communément tout le contraire; et d'ailleurs les limaces nues incoques et le colimaçon à coquille sont également terrestres.

me suis donné souvent le plaisir innocent de couper des têtes de colimaçons-escargots à coquille, et de limaces nues incoques. Je vais vous exposer fidèlement ce qui m'est arrivé. Je serais fâché d'en imposer au monde ; je suis prédicateur aussi bien que cuisinier : mon métier est de nourrir l'âme comme le corps, et l'univers¹ sait que je ne la nourris pas de mensonges.

Le 27 de mai, par les neuf heures du matin, le temps étant serein, je coupai la tête entière avec ses quatre antennes à vingt limaces nues incoques, de couleur mordoré-brun, et à douze escargots à coquille. Je coupai aussi la tête à huit autres escargots, mais entre les deux antennes. Au bout de quinze jours deux de mes limaces ont montré une tête naissante; elles mangeaient déjà, et leurs quatre antennes commençaient à poindre². Les autres se portent bien ; elles mangent sous le capuchon qui les couvre, sans allonger encore le cou. Il ne m'est mort que la moitié de mes escargots, tous les autres sont en vie. Ils marchent, ils grimpent à un mur, ils allongent le cou ; mais il n'y a nulle apparence de tête, excepté à un seul. On lui avait coupé le cou entièrement, sa tête est revenue ; mais il ne mange pas encore. *Unus est, ne desperes ; sed unus est, ne confidas*³.

Ceux à qui l'on n'a fait l'opération qu'entre les quatre antennes ont déjà repris leur museau. Dès qu'ils seront en état de manger et de faire l'amour, j'aurai l'honneur d'en avertir Votre Révérence. Voilà deux prodiges bien avérés : des animaux qui vivent sans tête, des animaux qui reproduisent une tête.

J'en ai souvent parlé dans mes sermons, et je n'ai jamais pu les comparer qu'à saint Denis, qui, ayant eu la tête coupée, la porta deux lieues dans ses bras en la baisant tendrement.

Mais si l'histoire de saint Denis est d'une vérité théologique, l'histoire des colimaçons est d'une vérité physique, d'une vérité palpable, dont tout le monde peut s'assurer par ses yeux. L'aventure de saint Denis est le miracle d'un jour ; et celle des colimaçons, le miracle de tous les jours.

J'ose espérer que les escargots reprendront des têtes entières comme les limaces ; mais enfin je n'en ai encore vu qu'un à qui cela soit arrivé, et je crains même de m'être trompé.

Si la tête revient difficilement aux escargots, ils ont en récompense des privilèges bien plus considérables. Les colimaçons ont le bonheur d'être à la fois mâles et femelles, comme ce beau garçon⁴, fils de Vénus et de Mercure, dont la nymphe Salmacis fut amoureuse. Pardon de vous citer des histoires profanes.

1. Plaisanterie sur Pompignan. (ÉD.)
2. On est obligé de dire qu'on doute encore si cet escargot, auquel il revient une tête, et dont une corne commence à paraître, n'est pas du nombre de ceux à qui l'on n'a coupé que la tête et deux antennes. Il est déjà revenu un museau à ceux-ci au bout de quinze jours. Ces expériences sont certaines ; les plaisanteries du capucin ne doivent pas les affaiblir. *Ridendo dicere verum quid vetat ?* (Hor., I, sat. 1, 24-25).
3. C'est dans les limaçons à coquille que la reproduction de la tête a lieu ; il paraît que dans les limaces incoques ce sont seulement certaines parties de la tête, mais non la tête entière qui se reproduit. (*Éd. de Kehl.*)
4. Hermaphrodite. (ÉD.)

Les colimaçons sont assurément l'espèce la plus favorisée de la nature. Ils ont de doubles organes de plaisir. Chacun d'eux est pourvu d'une espèce de carquois blanc dont il lance des flèches amoureuses longues de trois à quatre lignes. Ils donnent et reçoivent tour à tour; leurs voluptés sont non-seulement le double des nôtres, mais elles sont beaucoup plus durables. Vous savez, mon révérend père, dans quel court espace de temps s'évanouit notre jouissance. Un moment la voit naître et mourir. Cela passe comme un éclair, et ne revient pas si souvent qu'on le dit, même chez les carmes. Les colimaçons se pâment trois, quatre heures entières. C'est peu par rapport à l'éternité; mais c'est beaucoup par rapport à vous et à moi. Vous voyez évidemment que Louis Racine a tort d'appeler le colimaçon *solitaire odieux*; il n'y a rien de plus sociable. J'ose interpeller ici l'amant le plus vigoureux : s'il était quatre heures entières dans la même attitude avec l'objet de ses chastes amours, je pense qu'il serait bien ennuyé, et qu'il désirerait d'être quelque temps à lui-même; mais les colimaçons ne s'ennuient point. C'est un charme de les voir s'approcher et s'unir ensemble par cette longue fraise qui leur sert à la fois de jambes et de manteau. J'ai cent fois été témoin de leurs tendres caresses. Si les limaçons incoques n'ont ni les deux sexes ni ces longs ravissements, la nature, en récompense, les fait renaître. Lequel vaut mieux? Je le laisse à décider aux dames de Clermont.

Je n'oserais assurer que les escargots nous surpassent autant dans la faculté de la vue que dans celle de l'amour. On prétend qu'ils ont une double paire d'yeux comme un double instrument de tendresse. Quatre yeux pour un colimaçon! ô nature! nature! Cela est très-possible; mais cela est-il bien vrai? M. le prieur de Jonval n'en doute pas dans le *Spectacle de la nature*, et ceux qui n'ont vu de colimaçons que dans ce livre en jurent après lui. Cependant la chose m'a paru fausse. Voici ce que j'ai vu. Il y a un grain noir au bout de leurs grandes antennes supérieures. Ce point noir descend dans le creux de ces deux trompes, quand on y touche, à travers une espèce d'humeur vitrée, et remonte ensuite avec célérité; mais ces deux points noirs me semblent manquer absolument dans les trompes ou cornes, ou antennes inférieures, qui sont plus petites. Les deux grandes antennes sont des yeux; les deux petites me paraissent des cornes, des trompes, avec lesquelles l'escargot et la limace cherchent leur nourriture. Coupez les yeux et les trompes à l'escargot et à la limace incoque, ces yeux se reproduisent dans la limace incoque, peut-être qu'ils ressusciteront aussi dans l'escargot.

Je crois l'une et l'autre espèce sourde; car, quelque bruit que l'on fasse autour d'elles, rien ne les alarme. Si elles ont des oreilles, je me rétracterai; cela ne coûte rien à un galant homme.

Enfin, mon révérend père, qu'ils soient sourds ou non, il est certain que les têtes des limaces ressuscitent, et que les colimaçons vivent sans tête. *O altitudo divitiarum!*

SECONDE LETTRE.

Mes confrères ne pouvaient croire d'abord qu'un être qu'ils mangeaient ressuscitât. J'avais beau leur mettre sous les yeux l'exemple des écrevisses, auxquelles il revient des pattes; de certains vers de terre, non pas tous, auxquels il revient des queues; de nos cheveux, de nos dents, de notre peau, qui renaissent; ils me disaient que notre peau, nos dents, nos cheveux, nos ongles, et les pattes d'écrevisses, ne pensent point; que la tête est le siége de la pensée et le principe de la sensation; que l'âme d'un colimaçon réside dans sa glande pinéale; qu'elle s'enfuit quand la tête est coupée, et ne revient jamais; qu'on n'a point vu d'homme sans tête penser, marcher, raisonner, parler; et que, si cela est arrivé à saint Denis et à d'autres, c'est un miracle qui était nécessaire dans les temps où il fallait planter la foi, mais qui ne l'est plus quand la foi a jeté ses profondes racines.

Je leur répondis qu'on avait depuis peu ressuscité deux pendus, qui se mirent à penser dès qu'ils purent manger. Je leur citai ce brave chirurgien qui prétend très-possible de mettre une tête sur le cou d'un décapité. Il n'y a, dit-il, qu'à faire tenir le patient debout, au lieu de le faire mettre ridiculement à genoux, la tête basse, ce qui dérange le cours des esprits animaux:

> Os homini sublime dedit, cœlumque tueri
> Jussit, et erectos ad sidera tollere vultus.
> OVID., *Met.*, I, 85-86.

Il faut que le patient conserve sa position verticale, qu'un homme adroit et vigoureux lui pose deux mains fermes sur la tête; et dès que l'exécuteur de la justice ou injustice aura coupé le cou, le chirurgien-major et deux aides recoudront promptement la peau. Alors, rien n'ayant été dérangé, le sang coulant dans les mêmes canaux, et le fluide nerveux dans les mêmes muscles, la pensée restera toujours à la place où elle était. Voilà comme ce profond anatomiste explique la chose selon les principes de Haller.

Un de nos pères, qui a professé longtemps la philosophie, fut très-content de ce système. « Cela est bel et bon, dit-il; mais qu'est devenue l'âme de votre limace incoque et de votre escargot pendant tout le temps que la tête était séparée du corps? Elle n'était pas dans cette tête coupée qui pourrit au bout de quelques heures. Était-elle dans ce corps sans tête? Y avait-il dans ce corps un germe de quatre cornes d'yeux, de gosier, de dents, de mufle, et de pensée? »

Cette question curieuse en fit naître d'autres; nous demandâmes tous ce que c'est qu'une âme. Nous ressemblions aux médecins du *Malade imaginaire*:

> *Quare,*
> *Opium facit dormire?*
> *Quia est in eo*
> *Virtus sopitiva*
> *Quæ facit sopire.*

Quare
Anima facit cogitare?
Quia est in *ea*
Virtus pensativa
Quæ facit pensare.

Vous, mon révérend père, dont l'esprit est si immense et si creux, dites-moi, je vous prie, ce que c'est qu'une âme, et comment elle peut être reproduite dans un corps sans tête.

RÉPONSE DU RÉVÉREND PÈRE ÉLIE, CARME CHAUSSÉ.

La question que vous me proposez, mon révérend père, est la chose du monde la plus simple et la plus claire, pour peu qu'on ait étudié en théologie. Le grand saint Thomas, l'ange de l'école, dit en termes exprès : « L'âme est en toutes les parties du corps selon la totalité de sa perfection, et de son essence, et non selon la totalité de sa vertu[1]. »

Or la mémoire, en tant que vertu conservatrice des espèces inintelligibles, regarde en partie l'intellect ; et, en tant que représentant le passé comme le passé, regarde l'âme sensitive : donc les colimaçons ont une âme.

Or il est dit que l'âme des brutes[2] est dans le sang. Mais les colimaçons n'ont point de sang : donc leur âme est dans leurs cornes ; ce qui était à démontrer.

Pour les limaces incoques à qui on a coupé la tête, c'est tout autre chose. Une âme étant si subtile qu'il en tiendrait cent mille sur une puce, il arrive qu'aussitôt que la tête de la limace a été coupée, l'âme s'enfuit à son derrière, et y reste jusqu'à ce que la tête soit reproduite ; alors elle reprend son ancien domicile. Rien n'est plus naturel et plus à sa place. La reproduction des parties génitales serait bien plus intéressante ; et c'est sur cela que je vous prie de faire les expériences les plus exactes.

Si vous avez encore quelque difficulté, ne m'épargnez pas. Je salue le révérend père Ange *de vino rubro*, et le révérend père *de pediculis*. Je suis fâché de la petite scène que votre couvent a donnée dernièrement en se battant à coups de poing ; j'espère que tout tournera à la plus grande gloire de saint François d'Assise et du bienheureux Matthieu Baschi, que Dieu absolve.

TROISIÈME LETTRE

DU RÉVÉREND PÈRE L'ESCARBOTIER.

Je vous envoie, mon révérend père, une dissertation d'un physicien de Saint-Flour en Auvergne, à laquelle je n'entends rien. Je vous supplie de m'en dire votre avis. Je n'ai pas le temps de vous écrire tout au long. Je sors de chaire, et je vais à la cuisine. Dieu vous soit en aide.

1. Question LXXVI, partie première.
2. *Deut.* ch. XII, 23 ; *Lévit.*, ch. XVII, 11.

LES COLIMAÇONS.

DISSERTATION DU PHYSICIEN DE SAINT-FLOUR.

J'adore l'Intelligence suprême dans un colimaçon, et dans des millions de soleils allumés par sa puissance éternelle ; mais je ne connais ni la structure intime de ces mondes, ni celle d'un colimaçon. Par quel art le polype (si c'est un animal, ce qui n'est pas assurément éclairci) renaît-il quand on l'a coupé en cent morceaux, et produit-il ses semblables des débris mêmes de son corps? par quel mystère non moins incompréhensible le limaçon reprend-il une tête nouvelle avec les organes de la génération? Il est doué certainement du mouvement spontané, de volonté, et de désirs. A-t-il ce qu'on appelle une âme? Je fais gloire de n'en rien savoir et d'ignorer ce que c'est qu'une âme. Tout ce que je sais avec certitude, c'est que la génération des colimaçons est aussi ancienne que le monde, et qu'il est aussi vrai qu'il est né de son semblable, qu'il est vrai que rien ne se fait de rien depuis qu'il existe quelque chose.

Presque tous les philosophes savent aujourd'hui combien on s'empressa de se tromper, il y a environ quinze ans, quand le jésuite irlandais nommé Needham s'avisa de croire et de faire croire que non-seulement il avait fait des anguilles avec de la farine de blé ergoté et avec du jus de mouton bouilli au feu, mais même que ces anguilles en avaient produit d'autres, et que, dans plusieurs de ses expériences, les végétaux s'étaient changés en animaux. Needham, aussi étrange raisonneur que mauvais chimiste, ne tira pas de cette prétendue expérience les conséquences naturelles qui se présentent. Ses supérieurs ne l'eussent pas souffert. Il était en France déguisé en homme, et attaché à un archevêque ; personne ne savait qu'il fût jésuite.

Un géomètre, un philosophe, un homme qui a rendu de grands services à la physique, et dont j'ai toujours estimé les travaux, l'érudition, et l'éloquence[1], eut le malheur d'être séduit par cette expérience chimérique. Presque tous nos physiciens furent entraînés dans l'erreur comme lui. Il arriva enfin qu'un charlatan ignorant tourna la tête à des philosophes savants. C'est ainsi qu'un gros commis des fermes, dans la Basse-Bretagne, comme on l'a déjà dit, nommé Maicrais de La Vigne, fit accroire à tous les beaux esprits de Paris qu'il était une jeune et jolie femme, laquelle faisait fort bien des vers.

Si Needham le jésuite avait été en effet un bon physicien, si ses observations avaient été justes ; si du persil se changeait en animal, si de la colle de farine, du jus de mouton bien bouilli et bien bouché dans un vase de verre inaccessible à l'action de l'air, produisent des anguilles qui deviennent bientôt mères, voilà toute la nature bouleversée.

Il est triste que l'académicien qui se laissa tromper par les fausses expériences de Needham, se soit hâté de substituer à l'évidence des germes, ses molécules organiques. Il forma un univers. On avait déjà dit que la plupart des philosophes, à l'exemple du chimérique Descartes, avaient voulu ressembler à Dieu, et faire un monde avec la parole.

1. Buffon. (Éd.)

A peine le père des molécules organiques était à moitié chemin de sa création, que voilà les anguilles mères et filles qui disparaissent. M. Spallanzani, excellent observateur, fait voir à l'œil la chimère de ces prétendus animaux, nés de la corruption, comme la raison la démontrait à l'esprit. Les molécules organiques s'enfuient avec les anguilles dans le néant dont elles sont sorties : elles vont y trouver l'attraction par laquelle un songe-creux formait les enfants dans sa *Vénus physique*; Dieu rentre dans ses droits; il dit à tous les architectes de systèmes, comme à la mer : *Procedes huc, et non ibis amplius*[1].

Il est donné à l'homme de voir, de mesurer, de compter, et de peser les œuvres de Dieu; mais il ne lui est pas donné de les faire.

Maillet, consul au Caire, imagina que la mer avait tout fait, que ses eaux avaient formé les montagnes, et que les hommes devaient leur origine aux poissons. Le même physicien qui, malgré ses lumières, adopta les anguilles de Needham, donna encore dans les montagnes de Maillet. Il est si persuadé de la formation de ses montagnes, qu'il se moque de ceux qui n'en croient rien. Cela s'appelle, en vérité, se moquer du monde. Mais, s'il lui est permis, comme à tout homme persuadé, de traiter du haut en bas les incrédules, il n'est pas défendu aux incrédules de lui exposer modestement leurs doutes. Il doit du moins pardonner à celui qui a dit que la formation des mers par le Caucase et par les Alpes serait encore moins ridicule que la formation des Alpes et du Caucase par les mers.

Comment l'Océan, par son flux et par ses courants, aurait-il élevé le mont Saint-Gothard de 16 500 pieds au-dessus du niveau de la mer, telle qu'elle est aujourd'hui? Le lit qui est à présent celui de l'Océan était, dit-on, terre ferme alors, et les Alpes étaient mer. Mais ne voit-on pas que le lit de l'Océan est creusé, et que, sans cette profondeur, la mer couvrirait la superficie du globe? Comment l'Océan aurait-il se percher d'un côté sur le Mont-Blanc, et de l'autre sur les Cordillières, à 16, à 17 mille pieds de haut, et laisser à sec toutes les plaines sans eau de rivière? Tout cela n'est-il pas d'une impossibilité démontrée, et n'est-ce pas l'histoire surnaturelle plutôt que la naturelle?

Pour se tirer de cet embarras, on a recours aux îles qui sont des roches, et on prétend que la terre, qui était alors à la place de l'Océan, avait des rivières qui descendaient de ces îles. Mais il n'y a pas une seule île considérable dans la mer Pacifique, depuis Panama jusqu'aux Mariannes, dans l'espace de 110 degrés. On ne voit pas dans les mers du Sud et du Nord une île qui ait une rivière de 190 pieds de large. Peut-on s'aveugler au point de ne pas voir que les montagnes des deux continents sont des pièces essentielles à la machine du globe, comme les os le sont aux *bipèdes* et aux *quadrupèdes*!

Mais la mer a quitté ses rivages; elle a laissé à sec les ruines de Carthage; Ravenne n'est plus un port de mer, etc. Eh bien! parce que la mer se sera retirée à dix, à vingt mille pas d'un côté, cela prouve-t-il qu'elle ait voyagé pendant des multitudes de siècles, à mille, à deux

---

[1] Job, xxxvii, 11. (Éd.)

mille lieues sur la cime des montagnes ? « Oui, dites-vous, car on trouve partout des coquilles de mer, et le porphyre n'est composé que de pointes d'oursin. Il y a des glossopètres, des langues de chiens marins pétrifiés sur les plus hautes montagnes; les cornes d'Ammon, qui sont des pétrifications du nautilus, poisson des Indes, sont communes dans les Alpes; enfin le falun de Touraine, avec lequel on fume les terres, est un long amas de coquilles. On voit de ces tas de coquilles aux environs de Paris et de Reims, etc. »

J'ai vu une partie de tout cela, et j'ai douté. Quand la mer serait venue insensiblement jusqu'en Champagne, et s'en serait retournée insensiblement dans la suite des temps, cela ne prouverait pas qu'elle eût monté sur le mont Saint-Bernard. J'y ai cherché des huîtres, je n'y en ai point trouvé. En dernier lieu tout l'état-major qui a mesuré cette chaîne horrible de rochers n'y a pas vu le moindre vestige de coquilles. Les bords escarpés du Rhône en sont incrustés; mais c'est évidemment de coquilles de colimaçons, de bivalves, de petits testacés, très-fréquents dans tous les lacs voisins. De coquilles de mer, on n'en trouve jamais.

Il n'y a pas longtemps que, dans un de mes champs, à cent cinquante lieues des côtes de Normandie, un laboureur déterra vingt-quatre douzaines d'huîtres; on cria miracle : c'étaient des huîtres qu'on m'avait envoyées de Dieppe il y avait trois ans. Je suis de l'avis de *l'Homme aux quarante écus*, qui dit que des médailles romaines, trouvées au fond d'une cave à six cents lieues de Rome, ne prouvent pas qu'elles avaient été fabriquées dans cette cave. Quant au falun de Touraine, dont on se sert pour fumer les terres, si c'étaient des coquilles de mer, elles feraient assurément un très-mauvais fumier; et on aurait une pauvre récolte. J'ai ouï dire à des Tourangeaux qu'il n'y a pas une seule vraie coquille dans ces minières; que c'est une masse de pierres calcaires calcinées par le temps, ce qui est très-vraisemblable. En effet, si la mer avait déposé dans une suite prodigieuse de siècles ces lits de petits crustacés, pourquoi n'en trouverait-on pas autant dans les autres provinces ?

Faut-il que tous les physiciens aient été les dupes d'un visionnaire nommé Palissi? C'était un potier de terre qui travaillait pour le roi Louis XIII[1]; il est l'auteur d'un livre intitulé : *Le moyen de devenir riche, et la manière véritable par laquelle tous les hommes de France pourront apprendre à multiplier et augmenter leurs trésors et possessions, par maître Bernard Palissi, inventeur des rustiques figulines du roi*. Ce titre seul suffit pour faire connaître le personnage[2]. Il s'ima-

---

1. Bernard de Palissi, né à Agen vers 1500, était faïencier et peintre sur verre de Henri III. Mort en 1590, il ne peut avoir travaillé sous Louis XIII, qui ne naquit qu'en 1601. Les vitraux si connus de l'*Histoire de Psyché* sont un de ses principaux ouvrages. (*Note de M. Beuchot.*)

2. L'éditeur de la nouvelle édition des *Œuvres de Palissi* prétend que ce titre ridicule n'est point de Palissi, mais d'un ancien éditeur. Cependant il ne serait pas singulier que l'auteur même eût pris ce titre. Il avait fait pour le roi de grandes figures de sa nouvelle faïence, et c'était par ses ouvrages qu'il s'était fait connaître à la cour.

Palissi fut un homme d'un véritable génie; c'est à lui que nous devons l'art

gina qu'une espèce de marne pulvérisée qui est en Touraine, était un magasin de petits poissons de mer. Des philosophes le crurent. Ces milliers de siècles, pendant lesquels la mer avait déposé ses coquilles à trente-six lieues dans les terres, les charmèrent, et me charmeraient tout comme eux, si la chose était vraie.

Le porphyre composé de pointes d'oursin! Juste ciel, quelle chimère! j'aimerais autant dire que le diamant est composé de pattes d'oie. Avec quelle confiance ne nous répète-t-on pas sans cesse que les glossopètres, dont quelques collines sont couvertes, sont des langues de chiens marins! Quoi! dix ou douze mille marsouins seraient venus déposer leurs langues dans le même endroit il y a quelque cinquante mille années? Quoi! la nature, qui forme des pierres en étoiles, en volutes, en pyramides, en globe, en cube, ne pourra pas en avoir produit qui ressemblent fort mal à des langues de poisson! J'ai marché sur cent cornes d'Ammon de cent grandeurs différentes, et j'ai toujours été surpris qu'on n'ait pas voulu permettre à la terre de produire ces pierres, elle qui produit des blés et des fruits plus admirables, sans doute, que des pierres en volutes.

Mais on aime les systèmes; et depuis que Palissi a cru que les mines calcaires de Touraine étaient des couches de pétoncles, de glands de mer, de buccins, de phollades, cent naturalistes l'ont répété. On s'intéresse à un système qui fait remonter les choses à des milliers de siècles. Le monde est vieux, d'accord; mais a-t-on besoin de cette preuve pour réformer la chronologie? Combien d'auteurs ont répété qu'on avait trouvé une ancre de vaisseau sur la cime d'une montagne de Suisse, et un vaisseau entier à cent pieds sous terre! Telliamed triomphe sur cette belle découverte. On a vu un vaisseau dans les abîmes de la Suisse en 1460; donc on naviguait autrefois sur le Saint-Bernard et sur le Saint-Gothard; donc la mer a couvert autrefois tout le globe; donc alors le monde n'a été peuplé que de poissons; donc, lorsque les eaux se sont retirées et ont laissé le terrain à sec, les poissons se sont changés en hommes! Cela est fort beau; mais j'ai de la peine à croire que je descende d'une morue.

Si l'on veut du merveilleux, il en est assez sans le chercher dans de telles hypothèses. Les huîtres, les pucerons, qui produisent leurs semblables sans s'accoupler; les simples vers de terre, qui reproduisent

de faï*e la faïence, qu'il n'apprit pas des Italiens, mais qu'il devina, et qu'il sut porter à un grand degré de perfection : ce n'était pas d'ailleurs un potier de terre, mais un ingénieur assez instruit pour son temps dans les mathématiques et dans la physique. Sa découverte des productions marines existantes dans les pierres est l'époque de la naissance de l'histoire naturelle en France, et même en Europe. Il était très-zélé protestant; on le mit en prison; mais, comme il avait inventé des *rustiques figulines* pour le roi, il ne fut pas brûlé comme tant d'autres. Le falun de Touraine contient réellement un grand nombre de coquilles; et si elles sont réduites en terre calcaire très-friable, elles peuvent être un fort bon engrais. Quant aux pointes d'oursin dans le porphyre, c'est une de ces rêveries qui, mêlées aux vérités que les bons observateurs avaient découvertes, ont contribué à entretenir M. de Voltaire dans son erreur sur les coquilles fossiles. Rien n'est plus funeste à la vérité que de se trouver en mauvaise compagnie. (*Éd. de Kehl.*)

leurs queues; les limaçons, auxquels il revient des têtes, sont des objets assez dignes de la curiosité d'un philosophe.

Cet animal, à qui je viens de couper la tête, est-il encore animé? Oui, sans doute, puisque l'escargot remue et montre son cou; puisqu'il vit, qu'il l'étend, et que, dès qu'on y touche, il le resserre.

Cet animal a-t-il des sensations, avant que sa tête soit revenue? Je dois le croire, puisqu'il remue le cou, qu'il l'étend, et que, dès qu'on y touche, il le resserre.

Peut-on avoir des sensations sans avoir au moins quelque idée confuse? Je ne le crois pas, car toute sensation est plaisir ou douleur, et on a la perception de cette douleur et de ce plaisir; autrement ce serait ne pas sentir.

Qui donne cette sensation, cette idée commencée? celui qui a fait le limaçon, le soleil, et les astres. Il est impossible qu'un animal se donne des sensations à lui-même : le sceau de la Divinité est dans les perceptions d'un ciron, comme dans le cerveau de Newton.

On cherche à expliquer comment on sent, comment on pense : je m'en tiens au poëte Aratus que saint Paul a cité, *In Deo vivimus, movemur, et sumus*[1].

Ah! si Malebranche avait voulu tirer de ce principe toutes les conséquences qu'il en pouvait tirer! Peut-être quelqu'un renouera le fil qu'il a rompu.

RÉPONSE DU CARME AU CAPUCIN
ET SON SENTIMENT SUR LA DISSERTATION PRÉCÉDENTE.

Gardez-vous bien, mon révérend père, de vous laisser séduire par les philosophes dangereux qui avancent que tous les animaux et les végétaux naissent d'un germe qui se développe, et que rien ne vient de corruption; c'est une hérésie damnable.

Saint Thomas dit en termes formels : *Primum in generatione, est ultimum in corruptione*, là où la corruption finit la génération commence. Saint Paul, dans la première aux Corinthiens[2], parle ainsi aux incrédules : « Mais, dira quelqu'un, comment les morts ressusciteront-ils? Insensés! ne voyez-vous pas que les grains semés par vous ne se vivifient point, s'ils ne meurent? » Il dit ensuite : « On sème dans la corruption, on recueille dans l'incorruption. » Voyez l'Evangile de saint Jean, chapitre XII[3] : « Si un grain de froment tombant en terre ne meurt pas, il demeure inutile ; mais s'il meurt, il donne beaucoup de fruit. »

Il est donc évident que c'est la pourriture qui est la mère de tout ce qui respire.

A l'égard de l'Océan, qui a couvert les montagnes, saint Thomas n'en dit rien. Aussi je ne vous en parlerai pas. Le nom d'Océan ne se

---

1. *Actes des Apôtres*, chap. XVII, verset 28. (ÉD.)
2. XV, 3, 6. (ÉD.) — 3. Verset 24.

trouve jamais dans l'Écriture ; de là je juge que cet Océan dont on parle tant est fort peu de chose.

Mais, pour les montagnes, je suis entièrement de l'avis de ceux qui pensent qu'elles se sont formées en peu de temps ; car vous trouverez, au psaume 96 [1], que les montagnes ont fondu comme de la cire ; vous trouverez aussi, au psaume 113 [2], qu'elles ont dansé comme des béliers. Or, si, étant fondues (psaume 96), elles ont dansé (psaume 113), il faut donc qu'elles se soient entièrement relevées dans l'espace de 17 psaumes. Cela est démontré en rigueur.

Vous savez que la théorie des montagnes fait une grande partie de notre théologie, surtout quand elles sont plantées de vignes. Nous avons été fondés sur le mont Carmel ; mandez-moi s'il est vrai que vous l'ayez été à Montmartre. Adieu ; que les colimaçons qui vous sont soumis, et tous les insectes qui vous accompagnent, bénissent toujours Votre Révérence.

RÉFLEXION DE L'ÉDITEUR.

Quoi qu'il en soit de tout cela, il est indubitable que les limaçons à coque, les escargots, commencent à reprendre une tête quelque temps après qu'on la leur a coupée. Cette nouvelle tête renferme tout l'appareil d'organes très-compliqués que renfermait la première. Il n'y a point de petit garçon qui ne puisse faire cette expérience ; mais y a-t-il quelque homme fait qui puisse l'expliquer ? Hélas ! les philosophes et les théologiens raisonnent tous en petits garçons. Qui me dira comment une âme, un principe de sensations et d'idées, réside entre quatre cornes, et comment l'âme restera dans l'animal, quand les quatre cornes et la tête sont coupées ? On ne peut guère dire d'un limaçon :

Igneus est illi vigor et cœlestis origo.
VIRG., Æn., VI, 730.

Il serait difficile de prouver que l'âme d'un animal, qui n'est qu'une glaire en vie, soit un feu céleste. Enfin ce prodige d'une tête renaissante, inconnu depuis le commencement des choses jusqu'à nous, est plus inexplicable que la direction de l'aimant. Cet étonnant objet de notre curiosité confondue tient à la nature des choses, aux premiers principes, qui ne sont pas plus à notre portée que la nature des habitants de Sirius et de Canope. Pour peu qu'on creuse, on trouve un abîme infini. Il faut admirer et se taire.

---

1. Verset 5. (ÉD.) — 2. Verset 4. (ÉD.)

HOMELIE DU PASTEUR BOURN,

PRÊCHÉE À LONDRES LE JOUR DE LA PENTECÔTE 1768.

Voici le premier jour, mes frères, où la doctrine et la morale de Jésus fut manifestée par ses disciples. Vous n'attendez pas de moi que je vous explique comment le Saint-Esprit descendit sur eux en langues de feu [1]. Tant de miracles ont précédé ce prodige, qu'on ne peut en nier un seul sans les nier tous. Que d'autres consument leur temps à rechercher pourquoi Pierre, en parlant tout d'un coup toutes les langues de l'univers à la fois, était cependant dans la nécessité d'avoir Marc pour son interprète [2]; qu'ils se fatiguent à trouver la raison pour laquelle ce miracle de la Pentecôte, celui de la résurrection; tous, enfin, furent ignorés de toutes les nations qui étaient alors à Jérusalem; pourquoi aucun auteur profane, ni grec, ni romain, ni juif, n'a jamais parlé de ces événements si prodigieux et si publics, qui devaient longtemps occuper l'attention de la terre étonnée? En effet, dit-on, c'est un miracle incompréhensible que Jésus, ressuscité, montât lentement au ciel dans une nuée [3], à la vue de tous les Romains qui étaient sur l'horizon de Jérusalem, sans que jamais aucun Romain ait fait la moindre mention de cette ascension, qui aurait dû faire plus de bruit que la mort de César, les batailles de Pharsale et d'Actium, la mort d'Antoine et de Cléopatre. Par quelle providence Dieu ferma-t-il les yeux à tous les hommes, qui ne virent rien de ce qui devait être vu d'un million de spectateurs? Comment Dieu a-t-il permis que les récits des chrétiens fussent obscurs, inconnus pendant plus de deux cents années, tandis que ces prodiges, dont eux seuls parlent, avaient été si publics? Pourquoi le nom même d'Évangile n'a-t-il été connu d'aucun auteur grec ou romain? Toutes ces questions, qui ont enfanté tant de volumes, nous détourneraient de notre but unique, celui de connaître la doctrine et la morale de Jésus, qui doit être la nôtre.

Quelle est la doctrine prêchée le jour de la Pentecôte?

Que Dieu a rendu Jésus célèbre, et lui a donné son approbation [4];

Qu'il a été supplicié [5];

Que Dieu l'a ressuscité et l'a tiré de l'enfer, c'est-à-dire, si l'on veut, de la fosse [6];

Qu'il a été élevé par la puissance de Dieu, et que Dieu a envoyé ensuite son Saint-Esprit [7].

C'est ainsi que Pierre s'explique à cent mille Juifs obstinés, et il en convertit huit mille en deux sermons, tandis que, nous autres, nous en pouvons pas convertir huit en mille années.

Il est donc incontestable, mes frères, que, la première fois que les apôtres parlent de Jésus, ils en parlent comme de l'envoyé de Dieu, sup-

---

1. *Actes*, II, 3. (ÉD.) — 2. *Id.*, XIII, 5. (ÉD.) — 3. *Actes*, I, 9, 10. (ÉD.)
4. *Actes*, chap. II, v. 22. (ÉD.) — 5. Vers. 23. (ÉD.) — 6. Vers. 24. (ÉD.)
7. Vers. 33. (ÉD.)

précié par les hommes, élevé en grâce devant Dieu, glorifié par Dieu même. Saint Paul n'en parle jamais autrement. Voilà, sans contredit, le christianisme primitif, le christianisme véritable. Vous ne verrez, comme je vous l'ai déjà dit dans mes autres discours, ni dans aucun Évangile, ni dans les *Actes des Apôtres*, que Jésus eût deux natures et deux volontés; que Marie fût mère de Dieu; que le Saint-Esprit procède du père et du fils; qu'il établît sept sacrements; qu'il ordonna qu'on adorât des reliques et des images. Tout ce vaste amas de controverses était entièrement ignoré. Il est constant que les premiers chrétiens se bornaient à adorer Dieu par Jésus, à exorciser les possédés par Jésus, à chasser les diables par Jésus, à guérir les malades par Jésus.

Nous ne chassons plus les diables, mes frères; nous ne guérissons pas plus les maladies mortelles que ne font les médecins; nous ne rendons pas plus la vue aux aveugles que le chevalier Taylor; mais nous adorons Dieu, nous le bénissons, nous suivons la loi qu'il nous a donnée lui-même par la bouche de Jésus en Galilée. Cette loi est simple, parce qu'elle est divine : *Tu aimeras Dieu et ton prochain*[1] Jésus n'a jamais recommandé autre chose. Ce peu de paroles comprend tout; elles sont si divines, que toutes les nations les entendirent dans tous les temps, et qu'elles furent gravées dans tous les cœurs. Les passions les plus funestes ne purent jamais les effacer. Zoroastre chez les Persans, Thaut chez les Égyptiens, Brama chez les Indiens, Orphée chez les Grecs, criaient aux hommes : *Aimez Dieu et le prochain*. Cette loi, observée, eût fait le bonheur de la terre entière.

Jésus ne vous a pas dit : « Le diable chassé du ciel, et plongé dans l'enfer, en sortit malgré Dieu pour se déguiser en serpent, et pour venir persuader une femme de manger du fruit de l'arbre de la science. Les enfants de cette femme ont été, en conséquence, coupables, en naissant, du plus horrible crime, et punis à jamais dans les flammes éternelles, tandis que leurs corps sont pourris sur la terre. Je suis venu pour racheter des flammes ceux qui naîtront après moi; et cependant je ne rachèterai que ceux à qui j'aurai donné une grâce efficace, qui peut n'être point efficace. » Cet épouvantable galimatias, mes frères, ne se trouve heureusement dans aucun Évangile; mais vous y trouvez qu'il faut *aimer Dieu et son prochain*[2].

Quand toutes les langues de feu, qui descendirent sur le galetas où étaient les disciples, auraient parlé, quand elles descendraient pour parler encore, elles ne pourraient annoncer une doctrine plus humaine à la fois et plus céleste.

Jésus adorait Dieu et aimait son prochain en Galilée; adorons Dieu et aimons notre prochain à Londres.

Les Juifs nous disent : « Jésus était Juif; il fut présenté au temple comme Juif, circoncis comme Juif, baptisé comme Juif par le Juif Jean, qui baptisait les Juifs selon l'ancien rite juif; et, par une œuvre de su-

---

1. Matt., xxii, 37, 39; Marc, xii, 30, 31; Luc, x, 27. (Éd.)
2. *Actes*, ii, 3. (Éd.)

rérogation juive, il payait le korban juif, il allait au temple juif, il judaïsa toujours; il accomplit toutes les cérémonies juives. S'il accabla les prêtres juifs d'injures, parce qu'ils étaient des prévaricateurs scélérats pétris d'orgueil et d'avarice, il n'en fut que meilleur Juif; si la vengeance des prêtres le fit mourir, il mourut Juif. O chrétiens, soyez donc Juifs. »

Je réponds aux Juifs : Mes amis (car toutes les nations sont mes amies), Jésus fut plus que Juif, il fut homme; il embrassa tous les hommes dans sa charité. Votre loi mosaïque ne connaissait d'autre prochain, pour un Juif, qu'un autre Juif; il ne vous était pas permis seulement de vous servir des ustensiles d'un étranger; vous étiez immondes, si vous aviez fait cuire une longe de veau dans une marmite romaine; vous ne pouviez vous servir d'une fourchette et d'une cuiller qui eût appartenu à un citoyen romain; et, supposé que vous vous soyez jamais servis d'une fourchette à table (ce dont je ne trouve aucun exemple dans vos histoires), il fallait que cette fourchette fût juive. Il est bien vrai, du moins selon vous, que vous volâtes les assiettes, les fourchettes et les cuillers des Égyptiens, quand vous vous enfuîtes d'Égypte comme des coquins; mais votre loi ne vous avait pas encore été donnée. Dès que vous eûtes une loi, elle vous ordonna d'exterminer toutes les nations, et de ne réserver que les petites filles pour votre usage. Vous faisiez tomber les murs au bruit des trompettes, vous faisiez arrêter le soleil et la lune; mais c'était pour tout égorger. Voilà comme vous aimiez alors votre prochain.

Ce n'était pas ainsi que Jésus recommandait cet amour. Voyez la belle parabole du Samaritain[1]. Un Juif est volé et blessé par d'autres voleurs juifs. Il est laissé dans le chemin, dépouillé, sanglant, et demi-mort. Un prêtre orthodoxe passe, le considère, et poursuit sa route sans lui donner aucun secours. Un autre prêtre orthodoxe passe, et témoigne la même dureté. Vient un pauvre laïque samaritain, un hérétique; il panse les plaies du blessé; il le fait transporter; il le fait soigner à ses dépens. Les deux prêtres sont des barbares. Le laïque hérétique et charitable est l'homme de Dieu. Voilà la doctrine, voilà la morale de Jésus, voilà sa religion.

Nos adversaires nous disent que Luc, qui était un laïque, et qui a écrit le dernier de tous les évangélistes, est le seul qui ait rapporté cette parabole; qu'aucun des autres n'en parle; qu'au contraire, saint Matthieu dit que Jésus[2] recommanda expressément de ne rien enseigner aux Samaritains et aux gentils; qu'ainsi son amour pour le prochain ne s'étendait que sur la tribu de Juda, sur celle de Lévi, et la moitié de Benjamin, et qu'il n'aimait point le reste des hommes. S'il eût aimé son prochain, ajoutent-ils, il n'eût point dit qu'il est venu apporter le glaive et non la paix[3]; qu'il est venu pour diviser le père et le fils, le mari et la femme, et pour mettre la discorde dans les familles. Il n'aurait point prononcé le funeste *contrains-les d'entrer*[4], dont on a tant

1. Luc, X, 30 et suiv. (ED.) — 2. Matthieu, chap. x, vers. 5. (ED.)
3. Matthieu, X, 34, 35. (ED.) — 4. Luc, XIV, 23. (ED.)

abusé; il n'aurait point privé un marchand forain du prix de deux mille cochons, qui était une somme considérable, et n'aurait point envoyé le diable dans le corps de ces cochons pour les noyer dans le lac de Génézareth[1]; il n'aurait pas séché le figuier[2] d'un pauvre homme pour n'avoir pas porté des figues quand *ce n'était pas le temps des figues*; il n'aurait pas, dans ses paraboles, enseigné qu'un maître agit justement quand il charge de fers son esclave ; pour n'avoir point fait profiter son argent à l'usure de cinq cents pour cent.

Nos ennemis continuent leurs objections effrayantes en disant que les apôtres ont été plus impitoyables que leur maître; que leur première opération fut de se faire apporter tout l'argent des frères[3], et que Pierre fit mourir Ananias et sa femme, pour n'avoir pas tout apporté. « Si Pierre, disent-ils, les fit mourir de son autorité privée, parce qu'il n'avait pu avoir tout leur argent, il méritait d'être roué en place publique ; si Pierre pria Dieu de les faire mourir, il méritait que Dieu le punît ; si Dieu seul ordonna leur mort, heureusement il prononce très-rarement de ces jugements terribles, qui dégoûteraient de faire l'aumône. »

Je passe sous silence toutes les objections des incrédules, tant sur la morale et la doctrine de Jésus, que sur tous les événements de sa vie diversement rapportés. Il faudrait vingt volumes pour réfuter tout ce qu'on nous objecte ; et une religion qui aurait besoin d'une si longue apologie ne pourrait être la vraie religion. Elle doit entrer dans le cœur de tous les hommes comme la lumière dans les yeux, sans effort, sans peine, sans pouvoir laisser le moindre doute sur la clarté de cette lumière. Je ne suis pas venu ici pour disputer, je suis venu pour m'édifier avec vous.

Que d'autres saisissent tout ce qu'ils ont pu trouver dans les *Évangiles*, dans les *Actes des Apôtres*, dans les *Épîtres de Paul*, de contraire aux notions communes, aux clartés de la raison, aux règles ordinaires du sens commun ; je les laisserai triompher sur des miracles qui ne paraissaient pas nécessaires à leur faible entendement, comme celui de l'eau changée en vin[4] à des noces en faveur de convives déjà ivres, celui de la transfiguration[5], celui du diable qui emporte le Fils de Dieu sur une montagne[6] d'où l'on découvre tous les royaumes de la terre, celui du figuier[7], celui de deux mille cochons[8]. Je les laisserai exercer leur critique sur les paraboles qui les scandalisent, sur la prédiction faite par Jésus même au chapitre XXI[9] de Luc, qu'il viendrait dans les nuées avec une grande puissance et une grande majesté, avant que la génération devant laquelle il parlait fût passée. Il n'y a point de page qui n'ait produit des disputes. Je m'en tiens donc à ce qui n'a jamais été disputé, à ce qui a toujours emporté le consentement de tous les hommes, avant Jésus et après Jésus ; à ce qu'il a con-

---

1. Matthieu, VIII, 32 ; Marc, v, 13. (Éd.)
2. Matthieu, XI, 18 ; Marc, XI, 13. (Éd.) — 3. *Actes*, IV, 35, et v. (Éd.)
4. Jean, II, 9. (Éd.) — 5. Matthieu XVII, 2 ; Marc, IX, 4. (Éd.)
6. Luc, IV, 5. Matthieu, IV, 8. (Éd.) — 7. Matthieu, XXI, 19 ; Marc, XI, 13. (Éd.)
8. Matthieu, VIII, 32 ; Marc, v, 13. (Éd.) — 9. Verset 27. (Éd.)

firmé de sa bouche, et qui ne peut être nié par personne : *Il faut aimer Dieu et son prochain*.

Si l'Écriture offre quelquefois à l'âme une nourriture que la plupart des hommes ne peuvent digérer, nourrissons-nous des aliments salubres qu'elle présente à tout le monde : *Aimons Dieu et les hommes*, fuyons toutes les disputes. Les premiers chapitres de la *Genèse* effarouchaient les esprits des Hébreux, il fut défendu de les lire avant vingt-cinq ans ; les prophéties d'Ézéchiel scandalisaient, on en défendit de même la lecture ; le Cantique des cantiques pouvait porter les jeunes hommes et les jeunes filles à l'impureté, Théodore de Mopsueste, les rabbins, Grotius, Châtillon, et tant d'autres, nous apprennent qu'il n'était permis de lire ce cantique qu'à ceux qui étaient sur le point de se marier.

Enfin, mes frères, combien d'actions rapportées dans les livres hébreux qu'il serait abominable d'imiter! Où serait aujourd'hui la femme qui voudrait agir comme Jahel[1], laquelle trahit Sizara pour lui enfoncer un clou dans la tête ; comme Judith[2], qui se prostitua à Holoferne pour l'assassiner ; comme Esther[3], qui, après avoir obtenu de son mari que les Juifs massacrassent cinq cents Persans dans Suze, lui en demanda encore trois cents, outre les soixante et quinze mille égorgés dans les provinces? Quelle fille voudrait imiter les filles de Loth[4], qui couchèrent avec leur père? Quel père de famille se conduirait comme le patriarche Juda qui coucha avec sa belle-fille[5], et Ruben qui coucha avec sa belle-mère[6]? Quel vayvode imitera David, qui s'associa quatre cents brigands perdus, dit l'Écriture, de débauches et de dettes[7], avec lesquels il massacrait tous les sujets de son allié Achis[8] jusqu'aux enfants à la mamelle, et qui enfin, ayant dix-huit femmes, ravit Betzabée et fit tuer son mari[9]?

Il y a dans l'Écriture, je l'avoue, mille traits pareils, contre lesquels la nature se soulève. Tout ne nous a pas été donné pour une règle de mœurs. Tenons-nous-en donc à cette loi incontestable, universelle, éternelle, de laquelle seule dépend la pureté des mœurs dans toute nation : *Aimons Dieu et le prochain*.

S'il m'était permis de parler de l'*Alcoran* dans une assemblée de chrétiens, je vous dirais que les sonnites représentent ce livre comme un chérubin qui a deux visages, une face d'ange et une face de bête. Les choses qui scandalisent les faibles, disent-ils, sont le visage de bête, et celles qui édifient sont la face d'ange.

Édifions-nous, et laissons à part tout ce qui nous scandalise : car enfin, mes frères, que Dieu demande-t-il de nous? que nous confrontions Matthieu avec Luc, que nous conciliions deux généalogies qui se contredisent, que nous discutions quelques passages? Non, il demande que nous l'aimions et que nous soyons justes.

Si nos pères l'avaient été, les disputes sur la liturgie anglicane n'au-

---

1. *Juges*, IV, 17-21. (Éd.) — 2. *Judith*, XIII. (Éd.) — 3. *Esther*, IX, 6-15. (Éd.)
4. *Genèse*, XIX, 3. (Éd.) — 5. *Id.*, XXXVIII, 16. (Éd.) — 6. *Id.*, XXXV, 22. (Éd.)
7. *I Rois*, XXII, 2. (Éd.) — 8. *I Rois*, XXVII, 8-11. (Éd.)
9. *II Rois*, 11. (Éd.)

raient pas porté la tête de Charles Ier sur un échafaud; on n'aurait pas osé tramer la conspiration des poudres; quarante mille familles n'auraient pas été massacrées en Irlande; le sang n'aurait pas ruisselé, les bûchers n'auraient pas été allumés sous le règne de la reine Marie. Que n'est-il pas arrivé aux autres nations pour avoir argumenté en théologie? Dans quels gouffres épouvantables de crimes et de calamités les disputes chrétiennes n'ont-elles pas plongé l'Europe pendant des siècles? la liste en serait beaucoup plus longue que mon sermon. Les moines disent que la vérité y a beaucoup gagné, qu'on ne peut l'acheter trop cher, que c'est ce qui a valu à leur saint-père tant d'annates et tant de pays; que si l'on s'était contenté d'aimer Dieu et son prochain, le pape ne se serait pas emparé du duché d'Urbin, de Ferrare, de Castro, de Bologne, de Rome même, et qu'il ne se dirait pas seigneur suzerain de Naples; qu'une Église qui répand tant de biens sur la tête d'un seul homme est sans doute la véritable Église; que nous avons tort, puisque nous sommes pauvres, et que Dieu nous abandonne visiblement. Mes frères, il est peut-être difficile d'aimer des gens qui tiennent ce langage; cependant *aimons Dieu et notre prochain*. Mais comment aimerons-nous les hauts bénéficiers qui, du sein de l'orgueil, de l'avarice et de la volupté, écrasent ceux qui portent le poids du jour et de la chaleur, et ceux qui, parlant avec absurdité, persécutent avec insolence? Mes frères, c'est les aimer sans doute que de prier Dieu qu'il les convertisse.

LE PYRRHONISME DE L'HISTOIRE,

PAR UN BACHELIER EN THÉOLOGIE.

(1768.)

CHAP. I. — *Plusieurs doutes.*

Je fais gloire d'avoir les mêmes opinions que l'auteur de l'*Essai sur les mœurs et l'esprit des nations*; je ne veux ni un pyrrhonisme outré, ni une crédulité ridicule; il prétend que les faits principaux peuvent être vrais, et les détails très-faux. Il peut y avoir eu un prince égyptien nommé Sésostris par les Grecs, qui ont changé tous les noms d'Égypte et de l'Asie, comme les Italiens donnent le nom de *Londra* à *London*, que nous appelons Londres, et celui de *Luigi* aux rois de France nommés Louis. Mais, s'il y eut un Sésostris, il n'est pas absolument sûr que son père destinât tous les enfants égyptiens qui naquirent le même mois que son fils à être un jour avec lui les conquérants du monde. On pourrait même douter qu'il ait fait courir chaque matin cinq ou six lieues à ces enfants avant de leur donner à déjeuner.

L'enfance de Cyrus exposée, les oracles rendus à Crésus, l'aventure des oreilles du mage Smerdis, le cheval de Darius, qui créa son maître roi, et tous ces embellissements de l'histoire, pourraient être contestés par des gens qui en croiraient plus leur raison que leurs livres.

Il a osé dire et même prouver que les monuments les plus célèbres, les fêtes, les commémorations les plus solennelles, ne constatent point du tout la vérité des prétendus événements transmis de siècle en siècle à la crédulité humaine par ces solennités.

Il a fait voir que si des statues, des temples, des cérémonies annuelles, des jeux, des mystères institués, étaient une preuve, il s'ensuivrait que Castor et Pollux combattirent en effet pour les Romains, que Jupiter les arrêta dans leur fuite ; il s'ensuivrait que *les Fastes* d'Ovide sont des témoignages irréfragables de tous les miracles de l'ancienne Rome, et que tous les temples de la Grèce étaient des archives de la vérité.

Voyez dans le résumé de son *Essai sur les mœurs et l'esprit des nations*.

CHAP. II. — *De Bossuet.*

Nous sommes dans le siècle où l'on a détruit presque toutes les erreurs de physique. Il n'est plus permis de parler de l'empyrée, ni des cieux cristallins, ni de la sphère de feu dans le cercle de la lune. Pourquoi sera-t-il permis à Rollin, d'ailleurs si estimable, de nous bercer de tous les contes d'Hérodote, et de nous donner pour une histoire véridique un conte donné par Xénophon pour un conte? de nous redire, de nous répéter la fabuleuse enfance de Cyrus, et ses petits tours d'adresse, et la grâce avec laquelle *il servait à boire à son papa Astyage*, qui n'a jamais existé ?

On nous apprend à tous, dans nos premières années, une chronologie démontrée fausse : on nous donne des maîtres en tout genre, excepté des maîtres à penser. Les hommes même les plus savants, les plus éloquents, n'ont servi quelquefois qu'à embellir le trône de l'erreur, au lieu de le renverser. Bossuet en est un grand exemple dans sa prétendue *Histoire universelle*, qui n'est que celle de quatre à cinq peuples, et surtout de la petite nation juive, ou ignorée, ou justement méprisée du reste de la terre, à laquelle pourtant il rapporte tous les événements, et pour laquelle il dit que tout a été fait, comme si un écrivain de Cornouailles disait que rien n'est arrivé dans l'empire romain qu'en vue de la province de Galles. C'est un homme qui enchâsse continuellement des pierres fausses dans de l'or. Le hasard me fait tomber dans ce moment sur un passage de son *Histoire universelle* où il parle des hérésies. *Ces hérésies*, dit-il, *tant prédites par Jésus-Christ*. Ne dirait-on pas à ces mots que Jésus-Christ a parlé dans cent endroits des opinions différentes qui devaient s'élever dans la suite des temps sur les dogmes du christianisme ? Cependant la vérité est qu'il n'en a parlé en aucun endroit ; le mot d'*hérésie* même n'est dans aucun évangile, et certes il ne devait pas s'y rencontrer, puisque le mot de *dogme* ne s'y trouve pas. Jésus, n'ayant annoncé par lui-même aucun dogme, ne pouvait annoncer aucune hérésie. Il n'a jamais dit, ni dans ses sermons, ni à ses apôtres : « Vous croirez que ma mère est vierge ; vous croirez que je suis consubstantiel à Dieu ; vous croirez que j'ai deux volontés ; vous croirez que le Saint-Esprit procède du Père et du Fils ; vous croirez à la transsubstantiation ; vous croirez qu'on peut résister à la grâce efficace, et qu'on n'y résiste pas. »

Il n'y a rien, en un mot, dans l'Évangile, qui ait le moindre rapport aux dogmes chrétiens. Dieu voulut que ses disciples et les disciples de ses disciples les annonçassent, les expliquassent dans la suite des siècles ; mais Jésus n'a jamais dit un mot ni sur ces dogmes alors inconnus, ni sur les contestations qu'ils excitèrent longtemps après lui.

Il a parlé de faux prophètes comme tous ses prédécesseurs : « Gardez-vous, disait-il, des faux prophètes[1] ; » mais est-ce là désigner, spécifier les contestations théologiques, les hérésies sur des points de fait ? Bossuet abuse ici visiblement des mots ; cela n'est pardonnable qu'à Calmet, et à de pareils commentateurs.

D'où vient que Bossuet en a imposé si hardiment ? d'où vient que personne n'a relevé cette infidélité ? C'est qu'il était bien sûr que sa nation ne lirait que superficiellement sa belle déclamation universelle ; et que les ignorants le croiraient sur sa parole, parole éloquente et quelquefois trompeuse.

CHAP. III. — *De l'*HISTOIRE ECCLÉSIASTIQUE *de Fleury.*

J'ai vu une statue de boue dans laquelle l'artiste avait mêlé quelques feuilles d'or ; j'ai séparé l'or, et j'ai jeté la boue. Cette statue est l'*Histoire ecclésiastique* compilée par Fleury, ornée de quelques discours détachés dans lesquels on voit briller des traits de liberté et de vérité, tandis que le corps de l'histoire est souillé de contes qu'une vieille femme rougirait de répéter aujourd'hui.

C'est un Théodore dont on changea le nom en celui de Grégoire Thaumaturge, qui, dans sa jeunesse, étant pressé publiquement par une fille de joie de lui payer l'argent de leurs rendez-vous vrais ou faux, lui fait entrer le diable dans le corps pour son salaire.

Saint Jean et la sainte Vierge viennent ensuite lui expliquer les mystères du christianisme. Dès qu'il est instruit, il écrit une lettre au diable, la met sur un autel païen ; la lettre est rendue à son adresse, et le diable fait ponctuellement ce que Grégoire lui a commandé. Au sortir de là il fait marcher des pierres comme Amphion. Il est pris pour juge par deux frères qui se disputaient un étang ; et pour les mettre d'accord il fait disparaître l'étang ; il se change en arbre comme Protée ; il rencontre un charbonnier nommé Alexandre, et le fait évêque : voilà probablement l'origine de la foi du charbonnier.

C'est un saint Romain que l'empereur Dioclétien fait jeter au feu. Des Juifs, qui étaient présents, se moquent de saint Romain, et disent que leur Dieu délivra des flammes Sidrac, Misac et Abdénago, mais que le petit saint Romain ne sera pas délivré par le dieu des chrétiens. Aus-

[1] Matthieu, VII, 15. (ÉD.)

sitôt il tombe une grande pluie qui éteint le bûcher à la honte des Juifs. Le juge irrité condamne saint Romain à perdre la langue (apparemment pour s'en être servi à demander de la pluie). Un médecin de l'empereur, nommé Ariston, qui se trouvait là, coupe aussitôt la langue de saint Romain jusqu'à la racine. Dès que le jeune homme, qui était né bègue, eut la langue coupée, il se met à parler avec une volubilité inconcevable. « Il faut que vous soyez bien maladroit, dit l'empereur au médecin, et que vous ne sachiez pas couper des langues. » Ariston soutient qu'il a fait l'opération à merveille, et que Romain devrait en être mort au lieu de tant parler. Pour le prouver, il prend un passant, lui coupe la langue, et le passant meurt.

C'est un cabaretier chrétien nommé Théodote, qui prie Dieu de faire mourir sept vierges chrétiennes de soixante et dix ans chacune, condamnées à coucher avec les jeunes gens de la ville d'Ancyre. L'abbé Fleury devait au moins s'apercevoir que les jeunes gens étaient plus condamnés qu'elles. Quoi qu'il en soit, saint Théodote prie Dieu de faire mourir les sept vierges ; Dieu lui accorde sa demande. Elles sont noyées dans un lac : saint Théodote vient les repêcher, aidé d'un cavalier céleste qui court devant lui. Après quoi il a le plaisir de les enterrer, ayant, en qualité de cabaretier, enivré les soldats qui les gardaient.

Tout cela se trouve dans le second tome de l'*Histoire* de Fleury, et tous ses volumes sont remplis de pareils contes. Est-ce pour insulter au genre humain, j'oserais presque dire pour insulter à Dieu même, que le confesseur d'un roi a osé écrire ces détestables absurdités ? Disait-il en secret à son siècle : « Tous mes contemporains sont imbéciles, ils me liront, et ils me croiront ? » ou bien disait-il : « Les gens du monde ne me liront pas, les dévotes imbéciles me liront superficiellement, et c'en est assez pour moi ? »

Enfin l'auteur des discours peut-il être l'auteur de ces honteuses niaiseries ? voulait-il, attaquant les usurpations papales dans ses discours, persuader qu'il était bon catholique, en rapportant des inepties qui déshonorent la religion ? Disons, pour sa justification, qu'il les rapporte comme il les a trouvées, et qu'il ne dit jamais qu'il les croit. Il savait trop que des absurdités monacales ne sont pas des articles de foi ; et que la religion consiste dans l'adoration de Dieu, dans une vie pure, dans les bonnes œuvres, et non dans une crédulité imbécile pour des sottises du Pédagogue chrétien. Enfin il faut pardonner au savant Fleury d'avoir payé ce tribut honteux. Il a fait une assez belle amende honorable par ses discours.

L'abbé de Longuerue dit que lorsque Fleury commença à écrire l'histoire ecclésiastique, il la savait fort peu [1]. Sans doute il s'instruisit en travaillant, et cela est très-ordinaire ; mais, ce qui n'est pas ordinaire, c'est de faire des discours aussi politiques et aussi sensés après avoir écrit tant de sottises. Aussi qu'est-il arrivé ? on a condamné à Rome ses excellents discours [2], et on y a très-bien accueilli ses stupi-

---

1. *Longueruana*, page 111 de la deuxième partie. (ÉD.)
2. La cour de Rome mit à l'*Index*, le 21 avril 1693, l'*Institution au droit*

dités ; quand je dis qu'elles y sont bien accueillies, ce n'est pas qu'elles y soient lues, car on ne lit point à Rome.

CHAP. — IV. *De l'histoire juive.*

C'est une grande question parmi plusieurs théologiens, si les livres purement historiques des Juifs ont été inspirés ; car, pour les livres de précepte, et pour les prophéties, il n'est point de chrétien qui en doute, et les prophètes eux-mêmes disent tous qu'ils écrivent au nom de Dieu ; ainsi on ne peut s'empêcher de les croire sur leur parole sans une grande impiété : mais il s'agit de savoir si Dieu a été réellement dans tous les temps l'historien du peuple juif.

Leclerc et d'autres théologiens de Hollande prétendent qu'il n'était pas même nécessaire que Dieu daignât dicter toutes les annales hébraïques, et qu'il abandonna cette partie à la science et à la foi humaine. Grotius, Simon, Dupin, ne s'éloignent pas de ce sentiment. Ils pensent que Dieu disposa seulement l'esprit des écrivains à n'annoncer que la vérité.

On ne connaît point les auteurs du livre des *Juges*, ni de ceux des *Rois* et des *Paralipomènes*. Les premiers écrivains hébreux citent d'ailleurs d'autres livres qui ont été perdus, comme celui des *Guerres du Seigneur*[1], le *Droiturier* ou le *Livre des Justes*[2], celui des *Jours de Salomon*[3], et ceux des *Annales des rois d'Israël et de Juda*[4]. Il y a surtout des textes qu'il est difficile de concilier : par exemple, on voit dans le *Pentateuque*[5] que les Juifs sacrifièrent dans le désert au Seigneur et que leur seule idolâtrie fut celle du veau d'or ; cependant il est dit dans Jérémie[6], dans Amos[7], et dans les discours de saint Étienne[8], qu'ils adorèrent pendant quarante ans le dieu Moloch et le dieu Remphan, et qu'ils ne sacrifièrent point au Seigneur.

Il n'est pas aisé de comprendre comment Dieu dicta l'histoire des rois de Juda et d'Israël, puisque les rois d'Israël étaient hérétiques, et que, même quand les Hébreux voulurent avoir des rois, Dieu leur déclara expressément, par la bouche de son prophète Samuel, que c'est[9] rejeter Dieu que d'obéir à des monarques ; or plusieurs savants ont été étonnés que Dieu voulût être l'historien d'un peuple qui avait renoncé à être gouverné par lui.

Quelques critiques trop hardis ont demandé si Dieu peut avoir dicté que le premier roi Saül remporta une victoire à la tête de trois cent trente mille hommes[10], puisqu'il est dit qu'il n'y avait que deux épées[11]

ecclésiastique, par Fleury ; le 1ᵉʳ avril 1728, son *Catéchisme historique* (*donec corrigatur*). Mais le *Neuvième Discours*, mis à l'index le 13 février 1725, n'est pas de Fleury. (*Note de M. Beuchot.*)

1. *Nomb.*, chap. XXI, v. 14. — 2. *Josué*, chap. X, v. 13 ; et II des *Rois*, I, 13. — 3. III des *Rois*, ch. XI, v. 41. — 4. *Id.*, chap. XIV, v. 19, 29, et ailleurs.
5. *Exode*, chap. XXII. (Éd.) — 6. III des *Rois*, chap. XXXII, v. 35.
7. Ch. V, v. 26. — 8. *Act. des Apôt.*, chap. VII, v. 43.
9. Iᵉʳ des *Rois*, chap. X, v. 19. — 10. *Id.*, *ibid.* chap. XI, v. 8.
11. *Id. ibid.* chap. XIII, v. 20, 22.

dans toute la nation, et qu'ils étaient obligés d'aller chez les Philistins pour faire aiguiser leurs cognées et leurs serpettes;

Si Dieu peut avoir dicté que David, qui était selon son cœur[1], se mit à la tête de quatre cents brigands chargés de dettes[2];

Si David peut avoir commis tous les crimes que la raison, peu éclairée par la foi, ose lui reprocher;

Si Dieu a pu dicter les contradictions qui se trouvent entre l'histoire des *Rois* et les *Paralipomènes*.

On a encore prétendu que l'histoire des *Rois* ne contenant que des événements sans aucune instruction, et même beaucoup de crimes, il ne paraissait pas digne de l'Être éternel d'écrire ces événements et ces crimes. Mais nous sommes bien loin de vouloir descendre dans cet abîme théologique : nous respectons, comme nous le devons, sans examen, tout ce que la synagogue et l'Église chrétienne ont respecté.

Qu'il nous soit seulement permis de demander pourquoi les Juifs, qui avaient une si grande horreur pour les Égyptiens, prirent pourtant toutes les coutumes égyptiennes; la circoncision, les ablutions, les jeûnes, les robes de lin, le bouc émissaire, la vache rousse, le serpent d'airain, et cent autres usages?

Quelle langue parlaient-ils dans le désert? Il est dit au psaume LXXX[3] qu'ils n'entendirent pas l'idiome qu'on parlait au delà de la mer Rouge. Leur langage, au sortir de l'Égypte, était-il égyptien? Mais pourquoi ne retrouve-t-on, dans les caractères dont ils se servent, aucune trace des caractères d'Égypte? Pourquoi aucun mot égyptien dans leur patois mêlé de tyrien, d'azotien et de syriaque corrompu?

Quel était le pharaon sous lequel ils s'enfuirent? Était-ce l'Éthiopien Actisan dont il est dit dans Diodore de Sicile qu'il bannit une troupe de voleurs vers le mont Sina, après leur avoir fait couper le nez?

Quel prince régnait à Tyr lorsque les Juifs entrèrent dans le pays de Canaan? le pays de Tyr et de Sidon était-il alors une république ou une monarchie?

D'où vient que Sanchoniathon, qui était de Phénicie, ne parle point des Hébreux? S'il en avait parlé, Eusèbe, qui rapporte des pages entières de Sanchoniathon, n'aurait-il pas fait valoir un si glorieux témoignage en faveur de la nation hébraïque?

Pourquoi, ni dans les monuments qui nous restent de l'Égypte, ni dans le *Shasta* et dans le *Veidam* des Indiens, ni dans les *Cinq Kings* des Chinois, ni dans les lois de Zoroastre, ni dans aucun ancien auteur grec, ne trouve-t-on aucun des noms des premiers patriarches juifs, qui sont la source du genre humain?

Comment Noé, le restaurateur de la race des hommes, dont les enfants se partagèrent tout l'hémisphère, a-t-il été absolument inconnu dans cet hémisphère?

Comment Énoch, Seth, Caïn, Abel, Ève, Adam, le premier homme, ont-ils été partout ignorés, excepté dans la nation juive?

1. Ier des *Rois*, chap. XIII, v. 14. — 2. *Id., ibid.*, chap. XXII, v. 2.
3. Verset 6.

On pourrait faire ces questions et mille autres encore plus embarrassantes, si les livres des Juifs étaient, comme les autres, un ouvrage des hommes ; mais étant d'une nature entièrement différente, ils exigent la vénération, et ne permettent aucune critique. Le champ du pyrrhonisme est ouvert pour tous les autres peuples, mais il est fermé pour les Juifs. Nous sommes à leur égard comme les Égyptiens, qui étaient plongés dans les plus épaisses ténèbres de la nuit[1], tandis que les Juifs jouissaient du plus beau soleil dans la petite contrée de Gessen.

Ainsi n'admettons nul doute sur l'histoire du peuple de Dieu, tout y est mystère et prophétie, parce que ce peuple est le précurseur des chrétiens. Tout y est prodige, parce que c'est Dieu qui est à la tête de cette nation sacrée : en un mot, l'histoire juive est celle de Dieu même, et n'a rien de commun avec la faible raison de tous les peuples de l'univers. Il faut, quand on lit l'Ancien et le Nouveau Testament, commencer par imiter le P. Canaye.

Chap. V. — *Des Égyptiens.*

Comme l'histoire des Égyptiens n'est pas celle de Dieu, il est permis de s'en moquer. On l'a déjà fait avec succès sur ses dix-huit mille villes, et sur Thèbes aux cent portes, par lesquelles sortait un million de soldats, ce qui supposait cinq millions d'habitants dans la ville, tandis que l'Égypte entière ne contient aujourd'hui que trois millions d'âmes.

Presque tout ce qu'on raconte de l'ancienne Égypte a été écrit apparemment avec une plume tirée de l'aile du phénix, qui venait se brûler tous les cinq cents ans dans le temple d'Hiéropolis[2] pour y renaître.

Les Égyptiens adoraient-ils en effet des bœufs, des boucs, des crocodiles, des singes, des chats, et jusqu'à des oignons ? Il suffit qu'on l'ait dit une fois pour que mille copistes l'aient redit en vers et en prose. Le premier qui fit tomber tant de nations en erreur sur les Égyptiens est Sanchoniathon, le plus ancien auteur que nous ayons parmi ceux dont les Grecs nous ont conservé des fragments. Il était voisin des Hébreux, et incontestablement plus ancien que Moïse, puisqu'il ne parle pas de ce Moïse, et qu'il aurait fait mention, sans doute, d'un si grand homme et de ses épouvantables prodiges, s'il fût venu après lui, ou s'il avait été son contemporain.

Voici comme il s'exprime : « Ces choses sont écrites dans l'histoire du monde de Thaut et dans ses mémoires : mais ces premiers hommes consacrèrent des plantes et des productions de la terre ; ils leur attribuèrent la divinité ; ils révérèrent les choses qui les nourrissaient ; ils leur offrirent leur boire et leur manger, cette religion étant conforme à la faiblesse de leurs esprits. »

Il est très-remarquable que Sanchoniathon, qui vivait avant Moïse, cite les livres de Thaut, qui avaient huit cents ans d'antiquité ; mais il

---

1. *Exode* x, 22-23. (ÉD.) — 2. Héliopolis. (ÉD.)

est plus remarquable encore que Sanchoniathon s'est trompé, en disant que les Egyptiens adoraient des oignons : ils ne les adoraient certainement pas, puisqu'ils les mangeaient.

Cicéron, qui vivait dans le temps où César conquit l'Égypte, dit, dans son livre de la divination, « qu'il n'y a point de superstition que les hommes n'aient embrassée, mais qu'il n'est encore aucune nation qui se soit avisée de manger ses dieux. »

De quoi se seraient nourris les Égyptiens, s'ils avaient adoré tous les bœufs et tous les oignons? L'auteur de l'*Essai sur les mœurs et l'esprit des nations* a dénoué le nœud de cette difficulté, en disant qu'il faut faire une grande différence entre un oignon consacré et un oignon dieu. Le bœuf Apis était consacré; mais les autres bœufs étaient mangés par les prêtres et par tout le peuple.

Une ville d'Égypte avait consacré un chat, pour remercier les dieux d'avoir fait naître des chats qui mangent les souris. Diodore de Sicile rapporte que les Égyptiens égorgèrent de son temps un Romain qui avait eu le malheur de tuer un chat par mégarde. Il est très-vraisemblable que c'était le chat consacré. Je ne voudrais pas tuer une cigogne en Hollande. On y est persuadé qu'elles portent bonheur aux maisons sur le toit desquelles elles se perchent. Un Hollandais de mauvaise humeur me ferait payer cher sa cigogne.

Dans un nome d'Égypte voisin du Nil il y avait un crocodile sacré. C'était pour obtenir des dieux que les crocodiles mangeassent moins de petits enfants. Origène, qui vivait dans Alexandrie, et qui devait être bien instruit de la religion du pays, s'exprime ainsi dans sa réponse à Celse, au liv. III : « Nous n'imitons point les Égyptiens dans le culte d'Isis et d'Osiris; nous n'y joignons point Minerve comme ceux du nom de Saïs. » Il dit dans un autre endroit : « Ammon ne souffre pas que les habitants de la ville d'Apis, vers la Libye, mangent des vaches. » Il est clair, par ces passages, qu'on adorait Isis et Osiris.

Il dit encore : « Il n'y aurait rien de mauvais à s'abstenir des animaux utiles aux hommes; mais épargner un crocodile, l'estimer consacré à je ne sais quelle divinité, n'est-ce pas une extrême folie? »

Il est évident, par tous ces passages, que les prêtres, les choens d'Égypte, adoraient des dieux et non pas des bêtes. Ce n'est que les manœuvres et les blanchisseuses ne pussent très-bien prendre pour une divinité la bête consacrée. Il se peut même que des dévotes de cour, encouragées dans leur zèle par quelques théologiens d'Égypte, aient cru le bœuf Apis un dieu, lui aient fait des neuvaines, et qu'il y ait eu des hérésies.

Voyez ce qu'en dit l'auteur de la *Philosophie de l'Histoire*[1].

Le monde est vieux, mais l'histoire est d'hier. Celle que nous nommons *ancienne*, et qui est en effet très-récente, ne remonte guère qu'à quatre ou cinq mille ans : nous n'avons, avant ce temps, que quelques probabilités; elles nous ont été transmises dans les annales des brachmanes, dans la chronique chinoise, dans l'histoire d'Hérodote. Les an-

---

1. *Rites égyptiens, Essai sur les Mœurs*, etc.

ciennes chroniques chinoises ne regardent que cet empire séparé du reste du monde. Hérodote, plus intéressant pour nous, parle de la terre alors connue. En récitant aux Grecs les neuf livres de son histoire, il les enchanta par la nouveauté de cette entreprise, par le charme de sa diction, et surtout par les fables.

CHAP. VI. — *De l'histoire d'Hérodote.*

Presque tout ce qu'il raconte sur la foi des étrangers est fabuleux, mais tout ce qu'il a vu est vrai. On apprend de lui, par exemple, quelle extrême opulence et quelle splendeur régnaient dans l'Asie mineure, aujourd'hui, dit-on, pauvre et dépeuplée. Il a vu à Delphes les présents d'or prodigieux que les rois de Lydie avaient envoyés au temple; et il parle à des auditeurs qui connaissaient Delphes comme lui. Or quel espace de temps a dû s'écouler avant que les rois de Lydie eussent pu amasser assez de trésors superflus pour faire des présents si considérables à un temple étranger!

Mais quand Hérodote rapporte les contes qu'il a entendus, son livre n'est plus qu'un roman qui ressemble aux fables milésiennes.

C'est un Candaule qui montre sa femme toute nue à son ami Gygès; c'est cette femme qui, par modestie, ne laisse à Gygès que le choix de tuer son mari, d'épouser la veuve, ou de périr.

C'est un oracle de Delphes qui devine que, dans le même temps qu'il parle, Crésus, à cent lieues de là, fait cuire une tortue dans un plat d'airain.

C'est dommage que Rollin, d'ailleurs estimable, répète tous les contes de cette espèce. Il admire la science de l'oracle et la véracité d'Apollon, ainsi que la pudeur de la femme du roi Candaule; et, à ce sujet, il propose à la police d'empêcher les jeunes gens de se baigner dans la rivière. Le temps est si cher, et l'histoire si immense, qu'il faut épargner aux lecteurs de telles fables et de telles moralités.

L'histoire de Cyrus est toute défigurée par des traditions fabuleuses. Il y a grande apparence que ce Kiro ou Cosrou, qu'on nomme Cyrus, à la tête des peuples guerriers d'Élam, conquit en effet Babylone amollie par les délices. Mais on ne sait pas seulement quel roi régnait alors à Babylone; les uns disent Balthazar; les autres, Anaboth. Hérodote fait tuer Cyrus dans une expédition contre les Massagètes. Xénophon, dans son roman moral et politique[1], le fait mourir dans son lit.

On ne sait autre chose, dans ces ténèbres de l'histoire, sinon qu'il y avait depuis très-longtemps de vastes empires et des tyrans, dont la puissance était fondée sur la misère publique; que la tyrannie était parvenue jusqu'à dépouiller les hommes de leur virilité, pour s'en servir à d'infâmes plaisirs au sortir de l'enfance, et pour les employer, dans leur vieillesse, à la garde des femmes; que la superstition gouvernait les hommes; qu'un songe était regardé comme un avis du ciel et qu'il décidait de la paix et de la guerre, etc.

1. La *Cyropédie*. (ÉD.)

A mesure qu'Hérodote, dans son histoire, se rapproche de son temps, il est mieux instruit et plus vrai. Il faut avouer que l'histoire ne commence pour nous qu'aux entreprises des Perses contre les Grecs. On ne trouve, avant ces grands événements, que quelques récits vagues, enveloppés de contes puérils. Hérodote devient le modèle des historiens, quand il décrit ces prodigieux préparatifs de Xerxès pour aller subjuguer la Grèce et ensuite l'Europe. Il exagère sans doute le nombre de ses soldats; mais il les mène avec une exactitude géographique de Suse jusqu'à la ville d'Athènes. Il nous apprend comment étaient armés tant de peuples différents que ce monarque traînait après lui : aucun n'est oublié, du fond de l'Arabie et de l'Égypte jusqu'au delà de la Bactriane; et de l'extrémité septentrionale de la mer Caspienne, pays alors habité par des peuples puissants, et aujourd'hui par des Tartares vagabonds. Toutes les nations, depuis le Bosphore de Thrace jusqu'au Gange, sont sous ses étendards.

On voit avec étonnement que ce prince possédait plus de terrain que n'en eut l'empire romain. Il avait tout ce qui appartient aujourd'hui au Grand-Mogol en deçà du Gange, toute la Perse, et tout le pays des Usbecks, tout l'empire des Turcs, si vous en exceptez la Romanie; mais, en récompense, il possédait l'Arabie. On voit par l'étendue de ses États quel est le tort des déclamateurs en vers et en prose de traiter de fou Alexandre, vengeur de la Grèce, pour avoir subjugué l'empire de l'ennemi des Grecs. Il alla en Égypte, à Tyr, et dans l'Inde, mais il le devait; et Tyr, l'Égypte et l'Inde appartenaient à la puissance qui avait ravagé la Grèce.

Chap. VII. — *Usage qu'on peut faire d'Hérodote.*

Hérodote eut le même mérite qu'Homère; il fut le premier historien, comme Homère le premier poëte épique, et tous deux saisirent les beautés propres d'un art qu'on croit inconnu avant eux. C'est un spectacle admirable dans Hérodote que cet empereur de l'Asie et de l'Afrique, qui fait passer son armée immense sur un pont de bateaux d'Asie en Europe; qui prend la Thrace, la Macédoine, la Thessalie, l'Achaïe supérieure, et qui entre dans Athènes abandonnée et déserte. On ne s'attend point que les Athéniens, sans ville, sans territoire, réfugiés sur leurs vaisseaux avec quelques autres Grecs, mettront en fuite la nombreuse flotte du grand roi; qu'ils rentreront chez eux en vainqueurs; qu'ils forceront Xerxès à ramener ignominieusement les débris de son armée; et qu'ensuite ils lui défendront, par un traité, de naviguer sur leurs mers. Cette supériorité d'un petit peuple généreux, libre, sur toute l'Asie esclave, est peut-être ce qu'il y a de plus glorieux chez les hommes. On apprend aussi par cet événement que les peuples de l'Occident ont toujours été meilleurs marins que les peuples asiatiques. Quand on lit l'histoire moderne, la victoire de Lépante fait souvenir de celle de Salamine; et on compare don Juan d'Autriche et Colonne à Thémistocle et à Eurybiade. Voilà peut-être le seul fruit qu'on peut tirer de la connaissance de ces temps reculés.

Il est toujours bien hardi de vouloir pénétrer dans les desseins de Dieu; mais cette témérité est mêlée d'un grand ridicule quand on veut prouver que le Dieu de tous les peuples de la terre, et de toutes les créatures des autres globes, ne s'occupait des révolutions de l'Asie, et qu'il n'envoyait lui-même tant de conquérants les uns après les autres qu'en considération du petit peuple juif; tantôt pour l'abaisser, tantôt pour le relever, toujours pour l'instruire, et que cette petite horde opiniâtre et rebelle était le centre et l'objet des révolutions de la terre.

Si le conquérant mémorable, qu'on a nommé Cyrus, se rend maître de Babylone, c'est uniquement pour donner à quelques Juifs la permission d'aller chez eux. Si Alexandre est vainqueur de Darius, c'est pour établir des fripiers juifs dans Alexandrie. Quand les Romains joignent la Syrie à leur vaste domination, et englobent le pays de Judée dans leur empire, c'est encore pour instruire les Juifs. Les Arabes et les Turcs ne sont venus que pour corriger ce peuple. Il faut avouer qu'il a eu une excellente éducation; jamais on n'eut tant de précepteurs, et jamais on n'en profita si mal.

On serait aussi bien reçu à dire que Ferdinand et Isabelle ne réunirent les provinces d'Espagne que pour chasser une partie des Juifs, et pour brûler l'autre; que les Hollandais n'ont secoué le joug du tyran Philippe II que pour avoir dix mille Juifs dans Amsterdam; et que Dieu n'a établi le chef visible de l'Église catholique au Vatican que pour y entretenir des synagogues moyennant finance. Nous savons bien que la Providence s'étend sur toute la terre; mais c'est par cette raison-là même qu'elle n'est pas bornée à un seul peuple.

CHAP. VIII. — *De Thucydide.*

Revenons aux Grecs. Thucydide, successeur d'Hérodote, se borne à nous détailler l'histoire de la guerre du Péloponèse, pays qui n'est pas plus grand qu'une province de France ou d'Allemagne, mais qui a produit des hommes en tout genre dignes d'une réputation immortelle: et comme si la guerre civile, le plus horrible des fléaux, ajoutait un nouveau feu et de nouveaux ressorts à l'esprit humain, c'est dans ce temps que tous les arts florissaient en Grèce. C'est ainsi qu'ils commencent à se perfectionner ensuite à Rome dans d'autres guerres civiles du temps de César, et qu'ils renaissent encore, dans notre XVe et XVIe siècle de l'ère vulgaire, parmi les troubles de l'Italie.

CHAP. IX. — *Époque d'Alexandre.*

Après cette guerre du Péloponèse, décrite par Thucydide, vient le temps célèbre d'Alexandre, prince digne d'être élevé par Aristote, qui fonde beaucoup plus de villes que les autres conquérants n'en ont détruit, et qui change le commerce de l'univers.

De son temps et de celui de ses successeurs florissait Carthage; et la république romaine commençait à fixer sur elle les regards des nations. Tout le Nord et l'Occident sont ensevelis dans la barbarie. Les Celtes, les Germains, tous les peuples du Nord, sont inconnus.

Si Quinte-Curce n'avait pas défiguré l'histoire d'Alexandre par mille fables, que de nos jours tant de déclamateurs ont répétées, Alexandre serait le seul héros de l'antiquité dont on aurait une histoire véritable. On ne sort point d'étonnement quand on voit des historiens latins, venus quatre cents ans après lui, faire assiéger par Alexandre des villes indiennes auxquelles ils ne donnent que des noms grecs, et dont quelques-unes n'ont jamais existé.

Quinte-Curce, après avoir placé le Tanaïs au delà de la mer Caspienne, ne manque pas de dire que le Gange, en se détournant vers l'orient, porte, aussi bien que l'Indus, ses eaux dans la mer Rouge, qui est à l'occident. Cela ressemble au discours de Trimalcion[1], qui dit qu'il a chez lui une Niobé enfermée dans le cheval de Troie; et qu'Annibal, au sac de Troie, ayant pris toutes les statues d'or et d'argent, en fit l'airain de Corinthe.

On suppose qu'il assiége une ville nommée Ara, près du fleuve Indus, et non loin de sa source. C'est tout juste le grand chemin de la capitale de l'empire, à huit cents milles du pays où l'on prétend que séjournait Porus, comme le disent aussi nos missionnaires.

Après cette petite excursion sur l'Inde, dans laquelle Alexandre porta ses armes par le même chemin que le Sha-Nadir prit de nos jours, c'est-à-dire par la Perse et le Candahar, continuons l'examen de Quinte-Curce.

Il lui plaît d'envoyer une ambassade des Scythes à Alexandre sur les bords du fleuve Jaxartes. Il leur met dans la bouche une harangue telle que les Américains auraient dû la faire aux premiers conquérants espagnols. Il peint ces Scythes comme des hommes paisibles et justes, tout étonnés de voir un voleur grec venu de si loin pour subjuguer des peuples que leurs vertus rendaient indomptables. Il ne songe pas que ces Scythes invincibles avaient été subjugués par les rois de Perse. Ces mêmes Scythes, si paisibles et si justes, se contredisent bien honteusement dans la harangue de Quinte-Curce; ils avouent qu'ils ont porté le fer et la flamme jusque dans la Haute-Asie. Ce sont, en effet, ces mêmes Tartares qui, joints à tant de hordes du Nord, ont dévasté si longtemps l'univers connu, depuis la Chine jusqu'au mont Atlas.

Toutes ces harangues des historiens seraient fort belles dans un poëme épique où l'on aime fort les prosopopées. Elles sont l'apanage de la fiction, et c'est malheureusement ce qui fait que les histoires en sont remplies; l'auteur se met, sans façon, à la place de son héros.

Quinte-Curce fait écrire une lettre par Alexandre à Darius. Le héros de la Grèce dit dans cette lettre que *le monde ne peut souffrir deux soleils ni deux maîtres*. Rollin trouve, avec raison, qu'il y a plus d'enflure que de grandeur dans cette lettre. Il pouvait ajouter qu'il y a encore plus de sottise que d'enflure. Mais Alexandre l'a-t-il écrite?

---

1. Dans la satire de Pétrone. (ÉD.)

c'est là ce qu'il fallait examiner. Il n'appartient qu'à don Japhet d'Arménie, le fou de Charles-Quint, de dire que

Deux soleils, dans un lieu trop étroit,
Rendraient trop excessif le contraire du froid [1].

Mais Alexandre était-il un don Japhet d'Arménie?

Un traducteur pincé [2] de l'énergique Tacite, ne trouvant point dans cet historien la lettre de Tibère au sénat contre Séjan, s'avise de la donner de sa tête, et de se mettre à la fois à la place de l'empereur et de Tacite. Je sais que Tite Live prête souvent des harangues à ses héros : quel a été le but de Tite Live ? de montrer de l'esprit et de l'éloquence. Je lui dirais volontiers : « Si tu veux haranguer, va plaider devant le sénat de Rome; si tu veux écrire l'histoire, ne nous dis que la vérité. »

N'oublions pas la prétendue Thalestris, reine des Amazones, qui vint trouver Alexandre pour le prier de lui faire un enfant. Apparemment le rendez-vous fut donné sur les bords du prétendu Tanaïs.

CHAP. X. — Des villes sacrées.

Ce qu'il eût fallu bien remarquer dans l'histoire ancienne, c'est que toutes les capitales, et même plusieurs villes médiocres, furent appelées *sacrées*, *villes de Dieu*. La raison en est qu'elles étaient fondées sous les auspices de quelque dieu protecteur.

Babylone signifiait la *ville de Dieu*, du père Dieu. Combien de villes dans la Syrie, dans la Parthie, dans l'Arabie, dans l'Égypte, n'eurent point d'autre nom que celui de *ville sacrée!* Les Grecs les appelèrent *Diospolis*, *Hierapolis*, en traduisant leur nom exactement. Il y avait même jusqu'à des villages, jusqu'à des collines sacrées, Hieracome, Hierabolis, Hierapetra.

Les forteresses, surtout Hieragherma [3], étaient habitées par quelque dieu.

Ilion, la citadelle de Troie, était toute divine; elle fut bâtie par Neptune. Le palladium lui assurait la victoire sur tous ses ennemis. La Mecque, devenue si fameuse, plus ancienne que Troie, était sacrée. Aden ou Éden, sur le bord méridional de l'Arabie, était aussi sacrée que la Mecque, et plus antique.

Chaque ville avait ses oracles, ses prophéties, qui lui promettaient une durée éternelle, un empire éternel, des prospérités éternelles; et toutes furent trompées.

Outre le nom particulier que chaque métropole s'était donné, et auquel elle joignait toujours les épithètes de divin, de sacré, elles avaient un nom secret, et plus sacré encore, qui n'était connu que d'un petit nombre de prêtres, auxquels il n'était permis de le prononcer que dans d'extrêmes dangers, de peur que ce nom, connu des ennemis, ne fût

---

1. Scarron, *Don Japhet d'Arménie*, acte I, scène II. (Éd.)
2. L'abbé de La Bletterie. (Éd.)
3. Ville de l'ancienne Mysie, et dont la position se retrouve, suivant Danville, dans un lieu nommé aujourd'hui Ghermasti. (Note de M. Beuchot.)

invoqué par eux, ou qu'ils ne l'employassent à quelque conjuration, ou qu'ils ne s'en servissent pour engager le dieu tutélaire à se déclarer contre la ville.

Macrobe nous dit que le secret fut si bien gardé chez les Romains, que lui-même n'avait pu le découvrir. L'opinion qui lui paraît la plus vraisemblable est que ce nom était *Ops consivia*[1]: Angelo Poliziano prétend que ce nom était Amaryllis; mais il en faut croire plutôt Macrobe qu'un étranger du XVIᵉ siècle.

Les Romains ne furent pas plus instruits du nom secret de Carthage, que les Carthaginois de celui de Rome. On nous a seulement conservé l'évocation secrète prononcée par Scipion contre Carthage : « S'il est un dieu ou une déesse qui ait pris sous sa protection le peuple et la ville de Carthage, je vous vénère, je vous demande pardon, je vous prie de quitter Carthage, ses places, ses temples; de leur laisser la crainte, la terreur, et le vertige, et de venir à Rome avec moi et les miens. Puissent nos temples, nos sacrifices, notre ville, notre peuple, nos soldats, vous être plus agréables que ceux de Carthage! Si vous en usez ainsi, je vous promets des temples et des jeux. »

Le *dévouement* des villes ennemies était encore d'un usage très-ancien. Il ne fut point inconnu aux Romains. Ils *dévouèrent* en Italie, Véies, Fidène, Gabie, et d'autres villes; hors de l'Italie, Carthage et Corinthe : ils *dévouèrent* même quelquefois des armées. On invoquait dans ces *dévouements* Jupiter, en élevant la main droite au ciel, et la déesse Tellus en posant la main à terre.

C'était l'empereur seul, c'est-à-dire le général d'armée ou le dictateur, qui faisait la cérémonie du *dévouement*; il priait les dieux d'envoyer *la fuite, la crainte, la terreur*, etc.; et il promettait d'immoler trois brebis noires.

Il semble que les Romains aient pris ces coutumes des anciens Étrusques, les Étrusques des Grecs, et les Grecs des Asiatiques. Il n'est pas étonnant qu'on en trouve tant de traces chez le peuple juif.

Outre la ville sacrée de Jérusalem, ils en avaient encore plusieurs autres; par exemple, Lydda, parce qu'il y avait une école de rabbins. Samarie se regardait aussi comme une ville sainte. Les Grecs donnèrent aussi à plusieurs villes le nom de *Sébastos, auguste, sacrée*.

CHAP. XI. — *Des autres peuples nouveaux.*

La Grèce et Rome sont des républiques nouvelles en comparaison des Chaldéens, des Indiens, des Chinois, des Égyptiens.

L'histoire de l'empire romain est ce qui mérite le plus notre attention, parce que les Romains ont été nos maîtres et nos législateurs. Leurs lois sont encore en vigueur dans la plupart de nos provinces: leur langue se parle encore; et, longtemps après leur chute, elle a été la seule langue dans laquelle on rédigea les actes publics en Italie, en Allemagne, en Espagne, en France, en Angleterre, en Pologne.

Au démembrement de l'empire romain en Occident commence un

1. Macrobe, liv. III, ch. IX. (ÉD.)

nouvel ordre de choses, et c'est ce qu'on appelle *l'histoire du moyen âge*, histoire barbare des peuples barbares, qui, devenus chrétiens, n'en deviennent pas meilleurs.

Pendant que l'Europe est ainsi bouleversée, on voit paraître, au vii° siècle, les Arabes jusque-là renfermés dans leurs déserts. Ils étendent leur puissance et leur domination dans la Haute-Asie, dans l'Afrique, et envahissent l'Espagne : les Turcs leur succèdent, et établissent le siége de leur empire à Constantinople, au milieu du xv° siècle.

C'est sur la fin de ce siècle qu'un nouveau monde est découvert[1]; et bientôt après la politique de l'Europe et les arts prennent une forme nouvelle. L'art de l'imprimerie[2] et la restauration des sciences font qu'enfin on a quelques histoires assez fidèles, au lieu des chroniques ridicules renfermées dans les cloîtres depuis Grégoire de Tours. Chaque nation, dans l'Europe, a bientôt ses historiens. L'ancienne indigence se tourne en superflu ; il n'est point de ville qui ne veuille avoir son histoire particulière. On est accablé sous le poids des minuties. Un homme qui veut s'instruire est obligé de s'en tenir au fil des grands événements, d'écarter tous les petits faits particuliers qui viennent à la traverse ; il saisit dans la multitude des révolutions l'esprit des temps et des mœurs des peuples.

Il faut surtout s'attacher à l'histoire de sa patrie, l'étudier, la posséder, réserver pour elle les détails, et jeter une vue plus générale sur les autres nations : leur histoire n'est intéressante que par les rapports qu'elles ont avec nous, ou par les grandes choses qu'elles ont faites : les premiers âges depuis la chute de l'empire romain ne sont, comme on l'a remarqué ailleurs, que des aventures barbares sous des noms barbares, excepté le temps de Charlemagne. Et que d'obscurités encore dans cette grande époque !

L'Angleterre reste presque isolée jusqu'au règne d'Édouard III. Le Nord est sauvage jusqu'au xvi° siècle ; l'Allemagne est longtemps une anarchie. Les querelles des empereurs et des papes désolent six cents ans l'Italie; et il est difficile d'apercevoir la vérité à travers les passions des écrivains peu instruits qui ont donné des chroniques informes de ces temps malheureux.

La monarchie d'Espagne n'a qu'un événement sous les rois visigoths, et cet événement est celui de sa destruction. Tout est confusion jusqu'au règne d'Isabelle et de Ferdinand.

La France, jusqu'à Louis XI, est en proie à des malheurs obscurs, sous un gouvernement sans règle. Daniel, et après lui le président Hénault, ont beau prétendre que les premiers temps de la France sont plus intéressants que ceux de Rome, ils ne s'aperçoivent pas que les commencements d'un si vaste empire sont d'autant plus intéressants qu'ils sont plus faibles, et qu'on aime à voir la petite source d'un torrent qui a inondé près de la moitié de la terre.

1. En 1492. (Éd.)
2. L'invention de l'imprimerie en Europe est d'environ 1440. (Éd.)

Pour pénétrer dans le labyrinthe ténébreux du moyen âge, il faut le secours des archives, et on n'en a presque point. Quelques anciens couvents ont conservé des chartes, des diplômes, qui contiennent des donations dont l'autorité est très-suspecte. L'abbé de Longuerue dit que de quinze cents chartes il y en a mille de fausses, et qu'il ne garantit pas les autres.

Ce n'est pas là un recueil où l'on puisse s'éclairer sur l'histoire politique et sur le droit public de l'Europe.

L'Angleterre est de tous pays celui qui a, sans contredit, les archives les plus anciennes et les plus suivies. Ces actes, recueillis par Rymer, sous les auspices de la reine Anne, commencent avec le XII° siècle, et sont continués sans interruption jusqu'à nos jours. Ils répandent une grande lumière sur l'histoire de France : ils font voir, par exemple, que la Guienne appartenait au prince Noir, fils d'Édouard III, en souveraineté absolue, quand le roi de France Charles V la confisqua par un arrêt, et s'en empara par les armes. On y apprend quelles sommes considérables et quelle espèce de tribut paya Louis XI au roi Édouard IV, qu'il pouvait combattre, et combien d'argent la reine Élisabeth prêta à Henri le Grand pour l'aider à monter sur son trône, etc.

CHAP. XII. — *De quelques faits rapportés dans Tacite et dans Suétone.*

Je me suis dit quelquefois en lisant Tacite et Suétone : Toutes ces extravagances atroces imputées à Tibère, à Caligula, à Néron, sont-elles bien vraies ? Croirai-je, sur le rapport d'un seul homme qui vivait longtemps après Tibère, que cet empereur, presque octogénaire, qui avait toujours eu des mœurs décentes jusqu'à l'austérité, ne s'occupa, dans l'île de Caprée, que de débauches qui auraient fait rougir un jeune giton ? Serai-je bien sûr qu'il changea le trône du monde connu en un lieu de prostitution, tel qu'on n'en a jamais vu chez les jeunes gens les plus dissolus ? Est-il bien certain qu'il nageait dans ses viviers, suivi de petits enfants à la mamelle, qui savaient déjà nager aussi, qui le mordaient aux fesses, quoiqu'ils n'eussent pas encore de dents, et qui lui léchaient ses vieilles et dégoûtantes parties honteuses ? Croirai-je qu'il se fit entourer de *spinthriæ*, c'est-à-dire, de bandes des plus abandonnés débauchés, hommes et femmes, partagés trois à trois, une fille sous un garçon, et ce garçon sous un autre ?

Ces turpitudes abominables ne sont guère dans la nature. Un vieillard, un empereur épié de tout ce qui l'approche, et sur qui la terre entière porte des yeux d'autant plus attentifs qu'il se cache davantage, peut-il être accusé d'une infamie si inconcevable, sans des preuves convaincantes ? Quelles preuves rapporte Suétone ? aucune. Un vieillard peut avoir encore dans la tête des idées d'un plaisir que son corps lui refuse. Il peut tâcher d'exciter en lui les restes de sa nature languissante par des ressources honteuses, dont il serait au désespoir qu'il y eût un seul témoin. Il peut acheter les complaisances d'une prostituée *cui ore et manibus allaborandum est*[1], engagée elle-même au secret par sa propre infamie. Mais a-t-on jamais vu un vieux archevêque, un vieux roi, assembler une centaine de leurs domestiques, pour partager avec eux ces obscénités dégoûtantes, pour leur servir de jouet, pour être à leurs yeux l'objet le plus ridicule et le plus méprisable? On haïssait Tibère; et certes, si j'avais été citoyen romain, je l'aurais détesté lui et Octave, puisqu'ils avaient détruit ma république : on avait en exécration le dur et fourbe Tibère; et, puisqu'il s'était retiré à Caprée dans sa vieillesse, il fallait bien que ce fût pour se livrer aux plus indignes débauches : mais le fait est-il arrivé? J'ai entendu dire des choses plus horribles d'un très-grand prince[2] et de sa fille, je n'en ai jamais rien cru; et le temps a justifié mon incrédulité.

Les folies de Caligula sont-elles beaucoup plus vraisemblables? Que Caligula ait critiqué Homère et Virgile, je le croirai sans peine. Virgile et Homère ont des défauts. S'il a méprisé ces deux grands hommes, il y a beaucoup de princes qui, en fait de goût, n'ont pas le sens commun. Ce mal est très-médiocre : mais il ne faut pas inférer de là qu'il ait couché avec ses trois sœurs, et qu'il les ait prostituées à d'autres. De telles affaires de famille sont d'ordinaire fort secrètes. Je voudrais du moins que nos compilateurs modernes, en ressassant les horreurs romaines pour l'instruction de la jeunesse, se bornassent à dire modestement, *on rapporte, le bruit court, on prétendait à Rome, on soupçonnait*. Cette manière de s'énoncer me semble infiniment plus honnête et plus raisonnable.

Il est bien moins croyable encore que Caligula ait institué une de ses sœurs, Julia Drusilla, héritière de l'empire. La coutume de Rome ne permettait pas plus que la coutume de Paris de donner le trône à une femme.

Je pense bien que dans le palais de Caligula il y avait beaucoup de galanterie et de rendez-vous, comme dans tous les palais du monde; mais qu'il ait établi dans sa propre maison des b...... où la fleur de la jeunesse allait pour son argent, c'est ce qu'on me persuadera difficilement.

On nous raconte que, ne trouvant point un jour d'argent dans sa poche pour mettre au jeu, il sortit un moment, et alla faire assassiner trois sénateurs fort riches, et revint ensuite en disant : *J'ai à présent de quoi jouer.* Croira tout cela qui voudra; j'ai toujours quelques petits doutes.

Je conçois que tout Romain avait l'âme républicaine dans son cabinet, et qu'il se vengeait quelquefois, la plume à la main, de l'usurpation de l'empereur. Je présume que le malin Tacite et le faiseur d'anecdotes Suétone goûtaient une grande consolation en décriant leurs maîtres dans un temps où personne ne s'amusait à discuter la vérité.

---

1. Quod ut superbo provoces ab inguine
Ore allaborandum est tibi.
HORACE, Épodes, VII, 19-20. (ÉD.)

2. Le duc d'Orléans, régent. (ÉD.)

Nos copistes de tous les pays répètent encore tous les jours ces contes si peu avérés. Ils ressemblent un peu aux historiens de nos peuples barbares du moyen âge, qui ont copié les rêveries des moines. Ces moines flétrissaient tous les princes qui ne leur avaient rien donné, comme Tacite et Suétone s'étudiaient à rendre odieuse toute la famille de l'oppresseur Octave.

Mais, me dira-t-on, Suétone et Tacite ne rendaient-ils pas service aux Romains, en faisant détester les césars?... Oui, si leurs écrits avaient pu ressusciter la république.

CHAP. XIII. — *De Néron et d'Agrippine.*

Toutes les fois que j'ai lu l'abominable histoire de Néron et de sa mère Agrippine, j'ai été tenté de n'en rien croire. L'intérêt du genre humain est que tant d'horreurs aient été exagérées; elles font trop de honte à la nature.

Tacite commence par citer un Cluvius (*Annales*, liv. XIV, chap. II). Ce Cluvius rapporte que, vers le milieu du jour, *medio die*, Agrippine se présentait souvent à son fils, déjà échauffé par le vin, pour l'engager à un inceste avec elle; qu'elle lui donnait des baisers lascifs, *lasciva oscula*; qu'elle l'excitait par des caresses auxquelles il ne manquait que la consommation du crime; *prænuntias flagitii blanditias*, et cela en présence des convives, *annotantibus proximis*; qu'aussitôt l'habile Sénèque présentait le secours d'une autre femme contre les empressements d'une femme, *Senecam contra muliebres illecebras subsidium a femina petivisse*, et substituait sur-le-champ la jeune affranchie Acté à l'impératrice-mère Agrippine.

Voilà un sage précepteur que ce Sénèque! quel philosophe! Vous observerez qu'Agrippine avait alors environ cinquante ans. Elle était la seconde des six enfants de Germanicus, que Tacite prétend, sans aucune preuve, avoir été empoisonné. Il mourut l'an 19 de notre ère, et laissa Agrippine âgée de dix ans.

Agrippine eut trois maris. Tacite dit que, bientôt après l'époque de ces caresses incestueuses, Néron prit la résolution de tuer sa mère. Elle périt, en effet, l'an 59 de notre ère vulgaire. Son père, Germanicus, était mort il y avait déjà quarante ans. Agrippine en avait donc, à peu près cinquante lorsqu'elle était supposée solliciter son fils à l'inceste. Moins un fait est vraisemblable, plus il exige de preuves. Mais ce Cluvius cité par Tacite prétend que c'était une grande politique, et qu'Agrippine comptait par là fortifier sa puissance et son crédit. C'était, au contraire, s'exposer au mépris et à l'horreur. Se flattait-elle de donner à Néron plus de plaisirs et de désirs que de jeunes maîtresses? son fils, bientôt dégoûté d'elle, ne l'aurait-il pas accablée d'opprobre? N'aurait-elle pas été l'exécration de toute la cour? Comment, d'ailleurs, ce Cluvius peut-il dire qu'Agrippine voulait se prostituer à son fils en présence de Sénèque et des autres convives? De bonne foi, une mère couche-t-elle avec son fils devant son gouverneur et son précepteur, en présence des convives et des domestiques?

Un autre historien véridique de ces temps-là, nommé *Fabius Rusticus*, dit que c'était Néron qui avait des désirs pour sa mère, et qu'il était sur le point de coucher avec elle, lorsque Acté vint se mettre à sa place. Cependant ce n'était point Acté qui était alors la maîtresse de Néron, c'était Poppée ; et, soit Poppée, soit Acté, soit une autre, rien de tout cela n'est vraisemblable.

Il y a dans la mort d'Agrippine des circonstances qu'il est impossible de croire. D'où a-t-on su que l'affranchi Anicet, préfet de la flotte de Misène, conseilla de faire construire un vaisseau qui, en se démontant en pleine mer, y ferait périr Agrippine ? Je veux qu'Anicet se soit chargé de cette étrange invention ; mais il me semble qu'on ne pouvait construire un tel vaisseau sans que les ouvriers se doutassent qu'il était destiné à faire périr quelque personnage important. Ce prétendu secret devait être entre les mains de plus de cinquante travailleurs ; il devait bientôt être connu de Rome entière ; Agrippine devait en être informée ; et, quand Néron lui proposa de monter sur ce vaisseau, elle devait bien sentir que c'était pour la noyer.

Tacite se contredit certainement lui-même dans le récit de cette aventure inexplicable. Une partie de ce vaisseau, dit-il, se démontant avec art, devait la précipiter dans les flots, *cujus pars ipso in mari per artem soluta effunderet ignaram*. (*Ann.*, lib. XIV, cap. III.)

Ensuite il dit qu'à un signal donné le toit de la chambre où était Agrippine, étant chargé de plomb, tomba tout à coup et écrasa Crepereius, l'un des domestiques de l'impératrice, *cum dato signo ruere tectum loci*, etc. (*Ann.*, lib. XIV, cap. v.)

Or, si ce fut le toit, le plafond de la chambre d'Agrippine qui tomba sur elle, le vaisseau n'était donc pas construit de manière qu'une partie, se détachant de l'autre, dût jeter dans la mer cette princesse.

Tacite ajoute qu'on ordonna alors aux rameurs de se pencher d'un côté pour submerger le vaisseau, *unum in latus inclinare, atque ita navem submergere*. Mais des rameurs, en se penchant, peuvent-ils faire renverser une galère, un bateau même de pêcheur ? et d'ailleurs, ces rameurs se seraient-ils volontiers exposés au naufrage ? Ces mêmes matelots assomment à coups de rames une favorite d'Agrippine, qui, étant tombée dans la mer, criait qu'elle était Agrippine. Ils étaient donc dans le secret. Or, confie-t-on un secret à une trentaine de matelots ? de plus, parle-t-on quand on est dans l'eau ?

Tacite ne manque pas de dire que « la mer était tranquille, que le ciel brillait d'étoiles, comme si les dieux avaient voulu que le crime fût plus manifeste, *noctem sideribus illustrem*, etc. »

En vérité, n'est-il pas plus naturel de penser que cette aventure était un pur accident, et que la malignité humaine en fit un crime à Néron, à qui on croyait ne rien pouvoir reprocher de trop horrible ? Quand un prince s'est souillé de quelques crimes, il les a commis tous. Les parents, les amis des proscrits, les seuls mécontents, entassent accusations sur accusations ; on ne cherche plus la vraisemblance. Qu'importe qu'un Néron ait commis un crime de plus ? celui qui les raconte y ajoute encore ; la postérité est persuadée, et le méchant prince a mérité jusqu'aux imputations improbables dont on charge sa mémoire. Je crois avec horreur que Néron donna son consentement au meurtre de sa mère, mais je ne crois point à l'histoire de la galère. Je crois encore moins aux Chaldéens, qui, selon Tacite, avaient prédit que Néron tuerait Agrippine; parce que ni les Chaldéens, ni les Syriens, ni les Égyptiens n'ont jamais rien prédit, non plus que Nostradamus et ceux qui ont voulu exalter leur âme[1].

Presque tous les historiens d'Italie ont accusé le pape Alexandre VI de forfaits qui égalent au moins ceux de Néron; mais Alexandre VI, comme Néron, était coupable lui-même des erreurs dans lesquelles ces historiens sont tombés.

On nous raconte des atrocités non moins exécrables de plusieurs princes asiatiques. Les voyageurs se donnent une libre carrière sur tout ce qu'ils ont entendu dire en Turquie et en Perse. J'aurais voulu, à leur place, mentir d'une façon toute contraire : je n'aurais jamais vu que des princes justes et cléments, des juges sans passion, des financiers désintéressés; et j'aurais présenté ces modèles aux gouvernements de l'Europe.

La *Cyropédie* de Xénophon est un roman; mais des fables qui enseignent la vertu valent mieux que des histoires mêlées de fables qui ne racontent que des forfaits.

CHAP. XIV. — *De Pétrone*

Tout ce qu'on a débité sur Néron m'a fait examiner de plus près la satire attribuée au consul Caius Petronius, que Néron avait sacrifié à la jalousie de Tigillin. Les nouveaux compilateurs de l'histoire romaine n'ont pas manqué de prendre les fragments d'un jeune écolier, nommé Titus Petronius, pour ceux de ce consul qui, dit-on, envoya à Néron, avant de mourir, cette peinture de sa cour sous des noms empruntés.

Si on retrouvait, en effet, un portrait fidèle des débauches de Néron dans le Pétrone qui nous reste, ce livre serait un des morceaux les plus curieux de l'auteur.

Nodot a rempli les lacunes de ces fragments, et a cru tromper le public. Il veut tromper encore en assurant que la satire de Titus Petronius, jeune et obscur libertin, d'un esprit très-peu réglé, est de Caius Petronius, consul de Rome. Il veut qu'on voie toute la vie de Néron dans des aventures des plus bas coquins de l'Italie, gens qui sortent de l'école pour courir du cabaret au b....., qui volent des manteaux, et qui sont trop heureux d'aller dîner chez un vieux sous-fermier, marchand de vin, enrichi par des usures, qu'on nomme Trimalcion.

Les commentateurs ne doutent pas que ce vieux financier absurde et impertinent ne soit le jeune empereur Néron, qui, après tout, avait de l'esprit et des talents. Mais, en vérité, comment reconnaître cet

[1] Maupertuis. (Éd.)

empereur dans un sot qui fait continuellement les plus insipides jeux de mots avec son cuisinier; qui se lève de table pour aller à la garde-robe; qui revient à table pour dire qu'il est tourmenté de vents; qui conseille à la compagnie de ne point se retenir; qui assure que plusieurs personnes sont mortes pour n'avoir pas su se donner à propos la liberté du derrière; et qui confie à ses convives que sa grosse femme Fortunata fait si bien son devoir là-dessus, qu'elle l'empêche de dormir la nuit?

Cette maussade et dégoûtante Fortunata est, dit-on, la jeune et belle Acté, maîtresse de l'empereur. Il faut être bien impitoyablement commentateur pour trouver de pareilles ressemblances. Les convives sont, dit-on, les favoris de Néron. Voici quelle est la conversation de ces hommes de cour :

L'un d'eux dit à l'autre : « De quoi ris-tu, visage de brebis? fais-tu meilleure chère chez toi? Si j'étais plus près de ce causeur, je lui aurais déjà donné un soufflet. Si je pissais seulement sur lui, il ne saurait où se cacher. Il rit : de quoi rit-il? Je suis un homme libre comme les autres; j'ai vingt bouches à nourrir par jour, sans compter mes chiens; et j'espère mourir de façon à ne rougir de rien, quand je serai mort. Tu n'es qu'un morveux : tu ne sais dire ni *a* ni *b*; tu ressembles à un pot de terre, à un cuir mouillé, qui n'en est pas meilleur pour être plus souple. Es-tu plus riche que moi? Dîne deux fois. »

Tout ce qui se dit dans ce fameux repas de Trimalcion est à peu près dans ce goût. Les plus bas gredins tiennent parmi nous des discours plus honnêtes dans leurs tavernes. C'est là pourtant ce qu'on a pris pour la galanterie de la cour des césars. Il n'y a point d'exemple d'un préjugé si grossier. Il vaudrait autant dire que *le Portier des Chartreux* est un portrait délicat de la cour de Louis XIV.

Il y a des vers très-heureux dans cette satire, et quelques contes très-bien faits, surtout celui de *la Matrone d'Éphèse*. La satire de Pétrone est un mélange de bon et de mauvais, de moralité et d'ordures; elle annonce la décadence du siècle qui suivit celui d'Auguste. On voit un jeune homme échappé des écoles pour fréquenter le barreau, et qui veut donner des règles et des exemples d'éloquence et de poésie.

Il propose pour modèle le commencement d'un poëme ampoulé de sa façon. Voici quelques-uns de ses vers :

Crassum Parthus habet; Libyco jacet æquore Magnus;
Julius ingratam perfudit sanguine Romam;
Et quasi non posset tot tellus ferre sepulcra,
Divisit cineres.

PETR., *Satyric.*, c. CXX.

« Crassus a péri chez les Parthes, Pompée sur les rivages de la Libye, le sang de César a coulé dans Rome; et, comme si la terre n'avait pas pu porter tant de tombeaux, elle a divisé leurs cendres. »

Peut-on voir une pensée plus fausse et plus extravagante? Quoi! la même terre ne pouvait porter trois sépulcres ou trois urnes? et c'est pour cela que Crassus, Pompée et César sont morts dans des lieux différents? Est-ce ainsi qu'écrivait Virgile?

On admire, on cite ces vers libertins :

> Qualis nox fuit illa, di deæque !
> Quam mollis torus! Hæsimus calentes,
> Et transfudimus hinc et hinc labellis
> Errantes animas. Valete, curæ
> Mortales ! Ego sic perire cœpi.
>
> Pétr. *Satyric.* c. LXXIX.

Les quatre premiers vers sont heureux, et surtout par le sujet; car les vers sur l'amour et sur le vin plaisent toujours, quand ils ne sont pas absolument mauvais. En voici une traduction libre : je ne sais si elle est du président Bouhier.

> Quelle nuit ! ô transports ! ô voluptés touchantes !
> Nos corps entrelacés, et nos âmes errantes
> Se confondaient ensemble et mouraient de plaisir.
> C'est ainsi qu'un mortel commença de périr.

Le dernier vers, traduit mot à mot, est plat, incohérent, ridicule; il ternit toutes les grâces des précédents; il présente l'idée funeste d'une mort véritable. Pétrone ne sait presque jamais s'arrêter. C'est le défaut d'un jeune homme dont le goût est encore égaré. C'est dommage que ces vers ne soient pas faits pour une femme ; mais, enfin, il est évident qu'ils ne sont pas une satire de Néron ; ce sont les vers d'un jeune homme dissolu qui célèbre ses plaisirs infâmes.

De tous les morceaux de poésie répandus en foule dans cet ouvrage, il n'y en a pas un seul qui puisse avoir le plus léger rapport avec la cour de Néron. Ce sont tantôt des conseils pour former les jeunes avocats à l'éloquence de ce que nous appelons *le barreau*, tantôt des déclamations sur l'indigence des gens de lettres, des éloges de l'argent comptant, des regrets de n'en point avoir, des invocations à Priape, des images ou ampoulées ou lascives; et tout le livre est un amas confus d'érudition et de débauches, tel que ceux que les anciens Romains appelaient *Satura*. Enfin, c'est le comble de l'absurdité d'avoir pris, de siècle en siècle, cette satire pour l'histoire secrète de Néron ; mais, dès qu'un préjugé est établi, que de temps il faut pour le détruire !

CHAP. XV. — *Des contes absurdes intitulés histoires depuis Tacite.*

Dès qu'un empereur romain a été assassiné par les gardes prétoriennes, les corbeaux de la littérature fondent sur le cadavre de sa réputation; ils ramassent tous les bruits de la ville, sans faire seulement réflexion que ces bruits sont presque toujours les mêmes. On dit d'abord que Caligula avait écrit sur ses tablettes les noms de ceux qu'il devait faire mourir incessamment, et que ceux qui, ayant vu ces tablettes, s'y trouvèrent eux-mêmes au nombre des proscrits, le prévinrent, et le tuèrent.

Quoique ce soit une étrange folie d'écrire sur ses tablettes : NOTA BENE *que je dois faire assassiner un tel jour tels et tels sénateurs,* cependant il se pourrait, à toute force, que Caligula ait eu cette imprudence ; mais on en dit autant de Domitien, on en dit autant de Commode ; la chose devient alors ridicule et indigne de toute croyance.

Tout ce qu'on raconte de ce Commode est bien singulier. Comment imaginer que, lorsqu'un citoyen romain voulait se défaire d'un ennemi, il donnait de l'argent à l'empereur, qui se chargeait de l'assassinat pour le prix convenu ? comment croire que Commode, ayant vu passer un homme extrêmement gros, se donna le plaisir de lui faire ouvrir le ventre pour lui rendre la taille plus légère ?

Il faut être imbécile pour croire d'Héliogabale tout ce que raconte Lampride. Selon lui, cet empereur se fait circoncire pour avoir plus de plaisir avec les femmes : quelle pitié ! ensuite il se fait châtrer pour en avoir davantage avec les hommes. Il tue, il pille, il massacre, il empoisonne. Qui était cet Héliogabale ? un enfant de treize à quatorze ans, que sa mère et sa grand'mère avaient fait nommer empereur, et sous le nom duquel ces deux intrigantes se disputaient l'autorité suprême. C'est ainsi, cependant, qu'on a écrit l'*Histoire romaine* depuis Tacite. Il en est une autre encore plus ridicule, c'est l'*Histoire byzantine*. Cet indigne recueil ne contient que des déclamations et des miracles ; il est l'opprobre de l'esprit humain, comme l'empire grec était l'opprobre de la terre. Les Turcs, du moins, sont plus sensés : ils ont vaincu, ils ont joui, et ils ont très-peu écrit.

CHAP. XVI. — *Des diffamations.*

Je me plais à citer l'auteur de l'*Essai sur les mœurs et l'esprit des nations*, parce que je vois qu'il aime la vérité, et qu'il l'annonce courageusement. Il a dit qu'avant que les livres fussent communs, la réputation d'un prince dépendait d'un seul historien. Rien n'est plus vrai. Un Suétone ne pouvait rien sur les vivants ; mais il jugeait les morts, et personne ne se souciait d'appeler de ses jugements ; au contraire, tout lecteur les confirmait, parce que tout lecteur est malin.

Il n'en est pas tout à fait de même aujourd'hui. Que la satire couvre d'opprobre un prince, cent échos répètent la calomnie, je l'avoue ; mais il se trouve toujours quelque voix qui s'élève contre les échos et qui, à la fin, les fait taire ; c'est ce qui est arrivé à la mémoire du duc d'Orléans, régent de France. Les *Philippiques* de La Grange et vingt libelles secrets lui imputaient les plus grands crimes ; sa fille a été traitée comme l'a été Messaline par Suétone. Qu'une femme ait deux ou trois amants, on lui en donne bientôt des centaines. En un mot, des historiens contemporains n'ont pas manqué de répéter ces mensonges ; et, sans l'auteur du *Siècle de Louis XIV*, ils seraient encore aujourd'hui accrédités dans l'Europe.

On a écrit que Jeanne de Navarre, femme de Philippe le Bel, fondatrice du collège de Navarre, admettait dans son lit les écoliers les plus beaux, et les faisait ensuite jeter dans la rivière avec une pierre au cou. Le public aime passionnément ces contes, et les historiens le servaient selon son goût. Les uns tirent de leur imagination les anecdotes qui pourront plaire, c'est-à-dire les plus scandaleuses ; les autres, de meilleure foi, ramassent des contes qui ont passé de bouche en bouche ; ils pensent tenir de la première main les secrets de l'État, et ne font nulle difficulté de décrier un prince et un général d'armée pour gagner dix pistoles. C'est ainsi qu'en ont usé Gatien de Courtilz, Le Noble, la Dunoyer, La Beaumelle, et cent malheureux correcteurs d'imprimerie réfugiés en Hollande.

Si les hommes étaient raisonnables, ils ne voudraient d'histoires que celles qui mettraient les droits des peuples sous leurs yeux, les lois suivant lesquelles chaque père de famille peut disposer de son bien, les événements qui intéressent toute une nation, les traités qui les lient aux nations voisines, les progrès des arts utiles, les abus qui exposent continuellement le grand nombre à la tyrannie du petit ; mais cette manière d'écrire l'histoire est aussi difficile que dangereuse. Ce serait une étude pour le lecteur, et non un délassement. Le public aime mieux des fables : on lui en donne.

CHAP. XVII. — *Des écrivains de parti.*

Audi alteram partem est la loi de tout lecteur quand il lit l'histoire des princes qui se sont disputé une couronne, ou des communions qui se sont réciproquement anathématisées.

Si la faction de la ligue avait prévalu, Henri IV ne serait connu aujourd'hui que comme un petit prince de Béarn, débauché et excommunié par les papes.

Si Arius l'avait emporté sur Athanase au concile de Nicée, si Constantin avait pris son parti, Athanase ne passerait aujourd'hui que pour un novateur, un hérétique, un homme d'un zèle outré qui attribuait à Jésus ce qui ne lui appartenait pas.

Les Romains ont décrié la foi carthaginoise ; les Carthaginois ne se louaient pas de la foi romaine. Il faudrait lire les archives de la famille d'Annibal pour juger. Je voudrais avoir jusqu'aux mémoires de Caïphe et de Pilate. Je voudrais avoir ceux de la cour de Pharaon ; nous verrions comment elle se défendait d'avoir ordonné à toutes les accoucheuses égyptiennes de noyer tous les petits mâles hébreux, et à quoi servait cet ordre pour des Juifs, qui n'employaient jamais que des sages-femmes juives.

Je voudrais avoir les pièces originales du premier schisme des papes de Rome entre Novatien et Corneille, de leurs intrigues, de leurs calomnies, de l'argent donné de part et d'autre, et surtout des emportements de leurs dévotes.

C'est un plaisir de lire les livres des whigs et des torys. Écoutez les whigs, les torys ont trahi l'Angleterre ; écoutez les torys, tout whig a sacrifié l'État à ses intérêts : de sorte qu'à en croire les deux partis, il n'y a pas un seul honnête homme dans la nation.

J'étais bien pis du temps de la rose rouge et de la rose blanche. M. de

Walpole a dit un grand mot dans la préface de ses *Doutes historiques sur Richard III* : « Quand un roi heureux est jugé, tous les historiens servent de témoins. »

Henri VII, dur et avare, fut vainqueur de Richard III. Aussitôt toutes les plumes qu'on commençait à tailler en Angleterre peignent Richard III comme un monstre pour la figure et pour l'âme. Il avait une épaule un peu plus haute que l'autre, et d'ailleurs il était assez joli, comme ses portraits le témoignent ; on en fait un vilain bossu, et on lui donne un visage affreux. Il a fait des actions cruelles ; on le charge de tous les crimes, de ceux même qui auraient été visiblement contre ses intérêts.

La même chose est arrivée à Pierre de Castille, surnommé *le Cruel*. Six bâtards de feu son père excitent contre lui une guerre civile, et veulent le détrôner. Notre Charles le Sage se joint à eux, et envoie contre lui son Bertrand du Guesclin. Pierre, à l'aide du fameux prince Noir, bat les bâtards et les Français ; Bertrand est fait prisonnier ; un des bâtards est puni : Pierre est alors un grand homme.

La fortune change ; le grand prince Noir ne donne plus de secours au roi Pierre. Un des bâtards ramène du Guesclin, suivi d'une troupe de brigands, qui même ne portaient pas d'autre nom ; Pierre est pris à son tour ; le bâtard Henri de Transtamare l'assassine indignement dans sa tente : voilà Pierre condamné par les contemporains. Il n'est plus connu de la postérité que par le surnom de *Cruel*, et les historiens tombent sur lui comme des chiens sur un cerf aux abois.

Donnez-vous la peine de lire les mémoires de Marie de Médicis : le cardinal de Richelieu est le plus ingrat des hommes, le plus fourbe et le plus lâche des tyrans. Lisez, si vous pouvez, les épîtres dédicatoires adressées à ce ministre ; c'est le premier des mortels, c'est un héros, c'est même un saint ; et le petit flatteur Sarrasin, singe de Voiture, l'appelle le *divin cardinal*, dans son ridicule éloge de la ridicule tragédie de *l'Amour tyrannique*, composée par le grand Scudéri, sur les ordres du cardinal divin.

La mémoire du pape Grégoire VII est en exécration en France et en Allemagne. Il est canonisé à Rome.

De telles réflexions ont porté plusieurs princes à ne se point soucier de leur réputation : mais ceux-là ont eu plus grand tort que tous les autres ; car il vaut mieux, pour un homme d'État, avoir une réputation contestée, que de n'en point avoir du tout.

Il n'en est pas des rois et des ministres comme des femmes, dont on dit que celles dont on parle le moins sont les meilleures[1]. Il faut qu'un prince, un premier ministre aime l'État et la gloire. Certaines gens disent que c'est un défaut en morale ; mais, s'il n'a pas ce défaut, il ne fera jamais rien de grand

---

[1] Fin du discours de Périclès, prononcé pour les funérailles des guerriers morts. Thucydide, liv. II. (Ed.)

CHAP. XVIII. — *De quelques contes.*

Est-il quelqu'un qui ne doute un peu du pigeon qui apporta du ciel une bouteille d'huile à Clovis, et de l'ange qui apporta l'oriflamme? Clovis ne mérita guère ces faveurs en faisant assassiner les princes ses voisins. Nous pensons que la majesté bienfaisante de nos rois n'a pas besoin de ces fables pour disposer le peuple à l'obéissance, et qu'on peut révérer et aimer son roi sans miracle.

On ne doit pas être plus crédule pour l'aventure de Florinde, dont le joyau fut fendu en deux par le marteau du roi visigoth d'Espagne don Roderic, que pour le viol de Lucrèce, qui embellit l'histoire romaine.

Rangeons tous les contes de Grégoire de Tours avec ceux d'Hérodote et des Mille et une Nuits. Envoyons les trois cent soixante mille Sarrasins que tua Charles Martel, et qui mirent ensuite le siége devant Narbonne, aux trois cent mille Sybarites tués par cent mille Crotoniates, dans un pays qui peut à peine nourrir trente mille âmes.

CHAP. XIX. — *De la reine Brunehaut.*

Les temps de la reine Brunehaut ne méritent guère qu'on s'en souvienne; mais le supplice prétendu de cette reine est si étrange, qu'il faut l'examiner.

Il n'est pas hors de vraisemblance que, dans un siècle aussi barbare, une armée composée de brigands ait poussé l'atrocité de ses fureurs jusqu'à massacrer une reine âgée de soixante et seize ans, ait insulté à son corps sanglant, et l'ait traîné avec ignominie. Nous touchons au temps où les deux illustres frères de Wit furent mis en pièces par la populace hollandaise, qui leur arracha le cœur, et qui fut assez dénaturée pour en faire un repas abominable. Nous savons que la populace parisienne traita ainsi le maréchal d'Ancre. Nous savons qu'elle voulut violer la cendre du grand Colbert.

Telles ont été, chez les chrétiens septentrionaux, les barbaries de la lie du peuple. C'est ainsi qu'à la journée de la Saint-Barthélemy on traîna le corps mort du célèbre Ramus dans les rues, en le fouettant à la porte de tous les colléges de l'université. Ces horreurs furent inconnues aux Romains et aux Grecs; dans la plus grande fermentation de leurs guerres civiles, ils respectaient du moins les morts.

Il n'est que trop vrai que Clovis et ses enfants ont été des monstres de cruauté; mais que Clotaire II ait condamné solennellement la reine Brunehaut à un supplice aussi inouï, aussi recherché que celui dont on dit qu'elle mourut, c'est ce qu'il est difficile de persuader à un lecteur attentif qui pèse les vraisemblances, et qui, en puisant dans les sources, examine si ces sources sont pures. (Voyez ce qu'on a dit à ce sujet dans la *Philosophie de l'Histoire*, qui sert d'introduction à l'*Essai sur les mœurs et l'esprit des nations depuis Charlemagne*, etc.

CHAP. XX. — *Des donations de Pipinus ou Pépin le Bref à l'Église de Rome.*

L'auteur de l'*Essai sur les mœurs et l'esprit des nations* doute, avec les plus grands publicistes d'Allemagne, que Pépin d'Austrasie ait donné l'exarchat de Ravenne à l'évêque de Rome Étienne III; il ne croit pas cette donation plus authentique que l'apparition de saint Pierre, de saint Paul et de saint Denis, suivis d'un diacre et d'un sous-diacre, qui descendirent du ciel empyrée pour guérir cet évêque Étienne de la fièvre, dans le monastère de Saint-Denis. Il ne la croit pas plus avérée que la lettre écrite et signée dans le ciel par saint Paul et saint Pierre, au même Pépin d'Austrasie, ou que toutes les légendes de ces temps sauvages.

Quand même cette donation de l'exarchat de Ravenne eût été réellement faite, elle n'aurait pas plus de validité que la concession d'une île par don Quichotte à son écuyer Sancho-Pança.

Pépin, majordome du jeune Childéric, roi des Francs, n'était qu'un domestique rebelle devenu usurpateur. Non-seulement il détrôna son maître par la force et par l'artifice, mais il l'enferma dans un repaire de moines, et l'y laissa périr de misère. Ayant chassé ses deux frères, qui partageaient avec lui une autorité usurpée; ayant forcé l'un de se retirer chez le duc d'Aquitaine, l'autre à se tondre et à s'ensevelir dans l'abbaye du Mont-Cassin, devenu enfin maître absolu, il se fit sacrer roi des Francs, à la manière des rois lombards, par saint Boniface, évêque de Mayence : étrange cérémonie pour un saint que celle de couronner et de consacrer la rébellion, l'ingratitude, l'usurpation, la violation des lois divines et humaines, et de celles de la nature! De quel droit cet Austrasien aurait-il pu donner la province de Ravenne et la Pentapole à un évêque de Rome? elles appartenaient, ainsi que Rome, à l'empereur grec. Les Lombards s'étaient emparés de l'exarchat; jamais aucun évêque, jusqu'à ce temps, n'avait prétendu à aucune souveraineté. Cette prétention aurait révolté tous les esprits, car toute nouveauté les révolte; et une telle ambition dans un pasteur de l'Église est si authentiquement proscrite dans l'Évangile, qu'on ne pouvait introduire qu'avec le temps et par degrés ce mélange de la grandeur temporelle et de la spirituelle, ignoré dans toute la chrétienté pendant huit siècles.

Les Lombards s'étaient rendus maîtres de tout le pays, depuis Ravenne, jusqu'aux portes de Rome. Leur roi Astolphe prétendait qu'après s'être emparé de l'exarchat de Ravenne, Rome lui appartenait de droit, parce que Rome, depuis longtemps, était gouvernée par l'exarque impérial; prétention aussi injuste que celle du pape aurait pu l'être.

Rome était régie alors par un duc et par le sénat, au nom de l'empereur Constantin, flétri dans la communion romaine par le surnom de *Copronyme*[1]. L'évêque avait un très-grand crédit dans la ville par

---

[1] Parce que lors de son baptême il salit de ses excréments les fonts baptismaux. (*Note de M. Beuchot.*)

sa place et par ses richesses ; crédit que l'habileté peut augmenter jusqu'à le convertir en autorité. Il est député de ses diocésains auprès du nouveau roi Pépin, pour demander sa protection contre les Lombards. Les Francs avaient déjà fait plus d'une irruption en Italie. Ce pays, qui avait été l'objet des courses des Gaulois, avait souvent tenté les Francs, leurs vainqueurs, incorporés à eux. Ce prélat fut très-bien reçu. Pépin croyait avoir besoin de lui pour affermir son autorité combattue par le duc d'Aquitaine, par son propre frère, par les Bavarois, et par les leudes, Francs encore attachés à la maison détrônée. Il se fit donc sacrer une seconde fois par ce pape, ne doutant pas que l'onction reçue du premier évêque d'Occident n'eût une influence sur les peuples bien supérieure à celle d'un nouvel évêque d'un pays barbare. Mais, s'il avait donné alors l'exarchat de Ravenne à Étienne III, il aurait donné un pays qui ne lui appartenait point, qui n'était pas en son pouvoir, et sur lequel il n'avait aucun droit.

Il se rendit médiateur entre l'empereur et le roi lombard ; donc il est évident qu'il n'avait alors aucune prétention sur la province de Ravenne. Astolphe refuse la médiation, et vient braver le prince franc dans le Milanais ; bientôt obligé de se retirer dans Pavie, il y passe, dit-on, une transaction par laquelle « il mettra en séquestre l'exarchat entre les mains de Pépin pour le rendre à l'empereur. » Donc, encore une fois, Pépin ne pouvait s'approprier ni donner à d'autres cette province. Le Lombard s'engageait encore à rendre au saint père quelques châteaux, quelques domaines autour de Rome, nommés alors les justices de saint Pierre, concédés à ses prédécesseurs par les empereurs leurs maîtres.

A peine Pépin est-il parti, après avoir pillé le Milanais et le Piémont, que le roi lombard vient se venger des Romains, qui avaient appelé les Francs en Italie. Il met le siège devant Rome ; Pépin accourt une seconde fois ; il se fait donner beaucoup d'argent, comme dans sa première invasion ; il impose même au Lombard un tribut annuel de douze mille écus d'or.

Mais quelle donation pouvait-il faire ? Si Pépin avait été mis en possession de l'exarchat comme séquestre, comment pouvait-il le donner au pape, en reconnaissant lui-même, par un traité solennel, que c'était le domaine de l'empereur ? Quel chaos, et quelles contradictions !

CHAP. XXI. — *Autres difficultés sur la donation de Pépin aux papes.*

On écrivait alors l'histoire avec si peu d'exactitude, on corrompait les manuscrits avec tant de hardiesse, que nous trouvons dans la vie de Charlemagne, faite par Éginhard son secrétaire, ces propres mots : « Pépin fut reconnu roi par l'ordre du pape, *jussu summi pontificis.* » De deux choses l'une, ou l'on a falsifié le manuscrit d'Éginhard, ou cet Éginhard a dit un insigne mensonge. Aucun pape jusqu'alors ne s'était arrogé le droit de donner une ville, un village, un château ; aurait-il commencé tout d'un coup par donner le royaume de France ? Cette donation serait encore plus extraordinaire que celle d'une province entière qu'on prétend que Pépin donna au pape. Ils auraient l'un après l'autre fait des présents de ce qui ne leur appartenait point du tout. L'auteur italien qui écrivit en 1722, pour faire croire qu'originairement Parme et Plaisance avaient été concédés au saint-siége, comme une dépendance de l'exarchat[1], ne doute pas que les empereurs grecs ne fussent justement dépouillés de leurs droits sur l'Italie, « Parce que, dit-il, ils avaient soulevé les peuples contre Dieu[2]. »

Et comment les empereurs, s'il vous plaît, avaient-ils soulevé les peuples contre Dieu? en voulant qu'on adorât Dieu seul, et non pas des images, selon l'usage des trois premiers siècles de la primitive Église. Il est assez avéré que, dans les trois premiers siècles de cette primitive Église, il était défendu de placer des images, d'élever des autels, de porter des chasubles et des surplis, de brûler de l'encens dans les assemblées chrétiennes; et dans le VIIe, c'était une impiété de n'avoir pas d'images. C'est ainsi que tout est variation dans l'État et dans l'Église.

Mais, quand même les empereurs grecs auraient été des impies, était-il bien juste et bien religieux à un pape de se faire donner le patrimoine de ses maîtres par un homme venu d'Austrasie?

Le cardinal Bellarmin suppose bien pis. « Les premiers chrétiens, dit-il, ne supportaient les empereurs que parce qu'ils n'étaient pas les plus forts[3]; » et, ce qui peut paraître encore plus étrange, c'est que Bellarmin ne fait que suivre l'opinion de saint Thomas. Sur ce fondement, l'Italien, qui veut absolument donner aujourd'hui Parme et Plaisance au pape, ajoute ces mots singuliers : « Quoique Pépin n'eût pas le domaine de l'exarchat, il pouvait en priver ceux qui le possédaient, et le transférer à l'apôtre saint Pierre, et par lui au pape. »

Ce que ce brave Italien ajoute encore à toutes ces grandes maximes n'est pas moins curieux : « Cet acte, dit-il, ne fut pas seulement une simple donation, ce fut une restitution : » et il prétend que dans l'acte original, qu'on n'a jamais vu, Pépin s'était servi du mot restitution; c'est ce que Baronius avait déjà affirmé. Et comment restituait-on au pape l'exarchat de Ravenne? « C'est, selon eux, que le pape avait succédé de plein droit aux empereurs, à cause de leur hérésie. »

Si la chose est ainsi, il ne faut plus jamais parler de la donation de Pépin; il faut seulement plaindre ce prince de n'avoir rendu au pape qu'une très-petite partie de ses États. Il devait assurément lui donner toute l'Italie, la France, l'Allemagne, l'Espagne, et même, en cas de besoin, tout l'empire d'Orient.

Poursuivons : la matière paraît intéressante; c'est dommage que nos historiens n'aient rien dit de tout cela.

---

1. Ce doit être l'ouvrage intitulé : *Istoria del dominio temporale della sede apostolica nel ducato di Parma e Piacenza*; Rome, 1720, in-folio. (*Note de M. Beuchot.*)
2. Page 120 de la seconde partie de la *Dissertation historique sur les duchés de Parme et de Plaisance*. (Éd.)
3. *De rom. pont.*, lib. XV, cap. VII. (Éd.)

Le prétendu Anastase, dans la vie d'Adrien, assure avec serment que « Pépin protesta n'être venu en Italie mettre tout à feu et à sang que pour donner l'exarchat au pape, et pour obtenir la rémission de ses péchés. » Il faut que depuis ce temps les choses soient bien changées ; je doute qu'aujourd'hui il se trouvât aucun prince qui vînt en Italie avec une armée, uniquement pour le salut de son âme.

CHAP. XXII. — *Fable ; origine de toutes les fables.*

Je ne puis quitter cet Italien, qui fait le pape seigneur du monde entier, sans dire un mot de l'origine de ce droit. Il répète, d'après cent auteurs, que ce fut le diable qui rendit ce service au saint-siége, et voici comment :

Deux juifs, grands magiciens, rencontrèrent un jour un jeune ânier qui était fort embarrassé à conduire son âne ; ils le considérèrent attentivement, observèrent les lignes de sa main, et lui demandèrent son nom : ils devaient bien le savoir, puisqu'ils étaient magiciens. Le jeune homme leur ayant dit qu'il s'appelait Conon, ils virent clairement à ce nom et aux lignes de sa main qu'il serait un jour empereur sous le nom de Léon III ; et ils lui demandèrent pour toute récompense de leur prédiction que, dès qu'il serait installé, il ne manquât pas d'abolir le culte des images.

Le lecteur voit d'un coup d'œil le prodigieux intérêt qu'avaient ces deux juifs à voir les chrétiens reprendre l'usage de la primitive Eglise. Il est bien plus à croire qu'ils auraient mieux aimé avoir le privilége exclusif de vendre des images que de les faire détruire. Léon III, si l'on s'en rapporte à cent historiens éclairés et véridiques, ne se déclara contre le culte des tableaux et des statues que pour faire plaisir aux deux juifs. C'était bien le moins qu'il pût faire. Dès qu'il fut déclaré hérétique, l'Orient et l'Occident furent de plein droit dévolus au siége épiscopal de Rome.

Il était juste, et dans l'ordre de la Providence, qu'un pape Léon III dépossédât la race d'un empereur Léon III ; mais, par modération, il ne donna que le titre d'empereur à Charlemagne, en se réservant le droit de créer les césars et une autorité divine sur eux ; ce qui est démontré par tous les écrivains de la cour de Rome, ainsi que tout ce qu'ils démontrent.

CHAP. XXIII. — *Des donations de Charlemagne*

Le bibliothécaire Anastase dit, plus de cent ans après, que l'on conserve à Rome *la charte de cette donation*. Mais si ce titre avait existé, pourquoi ne se trouve-t-il plus ? Il y a encore à Rome des chartes bien antérieures. On aurait gardé avec le plus grand soin un diplôme qui donnait une province. Il y a bien plus, cet Anastase n'a jamais probablement rien écrit de ce qu'on lui attribue ; c'est ce qu'avouent Labbe et Cave. Il y a plus encore ; on ne sait précisément quel était cet Anastase. Puis fiez-vous aux manuscrits qu'on a trouvés chez les moines.

Charlemagne, dit-on, pour surabondance de droit, fit une nouvelle donation en 774. Lorsque, poursuivant en Italie ses infortunés neveux, qu'il dépouilla de l'héritage de leur père, et ayant épousé une nouvelle femme, il renvoya durement à Didier, roi des Lombards, sa fille, qu'il répudia, il assiégea le roi son beau-père, et le fit prisonnier. On ne peut guère douter que Charlemagne, favorisé par les intrigues du pape Adrien dans cette conquête, ne lui eût concédé le domaine utile de quelques villes dans la Marche d'Ancône; c'est le sentiment de M. de Voltaire. Mais, lorsque dans un acte on trouve des choses évidemment fausses, elles rendent le reste de l'acte un peu suspect.

De même prétendu Anastase suppose que Charlemagne donna au pape la Corse, la Sardaigne, Parme, Mantoue, les duchés de Spolette et de Bénévent, la Sicile, et Venise, ce qui est d'une fausseté reconnue. Écoutons, sur ce mensonge, l'auteur de l'*Essai sur les mœurs*, etc.

« On pourrait mettre cette donation à côté de celle de Constantin. On ne voit point que jamais les papes aient possédé aucun de ces pays jusqu'au temps d'Innocent III. S'ils avaient eu l'exarchat, ils auraient été souverains de Ravenne et de Rome; mais dans le testament de Charlemagne, qu'Eginhard nous a conservé, ce monarque nomme, à la tête des villes métropolitaines qui lui appartiennent, Rome et Ravenne, auxquelles il fait des présents. Il ne pût donner ni la Sicile, ni la Corse, ni la Sardaigne, qu'il ne possédait pas; ni le duché de Bénévent, dont il avait à peine la souveraineté; encore moins Venise, qui ne le reconnaissait pas pour empereur. Le duc de Venise reconnaissait alors, pour la forme, l'empereur d'Orient, et en recevait le titre d'hypatos. Les lettres du pape Adrien parlent des patrimoines de Spolette et de Bénévent; mais ces patrimoines ne se peuvent entendre que des domaines que les papes possédaient dans ces deux duchés. Grégoire VII lui-même avoue dans ses lettres que Charlemagne donnait douze cents livres de pension au saint-siége. Il n'est guère vraisemblable qu'il eût donné un tel secours à celui qui aurait possédé tant de belles provinces. Le saint-siége n'eut Bénévent que longtemps après, par la concession très-équivoque qu'on croit que l'empereur Henri le Noir lui en fit vers l'an 1047. Cette concession se réduisit à la ville, et ne s'étendit point jusqu'au duché; il ne fut point question de confirmer le don de Charlemagne.

Ce qu'on peut recueillir de plus probable au milieu de tant de doutes, c'est que, du temps de Charlemagne, les papes obtinrent en propriété une partie de la Marche d'Ancône, outre les villes, les châteaux, et les bourgs, qu'ils avaient dans les autres pays. Voici sur quoi je pourrais me fonder. Lorsque l'empire d'Occident se renouvela dans la famille des Othon, au x° siècle, Othon III assigna particulièrement au saint-siège la Marche d'Ancône, en confirmant toutes les concessions faites à cette Église : il paraît donc que Charlemagne avait donné cette Marche, et que les troubles survenus depuis en Italie avaient empêché les papes d'en jouir. Nous verrons qu'ils perdirent ensuite le domaine utile de ce petit pays sous l'empire de la maison de Souabe. Nous les verrons tantôt grands terriens, tantôt dépouillés presque de tout, comme plusieurs autres souverains. Qu'il nous suffise de savoir qu'ils possèdent aujourd'hui la souveraineté reconnue d'un pays de cent quatre-vingts grands milles d'Italie en longueur, des portes de Mantoue aux confins de l'Abruzze, le long de la mer Adriatique, et qu'ils en ont plus de cent milles en largeur, depuis Civita-Vecchia jusqu'au rivage d'Ancône, d'une mer à l'autre. Il a fallu négocier toujours et souvent combattre pour s'assurer cette domination. »

J'ajouterai à ces vraisemblances une raison qui me paraît bien puissante. La prétendue charte de Charlemagne est une donation réelle. Or fait-on une donation d'une chose qui a déjà été donnée? Si j'avais à plaider cette cause devant un tribunal réglé et impartial, je ne voudrais alléguer que la donation prétendue de Charlemagne pour invalider la prétendue donation de Pépin : mais ce qu'il y a de plus fort encore contre toutes ces suppositions, c'est que ni Andelme, ni Aimoin, ni même Eginhard, secrétaire de Charlemagne, n'en parlent pas. Eginhard fait un détail très-circonstancié des legs pieux que laisse Charlemagne, par son testament, à toutes les Églises de son royaume. « On sait, dit-il, qu'il y a vingt et une villes métropolitaines dans les États de l'empereur. » Il met Rome la première, et Ravenne la seconde. N'est-il pas certain, par cet énoncé, que Rome et Ravenne n'appartenaient point aux papes?

CHAP. XXIV. — *Que Charlemagne exerça les droits des empereurs romains.*

Il me semble qu'on ne peut ni rechercher la vérité avec plus de candeur, ni en approcher de plus près, dans l'incertitude où l'histoire de ces temps nous laisse. Cet auteur impartial paraît certain que Charlemagne exerça tous les droits de l'empire en Occident autant qu'il le put. Cette assertion est conforme à tout ce que les historiens rapportent, aux monuments qui nous restent, et encore plus à la politique, puisque c'est le propre de tout homme d'étendre son autorité aussi loin qu'elle peut aller.

C'est par cette raison que Charlemagne s'attribua la puissance législative sur Venise et sur le Bénéventin, que l'empereur grec disputait, et qui, par le fait, n'appartenait ni à l'un ni à l'autre; c'est par la même raison que le duc ou doge de Venise, Jean, ayant tué un évêque, en 802, fut accusé devant Charlemagne. Il aurait pu l'être devant la cour de Constantinople ; mais ni les forces de l'Orient ni celles de l'Occident ne pouvaient pénétrer dans ses lagunes, et Venise, au fond, fut libre malgré deux empereurs. Les doges payèrent quelque temps un manteau d'or en tribut aux plus forts; mais le bonnet de la liberté resta toujours dans une ville imprenable.

CHAP. XXV. — *De la forme du gouvernement de Rome sous Charlemagne.*

C'est une grande question chez les politiques de savoir quelle fut précisément la forme du gouvernement de Rome, quand Charlemagne se fit déclarer empereur par l'acclamation du peuple, et par l'organe du pontife Léon III. Charles gouverna-t-il en qualité de consul et de patrice, titre qu'il avait pris dès l'an 774? quels droits furent laissés à l'évêque? quels droits conservèrent les sénateurs qu'on appelait toujours *patres conscripti*? quels priviléges conservèrent les citoyens? c'est de quoi aucun écrivain ne nous informe; tant l'histoire a toujours été écrite avec négligence!

Quel fut précisément le pouvoir de Charlemagne dans Rome? c'est sur quoi on a tant écrit qu'on l'ignore. Y laissa-t-il un gouverneur? imposait-il des tributs? gouvernait-il Rome comme l'impératrice-reine de Hongrie gouverne Milan et Bruxelles? c'est de quoi il ne reste aucun vestige.

Je regarde Rome, depuis le temps de l'empereur Léon III, l'Isaurien, comme une ville libre, protégée par les Francs, ensuite par les Germains; qui se gouverna tant qu'elle put en république, plutôt sous le patronage que sous la puissance des empereurs; dans laquelle le souverain pontife eut toujours le premier crédit, et qui enfin a été entièrement soumise aux papes.

Les citoyens de cette célèbre ville aspirèrent toujours à la liberté dès qu'ils y virent le moindre jour; ils firent toujours les plus grands efforts pour empêcher les empereurs, soit francs, soit germains, de résider à Rome, et les évêques d'y être maîtres absolus.

C'est là le nœud de toute l'histoire de l'empire d'Occident depuis Charlemagne jusqu'à Charles-Quint. C'est le fil qui a conduit l'auteur de l'*Essai sur les mœurs*, etc., dans ce grand labyrinthe.

Les citoyens romains furent presque toujours les maîtres du môle d'Adrien, de cette forteresse de Rome, appelée depuis le château Saint-Ange, dans laquelle ils donnèrent si souvent un asile à leur évêque contre la violence des Allemands; de là vient que les empereurs aujourd'hui, malgré leur titre de rois des Romains, n'ont pas une seule maison dans Rome. Il n'est même pas dit que Charlemagne se mit en possession de ce môle d'Adrien. Je demanderai encore pourquoi Charlemagne ne prit jamais le titre d'auguste?

CHAP. XXVI. — *Du pouvoir papal dans Rome, et des patrices.*

On a vu depuis, très-souvent, des consuls et des patrices à Rome qui furent les maîtres de ce château au nom du peuple. Le pape Jean XII le tenait comme patrice contre l'empereur Othon Ier. Le consul Crescentius y soutint un long siège contre Othon III, et chassa de Rome le pape Grégoire V, qu'Othon avait nommé. Après la mort de consul, les Romains chassèrent de Rome ce même Othon, qui avait ravi la veuve du consul, et qui s'enfuit avec elle.

Les citoyens accordèrent une retraite au pape Grégoire VII dans ce môle, lorsque l'empereur Henri IV entra dans Rome par force en 1083. Ce pontife ne n'osait sortir de cet asile. On dit qu'il offrit à l'empereur de le couronner en faisant descendre sur sa tête, du haut du château, une couronne attachée avec une ficelle; mais Henri IV ne voulut point de cette ridicule cérémonie. Il aima mieux se faire couronner par un nouveau pape qu'il avait nommé lui-même.

Les Romains conservèrent tant de fierté dans leur décadence et dans leur humiliation, que quand Frédéric Barberousse vint à Rome, en 1155, pour s'y faire couronner, les députés du peuple qui le reçurent à la porte lui dirent : « Souvenez-vous que nous vous avons fait citoyen romain d'étranger que vous étiez. »

Ils voulaient bien que les empereurs fussent couronnés dans leur ville ; mais d'un côté ils ne souffraient pas qu'ils y demeurassent, et de l'autre ils ne permirent jamais qu'aucun pape s'intitulât souverain de Rome : et jamais en effet on n'a frappé de monnaie sur laquelle on donnât ce titre à leur évêque.

En 1114 les citoyens élurent un tribun du peuple ; et le pape Lucius II. qui s'y opposa, fut tué dans le tumulte.

Enfin, les papes n'ont été véritablement maîtres à Rome que depuis qu'ils ont eu le château Saint-Ange en leur pouvoir. Aujourd'hui la chancellerie allemande regarde encore l'empereur comme l'unique souverain de Rome ; et le sacré collège ne regarde l'empereur que comme le premier vassal de Rome, protecteur du saint-siège. Telle est la vérité qui est développée dans l'*Essai sur les mœurs*, etc.

Le sentiment de l'auteur que je cite est donc que Charlemagne eut le domaine suprême, et qu'il accorda au saint-siège plusieurs domaines utiles dont les papes n'eurent la souveraineté que très-longtemps après.

CHAP. XXVII. — *Sottise infâme de l'écrivain qui a pris le nom de Chiniac de La Bastide Duclaux, avocat au parlement de Paris.*

Après cet exposé fidèle, je dois témoigner ma surprise de ce que je viens de lire dans un commentaire nouveau du discours du célèbre Fleury sur les libertés de l'Eglise gallicane[1]. Je vais rapporter les propres paroles du commentateur, qui se déguise sous le nom de maitre Pierre de Chiniac de La Bastide Duclaux, avocat au parlement. Il n'y a point assurément d'avocat qui écrive de ce style[2].

« Si on ne consultait que les Voltaire et ceux de son bord, on ne trouverait en effet que problèmes et qu'impostures dans nos historiens. » Ensuite cet aimable et poli commentateur, après avoir attaqué les gens de *notre bord* avec des compliments dignes en effet d'un matelot à bord, croit nous apprendre qu'il y a dans Ravenne une pierre cassée sur laquelle sont gravés ces mots : *Pipinus pius primus amplificandæ Ecclesiæ viam aperuit, et exarchatum Ravennæ cum amplissimis...*

1. *Réflexions importantes et apologétiques sur le nouveau Commentaire de M. l'abbé de Fleury, touchant les libertés de l'Eglise gallicane*, 1766, in-12 (ÉD.)

2. L'avocat Chiniac est un personnage très-réel ; mais, quoique ce zélé défenseur de l'Eglise janséniste ait essuyé une accusation juridique d'adultère, et que ces procès fassent toujours rire, il n'en est pas plus connu, et n'a jamais pu réussir à occuper le public ni de ses ouvrages ni de ses aventures. (*Éd. de Kehl.*)

« Le pieux Pépin ouvrit le premier le chemin d'agrandir l'Église, et l'exarchat de Ravenne avec de très-grands.... » Le reste manque. Notre commentateur gracieux prend cette inscription pour un témoignage authentique. Nous connaissons depuis longtemps cette pierre; je ne voudrais point d'autre preuve de la fausseté de la donation. Cette pierre n'avait été connue qu'au xe siècle : on ne produisit point d'autre monument pour assurer aux papes l'exarchat; donc il n'y en avait point. Si on faisait paraître aujourd'hui une pierre cassée avec une inscription qui certifiât que le pieux François Ier fit une donation du Louvre aux cordeliers, de bonne foi, le parlement regarderait-il cette pierre comme un titre juridique? et l'Académie des inscriptions l'insérerait-elle dans ses recueils?

Le latin ridicule de ce beau monument n'est pas à la vérité un sceau de réprobation; mais c'en est un que le mensonge avéré concernant Pépin. L'inscription affirme que *Pépin est le premier qui ait ouvert la voie*. Cela est faux : avant lui Constantin avait donné des terres à l'évêque, et à l'église de Saint-Jean-de-Latran de Rome jusque dans la Calabre. Les évêques de Rome avaient obtenu de nouvelles terres des empereurs suivants. Ils en avaient en Sicile, en Toscane, en Ombrie; ils avaient les justices de Saint-Pierre, et des domaines dans la Pentapole. Il est très-probable que Pépin augmenta ces domaines. De quoi se plaint donc le commentateur? que prétend-il? pourquoi dit-il que l'auteur de l'*Essai sur les mœurs et l'esprit des nations* « est trop peu versé dans ces connaissances, ou trop fourbe pour mériter quelque attention? » Quelle fourberie, je vous prie, y a-t-il de dire son avis sur Ravenne et sur la Pentapole? Nous avouons que c'est là parler en digne commentateur; mais ce n'est pas, à ce qu'il nous semble, parler en homme versé *dans ces connaissances*, ni versé dans la politesse, ni même versé dans le sens commun.

L'auteur de l'*Essai sur les mœurs*, etc., qui affirme peu, se fonde pourtant sur le testament même de Charlemagne, pour affirmer qu'il était souverain de Rome et de Ravenne, et que par conséquent il n'avait point donné Ravenne au pape. Charlemagne fait des legs à ces villes, qu'il appelait *nos principales villes*. Ravenne était la ville de l'empereur, et non pas celle du pape.

Ce qu'il y a de plus étrange, c'est que le commentateur est lui-même entièrement de l'avis de mon auteur; il n'écrit que d'après lui; il veut prouver, comme lui, que Charlemagne avait le pouvoir suprême dans Rome; et, oubliant tout d'un coup l'état de la question, il se répand en invectives ridicules contre son propre guide. Il est en colère de ne savoir pas quelle était l'étendue et la borne du nouveau pouvoir de Charlemagne dans Rome. Je ne le sais pas plus que lui, et cependant je m'en console. Il est vraisemblable que ce pouvoir était fort mitigé pour ne pas trop choquer les Romains. On peut être empereur sans être despotique. Le pouvoir des empereurs d'Allemagne est aujourd'hui très-borné par celui des électeurs et des princes de l'empire. Le commentateur peut rester sans scrupule dans son ignorance pardonnable; mais il ne faut pas dire de grosses injures parce qu'on est un ignorant;

car lorsqu'on dit des injures sans esprit, on ne peut ni plaire ni instruire ; le public veut qu'elles soient fines, ingénieuses et à propos. Il n'appartient même que très-rarement à l'innocence outragée de repousser la calomnie dans le style des *Philippiques ;* et peut-être n'est-il permis d'en user ainsi que quand la calomnie met en danger un honnête homme : car alors c'est se battre contre un serpent, et on n'est pas dans le cas de Tartufe, qui s'accusait *d'avoir tué une puce avec trop de colère.*

CHAP. XXVIII. — *D'une calomnie abominable et d'une impiété horrible du prétendu Chiniac.*

Passe encore qu'on se trompe sur une pancarte de Pépin le Bref, le pape n'en a pas sur Ravenne un droit moins confirmé par le temps et par le consentement de tous les princes ; la plupart des origines sont suspectes, et un droit reconnu de tout le monde est incontestable.

Mais de quel front le prétendu Chiniac de La Bastide Duclaux, commentateur des libertés de l'Église gallicane, peut-il citer cet abominable passage, qu'il dit avoir lu dans un dictionnaire ? « Jésus-Christ a été le plus habile charlatan et le plus grand imposteur qui ait paru depuis l'existence du monde. » On est naturellement porté à croire qu'un homme qui cite un trait si horrible avec confiance ne l'a pas inventé. Plus l'atrocité est extrême, moins on s'imagine que ce soit une fiction. On croit la citation vraie, précisément parce qu'elle est abominable ; cependant il n'y en a pas un mot, pas l'ombre d'une telle idée dans le livre dont parle ce Chiniac. Est-ce là une liberté gallicane ? J'ai lu très-attentivement ce livre, qu'il cite : je sais que c'est un recueil d'articles traduits du lord Shaftesbury, du lord Bolingbroke, de Trenchard, de Gordon, du docteur Middleton, du célèbre Abauzit, et d'autres morceaux connus qui sont mot à mot dans le grand *Dictionnaire encyclopédique,* tel que l'article MESSIE, lequel est tout entier d'un pasteur d'une Église réformée[1], et dont nous possédons l'original.

Non-seulement l'infâme citation du prétendu Chiniac n'est dans aucun endroit de ce livre, mais je puis assurer qu'elle ne se trouve dans aucun des livres écrits contre la religion chrétienne, depuis Celse et l'empereur Julien : le devoir de mon état est de les lire pour y mieux répondre, ayant l'honneur d'être bachelier en théologie. J'ai lu tout ce qu'il y a de plus fort et de plus frivole. Woolston lui-même, Jean Jacques Rousseau, qui ont osé nier si audacieusement les miracles de Notre Seigneur Jésus-Christ, n'ont pas écrit une seule ligne qui ait la moindre teinture de cette horrible idée ; au contraire, ils rendent à Jésus-Christ le plus profond respect, et Woolston surtout se borne à regarder les miracles de Notre Seigneur comme des types et des paraboles.

J'avance hardiment que, si cet insolent blasphème se trouvait dans quelque mauvais livre, mille voix se seraient élevées contre le monstre

[1] Polier de Botens. (ÉD.)

qui l'aurait vomi. Enfin je défie le Chiniac de me le montrer ailleurs que dans son libelle; apparemment il a pris ce détour pour blasphémer, sous le masque, contre Notre Sauveur, comme il blasphème à tort et à travers contre notre saint-père le pape, et souvent contre les évêques : il a cru pouvoir être criminel impunément, en prenant ses flèches infernales dans un carquois sacré, et en couvrant d'opprobre la religion, qu'il feint de défendre. Je ne crois pas qu'il y ait d'exemple ni d'une calomnie si impudente, ni d'une fraude si basse, ni d'une impiété si effrayante, et je pense que Dieu me pardonnera si je dis quelques injures à ce Chiniac.

Il faut sans doute avoir abjuré toute pudeur, ainsi qu'avoir perdu toute raison, pour traiter Jésus-Christ de *charlatan* et d'*imposteur* : lui qui vécut toujours dans l'humble obscurité ; lui qui n'écrivit jamais une seule ligne, tandis que de modernes docteurs si peu doctes nous assomment de gros volumes sur des questions dont il ne parla jamais ; lui qui se soumit, depuis sa naissance jusqu'à sa mort, à la religion dans laquelle il était né ; lui, qui en recommanda toutes les observances, qui ne prêcha jamais que l'amour de Dieu et du prochain ; qui ne parla jamais de Dieu que comme d'un père, selon l'usage des Juifs; qui, loin de se donner jamais le titre de Dieu, dit, en mourant[1] : *Je vais à mon Père, qui est votre Père; à mon Dieu, qui est votre Dieu;* lui, enfin, dont le saint zèle condamne si hautement l'hypocrisie et les fureurs des nouveaux charlatans[2] qui, dans l'espérance d'obtenir un petit bénéfice ou de servir un parti qui les protége, seraient capables d'employer le fer ou le poison, comme ils ont employé les convulsions et les calomnies.

Ayant cherché en vain, pendant plus de trois mois, la citation du prétendu Chiniac, et ayant prié mes amis de chercher de leur côté, nous avons tous été forcés, avec horreur, de lire plus de quatre cents volumes contre le christianisme, tant en latin qu'en anglais, en italien, en français et en allemand. Nous protestons devant Dieu que le blasphème en question n'est dans aucun de ces livres. Nous avons cru, enfin, qu'il pourrait se rencontrer dans le discours qui sert de préface à l'*Abrégé de l'Histoire ecclésiastique*. On prétend que cet *Avant-propos* est d'un héros philosophe[3] né dans une autre communion que la nôtre; génie sublime, dit-on, qui a sacrifié également à Mars, à Minerve et aux Grâces, mais qui, ayant le malheur de n'être pas né catholique romain, et se trouvant sous le joug de la réprobation éternelle, s'est trop livré aux enseignements trompeurs de la raison qui égare incontestablement quiconque n'écoute qu'elle. Je ne forme point de jugement téméraire; je suis loin de penser qu'un si grand homme ne soit pas chrétien. Voici les paroles de cette préface :

« L'établissement de la religion chrétienne a eu, comme tous les empires, de faibles commencements. Un Juif de la lie du peuple, dont la naissance est douteuse, qui mêle aux absurdités d'anciennes prophé-

---

1. Jean, chap. xx, v. 17. — 2. Les jansénistes. (Éd.)
3. Le roi de Prusse. (Éd.)

ties hébraïques des préceptes d'une bonne morale, auquel on attribue des miracles, et qui finit par être condamné à un supplice ignominieux, est le héros de cette secte. Douze fanatiques se répandent de l'Orient jusqu'en Italie; ils gagnent les esprits par cette morale si sainte et si pure qu'ils prêchaient; et, si l'on excepte quelques miracles propres à ébranler les imaginations ardentes, ils n'enseignaient que le déisme. Cette religion commençait à se répandre dans le temps que l'empire romain gémissait sous la tyrannie de quelques monstres qui le gouvernèrent consécutivement. Durant ces règnes de sang, le citoyen préparé à tous les malheurs qui peuvent accabler l'humanité ne trouvait de consolation et de soutien contre d'aussi grands maux que dans le stoïcisme. La morale des chrétiens ressemblait à cette doctrine, et c'est l'unique cause de la rapidité des progrès que fit cette religion. Dès le règne de Claude, les chrétiens formaient des assemblées nombreuses, où ils prenaient des agapes, qui étaient des soupers en communauté. »

Ces paroles sont audacieuses; elles sont d'*un soldat qui sait mal farder* ce qu'il croit *la vérité*[1]; mais, après tout, elles disent positivement le contraire du blasphème annoncé par Chiniac.

La religion chrétienne a eu de faibles commencements, et tout le monde en convient. *Un Juif de la lie du peuple*, rien n'était plus vrai aux yeux des Juifs : ils ne pouvaient deviner qu'il était né d'une Vierge et du Saint-Esprit, et que Joseph, mari de sa mère, descendait du roi David. De plus, il n'y a point de *lie* aux yeux de Dieu; devant lui tous les hommes sont égaux.

Douze fanatiques se répandent de l'Orient jusqu'en Italie. Le terme de *fanatique*, parmi nous, est très-odieux, et ce serait une terrible impiété d'appeler de ce nom les apôtres; mais si, dans la langue maternelle de l'auteur, ce terme ne veut dire que *persuadé, zélé*, nous n'avons aucun reproche à lui faire; il nous paraît même très-vraisemblable qu'il n'a nulle intention d'outrager ces apôtres, puisqu'il compare les premiers chrétiens aux respectables stoïciens. En un mot, nous ne faisons point l'apologie de cet ouvrage, et, dès que notre saint-père le pape, juge impartial de tous les livres, aura condamné celui-ci, nous ne manquerons pas de le condamner de cœur et de bouche.

CHAP. XXIX. — *Bévue énorme de Chiniac.*

Le prétendu Chiniac de La Bastide Duclaux a répondu que les paroles par lui citées se trouvent dans *le Militaire philosophe*, non pas précisément et mot à mot, mais dans le même sens. Ce *Militaire philosophe* est, dit-on, du sieur Saint-Hyacinthe, qui fut cornette de dragons en 1685, et employé dans la fameuse dragonnade à la révocation de l'édit de Nantes. Mais examinons les paroles dans ce Militaire[2].

« Voici, après de mûres réflexions, le jugement que je porte de la

1. Vers de Racine, *Britannicus*, acte I, scène II. (ÉD.)
2. Chap. IX, page 85 de la dernière édition.

religion chrétienne : Je la trouve absurde, extravagante, injurieuse à Dieu, pernicieuse aux hommes; facilitant et même autorisant les rapines, les séductions, l'ambition, l'intérêt de ses ministres, et la révélation des secrets des familles. Je la vois comme une source intarissable de meurtres, de crimes et d'atrocités commises sous son nom; elle me semble un flambeau de discorde, de haine, de vengeance, et un masque dont se couvre l'hypocrisie pour tromper plus adroitement ceux dont la crédulité lui est utile; enfin j'y vois le bouclier de la tyrannie contre les peuples qu'elle opprime, et la verge des bons princes quand ils ne sont pas superstitieux. Avec cette idée de votre religion, outre le droit de l'abandonner, je suis dans l'obligation la plus étroite d'y renoncer et de l'avoir en horreur, de plaindre ou de mépriser ceux qui la prêchent, et de vouer à l'exécration publique ceux qui la soutiennent par leurs violences et leurs persécutions. »

Ce morceau est une invective sanglante contre les abus de la religion chrétienne, telle qu'elle a été pratiquée depuis tant de siècles, mais non pas contre la personne de Jésus-Christ, qui a recommandé tout le contraire. Jésus n'a point ordonné la *révélation des secrets des familles.* Loin de favoriser l'ambition, il l'a anathématisée; il a dit en termes formels[1] : « Il n'y aura ni premier ni dernier parmi vous; — le fils de l'homme n'est pas venu pour être servi, mais pour servir. » C'est un mensonge sacrilége de dire que notre Sauveur a autorisé la *rapine.* Ce n'est pas assurément la prédication de Jésus, « qui est une source intarissable de meurtres, de crimes, et d'atrocités commises sous son nom. » Il est visible qu'on a abusé de ces paroles : « Je ne suis point venu apporter la paix, mais le glaive[2]; » de ces autres passages : « Que celui qui n'écoute pas l'Église soit comme un païen ou comme un douanier[3]. — Contrains-les d'entrer. Si quelqu'un vient à moi, et ne hait pas son père et sa mère et sa femme et ses enfants et ses frères et ses sœurs et encore son ami, il ne peut être mon disciple[4]; » et enfin des paraboles dans lesquelles il est dit que[5] le maître « fit jeter dans les ténèbres extérieures, pieds et mains liés, celui qui n'avait pas la robe nuptiale à un repas. » Ces discours, ces énigmes, sont assez expliqués par toutes les maximes évangéliques qui n'enseignent que la paix et la charité. Ce ne fut même jamais aucun de ces passages qui excita le moindre trouble. Les discordes, les guerres civiles n'ont commencé que par des disputes sur le dogme. L'amour-propre fait naître l'esprit de parti, et l'esprit de parti fait couler le sang. Si on s'en était tenu à l'esprit de Jésus, le christianisme aurait été toujours en paix. M. de Saint-Hyacinthe a donc tort de reprocher au christianisme ce qu'on ne doit reprocher qu'à plusieurs chrétiens.

La proposition du *Militaire philosophe* est donc aussi dure que le blasphème du prétendu Chiniac est affreux.

Concluons que le pyrrhonisme historique est très-utile; car si, dans cent ans, le *Commentaire des Libertés gallicanes* et le *Militaire philosophe* tombent dans les mains d'un de ceux qui aiment les recherches,

1. Matthieu, chap. xx, v. 27 et 28.
2. Matthieu, chap. x, v. 34. (ÉD.) — 3. *Id.*, chap. xviii, v. 17. (ÉD.)
4. Luc, chap. xiv, v. 23 et 26. (ÉD.) — 5. Matthieu, chap. xxii, v. 12 et 13.

les anecdotes, et si ces deux livres ne sont pas réfutés dans leur temps, ne sera-t-on pas en droit de croire que, dans le siècle de ces auteurs, on blasphémait ouvertement Jésus-Christ? Il est donc très-important de les confondre de bonne heure, et d'empêcher Chiniac de calomnier son siècle.

Il n'est pas surprenant que ce même Chiniac, ayant ainsi outragé Jésus-Christ notre Sauveur, outrage aussi son vicaire. « Je ne vois pas, dit-il, comment le pape tient le premier rang entre les princes chrétiens. » Cet homme n'a pas assisté au sacre de l'empereur, il aurait vu l'archevêque de Mayence tenir le premier rang entre les électeurs; il n'a jamais dîné avec un évêque, il aurait vu qu'on lui donne toujours la place d'honneur : il devait savoir que, par toute l'Europe, on traite les gens d'Église comme les femmes, avec beaucoup de déférence; ce n'est pas à dire qu'il faille leur baiser les pieds, excepté peut-être dans un transport de passion. Mais revenons au pyrrhonisme de l'histoire.

CHAP. XXX. — *Anecdote historique très-hasardée.*

Duhaillan prétend, dans un de ses opuscules, que Charles VIII n'était pas fils de Louis XI; c'est peut-être la raison secrète pour laquelle Louis XI négligea son éducation, et le tint toujours éloigné de lui. Charles VIII ne ressemblait à Louis XI ni par l'esprit ni par le corps. Enfin la tradition pouvait servir d'excuse à Duhaillan; mais cette tradition était fort incertaine, comme presque toutes le sont. La dissemblance des pères et des enfants est encore moins une preuve d'illégitimité que la ressemblance n'est une preuve du contraire.

Que Louis XI ait haï Charles VIII, cela ne conclut rien. Un si mauvais fils pouvait aisément être un mauvais père. Quand même douze Duhaillan m'auraient assuré que Charles VIII était né d'un autre que de Louis XI, je ne devrais pas les en croire aveuglément. Un lecteur sage doit, ce me semble, prononcer comme les juges : *Pater est quem nuptiæ demonstrant.*

CHAP. XXXI. — *Autre anecdote plus hasardée.*

On a dit que la duchesse de Montpensier avait accordé ses faveurs au moine Jacques Clément, pour l'encourager à assassiner son roi. Il eût été plus habile de les promettre que de les donner : mais ce n'est pas ainsi qu'on excite un prêtre fanatique au parricide; on lui montre le ciel, et non une femme. Son prieur Bourgoin était bien plus capable de le déterminer que la plus grande beauté de la terre. Il n'avait point de lettre d'amour dans sa poche quand il tua le roi, mais bien les histoires de Judith et d'Aod, toutes déchirées, toutes grasses à force d'avoir été lues.

CHAP. XXXII. — *De Henri IV.*

Je pense entièrement comme l'auteur de l'*Essai sur les mœurs*, etc., sur la mort de Henri IV; je pense que ni Jean Châtel ni Ravaillac n'eurent aucun complice; leur crime était celui du temps; le cri de la religion fut leur seul complice. Je ne crois point que Ravaillac ait fait le voyage de Naples, ni que le jésuite Alagona ait prédit dans Naples la mort de ce prince, comme le répète encore notre Chiniac. Les jésuites n'ont jamais été prophètes; s'ils l'avaient été, ils auraient prédit leur destruction : mais au contraire, ces pauvres gens ont toujours assuré qu'ils dureraient jusqu'à la fin des siècles. Il ne faut jamais jurer de rien.

CHAP. XXXIII. — *De l'abjuration de Henri IV.*

Le jésuite Daniel a beau me dire, dans sa très-sèche et très-fautive *Histoire de France*, que Henri IV, avant d'abjurer, était depuis longtemps catholique, j'en croirai plus Henri IV lui-même que le jésuite Daniel; sa lettre à la belle Gabrielle : *C'est demain que je fais le saut périlleux*, prouve au moins qu'il n'avait encore dans le cœur autre chose que du catholicisme. Si son grand cœur avait été depuis longtemps si pénétré de la grâce efficace, il aurait peut-être dit à sa maîtresse : *Ces évêques m'édifient*; mais il lui dit : *Ces gens-là m'ennuient*. Ces paroles sont-elles d'un bon catéchumène ?

Ce n'est pas un sujet de pyrrhonisme que les lettres de ce grand homme à Corisande d'Andouin, comtesse de Grammont; elles existent encore en original. L'auteur de l'*Essai sur les mœurs et l'esprit des nations* rapporte plusieurs de ces lettres intéressantes; en voici des morceaux curieux : « Tous ces empoisonneurs sont tous papistes. J'ai découvert un tueur pour moi. — Les prêcheurs romains prêchent tout haut qu'il n'y a plus qu'une mort à voir; ils admonestent tout bon catholique de prendre exemple sur l'empoisonnement du prince de Condé. — Et vous êtes de cette religion! — Si je n'étais huguenot, je me ferais turc. »

Il est difficile, après tous ces témoignages de la main de Henri IV, d'être fermement persuadé qu'il fût catholique dans le cœur.

CHAP. XXXIV. — *Bévue sur Henri IV.*

Un autre historien moderne[1] de Henri IV accuse du meurtre de ce héros le duc de Lerme. *C'est*, dit-il, *l'opinion la mieux établie*. Il est évident que c'est l'opinion la plus mal établie. Jamais on n'en a parlé en Espagne; et il n'y eut en France que le continuateur du président de Thou qui donna quelque crédit à ces soupçons vagues et ridicules. Si le duc de Lerme, premier ministre, employa Ravaillac, il le paya bien mal. Ce malheureux était presque sans argent quand il fut saisi. Si le duc de Lerme l'avait séduit ou fait séduire sous la promesse d'une récompense proportionnée à son attentat, assurément Ravaillac l'aurait nommé lui et ses émissaires, quand ce n'eût été que pour se venger. Il nomma bien le jésuite d'Aubigni, auquel il n'avait fait que montrer un couteau. Pourquoi aurait-il épargné le duc de Lerme ? C'est une obstination bien étrange que celle de ne pas croire Ravaillac dans

---

1. De Bury. (ÉD.)

son interrogatoire et dans les tortures. Faut-il insulter une grande maison espagnole sans la moindre apparence de preuves?

Et voilà justement comme on écrit l'histoire¹.

La nation espagnole n'a guère recours à ces crimes honteux; et les grands d'Espagne ont eu dans tous les temps une fierté généreuse qui ne leur a pas permis de s'avilir jusque-là.

Si Philippe II mit à prix la tête du prince d'Orange, il eut du moins le prétexte de punir un sujet rebelle, comme le parlement de Paris mit à cinquante mille écus la tête de l'amiral Coligni, et depuis celle du cardinal Mazarin. Ces proscriptions publiques tenaient de l'horreur des guerres civiles; mais comment le duc de Lerme se serait-il adressé secrètement à un misérable tel que Ravaillac?

CHAP. XXXV. — *Bévue sur le maréchal d'Ancre.*

Le même auteur dit que « le maréchal d'Ancre et sa femme furent écrasés pour ainsi dire par la foudre. » L'un ne fut à la vérité écrasé qu'à coups de pistolet, et l'autre fut brûlée en qualité de sorcière. Un assassinat et un arrêt de mort rendu contre une maréchale de France, dame d'atour de la reine, réputée magicienne, ne font honneur ni à la chevalerie ni à la jurisprudence de ce temps-là. Mais je ne sais pourquoi l'historien s'exprime en ces mots : « Si ces deux misérables n'étaient pas complices de la mort du roi, ils méritaient du moins les plus rigoureux châtiments. Il est certain que, du vivant même du roi, Concini et sa femme avaient avec l'Espagne des liaisons contraires aux desseins du roi. »

C'est ce qui n'est point du tout certain, cela n'est pas même vraisemblable. Ils étaient Florentins; le grand-duc de Florence avait reconnu le premier Henri IV; il ne craignait rien tant que le pouvoir de l'Espagne en Italie; Concini et sa femme n'avaient point de crédit du temps de Henri IV. S'ils avaient ourdi quelque trame avec le conseil de Madrid, ce ne pouvait être que pour la reine. C'est donc accuser la reine d'avoir trahi son mari; et, encore une fois, il n'est pas permis d'inventer de telles accusations sans preuve. Quoi! un écrivain dans son grenier pourra prononcer une diffamation que les juges les plus éclairés du royaume trembleraient d'écouter sur leur tribunal!

Pourquoi appeler un maréchal de France et sa femme, dame d'atour de la reine, *ces deux misérables?* Le maréchal d'Ancre, qui avait levé une armée à ses frais contre les rebelles, mérite-t-il une épithète qui n'est convenable qu'à Ravaillac, à Cartouche, aux voleurs publics, aux calomniateurs publics?

CHAP. XXXVI. — *Réflexion.*

Il n'est que trop vrai qu'il suffit d'un fanatique pour commettre un parricide sans aucun complot. Damiens n'en avait point. Il a répété

---

1. Vers de Voltaire, dans *Charlot*, acte I, scène VII. (ÉD.)

quatre fois dans son interrogatoire qu'il n'a commis son crime que par principe de religion. Je puis dire qu'ayant été autrefois à portée de connaître les convulsionnaires, j'en ai vu plus de vingt capables d'une pareille horreur [1], tant leur démence était atroce! La religion mal entendue est une fièvre que la moindre occasion fait tourner en rage.

Le propre du fanatisme est d'échauffer les têtes. Quand le feu qui fait bouillir les cervelles superstitieuses a fait tomber quelques flammèches dans une âme insensée et atroce; quand un ignorant furieux croit imiter saintement Phinée, Aod, Judith, et leurs semblables, cet ignorant a plus de complices qu'il ne pense. Bien des gens l'ont excité au parricide sans le savoir. Quelques personnes profèrent des paroles indiscrètes et violentes; un domestique les répète, il les amplifie, il les *enfuneste* encore, comme disent les Italiens; un Châtel, un Ravaillac, un Damiens, les recueillent : ceux qui les ont prononcées ne se doutent pas du mal qu'ils ont fait; ils sont complices involontaires; mais il n'y a eu ni complot ni instigation. En un mot, on connaît bien mal l'esprit humain, si l'on ignore que le fanatisme rend la populace capable de tout.

CHAP. XXXVII. — *Du dauphin François.*

Le dauphin François, fils de François Ier, joue à la paume; il boit beaucoup d'eau fraîche dans une transpiration abondante; on accuse l'empereur Charles-Quint de l'avoir fait empoisonner! Quoi! le vainqueur aurait craint le fils du vaincu! Quoi! il aurait fait périr à la cour de France le fils de celui dont alors il prenait deux provinces, et il aurait déshonoré toute la gloire de sa vie par un crime infâme, inutile! Il aurait empoisonné le Dauphin en laissant deux frères pour le venger! L'accusation est absurde; aussi je me joins à l'auteur, toujours impartial, de l'*Essai sur les mœurs*, etc., pour détester cette absurdité.

Mais le dauphin François avait auprès de lui un gentilhomme italien, un comte Montécuculli qui lui avait versé l'eau fraîche dont il résulta une pleurésie. Ce comte était né sujet de Charles-Quint; il lui avait parlé autrefois, et sur cela seul on l'arrête, on le met à la torture; des médecins ignorants affirment que les tranchées causées par l'eau froide sont causées par l'arsenic. On fait écarteler Montécuculli, et toute la France traité d'empoisonneur le vainqueur de Soliman, le libérateur de la chrétienté, le triomphateur de Tunis, le plus grand homme de l'Europe! Quels juges condamnèrent Montécuculli? Je n'en sais rien; ni Mézeray ni Daniel ne le disent. Le président Hénault dit : « Le dauphin François est empoisonné par Montécuculli, son échanson, non sans soupçon contre l'empereur. »

Il est clair qu'il faut au moins douter du crime de Montécuculli; ni lui ni Charles-Quint n'avaient aucun intérêt à le commettre. Montécuculli attendait de son maître une grande fortune, et l'empereur n'avait rien à craindre d'un jeune homme tel que François. Ce procès funeste peut donc être mis dans la foule des cruautés juridiques que l'ivresse

1. Un entre autres, dont il a été question dans le procès de Damiens.

de l'opinion, celle de la passion et l'ignorance ont trop souvent déployées contre les hommes les plus innocents.

Chap. XXXVIII. — *De Samblançai.*

Ne peut-on pas mettre dans la même classe le supplice de Samblançai? Le crime qu'on lui impute est beaucoup plus raisonnable que celui de Montécuculli. Il est bien plus ordinaire de voler le roi que d'empoisonner les dauphins. Cependant, aujourd'hui, les historiens sensés doutent que Samblançai fût coupable. Il fut jugé par des commissaires; c'est déjà un grand préjugé en sa faveur. La haine que lui portait le chancelier Duprat est encore un préjugé plus fort. On est réduit, lorsqu'on lit les grands procès criminels, à suspendre au moins son jugement entre les condamnés et les juges; témoin les arrêts rendus contre Jacques Cœur, contre Enguerrand de Marigni, et tant d'autres. Comment donc pourrait-on croire aveuglément mille anecdotes rapportées par des historiens, puisqu'on ne peut même en croire des magistrats qui ont examiné les procès pendant des années entières? On ne peut s'empêcher de faire ici une réflexion sur François Ier. Quel était donc le caractère de ce grand homme, qui fait pendre le vieillard innocent Samblançai, qu'il appelait son père; qui fait écarteler un gentilhomme italien, parce que ses médecins sont des ignorants; qui dépouille le connétable de Bourbon de ses biens par l'injustice la plus criante; qui, ayant été vaincu par lui et fait prisonnier, met ses deux enfants en captivité pour aller revoir Paris; qui jure et promet même, en parole d'honneur, de rendre la Bourgogne à Charles-Quint, son vainqueur, et est obligé de se déshonorer par politique; qui accorde aux Turcs, dans Marseille, la liberté d'exercer leur religion, et qui fait brûler à petit feu, dans la place de l'Estrapade, de malheureux luthériens, tandis qu'il leur met les armes à la main en Allemagne? Il a fondé le Collège royal. Oui; mais est-on grand pour cela, et un collège répare-t-il tant d'horreurs et tant de bassesses?

Chap. XXXIX. — *Des Templiers.*

Que dirons-nous du massacre ecclésiastique juridique des templiers? Leur supplice fait frémir d'horreur. L'accusation laisse dans nos esprits plus que de l'incertitude. Je crois bien plus à quatre-vingts gentilshommes, qui protestent de leur innocence devant Dieu en mourant, qu'à cinq ou six prêtres qui les condamnent.

Chap. XL. — *Du pape Alexandre VI.*

Le cardinal Bembo, Paul Jove Tomasi, et enfin Guichardin, semblent croire que le pape Alexandre VI mourut du poison qu'il avait préparé, de concert avec son bâtard César Borgia, au cardinal Sant Agnolo, au cardinal de Capoue, à celui de Modène et à plusieurs autres; mais ces historiens ne l'assurent pas positivement. Tous les ennemis du saint-siège ont accrédité cette horrible anecdote. Je suis comme l'auteur de l'*Essai sur les mœurs*, etc., je n'en crois rien, et ma grande raison, c'est qu'elle n'est point du tout vraisemblable. Le pape et son bâtard étaient, sans contredit, les deux plus grands scélérats parmi les puissances de l'Europe, mais ils n'étaient pas des fous.

Il est évident que l'empoisonnement d'une douzaine de cardinaux, à souper, aurait rendu le père et le fils si exécrables, que rien n'aurait pu les sauver de la fureur du peuple romain et de l'Italie entière. Un tel crime n'aurait jamais pu être caché, quand même il n'aurait pas été puni par l'Italie conjurée. Il était d'ailleurs directement contraire aux vues de César Borgia : le pape son père était sur le bord de son tombeau; Borgia, avec sa brigue, pouvait faire élire une de ses créatures. Est-ce un moyen pour gagner les cardinaux que d'en empoisonner douze?

Enfin les registres de la maison d'Alexandre VI le font mourir d'une fièvre double tierce, poison assez dangereux pour un vieillard qui est dans sa soixante et treizième année.

CHAP. XLI. — *De Louis XIV.*

Je suppose que, dans cent ans, presque tous nos livres soient perdus, et que, dans quelque bibliothèque d'Allemagne, on retrouve l'*Histoire de Louis XIV*, par La Hode, sous le nom de La Martinière; la *Dîme royale*, de Boisguilbert, sous le nom du maréchal de Vauban; les *Testaments de Colbert et de Louvois*, fabriqués par Gatien de Courtilz; l'*Histoire de la régence du duc d'Orléans*, par le même La Hode, ci-devant jésuite; les *Mémoires de madame de Maintenon*, par La Beaumelle, et cent autres ridicules romans de cette espèce; je suppose qu'alors la langue française soit une langue savante dans le fond de l'Allemagne; que d'exclamations les commentateurs de ce pays-là ne feraient-ils point sur ces précieux monuments échappés aux injures du temps! comment pourraient-ils ne pas voir en eux les archives de la vérité? Les auteurs de ces livres étaient tous des contemporains, qui ne pouvaient être ni trompés ni trompeurs : c'est ainsi qu'on jugerait. Cette seule réflexion ne doit-elle pas nous inspirer un peu de défiance sur plus d'un livre de l'antiquité?

CHAP. XLII. — *Bévues et doutes.*

Quelles erreurs grossières, quelles sottises ne débite-t-on pas tous les jours dans les livres qui sont entre les mains des grands et des petits, et même de gens qui savent à peine lire? L'auteur de l'*Essai sur les mœurs et l'esprit des nations* ne nous fait-il pas remarquer qu'il se débite tous les ans dans l'Europe quatre cent mille almanachs qui nous indiquent les jours propres à être saignés ou purgés, et qui prédisent la pluie? que presque tous les livres sur l'économie rustique enseignent la manière de multiplier le blé et de faire pondre des coqs? n'a-t-il pas observé que, depuis Moscou jusqu'à Strasbourg et à Bâle, on met, dans les mains de tous les enfants, la géographie d'Hubner, et voici ce qu'on leur apprend dans cette géographie :

Que l'*Europe contient trente millions d'habitants*, tandis qu'il est évident qu'il y en a plus de cent millions; qu'*il n'y a pas une lieue de terrain inhabitée*, tandis qu'il y a plus de deux cents lieues de déserts dans le Nord, et plus de cent lieues de montagnes arides ou couvertes de neiges éternelles, sur lesquelles ni un homme ni un oiseau ne s'arrête.

Il enseigne que «Jupiter se changea en taureau pour mettre au monde Europe, » et que, d'ailleurs, «tous les Européens descendent de Japhet. »

Quels détails sur les villes! L'auteur va jusqu'à dire, à la face des Romains et de tous les voyageurs, que l'église de Saint-Pierre *a huit cent quarante pieds de longueur*. Il augmente les domaines du pape comme il allonge son église; il lui donne libéralement le duché de Bénévent, quoiqu'il n'ait jamais possédé que la ville. Il y a peu de pages où il ne se trouve de semblables bévues.

Consultez les tables de Lenglet, vous y trouverez encore que Hatton, archevêque de Mayence, fut assiégé, dans une tour, par des rats, pris par des rats, et mangé par des rats[1]; qu'on vit des armées célestes combattre en l'air, et que deux armées de serpents se livrèrent sur la terre une sanglante bataille.

Encore une fois, si, dans notre siècle, qui est celui de la raison, on publie de telles pauvretés, que n'a-t-on pas fait dans les siècles des fables? Si on imprime publiquement, dans les plus grandes capitales, tant de mensonges historiques, que d'absurdités n'écrivait-on pas obscurément dans de petites provinces barbares? absurdités multipliées, avec le temps, par des copistes, et autorisées ensuite par des commentaires.

Enfin, si les événements les plus intéressants, les plus terribles, qui se passent sous nos yeux, sont enveloppés d'obscurités impénétrables, que sera-ce des événements qui ont vingt siècles d'antiquité? Le grand Gustave est tué dans la bataille de Lutzen; on ne sait s'il a été assassiné par l'un de ses propres officiers. On tire des coups de fusil dans les carrosses du grand Condé; on ignore si cette manœuvre est de la cour ou de la fronde. Plusieurs principaux citoyens sont assassinés dans l'hôtel de ville en ces temps malheureux; on n'a jamais su quelle fut la faction coupable de ces meurtres. Tous les grands événements de ce globe sont comme ce globe même, dont une moitié est exposée au grand jour, et l'autre plongée dans l'obscurité.

CHAP. XLIII. — *Absurdité et horreur.*

Que l'on se trompe sur le nombre des habitants d'un royaume, leur argent comptant, leur commerce, il n'y a que du papier de perdu; que, dans le loisir des grandes villes, on se soit trompé sur les travaux de la campagne, les laboureurs n'en savent rien et vendent leur blé aux discoureurs. Des hommes de génie peuvent tomber impuné-

---

1. Voyez les *Tablettes chronologiques* de Lenglet Dufresnoy, à l'année 969. (*Note de M. Beuchot.*)

ment dans quelques erreurs sur la formation d'un fœtus, et sur celle des montagnes : les femmes font toujours des enfants comme elles peuvent; et les montagnes restent à leur place.

Mais il y a un genre d'hommes funestes au genre humain qui subsiste encore, tout détesté qu'il est, et qui peut-être subsistera encore quelques années. Cette espèce bâtarde est nourrie dans les disputes de l'école, qui rendent l'esprit faux et qui gonflent le cœur d'orgueil. Indignés de l'obscurité où leur métier les condamne, ils se jettent sur les gens du monde qui ont de la réputation, comme autrefois les crocheteurs de Londres se battaient à coups de poing contre ceux qui passaient dans les rues avec un habit galonné. Ce sont ces misérables qui appellent le président de Montesquieu impie, le conseiller d'État La Mothe Le Vayer déiste, le chancelier de L'Hospital athée. Mille fois flétris, ils n'en sont que plus audacieux, parce que, sous le masque de la religion, ils croient pouvoir nuire impunément.

Par quelle fatalité tant de théologiens, mes confrères, ont-ils été, de tous les gens de lettres, les plus hardis calomniateurs, si pourtant on peut donner le titre d'hommes de lettres à ces fanatiques? C'est qu'ils ne craignent rien quand ils mentent. Si on pouvait lire leurs écrits polémiques, ensevelis dans la poussière des bibliothèques, on y verrait continuellement la Sorbonne et les maisons professes des jésuites transférées aux halles.

Les jésuites surtout poussèrent l'impudence aux derniers excès, quand ils furent puissants : lorsqu'ils n'écrivaient pas des lettres de cachet, ils écrivirent des libelles.

On est obligé d'avouer que ce sont des gens de cet affreux caractère qui ont attiré sur leurs confrères les coups dont ils sont écrasés, et qui ont perdu à jamais un ordre dans lequel il y a eu des hommes respectables. Il faut convenir que ce sont des énergumènes, tels que les Patouillet et les Nonotte, qui ont enfin soulevé toute la France contre les jésuites. Plus les gens habiles de leur ordre avaient de crédit à la cour, plus les petits pédants de leurs colléges étaient impudents à la ville.

Un de ces malheureux[1] ne s'est pas contenté d'écrire contre tous les parlements du royaume, du style dont Guignard écrivit contre Henri IV : ce fou vient de faire un ouvrage contre presque tous les gens de lettres illustres; et toujours dans le dessein de venger Dieu, qui pourtant semble un peu abandonner les jésuites : il intitule sa rapsodie *antiphilosophique*; elle l'est bien en effet; mais il pouvait l'intituler aussi *antihumaine*, *antichrétienne*.

Croirait-on bien que cet énergumène, à l'article *Fanatisme*, fait l'éloge de cette fureur diabolique? Il semble qu'il ait trempé sa plume dans l'encrier de Ravaillac. Du moins Néron ne fit point l'éloge du parricide; Alexandre VI ne vanta point l'empoisonnement et l'assassinat. Les plus grands fanatiques déguisaient leurs fureurs sous le nom d'un saint enthousiasme, d'un divin zèle; enfin nous avons *confitentem fanaticum*.

1. Chaudon. (Éd.)

Le monstre crie sans cesse : « Dieu ! Dieu ! Dieu ! » Excrément de la nature humaine, dans la bouche de qui le nom de Dieu devient un sacrilége ; vous, qui ne l'attestez que pour l'offenser, et qui vous rendez plus coupable encore par vos calomnies que ridicule par vos absurdités ; vous, le mépris et l'horreur de tous les hommes raisonnables, vous prononcez le nom de Dieu dans tous vos libelles, comme des soldats qui s'enfuient en criant *Vive le roi !*

Quoi ! c'est au nom de Dieu que vous calomniez ! Vous dites qu'un homme très-connu, devant qui vous n'oseriez paraître, a conjuré en secret avec les prêtres d'une ville célèbre pour y établir le socinianisme ; vous dites que ces prêtres viennent tous les soirs souper chez lui, et qu'ils lui fournissent des arguments contre vos sottises. Vous en avez menti, mon révérend père : *mentiris impudentissime*, comme disait Pascal[1]. Les portes de cette ville sont fermées avant l'heure du souper. Jamais aucun prêtre de cette ville n'a soupé dans son château, qui en est à deux lieues ; il ne vit avec aucun, il n'en connaît aucun ; c'est ce que vingt mille hommes peuvent attester.

Vous pensez que les parlements vous ont conservé le privilége de mentir, comme on dit que les galériens peuvent voler impunément.

Quelle rage vous pousse à insulter, par les plus plates impostures un avocat du parlement de Paris, célèbre dans les lettres[2], et un des premiers savants de l'Europe, honoré des bienfaits d'une tête couronnée, qui par là s'est honorée à jamais[3] ; et un homme aussi illustre par ses bienfaits que par son esprit, dont la respectable épouse est parente du plus noble et du plus digne ministre qu'ait eu la France, et qui a des enfants dignes de son mari et d'elle[4] ?

Vous êtes assez lâche pour remuer les cendres de M. de Montesquieu, afin d'avoir occasion de parler de je ne sais quel brouillon de jésuite irlandais, nommé Routh, qu'on fut obligé de chasser de sa chambre, où intrus s'établissait en député de la superstition, et pour se faire de fête, tandisque Montesquieu, environné de sages, mourait en sage : jésuite, vous insultez au mort, après qu'un jésuite a osé troubler la dernière heure du mourant ; et vous voulez que la postérité vous déteste, comme le siècle présent vous abhorre depuis le Mexique jusqu'en Corse.

Crie encore : « Dieu ! Dieu ! Dieu ! » tu ressembleras à ce prêtre irlandais qu'on allait pendre pour avoir volé un calice : « Voyez, disait-il, comme on traite les bons kétéliques qui sont venus en France pour la rlichion ! »

Chaque siècle, chaque nation a eu ses Garasses. C'est une chose incompréhensible que cette multitude de calomnies dévotement vomies dans l'Europe par des bouches infectées qui se disent sacrées ! C'est, après l'assassinat et le poison, le crime le plus grand, et c'est celui qui a été le plus commun.

1. XV⁰ lettre provinciale. (Éd.) — 2. M. Saurin. (Éd.) — 3. M. Diderot. (Éd.)
4. Helvétius. (Éd.)

INSTRUCTION

DU GARDIEN DES CAPUCINS DE RAGUSE, A FRÈRE PÉDICULOSO[1],

PARTANT POUR LA TERRE SAINTE

(1768.)

I. La première chose que vous ferez, frère Pédiculoso, sera d'aller voir le paradis terrestre où Dieu créa Adam et Ève, si connu des anciens Grecs et des premiers Romains, des Perses, des Égyptiens, des Syriens, qu'aucun auteur de ces nations n'en a jamais parlé. Il vous sera très-aisé de trouver le paradis terrestre, car il est à la source de l'Euphrate, du Tigre, de l'Araxe et du Nil; et quoique les sources du Nil et de l'Euphrate soient à mille lieues l'une de l'autre, c'est une difficulté qui ne doit nullement vous embarrasser. Vous n'aurez qu'à demander le chemin aux capucins qui sont à Jérusalem, vous ne pourrez vous égarer.

II. N'oubliez pas de manger du fruit de l'arbre de la science du bien et du mal; car vous nous paraissez un peu ignorant et malin. Quand vous en aurez mangé, vous serez un très-savant et très-honnête homme. L'arbre de la science est un peu vermoulu; ses racines sont faites des œuvres des rabbins, des ouvrages du pape Grégoire le Grand, des œuvres d'Albert le Grand, de saint Thomas, de saint Bonaventure, de saint Bernard, de l'abbé Trithème[2], de Luther, de Calvin, du R. P. Garasse, de Bellarmin, de Suarez, de Sanchez, du docteur Tournéli et du docteur Tamponet. L'écorce est rude, les feuilles piquent comme l'ortie; le fruit est amer comme chicotin; il porte au cerveau comme l'opium; on s'endort quand on en a un peu trop pris, et on endort les autres; mais dès qu'on est réveillé, on porte la tête haute; on regarde les gens du haut en bas; on acquiert un sens nouveau qui est fort au-dessus du sens commun; on parle d'une manière inintelligible, qui tantôt vous procure de bonnes aumônes, et tantôt cent coups de bâton. Vous nous répondrez peut-être qu'il est dit expressément dans le *Beresith* ou *Genèse* : « Le même jour que vous en aurez mangé, vous mourrez très-certainement[3]. » Allez, notre cher frère, il n'y a rien à craindre. Adam en mangea, et vécut encore neuf cent trente ans.

III. A l'égard du serpent qui était *la bête des champs la plus subtile*[4], il est enchaîné, comme vous savez, dans la haute Égypte; plusieurs missionnaires l'ont vu. Bochart vous dira quelle langue il parlait, et

---

1. Le mot italien *pediculoso*, du latin *pediculosus* (pouilleux), est donné par Voltaire au futur pèlerin à cause du petit peuple qui habite sa barbe. (*Note de M. Beuchot*.)
2. Son vrai nom est *Tritheim* ou même *Trittenheim*, qui est celui du village où il naquit, près de Trèves, en 1662, cité plusieurs fois dans *la Pucelle*. (*Note de Cloyenson*.)
3. *Genèse*, chap. II, v. 17.
4. *Genèse* III, 1 (ÉD.)

quel air il siffla pour tenter Ève ; mais prenez bien garde d'être sifflé. Vous expliquerez ensuite quel est le bœuf qui garda la porte du jardin : car vous savez que *chérub* en hébreu et en chaldéen signifie un bœuf, et que c'est pour cela qu'Ézéchiel dit [1] que le roi de Tyr est un chérub. Que de chérubs, ô ciel, nous avons dans ce monde! Lisez sur cela saint Ambroise, l'abbé Rupert, et surtout le chérub dom Calmet.

IV. Examinez bien le signe que le Seigneur mit à Caïn. Observez si c'était sur la joue ou sur l'épaule. Il méritait bien d'être fleurdelisé pour avoir tué son frère ; mais comme Romulus, Richard III, Louis XI, etc., etc., en ont fait autant, nous voyons bien que vous n'insisterez pas sur un fratricide pardonné, tandis que toute la race est damnée pour une pomme.

V. Vous prétendez pousser jusqu'à la ville d'Énoch, que Caïn bâtit dans la terre de Nod ; informez-vous soigneusement du nombre de maçons, de charpentiers, de menuisiers, de forgerons, de serruriers, de drapiers, de bonnetiers, de cordonniers, de teinturiers, de cardeurs de laine, de laboureurs, de bergers, de manœuvres, d'exploiteurs de mines de fer ou de cuivre, de juges, de greffiers qu'il employa, lorsqu'il n'y avait encore que quatre ou cinq personnes sur la terre.

Énoch est enterré dans cette ville que bâtit Caïn son aïeul, mais il vit encore ; sachez où il est, demandez-lui des nouvelles de sa santé, et faites-lui nos compliments.

VI. De là vous passerez entre les jambes des géants qui sont nés des anges et des filles des hommes [2], et vous leur présenterez les vampires du R. P. dom Calmet ; mais surtout parlez-leur poliment, car ils n'entendent pas raillerie.

VII. Vous comptez aller ensuite sur le mont Ararat voir les restes de l'arche, qui sont de bois de Gopher. Vérifiez les mesures de l'arche données sur les lieux par l'illustre M. Le Pelletier [3]. Mesurez exactement la montagne, mesurez ensuite celle de Pitchincha et de Chimboraço au Pérou, et le mont Saint-Gothard. Supputez avec Whiston et Woodward combien il fallut d'océans pour couvrir tout cela, et pour s'élever quinze coudées au-dessus. Examinez tous les animaux purs et impurs qui entrèrent dans l'arche ; et en revenant, ne vous arrêtez pas sur des charognes, comme le corbeau.

Vous aurez aussi la bonté de nous rapporter l'original du texte hébreu qui place le déluge en l'an de la création 1656, l'original samaritain qui le met en 2309, le texte des Septante qui le met en 2262. Accordez les trois textes ensemble, et faites un compte juste d'après l'abbé Pluche.

VII. Saluez de notre part notre père Noé qui planta la vigne. Les Grecs et les Asiatiques eurent le malheur de ne connaître jamais sa personne ; mais les Juifs ont été assez heureux pour descendre de lui. Demandez à voir dans ses archives le pacte que Dieu fit avec lui et avec les bêtes. Nous sommes fâchés qu'il se soit enivré ; ne l'imitez pas.

---

1. Genèse, XXVII, 14. (Éd.) — 2. *Id.*, chap. VI v. 4.
3. Jean Le Pelletier, né à Rouen en 1633, mort en 1711, est auteur d'une *Dissertation sur l'arche de Noé*. (Éd.)

Prenez surtout un mémoire exact du temps où Gomer, petit-fils de Japhet, vint régner dans l'Europe, qu'il trouva très-peuplée. C'est un point d'histoire avéré.

IX. Demandez ce qu'est devenu Caïnam, fils d'Arphaxad, si célèbre dans les Septante, et dont la *Vulgate* ne parle pas. Priez-le de vous conduire à la tour de Babel. Voyez si les restes de cette tour s'accordent avec les mesures que le R. P. Kircher[1] en a données. Consultez Paul Orose, Grégoire de Tours et Paul Lucas.

De la tour de Babel vous irez à Ur en Chaldée, et vous demanderez aux descendants d'Abraham le potier pourquoi il quitta ce beau pays pour aller acheter un tombeau à Hébron et du blé à Memphis; pourquoi il donna deux fois sa femme pour sa sœur; ce qu'il gagna au juste à ce manége. Sachez surtout de quel fard elle se servait pour paraître belle à l'âge de quatre-vingt-dix ans. Sachez si elle employait l'eau rose ou l'eau de lavande pour ne pas sentir le gousset quand elle arriva à pied, ou sur son âne, à la cour du roi d'Egypte et à celle du roi de Gérare, car toutes ces choses sont nécessaires à salut.

Vous savez que le Seigneur fit un pacte[2] avec Abraham, par lequel il lui donna tout le pays depuis le fleuve d'Egypte jusqu'à l'Euphrate. Sachez bien précisément pourquoi ce pacte n'a pas été exécuté.

X. Chemin faisant vous irez à Sodome. Demandez des nouvelles des deux anges qui vinrent voir Loth, et auxquels il prépara un bon souper. Sachez quel âge ils avaient quand les Sodomites voulurent leur faire des sottises, et si les deux filles de Loth étaient pucelles lorsque le bonhomme Loth pria les Sodomites de coucher avec ses deux filles, au lieu de coucher avec ces deux anges. Toute cette histoire est encore très-nécessaire à salut. De Sodome vous irez à Gabaa, et vous vous informerez du nom du lévite auquel les bons Benjamites firent la même civilité que les Sodomites avaient faite aux anges.

XI. Quand vous serez en Égypte, informez-vous d'où venait la cavalerie que le pharaon envoya dans la mer Rouge à la poursuite des Hébreux; car tous les animaux ayant péri dans la sixième et septième plaie, les impies prétendent que le pharaon n'avait plus de cavalerie. Relisez les *Mille et une nuits*, et tout l'Exode, dont Hérodote, Thucydide, Xénophon, Polybe, Tite Live, font une mention si particulière, ainsi que tous les auteurs égyptiens.

XII. Nous ne vous parlons pas des exploits de Josué, successeur de Moïse, et de la lune qui s'arrêta sur Aïalon en plein midi, quand le soleil s'arrêta sur Gabaon : ce sont de ces choses qui arrivent tous les jours, et qui ne méritent qu'une légère attention.

Mais ce qui est très-utile pour la morale, et qui doit infiniment contribuer à rendre nos mœurs plus honnêtes et plus douces, c'est l'histoire des rois juifs. Il faut absolument supputer combien ils commirent d'assassinats. Il y a des Pères de l'Église qui en comptent cinq cent quatre-vingts; d'autres neuf cent soixante et dix; il est important de

---

1. Dans son livre intitulé *Turris Babel.* (ÉD.)
2. *Genèse*, chap. XV, v. 18. (ÉD.)

ne s'y pas tromper. Souvenez-vous surtout que nous n'entendons ici que les assassinats de parents, car, pour les autres, ils sont innombrables. Rien ne sera plus édifiant qu'une notice exacte des assassins et des assassinés au nom du Seigneur. Cela peut servir de texte à tous les sermons de cour sur l'amour du prochain.

XIII. Quand de l'histoire des rois vous passerez aux prophètes, vous goûterez et nous ferez goûter des joies ineffables. N'oubliez pas le soufflet donné par le prophète Sédékias[1] au prophète Michée. Ce n'est pas seulement un soufflet probable comme celui du jésuite dont parle Pascal[2], c'est un soufflet avéré par le Saint-Esprit, dont on peut tirer de fortes conséquences pour les joues des fidèles.

Lorsque vous serez à Ézéchiel, c'est là que votre âme se dilatera plus que jamais. Vous verrez d'abord, chapitre Ier, quatre animaux à mufle de lion, de bœuf, d'aigle et d'homme ; une roue à quatre faces semblable à l'eau de la mer, chaque face ayant plus d'yeux qu'Argus, et les quatre parties de la roue marchant à la fois. Vous savez qu'ensuite le prophète mangea par ordre de Dieu un livre tout entier de parchemin. Demandez soigneusement à tous les prophètes que vous rencontrerez, ce qui était écrit dans ce livre. Ce n'est pas tout, le Seigneur donne des cordes au prophète pour le lier[3]. Tout lié qu'il est, il trace le plan de Jérusalem sur une brique ; puis il se couche sur le côté gauche pendant trois cent quatre-vingt-dix jours et ensuite pendant quarante jours sur le côté droit.

XIV. Si vous déjeunez avec Ézéchiel, prenez garde, notre cher frère, n'altérez point son texte, comme vous avez déjà fait ; c'est un des péchés contre le Saint-Esprit. Vous avez osé dire que Dieu ordonna au prophète de faire cuire son pain avec de la bouse de vache ; ce n'est point cela, il s'agit de mieux. Lisez la *Vulgate*, *Ézéchiel*, chap. IV. v. 12 : *Comedes illud, et stercore quod egreditur de homine operies illud in oculis eorum*. « Tu le mangeras, tu le couvriras de la merde qui sort du corps de l'homme. » Le prophète en mangea, et il s'écria : *Pouah ! pouah ! pouah ! Domine Deus meus, ecce anima mea non est polluta*. « Pouah ! pouah ! pouah ! Seigneur mon Dieu, je n'ai jamais fait de pareil déjeuner. » Et le Seigneur, par accommodement, lui dit : « Je te donne de la fiente de bœuf au lieu de merde d'homme. »

Conservez toujours la pureté du texte, notre cher frère, et ne l'altérez pas pour un étron.

Si le déjeuner d'Ézéchiel est un peu puant, le dîner des Israélites dont il parle est un peu anthropophage[4]. « Les pères mangeront leurs enfants, et les enfants mangeront leurs pères. » Passe encore que les pères mangent les enfants qui sont dodus et tendres ; mais que les enfants mangent leurs pères qui sont coriaces, cela est-il de la nouvelle cuisine ?

XV. Il y a une grande dispute entre les doctes sur le XXXIXe chapi-

---

1. *III. Rois*, XXII, 24. (ÉD.)
2. Dernier alinéa de la quatorzième de ses *Lettres provinciales*. (*Sentiments des jésuites sur l'homme*.) (ÉD.)
3. Ézéchiel, chap. III. — 4. *Id.*, chap. V, v. 10.

tre de ce même Ézéchiel. Il s'agit de savoir si c'est aux Juifs ou aux bêtes que le Seigneur promet de donner le sang des princes à boire, et la chair des guerriers à manger. Nous croyons que c'est aux uns et aux autres. Le verset 17 est incontestablement pour les bêtes; mais les versets 18, 19 et suivants sont pour les Juifs : « Vous mangerez le cheval et le cavalier. » Non-seulement le cheval, comme les Scythes qui étaient dans l'armée du roi de Perse, mais encore le cavalier, comme de dignes Juifs; donc ce qui précède les regarde aussi. Voyez à quoi sert l'intelligence des Écritures !

XVI. Les passages les plus essentiels d'Ézéchiel, les plus conformes à la morale, à l'honnêteté publique, les plus capables d'inspirer la pudeur aux jeunes filles, sont ceux où le Seigneur parle d'Oolla et de sa sœur Ooliba. On ne peut trop répéter ces textes admirables.

Le Seigneur dit à Oolla : « Vous êtes devenue grande, vos tetons se sont enflés, votre poil a pointé[1]. (*Grandis effecta es, ubera tua intumuerunt, pilus tuus germinavit.*) Le temps des amants est venu ; je me suis étendu sur vous; j'ai couvert votre ignominie ; je vous ai donné des robes de toutes couleurs, des souliers d'hyacinthe, des bracelets, des colliers, des pendants d'oreilles.... Mais, ayant confiance en votre beauté, vous avez forniqué pour votre compte; vous vous êtes prostituée à tous les passants; vous avez bâti un bordel.... (*Ædificasti tibi lupanar:*) vous avez forniqué dans les carrefours.... On donne de l'argent à toutes les putains, et c'est vous qui en avez donné à vos amants[2] : (*Omnibus meretricibus dantur mercedes, tu autem dedisti mercedes cunctis amatoribus tuis,* etc....) Ainsi, vous avez fait le contraire des fornicantes, etc. »

Sa sœur Ooliba a fait encore pis[3] : « elle s'est abandonnée avec fureur à ceux dont les membres sont comme des membres d'ânes, et dont la semence est comme la semence des chevaux : (*Et insanivit libidine super concubitum eorum quorum carnes sunt ut carnes asinorum, et sicut fluxus equorum fluxus eorum*). » Le terme de semence est beaucoup plus expressif dans l'hébreu. Nous ne savons si vous devez le rendre par le mot énergique qui est en usage à la cour, chez les dames, en de certaines occasions. C'est ce que nous laissons absolument à votre discrétion.

Après un examen honnête de ces belles choses, nous vous conseillons de passer légèrement sur Jérémie, qui court tout nu dans Jérusalem, chargé d'un bât[4] mais nous vous prions de ne point passer sous silence le prophète Osée, à qui « le Seigneur ordonne[5] de prendre une femme de fornication, et de se faire des enfants de fornication, parce que la terre fornicante forniquera du Seigneur; et Osée prit donc Gomer, fille de Debelaïm. » Quelque temps après, « le Seigneur[6] lui ordonne de coucher avec une femme adultère, et il achète une femme déjà adultère, pour quinze pièces d'argent et une mesure et demie d'orge. »

1. Ezéchiel, chap. xvi. — 2. *Id.*, v. 33. (ÉD.)
3. Ezéchiel, chap. xxiii. — 4. Jérémie, xxvii, 2. (ÉD.) — 5. Osée, chap. i.
6. Osée, chap. iii.

Rien ne contribue plus, notre cher frère, à *former l'esprit et le cœur* de la jeunesse que de savants commentaires sur ces textes. Ne manquez pas d'évaluer les quinze pièces d'argent données à cette femme : nous croyons que cela monte au moins à sept livres dix sous ; les capucins, comme vous savez, ont des filles à meilleur marché.

XVII. Nous vous parlerons peu du *Nouveau Testament*. Vous concilierez les deux généalogies ; c'est la chose du monde la plus aisée ; car l'une ne ressemble point du tout à l'autre : il est évident que c'est là le mystère. Le bon Calmet dit naïvement, à propos des deux généalogies de Melchisédech : « Comme le mensonge se trahit toujours par lui-même, les uns racontent sa généalogie d'une manière, les autres d'une autre. » Il avoue donc, dira-t-on, que cette différence énorme de deux généalogies est la preuve évidente d'un puant mensonge. Oui, pour Melchisédech, mais non pas pour Jésus-Christ ; car Melchisédech n'était qu'un homme. Mais Jésus-Christ était homme et Dieu ; donc il lui fallait deux généalogies.

XVIII. Vous direz comment Marie et Joseph emmenèrent leur enfant en Égypte selon Matthieu, et comment, selon Luc, la famille resta à Bethléem. Vous expliquerez toutes les autres contradictions qui sont nécessaires à salut. Il y a de très-belles choses à dire sur l'eau changée en vin aux noces de Cana, pour des gens qui étaient déjà ivres ; car Jean, le seul qui en parle, dit expressément[1] qu'ils étaient ivres, *et cum inebriati fuerint*, dit la *Vulgate*.

Lisez surtout les *Questions* de Zapata, docteur de Salamanque, sur le massacre des innocents par Hérode ; sur l'étoile des trois rois ; sur le figuier séché pour n'avoir pas porté de figues, *quand ce n'était pas le temps des figues*[2], comme dit le texte. Ceux qui font d'excellents jambons à Bayonne et en Vestphalie s'étonnent qu'on ait envoyé le diable[3] dans le corps de deux mille cochons, et qu'on les ait noyés dans un lac. Ils disent que, si on leur avait donné ces cochons au lieu de les noyer, ils y auraient gagné plus de vingt mille livres de Hollande, s'ils avaient été gras. Êtes-vous du sentiment du R. P. Lemoine, qui dit que Jésus-Christ devait avoir une dent contre le diable, et qu'il fit fort bien de le noyer, puisque le diable l'avait emporté sur le haut d'une montagne ?

XIX. Quand vous aurez mis toutes ces choses dans le jour qu'elles méritent, nous vous recommandons, avec la plus vive instance, de justifier Luc, lequel avait écrit le dernier après tous les autres évangélistes[4], étant mieux informé que tous ses confrères, et ayant tout examiné diligemment depuis le commencement, comme il le dit[5], doit être un auteur très-respectable. Ce respectable Luc assure que, lorsque

---

1. Cet *expressément* est une plaisanterie ; car Jean (chap. II, verset 10) fait dire au maître d'hôtel, en général, et sans allusion aux convives des noces de Cana : *Omnis homo primum bonum vinum ponit ; et cum inebriati fuerint, tunc id quod deterius est*. (Note de Clogenson.)
2. Matthieu, xi, 19 ; Marc, xi, 13. (Éd.) — 3. Matthieu, viii, 32 ; Marc, v, 13. (Éd.)
4. Excepté saint Jean, qui écrivit son évangile vers l'an 96, plusieurs années après la mort de saint Luc. (Éd.) — 5. Luc, I 3. (Éd.)

Marie fut prête d'accoucher, César Auguste, qui apparemment s'en doutait, ordonna, pour remplir les prophéties, qu'on fît un dénombrement de toute la terre, et Quirinus, gouverneur de Syrie, publia cet édit en Judée. Les impies, qui ont le malheur d'être savants, vous diront qu'il n'y a pas un mot de vrai; que jamais Auguste ne donna un édit si extravagant; que Quirinus ne fut gouverneur de Syrie que dix ans après les couches de Marie, et que ce Luc était probablement un gredin qui, ayant entendu dire qu'il s'était fait un cens des citoyens romains sous Auguste, et que Quirinus avait été gouverneur de Syrie après Varus, confond toutes les époques et tous les événements; qu'il parle comme un provincial ignorant de ce qui s'est passé à la cour, et qu'il a encore le petit amour-propre de dire qu'il est plus instruit que les autres.

C'est ainsi que s'expriment les impies; mais ne croyez que les pies : parlez toujours en pie. Lisez surtout, sur cet article, les Questions de frère Zapata : elles vous éclairciront cette difficulté comme toutes les autres.

Il n'y a peut-être pas un verset qui ne puisse embarrasser un capucin, mais, avec la grâce de Dieu, on explique tout.

XX. Ne manquez pas de nous avertir, si vous rencontrez dans votre chemin quelques-uns de ces scélérats qui ne font qu'un cas médiocre de la transsubstantiation, de l'ascension, de l'assomption, de l'annonciation, de l'inquisition, et qui se contentent de croire un Dieu, de le servir en esprit et en vérité, et d'être justes. Vous reconnaîtrez aisément ces monstres : ils se bornent à être bons sujets, bons fils, bons maris, bons pères; ils font l'aumône aux véritables pauvres, et jamais aux capucins. Le R. P. Hayer, récollet, doit se joindre à nous pour les exterminer. Il n'y a de vraie religion que celle qui procure des millions au pape et d'amples aumônes aux capucins. Je me recommande à vos prières et à celles du petit peuple qui habite dans votre sainte barbe.

L'A, B, C,
OU DIALOGUES ENTRE A, B, C
TRADUIT DE L'ANGLAIS DE M. HUET.
(1768.)

PREMIER ENTRETIEN.

SUR HOBBES, GROTIUS ET MONTESQUIEU.

A. — Eh bien! vous avez lu Grotius, Hobbes et Montesquieu. Que pensez-vous de ces trois hommes célèbres?

B. — Grotius m'a souvent ennuyé; mais il est très-savant : il semble aimer la raison et la vertu; mais la raison et la vertu touchent peu quand elles ennuient; il me paraît, de plus, qu'il est quelquefois un fort mauvais raisonneur. Montesquieu a beaucoup d'imagination sur un sujet qui semblait n'exiger que du jugement : il se trompe trop souvent sur les faits; mais je crois qu'il se trompe aussi quelquefois quand il raisonne. Hobbes est bien dur, ainsi que son style; mais j'ai peur que sa dureté ne tienne souvent à la vérité. En un mot, Grotius est un franc pédant, Hobbes un triste philosophe, et Montesquieu un bel esprit humain.

C. — Je suis assez de cet avis. La vie est trop courte, et on a trop de choses à faire pour apprendre de Grotius que, selon Tertullien, « la cruauté, la fraude et l'injustice sont les compagnes de la guerre; » que « Carnéade défendait le faux comme le vrai; » qu'Horace a dit, dans une satire : « La nature ne peut discerner le juste de l'injuste[1]; » que, selon Plutarque, « les enfants ont de la compassion; » que Chrysippe a dit : « L'origine du droit est dans Jupiter; » que, si l'on en croit Florentin, « la nature a mis entre les hommes une espèce de parenté; » que Carnéade a dit que « l'utilité est la mère de la justice. »

J'avoue que Grotius me fait grand plaisir quand il dit, dès son premier chapitre du premier livre, « que la loi des Juifs n'obligeait point les étrangers. » Je pense avec lui qu'Alexandre et Aristote ne sont point damnés pour avoir conservé leur prépuce, et pour n'avoir pas employé le jour du sabbat à ne rien faire. De braves théologiens se

---

1. « Nec natura potest justo secernere iniquum. »

Ce cruel vers se trouve dans la troisième satire. Horace veut prouver, contre les stoïciens, que tous les délits ne sont pas égaux. Il faut, dit-il, que la peine soit proportionnée à la faute.

...............Adsit
« Regula, peccatis quæ pœnas irroget æquas. »
I, sat. 3, v. 117-118.

C'est la raison, la loi naturelle qui enseigne cette justice; la nature connaît donc le juste et l'injuste. Il est bien évident que la nature enseigne à toutes les mères qu'il vaut mieux corriger son enfant que de le tuer; qu'il vaut mieux lui donner du pain que de lui crever un œil; qu'il est plus juste de secourir son père que de le laisser dévorer par une bête féroce, et plus juste de remplir sa promesse que de la violer.

Il y a dans Horace, avant ce vers de mauvais exemple,

« Nec natura potest justo secernere iniquum, »

« la nature ne peut discerner le juste de l'injuste. » Il y a, dis-je, un autre vers qui semble dire tout le contraire :

« Jura inventa metu injusti fateare necesse est. »
Vers 111.

« Il faut avouer que les lois n'ont été inventées que par la crainte de l'injustice. »

La nature avait donc discerné le juste et l'injuste avant qu'il y eût des lois. Pourquoi serait-il d'un autre avis que Cicéron et que tous les moralistes qui admettent la loi naturelle ? Horace était un débauché qui recommande les filles de joie et les petits garçons, j'en conviens ; qui se moque des pauvres vieilles,

sont élevés contre lui avec leur absurdité ordinaire; mais moi qui, Dieu merci, ne suis point théologien, je trouve Grotius un très-bon homme.

J'avoue qu'il ne sait ce qu'il dit, quand il prétend que les Juifs avaient enseigné la circoncision aux autres peuples. Il est assez reconnu aujourd'hui que la petite horde judaïque avait pris toutes ses ridicules coutumes des peuples puissants dont elle était environnée. Mais que fait la circoncision au « droit de la guerre et de la paix[1] »

A. — Vous avez raison; les compilations de Grotius ne méritaient pas le tribut d'estime que l'ignorance leur a payé. Citer les pensées des vieux auteurs qui ont dit le pour et le contre, ce n'est pas penser. C'est ainsi qu'il se trompe très-grossièrement dans son livre de *la Vérité du christianisme*, en copiant les auteurs chrétiens qui ont dit que les Juifs leurs prédécesseurs avaient enseigné le monde : tandis que la petite nation juive n'avait elle-même jamais eu cette prétention insolente; tandis que, renfermée dans les rochers de la Palestine et dans son ignorance, elle n'avait pas seulement reconnu l'immortalité de l'âme, que tous ses voisins admettaient.

C'est ainsi qu'il prouve le christianisme, par Hystaspe et par les sibylles, et l'aventure de la baleine qui avala Jonas, par un passage de Lycophron. Le pédantisme et la justesse de l'esprit sont incompatibles.

Montesquieu n'est pas pédant : que pensez-vous de son *Esprit des lois*?

d'accord; qui flatte plus lâchement Octave qu'il n'attaque cruellement des citoyens obscurs, il est vrai; qui change souvent d'opinion, j'en suis fâché; mais je soupçonne qu'il a dit ici tout le contraire de ce qu'on lui fait dire. Pour moi, je lis,

« Et natura potest justo secernere iniquum; »

les autres mettront un *nec* à la place d'un *et* s'ils veulent. Je trouve le sens du mot *et* plus honnête comme plus grammatical : *et natura potest*, etc.

Si la nature ne discernait pas le juste et l'injuste, il n'y aurait point de différence morale dans nos actions; les stoïciens sembleraient avoir raison de soutenir que tous les délits contre la société sont égaux. Ce qui est fort étrange, c'est que saint Jacques semble tomber dans l'excès des stoïciens, en disant dans son épître (chap. II, v. 10) : « Qui garde toute la loi, et la viole en un point, est coupable de l'avoir violée en tout. » Saint Augustin, dans une lettre à saint Jérôme, relance un peu l'apôtre saint Jacques, et ensuite l'excuse, en disant que le coupable d'une transgression est coupable de toutes, parce qu'il a manqué à la charité qui comprend tout. O Augustin! comment un homme qui s'est enivré, qui a forniqué, a-t-il trahi la charité? Tu abuses perpétuellement des mots : ô sophiste africain! Horace avait l'esprit plus juste et plus fin que toi.

Les éditeurs de Kehl ont fait suivre cette note de Voltaire de la réflexion suivante : Cet endroit d'Horace peut d'abord paraître obscur; cependant, en y faisant attention, on trouvera que le poëte dit seulement : Consultez les annales du monde, vous verrez que la crainte de l'injustice a fait naître l'idée de nos droits. L'instinct ne nous apprend à discerner le juste de l'injuste que comme ce qui flatte nos sens de ce qui les blesse; la raison nous apprend donc que tous les crimes ne sont pas égaux, puisqu'ils ne font pas un tort égal à la société, et que c'est de l'idée de ce tort qu'est née l'idée de justice. *Natura* ne signifie qu'instinct, premier mouvement.

1. L'ouvrage de Grotius est en latin et intitulé : *De jure belli et pacis*. (ÉD.)

B. — Il m'a fait un grand plaisir, parce qu'il y a beaucoup de plaisanteries, beaucoup de choses vraies, hardies et fortes, et des chapitres entiers dignes des *Lettres persanes* : le chapitre XXVII du livre XIX est un portrait de votre Angleterre, dessiné dans le goût de Paul Véronèse ; j'y vois des couleurs brillantes, de la facilité de pinceau et quelques défauts de costume. Celui de l'inquisition et celui des esclaves nègres[2] sont fort au-dessus de Callot. Partout il combat le despotisme, rend les gens de finance odieux, les courtisans méprisables, les moines ridicules ; ainsi tout ce qui n'est ni moine, ni financier, ni employé dans le ministère, ni aspirant à l'être, a été charmé, et surtout en France.

Je suis fâché que ce livre soit un labyrinthe sans fil, et qu'il n'y ait aucune méthode ; je suis encore plus étonné qu'un homme qui écrit sur les lois dise, dans sa préface, « qu'on ne trouvera point de saillies dans son ouvrage[3], » et il est encore plus étrange que son livre soit un recueil de saillies. C'est Michel Montaigne législateur : aussi était-il du pays de Michel Montaigne.

Je ne puis m'empêcher de rire en parcourant plus de cent chapitres qui ne contiennent pas douze lignes, et plusieurs qui n'en contiennent que deux[4]. Il semble que l'auteur ait toujours voulu jouer avec son lecteur dans la matière la plus grave.

On ne croit pas lire un ouvrage sérieux lorsque, après avoir cité les lois grecques et romaines, il parle de celles de Bantam, de Cochin, de Tunquin, d'Achem, de Bornéo, de Jacatra, de Formose, comme s'il avait des mémoires fidèles du gouvernement de tous ces pays. Il mêle trop souvent le faux avec le vrai, en physique, en morale, en histoire : il vous dit[5], d'après Puffendorf, que, du temps du roi Charles IX, il y avait vingt millions d'hommes en France ; Puffendorf va même jusqu'à vingt-neuf millions : il parlait fort au hasard. On n'avait jamais fait en France de dénombrement ; on était trop ignorant alors pour soupçonner seulement qu'on pût deviner le nombre des habitants par celui des naissances et des morts. La France n'avait point, en ce temps, la Lorraine, l'Alsace, la Franche-Comté, le Roussillon, l'Artois, le Cambrésis, la moitié de la Flandre ; et, aujourd'hui qu'elle possède toutes ces provinces, il est prouvé qu'elle ne contient qu'environ vingt millions d'âmes tout au plus, par le dénombrement des feux, assez exactement donné en 1751.

Le même auteur assure[6], sur la foi de Chardin, qu'il n'y a que le petit fleuve Cyrus qui soit navigable en Perse. Chardin n'a point fait cette bévue ; il dit, au chapitre I, volume II, « qu'il n'y a point de fleuve qui porte bateau dans le cœur du royaume ; » mais, sans compter l'Euphrate, le Tigre et l'Indus, toutes les provinces frontières sont arrosées de fleuves qui contribuent à la facilité du commerce et à la fertilité de

---

1. Liv. XXV, chap. XIII. (Éd.) — 2. Liv. XV, chap. V. (Éd.)
3. Dans la préface de l'*Esprit des lois* il y a : « On ne trouvera point ici ces traits saillants qui semblent caractériser les ouvrages d'aujourd'hui. » (Éd.)
4. Voyez liv. VIII, chap. IX et XV; et liv. XXV, chap. I. (Éd.)
5. Liv. XXIII, chap. XXIV. (Éd.) — 2. Liv. XXIV, chap. XXVI. (Éd.)

la terre; le Zinderud traverse Ispahan, l'Agi se joint au Kur, etc. Et puis, quel rapport l'*Esprit des lois* peut-il avoir avec les fleuves de la Perse?

Les raisons qu'il rapporte de l'établissement des grands empires en Asie et de la multitude des petites puissances en Europe semblent aussi fausses que ce qu'il dit des rivières de la Perse[1]. « En Europe, dit-il, les grands empires n'ont jamais pu subsister : » la puissance romaine y a pourtant subsisté plus de cinq cents ans; « et la cause, continue-t-il, de la durée de ces grands empires, c'est qu'il y a de grandes plaines. » Il n'a pas songé que la Perse est entrecoupée de montagnes; il ne s'est pas souvenu du Caucase, du Taurus, de l'Ararat, de l'Immaüs, du Saron, dont les branches couvrent l'Asie. Il ne faut ni donner des raisons des choses qui n'existent point, ni en donner de fausses des choses qui existent.

Sa prétendue influence des climats[2] sur la religion est prise de Chardin, et n'en est pas plus vraie. La religion mahométane, née dans le terrain aride et brûlant de la Mecque, fleurit aujourd'hui dans les belles contrées de l'Asie Mineure, de la Syrie, de l'Égypte, de la Thrace, de la Mysie, de l'Afrique septentrionale, de la Servie, de la Bosnie, de la Dalmatie, de l'Épire, de la Grèce; elle a régné en Espagne, et il s'en est fallu bien peu qu'elle ne soit allée jusqu'à Rome. La religion chrétienne est née dans le terrain pierreux de Jérusalem, et dans un pays de lépreux, où le cochon est un aliment presque mortel, et défendu par la loi. Jésus ne mangea jamais de cochon, et on en mange chez les chrétiens : leur religion domine aujourd'hui dans des pays fangeux, où l'on ne se nourrit que de cochons, comme dans la Vestphalie. On ne finirait pas, si on voulait examiner les erreurs de ce genre qui fourmillent dans ce livre.

Ce qui est encore révoltant pour un lecteur un peu instruit, c'est que presque partout les citations sont fausses; il prend presque toujours son imagination pour sa mémoire.

Il prétend que, dans le *Testament* attribué au cardinal de Richelieu, il est dit[3] « que, si dans le peuple il se trouve quelque malheureux honnête, il ne faut point s'en servir; tant il est vrai que la vertu n'est pas le ressort du gouvernement monarchique. »

Le misérable *Testament* faussement attribué au cardinal de Richelieu dit précisément tout le contraire. Voici ses paroles, au chap. IV : « On peut dire hardiment, que de deux personnes dont le mérite est égal, celle qui est la plus aisée en ses affaires est préférable à l'autre, étant certain qu'il faut qu'un pauvre magistrat ait l'âme d'une trempe bien forte, si elle ne se laisse quelquefois amollir par la considération de ses intérêts. Aussi, l'expérience nous apprend que les riches sont moins sujets à concussion que les autres, et que la pauvreté contraint un officier à être fort soigneux du revenu du sac. »

Montesquieu, il faut l'avouer, ne cite pas mieux les auteurs grecs que

---

1. Liv. XVII, chap. VI. (ÉD.) — 2. Liv. XXIV, chap. XXIV, XXV, XXVI. (ÉD.)
3. Liv. III, chap. V. (ÉD.)

les français. Il leur fait souvent dire tout le contraire de ce qu'ils ont dit.

Il avance, en parlant de la condition des femmes dans les divers gouvernements, ou plutôt en promettant d'en parler, que chez les Grecs [1] « l'amour n'avait qu'une forme que l'on n'ose dire. » Il n'hésite pas à prendre Plutarque même pour son garant : il fait dire à Plutarque « que les femmes n'ont aucune part au véritable amour. » Il ne fait pas réflexion que Plutarque fait parler plusieurs interlocuteurs : il y a un Protogène qui déclame contre les femmes, mais Daphneus prend leur parti; Plutarque décide pour Daphneus; il fait un très-bel éloge de l'amour céleste et de l'amour conjugal; il finit par rapporter plusieurs exemples de la fidélité et du courage des femmes. C'est même dans ce dialogue qu'on trouve l'histoire de Camma et celle d'Eponine, femme de Sabinus, dont les vertus ont servi de sujet à des pièces de théâtre[2].

Enfin il est clair que Montesquieu, dans l'*Esprit des lois*, a calomnié l'esprit de la Grèce, en prenant une objection que Plutarque réfute pour une loi que Plutarque recommande.

[3] « Des cadis ont soutenu que le Grand-Seigneur n'était point obligé de tenir sa parole ou son serment, lorsqu'il bornait par là son autorité. »

Ricaut, cité en cet endroit, dit seulement, page 18 de l'édition d'Amsterdam, de 1671 : « Il y a même de ces gens-là qui soutiennent que le Grand-Seigneur peut se dispenser des promesses qu'il a faites avec serment, quand, pour les accomplir, il faut donner des bornes à son autorité. »

Ce discours est bien vague. Le sultan des Turcs ne peut promettre qu'à ses sujets ou aux puissances voisines. Si ce sont des promesses à ses sujets, il n'y a point de serment; si ce sont des traités de paix, il faut qu'il les tienne comme les autres princes, ou qu'il fasse la guerre. L'*Alcoran* ne dit en aucun endroit qu'on peut violer son serment, et il dit en cent endroits qu'il faut le garder. Il se peut que, pour entreprendre une guerre injuste, comme elles le sont presque toutes, le Grand-Turc assemble un conseil de conscience, comme ont fait plusieurs princes chrétiens, afin de faire le mal en conscience; il se peut que quelques docteurs musulmans aient imité les docteurs catholiques, qui ont dit qu'il ne faut garder la foi ni aux infidèles ni aux hérétiques; mais il reste à savoir si cette jurisprudence est celle des Turcs.

L'auteur de l'*Esprit des lois* donne cette prétendue décision des cadis comme une preuve du despotisme du sultan; il semble que ce serait au contraire une preuve qu'il est soumis aux lois, puisqu'il serait obligé de consulter des docteurs pour se mettre au-dessus des lois. Nous sommes voisins des Turcs, et nous ne les connaissons pas. Le comte de Marsigli, qui a vécu si longtemps au milieu d'eux, dit qu'aucun auteur n'a donné une véritable connaissance ni de leur empire, ni de

---

1. Liv. VII, chap. IX. (ÉD.)
2. Passerat, en 1695; Richer, en 1734; Chabanon, en 1762. (ÉD.)
3. Liv. III, chap. IX. (ÉD.)

leurs lois. Nous n'avons eu même aucune traduction tolérable de l'*Alcoran*, avant celle que nous a donnée l'Anglais Sale en 1734. Presque tout ce qu'on a dit de leur religion et de leur jurisprudence est faux, et les conclusions que l'on en tire tous les jours contre eux sont trop peu fondées. On ne doit, dans l'examen des lois, citer que des lois reconnues.

« [1] Tout bas commerce était infâme chez les Grecs. » Je ne sais pas ce que Montesquieu entend par ce bas commerce ; mais je sais que, dans Athènes, tous les citoyens commerçaient, que Platon vendit de l'huile, et que le père du démagogue Démosthène était marchand de fer. La plupart des ouvriers étaient des étrangers ou des esclaves : il nous est important de remarquer que le négoce n'était point incompatible avec les dignités dans les républiques de la Grèce, excepté chez les Spartiates, qui n'avaient aucun commerce.

« J'ai ouï plusieurs fois déplorer, dit-il [2], l'aveuglement du conseil de François Ier, qui rebuta Christophe Colomb qui lui proposait les Indes. » Vous remarquerez que François Ier n'était pas né lorsque Colomb découvrit les îles de l'Amérique.

Puisqu'il s'agit ici de commerce, observons que l'auteur condamne une ordonnance du conseil d'Espagne qui défend d'employer l'or et l'argent en dorure [3]. « Un décret pareil, dit-il, serait semblable à celui que feraient les États de Hollande, s'ils défendaient la consommation de la cannelle. » Il ne songe pas que les Espagnols, n'ayant point de manufactures, auraient acheté les galons et les étoffes de l'étranger, et que les Hollandais ne pouvaient acheter de la cannelle. Ce qui était très-raisonnable en Espagne eût été très-ridicule en Hollande.

Si un roi donnait sa voix dans les jugements criminels, « il perdrait le plus bel attribut de sa souveraineté, qui est celui de faire grâce. Il serait insensé qu'il fît et défît ses jugements. Il ne voudrait pas être en contradiction avec lui-même. Outre que cela confondrait toutes les idées, on ne saurait si un homme serait absous ou s'il recevrait sa grâce. »

Tout cela est évidemment erroné. Qui empêcherait le souverain de faire grâce après avoir été lui-même au nombre des juges? comment est-on en contradiction avec soi-même, en jugeant selon la loi, et en pardonnant selon sa clémence? En quoi les idées seraient-elles confondues? comment pourrait-on ignorer que le roi lui a publiquement fait grâce après la condamnation?

Dans le procès fait au duc d'Alençon, pair de France, en 1458, le parlement, consulté par le roi pour savoir s'il avait le droit d'assister au jugement du procès d'un pair de France, répondit qu'il avait trouvé par ses registres que non-seulement les rois de France avaient ce droit, mais qu'il était nécessaire qu'ils y assistassent en qualité de premiers pairs.

Cet usage s'est conservé en Angleterre. Les rois d'Angleterre délè-

---

1. Liv. IV, chap. VIII. (Éd.) — 2. Liv. XXI, chap. XXII. (Éd.) — 3. *Id.*, *ibid.* (Éd.) — 4. Liv. VI, chap. V. (Éd.)

guent à leur place, dans ces occasions, un grand *steward* qui les représente. L'empereur peut assister au jugement d'un prince de l'empire. Il est beaucoup mieux sans doute qu'un souverain n'assiste point aux jugements criminels : les hommes sont trop faibles et trop lâches; l'haleine seule du prince ferait trop pencher la balance.

« [1] Les Anglais, pour favoriser la liberté, ont ôté toutes les puissances intermédiaires qui formaient leur monarchie. »

Le contraire est d'une vérité reconnue. Ils ont fait de la chambre des communes une puissance intermédiaire qui balance celle des pairs. Ils n'ont fait que saper la puissance ecclésiastique, qui doit être une société priante, édifiante, exhortante et non pas puissante.

« [2] Il ne suffit pas qu'il y ait, dans une monarchie, des rangs intermédiaires, il faut encore un dépôt de lois.... L'ignorance naturelle à la noblesse, son inattention, son mépris pour le gouvernement civil, exigent qu'il y ait un corps qui fasse sans cesse sortir les lois de la poussière où elles seraient ensevelies. »

Cependant le dépôt des lois de l'empire est à la diète de Ratisbonne entre les mains des princes; ce dépôt est en Angleterre dans la chambre haute; en Suède, dans le sénat composé de nobles; et en dernier lieu l'impératrice Catherine II, dans son nouveau code, le meilleur de tous les codes, remet ce dépôt au sénat composé des grands de l'empire.

Ne faut-il pas distinguer entre les lois politiques et les lois de la justice distributive? Les lois politiques ne doivent-elles pas avoir pour gardiens les principaux membres de l'État? Les lois du *tien* et du *mien*, l'ordonnance criminelle[3], n'ont besoin que d'être bien faites et d'être imprimées; le dépôt en doit être chez les libraires. Les juges doivent s'y conformer; et quand elles sont mauvaises, comme il arrive fort souvent, alors ils doivent faire des remontrances à la puissance suprême pour les faire changer.

Le même auteur prétend qu'au Tunquin tous les magistrats et les principaux officiers militaires sont eunuques, et que chez les lamas[4] la loi permet aux femmes d'avoir plusieurs maris. Quand ces fables seraient vraies, qu'en résulterait-il? nos magistrats voudraient-ils être eunuques, et n'être qu'en quatrièmes ou en cinquièmes auprès de mesdames les conseillères?

Pourquoi perdre son temps à se tromper sur les prétendues flottes de Salomon envoyées d'Asiongaber en Afrique[5], et sur les chimériques voyages depuis la mer Rouge jusqu'à celle de Bayonne, et sur les richesses encore plus chimériques de Sofala? Quel rapport entre toutes ces digressions erronées et l'*Esprit des lois*?

Je m'attendais à voir comment les *Décrétales* changèrent toute la jurisprudence de l'ancien code romain; par quelles lois Charlemagne gouverna son empire, et par quelle anarchie le gouvernement féodal le bouleversa; par quel art et par quelle audace Grégoire VII et ses

---

1. Liv. II, chap. IV. (ÉD.) — 2. *Id.*, *ibid.* (ÉD.)
3. De 1670. (ÉD.) — 4. Liv. XV, chap. XIX. — 5. Liv. XVI, chap. V.
6. Liv. XXI, chap. VI. (ÉD.)

successeurs écrasèrent les lois des royaumes et des grands fiefs sous l'anneau du pêcheur ; par quelles secousses on est parvenu à détruire la législation papale ; j'espérais voir l'origine des bailliages qui rendirent la justice presque partout depuis les Othon, et celle des tribunaux appelés *parlements* ou *audiences*, ou *banc du roi*, ou *échiquier* ; je désirais de connaître l'histoire des lois sous lesquelles nos pères et leurs enfants ont vécu, les motifs qui les ont établies, négligées, détruites, renouvelées : je n'ai malheureusement rencontré souvent que de l'esprit, des railleries, des imaginations et des erreurs.

Par quelle raison les Gaulois, asservis et dépouillés par les Romains, continuèrent-ils à vivre sous les lois romaines quand ils furent de nouveau subjugués et dépouillés par une horde de Francs ? Quels furent bien précisément les lois et les usages de ces nouveaux brigands ?

Quels droits s'arrogèrent les évêques gaulois quand les Francs furent les maîtres ? N'eurent-ils pas quelquefois part à l'administration publique avant que le rebelle Pépin leur donnât place dans le parlement de la nation ?

Y eut-il des fiefs héréditaires avant Charlemagne ? Une foule de questions pareilles se présentent à l'esprit. Montesquieu n'en résout aucune.

Quel fut ce tribunal abominable institué par Charlemagne en Vestphalie, tribunal de sang appelé le *conseil veimique*, tribunal plus horrible encore que l'inquisition, tribunal composé de juges inconnus, qui jugeait à mort sur le simple rapport de ses espions, et qui avait pour bourreau le plus jeune des conseillers de ce petit sénat d'assassins ? Quoi ! Montesquieu me parle des lois de Bantam, et il ne connaît pas les lois de Charlemagne, et il le prend pour un bon législateur !

Je cherchais un guide dans un chemin difficile ; j'ai trouvé un compagnon de voyage qui n'était guère mieux instruit que moi ; j'ai trouvé l'esprit de l'auteur, qui en a beaucoup, et rarement l'esprit des lois ; il sautille plus qu'il ne marche ; il brille plus qu'il n'éclaire ; il satirise quelquefois plus qu'il ne juge ; et il fait souhaiter qu'un si beau génie eût toujours plus cherché à instruire qu'à surprendre.

Ce livre très-défectueux est plein de choses admirables dont on a fait de détestables copies. Enfin des fanatiques l'ont insulté par les endroits mêmes qui méritent les remercîments du genre humain.

Malgré ses défauts, cet ouvrage doit être toujours cher aux hommes, parce que l'auteur a dit sincèrement ce qu'il pense, au lieu que la plupart des écrivains de son pays, à commencer par le grand Bossuet, ont dit très-souvent ce qu'ils ne pensaient pas. Il a partout fait souvenir les hommes qu'ils sont libres ; il présente à la nature humaine ses titres qu'elle a perdus dans la plus grande partie de la terre ; il combat la superstition, il inspire la morale.

Je vous avouerai encore combien je suis affligé qu'un livre qui pouvait être si utile soit fondé sur une distinction chimérique. La vertu, dit-il, est le principe des républiques [1], l'honneur l'est des monarchies [2].

1. Liv. III, chap. III. (ÉD.) — 2. Liv. III, chap. VI. (ÉD.)

On n'a jamais assurément formé des républiques par vertu. L'intérêt public s'est opposé à la domination d'un seul; l'esprit de propriété, l'ambition de chaque particulier, ont été un frein à l'ambition et à l'esprit de rapine. L'orgueil de chaque citoyen a veillé sur l'orgueil de son voisin. Personne n'a voulu être l'esclave de la fantaisie d'un autre. Voilà ce qui établit une république, et ce qui la conserve. Il est ridicule d'imaginer qu'il faille plus de vertu à un Grison qu'à un Espagnol [1].

Que l'honneur soit le principe des seules monarchies, ce n'est pas une idée moins chimérique; et il le fait bien voir lui-même sans y penser. « La nature de l'honneur, dit-il au chap. VII du liv. III, est de

---

1. Cette idée de Montesquieu a été regardée par les uns comme un principe lumineux, et par d'autres comme une subtilité démentie par les faits : qu'il nous soit permis d'entrer à cet égard dans quelques discussions.

1° Montesquieu, en disant que la vertu était le principe des républiques, et l'honneur celui des monarchies, n'a point voulu parler, sans doute, des motifs qui dirigent les hommes dans leurs actions particulières. Partout l'intérêt et un certain principe de bienveillance pour les autres qui ne quitte jamais les hommes, sont le motif le plus fréquent. la crainte de l'opinion le second ; l'amour de la vertu est le dernier et le plus rare. Dans certains pays, la terreur ou les espérances religieuses tiennent lieu presque généralement de l'amour de la vertu.

Il est donc vraisemblable que, par principes des différents gouvernements, Montesquieu a entendu seulement les motifs qui y font agir les hommes dans leurs actions publiques, dans celles qui ont rapport aux devoirs des citoyens.

Or, sous ce point de vue, les républiques, étant l'espèce de gouvernement où les hommes peuvent tirer le plus d'avantage de l'opinion publique, paraissent devoir être les constitutions dont l'honneur soit plus particulièrement le principe.

2° L'expression de Montesquieu peut avoir encore un autre sens ; elle peut signifier que, dans une monarchie, on évite les mauvaises actions comme déshonorantes, et dans une république comme vicieuses. Si par vicieuses on entend contraires à la justice naturelle, cette opinion n'est pas fondée ; la morale des républicains est très-relâchée ; en général, ils se permettent sans scrupule tout ce qui est utile à l'intérêt de la patrie, ou à ce que leur parti regarde comme l'intérêt de la patrie ; tout ce qui peut leur mériter l'estime de leurs concitoyens ou de leur parti. Ils sont donc moins guidés par la véritable vertu que par l'honneur et la justice d'opinion.

3° Il y a enfin un troisième sens : Montesquieu a-t-il voulu dire que dans les monarchies on fait par amour de la gloire ce que, dans les républiques, on fait par esprit patriotique? Dans ce sens, nous ne pouvons être de son avis ; l'amour de la gloire, la crainte de l'opinion est un ressort de tous les gouvernements. Il aurait fallu dire, dans ce sens, que l'honneur et la vertu sont le principe des républiques, et l'honneur seul celui des monarchies ; mais il y aurait eu encore une autre observation à faire. C'est qu'il existe dans toute constitution où le bien est possible, un esprit public, un amour de la patrie différent du patriotisme républicain ; cet esprit public tient à l'intérêt que tout homme qui n'est point dépravé prend nécessairement au bonheur des hommes qui l'entourent, au penchant naturel que les hommes ont pour ce qui est juste et raisonnable. Une mauvaise constitution, un établissement mal dirigé, choquent l'esprit comme une table dont les pieds n'auraient pas la même forme choquerait les yeux. Il fallait donc se borner à dire que l'amour du bien public n'est pas le même dans les monarchies que dans les républiques ; qu'il est, dans ces dernières, plus actif, plus habituel, plus répandu ; mais que, dans les monarchies, il est souvent plus éclairé, plus pur, moins contraire à la morale universelle.

Une opinion susceptible de tant de sens différents, et qui, dans aucun, n'est rigoureusement exacte, ne peut guère être utile pour apprendre à juger des effets bons ou mauvais d'une loi. (Éd. de Kehl.)

demander des préférences et des distinctions. Il est donc, par la chose même, placé dans le gouvernement monarchique. »

Certainement, par la chose même, on demandait, dans la république romaine, la préture, le consulat, l'ovation, le triomphe; ce sont là des préférences, des distinctions qui valent bien les titres qu'on achète souvent dans les monarchies, et dont le tarif est fixé. Il y a un autre fondement de son livre qui ne me paraît pas porter moins à faux, c'est la division des gouvernements en républicain, en monarchique, et en despotique [1].

Il a plu à nos auteurs (je ne sais trop pourquoi) d'appeler *despotes* les souverains de l'Asie et de l'Afrique : on entendait autrefois par un despote un petit prince d'Europe, vassal du Turc, et vassal amovible, une espèce d'esclave couronné gouvernant d'autres esclaves. Ce mot *despote*, dans son origine, avait signifié, chez les Grecs, *maître de maison*, *père de famille*. Nous donnons aujourd'hui libéralement ce titre à l'empereur de Maroc, au Grand-Turc, au pape, à l'empereur de la Chine. Montesquieu, au commencement du second livre (chap. I), définit ainsi le gouvernement despotique : « Un seul homme, sans loi et sans règle, entraîne tout par sa volonté et par ses caprices. »

Or il est très-faux qu'un tel gouvernement existe, et il me paraît très-faux qu'il puisse exister. L'*Alcoran* et les commentaires approuvés sont les lois des musulmans : tous les monarques de cette religion jurent sur l'*Alcoran* d'observer ces lois. Les anciens corps de milice et les gens de loi ont des priviléges immenses; et quand les sultans ont voulu violer ces priviléges, ils ont tous été étranglés, ou du moins solennellement déposés.

Je n'ai jamais été à la Chine, mais j'ai vu plus de vingt personnes qui ont fait ce voyage, et je crois avoir lu tous les auteurs qui ont parlé de ce pays; je sais beaucoup plus certainement que Rollin ne savait l'histoire ancienne; je sais, dis-je, par le rapport unanime de nos missionnaires de sectes différentes, que la Chine est gouvernée par les lois, et non par une seule volonté arbitraire; je sais qu'il y a dans Pékin six tribunaux suprêmes auxquels ressortissent quarante-quatre autres tribunaux; je sais que les remontrances faites à l'empereur par ces six tribunaux suprêmes ont force de loi; je sais qu'on n'exécute pas à mort un portefaix, un charbonnier aux extrémités de l'empire, sans avoir envoyé son procès au tribunal suprême de Pékin, qui en rend compte à l'empereur. Est-ce là un gouvernement arbitraire et tyrannique? L'empereur y est plus révéré que le pape ne l'est à Rome : mais, pour être respecté, faut-il régner sans le frein des lois? Une preuve que ce sont les lois qui règnent à la Chine, c'est que le pays est plus peuplé que l'Europe entière; nous avons porté à la Chine notre sainte religion, et nous n'y avons pas réussi. Nous aurions pu prendre ses lois en échange, mais nous ne savons peut-être pas faire un tel commerce [2].

1. Liv. II, chap. I. (Éd.)
2. Montesquieu n'a établi nulle part de distinction entre ce qu'il appelle monarchie et ce qu'il appelle despotisme : si, dans la monarchie, les corps intermédiaires ont le droit négatif, elle devient une aristocratie; s'ils ne l'ont pas,

Il est bien sûr que l'évêque de Rome est plus despotique que l'empereur de la Chine, car il est infaillible, et l'empereur chinois ne l'est pas : cependant cet évêque est encore assujetti à des lois.

Le despotisme n'est que l'abus de la monarchie, une corruption d'un beau gouvernement. J'aimerais autant mettre les voleurs de grand chemin au rang des corps de l'État, que de placer les tyrans au rang des rois.

A. — Vous ne me parlez pas de la vénalité des emplois de judicature, de ce beau trafic des lois que les Français seuls connaissent dans le monde entier. Il faut que ces gens-là soient les plus grands commerçants de l'univers, puisqu'ils vendent et achètent jusqu'au droit de juger les hommes. Comment diable! si j'avais l'honneur d'être né Picard ou Champenois, et d'être le fils d'un traitant ou d'un fournisseur de vivres, je pourrais, moyennant douze ou quinze mille écus, devenir, moi septième, le maître absolu de la vie et de la fortune de mes concitoyens! On m'appellerait *monsieur* dans le protocole de mes collègues, et j'appellerais les plaideurs par leur nom tout court, fussent-ils des Châtillon et des Montmorenci, et je serais tuteur des rois pour mon argent! c'est un excellent marché. J'aurais de plus le plaisir de faire brûler tous les livres qui me déplairaient par celui dont Jean-Jacques Rousseau veut faire beau-père du dauphin [1]. C'est un grand droit.

B. — Il est vrai que Montesquieu a la faiblesse de dire que la vénalité des charges *est bonne dans les États monarchiques* [2]. Que voulez-vous ? il était président à mortier en province. Je n'ai jamais vu de mortier, mais je m'imagine que c'est un superbe ornement. Il est bien difficile à l'esprit le plus philosophique de ne pas payer son tribut à l'amour-propre. Si un épicier parlait de législation, il voudrait que tout le monde achetât de la cannelle et de la muscade.

A. — Tout cela n'empêche pas qu'il n'y ait des morceaux excellents dans l'*Esprit des lois*. J'aime les gens qui pensent et qui me font penser. En quel rang mettez-vous ce livre ?

B. — Dans le rang des ouvrages de génie qui font désirer la perfection. Il me paraît un édifice mal fondé, et construit irrégulièrement, dans lequel il y a beaucoup de beaux appartements vernis et dorés,

il n'y a d'autre différence entre les monarchies de l'Europe et les empires de l'Orient, que celle des mœurs et des formes légales. Dans tous ces États il y a des règles générales, des formalités reconnues dont jamais le souverain ne s'écarte. Le conseil du prince y est également supérieur à tous les tribunaux dont il réforme à son gré les décisions. Le prince y décide également d'une manière arbitraire ce qu'on appelle affaire d'État. Mais, comme il y a plus de lumières en Europe, les tribunaux y sont mieux réglés, et les lois laissent moins de questions à décider à la volonté particulière des juges. Comme les mœurs y sont plus douces, les conseils des rois européens cherchent à montrer de la modération, et ceux des rois asiatiques à inspirer la terreur. Enfin une prison dont le terme n'est pas fixé est la plus forte peine que les monarques européens imposent de leur volonté seule, tandis que les despotes commandent souvent des exécutions sanglantes. Qu'on examine avec attention tous les gouvernements absolus, on n'y verra d'autres différences que celles qui naissent des lumières, des mœurs, des opinions des différents peuples. (*Ed. de Kehl.*)

1. Voyez *Émile*, liv. V. — 2. Liv. V, chap. XIX. (ED.)

A. — Je passerais volontiers quelques heures dans ces appartements, mais je ne puis demeurer un moment dans ceux de Grotius; ils sont trop mal tournés, et les meubles trop à l'antique : mais vous, comment trouvez-vous la maison que Hobbes a bâtie en Angleterre?

B. — Elle a tout à fait l'air d'une prison, car il n'y loge guère que des criminels et des esclaves. Il dit que l'homme est né ennemi de l'homme, que le fondement de la société est l'assemblage de tous contre tous; il prétend que l'autorité seule fait les lois, que la *vérité*[1] ne s'en mêle pas; il ne distingue point la royauté de la tyrannie. Chez lui la force fait tout : il y a bien quelque chose de vrai dans quelques-unes de ces idées; mais ses erreurs m'ont si fort révolté que je ne voudrais ni être citoyen de sa ville quand je lis son *De cive*, ni être mangé par sa grosse bête de Léviathan.

C. — Vous me paraissez, messieurs, fort peu contents des livres que vous avez lus; cependant vous en avez fait votre profit.

A. — Oui, nous prenons ce qui nous paraît bon depuis Aristote jusqu'à Locke, et nous nous moquons du reste.

C. — Je voudrais bien savoir quel est le résultat de toutes vos lectures et de vos réflexions.

A. — Très-peu de chose.

B. — N'importe; essayons de nous rendre compte de ce peu que nous savons, sans verbiage, sans pédantisme, sans un sot asservissement aux tyrans des esprits et au vulgaire tyrannisé, enfin avec toute la bonne foi de la raison.

SECOND ENTRETIEN.

SUR L'AME.

B. — Commençons. Il est bon, avant de s'assurer de ce qui est juste, honnête, convenable entre les âmes humaines, de savoir d'où elles viennent, et où elles vont : on veut connaître à fond les gens à qui on a affaire.

C. — C'est bien dit, quoique cela n'importe guère. Quels que soient l'origine et le destin de l'âme, l'essentiel est qu'elle soit juste; mais j'aime toujours à traiter cette matière qui plaisait tant à Cicéron. Qu'en pensez-vous, monsieur A? L'âme est-elle immortelle?

A. — Mais, monsieur C, la question est un peu brusque. Il me semble que, pour savoir par soi-même si l'âme est immortelle, il faut d'abord être bien certain qu'elle existe; et c'est de quoi je n'ai aucune connaissance, sinon par la foi, qui tranche toutes les difficultés. Lucrèce disait, il y a dix-huit cents ans :

« Ignoratur enim quæ sit natura animaî. »
LUCR., I, 113.

« on ignore la nature de l'âme; » il pouvait dire : « On ignore son ex-

---

[1] Le mot de *vérité* est là employé très mal à propos par Hobbes; il fallait dire *justice*. (ÉD.)

stence : j'ai lu deux ou trois cents dissertations sur ce grand objet ; elles ne m'ont jamais rien appris. Me voilà avec vous comme saint Augustin avec saint Jérôme. Augustin lui dit tout net qu'il ne sait rien de ce qui concerne l'âme. Cicéron, meilleur philosophe qu'Augustin, avait dit souvent la même chose avant lui, et beaucoup plus élégamment. Nos jeunes bacheliers en savent davantage, sans doute ; mais moi, je n'en sais rien, et à l'âge de quatre-vingts ans[1] je me trouve aussi avancé que le premier jour.

C. — C'est que vous radotez. N'êtes-vous pas certain que les bêtes ont la vie, que les plantes ont la végétation, que l'air a sa fluidité, que les vents ont leurs cours ? Doutez-vous que vous ayez une vieille âme qui dirige votre vieux corps ?

A. — C'est précisément parce que je ne sais rien de tout ce que vous m'alléguez, que j'ignore absolument si j'ai une âme, quand je ne consulte que ma faible raison. Je vois bien que l'air est agité, mais je ne vois point d'être réel dans l'air qu'on appelle *cours du vent*. Une rose végète, mais il n'y a point un petit individu secret dans la rose qui soit la végétation : cela serait aussi absurde en philosophie que de dire que l'odeur est dans la rose. On a prononcé pourtant cette absurdité pendant des siècles. La physique ignorante de toute l'antiquité disait : « L'odeur part des fleurs pour aller à mon nez, les couleurs partent des objets pour venir à mes yeux : » on faisait une espèce d'existence à part de l'odeur, de la saveur, de la vue, de l'ouïe ; on allait jusqu'à croire que la vie était quelque chose qui faisait l'animal vivant. Le malheur de toute l'antiquité fut de transformer ainsi des paroles en êtres réels : on prétendait qu'une idée était un être ; il fallait consulter les idées, les archétypes qui subsistaient je ne sais où. Platon donna cours à ce jargon qu'on appela *philosophie*. Aristote réduisit cette chimère en méthode ; de là ces entités, ces quiddités, ces eccéités, et toutes les barbaries de l'école.

Quelques sages s'aperçurent que tous ces êtres imaginaires ne sont que des mots inventés pour soulager notre entendement ; que la vie de l'animal n'est autre chose que l'animal vivant ; que ses idées sont l'animal pensant, que la végétation d'une plante n'est rien que la plante végétante ; que le mouvement d'une boule n'est que la boule changeant de place ; qu'en un mot tout être métaphysique n'est qu'une de nos conceptions. Il a fallu deux mille ans pour que ces sages eussent raison.

C. — Mais s'il ont raison, si tous ces êtres métaphysiques ne sont que des paroles, votre âme, qui passe pour un être métaphysique, n'est donc rien ? nous n'avons donc réellement point d'âme ?

A. — Je ne dis pas cela : je dis que je n'en sais rien du tout par moi-même. Je crois seulement que Dieu nous accorde cinq sens et la pensée, et il se pourrait bien faire que nous fussions dans Dieu, comme disent Aratus et saint Paul[2], et que nous vissions les choses en Dieu, comme dit Malebranche.

---

1. Voltaire, né en 1694, avait, en 1768, soixante et quatorze ans. (ÉD.)
2. *Actes des Apôtres*, XVII. 28. (ÉD.)

C.—A ce compte j'aurais donc des pensées sans avoir une âme : cela serait fort plaisant.

A. — Pas si plaisant. Ne convenez-vous pas que les animaux ont du sentiment?

B.—Assurément, et c'est renoncer au sens commun que de n'en pas convenir.

A.—Croyez-vous qu'il y ait un petit être inconnu logé chez eux, que vous nommez *sensibilité*, *mémoire*, *appétit*, ou que vous appelez du nom vague et inexplicable *âme*?

B.—Non, sans doute ; aucun de nous n'en croit rien. Les bêtes sentent parce que c'est leur nature, parce que cette nature leur a donné tous les organes du sentiment, parce que l'auteur, le principe de toute la nature l'a déterminé ainsi pour jamais.

A.—Eh bien ! cet éternel principe a tellement arrangé les choses, que quand j'aurai une tête bien constituée, quand mon cervelet ne sera ni trop humide ni trop sec, j'aurai des pensées, et je l'en remercie de tout mon cœur.

C. — Mais comment avez-vous des pensées dans la tête?

A. — Je n'en sais rien, encore une fois. Un philosophe[1] a été persécuté pour avoir dit, il y a quarante ans[2], dans un temps où l'on n'osait encore penser dans sa patrie : « La difficulté n'est pas de savoir seulement si la matière peut penser, mais de savoir comment un être, quel qu'il soit, peut avoir la pensée. » Je suis de l'avis de ce philosophe, et je vous dirai, en bravant les sots persécuteurs, que j'ignore absolument tous les premiers principes des choses.

B.—Vous êtes un grand ignorant, et nous aussi.

A.—D'accord.

B.—Pourquoi donc raisonnons-nous? Comment saurons-nous ce qui est juste ou injuste, si nous ne savons pas seulement ce que c'est qu'une âme?

A.—Il y a bien de la différence : nous ne connaissons rien du principe de la pensée, mais nous connaissons très-bien notre intérêt. Il nous est sensible que notre intérêt est que nous soyons justes envers les autres, et que les autres le soient envers nous, afin que tous puissent être sur ce tas de boue le moins malheureux que faire se pourra pendant le peu de temps qui nous est donné par l'Être des êtres pour végéter, sentir, et penser.

TROISIÈME ENTRETIEN.

SI L'HOMME EST NÉ MÉCHANT ET ENFANT DU DIABLE.

B.—Vous êtes Anglais, monsieur A; vous nous direz bien franchement votre opinion sur le juste et l'injuste, sur le gouvernement, sur la religion, la guerre, la paix, les lois, etc., etc., etc., etc.

A.—De tout mon cœur; ce que je trouve de plus juste, c'est *liberté* et

---

1. Voltaire lui-même. (Éd.)
2. Dans la treizième des *Lettres philosophiques*. (Éd.)

propriété. Je suis fort aise de contribuer à donner à mon roi un million sterling par an pour sa maison, pourvu que je jouisse de mon bien dans la mienne. Je veux que chacun ait sa *prérogative :* je ne connais de lois que celles qui me protégent, et je trouve notre gouvernement le meilleur de la terre, parce que chacun y sait ce qu'il a, ce qu'il doit, et ce qu'il peut. Tout est soumis à la loi, à commencer par la royauté et par la religion.

C. — Vous n'admettez donc pas le droit divin dans la société?

A. — Tout est de droit divin si vous voulez, parce que Dieu a fait les hommes, et qu'il n'arrive rien sans sa volonté divine, et sans l'enchaînement des lois éternelles, éternellement exécutées; l'archevêque de Cantorbéry, par exemple, n'est pas plus archevêque de droit divin que je ne suis né membre du parlement. Quand il plaira à Dieu de descendre sur la terre pour donner un bénéfice de douze mille guinées de revenu à un prêtre, je dirai alors que son bénéfice est de droit divin; mais jusque-là je croirai son droit très-humain.

B. — Ainsi tout est convention chez les hommes; c'est Hobbes tout pur.

A. — Hobbes n'a été en cela que l'écho de tous les gens sensés. Tout est convention ou force.

C. — Il n'y a donc point de loi naturelle?

A. — Il y en a une sans doute, c'est l'intérêt et la raison.

B. — L'homme est donc né en effet dans un état de guerre, puisque notre intérêt combat presque toujours l'intérêt de nos voisins, et que nous faisons servir notre raison à soutenir cet intérêt qui nous anime?

A. — Si l'état naturel de l'homme était la guerre, tous les hommes s'égorgeraient : il y a longtemps que nous ne serions plus (Dieu merci). Il nous serait arrivé ce qui arriva aux hommes nés des dents du serpent Cadmus; ils se battirent, et il n'en resta pas un. L'homme étant né, pour tuer son voisin et pour en être tué, accomplirait nécessairement sa destinée, comme les vautours accomplissent la leur en mangeant mes pigeons, et les fouines en suçant le sang de mes poules. On a vu des peuples qui n'ont jamais fait la guerre : on le dit des brachmanes, on le dit de plusieurs peuplades des îles de l'Amérique, que les chrétiens exterminèrent ne pouvant les convertir. Les primitifs, que nous nommons *quakers,* commencent à composer, dans la Pensylvanie, une nation considérable, et ils ont toute guerre en horreur. Les Lapons, les Samoïèdes n'ont jamais tué personne en front de bandière. La guerre n'est donc pas l'essence du genre humain.

B. — Il faut pourtant que l'envie de nuire, le plaisir d'exterminer son prochain pour un léger intérêt, la plus horrible méchanceté et la plus noire perfidie, soient le caractère distinctif de notre espèce, au moins depuis le péché originel; car les doux théologiens assurent que, dès ce moment-là, le diable s'empara de toute notre race. Or le diable est notre maître, comme vous savez, et un très-méchant maître; donc tous les hommes lui ressemblent.

A. — Que le diable soit dans le corps des théologiens, je vous le passe, mais assurément il n'est pas dans le mien. Si l'espèce humaine était sous le gouvernement immédiat du diable, comme on le dit, il est clair que tous les maris assommeraient leurs femmes, que les fils tueraient leurs pères, que les mères mangeraient leurs enfants, et que la première chose que ferait un enfant, dès qu'il aurait des dents, serait de mordre sa mère, en cas que sa mère ne l'eût pas encore mis à la broche. Or, comme rien de tout cela n'arrive, il est démontré qu'on se moque de nous quand on nous dit que nous sommes sous la puissance du diable ; c'est le plus sot blasphème qu'on ait jamais prononcé.

C. — En y faisant attention, j'avoue que le genre humain n'est pas tout à fait si méchant que certaines gens le crient dans l'espérance de le gouverner. Ils ressemblent à ces chirurgiens qui supposent que toutes les dames de la cour sont attaquées de cette maladie honteuse qui produit beaucoup d'argent à ceux qui la traitent. Il y a des maladies, sans doute ; mais tout l'univers n'est pas entre les mains de la faculté. Il y a de grands crimes ; mais ils sont rares. Aucun pape, depuis plus de deux cents ans, n'a ressemblé au pape Alexandre VI ; aucun roi de l'Europe n'a bien imité le Christiern II de Danemark et le Louis XI de France. On n'a vu qu'un seul archevêque de Paris aller au parlement avec un poignard dans sa poche[1]. La Saint-Barthélemy est bien horrible, quoi qu'en dise l'abbé de Caveyrac ; mais enfin, quand on voit tout Paris occupé de la musique de Rameau, ou de *Zaïre*, ou de l'Opéra-Comique, ou des tableaux exposés au Salon, ou de Ramponeau, ou du singe de Nicolet, on oublie que la moitié de la nation égorgea l'autre pour des arguments théologiques, il y aura bientôt deux cents ans tout juste[2]. Les supplices abominables des Jeanne Grey, des Marie Stuart, des Charles Ier, ne se renouvellent pas chez vous tous les jours.

Ces horreurs épidémiques sont comme ces grandes pestes qui ravagent quelquefois la terre ; après quoi on laboure, on sème, on recueille, on boit, on danse, on fait l'amour sur les cendres des morts qu'on foule aux pieds ; et comme l'a dit un homme qui a passé sa vie à sentir, à raisonner, et à plaisanter[3], « si tout n'est pas bien, tout est passable. »

Il y a telle province, comme la Touraine, par exemple, où l'on n'a pas commis un grand crime depuis cent cinquante années. Venise a vu plus de quatre siècles s'écouler sans la moindre sédition dans son enceinte, sans une seule assemblée tumultueuse : il y a mille villages en Europe où il ne s'est pas commis un meurtre depuis que la mode de s'égorger pour la religion est un peu passée : les agriculteurs n'ont pas le temps de se dérober à leur travaux ; leurs femmes et leurs filles les aident, elles cousent, elles filent, elles pétrissent, elles enfournent (non pas comme l'archevêque La Casa[4]) ; toutes ces bonnes gens sont trop occupées pour songer à mal. Après un travail agréable pour eux ;

---

1. Le cardinal de Retz, coadjuteur de Paris. (ÉD.)
2. La Saint-Barthélemy est de 1572 ; Voltaire écrivait en 1768. (ÉD.)
3. Voltaire lui-même. (ÉD.)
4. Voyez les *Capitoli* de monseigneur La Casa, archevêque de Bénévent, vous verrez comme il enfournait.

parce qu'il leur est nécessaire, ils font un léger repas que l'appétit assaisonne, et cèdent au besoin de dormir pour recommencer le lendemain. Je ne crains pour eux que les jours de fêtes si ridiculement consacrés à psalmodier, d'une voix rauque et discordante, du latin qu'ils n'entendent point, et à perdre leur raison dans un cabaret, ce qu'ils n'entendent que trop. Encore une fois, si tout n'est pas bien, tout est passable.

B. — Par quelle rage a-t-on donc pu imaginer qu'il existe un lutin doué d'une gueule béante, de quatre griffes de lion et d'une queue de serpent; qu'il est accompagné d'un milliard de farfadets bâtis comme lui, tous descendus du ciel, tous enfermés dans une fournaise souterraine; que Jésus-Christ descendit dans cette fournaise pour enchaîner tous ces animaux; que, depuis ce temps-là, ils sortent tous les jours de leur cachot, qu'ils nous tentent, qu'ils entrent dans notre corps et dans notre âme; qu'ils sont nos souverains absolus, et qu'ils nous inspirent toute leur perversité diabolique? de quelle source a pu venir une opinion aussi extravagante, un conte aussi absurde?

A. — De l'ignorance des médecins.

B. — Je ne m'y attendais pas.

A. — Vous deviez pourtant vous y attendre. Vous savez assez qu'avant Hippocrate, et même depuis lui, les médecins n'entendaient rien aux maladies. D'où venait l'épilepsie, le haut-mal, par exemple? Des dieux malfaisants, des mauvais génies; aussi l'appelait-on le *mal sacré*. Les écrouelles étaient dans le même cas. Ces maux étaient l'effet d'un miracle; il fallait un miracle pour en guérir; on faisait des pèlerinages; on se faisait toucher par les prêtres : cette superstition a fait le tour du monde; elle est encore en vogue parmi la canaille. Dans un voyage à Paris je vis des épileptiques, dans la Sainte-Chapelle et à Saint-Maur, pousser des hurlements et faire des contorsions la nuit du jeudi-saint au vendredi; et notre ex-roi Jacques II[1], comme personne sacrée, s'imaginait guérir les écrouelles envoyées par le malin. Toute maladie inconnue était donc autrefois une possession du mauvais génie. Le mélancolique Oreste passa pour être possédé de Mégère; et on l'envoya voler une statue pour obtenir sa guérison. Les Grecs, qui étaient un peuple très-nouveau, tenaient cette superstition des Égyptiens : les prêtres et les prêtresses d'Isis allaient par le monde disant la bonne aventure, et délivraient pour de l'argent les sots qui étaient sous l'empire de Typhon. Ils faisaient leurs exorcismes avec des tambours de basque et des castagnettes. Le misérable peuple juif, nouvellement établi dans ses rochers entre la Phénicie, l'Égypte et la Syrie, prit toutes les superstitions de ses voisins, et, dans l'excès de sa brutale ignorance, il y ajouta des superstitions nouvelles. Lorsque cette petite horde fut esclave à Babylone, elle y apprit les noms du diable, de Satan, Asmodée, Mammon, Belzébuth, tous serviteurs du mauvais principe Arimane; et ce fut alors que les Juifs attribuèrent aux diables les maladies et les morts subites. Leurs livres saints qu'ils compo-

1. En 1689. (Éd.)

sèrent depuis, quand ils eurent l'alphabet chaldéen, parlèrent quelquefois des diables.

Vous voyez que, quand l'ange Raphaël descend exprès de l'empyrée pour faire payer une somme d'argent par le juif Gabel au juif Tobie, il mène le petit Tobie chez Raguel, dont la fille avait déjà épousé sept maris à qui le diable Asmodée avait tordu le cou. La doctrine du diable prit une grande faveur chez les Juifs; ils admirent une quantité prodigieuse de diables dans un enfer dont les lois du *Pentateuque* n'avaient jamais dit un seul mot : presque tous leurs malades furent possédés du diable. Ils eurent, au lieu de médecins, des exorcistes en titre d'office qui chassaient les esprits malins avec la racine nommée barath, des prières, et des contorsions.

Les méchants passèrent pour possédés encore plus que les malades. Les débauchés, les pervers, sont toujours appelés enfants de Bélial dans les écrits juifs.

Les chrétiens, qui ne furent pendant cent ans que des demi-juifs, adoptèrent les possessions du démon, et se vantèrent de chasser le diable. Ce fou de Tertullien pousse la manie jusqu'à dire que tout chrétien contraint, avec le signe de la croix, Junon, Minerve, Cérès, Diane, à confesser qu'elles sont des diablesses. La légende rapporte qu'un âne chassait les diables de Senlis en traçant une croix sur le sable avec son sabot par le commandement de saint Rieule.

Peu à peu l'opinion s'établit que tous les hommes naissent endiablés et damnés; étrange idée, sans doute, idée exécrable, outrage affreux à la Divinité, d'imaginer qu'elle forme continuellement des êtres sensibles et raisonnables uniquement pour être tourmentés à jamais par d'autres êtres éternellement plongés eux-mêmes dans les supplices. Si le bourreau qui, en un jour, arracha le cœur, dans Carlisle, à dix-huit partisans du prince Charles-Édouard, avait été chargé d'établir un dogme, voilà celui qu'il aurait choisi; encore aurait-il fallu qu'il eût été ivre de brandevin; car eût-il eu à la fois l'âme d'un bourreau et d'un théologien, il n'aurait jamais pu inventer de sang-froid un système où tant de milliers d'enfants à la mamelle sont livrés à des bourreaux éternels:

B. — J'ai peur que le diable ne vous reproche d'être un mauvais fils qui renie son père. Vos discours bretons paraîtront aux bons catholiques romains une preuve que le diable vous possède, et que vous ne voulez pas en convenir; mais je serais curieux de savoir comment cette idée, qu'un être infiniment bon fait tous les jours des millions d'hommes pour les damner, a pu entrer dans les cervelles.

A. — Par une équivoque, comme la puissance papistique est fondée sur un jeu de mots : « Tu es Pierre, et sur cette pierre j'établirai mon Église. » (Matth., ch. xvi, v. 18.)

Voici l'équivoque qui damne tous les petits enfants. Dieu défend à Ève et à son mari de manger le fruit de l'arbre de la science qu'il avait planté dans son jardin; il leur dit (*Genèse*, chap. ii, v. 17) : « Le jour que vous en mangerez, vous mourrez de mort. » Ils en mangèrent, et n'en moururent point. Au contraire, Adam vécut encore neuf cent trente ans. Il faut donc entendre une autre mort; c'est la mort de l'âme, la damnation. Mais il n'est point dit qu'Adam soit damné; ce sont donc ses enfants qui le seront; et comment cela? c'est que Dieu condamne le serpent, qui avait séduit Ève, à marcher sur le ventre (car auparavant vous voyez bien qu'il marchait sur ses pieds); et la race d'Adam est condamnée à être mordue au talon par le serpent. Or le serpent, c'est visiblement le diable; et le talon qu'il mord, c'est notre âme. « L'homme écrasera la tête des serpents tant qu'il pourra » (*Genèse*, ch. III, v. 15); il est clair qu'il faut entendre par là le Messie, qui a triomphé du diable.

Mais comment a-t-il écrasé la tête du vieux serpent, en lui livrant tous les enfants qui ne sont pas baptisés? C'est là le mystère. Et comment les enfants sont-ils damnés parce que leur premier père et leur première mère avaient mangé du fruit de leur jardin? C'est encore là le mystère.

C.—Je vous arrête là. N'est-ce pas pour Caïn que nous sommes damnés, et non pas pour Adam? car nous avons la mine de descendre de Caïn, si je ne me trompe, attendu qu'Abel mourut sans être marié; et il me paraît qu'il est plus raisonnable d'être damné pour un fratricide que pour une pomme.

A.—Ce ne peut être pour Caïn; car il est dit[1] que Dieu le protégea, et lui mit un signe, de peur qu'on ne le battît ou qu'on ne le tuât; il est dit même[2] qu'il fonda une ville dans le temps qu'il était encore presque seul sur la terre avec son père et sa mère, sa sœur, dont il fit sa femme, et avec un fils nommé Énoch. J'ai vu même un des plus ennuyeux livres, intitulé *la Science du gouvernement*, par un sénéchal de Forcalquier, nommé Réal, qui fait dériver les lois de la ville bâtie par notre père Caïn.

Mais, quoi qu'il en soit, il est indubitable que les Juifs n'avaient jamais entendu parler du péché originel, ni de la damnation éternelle des petits enfants morts sans être circoncis. Les Saducéens, qui ne croyaient pas l'immortalité de l'âme, et les Pharisiens, qui croyaient la métempsycose, ne pouvaient pas admettre la damnation éternelle, quelque pente qu'aient les fanatiques à croire les contradictoires.

Jésus fut circoncis à huit jours, et baptisé étant adulte, selon la coutume de plusieurs Juifs, qui regardaient le baptême comme une purification des souillures de l'âme; c'était un ancien usage des peuples de l'Indus et du Gange, à qui les brachmanes avaient fait accroire que l'eau lave les péchés comme les vêtements. Jésus, en un mot, circoncis et baptisé, ne parle dans aucun *Évangile* du péché originel. Aucun apôtre ne dit que les petits enfants non baptisés seront brûlés à tout jamais pour la pomme d'Adam. Aucun des premiers pères de l'Église n'avança cette cruelle chimère; et vous savez d'ailleurs qu'Adam, Ève, Abel, et Caïn, n'ont jamais été connus que du petit peuple juif.

---

1. *Genèse*, IV, 15. (ÉD.) — 2. *Id.*, IV, 17. (ÉD.)

B.—Qui a donc dit cela nettement le premier?

A.—C'est l'Africain Augustin, homme d'ailleurs respectable, mais qui tord quelques passages de saint Paul pour en inférer, dans ses lettres à Évode et à Jérôme, que Dieu précipite du sein de leurs mères, dans les enfers, les enfants qui périssent dans leurs premiers jours. Lisez surtout le second livre de la revue de ses ouvrages, chap. XLV. « La foi catholique enseigne que tous les hommes naissent si coupables, que les enfants même sont certainement damnés quand ils meurent sans avoir été régénérés en Jésus. »

Il est vrai que la nature, soulevée dans le cœur de ce rhéteur, le force à frémir de cette sentence barbare : cependant il la prononce; il ne se rétracte point, lui qui changea si souvent d'opinion. L'Église fait valoir ce système terrible pour rendre son baptême plus nécessaire. Les communions réformées détestent aujourd'hui ce système. La plupart des théologiens n'osent plus l'admettre; cependant ils continuent à reconnaître que nos enfants appartiennent à l'enfer. Cela est si vrai, que le prêtre, en baptisant ces petites créatures, leur demande si elles renoncent au diable; et le parrain, qui répond pour elles, est assez bon pour dire oui.

C.—Je suis content de tout ce que vous avez dit; je pense que la nature de l'homme n'est pas tout à fait diabolique. Mais pourquoi dit-on que l'homme est toujours porté au mal?

A.—Il est porté à son bien-être, lequel n'est un mal que quand il opprime ses frères. Dieu lui a donné l'amour-propre, qui lui est utile, la bienveillance, qui est utile à son prochain, la colère, qui est dangereuse, la compassion, qui la désarme, la sympathie avec plusieurs de ses compagnons, l'antipathie envers d'autres. Beaucoup de besoins et beaucoup d'industrie, l'instinct, la raison, et les passions, voilà l'homme. Quand vous serez des dieux, essayez de faire un homme sur un meilleur modèle.

QUATRIÈME ENTRETIEN.

DE LA LOI NATURELLE ET DE LA CURIOSITÉ.

B. — Nous sommes bien convaincus que l'homme n'est point un être absolument détestable; mais venons au fait : qu'appelez-vous juste et injuste?

A. — Ce qui paraît tel à l'univers entier.

C. — L'univers est composé de bien des têtes. On dit qu'à Lacédémone on applaudissait aux larcins, pour lesquels on condamnait aux mines dans Athènes.

A. — Abus de mots. Il ne pouvait se commettre de larcin à Sparte, lorsque tout y était en commun. Ce que vous appelez vol était la punition de l'avarice.

B. — Il était défendu d'épouser sa sœur à Rome. Il était permis chez les Égyptiens, les Athéniens, et même chez les Juifs, d'épouser sa sœur de père : car, malgré le *Lévitique*, la jeune Thamar dit à son frère Ammon : « Mon frère, ne me faites point de sottises; mais demandez-moi en mariage à mon père, il ne vous refusera pas[1]. »

A. — Lois de convention que tout cela, usages arbitraires, modes qui passent. L'essentiel demeure toujours. Montrez-moi un pays où il soit honnête de me ravir le fruit de mon travail, de violer sa promesse, de mentir pour nuire, de calomnier, d'assassiner, d'empoisonner, d'être ingrat envers son bienfaiteur, de battre son père et sa mère quand ils vous présentent à manger;

B. — Voici ce que j'ai lu dans une déclamation qui a été connue en son temps; j'ai transcrit ce morceau qui me paraît singulier.

« Le premier qui, ayant enclos un terrain, s'avisa de dire : *Ceci est à moi*, et trouva des gens assez simples pour le croire, fut le vrai fondateur de la société civile. Que de crimes, de guerres, de meurtres, que de misères et d'horreurs n'eût point épargnés au genre humain celui qui, arrachant les pieux, ou comblant le fossé, eût crié à ses semblables : « Gardez-vous d'écouter cet imposteur; vous êtes perdus « si vous oubliez que les fruits sont à tous, et que la terre n'est à personne[2]. »

C. — Il faut que ce soit quelque voleur de grand chemin bel esprit, qui ait écrit cette impertinence.

A. — Je soupçonne seulement que c'est un gueux fort paresseux; car, au lieu d'aller gâter le terrain d'un voisin sage et industrieux, il n'avait qu'à l'imiter[2]; et chaque père de famille ayant suivi cet exemple, voilà bientôt un très-joli village de formé. L'auteur de ce passage me paraît un animal bien insociable.

B. — Vous croyez donc qu'en outrageant et en volant l'homme qui a entouré d'une haie vive son jardin et son poulailler, il a manqué aux premiers devoirs de la loi naturelle?

A. — Oui, oui, encore une fois[3]; il y a une loi naturelle, et elle ne consiste ni à faire le mal d'autrui, ni à s'en réjouir.

C. — Il y a des gens pourtant qui disent que rien n'est plus naturel que de faire du mal. Beaucoup d'enfants s'amusent à plumer leurs moineaux; et il n'y a guère d'hommes faits qui ne courent avec un secret plaisir sur le rivage de la mer pour jouir du spectacle d'un vaisseau battu par les vents, qui s'entr'ouvre et qui s'engloutit par degrés dans les flots,

---

1. *II Rois*, chap. XIII, vers. 12, 13. (ÉD.)

2. *Discours sur l'inégalité*, par Rousseau (seconde partie); c'est un des exemples des contradictions de l'esprit humain; qu'on ait regardé l'auteur de ce passage scandaleux, et de tant d'autres, comme un prédicateur de la vertu, et M. de Voltaire comme un corrupteur de la morale. Il n'y a que les grands hommes auxquels on ne pardonne rien. (*Éd. de Kehl*).

3. Rousseau n'avait répondu à la dernière lettre que lui adressa Voltaire le 21 septembre 1755, que par sa lettre du 17 juin 1760, et son billet insolemment laconique du 31 mai 1765. La lettre de 1760 contenait ces expressions : « Je ne vous aime point.... vous avez perdu Genève pour le prix de l'asile que vous y avez reçu.... » Le philosophe de Ferney ne pouvait oublier en outre les déclamations de Jean-Jacques contre le théâtre et les auteurs dramatiques; on venait enfin (5 février 1768) de mettre le feu à la salle de spectacle, à Genève, voilà ce qui motivait les reproches un peu durs dont Rousseau est l'objet dans ce passage. (*Note de Clogenson*.)

tandis que les passagers lèvent les mains au ciel, et tombent dans l'abîme de l'eau avec leurs femmes qui tiennent leurs enfants dans leurs bras. Lucrèce en donne la raison (lib. II, v. 4) :

« ....Quibus ipse malis careas quia cernere suave est. »
On voit avec plaisir les maux qu'on ne sent pas.

A. — Lucrèce ne sait ce qu'il dit; et il y est fort sujet, malgré ses belles descriptions. On court à un tel spectacle par curiosité. La curiosité est un sentiment naturel à l'homme; mais il n'y a pas un des spectateurs qui ne fît les derniers efforts, s'il le pouvait, pour sauver ceux qui se noient.

Quand les petits garçons et les petites filles déplument leurs moineaux, c'est purement par esprit de curiosité, comme lorsqu'elles mettent en pièces les jupes de leurs poupées. C'est cette passion seule qui conduit tant de monde aux exécutions publiques. « Étrange empressement de voir des misérables ! » a dit l'auteur d'une tragédie[1].

Je me souviens qu'étant à Paris lorsqu'on fit souffrir à Damiens une mort des plus recherchées et des plus affreuses qu'on puisse imaginer, toutes les fenêtres qui donnaient sur la place furent louées chèrement par les dames; aucune d'elles assurément ne faisait la réflexion consolante qu'on ne la tenaillerait point aux mamelles, qu'on ne verserait point du plomb fondu et de la poix-résine bouillante dans ses plaies, et que quatre chevaux ne tireraient point ses membres disloqués et sanglants. Un des bourreaux jugea plus sainement que Lucrèce; car lorsqu'un des académiciens de Paris[2] voulut entrer dans l'enceinte pour examiner la chose de plus près, et qu'il fut repoussé par les archers : « Laissez entrer monsieur, dit-il, c'est un amateur; » c'est-à-dire, c'est un curieux; ce n'est pas par méchanceté qu'il vient ici, ce n'est pas par un retour sur soi-même, pour goûter le plaisir de n'être pas écartelé; c'est uniquement par curiosité, comme on va voir une expérience de physique.

B. — Soit; je conçois que l'homme n'aime et ne fait le mal que pour son avantage; mais tant de gens sont portés à se procurer leur avantage par le malheur d'autrui; la vengeance est une passion si violente, il y en a des exemples si funestes; l'ambition plus fatale encore a inondé la terre de tant de sang, que, lorsque je m'en retrace l'horrible tableau, je suis tenté de me rétracter, et d'avouer que l'homme est très-diabolique. J'ai beau avoir dans mon cœur la notion du juste et de l'injuste; un Attila, que saint Léon courtise; un Phocas, que saint Grégoire flatte avec la plus lâche bassesse; un Alexandre VI, souillé de tant d'incestes, de tant d'homicides, de tant d'empoisonnements, avec lequel le faible Louis XII, qu'on appelle *bon*, fait la plus indigne et la plus étroite alliance; un Cromwell, dont le cardinal Mazarin recherche la protection, et pour qui il chasse de France les héritiers de Charles Ier, cousins germains de Louis XIV, etc., etc., etc.; cent exemples pareils dérangent mes idées, et je ne sais plus où j'en suis.

1. Voltaire lui-même dans *Tancrède*, acte III, scène III. (Éd.)
2. La Condamine. (Éd.)

A. — Eh bien! les orages empêchent-ils que nous ne jouissions aujourd'hui d'un beau soleil? le tremblement qui a détruit la moitié de la ville de Lisbonne[1] empêche-t-il que vous n'ayez fait très-commodément le voyage de Madrid à Rome sur la terre affermie? Si Attila fut un brigand, et le cardinal Mazarin un fripon, n'y a-t-il pas des princes et des ministres honnêtes gens ? et l'idée de la justice ne subsiste-t-elle pas toujours? C'est sur elle que sont fondées toutes les lois; les Grecs les appelaient *Filles du ciel* ; cela ne veut dire que filles de la nature.

C. — N'importe, je suis prêt de me rétracter aussi; car je vois qu'on n'a fait des lois que parce que les hommes sont méchants. Si les chevaux étaient toujours dociles, on ne leur aurait jamais mis de frein. Mais sans perdre notre temps à fouiller dans la nature de l'homme, et à comparer les prétendus sauvages aux prétendus civilisés, voyons quel est le mors qui convient le mieux à notre bouche.

A. — Je vous avertis que je ne saurais souffrir qu'on me bride sans me consulter, que je veux me brider moi-même, et donner ma voix pour savoir au moins qui me montera sur le dos.

C. — Nous sommes à peu près de la même écurie.

CINQUIÈME ENTRETIEN.

DES MANIÈRES DE PERDRE ET DE GARDER SA LIBERTÉ, ET DE LA THÉOCRATIE.

B. — Monsieur A, vous me paraissez un Anglais très-profond; comment imaginez-vous que se soient établis tous ces gouvernements dont on a peine à retenir les noms, monarchique, despotique, tyrannique, oligarchique, aristocratique, démocratique, anarchique, théocratique, diabolique, et les autres qui sont mêlés de tous les précédents?

C. — Oui; chacun fait son roman, parce que nous n'avons point d'histoire véritable. Dites-nous, monsieur A, quel est votre roman?

A. — Puisque vous le voulez, je m'en vais donc perdre mon temps à vous parler, et vous le vôtre à m'écouter.

J'imagine d'abord que deux petites peuplades voisines, composées chacune d'environ une centaine de familles, sont séparées par un ruisseau, et cultivent un assez bon terrain : car si elles se sont fixées en cet endroit, c'est que la terre y est fertile.

Comme chaque individu a reçu également de la nature deux bras, deux jambes et une tête, il me paraît impossible que les habitants de ce petit canton n'aient pas d'abord été tous égaux. Et, comme ces deux peuplades sont séparées par un ruisseau, il me paraît encore impossible qu'elles n'aient pas été ennemies; car il y aura nécessairement quelque différence dans leur manière de prononcer les mêmes mots. Les habitants du midi du ruisseau se seront sûrement moqués

---

1. Le 1ᵉʳ novembre 1755. (ÉD.)

de ceux qui sont au nord, et cela ne se pardonne point. Il y aura eu une grande émulation entre les deux villages ; quelque fille, quelque femme aura été enlevée. Les jeunes gens se seront battus à coups de poings, de gaules et de pierres, à plusieurs reprises. Les choses étant égales jusque-là de part et d'autre, celui qui passe pour le plus fort et le plus habile du village du nord dit à ses compagnons : « Si vous voulez me suivre et faire ce que je vous dirai, je vous rendrai les maîtres du village du midi. » Il parle avec tant d'assurance, qu'il obtient leurs suffrages. Il leur fait prendre de meilleures armes que n'en a la peuplade opposée. « Vous ne vous êtes battus jusqu'à présent qu'en plein jour, leur dit-il ; il faut attaquer vos ennemis pendant qu'ils dorment. » Cette idée paraît d'un grand génie à la fourmilière du septentrion ; elle attaque la fourmilière méridionale dans la nuit, tue quelques habitants dormeurs, en estropie plusieurs (comme firent noblement Ulysse et Rhésus), enlève les filles et le reste du bétail ; après quoi, la bourgade victorieuse se querelle nécessairement pour le partage des dépouilles. Il est naturel qu'ils s'en rapportent au chef qu'ils ont choisi pour cette expédition héroïque. Le voilà donc établi capitaine et juge. L'invention de surprendre, de voler et de tuer ses voisins, a imprimé la terreur dans le midi, et le respect dans le nord.

Ce nouveau chef passe dans le pays pour un grand homme ; on s'accoutume à lui obéir, et lui encore plus à commander. Je crois que ce pourrait bien être là l'origine de la monarchie.

C. — Il est vrai que le grand art de surprendre, tuer et voler, est un héroïsme de la plus haute antiquité. Je ne trouve point de stratagème de guerre, dans Frontin, comparable à celui des enfants de Jacob, qui venaient en effet du nord, et qui surprirent, tuèrent et volèrent les Sichemites qui demeuraient au midi. C'est un rare exemple de saine politique et de sublime valeur. Car le fils du roi de Sichem étant éperdument amoureux de Dina, fille du patriarche Jacob, laquelle, ayant six ans tout au plus, était déjà nubile, et les deux amants ayant couché ensemble, les enfants de Jacob proposèrent au roi de Sichem, au prince son fils, et à tous les Sichemites, de se faire circoncire pour ne faire ensemble qu'un seul peuple ; et sitôt que les Sichemites, s'étant coupé le prépuce, se furent mis au lit, deux patriarches, Siméon et Lévi, surprirent ensemble tous les Sichemites[1], et les tuèrent, et les dix autres patriarches les volèrent. Cela ne cadre pas pourtant avec votre système ; car c'étaient les surpris, les tués et les volés qui avaient un roi, et les assassins et les voleurs n'en avaient pas encore.

A. — Apparemment que les Sichemites avaient fait autrefois quelque belle action pareille, et qu'à la longue leur chef était devenu monarque. Je conçois qu'il y eut des voleurs qui eurent des chefs, et d'autres voleurs qui n'en eurent point. Les Arabes du désert, par exemple, furent presque toujours des voleurs républicains ; mais les Persans, les Mèdes, furent des voleurs monarchiques. Sans discuter avec vous les prépuces de Sichem et les voleries des Arabes, j'ai dans

1. *Genèse*, chap. xxxiv, vers. 25 et suiv. (Éd.)

la tête que la guerre offensive a fait les premiers rois, et que la guerre défensive a fait les premières républiques.

Un chef de brigands tel que Déjocès[1] (s'il a existé), ou Cosrou nommé Cyrus, ou Romulus assassin de son frère, ou Clovis autre assassin, Genseric, Attila, se font rois : les peuples qui demeurent dans des cavernes, dans des îles, dans des marais, dans des gorges de montagnes, dans des rochers, conservent leur liberté, comme les Suisses, les Grisons, les Vénitiens, les Génois. On vit autrefois les Tyriens, les Carthaginois et les Rhodiens conserver la leur, tant qu'on ne put aborder chez eux par mer. Les Grecs furent longtemps libres dans un pays hérissé de montagnes; les Romains dans leur sept collines reprirent leur liberté dès qu'ils le purent, l'ôtèrent ensuite à plusieurs peuples en les surprenant, en les tuant, et en les volant, comme nous l'avons déjà dit. Et enfin la terre appartint partout au plus fort et au plus habile.

À mesure que les esprits se sont raffinés, on a traité les gouvernements comme les étoffes dans lesquelles on a varié les fonds, les dessins et les couleurs. Ainsi la monarchie d'Espagne est aussi différente de celle d'Angleterre que le climat. Celle de Pologne ne ressemble en rien à celle d'Angleterre. La république de Venise est le contraire de celle de Hollande.

C. — Tout cela est palpable; mais, parmi tant de formes de gouvernements, est-il bien vrai qu'il y ait jamais eu une théocratie?

A. — Cela est si vrai que la théocratie est encore partout, et que du Japon à Rome on vous montre des lois émanées de Dieu même.

B. — Mais ces lois sont toutes différentes, toutes se combattent. La raison humaine peut très-bien ne pas comprendre que Dieu soit descendu sur la terre pour ordonner le pour et le contre, pour commander aux Égyptiens et aux Juifs de ne jamais manger de cochon, après s'être coupé le prépuce, et pour nous laisser à nous des prépuces et du porc frais. Il n'a pu défendre l'anguille et le lièvre en Palestine, en permettant le lièvre en Angleterre, et en ordonnant l'anguille aux papistes les jours maigres. J'avoue que je tremble d'examiner; je crains de trouver des contradictions.

A. — Bon! les médecins n'ordonnent-ils pas des remèdes contraires dans les mêmes maladies? L'un vous ordonne le bain froid, l'autre le bain chaud; celui-ci vous saigne, celui-là vous purge, cet autre vous tue; un nouveau venu empoisonne votre fils, et devient l'oracle de otre petit-fils.

C. — Cela est curieux. J'aurais bien voulu voir, en exceptant Moïse et les autres véritablement inspirés, le premier impudent qui osa faire parler Dieu.

A. — Je pense qu'il était un composé de fanatisme et de fourberie. La fraude seule ne suffirait pas; elle fascine, et le fanatisme subjugue. Il est vraisemblable, comme dit un de mes amis[2], que ce métier commença par les rêves. Un homme d'une imagination allumée voit en

---

1. Hérodote, liv. I. (Éd.) — 2. Voltaire lui-même. (Éd.)

songe son père et sa mère mourir ; ils sont tous deux vieux et malades, ils meurent ; le rêve est accompli ; le voilà persuadé qu'un dieu lui a parlé en songe. Pour peu qu'il soit audacieux et fripon (deux choses très-communes), il se met à prédire au nom de ce dieu. Il voit que, dans une guerre, ses compatriotes sont six contre un : il leur prédit la victoire, à condition qu'il aura la dîme du butin.

Le métier est bon ; mon charlatan forme des élèves qui ont tous le même intérêt que lui. Leur autorité augmente par leur nombre. Dieu leur révèle que les meilleurs morceaux des moutons et des bœufs, les volailles les plus grasses, la mère-goutte du vin, leur appartiennent.

« The priests eat roast-beef, and the people stare. »

Le roi du pays fait d'abord un marché avec eux pour être mieux obéi par le peuple ; mais bientôt le monarque est la dupe du marché : les charlatans se servent du pouvoir que le monarque leur a laissé prendre sur la canaille pour l'asservir lui-même. Le monarque regimbe, le prêtre le dépossède au nom de Dieu. Samuel détrône Saül, Grégoire VII détrône l'empereur Henri IV, et le prive de la sépulture.

Ce système diabolico-théocratique dure jusqu'à ce qu'il se trouve des princes assez bien élevés, et qui aient assez d'esprit et de courage pour rogner les ongles aux Samuel et aux Grégoire. Telle est, ce me semble, l'histoire du genre humain.

B. — Il n'est pas besoin d'avoir lu pour juger que les choses ont dû se passer ainsi. Il n'y a qu'à voir la populace imbécile d'une ville de province dans laquelle il y a deux couvents de moines, quelques magistrats éclairés, et un commandant qui a du bon sens. Le peuple est toujours prêt à s'attrouper autour des cordeliers et des capucins. Le commandant veut les contenir. Le magistrat, fâché contre le commandant, rend un arrêt qui ménage un peu l'insolence des moines et la crédulité du peuple. L'évêque est encore plus fâché que le magistrat se soit mêlé d'une affaire divine ; et les moines restent puissants jusqu'à ce qu'une révolution les abolisse.

« Humani generis mores tibi nosse volenti
Sufficit una domus. »
JUVENAL, *Sat.* XIII, v. 159.

SIXIÈME ENTRETIEN.

DES TROIS GOUVERNEMENTS, ET DE MILLE ERREURS ANCIENNES.

B. — Allons au fait. Je vous avouerai que je m'accommoderais assez d'un gouvernement démocratique. Je trouve que ce philosophe[1] avait tort, qui disait à un partisan d'un gouvernement populaire : « Commence par l'essayer dans ta maison, tu t'en repentiras bien vite. » Avec sa permission, une maison et une ville sont deux choses fort différentes. Ma maison est à moi, mes enfants sont à moi ; mais de quel

[1] Lycurgue.

droit mes concitoyens m'appartiendraient-ils? Tous ceux qui ont des possessions dans le même territoire ont droit également au maintien de l'ordre dans ce territoire. J'aime à voir des hommes libres faire eux-mêmes les lois sous lesquelles ils vivent, comme ils ont fait leurs habitations. C'est un plaisir pour moi que mon maçon, mon charpentier, mon forgeron, qui m'ont aidé à bâtir mon logement, mon voisin l'agriculteur, et mon ami le manufacturier, s'élèvent tous au-dessus de leur métier, et connaissent mieux l'intérêt public que le plus insolent chiaoux de Turquie. Aucun laboureur, aucun artisan dans une démocratie, n'a la vexation et le mépris à redouter; aucun n'est dans le cas de ce chapelier qui présentait sa requête à un duc et pair pour être payé de ses fournitures : « Est-ce que vous n'avez rien reçu, mon ami, sur votre partie? — Je vous demande pardon, monseigneur; j'ai reçu un soufflet de monseigneur votre intendant. »

Il est bien doux de n'être point exposé à être traîné dans un cachot pour n'avoir pu payer à un homme qu'on ne connaît pas un impôt dont on ignore la valeur et la cause, et jusqu'à l'existence.

Être libre, n'avoir que des égaux, est la vraie vie, la vie naturelle de l'homme; toute autre est un indigne artifice, une mauvaise comédie, où l'un joue le personnage de maître, l'autre d'esclave, celui-là de parasite, et cet autre d'entremetteur. Vous m'avouerez que les hommes ne peuvent être descendus de l'état naturel que par lâcheté et par bêtise.

Cela est clair : personne ne peut avoir perdu sa liberté que pour n'avoir pas su la défendre. Il y a eu deux manières de la perdre ; c'est quand les sots ont été trompés par des fripons, ou quand les faibles ont été subjugués par les forts. On parle de je ne sais quels vaincus à qui je ne sais quels vainqueurs firent crever un œil; il y a des peuples à qui on a crevé les deux yeux comme aux vieilles rosses à qui l'on fait tourner la meule. Je veux garder mes yeux ; je m'imagine qu'on en crève un dans l'État aristocratique et deux dans l'État monarchique.

A. — Vous parlez comme un citoyen de la Nord-Hollande, et je vous le pardonne.

C. — Pour moi je n'aime que l'aristocratie; le peuple n'est pas digne de gouverner. Je ne saurais souffrir que mon perruquier soit législateur; j'aimerais mieux ne porter jamais de perruque. Il n'y a que ceux qui ont reçu une très-bonne éducation qui soient faits pour conduire ceux qui n'en ont reçu aucune. Le gouvernement de Venise est le meilleur; cette aristocratie est le plus ancien état de l'Europe. Je mets après lui le gouvernement de l'Allemagne. Faites-moi noble vénitien ou comte de l'Empire, je vous déclare que je ne peux vivre joyeusement que dans l'une ou dans l'autre de ces deux conditions.

A. — Vous êtes un seigneur riche, monsieur C, et j'approuve fort votre façon de penser. Je vois que vous seriez pour le gouvernement des Turcs si vous étiez empereur de Constantinople. Pour moi, quoique je ne sois que membre du parlement de la Grande-Bretagne, je regarde ma constitution comme la meilleure de toutes; et je citerai pour mon garant un témoignage qui n'est pas récusable : c'est celui d'un Français qui, dans un poëme¹ consacré aux vérités et non aux vaines fictions, parle ainsi de notre gouvernement :

> Aux murs de Westminster on voit paraître ensemble
> Trois pouvoirs étonnés du nœud qui les rassemble,
> Les députés du peuple, et les grands, et le roi;
> Divisés d'intérêt, réunis par la loi;
> Tous trois membres sacrés de ce corps invincible,
> Dangereux à lui-même, à ses voisins terrible.

C. — Dangereux à lui-même! Vous avez donc de très-grands abus chez vous?

A. — Sans doute, comme il en fut chez les Romains, chez les Athéniens, et comme il y en aura toujours chez les hommes. Le comble de la perfection humaine est d'être puissant et heureux avec des abus énormes; et c'est à quoi nous sommes parvenus. Il est dangereux de trop manger; mais je veux que ma table soit bien garnie.

B. — Voulez-vous que nous ayons le plaisir d'examiner à fond tous les gouvernements de la terre, depuis l'empereur chinois Hiao, et depuis la horde hébraïque, jusqu'aux dernières dissensions de Raguse et de Genève?

A. — Dieu m'en préserve! je n'ai que faire de fouiller dans les archives des étrangers pour régler mes comptes. Assez de gens, qui n'ont pu gouverner une servante et un valet, se sont mêlés de régir l'univers avec leur plume. Ne voudriez-vous pas que nous perdissions notre temps à lire ensemble le livre de Bossuet, évêque de Meaux, intitulé la *Politique de l'Écriture sainte?* Plaisante politique que celle d'un malheureux peuple qui fut sanguinaire sans être guerrier, usurier sans être commerçant, brigand sans pouvoir conserver ses rapines, presque toujours esclave et presque toujours révolté, vendu au marché par Titus et par Adrien, comme on vend l'animal que ces Juifs appelaient immonde, et qui était plus utile qu'eux. J'abandonne au déclamateur Bossuet la politique des roitelets de Juda et de Samarie, qui ne connurent que l'assassinat, à commencer par leur David, lequel, ayant fait le métier de brigand pour être roi, assassina Urie dès qu'il fut le maître; et ce sage Salomon qui commença par assassiner Adonias son propre frère au pied de l'autel. Je suis las de cet absurde pédantisme qui consacre l'histoire d'un tel peuple à l'instruction de la jeunesse.

Je ne suis pas moins las de tous les livres dans lesquels on répète les fables d'Hérodote et de ses semblables sur les anciennes monarchies de l'Asie et sur les républiques qui ont disparu.

Qu'ils nous redisent qu'une Didon, sœur prétendue de Pygmalion (qui ne sont point des noms phéniciens), s'enfuit de Phénicie pour acheter en Afrique autant de terrain qu'en pourrait contenir un cuir de bœuf, et que, le coupant en lanières, elle entoura de ces lanières un territoire immense où elle fonda Carthage; que ces historiens ro-

---

1. *Henriade*, chant I, vers 313-18. (ÉD.)

manciers parlent après tant d'autres, et que tant d'autres nous parlent après eux des oracles d'Apollon accomplis et de l'anneau de Gygès, et des oreilles de Smerdis, et du cheval de Darius qui fit son maître roi de Perse; qu'on s'étende sur les lois de Charondas, qu'on nous répète que la petite ville de Sybaris mit trois cent mille hommes en campagne contre la petite ville de Crotone qui ne put armer que cent mille hommes : il faut mettre toutes ces histoires avec la louve de Romulus et de Rémus, le cheval de Troie et la baleine[1] de Jonas.

Laissons donc là toute la prétendue histoire ancienne, et, à l'égard de la moderne, que chacun cherche à s'instruire par les fautes de son pays et par celles de ses voisins, la leçon sera longue; mais aussi voyons toutes les belles institutions par lesquelles les nations modernes se signalent : cette leçon sera longue encore.

B.—Et que nous apprendra-t-elle?

A.—Que plus les lois de convention se rapprochent de la loi naturelle, et plus la vie est supportable.

C. — Voyons donc.

SEPTIÈME ENTRETIEN.

QUE L'EUROPE MODERNE VAUT MIEUX QUE L'EUROPE ANCIENNE.

C. — Seriez-vous assez hardi pour me soutenir que vous autres Anglais vous valez mieux que les Athéniens et les Romains; que vos combats de coqs ou de gladiateurs, dans une enceinte de planches pourries, l'emportent sur le Colisée? les savetiers et les bouffons qui jouent leurs rôles dans vos tragédies sont-ils supérieurs aux héros de Sophocle? vos orateurs font-ils oublier Cicéron et Démosthène? et enfin Londres est-elle mieux policée que l'ancienne Rome?

A. — Non; mais Londres vaut dix mille fois mieux qu'elle ne valait alors, et il en est de même du reste de l'Europe.

B. — Ah! exceptez-en, je vous prie, la Grèce, qui obéit au Grand-Turc, et la malheureuse partie de l'Italie qui obéit au pape.

A. — Je les excepte aussi, mais songez que Paris, qui n'est que d'un dixième moins grand que Londres, n'était alors qu'une petite cité barbare. Amsterdam n'était qu'un marais, Madrid un désert, et de la rive droite du Rhin jusqu'au golfe de Bothnie tout était sauvage; les habitants de ces climats vivaient, comme les Tartares ont toujours vécu, dans l'ignorance, dans la disette, dans la barbarie.

Comptez-vous pour peu de chose qu'il y ait aujourd'hui des philosophes sur le trône, à Berlin[2], en Suède[3], en Pologne[4], en Russie[5], et que les découvertes de notre grand Newton soient devenues le catéchisme de la noblesse de Moscou et de Pétersbourg?

---

1. Voltaire cite souvent cette baleine ; mais l'Écriture ne dit pas le nom du grand poisson qui avala le petit prophète. Jonas, chap. II, v. 1; et Matthieu, chap. XII, v. 40. (*Note de Clogenson.*)

2. Frédéric II. (ÉD.) — 3. Adolphe Frédéric, beau-frère du roi de Prusse et père de Gustave III. (ÉD.) — 4. Stanislas-Auguste Poniatowski. (ÉD.)

5. Catherine II. (ÉD.)

C. — Vous m'avouerez qu'il n'en est pas de même sur les bords du Danube[1] et du Mançanarès ; la lumière est venue du Nord[2], car vous êtes des gens du Nord par rapport à moi qui suis né sous le quarante-cinquième degré : mais toutes ces nouveautés font-elles qu'on soit plus heureux dans ces pays qu'on ne l'était quand César descendit dans votre île, où il vous trouva à moitié nus?

A. — Je le crois fermement ; de bonnes maisons, de bons vêtements, de la bonne chère, avec de bonnes lois et de la liberté, valent mieux que la disette, l'anarchie et l'esclavage. Ceux qui sont mécontents de Londres n'ont qu'à s'en aller aux Orcades ; ils y vivront comme nous vivions à Londres du temps de César : ils mangeront du pain d'avoine, et s'égorgeront à coups de couteau pour un poisson séché au soleil, et pour une cabane de paille. La vie sauvage a ses charmes, ceux qui la prêchent n'ont qu'à donner l'exemple.

B. — Mais au moins ils vivraient sous la loi naturelle. La pure nature n'a jamais connu ni débats de parlements, ni prérogatives de la couronne, ni compagnie des Indes, ni impôt de trois schellings par livre sur son champ et sur son pré, et d'un schelling par fenêtre. Vous pourriez bien avoir corrompu la nature ; elle n'est point altérée dans les îles Orcades et chez les Topinambous.

A. — Et si je vous disais que ce sont les sauvages qui corrompent la nature, et que c'est nous qui la suivons?

C. — Vous m'étonnez ; quoi ! c'est suivre la nature que de sacrer un archevêque de Cantorbéry? d'appeler un Allemand transplanté chez vous, *Votre Majesté?* de ne pouvoir épouser qu'une seule femme, et de payer plus du quart de votre revenu tous les ans? sans compter bien d'autres transgressions contre la nature dont je ne parle pas.

A. — Je vais pourtant vous le prouver, ou je me trompe fort. N'est-il pas vrai que l'instinct et le jugement, ces deux fils aînés de la nature, nous enseignent à chercher en tout notre bien-être, et à procurer celui des autres, quand leur bien-être fait le nôtre évidemment? N'est-il pas vrai que si deux vieux cardinaux se rencontraient à jeun et mourants de faim sous un prunier, ils s'aideraient tous deux machinalement à monter sur l'arbre pour cueillir des prunes, et que deux petits coquins de la forêt Noire ou des Chicachas en feraient autant?

B. — Eh bien ! qu'en voulez-vous conclure?

A. — Ce que ces deux cardinaux et ces deux margajats en concluront, que dans tous les cas pareils il faut s'entr'aider. Ceux qui fourniront le plus de secours à la société seront donc ceux qui suivront la nature de plus près. Ceux qui inventeront les arts (ce qui est un grand don de Dieu), ceux qui proposeront des lois (ce qui est infiniment plus aisé), seront donc ceux qui auront le mieux obéi à la loi naturelle ; donc, plus les arts seront cultivés et les propriétés assurées, plus la

1. Les rives du Danube ont bien changé depuis l'impression de cet ouvrage. (*Éd. de Kehl.*)
2. C'est du Nord aujourd'hui que nous vient la lumière. *Épître à Catherine II*, 1771. (**ÉD.**)

loi naturelle aura été en effet observée. Donc, lorsque nous convenons de payer trois schellings en commun par livre sterling, pour jouir plus sûrement de dix-sept autres schellings; quand nous convenons de choisir un Allemand pour être, sous le nom de roi, le conservateur de notre liberté, l'arbitre entre les lords et les communes, le chef de la république; quand nous n'épousons qu'une seule femme par économie, et pour avoir la paix dans la maison; quand nous tolérons (parce que nous sommes riches) qu'un archevêque de Cantorbéry ait douze mille pièces de revenu pour soulager les pauvres, pour prêcher la vertu, s'il sait prêcher, pour entretenir la paix dans le clergé, etc., etc., nous faisons plus que de perfectionner la loi naturelle, nous allons au delà du but : mais le sauvage isolé et brut (s'il y a de tels animaux sur la terre, ce dont je doute fort), que fait-il du matin au soir, que de pervertir la loi naturelle, en étant inutile à lui-même et à tous les hommes?

Une abeille qui ne ferait ni miel ni cire, une hirondelle qui ne ferait pas son nid, une poule qui ne pondrait jamais, corrompraient leur loi naturelle, qui est leur instinct : les hommes insociables corrompent l'instinct de la nature humaine.

C. — Ainsi l'homme déguisé sous la laine des moutons, ou sous l'excrément des vers à soie, inventant la poudre à canon pour se détruire, et allant chercher la vérole à deux mille lieues de chez lui, c'est là l'homme naturel, et le Brasilien tout nu est l'homme artificiel?

A. — Non; mais le Brasilien est un animal qui n'a pas encore atteint le complément de son espèce. C'est un oiseau qui n'a ses plumes que fort tard, une chenille enfermée dans sa fève, qui ne sera en papillon que dans quelques siècles. Il aura peut-être un jour, des Newton et des Locke, et alors il aura rempli toute l'étendue de la carrière humaine, supposé que les organes du Brasilien soient assez forts et assez souples pour arriver à ce terme ; car tout dépend des organes. Mais que m'importent après tout le caractère d'un Brasilien et les sentiments d'un Topinambou? Je ne suis ni l'un ni l'autre, je veux être heureux chez moi à ma façon. Il faut examiner l'état où l'on est, et non l'état où l'on ne peut être.

HUITIÈME ENTRETIEN.
DES SERFS DE CORPS.

B. — Il me paraît que l'Europe est aujourd'hui comme une grande foire. On y trouve tout ce qu'on croit nécessaire à la vie; il y a des corps de garde pour veiller à la sûreté des magasins; des fripons qui gagnent aux trois dés l'argent que perdent les dupes; des fainéants qui demandent l'aumône, et des marionnettes dans le préau[1].

A. — Tout cela est de convention, comme vous voyez; et ces conventions de la foire sont fondées sur les besoins de l'homme, sur sa nature, sur le développement de son intelligence, sur la cause première qui pousse le ressort des causes secondes. Je suis persuadé qu'il

1. Nom du lieu où se tenait la foire Saint-Germain. (Éd.)

en est ainsi dans une république de fourmis : nous les voyons toujours agir sans bien démêler ce qu'elles font; elles ont l'air de courir au hasard, elles jugent peut-être ainsi de nous; elles tiennent leur foire comme nous la nôtre. Pour moi, je ne suis pas absolument mécontent de ma boutique.

C. — Parmi les conventions qui me déplaisent de cette grande foire du monde, il y en a deux surtout qui me mettent en colère; c'est qu'on y vende des esclaves, et qu'il y ait des charlatans dont on paye l'orviétan beaucoup trop cher. Montesquieu m'a fort réjoui dans son chapitre des nègres[1]. Il est bien comique; il triomphe en s'égayant sur notre injustice.

A. — Nous n'avons pas, à la vérité, le droit naturel d'aller garrotter un citoyen d'Angola pour le mener travailler à coups de nerf de bœuf à nos sucreries de la Barbade, comme nous avons le droit naturel de mener à la chasse le chien que nous avons nourri : mais nous avons le droit de convention. Pourquoi ce nègre se vend-il? ou pourquoi se laisse-t-il vendre? je l'ai acheté, il m'appartient; quel tort lui fais-je? Il travaille comme un cheval, je le nourris mal, je l'habille de même, il est battu quand il désobéit; y a-t-il là de quoi tant s'étonner? traitons-nous mieux nos soldats? n'ont-ils pas perdu absolument leur liberté comme ce nègre? la seule différence entre le nègre et le guerrier, c'est que le guerrier coûte bien moins. Un beau nègre revient à présent à cinq cents écus au moins, et un beau soldat en coûte à peine cinquante. Ni l'un ni l'autre ne peut quitter le lieu où il est confiné; l'un et l'autre sont battus pour la moindre faute. Le salaire est à peu près le même; et le nègre a sur le soldat l'avantage de ne point risquer sa vie, et de la passer avec sa négresse et ses négrillons.

B. — Quoi! vous croyez donc qu'un homme peut vendre sa liberté, qui n'a point de prix?

A. — Tout a son tarif : tant pis pour lui, s'il me vend à bon marché quelque chose de si précieux. Dites qu'il est un imbécile; mais ne dites pas que je suis un coquin[2].

1. Liv. XV, chap. v. (ÉD.)
2. Nous ne pouvons être ici d'accord avec M. de Voltaire. 1° Les principes du droit naturel prononcent la nullité de toute convention dont il résulte une lésion qui prouve qu'elle est l'ouvrage de la démence de l'un des contractants, ou de la violence et de la fraude de l'autre. 2° Un engagement est nul, par la même raison, toutes les fois que les conditions de cet engagement n'ont point une étendue déterminée. 3° Quand il serait vrai qu'on pût se vendre soi-même, on ne pourrait point vendre sa postérité. Un homme ne pourrait avoir le droit d'en vendre un autre, à moins qu'il ne se fût vendu volontairement, et que cette permission fût une des clauses de la vente; l'esclavage ne serait donc alors légitime que dans des cas très-rares. D'ailleurs un homme qui abuse de l'imbécillité d'un autre est précisément ce que M. A ne veut pas être. Il n'y a nulle parité entre l'état d'un esclave et celui d'un soldat. Les conditions de l'engagement d'un soldat sont déterminées ; son châtiment, s'il y manque, est réglé par une loi, et est infligé par le jugement d'un officier, qui est dans ce cas une espèce de magistrat, un homme chargé d'exercer une partie de la puissance publique. Cet officier n'est pas juge et partie comme le maître à l'égard de son esclave. Les soldats peuvent être réellement en certains pays dans une situation pareille à la servitude des nègres, et alors cet esclavage est une violation du droit naturel : mais l'état de soldat n'est pas en lui-même un état d'esclavage. (Ed. de Kehl.)

C. — Il me semble que Grotius[1], liv. II, chap. v, approuve fort l'esclavage; il trouve même la condition d'un esclave beaucoup plus avantageuse que celle d'un homme de journée, qui n'est pas toujours sûr d'avoir du pain.

B. — Mais Montesquieu regarde la servitude comme une espèce de péché contre nature[2]. Voilà un Hollandais citoyen libre qui veut des esclaves, et un Français qui n'en veut point; il ne croit pas même au droit de la guerre.

A. — Et quel autre droit peut-il donc y avoir dans la guerre que celui du plus fort? Je suppose que je me trouve en Amérique engagé dans une action contre des Espagnols. Un Espagnol m'a blessé, je suis prêt à le tuer; il me dit : « Brave Anglais, ne me tue pas, et je te servirai. » J'accepte la proposition, je lui fais ce plaisir, je le nourris d'ail et d'oignons; il me lit les soirs *Don Quichotte* à mon coucher : quel mal y a-t-il à cela, s'il vous plaît? Si je me rends à un Espagnol aux mêmes conditions, quel reproche ai-je à lui faire? Il n'y a dans un marché que ce qu'on y met, comme dit l'empereur Justinien[3].

Montesquieu n'avoue-t-il pas lui-même qu'il y a des peuples d'Europe chez lesquels il est fort commun de se vendre, comme par exemple les Russes?

B. — Il est vrai qu'il le dit[4], et qu'il cite le capitaine Jean Perry dans l'*État présent de la Russie*[5]; mais il cite à son ordinaire. Jean Perry dit précisément le contraire[6]. Voici ses propres mots : « Le czar a ordonné que personne ne se dirait à l'avenir son esclave, son golup, mais seulement raab, qui signifie sujet. Il est vrai que ce peuple n'en tire aucun avantage réel, car il est encore aujourd'hui esclave. »

En effet, tous les cultivateurs, tous les habitants des terres appartenantes aux boyards ou aux prêtres sont esclaves. Si l'impératrice de Russie commence à créer des hommes libres, elle rendra par là son nom immortel.

Au reste, à la honte de l'humanité, les agriculteurs, les artisans, les bourgeois qui ne sont pas citoyens des grandes villes, sont encore esclaves, serfs de glèbe, en Pologne, en Bohême, en Hongrie, en plusieurs provinces de l'Allemagne, dans la moitié de la Franche-Comté, dans le quart de la Bourgogne; et ce qu'il y a de contradictoire, c'est qu'ils sont esclaves des prêtres. Il y a tel évêque qui n'a guère

---

1. *De jure belli et pacis*. (Éd.) — 2. *Esprit des lois*, liv. XV, chap. VII. (Éd.)
3. Cela suppose qu'on a droit de tuer un homme qui se rend : sans quoi, celui qui fait esclave un ennemi, au lieu de le tuer, est un peu plus coupable qu'un voleur de grand chemin qui ne tue point ceux qui donnent leur bourse de bonne grâce. Il vaut mieux faire un homme esclave que de le tuer, comme il vaut mieux voler qu'assassiner; mais de ce qu'on a fait un moindre crime, il ne s'ensuit point qu'on ait sur le fruit de ce crime un véritable droit. Au reste, ces décisions de M. A ne sont pas la véritable opinion de M. de Voltaire. C'est un Anglais qu'il fait parler. Il a voulu peindre un caractère un peu dur, qui se soucie fort peu des hommes assez lâches et assez imbéciles pour rester dans l'esclavage, et qui trouve fort bon qu'on le fasse esclave, s'il est assez faible pour préférer la vie à la liberté. (Éd. de Kehl.)
4. Liv. XV, chap. VI.
5. *État présent de la grande Russie*, traduit de l'anglais de Perry. Paris, 1717, in-12. (Éd.) — 6. Page 228.

que des serfs de glèbe de mainmorte dans son territoire ; telle est l'humanité, telle est la charité chrétienne. Quant aux esclaves faits pendant la guerre, on ne voit chez les religieux chevaliers de Malte que des esclaves de Turquie ou des côtes d'Afrique enchaînés aux rames de leurs galères chrétiennes.

A. — Par ma foi, si des évêques et des religieux ont des esclaves, je veux en avoir aussi.

B. — Il serait mieux que personne n'en eût.

C. — La chose arrivera infailliblement quand la paix perpétuelle de l'abbé de Saint-Pierre sera signée par le Grand-Turc et par toutes les puissances, et qu'on aura bâti la ville d'arbitrage auprès du trou qu'on voulait percer jusqu'au centre de la terre, pour savoir bien précisément comment il faut se conduire sur sa surface.

NEUVIÈME ENTRETIEN.

DES ESPRITS SERFS.

B. — Si vous admettez l'esclavage du corps, vous ne permettez pas du moins l'esclavage des esprits ?

A. — Entendons-nous, s'il vous plaît. Je n'admets point l'esclavage du corps parmi les principes de la société. Je dis seulement qu'il vaut mieux pour un vaincu être esclave que d'être tué, en cas qu'il aime plus la vie que la liberté.

Je dis que le nègre qui se vend est un fou, et que le père nègre qui vend son négrillon est un barbare, mais que je suis un homme fort sensé d'acheter ce nègre et de le faire travailler à ma sucrerie. Mon intérêt est qu'il se porte bien, afin qu'il travaille. Je serai humain envers lui, et je n'exige pas de lui plus de reconnaissance que de mon cheval à qui je suis obligé de donner de l'avoine, si je veux qu'il me serve[1]. Je suis avec mon cheval à peu près comme Dieu avec l'homme. Si Dieu a fait l'homme pour vivre quelques minutes dans l'écurie de la terre, il fallait bien qu'il lui procurât de la nourriture ; car il serait absurde qu'il lui eût fait présent de la faim et d'un estomac, et qu'il eût oublié de le nourrir.

1. C'est ici une autre question. Puis-je, l'esclavage étant établi dans une société, acheter un esclave, qui sans cela deviendrait l'esclave d'un autre, que je traiterai avec humanité, à qui je rendrai la liberté lorsqu'il m'aura valu ce qu'il m'aura coûté, si alors il est encore en état de vivre de son travail, et à qui je ferai une pension s'il a vieilli à mon service? Je vois un esclave sur un marché, je lui dis : « Mon ami, mes compatriotes sont des coquins qui violent le droit naturel sans pudeur et sans remords. On va te vendre 1000 livres ; je les ai ; mais je ne puis faire ce sacrifice pour empêcher ces gens-là de commettre un crime de plus. Si tu veux, je t'achèterai, tu travailleras pour moi, et je te nourrirai ; si tu travailles mal, tu es un vaurien, je te chasserai, et tu retomberas entre les mains dont tu sors ; si je suis un brutal ou un tyran, si je te donne des coups de nerf de bœuf, si je te prends ta femme ou ta fille, tu ne me dois plus rien, tu deviens libre ; fie-toi à ma parole ; je ne fais point le mal de sang-froid. Veux-tu me suivre ? Mais cachons ce traité ; on ne souffre ici, entre ton espèce et la mienne, que les conventions qui sont des crimes ; celles qui seraient justes sont défendues. » Ce discours serait celui d'un homme raisonnable, mais celui qu'il aurait acheté ne serait pas son esclave. (Éd. de Kehl.)

C. — Et si votre esclave vous est inutile ?

A. — Je lui donnerai sa liberté, sans contredit, dût-il s'aller faire moine.

B. — Mais l'esclavage de l'esprit, comment le trouvez-vous ?

A. — Qu'appelez-vous esclavage de l'esprit ?

B. — J'entends cet usage où l'on est de plier l'esprit de nos enfants, comme les femmes caraïbes pétrissent la tête des leurs ; d'apprendre d'abord à leur bouche à balbutier des sottises dont nous nous moquons nous-mêmes ; de leur faire croire ces sottises dès qu'ils peuvent commencer à croire ; de prendre ainsi tous les soins possibles pour rendre une nation idiote, pusillanime et barbare ; d'instituer enfin des lois qui empêchent les hommes d'écrire, de parler, et même de penser, comme Arnolphe veut, dans la comédie, qu'il n'y ait dans sa maison d'écritoire, que pour lui[1], et faire d'Agnès une imbécile, afin de jouir d'elle.

A. — S'il y avait de pareilles lois en Angleterre, ou je ferais une belle conspiration pour les abolir, ou je fuirais pour jamais de mon île après y avoir mis le feu.

C. — Cependant il est bon que tout le monde ne dise pas ce qu'il pense. On ne doit insulter ni par écrit, ni dans ses discours, les puissances et les lois à l'abri desquelles on jouit de sa fortune, de sa liberté, et de toutes les douceurs de la vie.

A. — Non, sans doute ; et il faut punir le séditieux téméraire ; mais, parce que les hommes peuvent abuser de l'écriture, faut-il leur en interdire l'usage ? J'aimerais autant qu'on vous rendît muet pour vous empêcher de faire de mauvais arguments. On vole dans les rues, faut-il pour cela défendre d'y marcher ? on dit des sottises et des injures, faut-il défendre de parler ? Chacun peut écrire chez nous ce qu'il pense à ses risques et à ses périls ; c'est la seule manière de parler à sa nation. Si elle trouve que vous avez parlé ridiculement, elle vous siffle ; si séditieusement, elle vous punit ; si sagement et si noblement, elle vous aime et vous récompense. La liberté de parler aux hommes avec la plume est établie en Angleterre comme en Pologne ; elle l'est dans les Provinces-Unies ; elle l'est enfin dans la Suède, qui nous imite ; elle doit l'être dans la Suisse, sans quoi la Suisse n'est pas digne d'être libre. Point de liberté chez les hommes, sans celle d'expliquer sa pensée.

C. — Et si vous étiez né dans Rome moderne ?

A. — J'aurais dressé un autel à Cicéron et à Tacite, gens de Rome l'ancienne ; je serais monté sur cet autel, et, le chapeau de Brutus sur la tête, et son poignard à la main, j'aurais rappelé le peuple aux droits naturels qu'il a perdus ; j'aurais rétabli le tribunat, comme fit Nicolas Rienzi.

C. — Et vous auriez fini comme lui.

A. — Peut-être ; mais je ne puis vous exprimer l'horreur que m'inspira l'esclavage des Romains dans mon dernier voyage ; je frémissais en voyant des récollets au Capitole. Quatre de mes compatriotes ont

---

1. *École des femmes*, acte III, scène II, septième maxime. (Éd.)

frété un vaisseau pour aller dessiner les inutiles ruines de Palmyre et de Balbec. J'ai été tenté cent fois d'en armer une douzaine à mes frais pour aller changer en ruines les repaires des inquisiteurs dans les pays où l'homme est asservi par ces monstres. Mon héros est l'amiral Blake. Envoyé par Cromwell pour signer un traité avec Jean de Bragance, roi de Portugal, ce prince s'excusa de conclure, parce que le grand inquisiteur ne voulait pas souffrir qu'on traitât avec des hérétiques. « Laissez-moi faire, lui dit Blake, il viendra signer le traité sur mon bord. » Le palais de ce moine était sur le Tage, vis-à-vis notre flotte. L'amiral lui lâche une bordée à boulets rouges; l'inquisiteur vient lui demander pardon, et signe le traité à genoux. L'amiral ne fit en cela que la moitié de ce qu'il devait faire; il aurait dû défendre à tous les inquisiteurs de tyranniser les âmes et de brûler les corps, comme les Persans, et ensuite les Grecs et les Romains, défendirent aux Africains de sacrifier des victimes humaines.

B. — Vous parlez toujours en véritable Anglais.

A. — En homme, et comme tous les hommes parleraient s'ils osaient. Voulez-vous que je vous dise quel est le plus grand défaut du genre humain?

C. — Vous me ferez plaisir; j'aime à connaître mon espèce.

A. — Ce défaut est d'être sot et poltron.

C. — Cependant toutes les nations montrent du courage à la guerre.

A. — Oui, comme les chevaux, qui tremblent au premier son du tambour, et qui avancent fièrement quand ils sont disciplinés par cent coups de tambour et cent coups de fouet.

DIXIÈME ENTRETIEN.

SUR LA RELIGION.

C. — Puisque vous croyez que le partage du brave homme est d'expliquer librement ses pensées, vous voulez donc qu'on puisse tout imprimer sur le gouvernement et sur la religion?

A. — Qui garde le silence sur ces deux objets, qui n'ose regarder fixement ces deux pôles de la vie humaine, n'est qu'un lâche. Si nous n'avions pas su écrire, nous aurions été opprimés par Jacques II et par son chancelier Jeffreys; et milord de Kenterbury nous ferait donner le fouet à la porte de sa cathédrale. Notre plume fut la première arme contre la tyrannie, et notre épée la seconde.

C. — Quoi! écrire contre la religion de son pays!

B. — Eh! vous n'y pensez pas, monsieur C; si les premiers chrétiens n'avaient pas eu la liberté d'écrire contre la religion de l'empire romain, ils n'auraient jamais établi la leur; ils firent l'évangile de Marie, celui de Jacques, celui de l'enfance, celui des Hébreux, de Barnabé, de Luc, de Jean, de Matthieu, de Marc; ils en écrivirent cinquante-quatre. Ils firent les lettres de Jésus à un roitelet d'Édesse, celles de Pilate à Tibère, de Paul à Sénèque, et les prophéties des sibylles en acrostiches, et le symbole des douze apôtres, et le testament des douze patriarches, et le livre d'Énoch, et cinq ou six apocalypses, et de fausses constitutions apostoliques, etc., etc. Que n'écrivirent-ils point? Pourquoi voulez-vous nous ôter la liberté qu'ils ont eue?

C. — Dieu me préserve de proscrire cette liberté précieuse! mais j'y veux du ménagement, comme dans la conversation des honnêtes gens; chacun y dit son avis, mais personne n'insulte la compagnie.

A. — Je ne demande pas aussi qu'on insulte la société, mais qu'on l'éclaire. Si la religion du pays est divine (car c'est de quoi chaque nation se pique), cent mille volumes lancés contre elle ne lui feront pas plus de mal que cent pelotes de neige n'ébranleront des murailles d'airain. Les portes de l'enfer ne prévaudront pas contre elle[1], comme vous savez: comment des caractères noirs tracés sur du papier blanc pourraient-ils la détruire?

Mais si des fanatiques, ou des fripons, ou des gens qui possèdent ces deux qualités à la fois, viennent à corrompre une religion pure et simple; si par hasard des mages et des bonzes ajoutent des cérémonies ridicules à des lois sacrées; des mystères impertinents à la morale divine des Zoroastre et des Confutzée, le genre humain ne doit-il pas des grâces à ceux qui nettoieraient le temple de Dieu des ordures que ces malheureux y auront amassées?

B. — Vous me paraissez bien savant: quels sont donc ces préceptes de Zoroastre et de Confutzée?

A. — Confutzée ne dit point: « Ne fais pas aux hommes ce que tu ne voudrais pas qu'on te fît. »

Il dit: « Fais ce que tu veux qu'on te fasse, oublie les injures, et ne te souviens que des bienfaits. » Il fait un devoir de l'amitié et de l'humanité.

Je ne citerai qu'une seule loi de Zoroastre, qui comprend ce que la morale a de plus épuré, et qui est justement le contraire du fameux probabilisme des jésuites: « Quand tu seras en doute si une action est bonne ou mauvaise, abstiens-toi de la faire. »

Nul moraliste, nul philosophe, nul législateur n'a jamais rien dit ni pu dire qui l'emporte sur cette maxime. Si, après cela, des docteurs persans ou chinois ont ajouté à l'adoration d'un Dieu et à la doctrine de la vertu des chimères fantastiques, des apparitions, des visions, des prédictions, des prodiges, des possessions, des scapulaires; s'ils ont voulu qu'on ne mangeât que de certains aliments en l'honneur de Zoroastre et de Confutzée; s'ils ont prétendu être instruits de tous les secrets de la famille de ces deux grands hommes; s'ils ont disputé trois cents ans pour savoir comment Confutzée avait été fait ou engendré; s'ils ont institué des pratiques superstitieuses qui faisaient passer dans leurs poches l'argent des âmes dévotes; s'ils ont établi leur grandeur temporelle sur la sottise de ces âmes peu spirituelles; si enfin ils ont armé des fanatiques pour soutenir leurs inventions par le fer et par les flammes, il est indubitable qu'il a fallu réprimer ces imposteurs. Quiconque a écrit en faveur de la religion naturelle et divine contre les

1. Matthieu, xvi, 18. (Éd.)

détestables abus de la religion sophistique, a été le bienfaiteur de sa patrie.

C. — Souvent ces bienfaiteurs ont été mal récompensés. Ils ont été cuits ou empoisonnés, ou ils sont morts en l'air, et toute réforme a produit des guerres.

A. — C'était la faute de la législation. Il n'y a plus de guerres religieuses depuis que les gouvernements ont été assez sages pour réprimer la théologie.

B. — Je voudrais, pour l'honneur de la raison, qu'on l'abolît au lieu de la réprimer : il est trop honteux d'avoir fait une science de cette folie. Je connais bien à quoi sert un curé qui tient registre des naissances et des morts, qui ramasse des aumônes pour les pauvres, qui console les malades, qui met la paix dans les familles ; mais à quoi sont bons les théologiens? Qu'en reviendra-t-il à la société, quand on aura bien su qu'un ange est infini, *secundum quid*, que Scipion et Caton sont damnés pour n'avoir pas été chrétiens, et qu'il y a une différence essentielle entre catégorématique et syncatégorématique?

N'admirez-vous pas un Thomas d'Aquin qui décide que « les parties irascibles et concupiscibles ne sont pas parties de l'appétit intellectuel? » Il examine au long si les cérémonies de la loi sont avant la loi. Mille pages sont employées à ces belles questions, et cinq cent mille hommes les étudient.

Les théologiens ont longtemps recherché si Dieu peut être citrouille ou scarabée; si, quand on a reçu l'eucharistie, on la rend à la garde-robe.

Ces extravagances ont occupé des têtes qui avaient de la barbe, dans des pays qui ont produit de grands hommes. C'est sur quoi un écrivain[1], ami de la raison, a dit plusieurs fois que notre grand mal est de ne pas savoir encore à quel point nous sommes au-dessous des Hottentots sur certaines matières.

Nous avons été plus loin que les Grecs et les Romains dans plusieurs arts ; et nous sommes des brutes en cette partie, semblables à ces animaux du Nil dont une partie était vivifiée, tandis que l'autre n'était encore que de la fange.

Qui le croirait? un fou, après avoir répété toutes les bêtises scolastiques pendant deux ans, reçoit ses grelots et sa marotte en cérémonie ; il se pavane, il décide ; et c'est cette école de Bedlam qui mène aux honneurs et aux richesses. Thomas et Bonaventure ont des autels, et ceux qui ont inventé la charrue, la navette, le rabot, et la scie, sont inconnus.

A. — Il faut absolument qu'on détruise la théologie, comme on a détruit l'astrologie judiciaire, la magie, la baguette divinatoire, la cabale, et la chambre étoilée[2].

C. — Détruisons ces chenilles tant que nous pourrons dans nos jardins, et n'y laissons que les rossignols ; conservons l'utile et l'agréable,

---

1. Voltaire lui-même. (ÉD.)
2. Espèce d'inquisition d'État établie en Angleterre sous Henri VIII, et détruite, en 1641, sous Charles I*er*. (*Éd. de Kehl.*)

c'est là tout l'homme ; mais pour tout ce qui est dégoûtant et venimeux, je consens qu'on l'extermine.

A. — Une bonne religion honnête, mort de ma vie ! bien établie par acte de parlement, bien dépendante du souverain, voilà ce qu'il nous faut, et tolérons toutes les autres[1]. Nous ne sommes heureux que depuis que nous sommes libres et tolérants.

C. — Je lisais l'autre jour un poëme français sur la *Grâce*[2], poëme didactique et un peu soporatif, attendu qu'il est monotone. L'auteur, en parlant de l'Angleterre, à qui la grâce de Dieu est refusée (quoique votre monarque se dise roi par la grâce de Dieu comme un autre), l'auteur, dis-je, s'exprime ainsi en vers assez plats :

Cette île, de chrétiens féconde pépinière,
L'Angleterre, où jadis brilla tant de lumière,
Recevant aujourd'hui toutes religions,
N'est plus qu'un triste amas de folles visions....
Oui, nous sommes, Seigneur, tes peuples les plus chers,
Tu fais luire sur nous tes rayons les plus clairs.
Vérité toujours pure, ô doctrine éternelle !
La France est aujourd'hui ton royaume fidèle.
Chant IV, v. 129-146.

A. — Voilà un plaisant original avec sa pépinière et ses rayons clairs ! Un Français croit toujours qu'il doit donner le ton aux autres nations ; il semble qu'il s'agisse d'un menuet ou d'une mode nouvelle. Il nous plaint d'être libres ! En quoi, s'il vous plaît, la France est-elle le royaume *fidèle de la doctrine éternelle* ? Est-ce dans le temps qu'une bulle ridicule[3], fabriquée à Paris dans un collége de jésuites, et scellée à Rome par un collége de cardinaux, a divisé toute la France, et fait plus de prisonniers et d'exilés qu'elle n'avait de soldats ? O le royaume fidèle !

Que l'Église anglicane réponde, si elle veut, à ces rimeurs de l'Église gallicane ; pour moi, je suis sûr que personne ne regrettera parmi nous *ce temps jadis où brilla tant de lumière*. Était-ce quand les papes envoyaient chez nous des légats donner nos bénéfices à des Italiens, et imposer des décimes sur nos biens pour payer leurs filles de joie ? Était-ce quand nos trois royaumes fourmillaient de moines et de miracles ? Ce plat poëte est un bien mauvais citoyen. Il devait souhaiter plutôt à sa patrie assez de *rayons clairs* pour qu'elle aperçût ce qu'elle gagnerait à nous imiter ; ces rayons font voir qu'il ne faut pas que les gallicans envoient vingt mille livres sterling à Rome toutes les années, et

---

1. Les États-Unis de l'Amérique ont été plus loin : il n'y a chez eux aucune religion nationale ; mais quelques-uns de ces États ont fait une faute en excluant les prêtres des fonctions publiques ; c'est leur dire de se réunir et de former *imperium in imperio*. Dans un pays bien gouverné, un prêtre ne doit avoir ni plus de priviléges ni moins de droits qu'un géomètre ou un métaphysicien. Les droits de citoyen n'ont rien de commun avec l'emploi qu'un homme fait de l'esprit que la nature lui a donné. (*Éd. de Kehl.*)

2. Par Louis Racine. (ÉD.)

3. La bulle *Unigenitus*. (ÉD.)

que les anglicans, qui payaient autrefois le denier de saint Pierre, étaient plongés alors dans la plus stupide barbarie.

B. — C'est très-bien dit; la religion ne consiste point du tout à faire passer son argent à Rome. C'est une vérité reconnue non-seulement de ceux qui ont brisé ce joug, mais encore de ceux qui le portent.

A. — Il faut absolument épurer la religion; l'Europe entière le crie. On commença ce grand ouvrage il y a près de deux cent cinquante années; mais les hommes ne s'éclairent que par degrés. Qui aurait cru alors qu'on analyserait les rayons du soleil, qu'on électriserait le tonnerre, et qu'on découvrirait la gravitation universelle, loi qui préside à l'univers? Il est temps que des hommes si éclairés ne soient pas esclaves des aveugles. Je ris quand je vois une Académie des sciences obligée de se conformer à la décision d'une congrégation du saint-office.

La théologie n'a jamais servi qu'à renverser les cervelles, et quelquefois les États. Elle seule fait les athées; car le grand nombre de petits théologiens, qui est assez sensé pour voir le ridicule de cette étude chimérique, n'en sait pas assez pour lui substituer une saine philosophie. La théologie, disent-ils, est, selon la signification du mot, *la science de Dieu*: or les polissons qui ont profané cette science ont donné de Dieu des idées absurdes; et de là ils concluent que la Divinité est une chimère, parce que la théologie est chimérique. C'est précisément dire qu'il ne faut prendre ni quinquina pour la fièvre, ni faire diète dans la pléthore, ni être saigné dans l'apoplexie, parce qu'il y a de mauvais médecins; c'est nier la connaissance du cours des astres, parce qu'il y a eu des astrologues; c'est nier les effets évidents de la chimie, parce que des chimistes charlatans ont prétendu faire de l'or. Les gens du monde, encore plus ignorants que ces petits théologiens, disent: « Voilà des bacheliers et des licenciés qui ne croient pas en Dieu; pourquoi y croirions-nous? »

Mes amis, une fausse science fait les athées : une vraie science prosterne l'homme devant la Divinité; elle rend juste et sage celui que la théologie a rendu inique et insensé.

Voilà à peu près ce que j'ai lu dans ce petit livre¹ nouveau, et j'en ai fait ma profession de foi.

B. — En vérité, c'est celle de tous les honnêtes gens.

ONZIÈME ENTRETIEN.
DU DROIT DE LA GUERRE.

B. — Nous avons traité des matières qui nous regardent tous de fort près, et les hommes sont bien insensés d'aimer mieux aller à la chasse ou jouer au piquet que de s'instruire sur des objets si importants. Notre premier dessein était d'approfondir le droit de la guerre et de la paix; nous n'en avons pas encore parlé.

1. *Lettres à S. A. monseigneur le prince de ***. (En.)*

A. — Qu'entendez-vous par le droit de la guerre?

B. — Vous m'embarrassez; mais enfin de Groot ou Grotius en a fait un ample traité, dans lequel il cite plus de deux cents auteurs grecs ou latins, et même des auteurs juifs.

A. — Croyez-vous que le prince Eugène et le duc de Marlborough l'eussent étudié, quand ils vinrent chasser les Français de cent lieues de pays? Le droit de la paix, je le connais assez, c'est de tenir sa parole, et de laisser tous les hommes jouir des droits de la nature; mais, pour le droit de la guerre, je ne sais ce que c'est. Le code du meurtre me semble une étrange imagination. J'espère que bientôt on nous donnera la jurisprudence des voleurs de grand chemin.

C. — Comment accorderons-nous donc cette horreur si ancienne, si universelle de la guerre, avec les idées du juste et de l'injuste, avec cette bienveillance pour nos semblables que nous prétendons être née avec nous, avec le τὸ καλὸν, le beau et l'honnête?

B. — N'allons pas si vite. Ce crime, qui consiste à commettre un si grand nombre de crimes en front de bandière, n'est pas si universel que vous le dites. Nous avons déjà remarqué que les brames et les primitifs nommés *quakers* n'ont jamais été coupables de cette abomination. Les nations qui sont au delà du Gange versent très-rarement le sang; et je n'ai point lu que la république de San-Marino ait jamais fait la guerre, quoiqu'elle ait à peu près autant de terrain qu'en avait Romulus. Les peuples de l'Indus et de l'Hydaspe furent bien surpris de voir les premiers voleurs armés qui vinrent s'emparer de leur beau pays. Plusieurs peuples de l'Amérique n'avaient jamais entendu parler de ce péché horrible, quand les Espagnols vinrent les attaquer l'*Évangile* à la main.

Il n'est point dit que les Cananéens eussent jamais fait la guerre à personne, lorsqu'une horde de Juifs parut tout d'un coup, mit les bourgades en cendres, égorgea les femmes sur les corps de leurs maris, et les enfants sur le ventre de leurs mères. Comment expliquerons-nous cette fureur dans nos principes?

A. — Comme les méchants rendent raison de la peste, des deux véroles, et de la rage. Ce sont des maladies attachées à la constitution de nos organes. On n'est pas toujours attaqué de la rage et de la peste; il suffit souvent qu'un ministre d'État enragé ait mordu un autre ministre, pour que la rage se communique dans trois mois à quatre ou cinq cent mille hommes.

C. — Mais, quand on a ces maladies, il y a quelques remèdes. En connaissez-vous pour la guerre?

A. — Je n'en connais que deux, dont la tragédie s'est emparée; la crainte et la pitié. La crainte nous oblige souvent à faire la paix; et la pitié, que la nature a mise dans nos cœurs comme un contre-poison contre l'héroïsme carnassier, fait qu'on ne traite pas toujours les vaincus à toute rigueur. Notre intérêt même est d'user envers eux de miséricorde, afin qu'ils servent sans trop de répugnance leurs nouveaux maîtres; je sais bien qu'il y a eu des brutaux qui ont fait sentir rudement le poids de leurs chaînes aux nations subjuguées. A cela je n'ai autre chose à répondre que ce vers d'une tragédie intitulée *Spartacus*[1], composée par un Français qui pense profondément :

La loi de l'univers, c'est : *Malheur au vaincu*.

J'ai dompté un cheval : si je suis sage, je le nourris bien, je le caresse, et je le monte ; si je suis un fou furieux, je l'égorge.

C. — Cela n'est pas consolant ; car enfin nous avons presque tous été subjugués. Vous autres Anglais, vous l'avez été par les Romains, par les Saxons et les Danois, et ensuite par un bâtard de Normandie. Le berceau de notre religion est entre les mains des Turcs. Une poignée de Francs a soumis la Gaule. Les Tyriens, les Carthaginois, les Romains, les Goths, les Arabes, ont tour à tour subjugué l'Espagne. Enfin, de la Chine à Cadix, presque tout l'univers a toujours appartenu au plus fort. Je ne connais aucun conquérant qui soit venu l'épée dans une main et un code dans l'autre ; ils n'ont fait les lois qu'après la victoire, c'est-à-dire après la rapine ; et ces lois, ils les ont faites précisément pour soutenir leur tyrannie. Que diriez-vous si quelque bâtard de Normandie venait s'emparer de votre Angleterre pour venir vous donner ses lois ?

A. — Je ne dirais rien ; je tâcherais de le tuer à sa descente dans ma patrie ; s'il me tuait, je n'aurais rien à répliquer : s'il me subjuguait, je n'aurais que deux partis à prendre, celui de me tuer moi-même, ou celui de le bien servir.

B. — Voilà de tristes alternatives. Quoi ! point de loi de la guerre ? point de droit des gens ?

A. — J'en suis fâché ; mais il n'y en a point d'autre que de se tenir continuellement sur ses gardes. Tous les rois, tous les ministres pensent comme nous ; et c'est pourquoi douze cent mille mercenaires en Europe font aujourd'hui la parade tous les jours en temps de paix.

Qu'un prince licencie ses troupes, qu'il laisse tomber ses fortifications en ruines, et qu'il passe son temps à lire Grotius, vous verrez si, dans un an ou deux, il n'aura pas perdu son royaume.

C. — Ce sera une grande injustice.

A. — D'accord.

B. — Et point de remède à cela ?

A. — Aucun, sinon de se mettre en état d'être aussi injuste que ses voisins. Alors l'ambition est contenue par l'ambition ; alors les chiens d'égale force montrent les dents, et ne se déchirent que lorsqu'ils ont à disputer une proie.

C. — Mais les Romains, les Romains, ces grands législateurs ?

A. — Ils faisaient des lois, vous dis-je, comme les Algériens assujettissent leurs esclaves à la règle ; mais, quand ils combattaient pour réduire les nations en esclavage, leur loi était leur épée. Voyez le grand César, le mari de tant de femmes, et la femme de tant d'hommes ; il fait mettre en croix deux mille citoyens du pays de Vannes,

1. Par Saurin. Le vers cité par Voltaire est à la scène IV de l'acte III. (*Note de M. Beuchot*.)

afin que le reste apprenne à être plus souple; ensuite, quand toute la nation est bien apprivoisée, viennent les lois et les beaux règlements; on bâtit des cirques, des amphithéâtres, on élève des aqueducs, on construit des bains publics, et les peuples subjugués dansent avec leurs chaînes.

B. — On dit pourtant que, dans la guerre, il y a des lois qu'on observe : par exemple, on fait une trêve de quelques jours pour enterrer ses morts; on stipule qu'on ne se battra pas dans un certain endroit; on accorde une capitulation à une ville assiégée, on lui permet de racheter ses cloches; on n'éventre point les femmes grosses quand on prend possession d'une place qui s'est rendue; vous faites des politesses à un officier blessé qui est tombé entre vos mains; et s'il meurt, vous le faites enterrer.

A. — Ne voyez-vous pas que ce sont là les lois de la paix, les lois de la nature, les lois primitives, qu'on exécute réciproquement? La guerre ne les a pas dictées; elles se font entendre malgré la guerre; et sans cela les trois quarts du globe ne seraient qu'un désert couvert d'ossements.

Si deux plaideurs acharnés, et près d'être ruinés par leurs procureurs, font entre eux un accord qui leur laisse à chacun un peu de pain, appellerez-vous cet accord une *loi du barreau*? Si une horde de théologiens, allant faire brûler en cérémonie quelques raisonneurs qu'ils appellent *hérétiques*, apprend que le lendemain le parti hérétique les fera brûler à son tour; s'ils font grâce pour qu'on la leur fasse, direz-vous que c'est là une loi théologique? vous avouerez qu'ils ont écouté la nature et l'intérêt, malgré la théologie. Il en est de même dans la guerre: le mal qu'elle ne fait pas, c'est le besoin et l'intérêt qui l'arrêtent. La guerre, vous dis-je, est une maladie affreuse qui saisit les nations l'une après l'autre, et que la nature guérit à la longue.

C. — Quoi! vous n'admettez point de guerre juste?

A. — Je n'en ai jamais connu de cette espèce; cela me paraît contradictoire et impossible.

B. — Quoi! lorsque le pape Alexandre VI, et son infâme fils Borgia, pillaient la Romagne, égorgeaient, empoisonnaient tous les seigneurs de ce pays, en leur accordant des indulgences, il n'était pas permis de s'armer contre ces monstres?

A. — Ne voyez-vous pas que c'étaient ces monstres qui faisaient la guerre? ceux qui se défendaient la soutenaient. Il n'y a certainement dans le monde que des guerres offensives; la défensive n'est autre chose que la résistance à des voleurs armés.

C. — Vous vous moquez de nous. Deux princes se disputent un héritage, leur droit est litigieux, leurs raisons sont également plausibles; il faut bien que la guerre en décide; alors cette guerre est juste des deux côtés.

A. — C'est vous qui vous moquez. Il est impossible physiquement que l'un des deux n'ait pas tort, et il est absurde et barbare que des nations périssent parce que l'un de ces deux princes a mal raisonné. Qu'ils se battent en champ clos s'ils veulent : mais qu'un peuple entier soit immolé à leurs intérêts, voilà où est l'horreur. Par exemple, l'archiduc Charles dispute le trône d'Espagne au duc d'Anjou, et, avant que le procès soit jugé, il en coûte la vie à plus de quatre cent mille hommes ; je vous demande si la chose est juste.

B. — J'avoue que non. Il fallait trouver quelque autre biais pour accommoder le différend.

C. — Il était tout trouvé ; il fallait s'en rapporter à la nation sur laquelle on voulait régner. La nation espagnole disait : « Nous voulons le duc d'Anjou ; le roi son grand-père l'a nommé héritier par son testament ; nous y avons souscrit ; nous l'avons reconnu pour notre roi ; nous l'avons supplié de quitter la France pour venir gouverner. Quiconque veut s'opposer à la loi des vivants et des morts est visiblement injuste. »

B. — Fort bien. Mais si la nation se partage?

A. — Alors, comme je vous le disais, la nation et ceux qui entrent dans la querelle sont malades de la rage. Ses horribles symptômes durent douze ans, jusqu'à ce que les enragés, épuisés, n'en pouvant plus, soient forcés de s'accorder. Le hasard, le mélange de bons et de mauvais succès, les intrigues, la lassitude, ont éteint cet incendie, que d'autres hasards, d'autres intrigues, la cupidité, la jalousie, l'espérance, avaient allumé. La guerre est comme le mont Vésuve ; ses éruptions engloutissent des villes, et ses embrasements s'arrêtent. Il y a des temps où les bêtes féroces, descendues des montagnes, dévorent une partie de vos travaux, ensuite elles se retirent dans leurs cavernes.

C. — Quelle funeste condition que celle des hommes!

A. — Celle des perdrix est pire ; les renards, les oiseaux de proie les dévorent, les chasseurs les tuent, les cuisiniers les rôtissent ; et cependant il y en a toujours. La nature conserve les espèces, et se soucie très-peu des individus.

B. — Vous êtes dur, et la morale ne s'accommode pas de ces maximes.

A. — Ce n'est pas moi qui suis dur, c'est la destinée. Vos moralistes font très-bien de crier toujours : « Misérables mortels, soyez justes et bienfaisants ; cultivez la terre, et ne l'ensanglantez pas ! Princes, n'allez pas dévaster l'héritage d'autrui, de peur qu'on ne vous tue dans le vôtre! Restez chez vous, pauvres gentillâtres ; rétablissez votre masure ; tirez de vos fonds le double de ce que vous en tiriez ; entourez vos champs de haies vives ; plantez des mûriers ; que vos sœurs vous fassent des bas de soie ; améliorez vos vignes ; et, si des peuples voisins veulent venir boire votre vin malgré vous, défendez-vous avec courage; mais n'allez pas vendre votre sang à des princes qui ne vous connaissent pas, qui ne jetteront jamais sur vous un coup d'œil, et qui vous traitent comme des chiens de chasse qu'on mène contre le sanglier, et qu'on laisse ensuite mourir dans un chenil. »

Ces discours feront peut-être impression sur trois ou quatre têtes bien organisées, tandis que cent mille autres ne les entendront seulement pas, et brigueront l'honneur d'être lieutenants de houssards.

Pour les autres moralistes à gages, que l'on nomme *prédicateurs*, ils n'ont jamais seulement osé prêcher contre la guerre. Ils déclament contre les appétits sensuels, après avoir pris leur chocolat. Ils anathématisent l'amour, et, au sortir de la chaire où ils ont crié, gesticulé et sué, ils se font essuyer par leurs dévotes. Ils s'époumonnent à prouver des mystères dont ils n'ont pas la plus légère idée. Mais ils se gardent bien de décrier la guerre, qui réunit tout ce que la perfidie a de plus lâche dans les manifestes, tout ce que l'infâme friponnerie a de plus bas dans les fournitures des armées, tout ce que le brigandage a d'affreux dans le pillage, le viol, le larcin, l'homicide, la dévastation, la destruction; au contraire, ces bons prêtres bénissent en cérémonie les étendards du meurtre, et leurs confrères chantent, pour de l'argent, des chansons juives, quand la terre a été inondée de sang.

B. — Je ne me souviens point, en effet, d'avoir lu dans le prolixe et argumentant Bourdaloue, le premier qui ait mis les apparences de la raison dans ses sermons; je ne me souviens point, dis-je, d'avoir lu une seule page contre la guerre.

L'élégant et doux Massillon, en bénissant les drapeaux du régiment de Catinat, fait, à la vérité, quelques vœux pour la paix; mais il permet l'ambition. « Ce désir, dit-il, de voir vos services récompensés, s'il est modéré.... s'il ne vous porte pas à vous frayer des routes d'iniquité pour parvenir à vos fins.... n'a rien dont la moralité chrétienne puisse être blessée. » Enfin, il prie Dieu d'envoyer l'ange exterminateur au-devant du régiment de Catinat. « O mon Dieu ! faites-le précéder toujours de la victoire ou de la mort; répandez sur ses ennemis des esprits de terreur et de vertige ! » J'ignore si la victoire peut précéder un régiment, et si Dieu répand des esprits de vertige; mais je sais que les prédicateurs autrichiens en disaient autant aux cuirassiers de l'empereur, et que l'ange exterminateur ne savait auquel entendre.

A. — Les prédicateurs juifs allèrent encore plus loin. On voit avec édification les prières humaines dont leurs psaumes sont remplis. Il n'est question que de mettre l'épée divine sur sa cuisse, d'éventrer les femmes, d'écraser les enfants à la mamelle contre la muraille. L'ange exterminateur ne fut pas heureux dans ses campagnes; il devint l'ange exterminé; et les Juifs, pour prix de leurs psaumes, furent toujours vaincus et esclaves.

De quelque côté que vous vous tourniez, vous verrez que les prêtres ont toujours prêché le carnage, depuis un Aaron, qu'on prétend avoir été pontife d'une horde d'Arabes, jusqu'au prédicant Jurieu, prophète d'Amsterdam. Les négociants de cette ville, aussi sensés que ce pauvre garçon était fou, le laissaient dire, et vendaient leur girofle et leur cannelle.

C. — Eh bien ! n'allons point à la guerre, ne nous faisons point tuer au hasard pour de l'argent; contentons-nous de nous bien défendre contre les voleurs appelés *conquérants*.

DOUZIÈME ENTRETIEN.

DU CODE DE LA PERFIDIE.

B. — Et du droit de la perfidie, qu'en dirons-nous?

A. — Comment, par saint George! je n'avais jamais entendu parler de ce droit-là. Dans quel catéchisme avez-vous lu ce devoir du chrétien?

B. — Je le trouve partout. La première chose que fait Moïse avec son saint peuple, n'est-ce pas d'emprunter, par une perfidie, les meubles des Égyptiens[1], pour s'en aller, dit-il, sacrifier dans le désert? Cette perfidie n'est, à la vérité, accompagnée que d'un larcin; celles qui sont jointes au meurtre sont bien plus admirables. Les perfidies d'Aod[2], de Judith[3], sont très-renommées; celles du patriarche Jacob envers son beau-père et son frère ne sont que des tours de maître Gonin, puisqu'il n'assassina ni son frère, ni son beau-père. Mais vive la perfidie de David[4], qui, s'étant associé quatre cents coquins perdus de dettes et de débauche, et ayant fait alliance avec un certain roitelet nommé Achis[5], allait égorger les hommes, les femmes, les petits enfants des villages, qui étaient sous la sauvegarde de ce roitelet, et lui faisait croire qu'il n'avait égorgé que les hommes, les femmes et les petits garçons appartenant au roitelet Saül! vive surtout sa perfidie envers le bon homme Urish[6]! vive celle du sage Salomon, inspiré de Dieu, qui fit massacrer son frère Adonias, après avoir juré de lui sauver la vie[7]!

Nous avons encore des perfidies très-renommées de Clovis, premier roi chrétien des Francs, qui pourraient beaucoup servir à perfectionner la morale. J'estime surtout sa conduite envers les assassins d'un Regnomer, roi du Mans (supposé qu'il y ait jamais eu un royaume du Mans) : il fit marché avec de braves assassins, pour tuer ce roi par derrière, et les paya en fausse monnaie; mais, comme ils murmuraient de n'avoir pas leur compte, il les fit assassiner pour rattraper sa monnaie de billon.

Presque toutes nos histoires sont remplies de pareilles perfidies commises par des princes qui, tous, ont bâti des églises et fondé des monastères.

Or, l'exemple de ces braves gens doit certainement servir de leçon au genre humain; car où en chercherait-il, si ce n'est dans les oints du Seigneur?

A. — Il m'importe fort peu que Clovis et ses pareils aient été oints; mais je vous avoue que je souhaiterais, pour l'édification du genre humain, qu'on jetât dans le feu toute l'histoire civile et ecclésiastique : je n'y vois guère que les annales des crimes; et, soit que ces monstres aient été oints ou ne l'aient pas été, il ne résulte de leur histoire que l'exemple de la scélératesse.

---

1. *Exode*, XI, 2. — 2. *Juges*, III, 20 et suiv. — 3. *Judith*, VIII. — 4. *I Rois*, XXII, 2. — 5. *I. Rois*, XXVII, 9-10. — 6. *II. Rois*, XI, 15. — 7. *III. Rois*, II, 24-25. (ÉD.)

Je me souviens d'avoir lu autrefois l'*Histoire du grand schisme d'Occident*[1] : je voyais une douzaine de papes tous également perfides, tous méritant également d'être pendus à Tyburn ; et, puisque la papauté a subsisté au milieu d'un débordement si long et si vaste de tous les crimes, puisque les archives de ces horreurs n'ont corrigé personne, je conclus que l'histoire n'est bonne à rien.

C. — Oui, je conçois que le roman vaudrait mieux : on y est maître, du moins, de feindre des exemples de vertu. Mais Homère n'a jamais imaginé une seule action vertueuse et honnête dans tout son roman monotone de l'*Iliade*. J'aimerais beaucoup mieux le roman de *Télémaque*, s'il n'était pas tout en digressions et en déclamations. Mais, puisque vous m'y faites songer, voici un morceau du *Télémaque*, concernant la perfidie, sur lequel je voudrais avoir votre avis.

Dans une des digressions de ce roman, au livre XX, Adraste, roi des Dauniens, ravit la femme d'un nommé Dioscore. Ce Dioscore se réfugie chez les princes grecs, et, n'écoutant que sa vengeance, il leur offre de tuer le ravisseur leur ennemi. Télémaque, inspiré par Minerve, leur persuade de ne point écouter Dioscore, et de le renvoyer pieds et poings liés au roi Adraste. Comment trouvez-vous cette décision du vertueux Télémaque ?

A. — Abominable. Ce n'était pas, apparemment, Minerve, c'était Tisiphone qui l'inspirait. Comment ! renvoyer ce pauvre homme, afin qu'on le fasse mourir dans les tourments, et qu'Adraste ressemble en tout à David, qui jouissait de la femme en faisant mourir le mari ! L'onctueux auteur du *Télémaque* n'y pensait pas. Ce n'est point là l'action d'un cœur généreux, c'est celle d'un méchant et d'un traître. Je n'aurais point accepté la proposition de Dioscore, mais je n'aurais point livré cet infortuné à son ennemi. Dioscore était fort vindicatif, à ce que je vois, mais Télémaque était un perfide.

B. — Et la perfidie dans les traités, l'admettez-vous ?

C. — Elle est fort commune, je l'avoue. Je serais bien embarrassé, s'il fallait décider quels furent les plus grands fripons dans leurs négociations, des Romains ou des Carthaginois, de Louis XI le très-chrétien ou de Ferdinand le Catholique, etc., etc., etc., etc., etc. Mais je demande s'il n'est pas permis de friponner pour le bien de l'État.

A. — Il me semble qu'il y a des friponneries si adroites, que tout le monde les pardonne ; il y en a de si grossières, qu'elles sont universellement condamnées. Pour nous autres Anglais, nous n'avons jamais attrapé personne. Il n'y a que le faible qui trompe. Si vous voulez avoir de beaux exemples de perfidie, adressez-vous aux Italiens du XVe et du XVIe siècle.

Le vrai politique est celui qui joue bien, et qui gagne à la longue ; le mauvais politique est celui qui ne sait que filer la carte, et qui tôt ou tard est reconnu.

C. — Fort bien ; et s'il n'est pas découvert, ou s'il ne l'est qu'après

---

1. Par le P. Maimbourg, 1678. (Éd.)

avoir gagné tout notre argent, et lorsqu'il s'est rendu assez puissant pour qu'on ne puisse le forcer à le rendre ?

B. — Je crois que ce bonheur est rare, et que l'histoire nous fournit plus d'illustres filous punis que d'illustres filous heureux.

Je n'ai plus qu'une question à vous faire : Trouvez-vous bon qu'une nation fasse empoisonner un ennemi public selon cette maxime : *Salus reipublicæ suprema lex esto ?*

A. — Parbleu ! allez demander cela à des casuistes. Si quelqu'un faisait cette proposition dans la chambre des communes, j'opinerais (Dieu me pardonne !) pour l'empoisonner lui-même, malgré ma répugnance pour les drogues. Je voudrais bien savoir pourquoi ce qui est un forfait abominable dans un particulier serait innocent dans trois cents sénateurs, et même dans trois cent mille : est-ce que le nombre des coupables transforme le crime en vertu ?

C. — Je suis content de votre réponse. Vous êtes un brave homme.

TREIZIÈME ENTRETIEN.

DES LOIS FONDAMENTALES.

B. — J'entends toujours parler de lois fondamentales ; mais y en a-t-il ?

A. — Oui, il y a celle d'être juste ; et jamais fondement ne fut plus souvent ébranlé.

C. — Je lisais, il n'y a pas longtemps, un de ces mauvais livres très-rares, que les curieux recherchent, comme les naturalistes amassent des fragments de substances animales ou végétales pétrifiées, s'imaginant par là qu'ils découvriront le secret de la nature. Ce livre est d'un avocat de Paris, nommé Louis Dorléans, qui plaidait beaucoup contre Henri IV par-devant la Ligue, et qui heureusement perdit sa cause. Voici comme ce jurisconsulte s'exprime : « Je les lois fondamentales du royaume de France : « La loi fondamentale des Hébreux était que les lépreux ne pouvaient régner : Henri IV est hérétique, donc il est lépreux ; donc il ne peut être roi de France par la loi fondamentale de l'Église. La loi veut qu'un roi de France soit chrétien comme mâle ; qui ne tient la foi catholique, apostolique et romaine, n'est point chrétien et ne croit point en Dieu ; il ne peut pas plus être roi de France que le plus grand faquin du monde, etc. »

Il est très-vrai à Rome que tout homme qui ne croit point au pape ne croit point en Dieu ; mais cela n'est pas absolument si vrai dans le reste de la terre ; il y faut mettre quelque petite restriction : et il me semble qu'à tout prendre, maître Louis Dorléans, avocat au parlement de Paris, ne raisonnait pas tout à fait aussi bien que Cicéron et Démosthène.

B. — Mon plaisir serait de voir ce que deviendrait la loi fondamentale du saint-empire romain, s'il prenait un jour fantaisie aux électeurs de choisir un césar protestant, dans la superbe ville de Francfort-sur-le-Mein.

A. — Il arriverait ce qui est arrivé à la loi fondamentale qui fixe le nombre des électeurs à sept, parce qu'il y a sept cieux, et que le chandelier d'un temple juif avait sept branches.

N'est-ce pas une loi fondamentale en France que le domaine du roi est inaliénable? et cependant n'est-il presque pas tout aliéné? Vous m'avouerez que tous ces fondements-là sont bâtis sur du sable mouvant. Les lois qu'on appelle *lois fondamentales* ne sont, comme toutes les autres, que des lois de convention, d'anciens usages, d'anciens préjugés qui changent selon les temps. Demandez aux Romains d'aujourd'hui s'ils ont gardé les lois fondamentales de l'ancienne république romaine. Il était bon que les domaines des rois d'Angleterre, de France et d'Espagne, demeurassent propres à la couronne quand les rois vivaient comme vous et moi du produit de leurs terres; mais aujourd'hui qu'ils ne vivent que de taxes et d'impôts, qu'importe qu'ils aient des domaines ou qu'ils n'en aient pas? Quand François Ier manqua de parole à Charles-Quint, son vainqueur, quand il viola fort à propos le serment de lui rendre la Bourgogne, il se fit représenter par ses gens de loi que les Bourguignons étaient inaliénables; mais si Charles-Quint était venu lui faire des représentations contraires à la tête d'une grande armée, les Bourguignons auraient été très-aliénés.

La Franche-Comté, dont la loi fondamentale était d'être libre sous la maison d'Autriche, tient aujourd'hui, d'une manière intime et essentielle, à la couronne de France. Les Suisses ont tenu essentiellement à l'empire, et tiennent aujourd'hui essentiellement à la liberté.

C'est cette liberté qui est la loi fondamentale de toutes les nations : c'est la seule loi contre laquelle rien ne peut prescrire, parce que c'est celle de la nature. Les Romains peuvent dire au pape : « Notre loi fondamentale fut d'abord d'avoir un roi qui régnait sur une lieue de pays; ensuite elle fut d'élire deux consuls, puis deux tribuns; puis notre loi fondamentale fut d'être mangés par un empereur, puis d'être mangés par des gens venus du Nord, puis d'être dans l'anarchie, puis de mourir de faim sous le gouvernement d'un prêtre. Nous revenons enfin à la véritable loi fondamentale qui est d'être libre ; allez-vous-en donner ailleurs des indulgences *in articulo mortis;* et sortez du Capitole, qui n'était pas bâti pour vous. »

B. — Amen!

C. — Il faut bien espérer que la chose arrivera quelque jour. Ce sera un beau spectacle pour nos petits-enfants.

A. — Plût à Dieu que les grands-pères en eussent la joie! C'est de toutes les révolutions la plus aisée à faire; et cependant personne n'y pense.

B. — C'est que, comme vous l'avez dit, le caractère principal des hommes est d'être sots et poltrons. Les rats romains n'en savent pas encore assez pour attacher le grelot au cou du chat.

C. — N'admettons-nous point encore quelque loi fondamentale?

A. — La liberté les comprend toutes. Que l'agriculteur ne soit point vexé par un tyran subalterne; qu'on ne puisse emprisonner un citoyen sans lui faire incontinent son procès devant ses juges naturels, qui décident entre lui et son persécuteur; qu'on ne prenne à personne son pré et sa vigne sous prétexte du bien public, sans le dédommager amplement; que les prêtres enseignent la morale et ne la corrompent point; qu'ils édifient les peuples au lieu de vouloir dominer sur eux en s'engraissant de leur substance; que la loi règne, et non le caprice.

C. — Le genre humain est prêt à signer tout cela.

QUATORZIÈME ENTRETIEN.
QUE TOUT ÉTAT DOIT ÊTRE INDÉPENDANT.

B. — Après avoir parlé du droit de tuer et d'empoisonner en temps de guerre, voyons un peu ce que nous ferons en temps de paix.

Premièrement, comment les États, soit républicains, soit monarchiques, se gouverneront-ils?

A. — Par eux-mêmes apparemment, sans dépendre en rien d'aucune puissance étrangère, à moins que ces États ne soient composés d'imbéciles et de lâches.

C. — Il était donc bien honteux que l'Angleterre fût vassale d'un légat *a latere*, d'un légat du côté. Vous vous souvenez d'un certain drôle nommé Pandolphe, qui fit mettre votre roi Jean à genoux devant lui, et qui en reçut foi et hommage-lige, au nom de l'évêque de Rome, Innocent III, vice-dieu, serviteur des serviteurs de Dieu, le 15 mai, veille de l'Ascension, 1213?

A. — Oui, oui, nous nous en souvenons, pour traiter ce serviteur insolent comme il le mérite.

B. — Eh, mon Dieu! monsieur C, ne faisons pas tant les fiers. Il n'y a point de royaume en Europe que l'évêque de Rome n'ait donné en vertu de son humble et sainte puissance. Le vice-dieu Stephanus[1] ôta le royaume de France à Chilpericus pour le donner à son principal domestique Pipinus, comme le dit votre Eginhart lui-même, si les écrits de cet Eginhart n'ont pas été falsifiés par les moines, comme tant d'autres écrits, et comme je le soupçonne.

Le vice-dieu Silvestre donna la Hongrie au duc Étienne, en l'an 1001, pour faire plaisir à sa femme Gizelle, qui avait beaucoup de visions.

Le vice-dieu Innocent IV, en 1247, donna le royaume de Norvége à un bâtard nommé Haquin, que ledit pape de plein droit fit légitime, moyennant quinze mille marcs d'argent. Et, ces quinze mille marcs d'argent, n'existant pas alors en Norvége, il fallut emprunter pour payer.

Pendant deux siècles entiers, les rois de Castille, d'Aragon et de Portugal, ne furent-ils pas tenus de payer annuellement un tribut de deux livres d'or au vice-dieu? On sait combien d'empereurs ont été déposés, ou forcés de demander pardon, ou assassinés, ou empoisonnés en vertu d'une bulle. Non-seulement, vous dis-je, le serviteur des serviteurs de Dieu a donné tous les royaumes de la communion romaine, sans exception, mais il en a retenu le domaine suprême et le domaine

[1. Étienne II ou Étienne III. (Éd.)]

utile; il n'en est aucun sur lequel il n'ait levé des décimes, des tributs de toute espèce.

Il est encore aujourd'hui suzerain du royaume de Naples; on lui en ait un hommage-lige depuis sept cents ans. Le roi de Naples, ce descendant de tant de souverains[1], lui paye encore un tribut. Le roi de Naples est aujourd'hui en Europe le seul roi vassal; et de qui? juste ciel[2]!

A. — Je lui conseille de ne l'être pas longtemps.

C. — Je demeure toujours confondu quand je vois les traces de l'antique superstition qui subsistent encore. Par quelle étrange fatalité presque tous les princes coururent-ils ainsi pendant tant de siècles au-devant du joug qu'on leur présentait?

B. — La raison en est fort naturelle. Les rois et les barons ne savaient ni lire ni écrire, et la cour romaine le savait : cela seul lui donna cette prodigieuse supériorité dont elle retient encore de beaux restes.

C. — Et comment des princes et des barons qui étaient libres ont-ils pu se soumettre si lâchement à quelques jongleurs?

A. — Je vois clairement ce que c'est. Les brutaux savaient se battre, et les jongleurs savaient gouverner; mais lorsque enfin les barons ont appris à lire et à écrire, lorsque la lèpre de l'ignorance a diminué chez les magistrats et chez les principaux citoyens, on a regardé en face l'idole devant laquelle on avait léché la poussière; au lieu d'hommage, la moitié de l'Europe a rendu outrage pour outrage au serviteur des serviteurs; l'autre moitié, qui lui baise encore les pieds, lui lie les mains; du moins c'est ainsi que je l'ai lu dans une histoire qui, quoique contemporaine, est vraie et philosophique[3]. Je suis sûr que si demain le roi de Naples et de Sicile veut renoncer à cette unique prérogative qu'il possède d'être homme-lige du pape, d'être le serviteur des serviteurs de Dieu, et de lui donner tous les ans un petit cheval avec deux mille écus d'or pendus au cou, toute l'Europe lui applaudira[4].

B. — Il en est en droit, car ce n'est pas le pape qui lui a donné le royaume de Naples. Si des meurtriers normands, pour colorer leurs usurpations, et pour être indépendants des empereurs auxquels ils avaient fait hommage, se firent oblats de la sainte Église, le roi des Deux-Siciles, qui descend de Hugues-Capet en ligne droite, et non de ces Normands, n'est nullement tenu d'être oblat. Il n'a qu'à vouloir.

Le roi de France n'a qu'à dire un mot, et le pape n'aura pas plus de crédit en France qu'en Russie. On ne payera plus d'annates à Rome, on n'y achètera plus la permission d'épouser sa cousine ou sa nièce;

---

1. Ferdinand IV, descendant de saint Louis par Philippe V et par Louis XIV. (ÉD.)
2. De Clément XIII, mort peu de temps après que Voltaire écrivait ainsi. (ÉD.)
3. *Siècle de Louis XIV*, chap. II. (ÉD.)
4. Je ne sais si le marquis de Tanucci, premier ministre de Ferdinand IV, lut ce quatorzième entretien : ce qui est certain, c'est qu'il abolit, et pour toujours, en 1769, l'usage dans lequel étaient les rois de Naples de présenter annuellement une haquenée blanche au pape. (*Note de Clogenson*.)

Je vous réponds que les tribunaux de France, appelés *parlements*, enregistreront cet édit sans remontrances.

On ne connaît pas ses forces. Qui aurait proposé, il y a cinquante ans, de chasser les jésuites de tant d'États catholiques, aurait passé pour le plus visionnaire des hommes. Ce colosse avait un pied à Rome, et l'autre au Paraguai; il couvrait de ses bras mille provinces, et portait sa tête dans le ciel. J'ai passé, et il n'était plus [1].

Il n'y a qu'à souffler sur tous les autres moines, ils disparaîtront de la surface de la terre.

A. — Ce n'est pas notre intérêt que la France ait moins de moines et plus d'hommes; mais j'ai tant d'aversion pour le froc, que j'aimerais encore mieux voir en France des revues que des processions. En un mot, en qualité de citoyen, je n'aime point à voir des citoyens qui cessent de l'être, des sujets qui se font sujets d'un étranger, des patriotes qui n'ont plus de patrie; je veux que chaque État soit parfaitement indépendant.

Vous avez dit que les hommes ont été longtemps aveugles, ensuite borgnes, et qu'ils commencent à jouir de deux yeux. A qui en a-t-on l'obligation? à cinq ou six oculistes qui ont paru en divers temps.

B. — Oui; mais le mal est qu'il y a des aveugles qui veulent battre les chirurgiens empressés à les guérir.

A. — Eh bien! ne rendons la lumière qu'à ceux qui nous prieront d'enlever leurs cataractes.

QUINZIÈME ENTRETIEN.

DE LA MEILLEURE LÉGISLATION.

C. — De tous les États, quel est celui qui vous paraît avoir les meilleures lois, la jurisprudence la plus conforme au bien général et au bien des particuliers?

A. — C'est mon pays, sans contredit. La preuve en est que, dans tous nos démêlés, nous vantons toujours *notre heureuse constitution*, et que, dans presque tous les autres royaumes, on en souhaite une autre. Notre jurisprudence criminelle est équitable et n'est point barbare : nous avons aboli la torture, contre laquelle la voix de la nature s'élève en vain dans tant d'autres pays; ce moyen affreux de faire périr un innocent faible, et de sauver un coupable robuste, a fini avec notre infâme chancelier Jeffreys, qui employait avec joie cet usage infernal sous le roi Jacques II.

Chaque accusé est jugé par ses pairs; il n'est réputé coupable que quand ils sont d'accord sur le fait; c'est la loi seule qui le condamne sur le crime avéré, et non sur la sentence arbitraire des juges. La peine capitale est la simple mort, et non une mort accompagnée de tourments recherchés. Étendre un homme sur une croix de Saint-André, lui casser les bras et les cuisses, et le mettre en cet état sur une roue de carrosse, nous paraît une barbarie qui offense trop la nature hu-

---

[1] Psaume XXXVI, 36. (ÉD.)

maine. Si, pour les crimes de haute trahison, on arrache encore le cœur du coupable après sa mort, c'est un ancien usage de cannibale, un appareil de terreur qui effraye le spectateur sans être douloureux pour l'exécuté. Nous n'ajoutons point de tourments à la mort; on ne refuse point comme ailleurs un conseil à l'accusé; on ne met point un témoin qui a porté trop légèrement son témoignage dans la nécessité de mentir, en le punissant s'il se rétracte; on ne fait point déposer les témoins en secret, ce serait en faire des délateurs; la procédure est publique : les procès secrets n'ont été inventés que par la tyrannie.

Nous n'avons point l'imbécile barbarie de punir des indécences[1] du même supplice dont on punit les parricides. Cette cruauté, aussi sotte qu'abominable, est indigne de nous.

Dans le civil, c'est encore la seule loi qui juge; il n'est pas permis de l'interpréter; ce serait abandonner la fortune des citoyens au caprice, à la faveur, et à la haine.

Si la loi n'a pas pourvu au cas qui se présente, alors on se pourvoit à *la cour d'équité*, par-devant le chancelier et ses assesseurs; et s'il s'agit d'une chose importante, on fait pour l'avenir une nouvelle loi en parlement, c'est-à-dire dans les états de la nation assemblée.

Les plaideurs ne sollicitent jamais leurs juges; ce serait leur dire, je veux vous séduire. Un juge qui recevrait une visite d'un plaideur serait déshonoré; ils ne recherchent point cet honneur ridicule qui flatte la vanité d'un bourgeois. Aussi n'ont-ils point acheté le droit de juger; on ne vend point chez nous une place de magistrat comme une métairie : si des membres du parlement vendent quelquefois leur voix à la cour, ils ressemblent à quelques belles qui vendent leurs faveurs, et qui ne le disent pas. La loi ordonne chez nous qu'on ne vendra rien que des terres et les fruits de la terre; tandis qu'en France la loi elle-même fixe le prix d'une charge de conseiller au banc du roi qu'on nomme *parlement*, et de président qu'on nomme à *mortier*; presque toutes les places et les dignités se vendent en France, comme on vend des herbes au marché. Le chancelier de France est tiré souvent du corps des conseillers d'État; mais, pour être conseiller d'État, il faut avoir acheté une charge de maître des requêtes. Un régiment n'est point le prix des services, c'est le prix de la somme que les parents d'un jeune homme ont déposée pour qu'il aille trois mois de l'année tenir table ouverte dans une ville de province.

Vous voyez clairement combien nous sommes heureux d'avoir des lois qui nous mettent à l'abri de ces abus. Chez nous rien d'arbitraire, sinon les grâces que le roi veut faire. Les bienfaits émanent de lui; la loi fait tout le reste.

Si l'autorité attente illégalement à la liberté du moindre citoyen, la loi le venge; le ministre est incontinent condamné à l'amende envers le citoyen, et il la paye.

Ajoutez à tous ces avantages le droit que tout homme a, parmi nous de parler par sa plume à la nation entière. L'art admirable de l'impri-

1. Allusion au supplice de La Barre. (ÉD.)

merie est dans notre île aussi libre que la parole. Comment ne pas aimer une telle législation?

Nous avons, il est vrai, toujours deux partis; mais ils tiennent la nation en garde plutôt qu'ils ne la divisent. Ces deux partis veillent l'un sur l'autre, et se disputent l'honneur d'être les gardiens de la liberté publique. Nous avons des querelles; mais nous bénissons toujours cette heureuse constitution qui les fait naître.

C. — Votre gouvernement est un bel ouvrage, mais il est fragile.

A. — Nous lui donnons quelquefois de rudes coups, mais nous ne le cassons point.

B. — Conservez ce précieux monument que l'intelligence et le courage ont élevé : il vous a trop coûté pour que vous le laissiez détruire. L'homme est né libre : le meilleur gouvernement est celui qui conserve le plus qu'il est possible à chaque mortel ce don de la nature.

Mais, croyez-moi, arrangez-vous avec vos colonies, et que la mère et les filles ne se battent pas.

SEIZIÈME ENTRETIEN.

DES ABUS.

C. — On dit que le monde n'est gouverné que par des abus; cela est-il vrai?

B. — Je crois bien qu'il y a pour le moins moitié abus et moitié usages tolérables chez les nations policées, moitié malheur et moitié fortune, de même que sur la mer on trouve un partage assez égal de tempêtes et de beau temps pendant l'année. C'est ce qui a fait imaginer les deux tonneaux de Jupiter et la secte des manichéens.

A. — Pardieu, si Jupiter a eu deux tonneaux, celui du mal était la tonne d'Heidelberg; et celui du bien fut à peine un quartaut. Il y a tant d'abus dans ce monde, que, dans un voyage que je fis à Paris en 1751, on appelait comme d'abus six fois par semaine, pendant toute l'année, au banc du roi qu'ils nomment *parlement*.

B. — Oui; mais à qui appellerons-nous des abus qui règnent dans la constitution de ce monde?

N'est-ce pas un abus énorme que tous les animaux se tuent avec acharnement les uns les autres pour se nourrir, que les hommes se tuent beaucoup plus furieusement encore sans avoir seulement l'idée de se manger?

C. — Ah! pardonnez-moi; nous faisions autrefois la guerre pour nous manger; mais à la longue toutes les bonnes institutions dégénèrent.

B. — J'ai lu dans un livre¹ que nous n'avons, l'un portant l'autre, qu'environ vingt-deux ans à vivre; que de ces vingt-deux ans, si vous retranchez le temps perdu du sommeil, et le temps que nous perdons dans la veille, il reste à peine quinze ans clair et net; que sur ces quinze ans il ne faut pas compter l'enfance, qui n'est qu'un passage du

1. *L'Homme aux quarante écus.* (Éd.)

néant à l'existence ; et que, si vous retranchez encore les tourments du corps, et les chagrins de ce qu'on appelle âme, il ne reste pas trois ans francs et quittes pour les plus heureux, et pas six mois pour les autres. N'est-ce pas là un abus intolérable ?

A. — Eh ! que diable en conclurez-vous ? ordonnerez-vous que la nature soit autrement faite qu'elle ne l'est ?

B. — Je le désirerais du moins.

A. — C'est un secret sûr pour abréger encore votre vie.

C. — Laissons là les pas de clerc qu'a faits la nature ; les enfants formés dans la matrice pour y périr souvent et pour donner la mort à leur mère ; la source de la vie empoisonnée par un venin qui s'est glissé de trou en cheville de l'Amérique en Europe ; la petite vérole qui décime le genre humain ; la peste toujours subsistante en Afrique ; les poisons dont la terre est couverte et qui viennent d'eux-mêmes si aisément, tandis qu'on ne peut avoir du froment qu'avec des peines incroyables ; ne parlons que des abus que nous avons introduits nous-mêmes.

B. — La liste serait longue dans la société perfectionnée ; car, sans compter l'art d'assassiner régulièrement le genre humain par la guerre dont nous avons déjà parlé, nous avons l'art d'arracher les vêtements et le pain à ceux qui sèment le blé et qui préparent la laine ; l'art d'accumuler tous les trésors d'une nation entière dans les coffres de cinq ou six cents personnes ; l'art de faire tuer publiquement en cérémonie, avec une demi-feuille de papier, ceux qui vous ont déplu, comme une maréchale d'Ancre, un maréchal de Marillac, un duc de Sommerset, une Marie Stuart ; l'usage de préparer un homme à la mort par des tortures pour connaître ses associés, quand il ne peut avoir eu d'associés ; les bûchers allumés, les poignards aiguisés, les échafauds dressés pour des arguments en *baralipton* ; la moitié d'une nation occupée sans cesse à vexer l'autre loyalement. Je parlerais plus longtemps qu'Esdras si je voulais faire écrire nos abus sous ma dictée.

A. — Tout cela est vrai ; mais convenez que la plupart de ces abus horribles sont abolis en Angleterre, et commencent à être fort mitigés chez les autres nations.

B. — Je l'avoue ; mais pourquoi les hommes sont-ils un peu meilleurs et un peu moins malheureux qu'ils ne l'étaient du temps d'Alexandre VI, de la Saint-Barthélemy, et de Cromwell ?

C. — C'est qu'on commence à penser, à s'éclairer, et à bien écrire.

A. — J'en conviens ; la superstition excita les orages, et la philosophie les apaise.

DIX-SEPTIÈME ENTRETIEN.

SUR DES CHOSES CURIEUSES.

B. — A propos, monsieur A, et croyez-vous le monde bien ancien ?

A. — Monsieur B, ma fantaisie est qu'il est éternel.

B. — Cela peut se soutenir par voie d'hypothèse. Tous les anciens philosophes ont cru la matière éternelle : or, de la matière brute à la matière organisée il n'y a qu'un pas.

C. — Les hypothèses sont fort amusantes; elles sont sans conséquence. Ce sont des songes que la Bible fait évanouir, car il en faut toujours revenir à la Bible.

A. — Sans doute, et nous pensons tous trois dans le fond, en l'an de grâce 1760, que, depuis la création du monde qui fut fait de rien, jusqu'au déluge universel fait avec de l'eau créée exprès, il se passa 1656 ans selon la *Vulgate*, 2309 ans selon le texte samaritain, et 2262 ans selon la traduction miraculeuse que nous appelons *des Septante*. Mais j'ai toujours été étonné qu'Adam et Ève notre père et notre mère, Abel, Caïn, Seth, n'aient été connus de personne au monde que de la petite horde juive, qui tint le cas secret jusqu'à ce que les Juifs d'Alexandrie s'avisassent, sous le premier et le second Ptolémées, de traduire fort mal en grec leurs rapsodies absolument inconnues jusque-là au reste de la terre.

Il est plaisant que nos titres de famille ne soient demeurés en dépôt que dans une seule branche de notre maison, et encore chez la plus méprisée; tandis que les Chinois, les Indiens, les Persans, les Égyptiens, les Grecs et les Romains, n'avaient jamais entendu parler ni d'Adam ni d'Ève.

B. — Il y a bien pis : c'est que Sanchoniathon, qui vivait incontestablement avant le temps où l'on place Moïse, et qui a fait une Genèse à sa façon, comme tant d'autres auteurs, ne parle ni de cet Adam ni de cette Ève. Il nous donne des parents tout différents.

C. — Sur quoi jugez-vous, monsieur B, que Sanchoniathon vivait avant l'époque de Moïse?

B. — C'est que, s'il avait été du temps de Moïse, ou après lui, il en aurait fait mention. Il écrivait dans Tyr, qui florissait très-longtemps avant que la horde juive eût acquis un coin de terre vers la Phénicie. La langue phénicienne était la mère-langue du pays; les Phéniciens cultivaient les lettres depuis longtemps; les livres juifs l'avouent en plusieurs endroits. Il est dit expressément que Caleb s'empara de la ville des lettres[1], nommée Cariath-Sépher, c'est-à-dire, *ville des livres*, appelée depuis Dabir. Certainement Sanchoniathon aurait parlé de Moïse s'il avait été son contemporain ou son puîné. Il n'est pas naturel qu'il eût omis dans son histoire les mirifiques aventures de Mosé ou Moïse, comme les dix plaies d'Égypte et les eaux de la mer suspendues à droite et à gauche pour laisser passer trois millions de voleurs fugitifs à pied sec, lesquelles eaux retombèrent ensuite sur quelques autres millions d'hommes qui poursuivaient les voleurs. Ce ne sont pas là de ces petits faits obscurs et journaliers qu'un grave historien passe sous silence. Sanchoniathon ne dit mot de ces prodiges de *Gargantua* : donc il n'en savait rien; donc il était antérieur à Moïse ainsi que Job qui n'en parle pas. Eusèbe, son abréviateur, qui entasse tant de fables, n'eût pas manqué de se prévaloir d'un si éclatant témoignage.

A. — Cette raison est sans réplique. Aucune nation n'a parlé anciennement des Juifs, ni parlé comme les Juifs ; aucune n'eut une cosmo-

[1] *Juges*, chap. I, vers. 11.

gonie qui eût le moindre rapport à celle des Juifs. Ces malheureux Juifs sont si nouveaux, qu'ils n'avaient pas même, en leur langue, de nom pour signifier Dieu. Ils furent obligés d'emprunter le nom d'Adonaï des Sidoniens, le nom de Jehova ou Iao des Syriens. Leur opiniâtreté, leurs superstitions nouvelles, leur usure consacrée, sont les seules choses qui leur appartiennent en propre. Et il y a toute apparence que ces polissons, chez qui les noms de *géométrie* et d'*astronomie* furent toujours absolument inconnus, n'apprirent enfin à lire et à écrire que quand ils furent esclaves à Babylone. On a déjà prouvé que c'est là qu'ils connurent les noms des anges, et même le nom d'Israël, comme ce transfuge juif Flavius Josèphe l'avoue lui-même.

C. — Quoi ! tous les anciens peuples ont eu une Genèse antérieure à celle des Juifs et toute différente ?

A. — Cela est incontestable. Voyez le *Shasta* et le *Veidam* des Indiens, les *cinq Kings* des Chinois, le *Zend* des premiers Persans, le *Thaut* ou *Mercure trismégiste* des Égyptiens; Adam leur est aussi inconnu que le sont les ancêtres de tant de marquis et de barons dont l'Europe fourmille.

C. — Point d'Adam ! cela est bien triste. Tous nos almanachs comptent depuis Adam.

A. — Ils compteront comme il leur plaira; les *Étrennes mignonnes* ne sont pas mes archives.

B. — Si bien donc que monsieur A est préadamite?

A. — Je suis présaturnien, préosirite, prébramite, prépandorite.

C. — Et sur quoi fondez-vous votre belle hypothèse d'un monde éternel ?

A. — Pour vous le dire, il faut que vous écoutiez patiemment quelques petits préliminaires.

Je ne sais si nous avons raisonné jusqu'ici bien ou mal; mais je sais que nous avons raisonné, et que nous sommes tous les trois des êtres intelligents : or des êtres intelligents ne peuvent avoir été formés par un être brut, aveugle, insensible : il y a certainement quelque différence entre les idées de Newton et des crottes de mulet. L'intelligence de Newton venait donc d'une autre intelligence.

Quand nous voyons une belle machine, nous disons qu'il y a un bon machiniste, et que ce machiniste a un excellent entendement. Le monde est assurément une machine admirable; donc il y a dans le monde une admirable intelligence, quelque part qu'elle soit. Cet argument est vieux, et n'en est pas plus mauvais.

Tous les corps vivants sont composés de leviers, de poulies, qui agissent suivant les lois de la mécanique, de liqueurs que les lois de l'hydrostatique font perpétuellement circuler; et quand on songe que tous ces êtres ont du sentiment qui n'a aucun rapport à leur organisation, on est accablé de surprise.

Le mouvement des astres, celui de notre petite terre autour du soleil, tout s'opère en vertu des lois de la mathématique la plus profonde. Comment Platon qui ne connaissait pas une de ces lois, le chimérique Platon qui disait que la terre était fondée sur un triangle équilatère, et l'eau sur un triangle rectangle, le ridicule Platon qui dit qu'il ne peut y avoir que cinq mondes, parce qu'il n'y a que cinq corps réguliers; comment, dis-je, l'ignorant Platon, qui ne savait pas seulement la trigonométrie sphérique, a-t-il eu cependant un génie assez beau, un instinct assez heureux pour appeler Dieu *l'éternel géomètre*, pour sentir qu'il existe une intelligence formatrice?

B. — Je me suis amusé autrefois à lire Platon. Il est clair que nous lui devons toute la métaphysique du christianisme; tous les Pères grecs furent, sans contredit, platoniciens : mais quel rapport tout cela peut-il avoir à l'éternité du monde dont vous nous parlez?

A — Allons pied à pied, s'il vous plaît. Il y a une intelligence qui anime le monde : Spinosa lui-même l'avoue. Il est impossible de se débattre contre cette vérité, qui nous environne et qui nous presse de tous côtés.

C. — J'ai cependant connu des mutins qui disent qu'il n'y a point d'intelligence formatrice, et que le mouvement seul a formé par lui-même tout ce que nous voyons et tout ce que nous sommes. Ils vous disent hardiment : « La combinaison de cet univers était possible puisqu'elle existe ; donc il était possible que le mouvement seul l'arrangeât. Prenez quatre astres seulement, Mars, Vénus, Mercure et la Terre; ne songeons d'abord qu'à la place où ils sont, en faisant abstraction de tout le reste, et voyons combien nous avons de probabilités pour que le seul mouvement les mette à ces places respectives. Nous n'avons que vingt-quatre hasards dans cette combinaison ; c'est-à-dire il n'y a que vingt-quatre contre un à parier que ces astres se trouveront où ils sont les uns par rapport aux autres. Ajoutons à ces quatre globes celui de Jupiter; il n'y aura que cent vingt contre un à parier que Jupiter, Mars, Vénus, Mercure et notre globe, seront placés où nous les voyons.

« Ajoutez-y enfin Saturne ; il n'y aura que sept cent vingt hasards contre un pour mettre ces six grosses planètes dans l'arrangement qu'elles gardent entre elles selon leurs distances données. Il est donc démontré qu'en sept cent vingt jets le seul mouvement a pu mettre ces six planètes principales dans leur ordre.

« Prenez ensuite tous les astres secondaires, toutes leurs combinaisons, tous leurs mouvements, tous les êtres qui végètent, qui vivent, qui sentent, qui pensent, qui agissent dans tous les globes, vous n'aurez qu'à augmenter le nombre des hasards ; multipliez ce nombre dans toute l'éternité, jusqu'au nombre que notre faiblesse appelle *infini*, il y aura toujours une unité en faveur de la formation du monde, tel qu'il est par le seul mouvement : donc il est possible que, dans toute l'éternité, le seul mouvement de la matière ait produit l'univers entier tel qu'il existe. » Voilà le raisonnement de ces messieurs.

« A. — Pardon, mon cher ami C; cette supposition me paraît prodigieusement ridicule pour deux raisons : la première, c'est que, dans cet univers, il y a des êtres intelligents, et que vous ne sauriez prouver qu'il soit possible que le seul mouvement produise l'entendement; la seconde, c'est que, de votre propre aveu, il y a l'infini contre un à parier qu'une cause intelligente formatrice anime l'univers. Quand on est tout seul vis-à-vis l'infini, on est bien pauvre[1].

Encore une fois Spinosa lui-même admet cette intelligence. Pourquoi voulez-vous aller plus loin que lui, et plonger, par un sot orgueil, votre faible raison dans un abîme où Spinosa n'a pas osé descendre? Sentez-vous bien l'extrême folie de dire que c'est une cause aveugle qui fait que le carré d'une révolution d'une planète est toujours au carré des révolutions des autres planètes comme la racine du cube de sa distance est à la racine cube des distances des autres au centre commun? Mes amis, ou les astres sont de grands géomètres, ou l'éternel géomètre a arrangé les astres.

C. — Point d'injures, s'il vous plaît. Spinosa n'en disait point : il est plus aisé de dire des injures que des raisons. Je vous accorde une intelligence formatrice répandue dans ce monde; je veux bien dire avec Virgile (*Æn.*, VI, 727) :

« Mens agitat molem et magno se corpore miscet. »

Je ne suis pas de ces gens qui disent que les astres, les hommes, les animaux, les végétaux, la pensée, sont l'effet d'un coup de dés.

A. — Pardon de m'être mis en colère, j'avais le *spleen*; mais en me fâchant, je n'en avais pas moins raison.

B. — Allons au fait sans nous fâcher. Comment, en admettant un Dieu, pouvez-vous soutenir par hypothèse que le monde est éternel?

A. — Comme je soutiens par voie de thèse que les rayons du soleil sont aussi anciens que cet astre.

C. — Voilà une plaisante imagination! Quoi! du fumier, des bacheliers en théologie, des puces, des singes, et nous, nous serions des émanations de la Divinité?

A. — Il y a certainement du divin dans une puce : elle saute cinquante fois sa hauteur; elle ne s'est pas donné cet avantage.

B. — Quoi! les puces existent de toute éternité?

A. — Il le faut bien, puisqu'elles existent aujourd'hui, et qu'elles étaient hier, et qu'il n'y a nulle raison pour qu'elles n'aient pas toujours existé. Car si elles sont inutiles, elles ne doivent jamais être; et dès qu'une espèce a l'existence, il est impossible de prouver qu'elle ne l'ait pas toujours eue. Voudriez-vous que l'éternel géomètre eût été engourdi une éternité entière? Ce ne serait pas la peine d'être géomètre et architecte pour passer une éternité sans combiner et sans bâtir. Son essence est de produire; puisqu'il a produit, il existe nécessairement : donc tout ce qui est en lui est essentiellement nécessaire. On ne peut dépouiller un être de son essence, car alors il cesserait d'être. Dieu est agissant; donc il a toujours agi; donc le monde est une émanation éternelle de lui-même; donc quiconque admet un Dieu doit

---

[1]. Nous sommes encore trop peu au fait des choses de ce monde pour appliquer le calcul des probabilités à cette question, et l'application de ce calcul aurait des difficultés que ceux qui ont voulu le tenter n'ont pas soupçonnées. (*Éd. de Kehl.*)

admettre le monde éternel. Les rayons de lumière sont partis nécessairement de l'astre lumineux de toute éternité, et toutes les combinaisons sont parties de l'Être combinateur de toute éternité. L'homme, le serpent, l'araignée, l'huître, le colimaçon, ont toujours existé, parce qu'ils étaient possibles.

B. — Quoi! vous croyez que le Démiourgos, la puissance formatrice, le grand Être, a fait tout ce qui était à faire?

A. — Je l'imagine ainsi. Sans cela, il n'eût point été l'Être nécessairement formateur; vous en feriez un ouvrier impuissant ou paresseux qui n'aurait travaillé qu'à une très-petite partie de son ouvrage.

C. — Quoi! d'autres mondes seraient impossibles?

A. — Cela pourrait bien être : autrement il y aurait une cause éternelle, nécessaire, agissante par son essence, qui, pouvant les faire, ne les aurait point faits : or une telle cause qui n'a point d'effet me semble aussi absurde qu'un effet sans cause.

C. — Mais bien des gens pourtant disent que cette cause éternelle a choisi ce monde entre tous les mondes possibles.

A. — Ils ne paraissent point possibles s'ils n'existent pas. Ces messieurs-là auraient aussi bien fait de dire que Dieu a choisi entre les mondes impossibles. Certainement l'éternel artisan aurait arrangé ces possibles dans l'espace. Il y a de la place de reste. Pourquoi, par exemple, l'intelligence universelle, éternelle, nécessaire, qui préside à ce monde, aurait-elle rejeté dans son idée une terre sans végétaux empoisonnés, sans vérole, sans scorbut, sans peste et sans inquisition? Il est très-possible qu'une telle terre est possible : elle devait paraître au grand Démiourgos meilleure que la nôtre : cependant nous avons la pire. Dire que cette bonne terre est possible, et qu'il ne nous l'a pas donnée, c'est dire assurément qu'il n'a eu ni raison, ni bonté, ni puissance; or c'est ce qu'on ne peut dire : donc s'il n'a pas donné cette bonne terre, c'est apparemment qu'il était impossible de la former.

B. — Et qui vous a dit que cette terre n'existe pas? Elle est probablement dans un des globes qui roulent autour de Sirius, ou du petit Chien, ou de l'œil du Taureau.

A. — En ce cas, nous sommes d'accord; l'intelligence suprême a fait tout ce qu'il lui était possible de faire; et je persiste dans mon idée que tout ce qui n'est pas ne peut être.

C. — Ainsi l'espace serait rempli de globes qui s'élèvent tous en perfection les uns au-dessus des autres : et nous avons nécessairement un des plus méchants lots. Cette imagination est belle; mais elle n'est pas consolante.

B. — Enfin vous pensez donc que de la puissance éternelle formatrice, de l'intelligence universelle, en un mot, du grand Être, est sorti nécessairement de toute éternité tout ce qui existe?

A. — Il me paraît qu'il en est ainsi.

B. — Mais en ce cas le grand Être n'a donc pas été libre?

A. — Être libre, je vous l'ai dit cent fois dans d'autres entretiens, c'est pouvoir. Il a pu, et il a fait. Je ne conçois pas d'autre liberté. Vous savez que la liberté d'indifférence est un mot vide de sens.

B. — En conscience êtes-vous bien sûr de votre système ?

A. — Moi! je ne suis sûr de rien. Je crois qu'il y a un être intelligent, une puissance formatrice, un Dieu. Je tâtonne dans l'obscurité sur tout le reste. J'affirme une idée aujourd'hui, j'en doute demain après-demain je la nie; et je puis me tromper tous les jours. Tous le philosophes de bonne foi que j'ai vus m'ont avoué, quand ils étaient un peu en pointe de vin, que le grand Être ne leur a pas donné une portion d'évidence plus forte que la mienne.

Pensez-vous qu'Épicure vît toujours bien clairement sa déclinaison des atomes, que Descartes fût persuadé de sa matière striée? Croyez-moi, Leibnitz riait de ses monades et de son harmonie préétablie. Telliamed[1] riait de ses montagnes formées par la mer. L'auteur des molécules organiques est assez savant et assez galant homme pour en rire. Deux augures, comme vous savez, rient comme des fous quand ils se rencontrent. Il n'y a que le jésuite irlandais Needham qui ne rie point de ses anguilles.

B. — Il est vrai qu'en fait de systèmes il faut toujours se réserver le droit de rire le lendemain de ses idées de la veille.

C. — Je suis très-aise d'avoir trouvé un vieux philosophe anglais qui rit après s'être fâché, et qui croit sérieusement en Dieu : cela est très-édifiant.

A. — Oui, tête-bleu, je crois en Dieu, et j'y crois beaucoup plus que les universités d'Oxford et de Cambridge, et que tous les prêtres de mon pays; car ces gens-là sont assez serrés pour vouloir qu'on ne l'adore que depuis environ six mille ans; et moi je veux qu'on l'ait adoré pendant l'éternité. Je ne connais point de maître sans domestiques, de roi sans sujets, de père sans enfants, ni de cause sans effet.

C. — D'accord, nous en sommes convenus; mais là, mettez la main sur la conscience; croyez-vous un Dieu rémunérateur et punisseur, qui distribue des prix et des peines à des créatures qui sont émanées de lui, et qui nécessairement sont dans ses mains comme l'argile sous les mains du potier?

Ne trouvez-vous pas Jupiter fort ridicule d'avoir jeté d'un coup de pied Vulcain du ciel en terre, parce que Vulcain était boiteux des deux jambes? Je ne sais rien de si injuste : or l'éternelle et suprême intelligence doit être juste; l'éternel amour doit chérir ses enfants, leur épargner les coups de pied, et ne les pas chasser de la maison pour les avoir fait naître lui-même nécessairement avec de vilaines jambes.

A. — Je sais tout ce qu'on a dit sur cette matière abstruse, et je ne m'en soucie guère. Je veux que mon procureur, mon tailleur, mes valets, ma femme même croient en Dieu; et je m'imagine que j'en serai moins volé et moins cocu.

C. — Vous vous moquez du monde. J'ai connu vingt dévotes qui ont donné à leurs maris des héritiers étrangers

---

1. Anagramme de M. de Maillet. (Éd.)

A. — Et moi j'en ai connu une que la crainte de Dieu a retenue, et cela me suffit. Quoi donc! à votre avis, vos vingt dévergondées auraient-elles été plus fidèles en étant athées? En un mot, toutes les nations policées ont admis des dieux récompenseurs et punisseurs, et je suis citoyen du monde.

B. — C'est fort bien fait; mais ne vaudrait-il pas mieux que l'intelligence formatrice n'eût rien à punir? Et d'ailleurs, quand, comment punira-t-elle?

A. — Je n'en sais rien par moi-même; mais, encore une fois, il ne faut point ébranler une opinion si utile au genre humain. Je vous abandonne tout le reste. Je vous abandonnerai même mon monde éternel si vous le voulez absolument, quoique je tienne bien fort à ce système. Que nous importe, après tout, que ce monde soit éternel ou qu'il soit d'avant-hier? Vivons-y doucement, adorons Dieu, soyons justes et bienfaisants; voilà l'essentiel, voilà la conclusion de toute dispute. Que les barbares intolérants soient l'exécration du genre humain, et que chacun pense comme il voudra.

C. — Amen. Allons boire, nous réjouir, et bénir le grand Être.

LETTRE ANONYME

ÉCRITE DU BAS DAUPHINÉ, LE 1ᵉʳ FÉVRIER 1769.

L'adresse est : À M. DE VOLTAIRE GENTILHOMME ORDINAIRE DU ROI, AU CHATEAU DE FERNEY, PAYS DE GEX.

Le timbre est : DAUPHINÉ, VALENCE. Elle a été reçue le 6 *février*, 1769.

« Je ne suis point écrivain, monsieur, vous le verrez bien par ma lettre; mais je dois à la vérité les observations que j'ai l'honneur de vous présenter. J'ai vu dernièrement un livre intitulé : *Erreurs de V....*, chez un de mes amis. Il est question, me dit-il, dans ce livre, d'une anecdote qui regarde un pays que vous connaissez; je la cherchai et je lu¹, page 393, tome I, que l'auteur de ce livre prétend avoir cherché à vérifier les propos tenus par les citoyens de Livron aux troupes qui les assiégeaient, le roi étant au camp sous cette place, cités par vous, monsieur, dans un *Essai sur l'histoire universelle*, et qu'il n'a trouvé nulle part cette anecdote. Il rapporte une réponse faite par Montbrun au roi lui-même, lorsqu'il fut sommé de rendre la place; et il se félicite, page 439 du tome II, d'en avoir nommé le commandant.

« Connaissant la frivolité des assertions de cet auteur, je ne fus pas curieux de lire son ouvrage; je vis par hasard, en le rendant, qu'à la page 424 du tome II, où il est question du droit de confesser des séculiers, l'auteur demande si on pourrait lui citer quelque abbesse

1. On copie fidèlement le manuscrit avec les fautes d'orthographe.

qui ait confessé ses religieuses, et il avoue qu'il ne connaît que la folle institutrice de la congrégation de l'enfance.

« On peut juger, par l'exposé de cet auteur, qu'il manque de bonne foi, ou qu'il ne connaît pas l'histoire de sa nation et celle de l'Église qu'il a lu de mauvais livres, et qu'il ne lit pas les bons.

« S'il avait cherché à vérifier l'anecdote citée au sujet du siége de Livron, il eût consulté les auteurs contemporains : 1° M. de Thou, liv. LVIII et suivants; 2° *l'Inventaire général de l'histoire de France* de De Serres; 3° l'auteur du *Recueil des choses mémorables arrivées en France depuis* 1547; et ensuite il eût dû voir Mézerai.

« S'il avait lu ces auteurs, il eût appris que le massacre de la Saint-Barthélemy et les tentatives faites par la reine mère pour surprendre et enlever la Rochelle aux protestants, augmentèrent leur méfiance, et les obligèrent à prendre les armes; que Montbrun, leur chef en Dauphiné, s'empara de Livron, et qu'il y mit une garnison de quatre cents hommes, sous le commandement de Roësses.

« Que François de Bourbon, dauphin de l'Auvergne, vint assiéger Livron, et ouvrit la tranchée le 23 juin 1574; que la brèche étant praticable, il fit donner un assaut; qu'il fut repoussé, et obligé de se retirer.

« Si l'auteur du livre des *Erreurs* connaissait l'histoire de sa nation, il saurait que le roi Henri III, revenant de Pologne, arriva à Lyon le 5 septembre 1574, qu'il y tint un conseil d'État; que, dans ce conseil, il y eut deux avis, l'un d'accepter les propositions des protestants, l'autre de leur faire la guerre; que le dernier ayant prévalu, le roi s'aperçut au second siége de Livron qu'il avait pris le mauvais parti, ainsi que vous l'avez avancé.

« Il saurait que les coureurs de l'armée de Montbrun pillèrent les équipages du roi sur la route de Chambéri à Lyon; que le second siége de Livron fut résolu; que le maréchal de Bellegarde en fut chargé, avec une armée considérable et vingt-deux pièces de gros canon; que les citoyens, aidés d'une garnison de quatre cents hommes, n'en avaient qu'une de très-petit calibre; que, malgré deux sorties vigoureuses faites par Roësses, les assiégeants dressèrent trois batteries qui commencèrent à tirer le 21 décembre, et que les assiégés élevèrent au bout d'une pique un fer à cheval, un chat et des gants, voulant dire, par un rébus digne de ce temps : « Maréchal, un tel chat « ne se prend pas sans gants. »

« Cet auteur saurait que le 25 décembre une partie du rempart ayant été abattue, les assiégeants montèrent à l'assaut, que l'attaque fut longue, et la défense opiniâtre, les citoyens de tout âge et de tout sexe s'étant joints à la garnison; que les troupes du roi, composées des vieilles bandes des Suisses et des Piémontais, furent repoussées avec perte si considérable, qu'elles restèrent dans l'inaction pendant quelques jours; que les assiégés en profitèrent pour réparer leurs brèches.

« Que Roësses, commandant de la place, ayant été tué à cet assaut, ainsi que deux autres gentilshommes, Fianeci et Bouvier, Delhaye, jeune homme de vingt-deux ans, fut choisi, quoique blessé, pour le remplacer; j'ai sous les yeux un ordre signé de sa main; que les batteries ayant recommencé à tirer le 1ᵉʳ janvier, et le rempart ayant été miné, les troupes du roi donnèrent un second assaut en trois différents endroits le 9 du même mois; qu'elles furent repoussées partout et très-maltraitées; qu'après cet échec, l'armée resta deux jours dans l'inaction, et qu'une femme fila hardiment sur la brèche.

« Que le roi s'étant rendu au camp sous Livron, le 13 janvier, les assiégés crièrent du haut des murailles : « Assassins, que venez-vous « chercher ici? Est-ce pour nous surprendre en nos lits, et nous égor-« ger comme vous l'avez fait à l'amiral? Non, ce n'est pas à des hommes « sans défense, c'est à des gens armés que vous avez à faire; à des gens « à qui vos perfidies passées ont appris à se tenir sur leurs gardes; « montrez-vous, jeunes mignons; venez éprouver, à vos dépens, s'il « est aussi aisé que vous le pensez de faire tête seulement à nos fem-« mes; » que n'ayant aucun espoir de réduire la place, le roi ordonna de lever le siège; que les assiégés, après une des plus belles défenses dont l'histoire fasse mention, suivirent l'armée dans sa retraite, et taillèrent en pièces presque tous les Suisses.

« Si l'auteur du livre des *Erreurs* connaissait l'histoire, il saurait enfin que Montbrun ne commanda jamais dans Livron; qu'il ne fut jamais sommé de rendre cette place; qu'il ne parla jamais au roi lui-même; qu'il commandait l'armée qui tenait la campagne; qu'ayant été sommé de mettre bas les armes, il répondit qu'il était prêt à rendre obéissance au roi; mais que d'autant qu'on en voulait à sa vie et à la liberté de sa conscience, il était résolu de se défendre jusqu'à ce qu'il verrait sûreté; que Rochegude et Pierregourdes répondirent de même; que les amis que Montbrun avait dans l'armée du roi lui ayant représenté, lorsqu'il fut blessé et prisonnier, qu'il avait eu tort de souffrir que ses coureurs eussent attaqué les équipages du roi, il répondit : que le jeu et les armes rendent les hommes égaux; réponse qui a un sens dans cette occasion, et qui ne signifierait rien dans celle où l'auteur l'a placée. On rapporte historiquement cette réponse, sans approuver ce qu'elle contient d'irrégulier entre un sujet et son maître.

« L'auteur demande si on pourrait lui citer quelque abbesse qui ait confessé ses religieuses?

« On lui répondra avec M. l'abbé Fleury, liv. LXXVI, tome XVI, page 246 de l'*Histoire ecclésiastique*, qu'il y avait en Espagne des « abbesses qui donnaient la bénédiction à leurs religieuses, entendaient « leurs confessions, et prêchaient publiquement, lisant l'Évangile; que « ce fait paraît par une lettre du pape du 10 décembre 1210.

« S'il est singulier que l'auteur du livre des *Erreurs* ne connaisse pas l'histoire de l'Église, il l'est bien plus qu'il ne rappelle celle de la congrégation de l'enfance. On va lui démontrer qu'on ne l'ignore pas.

« Mme de Mondonville¹, femme d'un mérite distingué, institua la congrégation de l'enfance de Jésus à Toulouse. Sa haute réputation lui

---

1. Jeanne de Juliard, veuve de M. Turle, seigneur de Mondonville. (Éd.)

attira bientôt des prosélytes qu'elle logea dans une très-belle maison; un des règlements de cette congrégation fut que les religieux de certaine société ne seraient jamais admis à la direction des sœurs; cette exclusion excita la haine de la société, et la belle maison des religieuses de l'enfance fut l'objet de sa convoitise. La destruction de cette congrégation naissante fut résolue; il ne s'agit plus que d'en trouver les moyens : ses ennemis étaient alors dans le plus grand crédit, ils usèrent de leurs armes ordinaires. Mme de Mondonville fut accusée de jansénisme, d'avoir inspiré cette doctrine à ses religieuses, de les éloigner de la fréquentation des sacrements, de les confesser elle-même; d'avoir dans son église, et même sur les autels, sous des draperies saintes, les vrais portraits de Jansénius et de l'abbé de Saint-Cyran; de cacher dans son couvent une imprimerie d'où sortaient tous les livres qui s'imprimaient en faveur du jansénisme, et ceux qui paraissaient contre le droit de régale dont il était alors question.

« Le crédit de la société donna du poids à ces faussetés et à mille autres. La congrégation de l'enfance, manquant de protection, fut détruite, et la maison qu'elle occupait devint la proie de ses ennemis. Pour l'édification publique, il parut une histoire dans laquelle on s'efforça de répandre le plus grand ridicule sur la religion et les mœurs de Mme de Mondonville et de ses religieuses. Cette histoire étant tombée entre les mains d'un neveu de cette dame après sa mort, ce neveu, après avoir pris des renseignements à cet égard, se pourvut au parlement de Toulouse, demanda la permission de justifier sa tante, la suppression de cette histoire fabuleuse, et d'être admis à informer sur les faits supposés qu'elle contenait. Il conste, par la procédure faite de l'autorité de la cour, que tous les faits rapportés contre Mme de Mondonville étaient faux; le parlement supprima en conséquence par arrêt l'*Histoire* calomnieuse *de la congrégation de l'enfance*[1], la mémoire de Mme de Mondonville fut rétablie; mais la maison resta à ceux qui la tenaient par autorité, et qui ne tiennent plus rien aujourd'hui, amen. Ils écrivent cependant, et veulent prouver des prétendues erreurs par des impostures.

« Je verrai quelque part si les éclaircissements que je vous donne sont de votre goût; dans ce cas, je pourrais les continuer sur d'autres articles où votre homme s'est égaré. Quoique anonyme, vous pouvez compter sur ce que j'avance comme sur les sentiments distingués avec lesquels je vous honore et vous respecte.

« Du bas Dauphiné, 1ᵉʳ février 1769. »

L'original de cette lettre a été déposé chez un notaire, avec l'adresse marquée pour taxe de poste, 22 sous.

---

1. Par Reboulet. Condamnée par le parlement de Toulouse en 1735. (ÉD.)

RÉPONSE DE M. DE VOLTAIRE.

Je reçois souvent, monsieur, des lettres anonymes de la canaille de la littérature, et de la canaille du fanatisme. Mais votre lettre du 1ᵉʳ février est plus estimable que les autres ne sont ridicules.

Quand on écrit avec autant de vérité et de probité, on ne doit point se cacher; vous auriez dû vous faire connaître, je vous aurais gardé le secret, et je vous aurais témoigné ma reconnaissance. Vous avez confondu quelques erreurs absurdes de l'ex-jésuite Nonotte, escortées de celles de l'ex-jésuite Patouillet, tous deux d'une égale érudition, et d'une égale politesse.

Je dois d'abord dire quelle fut l'occasion de ce déchaînement de quelques ex-jésuites qui m'ont fait l'honneur d'écrire contre moi autant de choses gracieuses que contre les parlements du royaume.

Les jésuites du temps du P. La Chaise, confesseur de Louis XIV, avaient obtenu, dans le voisinage de mes terres, la confiscation d'un domaine de cent écus de rente d'un pauvre gentilhomme dans un village nommé Ornex. Cette donation leur fut faite pour entretenir un missionnaire qui devait convertir les protestants. Vous croyez bien que ce missionnaire ne convertit personne.

Mais ce qu'on croira encore plus aisément, c'est que ce domaine de cent écus devint bientôt, par de saintes usurpations, une terre de quatre à cinq mille livres de rente. Il est vrai qu'il y eut des veuves et des orphelins réduits à la mendicité; mais les jésuites les confessèrent, les communièrent, et les dédommagèrent en leur donnant la vie éternelle.

Vers l'an 1754, les jésuites d'Ornex voulurent arrondir leur domaine en achetant à très-vil prix un bien de mineur, alors engagé pour la somme de quinze mille livres, lequel était à leur bienséance. Ce fonds appartenait à sept jeunes gentilshommes, officiers des armées du roi, tous frères et tous pauvres. La société de Jésus avait encore du crédit, et on ne se doutait pas qu'elle dût être sitôt punie. Elle obtint des lettres patentes du conseil du roi pour acquérir ce bien de mineurs.

J'ai eu entre les mains, j'ai vu de mes yeux un mémoire des jésuites d'Ornex, dans lequel ils disaient que s'ils achetaient la dépouille de sept orphelins, *c'était parce qu'ils étaient sûrs que ces orphelins étaient trop pauvres pour rentrer jamais dans leur patrimoine*. Le mémoire existe encore. Ce mystère allait être consommé. J'en fus informé, j'en fus indigné. Je pris le parti de ceux à qui on voulait ravir le bien de leurs ancêtres. Je déposai l'argent au greffe de la ville de Gex. Et enfin, après des contestations infinies entre la famille de ces gentilshommes et ceux en faveur desquels leur bien était précédemment engagé, le parlement de Dijon a rendu une justice éclatante à ces officiers. Ils sont aujourd'hui en possession de leurs biens; ils bénissent le parlement, et ils ne sont pas ingrats envers moi, comme l'ont été quelques gens de lettres[1].

---

1. Ces gentilshommes sont MM. de Crassy, dont deux sont actuellement che-

Pendant ce long procès, qui me coûta beaucoup de peine et d'argent, vous savez, monsieur, que les jésuites furent successivement condamnés par tous les parlements du royaume, et que leur ordre fut aboli en France, en Espagne, en Portugal, dans les royaumes de Naples et de Sicile, dans les États de Parme, et à Malte.

Je n'eus certainement aucune part à leur expulsion, et je ne pus en avoir. Ce n'était pas sans doute un vieillard ignoré et caché dans la solitude qui leur porta les premiers coups. Cependant l'affaire des sept orphelins ayant été connue des supérieurs de l'ordre, quelques-uns de ce corps me firent l'honneur de me regarder comme un des premiers instruments qui préparèrent la ruine des jésuites.

Il y a toujours dans une société de religieux des fanatiques empressés d'écrire. Un ex-jésuite nommé Patouillet, et un autre nommé Nonotte, se signalèrent contre moi, dans cette extravagante idée que j'avais contribué à la ruine de la compagnie de Jésus, et que par conséquent j'étais un franc hérétique. Ils m'honorèrent assez pour mêler mon nom dans les libelles qu'ils publièrent contre les parlements, qu'on daigna même faire brûler par les garçons du bourreau, tandis qu'on brûlait réellement en Portugal le R. P. Malagrida.

Frère Patouillet fit, sous le nom de M. de Montillet, archevêque d'Auch, un mandement extrêmement sage. Ce mandement est l'éloge des frères jésuites. Les assertions d'un célèbre conseiller de la grand'-chambre de Paris[1], adoptées par le parlement, et qui ont servi à la condamnation de l'ordre, y sont traitées (page 50) *d'ouvrage de ténèbres*. Les parlements (page 48) y sont appelés *les vrais ennemis des deux puissances, mille fois abattus, et néanmoins toujours relevés, toujours animés de la rage la plus noire*, etc.

On me fait l'honneur, dans ce bel écrit, de dire que je suis un auteur mercenaire, dans le temps même que je prêtais de l'argent assez honnêtement au propre neveu de l'archevêque d'Auch. On m'appelle vagabond, tandis que je ne suis pas sorti de mon château depuis plus de dix années.

Enfin le mandement de Patouillet, signé malheureusement Montillet, exerça encore la main du bourreau. Ces feux de joie, qu'on faisait par toute la France, ne m'empêchèrent pas de recueillir chez moi un jésuite[2], qui me parut un honnête homme. Il y est encore; je ne lui ai jamais fait sentir la bêtise insolente de quelques-uns de ses confrères, et il sait combien j'estime ceux de son ordre qui se sont distingués par leurs vertus et par leurs talents : j'ai toujours rendu justice au mérite partout où je l'ai trouvé.

Quant au jésuite Nonotte, on ne le connaissait point. Un avocat de Besançon, dont j'ai la lettre, m'a mandé qu'il était fils d'un croche-

vallers de Saint-Louis, en considération de leurs belles actions, et dont un autre est gouverneur de la ville de Gex.
1. L'abbé de Chauvelin. (Éd.)
2. Le P. Adam, qui n'était pas le premier homme du monde, à ce que disait Voltaire (mot de Mme Dumoulin sur un autre Adam), et que l'on a dit être l'espion de sa société auprès de son hôte. (*Note de M. Beuchot.*)

teur de Besançon, qui lui avait laissé son style pour seul héritage. C'est un fait que je ne garantis pas ; je me connais plus en style qu'en généalogies. Ce fait est très-peu intéressant dans l'histoire générale des mœurs et de l'esprit des nations, dont il s'est avisé de parler avec une si prodigieuse ignorance.

On m'a dit qu'il avait voulu intenter un procès aux ex-jésuites de Besançon, ses confrères, prétendant qu'ils ne lui avaient pas donné sa part complète de l'argent qu'ils partagèrent entre eux quand ils furent chassés de leur collége. C'est ce qui m'est encore fort indifférent.

C'est peut-être pour se dédommager qu'il a fait imprimer le livre de ses erreurs ; mais je ne crois pas que cet ouvrage ait fait sa fortune[1]. Lisez-le si vous pouvez, vous ne trouverez pas une page qui ne vous fasse douter s'il y a plus d'ignorance que de sottises : et cependant il y a de la malice. Vous savez, monsieur, que c'est un vice qu'on reproche à ses confrères ; je n'entends pas ceux de la société de Jésus, mais ceux de la société de Montmartre qui ont une croix sur le dos.

Son erreur opiniâtre sur la ville de Livron, dont vous parlez, et sur la confession des laïques, n'est rien en comparaison des autres. Le pauvre homme ne sait pas seulement que saint Basile, dans ses *Règles abrégées*, interrog. 110, tome II, p. 453, *permet à l'abbesse d'entendre avec les prêtres les confessions de ses religieuses ;* il ne sait pas que le P. Martennes, bénédictin très-savant, a prouvé, dans ses *Rites de l'Église*, tome II, pag. 39, *Que les abbesses confessaient autrefois leurs nonnes, et qu'elles étaient si curieuses, qu'on leur ôta ce droit.*

Il ne sait pas que son confrère Daniel, dans sa mauvaise histoire de France, est obligé d'avouer que les rois de la première race avaient à la fois plusieurs femmes.

Il ne sait pas que le martyre de la légion thébéenne, sur laquelle il est revenu deux ou trois fois, est une fable absurde, dont Grégoire de Tours est le premier inventeur.

Il ne sait pas que des moines attribuèrent ensuite ce conte à un évêque de Lyon, nommé Eucherius, mort en 454.

Il ne sait pas que, dans cette légende, qu'on suppose écrite avant 454, il y est parlé d'un Sigismond, roi de Bourgogne, tué en 523.

Il ne sait pas que cet événement du prétendu saint Maurice, et de la prétendue légion thébéenne, est supposé être arrivé sous Dioclétien, l'an 287, temps auquel Dioclétien, loin de persécuter les chrétiens, était leur protecteur déclaré ; temps auquel les principaux officiers de son palais étaient chrétiens, et que même sa femme Prisca était chrétienne.

Croiriez-vous bien, monsieur, que ce pauvre Nonotte me traite d'impie, parce que je n'ai pas eu autant de foi aux jésuites bollandistes

[1] Quand il eut fait imprimer ce beau livre, dans Avignon, chez le libraire Fez, il me fit proposer, par ce Fez, de me vendre toute l'édition pour mille écus. Je conserve sa lettre en original ; mais comme je ne vends point mes ouvrages, quoi qu'en disent des gredins comme Patouillet et Nonotte, comme je ne souffre pas même que mes laquais en retirent le moindre émolument, je n'achète pas non plus les productions des Nonottes.

qu'aux saints évangiles? J'avoue que, dans l'*Histoire générale des mœurs et de l'esprit des nations*, j'ai douté de plusieurs anecdotes du martyre du jeune saint Romain, quoiqu'il soit rapporté tout au long dans les véritables *Actes sincères* du R. P. dom Thierry Ruinart, bénédictin de la congrégation de Saint-Maur, homme d'un très-grand sens et d'une érudition fort utile. Il dit qu'il a tiré cette histoire d'Eusèbe de Césarée, au livre second de la résurrection. Je ne l'ai trouvée ni dans sa *Préparation*, ni dans sa *Démonstration évangélique*, mais dans le livre VIII de son Histoire de l'Eglise. Voici, monsieur, ce que Ruinart rapporte avec la véracité d'un de Thou, et l'esprit d'un Tacite.

Le jeune Romain fit le voyage d'Antioche en 303, exprès pour avoir le plaisir d'être martyrisé. Il s'en va trouver le juge Asclépiade, et lui dit : « Voici un nouveau soldat qui se présente pour vous combattre; voyez si vous pouvez le vaincre. » Asclépiade accepte le défi ; il livre le petit Romain à une demi-douzaine de bourreaux, se met à leur tête; ils tombent tous sur lui à coups de sabres et d'épées, rien ne peut seulement effleurer la peau de saint Romain. « Cessez, lui dit le saint, de vouloir tenir contre le Tout-Puissant. Prétendez-vous résister à Jésus-Christ, qui est le seul empereur? » Le juge Asclépiade, indigné qu'on appelle empereur un autre que Dioclétien, déclare sur-le-champ le petit Romain criminel de lèse-majesté, et le condamne à être brûlé vif. On dresse un beau bûcher de sarments, de roseaux et de bûches; on y place Romain. Toute la ville d'Antioche accourt gaiement à ce spectacle, selon la coutume. Il se rencontra dans la foule plusieurs Juifs, qui se mirent à rire de toute leur force en voyant le feu allumé. « Comment! disent-ils, leur Jésus ne les délivre pas des flammes! et notre Adonaï délivra Sidrac, Misac et Abdenago, de la fournaise de Babylone! » A peine eurent-ils prononcé ces paroles, *que Dieu commanda aux nuages de se joindre; une pluie mêlée de grêle tombe avec tant de violence, que le bûcher en est éteint*. On vient avertir l'empereur (qui pourtant était alors à Rome, et non dans Antioche¹) *que le ciel se déclare pour Romain*. L'empereur envoie dire à Asclépiade d'abandonner cette petite affaire; qu'il ne veut rien avoir à démêler avec le Dieu du ciel, et qu'il défend au juge de se commettre davantage avec lui. Le juge Asclépiade obtient par composition qu'on coupera la langue au jeune Romain. Il se trouva là un médecin qui portait toujours avec lui les instruments pour couper les langues. Il trancha celle de saint Romain jusqu'à la racine, et l'emporta dans sa maison enveloppée bien proprement dans de la soie.

L'anatomie nous apprend, continue dom Thierry Ruinart, et l'expérience le confirme, qu'un homme à qui on a coupé la langue ne saurait vivre. Et de là il conclut qu'il y a déjà trois miracles éclatants en faveur de saint Romain; celui des bourreaux qui ne purent le tuer, celui du bûcher éteint, et celui de la vie conservée à Romain, malgré le retranchement de sa langue.

1. On place l'aventure de saint Romain au mois de novembre, et Dioclétien partit pour Rome en octobre.

Mais ce n'est pas tout : voici un quatrième miracle digne des trois autres. *Saint Romain*, dit le bénédictin, *était bègue comme Moïse* avant qu'on lui eût coupé la langue. Dès qu'il n'eut plus de langue, il se mit à parler avec une volubilité inconcevable. De là dom Ruinart conclut que le Saint-Esprit était descendu sur lui *en forme de langue comme sur les apôtres, et lui avait accordé comme aux apôtres le don de parler fort vite.*

On court raconter ce nouveau miracle au juge Asclépiade, qui était avec l'empereur. Le médecin fut alors accusé d'être un ignorant ou un fripon qui coupait très-mal les langues. Le médecin montre aussitôt la langue de saint Romain, qu'il avait heureusement gardée dans un coupon de soie. Il protesta qu'il avait agi *secundum artem*; qu'il était impossible de vivre un quart d'heure sans langue, et que si Romain était encore en vie, c'était un miracle évident. « Pour vous le prouver, dit-il à l'empereur, faites-moi délivrer le premier passant, je vais lui couper la langue, et vous verrez s'il n'en mourra pas sur l'heure. » L'empereur voulut se donner le plaisir de cette expérience. On prit un pauvre homme ; le médecin lui coupa la langue et le patient mourut à l'instant. Voilà monsieur, très-fidèlement ce qui est rapporté presque mot à mot dans les *Actes sincères*.

C'est ainsi que l'ex-jésuite Nonotte veut qu'on écrive l'histoire. Il ose crier à l'impiété contre les lecteurs pieux et sages qui, en vénérant les saints martyrs, n'adoptent pas des contes frivoles. Ce fourbe imbécile ignore quel tort font à la religion ces mensonges qu'on mêle avec la vérité. Il ignore dans quel siècle nous vivons; il ignore dans quel profond mépris sont les calomniateurs absurdes.

Croiriez-vous bien, monsieur, que, dans sa rage de calomnier et de nuire, il va jusqu'à prétendre qu'en traduisant quelques vers de Sophocle dans la tragédie d'*Œdipe*, que je composai il y a plus de cinquante ans, j'avais en vue les jésuites¹ ? Voyez la page 251 du second volume de ses *Erreurs*. Tel est le fanatisme : c'est un monstre sans cœur, sans yeux et sans oreilles. Il ose se dire le fils de la religion, il se cache sous sa robe ; et, dès qu'on veut le réprimer, il crie : *Au secours, on égorge ma mère !*

Vous serez bien plus surpris quand vous saurez que ce polisson a osé envoyer son recueil de calomnies au pape Clément XIII, qu'il a écrit plus de trente lettres à Rome, dans lesquelles il dit qu'il n'y a plus de religion en France, parce qu'on se moque publiquement à Besançon de l'ex-jésuite Nonotte, qui prêchait autrefois, et que les petits enfants courent après lui dans la rue.

Ce qui vous étonnera davantage, ce qui paraît hors de toute vraisemblance, mais qui n'en est pas moins vrai, c'est qu'après quatre mois de sollicitations, il a obtenu enfin une espèce de bref du pape, signé par l'archevêque de Calcédoine.

---

1. Il s'agit des vers d'*Œdipe*, acte IV, scène 1 ·
Nos prêtres ne sont pas, etc. (Éd.)

Ce n'est pas à moi, c'est au parlement de Besançon[1] à voir s'il est permis à un ex-jésuite d'avoir à Rome une correspondance si directe et si suivie; s'il est permis à un homme qui est par son état sous le glaive de la justice, de s'intriguer dans les pays étrangers; et si, de toutes les prérogatives qu'on lui a ôtées, il lui est resté celle de calomnier les officiers du roi de France auprès du pontife de Rome. La cour de Rome, plus sage que lui, ne lui a fait qu'une réponse vague. Mais dans d'autres temps sa dénonciation calomnieuse aurait eu des suites funestes.

Je prie seulement monseigneur l'archevêque de Calcédoine, s'il veut envoyer un second bref à Nonotte, de s'informer auparavant quel est cet homme, qui n'est regardé dans Besançon que comme le dernier des bouffons.

Je remercie monseigneur l'archevêque de Calcédoine de n'avoir pas ajouté une foi aveugle aux erreurs et aux impostures d'un tel homme. Il sait sans doute que je suis meilleur citoyen que Nonotte. Il sait que le grand pape Benoît XIV m'a honoré de plusieurs de ses lettres; que feu monseigneur le cardinal Passionei, secrétaire des brefs, m'en a écrit plus de cinquante de sa main; que ni lui ni le pape ne m'auraient fait cet honneur s'ils n'avaient été convaincus de mon profond respect pour la religion et pour le chef de l'Église.

Nonotte a beau faire, il ne m'empêchera pas d'être un bon chrétien; et si bon chrétien, que je lui pardonne de tout mon cœur, et que je suis prêt même, s'il veut venir dans mon château, de le faire saigner au front, de le faire baigner pendant trois mois, et de lui fournir d'excellents bouillons rafraîchissants, pour rétablir sa cervelle dérangée.

J'ai l'honneur d'être, monsieur, votre très-humble et très-obéissant serviteur.

Au château de Ferney, le 9 février 1769.

P. S. J'ajoute à ma lettre que c'est M. Damilaville qui a daigné s'abaisser jusqu'à confondre les impostures de ce Nonotte. Nonotte demande quel est ce M. Damilaville. Il n'a qu'à écrire aux laquais des principaux littérateurs de Paris, car les maîtres ne lui répondraient pas. Il apprendra que M. Damilaville est l'auteur de plusieurs articles excellents du Dictionnaire encyclopédique, et de quelques autres ouvrages dans lesquels il a foudroyé les ennemis du genre humain, qui osent se servir de la religion pour faire le mal.

Pour moi, monsieur, je ne répondrai point à ce misérable. Mais s'il est assez lâche et assez fou pour m'imputer des livres scandaleux, qu'il se vante de réfuter dans ses lettres écrites à Rome et au pape même, je vous déclare que je demanderai justice au parlement de Franche-Comté, et que, malgré mon âge de soixante et quinze ans, et les maladies mortelles qui m'accablent, je me traînerai à Besançon pour le faire punir comme un infâme calomniateur.

1. Nonotte était de Besançon. (Éd.)

LETTRE A M. DE VOLTAIRE,

AU SUJET DE L'EX-JÉSUITE NONOTTE, DU 7 FÉVRIER 1769.

Monsieur, Tandis que vous prenez les soins généreux de défricher des terres incultes, de bâtir des églises, d'établir des écoles de charité; tandis que vous vengez l'innocence opprimée, et que vous établissez la petite-fille du grand Corneille, vous n'avez pas sans doute eu le loisir de jeter des yeux attentifs sur le libelle du nommé Nonotte. Je viens d'y découvrir des ignorances aussi étranges que sa fureur et sa mauvaise foi sont punissables.

Voici comme il parle, page 4 de son avant-propos. *Il vous donne pour le plus ancien livre du monde le Hanscrit, livre que jamais personne n'a vu ni connu, qui n'a jamais existé que dans son imagination, etc.* Vous voyez, monsieur, que cet imbécile prend la langue des brachmanes pour un livre des brachmanes. Vous savez, et je l'ai appris de vous, que ce Hanscrit est encore aujourd'hui la langue sacrée des brames; qu'on étudie encore dans le Malabar et sur le Gange ce Hanscrit, comme nous apprenons le latin qu'on ne parle plus. Vous savez que les caractères du Hanscrit n'ont aucun rapport avec les caractères correspondants des autres langues; ce qui prouve assez que les anciens Indiens n'ont rien pris d'aucun peuple.

C'est dans cette langue sacrée que sont écrits le Védam, l'Ézourvédam, le Cormovédam, et les livres du Shasta, qui sont fort antérieurs au Védam. L'ignorant calomniateur dit en vain que ces livres ne sont connus de personne : vous avez envoyé à la Bibliothèque du roi un manuscrit contenant la traduction de l'Ézourvédam; et le savant M. Holwell, qui a demeuré si longtemps à Bénarès, a traduit des morceaux considérables du Shasta.

C'est avec la même impudence que cet effronté menteur cite, à la page 5, une prétendue lettre de M. l'abbé Velly, et votre réponse. Jamais vous n'avez reçu de lettre de M. l'abbé Velly, jamais vous ne lui avez écrit. La plupart des autres mensonges qu'il avance sont punissables. Il n'y a pas une page de son libelle qui ne soit une imposture. Il attaque impudemment plus de vingt hommes de lettres estimés. Il ose censurer le gouvernement, qui, depuis 1726, s'est fait un devoir de laisser la valeur numéraire des monnaies invariable. Il mérite, sans doute, d'être puni pour avoir écrit sans permission un pareil libelle; mais tous vos amis vous conseillent d'abandonner ce malheureux à sa honte. Tous les citoyens distingués qu'il a outragés avec la même fureur l'ont méprisé. Son livre est totalement ignoré à Paris; le nom de ce cuistre ne peut être connu que par vous; il n'est pas digne que vous le tiriez de sa fange.

J'ai l'honneur d'être avec une respectueuse vénération, monsieur, votre très-humble et très-obéissant serviteur,

BIGEX.

N. B. Remarquez, monsieur, qu'il a donné son édition en deux vo-

lumes, sous le titre de *troisième* édition, autre friponnerie. Mais ce n'est qu'une impertinence d'amour-propre.

Je soussigné certifie, et ferai serment quand on voudra, que jamais M. de Voltaire n'a reçu de lettre de M. l'abbé de Velly; qu'il ne lui a jamais écrit, qu'il n'a eu avec lui la moindre correspondance par un tiers.

Fait au château de Ferney, ce 8 février 1769.

WAGNIÈRE, Secrétaire de M. de Voltaire.

M. l'abbé Velly, qui travaillait à l'Histoire de France, doit avoir laissé ses papiers en ordre; si on y trouve la moindre trace de la plus légère correspondance entre lui et moi, je consens à passer pour un aussi effronté menteur que l'ex-jésuite Nonotte.

Au château de Ferney en Bourgogne, 9 février 1769.

VOLTAIRE.

Ayant feuilleté par hasard un assez sot livre intitulé *les Erreurs, etc.*, composé par un homme qui prend le titre d'abbé Nonotte, et étant tombé sur l'avant-propos du tome second, page 14, j'ai vu qu'il m'impute, comme à l'éditeur *de l'Histoire générale de l'esprit et des mœurs des nations*, d'avoir fait imprimer les paroles suivantes : « Le clergé n'est qu'un amas d'hommes vicieux, inutiles, à charge à l'État, pour la réformation duquel on devrait suivre l'exemple qu'ont donné l'Angleterre et le Nord au XVI⁰ siècle. » Je déclare à ceux qui, n'ayant pas lu mon édition, pourraient être trompés par cette assertion, qu'il n'y a rien de semblable dans toute l'*Histoire générale*, et que cet avant-propos est impertinent. J'ignore s'il existe réellement un abbé Nonotte ; mais je crois qu'il ne faut rien négliger pour rendre gloire à la vérité. À Genève, ce 12 février 1769.

Signé CRAMER *l'aîné.*

OBSERVATION IMPORTANTE.

Il est si faux que M. de Voltaire ait rien dit sur le clergé de France qui ressemble à ce que lui reproche le calomniateur Nonotte, qu'il a dit précisément tout le contraire, et de la manière la plus énergique. Voici les propres mots que je trouve dans son *Traité de la tolérance*, traité le plus complet et le plus persuasif qu'on ait jamais fait sur cette importante matière. Je supplie les magistrats et les prélats de jeter les yeux sur ce passage de la page 55, nouvelle édition, chez Gabriel Cramer.

« On a soupçonné quelques évêques français de penser qu'il n'est ni de leur honneur ni de leur intérêt d'avoir dans leur diocèse des calvinistes, et que c'est là le plus grand obstacle à la tolérance ; je ne puis le croire. Le corps des évêques, en France, est composé de gens de qualité, qui pensent et qui agissent avec une noblesse digne de leur naissance; ils sont charitables et généreux; c'est une justice qu'on doit leur rendre; ils doivent penser que certainement leurs diocésains fugitifs ne se convertiront pas dans les pays étrangers, et que, retournés auprès de leurs pasteurs, ils pourraient être éclairés par leurs instructions, et touchés par leurs exemples; il y aurait de l'honneur à les convertir, le temporel n'y perdrait pas; et, plus il y aurait de citoyens, plus les terres des prélats rapporteraient. »

On s'étonnera sans doute qu'un ex-jésuite, dans la profonde humiliation que toute la magistrature du royaume lui impose, et au milieu des applaudissements que l'exécration publique donne aux nouveaux arrêts et aux édits qui exterminent la société, ait osé s'ériger en délateur avec une impudence si frappante, et en critique avec une ignorance si crasse; mais tel est l'esprit de collége, tel a été l'esprit des Garasse, tel a été souvent le fruit de l'éducation reçue dans une communauté où les uns avaient des souverains dans leurs confessionnaux, et les autres des écoliers dans leurs classes; ils s'étaient accoutumés à parler en maîtres; et le pauvre Nonotte, dans son galetas, s'est imaginé qu'il régentait encore, quand il a osé s'attaquer à un officier de la chambre du roi de France, à un homme dont les parents servent le roi dans les armées, dans les parlements, et dans les autres cours souveraines.

Il est à souhaiter que l'excès de l'opprobre dont Nonotte s'est couvert serve d'exemple à ceux qui, pour attraper un écu d'un libraire, franchissent toutes les bornes de la raison et de l'honnêteté.

Fait au château de Tournay, le 1ᵉʳ mars 1769.

BIGEX.

CANONISATION DE SAINT CUCUFIN

CANONISATION DE SAINT CUCUFIN, FRÈRE D'ASCOLI, PAR LE PAPE CLÉMENT XIII, ET SON APPARITION AU SIEUR AVELINE, BOURGEOIS DE TROYES, MISE EN LUMIÈRE PAR LE SIEUR AVELINE LUI-MÊME. A TROYES, CHEZ MONSIEUR OU MADAME OUDOT, 1767.

IDÉES PRÉPARATOIRES.

« Romulus, et Liber pater, et cum Castore Pollux,
« Post ingentia facta, Deorum in templa recepti.
« Dum terras hominumque colunt genus, aspera bella
« Componunt, agros assignant, oppida condunt,
« Ploravere suis non responderе favorem
« Speratum meritis. Diram qui contudit hydram,
« Notaque fatali portenta labore subegit,
« Comperit invidiam supremo fine domari, etc. »

HOR., lib. II, ep. 1, vers 5-12.

> Lorsque l'on vit Bacchus et l'invincible Alcide,
> Et Pollux et Castor, et le grand Romulus,
> Secourir les humains par des soins assidus,
> Venger sur les tyrans l'innocence timide,
> Réprimer les brigands, pardonner aux vaincus,
> Polir les nations dans l'enceinte des villes,
> Protéger les beaux-arts, donner des lois utiles,
> Quel fut le prix des biens par leurs mains répandus ?
> L'homme ingrat et méchant noircissait leurs vertus.
> Ils furent mordus tous par la dent de l'Envie ;
> On fit de ces héros cent contes odieux ;
> On les persécuta tout le temps de leur vie :
> Furent-ils enterrés, le monde en fit des dieux.

Il était bien vilain, sans doute, de donner des ridicules à Triptolème pour prix de son blé, de dire des sottises de Bacchus lorsqu'on buvait son vin, de reprocher à Hercule ses amourettes, quand il nous délivrait de l'hydre, et qu'il nettoyait nos écuries. Mais aussi il est bien beau de diviniser les Hercule, malgré les Eurysthée.

L'antiquité n'a rien de si honnête que d'avoir placé dans ce qu'on appelait le ciel, les grands hommes qui avaient fait du bien aux autres hommes. Les sages ne s'opposaient point à ces apothéoses ; ils savaient bien que le sot peuple prend l'air et les nuages pour le ciel ; que chaque sphère qui roule dans l'espace est entourée de son atmosphère ; que notre terre est un ciel pour Vénus et pour Mars, comme Mars et Vénus sont des cieux pour nous ; que Jupiter n'assemble point son conseil sur le mont Olympe en Thessalie ; qu'un dieu ne vient point dans une nue comme à notre Opéra. Ils savaient bien que ni le corps d'Hercule, ni son petit simulacre léger, qu'on appelait âme, vent, souffle, mânes, n'avaient point épousé Hébé, et ne buvaient point du nectar avec elle. Mais ces sages trouvaient fort bon qu'on élevât des autels au protecteur des opprimés ; c'était dire aux princes : « Faites comme lui, vous serez comme lui. »

On a calomnié bien ridiculement, bien indignement l'antiquité. Nos plats livres nous disent continuellement que les anciens rendaient à la créature l'hommage qu'ils ne devaient qu'au Créateur. Vous en avez menti, livres de préjugés, archives d'erreurs ; depuis Orphée et Homère jusqu'à Virgile, depuis Thalès jusqu'à Pline, il n'y a pas un seul poëte, un seul philosophe qui ait admis plusieurs dieux suprêmes. Le Jéhovah des Phéniciens, adopté en Égypte, et ensuite en Palestine, le Zeus des Grecs, le Jupiter des Latins, a toujours été constamment, invariablement le dieu unique, le dieu maître, le dieu formateur, le souverain des dieux secondaires et des hommes : « Divum sator atque hominum rex. »

Il faut convenir que les anciens avaient plus de vénération pour leurs dieux secondaires que nous pour les nôtres. On ne voit point qu'aucune impératrice se soit appelée Junon, Minerve, Latone, Vénus, Iris ; au lieu que nous prenons hardiment le nom de Jean et de Matthieu. Chaumeix porté insolemment le nom d'Abraham. J'ai connu un impuissant qui s'appelait Salomon, mari de trois cents femmes et de sept cents concubines. Le plus vil coquin a son nom de saint; je voudrais bien savoir quel est le nom de baptême de Fréron[1].

Les Latins, depuis Numa jusqu'à Théodose, ont toujours désigné Dieu par le titre de *très-grand et très-bon*; titre qu'ils n'ont jamais donné à aucun autre être. Jamais, chez eux, la divinité suprême n'a eu d'associés; ce blasphème fut inconnu à toute l'antiquité.

Mais on adorait Mars, Minerve, Junon, Apollon, etc. Oui, comme des génies inférieurs, et, si j'ose le dire sans blasphème, comme les catholiques révèrent les saints. Les divinités secondaires étaient aux yeux des païens précisément ce que sont nos canonisés. Les Grecs et les Romains pratiquaient dans leurs erreurs ce que nous pratiquons sous l'empire de la vérité.

Saint Georges, armé de pied en cap, est le dieu des batailles comme l'étaient Mars et Arès chez les Grecs, à cela près que ce Mars, si terriblement peint par Homère, inspirait encore plus de respect que saint Georges trop grossièrement chanté par nos légendaires. Junon était un autre personnage que sainte Claire; Mercure, le dieu des arts, vaut bien saint Crépin, le dieu des cordonniers. Diane eut plus de réputation que saint Hubert, quoiqu'il guérisse de la rage.

Il y eut des anges de la guerre et de la paix chez les Indiens, chez les Persans, chez les Babyloniens. La nation juive, ignorante et grossière, qui n'eut aucune doctrine ferme et constante que depuis sa captivité à Babylone, n'apprit que dès Chaldéens les noms de ses anges[2]. C'est une vérité reconnue de tous ceux qui ont au moins une légère teinture de l'antiquité. Ce fut alors que les Juifs connurent Michaël, Gabriel, Raphaël, Uriel, etc.; le nom même d'Israël, qui signifie *voyant Dieu*, est chaldéen : les historiens juifs, Josèphe et Philon, l'avouent. Ce n'est donc que dans des temps très-postérieurs à la loi, qu'on trouve dans Daniel[3], que l'ange Gabriel, secouru par l'ange Michaël, combattit contre l'ange des Perses, et qu'on lit dans l'Épître de saint Jude[4] que Michaël eut une grande contestation avec le diable pour le corps de Moïse.

Il est constant, en un mot, que tous les peuples policés, en adorant un seul Dieu, vénérèrent des dieux secondaires, des demi-dieux. Exceptons-en les seuls Chinois, qui, doués d'une sagesse supérieure, ne firent jamais partager à personne le moindre écoulement de la Divinité.

Les chrétiens n'imitèrent que très-tard la Grèce et Rome, en plaçant des demi-dieux, des saints dans le ciel. Dans le commencement ils avaient en horreur les temples, les autels, les cierges, l'encens, les surplis, les chasubles, l'eau bénite des gentils; mais quand ils furent les maîtres ils adoptèrent toutes ces anciennes inventions utiles,

1. *Élie-Catherine.* (Éd.)
2. Talmud de Jérusalem, in *rhostra shana*.
3. Chap. IX, v. 22, et chap. X, v. 13. — 4. Vers

toutes ces cérémonies ; et la vérité consacra des rites inventés par l'esprit de mensonge.

Polyeucte reproche à Pauline d'adorer des dieux

> Insensibles et sourds, impuissants, mutilés[1],
> De bois, de marbre et d'or, comme vous les voulez.

Mais qu'aurait dit Pauline si elle avait vu, quelque temps après, saint Roch, saint Pancrace, saint Fiacre, en bois, en marbre, en métal?

L'apparence est la même dans l'un et dans l'autre cas. Jamais saint Fiacre et saint Pancrace n'ont été regardés chez les chrétiens comme les créateurs du monde. Jamais aussi on ne s'est avisé, chez les gentils, d'offrir de l'encens à Mercure, à Latone, comme au maître souverain des cieux, de la terre, et du tonnerre. Mercure et Latone obéissaient à Jupiter; on priait Mercure et Latone d'intercéder auprès de Jupiter : cela est si vrai, que Lucien, qui se moque également d'eux tous, fait présenter par Mercure les placets des hommes à Jupiter son maître.

La juive Esther, dans une belle pièce de vers en dialogues, intitulée, je ne sais pourquoi, *tragédie*, dit à un roi de Perse, nommé Assuérus, qui n'a jamais existé :

> Ce Dieu, maître absolu de la terre et des cieux[2],
> N'est point tel que l'erreur le figure à vos yeux.
> L'Éternel est son nom, le monde est son ouvrage;
> Il entend les soupirs de l'humble qu'on outrage,
> Juge tous les mortels avec d'égales lois,
> Et du haut de son trône interroge les rois.

Ces vers sont admirables; presque personne ne devrait être assez hardi pour en faire après avoir lu ceux de Racine; et les hommes grossiers que leur épaisse barbarie rend insensibles à ces beautés, ne méritent pas le nom d'hommes. Mais le prétendu Assuérus pouvait répondre à la prétendue Esther :

« Vous êtes une impertinente de croire m'apprendre mon catéchisme : je savais, avant que vous fussiez née, que Dieu est le maître absolu de notre petite terre, des planètes, et des étoiles. Nous adorions Jéhovah, l'Éternel, plusieurs siècles avant que vos misérables Juifs vinssent de l'Arabie déserte commettre mille infâmes brigandages dans un coin de la Phénicie. Vous n'avez appris à lire et à écrire que de nous, et des Phéniciens nos disciples. Nous n'avons jamais adoré qu'un seul Dieu; nous n'avons jamais eu dans nos temples des simulacres de bœufs, de chérubins, de serpents, comme vous en aviez dans votre petit temple barbare de vingt coudées de long, de large, et de haut, où vous conserviez dans un coffre un serpent d'airain, quand un de mes prédécesseurs détruisit votre ville d'Hershalaïm, et vous fit tous conduire, les mains derrière le dos, sur les rivages de l'Euphrate. Il est aussi ridicule à vous, ma bonne, de penser m'enseigner Dieu, qu'il

---

1. *Polyeucte*, acte IV, scène III. (ÉD.)
2. *Esther*, acte III, scène IV. (ÉD.)

serait ridicule à moi de vous avoir épousée, d'avoir vécu six mois avec vous sans savoir qui vous êtes; d'avoir condamné tous les Juifs à la mort, parce qu'un Juif n'a pas fait la révérence à un de mes vizirs, et d'avoir averti tous les Juifs, par un édit, qu'on les égorgerait dans dix mois, pour leur donner le temps d'échapper. Vous récitez de très-beaux vers, mais vous n'avez pas le sens d'un oison. Je sais mieux vos propres livres que vous, et que votre fat de Mardochée. Je sais que quand vous habitâtes autrefois en très-petit nombre dans un désert de mon vaste empire, vous adorâtes[1] l'étoile Remphan, et celle de Moloch, etc.; je sais que vous n'avez jamais eu jusqu'à présent de croyance fixe, et que vous avez immolé vos propres enfants par le plus abominable fanatisme. Si je daignais m'abaisser jusqu'à citer vos auteurs, je vous dirais que votre Isaïe[2] vous reproche de sacrifier vos fils et vos filles à vos dieux dans des torrents, sous des rochers. Il vous sied bien, bégueule juive, d'oser enseigner votre maître! »

SAINTS À FAIRE.

Il est démontré que tous les peuples policés ont adoré un Dieu formateur du monde, et que plusieurs peuples ont composé une cour à ce Dieu qui n'en a pas besoin. Dans cette cour ils ont placé les grands hommes pour avoir des protecteurs auprès du maître.

Divus Trajanus, divus Antoninus, ne signifiaient, à la lettre que saint Antonin, saint Trajan. Ces saints étaient proposés pour modèles aux empereurs, modèles bien peu imités. Si nous avions saint Bertrand du Guesclin, saint Bayard, saint Montmorency, et surtout saint Henri IV, je ne vois pas qu'une telle apothéose fût si déplacée.

Pourquoi n'aurions-nous pas saint L'Hospital? Ce chancelier fut si modéré dans un temps de fureurs! il fit des lois si sages, malgré les horribles démences de la cour!

J'adresserais encore volontiers un *oremus* à saint de Thou, qui fut le magistrat le plus intègre, ainsi que le meilleur historien.

Le maréchal de Turenne est sûrement en paradis, puisqu'il s'était fait catholique. Le maréchal de Catinat y est aussi sans doute. L'un est mort pour la patrie; l'autre, après avoir gagné des batailles, a souffert la disgrâce et la pauvreté sans se plaindre. Si on leur dresse des autels, je promets de les invoquer.

« Oh! me disent les banquiers en cour de Rome, on n'a pas des saints comme on veut; cela coûte fort cher. En voilà huit que vous proposez; c'est une affaire de huit cent mille écus pour la chambre apostolique, à trois cent mille francs la pièce; encore c'est marché donné. Il n'y a guère eu que les Samuel Bernard et les Paris-Montmartel[3] qui aient

---

1. Amos, chap. v, v. 26; cité *Actes des Apôtres*, chap. vii, v. 43.
2. Chap. LVII, v. 5.
3. Le marquis de Brunoi, fils de Montmartel, et héritier de son immense fortune, avait une passion si effrénée pour les cérémonies religieuses, que ses parents le firent interdire comme trop pieux, et notamment pour avoir dépensé un demi-million à une procession. Il existe deux volumes intitulés *Les folies du marquis de Brunoi*. (Note de Clogenson.)

été en état de faire des saints ; mais ils n'ont pas employé leur argent à ces œuvres pies. »

Je réponds à ces messieurs que je ne prétends point avoir des apothéoses pour de l'argent ; que c'est une véritable simonie ; que je veux révérer Henri IV, Turenne, Catinat, de Thou, le chancelier de L'Hospital, d'un culte de dulie, sans qu'il m'en coûte rien ; et que je n'achèterai jamais le paradis ni pour moi ni pour personne.

Quels ont été les premiers saints dans le christianisme ? des hommes charitables, des martyrs. Qui les fit révérer ? le consentement au peuple sans aucuns frais. Or je soutiens que Henri IV est un vrai martyr ; il partait pour aller faire le bonheur de l'Europe, lorsqu'il fut martyrisé par le fanatisme. Et quant au consentement du peuple, il est déjà tout obtenu ; en voici la marque évidente. Le jour que l'évêque du Puy-en-Velay[1] prononça dans Saint-Denis une oraison funèbre, ceux qui ne purent l'entendre, soit parce qu'ils étaient trop loin, soit parce qu'ils étaient durs d'oreille, se levèrent de leurs places, allèrent voir le tombeau de Henri IV. Ils se mirent à genoux, ils l'arrosèrent de leurs larmes, ils lui adressèrent des vœux attendrissants. Que manque-t-il à une telle consécration ? c'est celle des cœurs ; c'est la voix de l'amour qui a parlé.

On veut aujourd'hui cent ans révolus pour faire un saint, afin de donner le temps de mourir à tous les témoins de ses sottises. Il y a plus de cent cinquante ans que Henri IV fut martyrisé. Mais que tous les objets et tous les témoins de ses faiblesses reparaissent, qu'ils déposent contre lui, je l'adorerai encore. Je dirai à Corisande d'Andouin, à Charlotte des Essarts[2], à la belle Gabrielle, et à tant d'autres : « Oui, mesdames, il vous a caressées, mais il a sauvé la France au combat d'Arques, et à la bataille d'Ivri : il a été juste, clément et bienfaisant ; il a eu la bonté de Titus et la valeur de César. Voilà mon saint. »

On me dira qu'il faut aussi des saintes ; c'est à quoi je suis très déterminé. Qui m'empêchera de mettre dans la gloire Marguerite d'Anjou[3], laquelle donna douze batailles en personne contre les Anglais pour délivrer de prison son imbécile mari ? J'invoquerai notre pucelle d'Orléans, dont on a déjà fait l'office en vers de dix syllabes. Nous avons vingt braves dames qui méritent qu'on leur adresse des prières. Qui fêterons-nous en effet, si ce n'est les dames ? elles doivent assurément être festoyées.

CANONISATION DE FRÈRE CUCUFIN.

Le 12 octobre 1766, le pape Clément XIII canonisa solennellement frère Cucufin d'Ascoli, en son vivant frère lai chez les capucins, n

1. Lefranc de Pompignan. (En.)
2. Charlotte des Essarts, selon l'ordre chronologique, paraît avoir été la vingt-quatrième des maîtresses en titre du roi très-chrétien ; et ce n'est pas la dernière. Elle eut de Henri IV deux bâtardes qui moururent abbesses, l'une de Fontevrault, et l'autre de Chelles.
Quant à Gabrielle d'Estrées, quinzième maîtresse du roi, on lui a élevé une statue en 1820. (Note de Clogenson.)
3. Femme de Henri IV, roi d'Angleterre. (En.)

dans la marche d'Ancône l'an de grâce 1540, mort le 12 octobre 1604. Le procès-verbal de la congrégation des rites porte qu'il traversa plusieurs fois le ruisseau nommé Potenza, sans se mouiller; qu'étant invité à dîner chez le cardinal Bernéri, évêque d'Ascoli, il renversa par humilité un œuf frais sur sa barbe, et prit de la bouillie avec sa fourchette[1]; que pour récompense la sainte Vierge lui apparut; qu'il eut le don des miracles, au point qu'il rétablit une fois du vin gâté. Les révérends pères capucins ont obtenu qu'on changeât son nom de Cucufin en celui de Séraphin. Ils en ont célébré la fête solennelle dans tous les lieux où ils sont établis; et où ne le sont-ils pas?

Pourrait-on croire qu'il en a coûté en superfluité à l'Europe catholique plus d'un million pour solenniser la fête d'un pauvre! Les peuples se sont empressés de fournir aux capucins des subsistances qui auraient suffi à une grande armée, et qui l'auraient amollie. Cent sortes de vin, viandes de boucherie, volailles, gibier, fruits, huiles, épiceries, cire, étoffes, ornements en soie, en argent, en or, tout a été prodigué.

Il faut remarquer que, sous le nom d'aumône, les moines mendiants imposent au peuple la taxe la plus accablante.

Quand un pauvre cultivateur a payé au receveur de la province, en argent comptant, le tiers de sa récolte non encore vendue, les droits à son seigneur, la dîme de ses gerbes à son curé, que lui reste-t-il? presque rien; et c'est ce rien que les moines mendiants demandent comme un tribut qu'on n'ose jamais refuser. Ceux qui travaillent sont donc condamnés à fournir de tout ceux qui ne travaillent pas. Les abeilles ont des bourdons; mais elles les tuent. Les moines autrefois cultivaient la terre; aujourd'hui ils la surchargent.

Nous sommes bien loin de vouloir qu'on tue les bourdons appelés *moines*; nous respectons la piété et les autres vertus de Cucufin; mais nous voudrions des vertus utiles.

Il nous en coûte plus de vingt millions par an pour nos seuls moines en France. Or quel bien ne feraient pas ces vingt millions répartis entre des familles de pauvres officiers, de pauvres cultivateurs!

Tous ces moines sont très-désintéressés; j'en tombe d'accord : mais n'y a-t-il rien de mieux à faire?

Quand tous les chrétiens répandus sur la surface de la terre couvriraient leurs barbes de jaunes d'œufs, quand ils prendraient tous de la bouillie avec des fourchettes, il n'en reviendrait aucun avantage à la société : mais que, dans la victoire d'Ivri, Henri IV s'écrie de rang en rang : *Épargnez le sang français!* qu'il nourrisse le peuple même qu'il assiège; qu'il pardonne à ceux qui ont crié dans les chaires : *Assassinez le Béarnais au nom de Dieu!* qu'il paye exactement tous ceux qui lui ont vendu chèrement une soumission due à tant de titres; qu'il fasse fleurir l'agriculture dans des campagnes auparavant désertes : ce sont là des vertus qui sont au-dessus de celles de Cucufin, et même de saint François, si j'ose le dire.

1. Page 28 de la traduction.

Nous avouons que saint François avait une femme de neige, et que ce n'était pas à de telles figures que s'adressait le grand Henri IV; mais enfin la neige de saint François n'a rien produit; et il est venu de la belle Gabrielle un duc de Vendôme, qui seul a remis Philippe V sur le trône d'Espagne. Les saints ont eu des faiblesses; ce n'est pas leurs faiblesses qu'on révère. Et après tout, Deodatus, bâtard de saint Augustin, a été moins utile au monde que la race des Vendômes.

MANIÈRE DE SERVIR LES SAINTS.

Que j'aime les saints! que je voudrais les voir honorés, servis, imités avec plus de zèle qu'on n'en montre dans nos temps déplorables! nous en avons, Dieu merci, pour tous les jours de l'année; mais les plus grands, sans contredit, sont ceux pour lesquels on ferme les boutiques dans les villes comme dans une sédition, et où on laisse la terre en friche pour courir au cabaret.

Serait-il si mal que les magistrats, chargés de la police d'un grand royaume, ordonnassent qu'après avoir fêté un saint par de belles antiennes latines, on l'imitât en travaillant, en cultivant la terre?

Que faisait saint Cucufin le jour que nous célébrons sa fête? Il bêchait le jardin des révérends pères capucins, il semait, il plantait, il cueillait des salades; il n'allait point avec des filles boire du vin détestable dans un bouchon, altérer sa santé, et perdre, pour plaire à Dieu, le peu de raison que Dieu lui avait donné. Il semble, à voir la manière dont nous honorons les saints, qu'ils aient tous été des ivrognes.

Au reste, quand je propose d'imiter les saints en travaillant après avoir prié Dieu, ce n'est qu'avec une extrême défiance de mes idées. Je sais que les commis des aides s'y opposent, et qu'ils ont tous en vue l'honneur de Dieu, et le bien de l'État. Ils prétendent que si l'on débitait un peu moins de vin, ils recevraient un peu moins de droits, et que tout serait perdu. L'inconvénient serait grand, je l'avoue; mais ne pourrait-on pas les apaiser, en leur faisant comprendre que, si l'on travaille tous les jours de fête après le service divin, sans en excepter une seule, les vignes seront mieux cultivées, les terres mieux labourées, qu'on vendra plus de vin et plus de grain, que les commis y gagneront, et que cette véritable dévotion enrichira l'État?

APPARITION DE SAINT CUCUFIN AU SIEUR AVELINE.

Le jour qu'on faisait à Troyes, dans notre cathédrale, le service de saint Cucufin, je m'avisai de semer pour la troisième fois mon champ dont les semailles avaient été pourries par les pluies; car je savais bien qu'il ne faut pas que le blé pourrisse en terre pour lever, *quoi qu'on die*? Le pain valait quatre sous et demi la livre; les pauvres, dans notre élection, ne sèment et ne mangent que du blé noir, et sont accablés de tailles. Notre terrain est si mauvais, malgré tout ce qu'a pu faire saint

---

1. Jean, xii, 24. *I Cor.*, xv, 36. (ÉD.)
2. *Femmes savantes*, acte III, scène II. (ÉD.)

Loup notre patron, que la huitième partie tout au plus est semée en froment ; la saison avançait, je n'avais pas un moment à perdre : je semais donc mon champ situé derrière Saint-Nicier, avec mon semoir à cinq sous, après avoir entendu la messe, et chanté les antiennes du saint jour. Voilà-t-il pas aussitôt le révérend gardien des capucins, assisté de quatre profès, qui se présente à moi à une heure et un quart de relevée, au sortir de table. Il était enflammé comme un chérubin, et criait comme un diable : « Théiste, athéiste, janséniste, oses-tu outrager Dieu et saint Cucufin au point de semer ton champ au lieu de dîner ? Je vais te déférer comme un impie à M. le subdélégué, à M. le directeur des aides, à Mgr l'intendant, et à Mgr l'évêque. » Disant ces mots, il se met en devoir de briser mon semoir.

Alors saint Cucufin lui-même descendit du ciel dans une nuée éclatante, qui s'étendait de l'empyrée jusqu'au faubourg de Troyes ; un jaune d'œuf et de la bouillie ornaient encore sa barbe. « Frère *Ange*, dit-il au gardien, calme ton saint zèle ; ne casse point le semoir de ce bonhomme ; les pauvres manquent de pain dans ton pays ; il travaille pour les pauvres après avoir assisté à la sainte messe. C'est une bonne œuvre, j'en ai conféré avec saint Loup, patron de la ville ; va dire de ma part à Mgr l'évêque qu'on ne peut mieux honorer les saints qu'en cultivant la terre. »

Le gardien obéit, et monseigneur s'adressa lui-même aux magistrats de la ville de police pour faire enjoindre à nos concitoyens de labourer, ou .... u planter, ou provigner, ou palisser, ou tondre, ou vendang..., ...uver, ou blanchir, au lieu d'aller boire au cabaret les jours de fête, après la sainte messe.

Gloire à Dieu et à saint Cucufin.

LETTRES A M. L'ABBÉ FOUCHER,

DE L'ACADÉMIE ROYALE DES BELLES-LETTRES.

PREMIÈRE LETTRE.

A Ferney, 30 avril.

Monsieur, je suis un homme de lettres et je n'ai jamais rien publié ; ainsi je suis aussi obscur que beaucoup de mes confrères qui ont écrit. Je suis à la campagne depuis quelques années, auprès d'un bon vieillard qui, en son temps, ne laissa pas d'écrire beaucoup, et qui cependant est fort connu. J'ai eu l'honneur de vivre familièrement avec le neveu de feu l'abbé Bazin, qui répondit si poliment et si plaisamment à M. Larcher, ce superbe ennemi de l'abbé Bazin. Permettez que j'aie aussi l'honneur de vous répondre. Je n'entends rien à la raillerie ; mais j'espère que vous serez content de ma politesse.

On m'a mandé, monsieur, que vous aviez bien maltraité le bon vieillard auprès de qui je cultive les lettres ; on dit que c'est dans le vingt-septième volume des *Mémoires de l'Académie des belles-lettres*, p. 331. Je n'ai point ce livre ; c'est à vous à voir, monsieur, si les paroles qu'on m'a rapportées sont les vôtres ; les voici : « M. de Voltaire, par une méprise assez singulière, transforme en homme le titre du livre intitulé *le Sadder*, « Zoroastre, dit-il dans les écrits conservés par *Sad-« der*, feint que Dieu lui fit voir l'enfer et les peines réservées aux mé-« chants, etc. Je parierais bien que M. de Voltaire n'a pas lu le *Sad-« der*, etc. »

Permettez, monsieur, que je défende, devant vous et devant l'Académie des belles-lettres, la cause d'un homme hors de combat, qui ne peut se défendre lui-même. J'ai consulté le livre que vous citez, et que vous censurez. Le titre n'est pas Histoire universelle, comme vous le dites, mais *Essai sur l'histoire générale et sur les mœurs et l'esprit des nations*. L'endroit que vous citez, et sur lequel vous offrez de parier, est à la page 63 de la nouvelle édition de 1761, tome I. Voici les propres paroles : « C'est dans ces dogmes qu'on trouve, ainsi que dans l'Inde, l'immortalité de l'âme, et une autre vie heureuse ou malheureuse. C'est là qu'on voit expressément un enfer. Zoroastre, dans les écrits que le Sadder a rédigés, dit que Dieu lui fit voir cet enfer, et les peines réservées aux méchants, etc. »

Vous voyez bien, monsieur, que l'auteur n'a point dit *Zoroastre, dans les écrits conservés par Sadder*. Vous concevez bien que le *Sadder* ne peut pas être un homme, mais un écrit. C'est ainsi qu'on dit, les choses annoncées par l'*Ancien Testament*, et prouvées par le *Nouveau;* la destruction de Troie négligée par Homère, et connue par l'*Énéide;* l'*Iliade* d'Homère abrégée par la traduction de La Mothe ; les *Fables* d'Ésope embellies par les *Fables* de La Fontaine.

Vous voulez parier, monsieur, que ce pauvre bonhomme, que vous traitez un peu durement, n'a jamais lu le *Sadder*. Je lui ai montré aujourd'hui la petite correction que vous lui faites, et votre offre de lui gagner son argent. « Hélas! m'a-t-il dit, qu'il se garde bien de parier, il perdrait à coup sûr. Je me souviens d'avoir lu autrefois dans le Sadder, porte 32 : *Si quelque homme docte veut lire le livre de Vesta, il faut qu'il en apprenne les propres paroles, afin qu'il puisse citer juste*. C'est un excellent conseil que le *Sadder* donne aux critiques.

« Le même Sadder, porte 46, dit (autant qu'il m'en souvient) : *Il ne faut pas reprendre injustement et tromper les lecteurs ; c'est le péché d'Hamimâl ; quand vous avez été coupable de ce péché, il faut faire excuse à votre adversaire ; car, si votre adversaire n'est pas content de vous, sachez que vous ne pourrez jamais passer, après votre mort, sur le pont aigu. Allez donc trouver votre adversaire que vous avez contristé mal à propos ; dites-lui : « J'ai tort, je m'en repens ; » sans quoi il n'y a point de salut pour vous.*

« Il faut encore, m'a dit ce bon vieillard, que M. l'abbé Foucher ait la bonté de lire les portes 57 et 58 ; il y verra que Dieu ordonne *qu'on dise toujours la vérité*. Je ne doute pas que M. l'abbé Foucher n'aime beaucoup la vérité. Il a bien dû concevoir qu'il est impossible que le *Sadder* signifie un homme, et non pas un livre. Les Italiens sont le seul peuple de la terre chez qui on accorde l'article *le* aux auteurs : Le Dante, le Pulci, le Boyardo, l'Arioste, le Tasse; mais on n'a jamais dit chez les Latins, le Virgile, ni chez les Grecs, l'Homère; ni chez les Asiatiques l'Ésope; ni chez les Indiens, le Brama; ni chez les Persans, le Zoroastre; ni chez les Chinois, le Confutzé. Il était donc impossible que le *Sadder* signifiât un homme et non pas un livre. Il est donc nécessaire et décent que cette petite bévue de M. l'abbé Foucher soit corrigée et qu'il ne tombe plus dans le péché d'Hamimâl.

« Quant au pari qu'il veut faire, il est vrai que *Roquebrune*, dans le *Roman comique*, offre toujours de parier cent pistoles; il est vrai que Montagne dit : *il faut parier, afin que votre valet puisse vous dire au bout de l'année :* « *Monsieur, vous avez perdu cent écus en vingt fois* « *pour avoir été ignorant et opiniâtre.* » Je ne crois point M. l'abbé Foucher ignorant; au contraire, on m'a dit qu'il était très-savant. Je ne crois point non plus qu'il soit opiniâtre, et je ne veux lui gagner ni cent pistoles ni cent écus. »

Voilà, monsieur, mot pour mot, tout ce que m'a dit l'homme plus que septuagénaire, et fort près d'être octogénaire, que vous avez voulu contrister au mépris des lois du *Sadder*. Il n'est nullement fâché de votre méprise; il vous estime beaucoup : j'en use de même, et c'est avec ces sentiments que j'ai l'honneur d'être, etc.   BIGEX.

DEUXIÈME LETTRE.

A Genève, ce 25 juin.

J'ai reçu, monsieur, la lettre dont vous m'honorez, en date du 17 de juin. Je vous prie de permettre que ma réponse figure avec votre lettre dans le *Mercure de France*, qui devient de jour en jour plus agréable, attendu qu'il est rédigé par deux hommes[1] qui ont beaucoup d'esprit, ce qui n'est pas rare, et beaucoup de goût, ce qui est assez rare.

Je n'ai point encore montré votre lettre au bon vieillard contre lequel vous voulez toujours avoir raison. Son nom, dites-vous, s'est trouvé au bout de votre plume, quand vous écriviez sur Zoroastre : mais, monsieur, il n'a rien de commun avec Zoroastre que d'adorer Dieu du fond de son cœur, et d'aimer passionnément le soleil et le feu; son âge de soixante et seize ans, et ses maladies, lui ayant fait perdre toute chaleur naturelle, jusqu'à celle du style.

Je suis très-aise, pour votre bourse, que vous ayez perdu l'envie de parier ; je vous aurais fait voir que, dans son dernier voyage en Perse avec feu l'abbé Bazin, il composa une tragédie persane, intitulée *Olympie*. Il dit, dans les remarques sur cette pièce : « Quant à la confession, elle est expressément ordonnée par les lois de Zoroastre qu'on trouve dans le *Sadder*. »

---

1. La Harpe et Lacombe. (ÉD.)

Je vous aurais prié de lire, dans d'autres remarques de sa façon sur l'*Histoire générale*, page 26 : « Les mages n'avaient jamais adoré ce que nous appelons le mauvais principe.... ce qui se voit expressément dans le *Sadder*, ancien commentaire du livre du *Zend*. »

Je vous montrerais, à la page 36 du même ouvrage, ces propres mots : « Puisqu'on a parlé de l'*Alcoran*, on aurait dû parler du *Zenda-Vesta* dont nous avons l'extrait dans le *Sadder*. »

Vous voyez bien, monsieur, qu'il ne prenait point le livre du *Sadder* pour un capitaine persan, et que vous ne pouvez, en conscience, dire de lui :

> Notre magot prit pour ce coup¹
> Le nom d'un port pour un nom d'homme.
> De telles gens il est beaucoup
> Qui prendraient Vaugirard pour Rome,
> Et qui, caquetant au plus dru,
> Parlent de tout, et n'ont rien vu.

Je ne demande pas qu'en vous rétractant vous apportiez un sac plein d'or pour payer votre pari, avec une épée pour en être percé à discrétion par l'offensé. Je connais ce bon homme ; il ne veut assurément ni vous ruiner, ni vous tuer ; et, d'ailleurs, on sait que, dans les dernières cérémonies persanes, il a pardonné publiquement à ceux qui l'avaient calomnié auprès du sofi.

Je suis très-étonné, monsieur, que vous prétendiez l'avoir fâché ; car c'est le vieillard le moins fâché et le moins fâcheux que j'aie jamais connu. Je vous félicite très-sincèrement de n'être point du nombre des critiques qui, après avoir voulu décrier un homme, s'emportent avec toutes les fureurs de la pédanterie et de la calomnie contre ceux qui prennent modestement la défense de l'homme vexé. Je renvoie ces gens-là à la noble et judicieuse lettre de M. le comte de la Touraille², qui a si généreusement combattu depuis peu en faveur du neveu de l'abbé Bazin. Vous semblez être d'un caractère tout différent ; vous entendez raillerie, vous paraissez aimer la vérité.

Adieu, monsieur ; vivons en honnêtes parsis, ne tuons jamais le coq, récitons souvent la prière de l'*Ashim Vuhu*; elle est d'une grande efficacité, et elle apaise toutes les querelles des savants, comme le dit la porte 39.

Lorsque nous mangeons, donnons toujours trois morceaux à notre chien, parce qu'il faut toujours nourrir les pauvres, et que rien n'est plus pauvre qu'un chien, selon la porte 35.

Ne dites plus, je vous en prie, que le *Sadder* est un plat livre. Hélas ! monsieur, il n'est pas plus plat qu'un autre. Je vous salue en Zoroastre, et j'ai l'honneur d'être, en bon Français, monsieur, etc. BIGEX.

---

1. La Fontaine, livre IV, fable VII. (ED.)
2. Voyez sa *Lettre à M. de Voltaire sur les opéras philosophi-comiques*, 1769. (ED.)

TROISIÈME LETTRE.

Au château de Tournay, ce 21 auguste 1769.

Monsieur, la persévérance à défendre ceux à qui on est attaché est une vertu ; l'acharnement à soutenir une critique injurieuse et injuste n'est pas si honnête.

Quand on veut faire une critique, il faut consulter toutes les éditions, voir si elles sont conformes, examiner si une faute d'imprimeur, que la malignité jette souvent sur un écrivain, n'est pas corrigée dans les dernières éditions. Un censeur est une espèce de délateur; plus son rôle est odieux, plus il a besoin d'exactitude; il faut qu'il ait raison en tout.

Celui qui fait imprimer, dans le recueil d'une académie, des outrages contre un homme d'une autre académie, manque à toutes les bienséances. Il ne faut pas dire : *Je parierais bien que M. de*** n'a pas lu le livre dont il parle*[1], parce que cette expression, *je parierais bien*, est d'un style très-bas; parce que, dire à un homme, *vous ne connaissez pas les choses dont vous parlez*, est une injure grossière; parce qu'il est évident que vous auriez perdu votre gageure, parce que, non-seulement l'homme que vous outragez connaît les choses dont il parle, mais les fait quelquefois connaître au public d'une manière à faire repentir ceux qui l'insultent au hasard; parce que ce n'est pas une excuse valable de dire comme vous faites : *Son nom est venu au bout de ma plume.* Vous sentez, monsieur, que le vôtre peut venir au bout de la sienne, et être connu du public.

Permettez-moi, monsieur, de faire ici une réflexion générale; une des choses qui révoltent le plus les honnêtes gens, c'est cette obstination à vouloir publier son tort. Se tromper est très-ordinaire, en se trompant est odieux. Chercher mille prétextes pour faire croire qu'on a eu raison d'insulter un homme à qui on doit des égards, est le comble du mauvais procédé. Au reste, la personne avec laquelle vous avez si mal agi, n'a jamais lu votre ouvrage; elle en a été avertie par quelques amis. J'ai vengé la vérité; j'ai fait mon devoir, et vous n'avez pas fait le vôtre.

Je suis, monsieur, etc. BIGEX.

P. S. Vous pensez, à ce que je vois par votre dernière lettre, que l'on m'a dicté mes réponses; vous vous trompez en cela comme dans tout le reste. Je ne suis d'aucune académie; mais je sais m'exprimer, et je connais les devoirs de la société.

1. Expressions de l'abbé Foucher. (ÉD.)

DISCOURS DE L'EMPEREUR JULIEN
CONTRE LES CHRÉTIENS,
TRADUIT PAR M. LE MARQUIS D'ARGENS; AVEC DE NOUVELLES NOTES DE DIVERS AUTEURS [1].

PORTRAIT DE L'EMPEREUR JULIEN
TIRÉ DE L'AUTEUR DU MILITAIRE PHILOSOPHE [2].

(1769.)

On rend quelquefois justice bien tard. Deux ou trois auteurs, ou mercenaires, ou fanatiques, parlent du barbare et de l'efféminé Constantin comme d'un Dieu, et traitent de scélérat le juste, le sage, le grand Julien. Tous les autres, copistes des premiers, répètent la flatterie et la calomnie. Elles deviennent presque un article de foi. Enfin le temps de la saine critique arrive; et, au bout de quatorze cents ans, des hommes éclairés revoient le procès que l'ignorance avait jugé. On voit dans Constantin un heureux ambitieux qui se moque de Dieu et des hommes. Il a l'insolence de feindre que Dieu lui a envoyé une enseigne qui lui assure la victoire. Il se baigne dans le sang de tous ses parents, et il s'endort dans la mollesse; mais il était chrétien, on le canonisa.

Julien est sobre, chaste, désintéressé, valeureux, clément; mais il n'était pas chrétien, on l'a regardé longtemps comme un monstre.

Aujourd'hui, après avoir comparé les faits, les monuments, les écrits de Julien, ceux de ses ennemis, on est forcé de reconnaître que s'il n'aimait pas le christianisme, il fut excusable de haïr une secte souillée du sang de toute sa famille; qu'ayant été persécuté, emprisonné, exilé, menacé de mort par les galiléens sous le règne du barbare Constance, il ne les persécuta jamais; qu'au contraire il pardonna à dix soldats chrétiens qui avaient conspiré contre sa vie. On lit ses lettres, et on admire. « Les galiléens, dit-il, ont souffert sous mon prédécesseur l'exil et les prisons; on a massacré réciproquement ceux qui s'appellent tour à tour hérétiques; j'ai rappelé leurs exilés, élargi leurs

1. Voltaire avait corrigé et remanié la traduction de d'Argens. Il la publia, comme nous le faisons ici avec le *portrait de Julien* qui avait déjà paru dans son *Dictionnaire philosophique*. Il avait mis en tête de ce portrait l'*Avis du lecteur* suivant :

« Nous commencerons cette nouvelle édition par le PORTRAIT DE JULIEN, peint d'une main qui n'a jamais déguisé la vérité. Nous parlerons ensuite de son ouvrage, auquel Cyrille, évêque d'Alexandrie, crut avoir répondu. Ensuite nous donnerons le texte de l'empereur Julien, avec des remarques nouvelles qui confondront les fourbes, qui feront frémir les fanatiques, et que nous soumettons aux sages. »

2. L'auteur du *Militaire philosophe* est tout à fait étranger au *Portrait de l'empereur Julien*. (ED.)

prisonniers; j'ai rendu leurs biens aux proscrits, je les ai forcés de vivre en paix. Mais telle est la fureur inquiète des galiléens, qu'ils se plaignent de ne pouvoir plus se dévorer les uns les autres. » Quelle lettre! quelle sentence portée par la philosophie contre le fanatisme persécuteur!

Enfin, quiconque a discuté les faits avec impartialité, convient que Julien avait toutes les qualités de Trajan, hors le goût si longtemps pardonné aux Grecs et aux Romains; toutes les vertus de Caton, mais non pas son opiniâtreté et sa mauvaise humeur; tout ce qu'on admira dans Jules César, et aucun de ses vices; il eut la continence de Scipion. Enfin il fut en tout égal à Marc-Aurèle, le premier des hommes.

On n'ose plus répéter aujourd'hui, après le calomniateur Théodoret, qu'il immola une femme dans le temple de Carres pour se rendre les dieux propices. On ne redit plus qu'en mourant il jeta de sa main quelques gouttes de son sang au ciel, en disant à Jésus-Christ : « Tu as vaincu, galiléen, » comme s'il eût combattu contre Jésus-Christ en faisant la guerre aux Perses; comme si ce philosophe, qui mourut avec tant de résignation, avait reconnu Jésus; comme s'il eût cru que Jésus était en l'air, et que l'air était le ciel! Ces inepties de gens qu'on appelle Pères de l'Église ne se répètent plus aujourd'hui.

On est enfin réduit à lui donner des ridicules, comme faisaient les citoyens frivoles d'Antioche. On lui reproche sa barbe mal peignée, et la manière dont il marchait. Mais, monsieur l'abbé de La Bletterie, vous ne l'avez pas vu marcher, et vous avez lu ses lettres et ses lois, monuments de ses vertus. Qu'importe qu'il eût la barbe sale et la démarche précipitée, pourvu que son cœur fût magnanime, et que tous ses pas tendissent à la vertu?

Il reste aujourd'hui un fait important à examiner. On reproche à Julien d'avoir voulu faire mentir la prophétie de Jésus-Christ en rebâtissant le temple de Jérusalem. On dit qu'il sortit de terre des feux qui empêchèrent l'ouvrage. On dit que c'est un miracle, et que ce miracle ne convertit ni Julien, ni Alypins, intendant de cette entreprise, ni personne de sa cour : et là-dessus l'abbé de La Bletterie s'exprime ainsi : « Lui et les philosophes de sa cour mirent sans doute en œuvre ce qu'ils savaient de physique pour dérober à la Divinité un prodige si éclatant. La nature fut toujours la ressource des incrédules; mais elle sert la religion si à propos, qu'ils devraient au moins la soupçonner de collusion. »

Premièrement, il n'est pas vrai qu'il soit dit dans l'*Évangile* que jamais le temple juif ne serait rebâti. L'*Évangile* de Matthieu, écrit visiblement après la ruine de Jérusalem par Titus, prophétise, il est vrai, qu'il ne resterait pas pierre sur pierre de ce temple de l'Iduméen Hérode; mais aucun évangéliste ne dit qu'il ne sera jamais rebâti. Il est très-faux qu'il n'en resta pas pierre sur pierre quand Titus le fit abattre. Il conserva tous les fondements, une muraille tout entière, et la tour Antonia.

Secondement, qu'importe à la Divinité qu'il y ait un temple juif, ou un magasin, ou une mosquée au même endroit où les Juifs tuaient des bœufs et des vaches?

Troisièmement, on ne sait pas si c'est de l'enceinte des murs de la ville, ou de l'enceinte du temple que partirent ces prétendus feux, qui, selon quelques-uns, brûlaient les ouvriers. Mais on ne voit pas pourquoi Jésus aurait brûlé les ouvriers de l'empereur Julien, et qu'il ne brûla point ceux du calife Omar, qui, longtemps après, bâtit une mosquée sur les ruines du temple ; ni ceux du grand Saladin, qui rétablit cette même mosquée. Jésus avait-il tant de prédilection pour les mosquées des musulmans?

Quatrièmement, Jésus, ayant prédit qu'il ne resterait pas pierre sur pierre dans Jérusalem, n'avait pas défendu de la rebâtir.

Cinquièmement, Jésus a prédit plusieurs choses dont Dieu n'a pas permis l'accomplissement. Il prédit la fin du monde et son avènement dans les nuées avec une grande majesté à la fin de la génération qui vivait alors. Cependant le monde dure encore, et durera vraisemblablement assez longtemps[1].

Sixièmement, si Julien avait écrit ce miracle, je dirais qu'on l'a trompé par un faux rapport ridicule ; je croirais que les chrétiens ses ennemis mirent tout en œuvre pour s'opposer à son entreprise, qu'ils tuèrent les ouvriers, et firent accroire que les ouvriers étaient morts par miracle. Mais Julien n'en dit mot. La guerre contre les Perses l'occupait alors. Il différa pour un autre temps l'édification du temple, et il mourut avant de pouvoir commencer cet édifice.

Septièmement, ce prodige est rapporté par Ammien Marcellin, qui était païen. Il est très-possible que ce soit une interpolation des chrétiens : on leur en a reproché tant d'autres qui ont été avérées !

Mais il n'est pas moins vraisemblable que, dans un temps où on ne parlait que de prodiges et de contes de sorciers, Ammien Marcellin ait rapporté cette fable sur la foi de quelque esprit crédule. Depuis Tite Live jusqu'à de Thou inclusivement, toutes les histoires sont infectées de prodiges.

Huitièmement, les auteurs contemporains rapportent que, dans le même temps, il y eut en Syrie un grand tremblement de terre, qu'elle s'enflamma en plusieurs endroits, et engloutit plusieurs villes. Alors plus de miracle.

Neuvièmement, si Jésus faisait des miracles, serait-ce pour empêcher qu'on rebâtît un temple où lui-même sacrifia, et où il fut circoncis? ne ferait-il pas des miracles pour rendre chrétiens tant de nations qui se moquent du christianisme, ou plutôt pour rendre plus doux et plus humains ses chrétiens, qui, depuis Arius et Athanase jusqu'aux Roland et aux Cavalier des Cévennes, ont versé des torrents de sang, et se sont conduits en cannibales?

De là je conclus que la nature n'est point en collusion avec le christianisme, comme le dit La Bletterie, mais que La Bletterie est en co-

1. Luc, chap. xxi.

lusion avec des contes de vieilles, comme dit Julien, *Quibus cum stolidis aniculis negotium erat.*

La Bletterie, après avoir rendu justice à quelques vertus de Julien, finit pourtant l'histoire de ce grand homme[1] en disant que sa mort fut un effet « de la vengeance divine. » Si cela est, tous les héros morts jeunes depuis Alexandre jusqu'à Gustave-Adolphe, ont été punis de Dieu. Julien mourut de la plus belle des morts, en poursuivant ses ennemis après plusieurs victoires. Jovien, qui lui succéda, régna bien moins longtemps que lui, et régna avec honte. Je ne vois point la vengeance divine, et je ne vois plus dans La Bletterie qu'un déclamateur de mauvaise foi. Mais où sont les hommes qui osent dire la vérité?

Le stoïcien Libanius fut un de ces hommes rares; il célébra le brave et clément Julien devant Théodose le meurtrier des Thessaloniciens; mais le sieur Le Beau et le sieur La Bletterie tremblent de le louer devant des habitués de paroisse.

On a reproché à Julien d'avoir quitté le christianisme dès qu'il le put faire sans risquer sa vie. C'est reprocher à un homme pris par des voleurs, et enrôlé dans leur bande, le couteau sur la gorge, de s'échapper des mains de ces brigands. L'empereur Constance, non moins barbare que son père Constantin, s'était baigné dans le sang de toute la famille de Julien. Il venait de tuer le propre frère de ce grand homme. L'impératrice Eusébie eut beaucoup de peine à obtenir que Constance permît au jeune Julien de vivre. Il fallut que ce prince infortuné se fît tondre en moine, et reçût ce qu'on appelle les quatre mineurs, pour n'être pas assassiné. Il imita Junius Brutus, qui contrefit l'insensé pour tromper les fureurs de Tarquin. Il fut bête jusqu'au temps où, se trouvant dans les Gaules à la tête d'une armée, il devint homme et grand homme. Voilà celui qui est appelé apostat par les apostats de la raison, si on peut appeler ainsi ceux qui ne l'ont jamais connue.

Montesquieu dit : « Malheur à un prince ennemi d'une faction qui lui survit²! » Supposons que Julien eût achevé de vaincre les Persans, et que, dans une vieillesse longue et paisible, il eût vu son antique religion rétablie, et le christianisme anéanti avec les sectes des pharisiens, des saducéens, des récabites, des esséniens, des thérapeutes, avec le culte de la déesse de Syrie, et tant d'autres dont il ne reste nulle trace; alors que de louanges tous les historiens auraient prodiguées à Julien! au lieu du surnom d'apostat il aurait eu celui de restaurateur, et le titre de divin n'aurait pas paru exagéré.

Voyez comme tous nos indignes compilateurs de l'histoire romaine sont à genoux devant Constantin et Théodose, avec quelle lâcheté ils pallient leurs forfaits. Néron n'a jamais rien fait sans doute de comparable au massacre de Thessalonique. Le Cantabre Théodose feint de pardonner aux Thessaloniciens, et au bout de six mois il les fait inviter à des jeux dans le cirque de la ville. Ce cirque contenait quinze mille

---

1. La première édition de l'*Histoire de l'empereur Julien*, par l'abbé de La Bletterie, est de 1735. (ED.)
2. Montesquieu, *Grandeur et décadence des Romains*, chap. I, alinéa 14. (ED.)

personnes au moins; et il est bien sûr qu'il fut rempli; on connaît assez la passion du peuple pour les spectacles; les pères et les mères y amènent leurs enfants qui peuvent marcher à peine. Dès que la foule est arrivée, l'empereur chrétien envoie des soldats chrétiens qui égorgent vieillards, jeunes gens, femmes, filles, enfants, sans en épargner un seul. Et ce monstre est exalté par tous nos compilateurs plagiaires, parce que, disent-ils, il a fait pénitence. Quelle pénitence, grand Dieu! Il ne donna pas une obole aux parents des morts. Mais il n'entendit point la messe. Il faut avouer qu'on souffre horriblement quand on ne va point à la messe, que Dieu vous en sait un gré infini, que cela rachète tous les crimes.

L'infâme continuateur de Laurent Échard[1] appelle le massacre ordonné par Théodose une vivacité.

Les mêmes misérables qui barbouillent l'histoire romaine d'un style ampoulé et plein de solécismes, vous disent que Théodose, avant que de livrer bataille à son compétiteur Eugène, vit saint Jean et saint Philippe, vêtus de blanc, qui lui promettaient la victoire. Que de tels écrivains chantent des hymnes à Jean et à Philippe, mais qu'ils n'écrivent point l'histoire.

Lecteur, rentrez ici en vous-même. Vous admirez, vous aimez Henri IV. Mais s'il avait succombé au combat d'Arques, où ses ennemis étaient dix contre un, et où il ne fut vainqueur que parce qu'il fut un héros dans toute l'étendue du terme, vous ne le connaîtriez pas; il ne serait que le Béarnais, un carabin, un relaps, un apostat. Le duc de Mayenne serait un homme envoyé de Dieu; le pape l'aurait canonisé (tout attaqué qu'il était de la vérole); saint Philippe et saint Jean lui seraient apparus plus d'une fois. Et toi, jésuite Daniel, comme tu aurais flatté Mayenne dans ta sèche et pauvre histoire! comme il aurait *poursuivi sa pointe!* comme il aurait toujours battu le Béarnais *à plate couture!* comme l'Église aurait *triomphé*![2]

« Careat successibus opto
« Quisquis ab eventu facta notanda putat. »
OVID., Heroïd., II, v. 85.

EXAMEN
DU DISCOURS DE L'EMPEREUR JULIEN,
CONTRE LA SECTE DES GALILÉENS.

On ne sait dans quel temps l'empereur Julien composa cet ouvrage, qui eut une très-grande vogue dans tout l'empire par la nature du sujet et par le rang de l'auteur. Un tel écrit aurait pu renverser la religion chrétienne, établie par Constantin, si Julien eût vécu longtemps pour

---
1. Le continuateur de Laurent Échard est l'abbé Guyon, mais l'abbé Desfontaines fut le réviseur de tout l'ouvrage, et c'est de lui que Voltaire parle ici. (*Note de M. Beuchot.*)
2. Expressions du P. Daniel.

le bonheur du monde : mais après lui le fanatisme triompha ; et les livres étant fort rares, ceux des philosophes ne restèrent que dans très-peu de mains, et surtout en des mains ennemies. Dans la suite, les chrétiens se firent un devoir de supprimer, de brûler les livres écrits contre eux. C'est pourquoi nous n'avons plus les livres de Plotin, de Jamblique, de Celse, de Libanius ; et ce précieux ouvrage de Julien serait ignoré, si l'évêque Cyrille, qui lui répondit quarante ans après, n'en avait pas conservé beaucoup de fragments dans sa réfutation.

Ce Cyrille était un homme ambitieux, factieux, turbulent, fourbe, et cruel, ennemi du gouverneur d'Alexandrie, voulant tout brouiller pour tout soumettre, s'opposant continuellement aux magistrats, excitant les partisans de l'ancienne religion contre les Juifs, et les chrétiens contre eux tous. Ce fut lui qui fit massacrer, par ses prêtres et par ses diocésains, cette jeune Hypatie si connue de tous ceux qui aiment les lettres. C'était un prodige de science et de beauté. Elle enseignait publiquement la philosophie de Platon dans Alexandrie ; fille et disciple du célèbre Théon, elle eut pour son disciple Synésius, depuis évêque de Ptolémaïde, qui, quoique chrétien, ne fit nulle difficulté d'étudier sous une païenne, et d'être ensuite évêque dans une religion à laquelle il déclara publiquement ne point croire. Cyrille, jaloux du prodigieux concours des Alexandrins à la chaire d'Hypatie, souleva contre elle des meurtriers qui l'assassinèrent dans sa maison, et traînèrent son corps sanglant dans la ville. Tel fut l'homme qui écrivit contre un empereur philosophe : tel fut Cyrille, dont on a fait un saint.

Observons ici, et n'oublions jamais que ces mêmes chrétiens avaient égorgé toute la famille de Dioclétien, de Galérius, et de Maximin, dès que Constantin se fut déclaré pour leur religion. Redisons cent fois que le sang a coulé par leurs mains depuis quatorze cents ans, et que l'orthodoxie n'a presque jamais été prouvée que par des bourreaux. Ceux qui ont eu le pouvoir de brûler leurs adversaires, ont eu par conséquent le pouvoir de se faire reconnaître dans leur parti pour les seuls et vrais chrétiens.

Une chose assez singulière, c'est que Julien était platonicien, et les chrétiens aussi. Quand je parle des chrétiens, j'entends ceux qui avaient quelque science, car pour la populace elle n'est rien ; ce n'est qu'un ramas d'ânes aveugles à qui ses maîtres font tourner la meule.

Le clergé grec, qui fut le vrai fondateur du christianisme, appliqua l'idée du logos et des demi-dieux créés par le grand Demiourgos, à Jésus et aux anges. Ils étaient platoniciens en fanatiques et en ignorants. Julien s'en tint à la seule doctrine de Platon. Ce n'est, au fond qu'une dispute de métaphysique. Il est étrange qu'un empereur toujours guerrier trouvât du temps pour se jeter dans ces disputes de sophistes. Mais ce prodige ne nous étonne plus depuis que nous avons vu un plus grand guerrier que lui, écrire avec encore plus de force contre les préjugés [1].

1. Voyez le Discours qui est à la tête de l'*Abrégé de l'histoire ecclésiastique* de Fleury. — Ce discours est de l'abbé de Prades. (Éd.)

Nous avons eu des princes qui ont écrit contre les superstitions et les usurpations de la cour de Rome, comme Jacques Ier d'Angleterre, et quelques princes d'Allemagne. Mais aucune tête couronnée, excepté le héros dont je parle, n'a osé attaquer le poison dans sa source, non pas même le grand empereur Frédéric II, qui résista avec tant de courage aux persécutions, aux fourberies des papes, et au fanatisme de son siècle.

DISCOURS DE L'EMPEREUR JULIEN,

TRADUIT PAR M. LE MARQUIS D'ARGENS.

Il m'a paru convenable d'exposer à tous les yeux les raisons qui m'ont persuadé que la secte des Galiléens est une fourberie malicieusement inventée pour séduire les esprits faibles, amoureux des fables, en donnant une fausse couleur de vérité à des fictions prodigieuses.

Je parlerai d'abord des différents dogmes des chrétiens, afin que si quelques-uns de ceux qui liront cet ouvrage veulent y répondre, ils suivent la méthode établie dans les tribunaux, qu'ils n'agitent pas une autre question, et qu'ils n'aient pas recours à une récrimination inutile, s'ils n'ont auparavant détruit les accusations dont on les charge, et justifié les dogmes qu'ils soutiennent. En suivant cette maxime, leur défense, si elle est bonne, en sera plus claire, et plus capable de confondre nos reproches.

Il faut d'abord établir d'où nous vient l'idée d'un Dieu, et quelle doit être cette idée. Ensuite nous comparerons la notion qu'en ont les Grecs avec celle des Hébreux; et après les avoir examinées toutes les deux, nous interrogerons les Galiléens, qui ne pensent ni comme les Grecs, ni comme les Hébreux. Nous leur demanderons sur quoi ils se fondent pour préférer leurs sentiments aux nôtres, d'autant qu'ils en ont changé souvent, et qu'après s'être éloignés des premiers, ils ont embrassé un genre de vie différent de celui de tous les autres hommes. Ils prétendent qu'il n'y a rien de bon et d'honnête chez les Grecs et chez les Hébreux; cependant ils se sont approprié, non les vertus, mais les vices de ces deux nations. Ils ont puisé chez les Juifs la haine implacable contre toutes les différentes religions des nations; et le genre de vie infâme et méprisable qu'ils pratiquent dans la paresse et dans la légèreté, ils l'ont pris des Grecs : c'est là ce qu'ils regardent comme le véritable culte de la Divinité.

Il faut convenir que, parmi le bas peuple, les Grecs ont cru et inventé des fables ridicules, même monstrueuses. Ces hommes simples et vulgaires ont dit que Saturne, ayant dévoré ses enfants, les avait vomis ensuite; que Jupiter avait fait un mariage incestueux, et donné pour époux à sa propre fille un enfant qu'il avait eu d'un commerce criminel. A ces contes absurdes on ajoute ceux du démembrement de Bacchus et du replacement de ses membres. Ces fables sont répandues parmi le bas peuple; mais voyons comment pensent les gens éclairés.

Considérons ce que Platon écrit de Dieu et de son essence, et faisons attention à la manière dont il s'exprime lorsqu'il parle de la création du monde, et de l'Être suprême qui l'a formé. Opposons ensuite ce philosophe grec à Moïse[1], et voyons qui des deux a parlé de Dieu avec plus de grandeur et de dignité. Nous découvrirons alors aisément quel est celui qui mérite le plus d'être admiré, et de parler de l'Être suprême, ou Platon qui admit les temples et les simulacres des dieux, ou Moïse qui, selon l'Écriture, conversait face à face et familièrement avec Dieu.

« Au commencement, dit cet Hébreu[2], Dieu fit le ciel et la terre ; la

1. Il paraît que Julien n'était pas aussi profondément savant dans la critique de l'histoire qu'il était ingénieux et éloquent. Cet esprit de critique fut absolument inconnu à toute l'antiquité ; on recevait toutes les histoires, et on ne discutait rien. Il est très-douteux qu'il y ait jamais eu un Moïse dont la vie entière, depuis son berceau flottant sur les eaux jusqu'à sa mort arrivée à six-vingts ans sur une montagne inconnue, est un tissu d'aventures plus fabuleuses que les *Métamorphoses* d'Ovide.

2. 1° Il n'est pas croyable que la horde des Juifs ait eu l'usage de l'écriture dans un désert au temps où l'on place Moïse.

2° Toute son histoire est tirée, presque mot pour mot, de la fable de l'ancien Bacchus, qu'on appelait *Misem* ou *Mosem*, sauvé des eaux. Cette fable, qu'on chantait en Grèce dès le temps d'Orphée, fut recueillie depuis par Nonnus.

3° Flavius Josèphe, qui a ramassé tout ce qu'il a pu trouver chez les auteurs égyptiens pour établir l'antiquité de la race juive, n'a pas pu trouver le moindre passage qui eût le plus léger rapport aux prodiges prétendus de Moïse, prodiges qui auraient dû être l'éternel entretien des Égyptiens et des nations voisines.

4° Ni Hérodote, qui a consacré un livre entier à l'histoire d'Égypte, ni Diodore de Sicile, ne parlent d'aucun de ces miracles ridicules attribués à Moïse.

5° Sanchoniathon, dont Eusèbe a recueilli les principaux passages, Sanchoniathon, auteur phénicien, ne parle pas plus d'un Moïse que les autres ; et certainement, pour peu qu'il en eût dit un mot, le prolixe romancier Eusèbe se serait appuyé de ce témoignage, lui qui cite jusqu'aux romans de Papias, d'Hermas, de Clément, d'Abdias, de Marcel et d'Égésippe.

6° S'il y a eu un Moïse auteur du *Pentateuque*, ou ce Moïse a menti, ou Jérémie, Amos, Étienne le disciple de Jésus et les *Actes des Apôtres* ont menti. Cela est démontré. Moïse ordonne des sacrifices, Aaron sacrifie au Seigneur, et Jérémie dit expressément, chap. VII, v. 22 : « Je n'ai point ordonné à vos pères, au jour que je les ai tirés d'Égypte, de m'offrir des holocaustes et des victimes. » Moïse ne parle d'aucune autre idolâtrie que de celle du veau d'or que son frère jeta en fonte en une seule nuit, quoiqu'il faille plus de six mois pour une telle opération ; Amos, sans parler du veau d'or, dit, chap. v, v. 25 et 26: « Maison d'Israël, m'avez-vous offert des hosties et des sacrifices dans le désert pendant quarante ans? Vous y avez porté le tabernacle de votre Moloch, l'image de vos idoles et l'étoile de votre Dieu. » Saint Étienne, chap. VII, v. 42 et 43 des *Actes des Apôtres*, dit la même chose, et nomme *Remphan* le Dieu dont on a porté l'étoile.

Depuis que les chrétiens admirent un *Agion Pneuma*, un Saint-Esprit, ils assurèrent que le même Saint-Esprit avait inspiré tous les livres saints ; le Saint-Esprit mentit donc quand il inspira Moïse, ou quand il inspira *saint Étienne, Amos* et *Jérémie*.

7° Tout homme de bon sens un peu attentif n'a qu'à considérer les fautes énormes de géographie et de chronologie, les noms des villes qui n'existaient pas alors, les préceptes donnés aux rois quand il n'y avait point de rois, et surtout ces paroles de la *Genèse*, chap. XXXVI, v. 31 : « Voici les rois qui régnèrent dans le pays d'Édom, avant que les enfants d'Israël eussent un roi. » Il n'y a, dis-je, qu'à ouvrir les yeux pour voir que ces livres n'ont pu être composés que longtemps après que les Juifs eurent une capitale et des espèces de monarques.

En effet, on voit au liv. IV des *Rois*, chap. XXII, v. 8, et au liv. II des *Pa*-

terre était vide et sans forme, et les ténèbres étaient sur la surface de l'abîme; et l'esprit de Dieu était porté sur la surface des eaux. Et Dieu dit : « Que la lumière soit, » et la lumière fut; et Dieu vit que la lumière

ralipomènes, chap. IV, v. 14, que le premier exemplaire fut trouvé chez le roi Josias, environ sept cents ans après Moïse; si l'on peut supputer un peu juste dans la confusion de cette malheureuse chronologie.

Une remarque très-importante, c'est qu'aucun prophète, aucun historien, aucun moraliste n'a jamais cité le moindre passage des livres attribués à Moïse. Comment se peut-il faire que des interprètes de la loi n'aient jamais cité la loi, n'aient jamais dit : « Comme il est écrit dans le Deutéronome, comme il est rapporté dans les Nombres, etc. ? »

Enfin il est de la plus grande vraisemblance que ces malheureux Juifs supposèrent un Moïse, comme les Anglais ont supposé un Merlin, et les Français un Francus. C'est ainsi que les Indiens imaginèrent un Brama, les Égyptiens un Oshiret, les Arabes un Bak ou Bacchus.

Mais, dira-t-on, les musulmans n'ont point supposé un Mahomet, les Romains eurent en effet un Numa. Oui ; mais les Vies de Mahomet et de Numa ne révoltent point le bon sens comme la vie de Moïse. Tout est très-vraisemblable dans Numa et dans Mahomet. Ils se sont vantés l'un et l'autre d'avoir des inspirations divines; c'est un artifice auquel ont eu recours tous ceux qui en ont voulu imposer au peuple, et le grand Scipion lui-même se disait inspiré. Toutes les actions de Mahomet et de Numa sont très-ordinaires. L'un est un homme persécuté qui résista avec courage, et qui devint un conquérant par son génie et par son épée; l'autre est un législateur paisible ; mais tous les événements de la vie de Moïse sont plus extraordinaires que ceux de Gargantua. Si Moïse avait existé, l'auteur de sa Vie nous aurait dit du moins dans quelle époque de l'histoire égyptienne il aurait vécu. Le romancier qui écrivit cette fable n'a pas même l'attention de nommer le roi sous lequel il fit naître Moïse, ni le roi sous lequel Moïse s'enfuit, quatre-vingts ans après, avec six cent trente mille combattants. Il n'est fait mention d'aucun ministre, d'aucun capitaine égyptien. Quand on veut tromper, il faut savoir mieux tromper.

Supposez qu'il y ait eu un Moïse, il est démontré qu'il ne peut avoir écrit les livres qu'on lui attribue ; mais Julien veut bien supposer un Moïse. Car que lui importe que ce personnage ou un autre ait composé l'absurde fatras du Pentateuque ? Ce qui indigne un esprit sensé, ce n'est pas le nom de l'auteur, c'est l'insolence des fourbes qui veulent nous faire adorer les romans juifs, en disant anathème aux Juifs ; qui exigent nos respects et notre argent en se moquant de nous ; qui prétendent nous fouler à leurs pieds au nom de Dieu, et faire trembler les rois et les peuples. C'est pour diviniser les plus infâmes fourberies qu'on fait languir dans la misère le cultivateur nourri d'un pain noir trempé de ses larmes, afin que M. l'abbé du Mont-Cassin et messieurs les abbés de cent autres abbayes nagent dans l'or et dans la mollesse ; afin que les évêques allemands disent la messe une fois par an entourés de leurs grands officiers et de leurs gardes ; afin qu'un prétendu successeur d'un Juif, nommé Simon, surnommé Pierre, soit à Rome sur le trône des Césars, au nom de ce même Pierre, qui n'a jamais été à Rome.

O nations qui commencez à vous éclairer, jusqu'à quand souffrirez-vous cette exécrable tyrannie? jusqu'à quand vous laisserez-vous écraser par un monstre engraissé de votre substance, nourri de votre sang, et qui insulte à vos larmes? Vous gémissez sous l'idole qui vous accable; tout le monde le dit, tout le monde se plaint. Et on ne fait que de faibles efforts pour vous soulager ! On se contente d'inonder l'Italie de jésuites. On empêche des fainéants de moines, qui ont des millions de rentes, d'ajouter quelques ducats à ces millions. On donne des arrêts en papier contre le papier de la bulle *In cœna Domini*. Est-ce à ces fadaises que se sont bornées les peuples sensés du Danemark, de la Norvège, de la Suède, de l'Angleterre, de l'Écosse, de l'Irlande, du nord de l'Allemagne ?

Du moins, du temps de Julien il n'y avait point d'évêque qui osât se dire le maître des rois, point d'abbé crossé, mitré, appelé monseigneur. La tyrannie sacerdotale n'était pas montée au comble d'impudence.

N. B. Cette note, de feu M. Damilaville, convient à toutes les pages de ce livre. (La note est de Voltaire. Ed.)

était bonne; et Dieu sépara la lumière des ténèbres; et Dieu appela la lumière jour, et il appela les ténèbres la nuit. Ainsi fut le soir, ainsi fut le matin; ce fut le premier jour. Et Dieu dit : « Qu'il y ait un firmament « au milieu des eaux, » et Dieu nomma le firmament le ciel : et Dieu dit : « Que l'eau qui est sous le ciel se rassemble afin que le sec paraisse; » et cela fut fait. Et Dieu dit : « Que la terre porte l'herbe et les arbres. » Et Dieu dit : « Qu'il se fasse deux grands luminaires dans l'étendue des cieux, pour éclairer le ciel et la terre. » Et Dieu les plaça dans le firmament du ciel, pour luire sur la terre et pour faire la nuit et le jour. »

Remarquons d'abord[1] que, dans toute cette narration, Moïse ne dit pas que l'abîme ait été produit par Dieu; il garde le même silence sur l'eau et sur les ténèbres; mais pourquoi, ayant écrit que la lumière avait été produite par Dieu, ne s'est-il pas expliqué de même sur les ténèbres, sur l'eau, et sur l'abîme? Au contraire, il paraît les regarder comme des êtres préexistants, et ne fait aucune mention de leur création. De même il ne dit pas un mot des anges; dans toute la relation de la création il n'en est fait aucune mention. On ne peut rien apprendre qui nous instruise, quand, comment, de quelle manière, et pourquoi ils ont été créés. Moïse parle cependant amplement de la formation de tous les êtres corporels qui sont contenus dans le ciel et sur la terre, en sorte qu'il semble que cet Hébreu ait cru que Dieu n'avait créé aucun être incorporel, mais qu'il avait seulement arrangé la matière qui lui était assujettie. Cela paraît évident par ce qu'il dit de la terre : « Et la terre était vide et sans forme. » On comprend aisément que Moïse a voulu dire que la matière était une substance humide, informe et éternelle, qui avait été arrangée par Dieu[2].

Comparons la différence des raisons pour lesquelles le Dieu de Platon et le Dieu de Moïse crée le monde. Dieu dit, selon Moïse : « Faisons « l'homme à notre image et à notre ressemblance, pour qu'il domine « sur les poissons de la mer et sur les oiseaux des cieux, et sur les bêtes, « et sur toute la terre, et sur les reptiles qui rampent sur la terre. » Et Dieu fit l'homme à son image, et il les créa mâle et femelle, et il leur dit : « Croissez, multipliez, remplissez la terre; commandez aux poissons « de la mer, aux volatiles des cieux, à toutes les bêtes, à tous les bes- « tiaux, et à toute la terre. »

Entendons actuellement parler le Créateur de l'univers par la bouche de Platon[3]. Voyons les discours que lui prête ce philosophe. « Dieux !

---

[1]. Il s'en faut beaucoup que Julien se serve ici de ses avantages. La physique était, de son temps, moins avancée encore que la critique en histoire. Plus la nature a été connue, plus la *Genèse hébraïque* est devenue ridicule. Qu'est-ce que séparer les ténèbres de la lumière? Qu'est-ce qu'un firmament au milieu des eaux? et toutes les autres absurdités grossières dont ce livre fourmille?

[2]. Il est évident en effet que la *Genèse* suppose que Dieu arrangea la matière, et ne la créa pas : car le mot hébreu répond au mot grec ἔπλασεν, que les sculpteurs mettaient au bas de leurs ouvrages; *fecit*, *sculpsit*. Et, par une absurdité digne des Juifs, il y a dans le texte les *dieux* fit le ciel et la terre. *Fit* en cette place est pour *firent* : c'est un trope très-commun chez les Grecs.

[3]. Avouons avec Cicéron que ce morceau de Platon est sublime, et qu'il dé-

moi qui suis votre Créateur et celui de tous les êtres, je vous annonce que les choses que j'ai créées ne périront pas, parce que les ayant produites je veux qu'elles soient éternelles. Il est vrai que toutes les choses construites peuvent être détruites; cependant il n'est pas dans l'ordre de la justice de détruire ce qui a été produit par la raison. Ainsi, quoique vous ayez été créés immortels, vous ne l'êtes pas invinciblement et nécessairement par votre nature, mais vous l'êtes par ma volonté. Vous ne périrez donc jamais, et la mort ne pourra rien sur vous, car ma volonté est infiniment plus puissante pour votre éternité que la nature et les qualités que vous reçûtes lors de votre formation. Apprenez donc ce que je vais vous découvrir. Il nous reste trois différents genres d'êtres mortels. Si nous les oublions ou que nous en omettions quelqu'un, la perfection de l'univers n'aura pas lieu, et tous les différents genres d'êtres qui sont dans l'arrangement du monde ne seront pas animés. Si je les crée avec l'avantage d'être doués de la vie, alors ils seront nécessairement égaux aux dieux. Afin donc que les êtres d'une condition mortelle soient engendrés, et cet univers rendu parfait, recevez, pour votre partage, le droit d'engendrer des créatures, imitez dès votre naissance la force de mon pouvoir. L'essence immortelle que vous avez reçue ne sera jamais altérée lorsqu'à cette essence vous ajouterez une partie mortelle; produisez des créatures, engendrez, nourrissez-vous d'aliments, et réparez les pertes de cette partie animale et mortelle [1]. »

Considérons si ce que dit ici Platon doit être traité de songe et de vision. Ce philosophe nomme des dieux, que nous pouvons voir, le soleil, la lune, les astres, et les cieux : mais toutes ces choses ne sont que les simulacres d'êtres immortels, que nous ne saurions apercevoir [2]. Lorsque nous considérons le soleil, nous regardons l'image d'une chose intelligible, et que nous ne pouvons découvrir; il en est de même quand nous jetons les yeux sur la lune ou sur quelque autre astre. Tous ces corps matériels ne sont que les simulacres des êtres, que nous ne pouvons concevoir que par l'esprit. Platon a donc parfaitement connu tous ces dieux invisibles, qui existent par le Dieu et dans le Dieu suprême, et qui ont été faits et engendrés par lui; le Créateur du ciel, de la terre, et de la mer, étant aussi celui des astres, qui nous représentent les dieux invisibles dont ils sont les simulacres.

Remarquons avec quelle sagesse s'explique Platon dans la création des êtres mortels. « Il manque, dit-il, trois genres d'êtres mortels,

---

mande grâce pour le galimatias dont il a inondé ses ouvrages. Quoi de plus beau que le grand Être créant des êtres immortels comme lui, qui sont ses ministres et qui arrangent tout ce qui est périssable ? Quoi de plus beau qu'un Dieu qui ne peut communiquer que l'immortalité ? Ce qui est mortel ne paraît pas digne de lui.

1. Parce que, selon Platon, le Dieu suprême ne peut rien créer ni former qui ne soit nécessairement immortel. Julien expliquera bientôt l'opinion de ce philosophe.

2. L'empereur est ici dans l'illusion de toute l'antiquité. Il croit que le soleil et les planètes sont des dieux secondaires. C'est une erreur, mais assurément plus pardonnable que celle des juifs. Les Pères de l'Église ont même attaché des anges à ces grands corps. Ce que nous appelons des anges est précisément ce que l'antiquité appela des dieux.

celui des hommes, des bêtes, et des plantes (car ces trois espèces sont séparées par leurs différentes essences). Si quelqu'un de ces genres d'êtres est créé par moi, il faut qu'il soit absolument et nécessairement immortel. » Or si le monde que nous apercevons, et les dieux, ne jouissent de l'immortalité que parce qu'ils ont été créés par le Dieu suprême, de qui tout ce qui est immortel doit avoir reçu l'être et la naissance, il s'ensuit que l'âme raisonnable est ¹ immortelle par cette même raison. Mais le Dieu suprême a cédé aux dieux subalternes le pouvoir de créer ce qu'il y a de mortel dans le genre des hommes : ces dieux, ayant reçu de leur père et de leur créateur cette puissance, ont produit sur la terre les différents genres d'animaux, puisqu'il eût fallu, si le Dieu suprême eût été également le créateur de tous les êtres, qu'il n'y eût eu aucune différence entre le ciel et l'homme, entre Jupiter et les serpents, les bêtes féroces, les poissons. Mais puisqu'il y a un intervalle immense entre les êtres immortels et les mortels, les premiers ne pouvant être ni améliorés, ni détériorés, les seconds étant soumis au contraire aux changements en bien et en mal, il fallait nécessairement que la cause qui a produit les uns fût différente de celle qui a créé les autres.

Il n'est pas nécessaire que j'aie recours aux Grecs et aux Hébreux pour prouver qu'il y a une différence immense entre les dieux créés par l'Être suprême et les êtres mortels produits par ces dieux créés. Quel est, par exemple, l'homme qui ne sente en lui-même la divinité du ciel, et qui n'élève ses mains vers lui, lorsqu'il prie et qu'il adore l'Être suprême ou les autres dieux ? Ce n'est pas sans cause que ce sentiment de religion en faveur du soleil et des autres astres est établi dans l'esprit des hommes. Ils se sont aperçus qu'il n'arrivait jamais aucun chan-

1. Cette immortalité de l'âme, ce beau dogme qui est le plus sûr rempart de la vertu, et qui établit un commerce entre l'homme et la Divinité, n'était point connu des Juifs avant Platon. Ils ne l'admirent que lorsqu'ils commencèrent, dans Alexandrie, à cultiver un peu les lettres sous les Ptolémées ; encore la secte entière des saducéens réprouva toujours cette respectable idée, et les pharisiens la défigurèrent par la métempsycose. Il n'en est fait aucune mention dans les livres attribués à Moïse. Tout est temporel chez ce peuple usurier et sanguinaire. L'auteur du *Pentateuque* (qui le croirait !) fait descendre Dieu sur la terre pour enseigner aux Juifs la manière d'aller à la garde-robe, et pour ne leur rien révéler sur l'immortalité de l'âme. C'est à ce sujet qu'un philosophe moderne a très-bien remarqué que le législateur des Juifs songea plutôt à leur derrière qu'à leur âme. Voici l'ordre que les Juifs supposent que Dieu lui-même leur donna pour leurs excréments, *Deutéronome*, chap. XXIII, v. 12, 13 et 14 : « Vous porterez un hoyau à votre ceinture, vous ferez un trou rond dans la terre, et quand vous aurez fait, vous le recouvrirez. » C'est dommage que Rabelais n'ait pas approfondi cette matière dans le chapitre des *Torcheculs*; les Juifs, dans le désert, n'avaient ni eau, ni éponge, ni coton, ni eau de lavande. A l'égard d'une âme, il est fort douteux qu'ils en eussent une, puisque ni le *Pentateuque*, ni Rabelais, n'en parlent. Mais après avoir ri, il faut s'indigner qu'on ose encore vanter la sagesse de la loi mosaïque, loi puérile tout ensemble et sanguinaire, loi de voleurs et d'assassins, dans laquelle on n'admet ni récompense ni châtiment après la mort, tandis que ce dogme était si antique chez les Babyloniens, les Perses, les Égyptiens. Des esprits faux, comme Abbadie, ont tâché de pallier cette grossièreté juive. Mais ils ont en vain cherché quelque passage du *Pentateuque* qui pût supposer l'immortalité de l'âme, ils ne l'ont pas trouvé. — Le philosophe moderne dont Voltaire parle en cette note est Swift ou Collins. (*Remarque de M. Beuchot.*)

gement dans les choses célestes; qu'elles n'étaient sujettes ni à l'augmentation ni à la diminution; qu'elles allaient toujours d'un mouvement égal, et qu'elles conservaient les mêmes règles (les lois du cours de la lune, du lever, du coucher du soleil, ayant toujours lieu dans les temps marqués). De cet ordre admirable les hommes ont conçu avec raison que le soleil est un dieu ou la demeure d'un Dieu. Car une chose qui est par sa nature à l'abri du changement ne peut être sujette à la mort: et ce qui n'est point sujet à la mort doit être exempt de toute imperfection. Nous voyons qu'un être qui est immortel et immuable ne peut être porté et mû dans l'univers que par une âme divine et parfaite qui est dans lui, ou par un mouvement qu'il reçoit de l'Être suprême, ainsi qu'est celui que je crois qu'a l'âme des hommes.

Examinons à présent l'opinion des Juifs sur ce qui arriva à Adam et à Eve dans ce jardin, fait pour leur demeure, et qui avait été planté par Dieu même[1]. « Il n'est pas bon, dit Dieu, que l'homme soit seul. Faisons-lui une compagne qui puisse l'aider et qui lui ressemble[2]. » Cependant cette compagne non-seulement ne lui est d'aucun secours; mais elle ne sert qu'à le tromper, à l'induire dans le piége qu'elle lui tend, et à le faire chasser du paradis. Qui peut, dans cette narration, ne pas voir clairement les fables les plus incroyables? Dieu devait sans doute connaître que ce qu'il regardait comme un secours pour Adam ferait sa perte, et que la compagne qu'il lui donnait était un mal plutôt qu'un bien pour lui.

Que dirons-nous du serpent qui parlait avec Eve? de quel langage se servit-il? fut-ce de celui de l'homme? y a-t-il rien de plus ridicule dans les fables populaires des Grecs?

N'est-ce pas la plus grande des absurdités de dire que Dieu, ayant créé Adam et Eve, leur interdit[3] la connaissance du bien et du mal[4]?

1. *Genèse*, chap. II, v. 18.
2. L'empereur oublie que le Dieu des Juifs avait déjà créé la femme; *Masculum et feminam creavit eos*. (*Genèse*, chap. I, v. 27.) Il ne relève pas cette contradiction. Il dédaigne de s'appesantir sur le ridicule du jardin d'Éden, et des quatre grands fleuves qui sortent de ce jardin, et des promenades de Dieu à midi dans ce jardin, et de ses plaisanteries avec Adam, et du serpent condamné à marcher sur le ventre, comme s'il avait auparavant marché sur ses jambes, et comme si sa figure comportait des cuisses, des jambes et des pieds. Chaque mot est une sottise; on ne pouvait les spécifier toutes.
3. *Genèse*, chap. II, v. 17. (Ed.)
4. L'empereur a très-grande raison. Rien n'est plus absurde que la défense de manger du fruit de l'arbre prétendu de la science du bien et du mal. Il fallait, au contraire, ordonner d'en manger beaucoup, afin que l'homme et la femme apprissent à éviter le mal et à faire le bien. Qui ne voit que la fable de la pomme est une grossière et plate imitation de la *Boîte de Pandore*? C'est un rustre qui copie un bel esprit. Remarquez attentivement combien ces premiers chapitres de la *Genèse* sont absurdes, révoltants, blasphématoires. Il est défendu de les lire chez les Juifs avant l'âge de vingt-cinq ans. Il eût bien mieux valu les supprimer. Cette défense est ridicule. Si vous supposez qu'on aura assez de bon sens à vingt-cinq ans pour les mépriser, pourquoi les transcrire? Si vous voulez qu'on les révère, faites-les lire à sept ans. Il en est de ces contes juifs comme des moines. Si vous voulez qu'il y ait des moines, permettez qu'on fasse des vœux avant l'âge de raison. Si vous voulez extirper la moinerie, ordonnez qu'on ne fasse des vœux que quand on sera majeur.

Voyez, lecteur sage, pesez ces raisons. Juges d'un livre qu'on prétend dicté

Quelle est la créature qui puisse être plus stupide que celle qui ignore le bien et le mal, et qui ne saurait les distinguer? Il est évident qu'elle ne peut, dans aucune occasion, éviter le crime ni suivre la vertu, puisqu'elle ignore ce qui est crime et ce qui est vertu. Dieu avait défendu à l'homme de goûter du fruit qui pouvait seul le rendre sage et prudent. Quel est l'homme assez stupide pour ne pas sentir que, sans la connaissance du bien et du mal, il est impossible à l'homme d'avoir aucune prudence?

Le serpent n'était donc point ennemi du genre humain, en lui apprenant à connaître ce qui pouvait le rendre sage; mais Dieu lui portait envie; car lorsqu'il vit que l'homme était devenu capable de distinguer la vertu du vice, il le chassa du paradis terrestre, dans la crainte qu'il ne goûtât du bois de l'arbre de vie, en lui disant [1] : « Voici Adam, qui est devenu comme l'un de nous, sachant le bien et le mal; mais pour qu'il n'étende pas maintenant sa main, qu'il ne prenne pas du bois de la vie, qu'il n'en mange pas, et qu'il ne vienne pas à vivre toujours, l'Éternel Dieu le met hors du jardin d'Éden. » Qu'est-ce qu'une semblable narration? on ne peut l'excuser qu'en disant qu'elle est une fable allégorique, qui cache un sens secret. Quant à moi, je ne trouve dans tout ce discours que beaucoup de blasphèmes [2] contre la vraie essence et la vraie nature de Dieu, qui ignore que la femme qu'il donne pour compagne et pour secours à Adam sera la cause de son crime; qui interdit à l'homme la connaissance du bien et du mal, la seule chose qui pût régler ses mœurs; et qui craint que ce même homme, après avoir pris de l'arbre de vie, ne devienne immortel. Une pareille crainte et une envie semblable conviennent-elles à la nature de Dieu?

Le peu de choses raisonnables que les Hébreux ont dites de l'essence de Dieu, nos pères, dès les premiers siècles, nous en ont instruits : et cette doctrine qu'ils s'attribuent est la nôtre. Moïse ne nous a rien appris de plus ; lui qui, parlant plusieurs fois des anges qui exécutent les ordres de Dieu, n'a rien osé nous dire, dans aucun endroit, de la nature de ces anges : s'ils sont créés, ou s'ils sont incréés, s'ils ont été

par Dieu même, livre qui contient la religion de Jérusalem et de Rome, et qu'on défendait de lire dans Jérusalem comme on défend encore aujourd'hui de le lire dans Rome.

1. *Genèse*, chap. III, v. 22.
2. Le mot de blasphème n'est point trop fort. Attribuer à Dieu des choses injustes ou ridicules, et dont on ne voudrait pas charger le dernier des hommes, c'est un véritable blasphème ; et si l'on y prend bien garde, l'histoire des Juifs est d'un bout à l'autre un blasphème continuel contre l'Être suprême. On y voit partout la protection du ciel accordée au mentir, au larcin, à l'inceste. C'est pour protéger des voleurs que la mer s'ouvre; c'est pour encourager le meurtre que le soleil et la lune s'arrêtent en plein midi ; c'est enfin de la prostituée Rahab, de l'impudente Ruth, de l'incestueuse Thamar, de l'adultère Bethsabée qu'on fait descendre Jésus-Christ, afin qu'il change l'eau en vin à des noces pour des convives déjà ivres.

On ose avancer que Dieu, dans tout le *Pentateuque*, ne commande pas une seule action juste et raisonnable. Oui, je défie qu'on m'en montre une seule. Misérables fanatiques, songez qu'une seule absurdité, une seule contradiction, une seule injustice suffirait pour décréditer, pour déshonorer ce livre. Et il en fourmille ! et on le supposer écrit par Dieu même ! Ô comble de la démence et de l'horreur !

faits par un Dieu ou par une autre cause, s'ils obéissent à d'autres êtres. Comment Moïse a-t-il pu garder, sur tout cela, un silence obstiné, après avoir parlé si amplement de la création du ciel et de la terre, des choses qui les ornent et qui y sont contenues ? Remarquons ici que Moïse dit que Dieu ordonna que plusieurs choses fussent faites, comme le jour, la lumière, le firmament ; qu'il en fit plusieurs lui-même, comme le ciel, la terre, le soleil, la lune, et qu'il sépara celles qui existaient déjà, comme l'eau et l'aride. D'ailleurs Moïse n'a osé rien écrire ni sur la nature ni sur la création de l'esprit[1]. Il s'est contenté de dire vaguement *qu'il était porté sur les eaux*. Mais cet esprit porté sur les eaux était-il créé, était-il incréé ?

Comme il est évident que Moïse n'a point assez examiné et expliqué les choses qui concernent le Créateur et la création de ce monde, je comparerai les différents sentiments des Hébreux et de nos pères sur ce sujet. Moïse dit que le Créateur du monde choisit pour son peuple[2] la nation des Hébreux, qu'il eut pour elle toute la prédilection possible, qu'il en prit un soin particulier, et qu'il négligea pour elle tous les autres peuples de la terre. Moïse, en effet, ne dit pas un seul mot pour expliquer comment les autres nations ont été protégées et conservées par le Créateur, et par quels dieux elles ont été gouvernées : il semble ne leur avoir accordé d'autres bienfaits de l'Être suprême que de pouvoir jouir de la lumière du soleil et de celle de la lune. C'est ce que nous observerons bientôt. Venons actuellement aux Israélites et aux Juifs, les seuls hommes, à ce qu'il dit, aimés de Dieu. Les prophètes ont

---

1. L'empereur semble confondre ici l'idée de vent, de souffle, avec l'idée de l'âme. *L'esprit de Dieu était porté sur les eaux*, signifie le vent de Dieu, le souffle de Dieu était porté sur les eaux. Ce vent est un des attributs de l'ancien chaos. Les Hébreux disaient vent de Dieu, montagne de Dieu, pour exprimer grand vent, grande montagne ; fils de Dieu, pour exprimer un homme puissant ou juste. Ce grand vent porté sur les eaux augmentait encore l'horreur du chaos. Cette idée du chaos était prise de l'ancienne cosmogonie des Phéniciens qui précédèrent les Juifs de tant de siècles, et qui furent même très-antérieurs aux Grecs, puisqu'ils leur enseignèrent l'alphabet. Les mots grecs *chaos* et *érèbe* sont originairement phéniciens. Sanchoniathon appelle le chaos *chaut-éreb*, confusion et nuit.

2. Ce que dit ici l'empereur Julien est digne de son esprit juste et de son cœur magnanime. Rien n'est plus bas et plus ridicule que d'imaginer l'Être suprême, le Dieu de la nature entière, uniquement occupé d'une horde de brigands et d'usuriers, et oubliant pour elle tout le reste de la terre. Il faut convenir que du moins il n'oubliait pas les Persans et les Romains, quand sa providence punissait par eux, et exterminait ou chargeait de fers ce peuple abominable.

Mais il faut aussi considérer que ce peuple n'eut jamais un système de théologie suivi et constant ; et quelle religion a jamais eu un système fixe ? Dans cent passages des livres juifs, vous trouvez un Dieu universel qui commande à toute la terre ; dans cent autres passages, vous ne trouvez qu'un dieu local, un dieu juif qui combat contre un dieu philistin, contre un dieu moabite, comme les dieux de Troie, dans Homère, combattent contre les dieux de la Grèce.

Jephté dit aux Ammonites, chap. XI, v. 24, des *Juges* : « Ne possédez-vous pas de droit ce que votre Dieu Chamos vous a donné ? Souffrez donc que nous possédions la terre que notre Dieu Adonaï nous a promise. » Jérémie, chap. XLIV, v. 1, demande : « Quelle raison a eue le Dieu Melchom pour s'emparer du pays de Gad ? » Il est donc évident que les Juifs reconnaissaient Melchom

tenu à ce sujet le même langage que Moïse. Jésus de Nazareth les a imités; et Paul, cet homme qui a été le plus grand des imposteurs[1], et le plus insigne des fourbes, a suivi cet exemple. Voici donc comment parle Moïse[2] : « Tu diras à Pharaon, Israël mon fils premier-né.... J'ai dit : Renvoie mon peuple, afin qu'il me serve; mais tu n'as pas voulu le renvoyer.... Et ils lui dirent : Le Dieu des Hébreux nous a appelés, nous partirons pour le désert, et nous ferons un chemin de trois jours, pour que nous sacrifiions à notre Dieu.... Le Seigneur le Dieu des Hébreux m'a envoyé auprès de toi, disant : Renvoie mon peuple pour qu'il me serve dans le désert. » Moïse et Jésus n'ont pas été les seuls qui disent que Dieu, dès le commencement, avait pris un soin tout particulier des Juifs, et que leur sort avait été toujours fort heureux. Il paraît que c'est là le sentiment de Paul, quoique cet homme ait toujours été vacillant dans ses opinions, et qu'il en ait changé si souvent sur le dogme de la nature de Dieu : tantôt soutenant que les Juifs avaient eu seuls l'héritage de Dieu, et tantôt assurant que les Grecs y avaient eu part; comme lorsqu'il dit[3] : « Est-ce qu'il était seulement le Dieu des Hébreux, ou l'était-il aussi des nations? certainement il l'était des nations. » Il est donc naturel de demander à Paul pourquoi, si Dieu a été non-seulement le Dieu des Juifs, mais aussi celui des autres peuples, il a comblé les Juifs de biens et de grâces, il leur a donné Moïse, la loi, les prophètes, et fait en leur faveur plusieurs miracles, et même des prodiges qui paraissent fabuleux. Entendez les Juifs, ils disent : « L'homme a mangé le pain des anges[4]. » Enfin Dieu a envoyé

et Chamos pour dieux. Aussi représentent-ils toujours leur dieu phénicien Adoni ou Adonaï comme jaloux des autres dieux. Tantôt ils le disent plus puissant que les dieux voisins, tantôt ils le disent plus faible. Sont-ils battus dans une vallée, ils disent que leur dieu est le dieu des montagnes, et qu'il n'est pas le dieu des vallées ; et chap. I des *Juges*, v. 19, qu'il n'a pu vaincre en rase campagne, parce que les ennemis avaient des chariots de guerre. Quelle pitié! des chars de guerre dans le pays montagneux de la Palestine, où il n'y avait que des ânes ; où la magnificence des fils d'Abimélec était d'avoir chacun un âne; où le brigand David, à qui l'on a fait l'honneur de l'appeler roi, n'avait pas un âne en propre quand il fut oint; où le prétendu roi Saül (*I Rois*, IX, 3) courait après les deux ânesses de son père quand il fut oint, avant David ! Il eût été à souhaiter que l'empereur Julien eût eu la patience d'entrer dans ces détails. Un homme à sa place n'en a pas le loisir, le catalogue des absurdités était trop immense.

1. Pour peu qu'on lise avec attention les *Épîtres* de Paul et les *Actes des Apôtres* et ceux de Thècle, on ne trouvera pas les expressions de l'empereur trop fortes.

2. *Exode*, chap. IV, v. 22, 23; chap. V, v. 3 ; chap. VII, v. 16.

3. *Épître aux Romains*, chap. III, v. 29.

4. Ce passage, dont l'empereur se moque avec tant de raison, est tiré du psaume LXXVII, v. 25. Ces psaumes sont un recueil d'hymnes qui ne sont qu'un éternel galimatias. On n'y voit que des montagnes qui reculent ou qui bondissent (Ps. CXIII, 3), la mer qui s'enfuit (*id.*, 3), le Seigneur qui aiguise ses flèches (Ps. XLIV, 3), qui met son épée sur sa cuisse. Et le but, le fond de presque tous ces hymnes, est d'exterminer ses voisins, d'éventrer les femmes, et d'écraser contre les murs les enfants à la mamelle (Ps. CXXXVI, 9).

Voici le passage dont il s'agit : « Et il envoya aux nuées d'en haut, et il ouvrit les portes du ciel ; et la manne plut pour manger, et il leur donna le pain du ciel ; et l'homme mangea le pain des anges. » Cela prouve manifestement que ces idiots reconnaissaient les anges corporels, mangeant, buvant, et engen-

aux Juifs Jésus, qui ne fut, pour les autres nations, ni un prophète, ni un docteur, ni même un prédicateur de cette grâce divine et future, à laquelle à la fin ils devaient avoir part. Mais avant ce temps il se passa plusieurs milliers d'années, où les nations furent plongées dans la plus grande ignorance, rendant, selon les Juifs, un culte criminel au simulacre des dieux. Toutes les nations qui sont situées sur la terre, depuis l'orient à l'occident, et depuis le midi jusqu'au septentrion, excepté un petit peuple habitant depuis deux mille ans une partie de la Palestine, furent donc abandonnées de Dieu. Mais comment est-il possible, si ce Dieu est le nôtre comme le vôtre, s'il a créé également toutes les nations, qu'il les ait si fort méprisées, et qu'il ait négligé tous les peuples de la terre? Quand même nous conviendrions avec vous que le Dieu de toutes les nations a eu une préférence marquée pour la vôtre, et un mépris pour toutes les autres, ne s'ensuivra-t-il pas de là que Dieu est envieux, qu'il est partial? Or comment Dieu peut-il être sujet à l'envie, à la partialité, et punir, comme vous le dites, les péchés des pères sur les enfants innocents? Est-il rien de si contraire à la nature divine, nécessairement bonne par son essence?

Mais considérez de nouveau ces choses chez nous. Nous disons que le Dieu suprême, le Dieu créateur, est le roi et le père commun de tous les hommes¹; qu'il a distribué toutes les nations à des dieux, à qui il en a commis le soin particulier, et qui les gouvernent de la manière qui leur est la meilleure et la plus convenable : car dans le Dieu suprême, dans le Père, toutes les choses sont parfaites et unes; mais les dieux créés agissent, dans les particulières qui leur sont commises, d'une manière différente. Ainsi Mars gouverne les guerres dans les nations, Minerve leur distribue et leur inspire la prudence, Mercure les instruit plutôt de ce qui orne leur esprit que de ce qui peut les rendre audacieuses. Les peuples suivent les impressions et les notions qui leur sont données par les dieux qui les gouvernent. Si l'expérience ne prouve pas ce que nous disons, nous consentons que nos opinions soient regardées comme des fables, et les vôtres comme des vérités. Mais si une expérience toujours uniforme et toujours certaine a vérifié nos sentiments et montré la fausseté des vôtres, auxquels elle n'a jamais répondu, pourquoi conservez-vous une croyance aussi fausse que l'est la vôtre? Apprenez-nous, s'il est possible, comment les Gaulois et les Germains sont audacieux, les Grecs et les Romains policés et humains, cependant courageux et belliqueux. Les Égyptiens sont ingénieux et spirituels; les Syriens, peu propres aux armes, sont prudents, rusés, et dociles. S'il n'y a pas une cause et une raison de la diversité des mœurs et des inclinations de ces nations, et qu'elle soit produite par le hasard², il faut nécessairement en conclure qu'aucune providence ne durant comme les hommes. Les livres juifs disent très-souvent que les anges mangèrent, que les anges couchèrent avec les filles des hommes, qu'ils firent naître des géants, etc.

1. Virgile, Æn., X, 743. (Éd.)
2. J'oserais n'être pas entièrement ici de l'avis de l'empereur Julien. Il me semble que ce n'est pas dans les caractères différents des peuples qu'on doit chercher les grandes preuves de la providence générale de l'Être suprême. On

gouverne le monde. Mais si cette diversité si marquée est toujours la même et est produite par une cause, qu'on m'apprenne d'où elle vient si c'est directement par le Dieu suprême.

Il est constant qu'il y a des lois établies chez tous les hommes, qui s'accordent parfaitement aux notions et aux usages de ces mêmes hommes. Ces lois sont humaines et douces chez les peuples qui sont portés à la douceur : elles sont dures et même cruelles chez ceux dont les mœurs sont féroces. Les différents législateurs, dans les instructions qu'ils ont données aux nations, se sont conformés à leurs idées; ils ont fort peu ajouté et changé à leurs principales coutumes. C'est pourquoi les Scythes regardèrent Anacharsis comme un insensé, parce qu'il avait voulu introduire des lois contraires à leurs mœurs.

La façon de penser des différentes nations ne peut jamais être changée entièrement. L'on trouvera fort peu de peuples situés à l'occident, qui cultivent la philosophie et la géométrie, et qui même soient propres à ce genre d'étude, quoique l'empire romain ait étendu si loin ses conquêtes. Si quelques-uns des hommes les plus spirituels de ces nations sont parvenus sans étude à acquérir le talent de s'énoncer avec clarté et avec quelque grâce, c'est à la simple force de leur génie qu'ils en sont redevables. D'où vient donc la différence éternelle des mœurs, des usages, des idées des nations?

Venons actuellement à la variété des langues, et voyons combien est fabuleuse la cause que Moïse lui donne. Il dit que les fils des hommes, ayant multiplié, voulurent faire une ville, et bâtir au milieu une grande tour[1] : Dieu dit alors qu'il descendrait, et qu'il confondrait leur

pourrait dire qu'un Romain et un Scythe diffèrent non-seulement par le climat, mais surtout par leur gouvernement et leur éducation. Ces deux causes qui rendirent autrefois ces deux nations respectables ayant absolument changé, les peuples ont changé aussi. La providence générale éclate, ce me semble, dans les lois immuables qu'elle a prescrites à la nature, dans la profonde géométrie avec laquelle l'univers est arrangé, dans le mécanisme inimitable des corps organisés, dans le prodige sans cesse renaissant des générations, dans le nombre prodigieux des moyens certains qui opèrent des fins certaines. Voilà ce que les Juifs et les chrétiens ignoraient, et ce que les philosophes ne savaient que très-confusément.

1. L'empereur Julien nous paraît aujourd'hui bien bon d'avoir daigné réfuter la fable absurde de la tour de Babel. Mais comme celle des géants qui firent la guerre aux dieux, et qui entassèrent Ossa sur Pélion, n'est pas moins extravagante, il fait très-bien de les comparer l'une avec l'autre. La seule différence est que les Grecs et les Romains ne croyaient rien de leur mythologie, et que les chrétiens étaient persuadés de la leur. La mythologie n'était point la religion de la Grèce et de Rome; mais, par un renversement d'esprit presque inconcevable, tous les livres juifs étaient devenus la religion des juifs et des chrétiens. Tout ce qu'un misérable scribe avait transcrit dans Jérusalem, et qui était compris dans le canon hébraïque, était réputé dicté par Dieu même. Ceux qu'on a depuis si ridiculement nommés païens ne tombèrent point dans cet excès qui déshonore la raison. Ils n'attribuèrent point aux dieux les fables absurdes d'Hésiode et d'Orphée. Les *Métamorphoses* d'Ovide n'ont jamais passé pour un livre sacré; et, parmi nous, l'histoire de Loth couchant avec ses deux filles, sa femme Édith changée en statue de sel, et la tour de Babel, sont des ouvrages du Saint-Esprit.

La première éducation de nos enfants est de leur apprendre ces sottises, qu'ils mépriseront bientôt. Misérables que vous êtes! apprenez-leur à connaître un seul Dieu, à l'aimer, à être justes. Voulez-vous qu'ils soient honnêtes gens, empêchez-les de lire la *Bible*.

langage. Pour qu'on ne me soupçonne pas d'altérer les paroles de Moïse, je les rapporterai ici[1]. « Ils dirent (les hommes) : « Venez, bâtis-« sons une ville et une tour dont le sommet aille jusqu'au ciel, et acqué-« rons-nous de la réputation avant que nous soyons dispersés sur la « surface de la terre. » Et le Seigneur descendit pour voir la ville et la tour que les fils des hommes avaient bâties : et le Seigneur dit : « Voici, ce « n'est qu'un même peuple, ils ont un même langage, et ils commencent « à travailler, et maintenant rien ne les empêchera d'exécuter ce qu'ils « ont projeté. Or çà, descendons et confondons leur langage, afin qu'ils « n'entendent pas le langage l'un de l'autre. » Ainsi le Seigneur les dispersa de là par toute la terre, et ils cessèrent de bâtir leur ville. » Voilà les contes fabuleux auxquels vous voulez que nous ajoutions foi : et vous refusez de croire ce que dit Homère des Aloïdes, qui mirent trois montagnes l'une sur l'autre pour se faire un chemin jusqu'au ciel. Je sais que l'une et l'autre de ces histoires sont également fabuleuses; mais puisque vous admettez la vérité de la première, pourquoi refusez-vous de croire à la seconde ? Ces contes sont également ridicules : je pense qu'on ne doit pas ajouter plus de foi aux uns qu'aux autres ; je crois même que ces fables ne doivent pas être proposées comme des vérités à des hommes ignorants. Comment peut-on espérer de leur persuader que tous les hommes habitant dans une contrée, et se servant de la même langue, n'aient pas senti l'impossibilité de trouver, dans ce qu'ils ôteraient de la terre, assez de matériaux pour élever un bâtiment qui allât jusqu'au ciel? Il faudrait employer tout ce que les différents côtés de la terre contiennent de solide, pour pouvoir parvenir jusqu'à l'orbe de la lune. D'ailleurs quelle étendue les fondements et les premiers étages d'un semblable édifice ne demanderaient-ils pas ? Mais supposons que tous les hommes de l'univers se réunissant ensemble, et parlant la même langue, eussent voulu épuiser la terre de tous les côtés, et en employer toute la matière pour élever un bâtiment ; quand est-ce que ces hommes auraient pu parvenir au ciel, quand même l'ouvrage qu'ils entreprenaient eût été de la construction la plus simple? Comment donc pouvez-vous débiter et croire une fable aussi puérile? et comment pouvez-vous vous attribuer la connaissance de Dieu, vous qui dites qu'il fit naître la confusion des langues, parce qu'il craignit les hommes? Peut-on avoir une idée plus absurde de la Divinité?

Mais arrêtons-nous encore quelque temps sur ce que Moïse dit de la confusion des langues. Il l'attribue à ce que Dieu craignit que les hommes, parlant un même langage, ne vinssent l'attaquer jusque dans le ciel. Il en descendit donc apparemment pour venir sur la terre ; car où pouvait-il descendre ailleurs? c'était mal prendre ses précautions : puisqu'il craignait que les hommes ne l'attaquassent dans le ciel, à plus forte raison devait-il les appréhender sur la terre. A l'occasion de cette confusion des langues, Moïse ni aucun autre prophète n'a parlé de la cause de la différence des mœurs et des lois des hommes, quoiqu'il y ait encore plus d'oppositions et de contrariétés dans les

---

1. *Genèse*, chap. XI, v. 4-8.

mœurs et dans les lois des nations, que dans leur langage. Quel est le Grec¹ qui ne regarde comme un crime de connaître charnellement sa mère, sa fille, et même sa sœur? Les Perses pensent différemment; ces incestes ne sont point criminels chez eux. Il n'est pas nécessaire, pour faire sentir la diversité des mœurs, que je montre combien les Germains aiment la liberté, avec quelle impatience ils sont soumis à une domination étrangère; les Syriens, les Perses, les Parthes, sont au contraire doux, paisibles, ainsi que toutes les autres nations qui sont à l'orient et au midi. Si cette contrariété de mœurs, de lois, chez les différents peuples, n'est que la suite du hasard, pourquoi ces mêmes peuples, qui ne peuvent rien attendre de mieux de l'Être suprême, honorent-ils et adorent-ils un être dont la providence ne s'étend point sur eux? Car celui qui ne prend aucun soin du genre de vie, des mœurs, des coutumes, des règlements, des lois, et de tout ce qui concerne l'état civil des hommes, ne saurait exiger un culte de ces mêmes hommes, qu'il abandonne au hasard, et aux âmes desquels il ne prend aucune part. Voyez combien votre opinion est ridicule dans les biens qui concernent les hommes : observons ici que ceux qui regardent l'esprit sont bien au-dessus de ceux du corps. Si donc l'Être suprême a méprisé le bonheur de nos âmes, n'a pris aucune part à ce qui pouvait rendre notre état heureux, ne nous a jamais envoyé, pour nous instruire, des docteurs, des législateurs, mais s'est contenté d'avoir soin des Hébreux, de les faire instruire par Moïse et par les prophètes, de quelle espèce de grâce pouvons-nous le remercier? Loin qu'un sentiment aussi injurieux à la divinité suprême soit véritable, voyez combien nous lui devons de bienfaits qui vous sont inconnus. Elle nous a donné des dieux et des protecteurs qui ne sont point inférieurs à celui que les Juifs ont adoré dès le commencement, et que

1. Il faut ou qu'on ait altéré le texte de Julien, ou qu'il se soit trompé : car il était permis aux Grecs d'épouser leurs sœurs consanguines, et non pas leurs sœurs utérines. Il n'était point du tout permis chez les Perses d'épouser sa mère, comme Julien le dit. C'était un bruit populaire, accrédité chez les Romains pour rendre plus odieux les Persans, leurs ennemis. Jamais les Romains ne connurent les mœurs persanes, parce qu'ils n'apprirent jamais la langue. Ils avaient des notions aussi fausses sur les Perses, que les Italiens en eurent sur les Turcs au XVIᵉ siècle.

Mais le raisonnement de l'empereur est très-concluant. Si Dieu a été assez indigne de la divinité pour n'aimer que la horde juive, pour ne vouloir être servi, être connu que par elle, les autres nations ne lui doivent rien. Elles sont en droit de lui dire: « Règnes sur Issachar et sur Zabulon; nous ne vous connaissons pas. » C'est un blasphème horrible, de quelque côté qu'on se tourne.

Il est certain que la Providence a pris le même soin de tous les hommes, qu'elle a mis entre eux les différences qui viennent du climat, qu'elle a tout fait ou que tout s'est fait sans lui. Dieu est le Dieu de l'univers, ou il n'y a point de Dieu. Celui qui nie la Divinité est un insensé. Mais celui qui dit : « Dieu n'aime que moi et il méprise tout le reste, » est un barbare détestable et l'ennemi du genre humain. Tels étaient les Juifs ; et il y a bien paru. Les chrétiens qui leur ont succédé, ont senti, malgré leurs absurdités, toute l'horreur de ce système. Pour diminuer cette horreur, ils ont dit : « Tout le monde sera chrétien. » Pour y parvenir, ils ont prêché, persécuté, et tué. Mais ils ont été exterminés, chassés de l'Asie, de l'Afrique, et de la plus belle partie de l'Europe. Les Arabes et les Turcs ont vengé, sans le savoir, l'empereur Julien.

Moïse dit n'avoir eu d'autre soin que celui des Hébreux. La marque évidente que le Créateur de l'univers a connu que nous avions de lui une notion plus exacte et plus conforme à sa nature que n'en avaient les Juifs, c'est qu'il nous a comblés de biens, nous a donné en abondance ceux de l'esprit et ceux du corps, comme nous le verrons dans peu. Il nous a envoyé plusieurs législateurs dont les moindres n'étaient pas inférieurs à Moïse, et les autres lui étaient bien supérieurs.

S'il n'est pas vrai que l'Être suprême a donné le gouvernement particulier de chaque nation à un dieu, à un génie qui régit et protége un certain nombre d'êtres animés, qui sont commis à sa garde, aux mœurs et aux lois desquels il prend part, qu'on nous apprenne d'où viennent, dans les lois et les mœurs des hommes, la différence qui s'y trouve. Répondre que cela se fait par la volonté de Dieu, c'est ne nous apprendre rien. Il ne suffit pas d'écrire dans un livre : « Dieu a dit, et les choses ont été faites; » car il faut voir si ces choses qu'on dit avoir été faites par la volonté de Dieu, ne sont pas contraires à l'essence des choses : auquel cas elles ne peuvent avoir été faites par la volonté de Dieu, qui ne peut changer l'essence des choses. Je m'expliquerai plus clairement. Par exemple, Dieu commanda que le feu s'élevât, et que la terre fût au-dessous. Il fallait donc que le feu fût plus léger et la terre plus pesante. Il en est ainsi de toutes les choses. Dieu ne saurait faire que l'eau fût du feu, et le feu de l'eau en même temps, parce que l'essence de ces éléments ne peut permettre ce changement, même par le pouvoir divin. Il en est de même des essences divines que des mortelles, elles ne peuvent être changées. D'ailleurs il est contraire à l'idée que nous avons de Dieu, de dire qu'il exécute des choses qu'il sait être contraires à l'ordre, et qu'il veut détruire ce qui est bien selon sa nature. Les hommes peuvent penser d'une manière aussi peu juste, parce qu'étant nés mortels ils sont faibles, sujets aux passions, et portés au changement. Mais Dieu étant éternel, immuable, ce qu'il a ordonné doit l'être aussi. Toutes les choses qui existent sont produites par leur nature, et conformes à cette même nature. Comment est-ce que la nature pourrait donc agir contre le pouvoir divin, et s'éloigner de l'ordre dans lequel elle doit être nécessairement? Si Dieu donc avait voulu que non-seulement les langues des nations, mais leurs mœurs et leurs lois fussent confondues et changées tout à coup, cela étant contraire à l'essence des choses, il n'aurait pu le faire par sa seule volonté; il aurait fallu qu'il eût agi selon l'essence des choses : or il ne pouvait changer les différentes natures des êtres qui s'opposaient invinciblement à ce changement subit. Ces différentes natures s'aperçoivent non-seulement dans les esprits, mais encore dans les corps des hommes nés dans différentes nations. Combien les Germains et les Scythes ne sont-ils pas entièrement différents des Africains et des Éthiopiens? Peut-on attribuer une aussi grande différence au simple ordre qui confondit les langues? et n'est-il pas plus raisonnable d'en chercher l'origine dans l'air, dans la nature du climat, dans l'aspect du ciel, et chez les dieux qui gouvernent ces hommes dans des climats opposés l'un à l'autre?

Il est évident que Moïse a connu cette vérité, mais il a cherché à la déguiser et à l'obscurcir. C'est ce qu'on voit clairement, si l'on fait attention qu'il a attribué la division des langues non à un seul Dieu, mais à plusieurs. Il ne dit pas que Dieu descendit seul ou accompagné d'un autre; il écrit *qu'ils descendirent plusieurs*[1]. Il est donc certain qu'il a cru que ceux qui descendirent avec Dieu étaient d'autres dieux. N'est-il pas naturel de penser que s'ils se trouvèrent à la confusion des langues, et s'ils en furent la cause, ils furent aussi celle de la diversité des mœurs et des lois des nations lors de leur dispersion?

Pour réduire en peu de mots ce dont je viens de parler amplement, je dis que si le dieu de Moïse est le Dieu suprême, le Créateur du monde, nous l'avons mieux connu que le législateur hébreu, nous qui le regardons comme le père et le roi de l'univers, dont il a été le créateur. Nous ne croyons pas que parmi les dieux qu'il a donnés aux peuples, et auxquels il en a confié le soin, il ait favorisé l'un beaucoup plus que l'autre. Mais quand même Dieu en aurait favorisé un, et lui aurait attribué le gouvernement de l'univers, il faudrait croire que c'est à un de ceux qu'il nous a donnés, à qui il a accordé cet avantage. N'est-il pas plus naturel d'adorer à la place du Dieu suprême celui qu'il aurait chargé de la domination de tout l'univers, que celui auquel il n'aurait confié le soin que d'une très-petite partie de ce même univers?

Les Juifs vantent beaucoup les lois de leur *Décalogue*[2]. « Tu ne voleras point. Tu ne tueras pas. Tu ne rendras pas de faux témoignage. » Ne voilà-t-il pas des lois bien admirables, et auxquelles il a fallu beaucoup penser pour les établir! Plaçons ici les autres préceptes du *Décalogue*, que Moïse assure avoir été dictés par Dieu même. « Je suis le Seigneur

1. La Vulgate, Genèse, XI, 5, n'a pas le pluriel. (*Note de M. Beuchot.*)
2. *Deutéronome*, chap. V. Julien a très-grande raison sur le *Décalogue*. Il n'y a point de peuple policé qui n'ait eu des lois semblables et beaucoup plus détaillées. Les lois données par le premier Zoroastre, confirmées par le second, et rédigées dans le *Sadder*, sont d'une morale cent fois plus utile et plus sublime. En voici les principaux articles :
Évitez les moindres péchés.
Connaissez-vous vous-même.
Ne désespérez point de la miséricorde divine.
Cherchez toutes les occasions de faire le bien.
Abhorrez la pédérastie.
Récitez des prières avant de manger votre pain, et partagez-le avec les pauvres.
Ne négligez pas l'expiation du baptême.
Priez Dieu en vous couchant.
Gardez vos promesses.
Quand vous doutez si une chose est juste, abstenez-vous en.
Donnez du pain à vos chiens puisqu'ils vous servent.
N'offensez jamais votre père qui vous a élevé, ni votre mère qui vous a porté neuf mois dans son sein.
(Ce précepte est bien éloigné de la prétendue permission de commettre un inceste sa mère.)
Nous ne pousserons pas plus loin cette comparaison des lois persanes avec les hébraïques. Nous dirons seulement que les lois de Zaleucus sont bien supérieures, et la morale de Marc-Aurèle et d'Épictète supérieures encore à celle de Zaleucus.

ton Dieu, qui t'ai retiré de la terre d'Égypte. Tu n'auras point d'autre Dieu que moi. Tu ne te feras pas des simulacres. » En voici la raison. « Je suis le Seigneur ton Dieu, qui punis les péchés des pères sur les enfants; car je suis un Dieu jaloux. Tu ne prendras pas mon nom en vain. Souviens-toi du jour du Sabbat. Honore ton père et ta mère. Ne commets pas d'adultère. Ne tue point. Ne rends pas de faux témoignage, et ne désire pas le bien de ton prochain. » Quelle est la nation qui connaisse les dieux, et qui ne suive pas tous ces préceptes, si l'on en excepte ces deux : « Souviens-toi du Sabbat, et n'adore pas les autres dieux? » Il y a des peines ordonnées par tous les peuples contre ceux qui violent ces lois. Chez certaines nations ces peines sont plus sévères que chez les Juifs; chez d'autres elles sont les mêmes que parmi les Hébreux : quelques peuples en ont établi de plus humaines.

Mais considérons ce passage, « Tu n'adoreras point les dieux des autres nations. » Ce discours est indigne de l'Être suprême, qui devient, selon Moïse, un dieu jaloux[1]. Aussi cet Hébreu dit-il dans un autre endroit: *Notre Dieu est un feu dévorant*[2]. Je vous demande si un homme jaloux et envieux ne vous paraît pas digne de blâme; comment pouvez-vous donc croire que Dieu soit susceptible de haine et de jalousie, lui qui est la souveraine perfection? est-il convenable de parler aussi mal de la nature, de l'essence de Dieu, de mentir aussi manifestement? Montrons plus clairement l'absurdité de vos opinions. Si Dieu est jaloux, il s'ensuit nécessairement que les autres dieux sont adorés malgré lui : cependant ils le sont par toutes les autres nations. Or, pour contenter sa jalousie, pourquoi n'a-t-il pas empêché que les hommes ne rendissent un culte à d'autre dieu qu'à lui? En agissant ainsi, ou il a manqué de pouvoir, ou au commencement il n'a pas voulu défendre le culte des autres dieux, il l'a toléré, et même permis. La première de ces propositions est impie, car qui peut borner la puissance de Dieu? La seconde soumet Dieu à toutes les faiblesses humaines: il permet une chose, et la défend ensuite par jalousie; il souffre pendant longtemps que toutes les nations tombent dans l'erreur. N'est-ce pas agir comme les hommes les moins louables, que de permettre le mal pouvant l'empêcher? Cessez de soutenir des erreurs qui vous rendent odieux à tous les gens qui pensent.

Allons plus avant. Si Dieu veut être seul adoré, pourquoi, Galiléens, adorez-vous ce prétendu fils que vous lui donnez, qu'il ne connut jamais[3], et dont il n'a aucune idée? Je ne sais par quelle raison vous

---

1. Julien prouve très-bien que la qualité de dieu jaloux déshonore la Divinité. De plus, ce terme de jaloux marque évidemment que les Juifs reconnaissaient d'autres dieux sur lesquels il voulait l'emporter.
Si leur dieu était jaloux, il était donc faible, impuissant. On n'est point jaloux quand on a l'empire suprême. Il n'y a rien à répliquer à ce que dit l'empereur Julien. C'est en vain qu'on répond : « Dieu est jaloux de nos hommages, jaloux de notre amour. » C'est faire de Dieu une coquette qui veut que son amant n'ait point d'autre maîtresse. Mais cette jalousie suppose qu'en effet cette femme a des rivales. Si elle n'en a point, elle est folle de les craindre.

2. *Deutér.*, IV, 24. (ÉD.)

3. Jusqu'au temps du fougueux Athanase, on ne reconnut jamais Jésus pour

vous efforcez de lui donner un substitut, et de mettre un autre à sa place.

Il n'est aucun mortel aussi sujet à la violence des passions que le Dieu des Hébreux. Il se livre sans cesse à l'indignation, à la colère, à la fureur; il passe dans un moment d'un parti à l'autre. Ceux qui parmi vous, Galiléens, ont lu le livre auquel les Hébreux donnent le nom de *Nombres*, connaissent la vérité de ce que je dis. Après que l'homme qui avait amené une Madianite, qu'il aimait, eut été tué lui et cette femme par un coup de javeline, Dieu dit à Moïse[1]: « Phinées, fils d'Éléazar, fils d'Aaron le sacrificateur, a détourné ma colère de dessus les enfants d'Israël, parce qu'il a été animé de mon zèle au milieu d'eux, et je n'ai point consumé et réduit en cendres les enfants d'Israël par mon ardeur. » Peut-on voir une cause plus légère que celle pour laquelle l'écrivain hébreu représente l'Être suprême livré à la plus terrible colère? et que peut-on dire de plus absurde et de plus contraire à la nature de Dieu? Si dix hommes, quinze si l'on veut, mettons-en cent, allons plus avant, mille, ont désobéi aux ordres de Dieu, faut-il, pour punir dix hommes, et même mille, en faire périr vingt-quatre mille[2], comme il arriva dans cette occasion? Combien n'est-il pas plus conforme à la nature de Dieu de sauver un coupable avec mille innocents que de perdre un coupable en perdant mille innocents? Le Créateur du ciel et de la terre se livre à de si grands excès de colère, qu'il a voulu plusieurs fois détruire entièrement la nation des Juifs, cette nation

Dieu. On ne lui fait point prononcer ce blasphème dans les Évangiles. *Fils de Dieu* signifiait un homme attaché à la loi de Dieu, comme *fils de Bélial* signifiait un homme débauché, un pervers. Loin d'oser l'égaler à Dieu, on lui fait dire : « Mon père est plus grand que moi (Jean, xiv, 28) ; il n'y a que mon père qui sache ces choses (Luc, xii, 30) ; je vais à Dieu, je vais à mon père (Jean, xiv, 12, 28). »

Paul lui-même ne dit jamais que Jésus soit Dieu, il dit tout le contraire. (Épître aux Romains, v, 15) « Le don de Dieu s'est répandu sur nous par un seul homme, qui est Jésus-Christ. — (*Id.*, xvi, 27) A Dieu, qui est le seul sage, honneur et gloire par Jésus. — Nous (*Id.*, viii, 17), les héritiers de Dieu et cohéritiers de Christ. — Tout lui est assujetti, en exceptant sans doute Dieu. »

On ne peut dire ni plus positivement, ni plus souvent que Jésus n'était qu'un homme. On s'enhardit peu à peu. D'abord on le fait oint, messie, puis fils de Dieu, puis enfin Dieu. On était encouragé à ce comble de hardiesse par les Grecs et les Romains, qui divinisèrent tant de héros. C'est ainsi que tout s'établit. Le premier pas effraye; le dernier ne coûte plus rien.

1. *Nombres*, chap. xxv, v. 10-12. Rien n'est plus horrible que les assassinats sacrés dont les livres juifs fourmillent. On en compte plus de trois cent mille, et cela pour les causes les plus légères. Heureusement tant d'assassinats sont incroyables. Il faut que ceux qui se plurent à les écrire eussent des âmes aussi insensées qu'atroces. Tous ces contes sont infiniment au-dessous de l'histoire de Gargantua, qui avalait sept pèlerins en mangeant des laitues. Du moins Rabelais donnait son extravagant roman pour ce qu'il était, et on ose faire Dieu auteur du roman où il est dit qu'on tue en un jour vingt-quatre mille Juifs pour une Madianite.

2. Voyez : un homme des enfants d'Israël vint, et amena à ses frères une Madianite : ce que Phinées, fils d'Éléazar, ayant vu, il se leva du milieu de l'assemblée, et prit une javeline en main ; et il entra vers l'homme israélite dans la tente, et les transperça tous deux par le ventre, l'homme Israélite, et la femme ; et la plaie fut arrêtée, et il y en eut vingt-quatre mille qui moururent de cette plaie. *Nombres*, chap. xxv, v. 6 et suiv.

qui lui était si chère. Si là violence d'un génie, si celle d'un simple héros peut être funeste à tant de villes, qu'arriverait-il donc aux démons, aux anges, à tous les hommes sous un Dieu aussi violent et aussi jaloux que celui de Moïse?

Comparons maintenant non Moïse, mais le dieu de Moïse, à Lycurgue qui fut un législateur sage, à Solon qui fut doux et clément, aux Romains qui usèrent de tant de bonté et de tant d'équité envers les criminels.

Apprenez, Galiléens, combien nos lois et nos mœurs sont préférables aux vôtres. Nos législateurs et nos philosophes nous ordonnent d'imiter les dieux autant que nous pouvons; ils nous prescrivent, pour parvenir à cette imitation, de contempler et d'étudier la nature des choses. C'est dans la contemplation, dans le recueillement, et les réflexions de l'âme sur elle-même, que l'on peut acquérir les vertus qui nous approchent des dieux, et nous rendent, pour ainsi dire, semblables à eux. Mais qu'apprend chez les Hébreux l'imitation de leur dieu? elle enseigne aux hommes à se livrer à la fureur, à la colère, et à la jalousie la plus cruelle. « Phinées[1], dit le Dieu des Hébreux, a apaisé ma fureur, parce qu'il a été animé de mon zèle contre les enfants d'Israël. » Ainsi le dieu des Hébreux cesse d'être en colère s'il trouve quelqu'un qui partage son indignation et son chagrin. Moïse parle de cette manière en plusieurs endroits de ses écrits.

Nous pouvons prouver évidemment que l'Être suprême ne s'en est pas tenu à prendre soin des Hébreux, mais que sa bonté et sa providence se sont étendues sur toutes les autres nations; elles ont même reçu plus de grâces que les Juifs. Les Égyptiens ont eu beaucoup de sages qui ont fleuri chez eux, et dont les noms sont connus. Plusieurs de ces sages ont succédé à Hermès; je parle de cet Hermès, qui fut le troisième de ce nom qui vint en Égypte. Il y a eu chez les Chaldéens et chez les Assyriens un grand nombre de philosophes depuis Annus[2] et Bélus; et chez les Grecs une quantité considérable depuis Chiron, parmi lesquels il y a eu des hommes éclairés, qui ont perfectionné les arts, et interprété les choses divines. Les Hébreux se vantent ridiculement d'avoir tous ces grands hommes dans un seul. Mais David et Samson méritent plutôt le mépris que l'estime des gens éclairés. Ils ont d'ailleurs été si médiocres dans l'art de la guerre, et si peu comparables aux Grecs, qu'ils n'ont pu étendre leur domination au delà des bornes d'un très-petit pays.

Dieu a donné à d'autres nations qu'à celle des Hébreux la connaissance des sciences et de la philosophie. L'astronomie, ayant pris naissance chez les Babyloniens, a été perfectionnée par les Grecs; la géométrie, inventée par les Égyptiens pour faciliter la juste division

---

1. *Nombres*, chap. xxv, 11. (Éd.)

2. Il est à souhaiter que Julien nous eût dit quels étaient cet Hermès, cet Annus, et ce Bélus. Hermès n'est point un nom égyptien; Annus et Bélus ne sont point des noms chaldéens. Hermès était l'ancien Thaut, que Sanchoniathon dit d'avoir vécu huit cents ans avant lui, et dont il cite les ouvrages. Or Sanchoniathon était contemporain de Moïse, tout au moins, s'il n'était pas plus ancien. Nous n'avons aucun fragment de l'antiquité qui parle des livres de Bel, qu'on a nommé Bélus. Pour Annus, il est absolument inconnu.

des terres, a été poussée au point où elle est aujourd'hui par ces mêmes Grecs. Ils ont encore réduit en art et fait une science utile des nombres, dont la connaissance avait commencé chez les Phéniciens. Les Grecs se servirent ensuite de la géométrie, de l'astronomie, de la connaissance des nombres, pour former un troisième art. Après avoir joint l'astronomie à la géométrie, et la propriété des nombres à ces deux sciences, ils y unirent la modulation, formèrent leur musique, la rendirent mélodieuse, harmonieuse, capable de flatter l'oreille par les accords et par la juste proportion des sons.

Continuerai-je de parler des différentes sciences qui ont fleuri dans toutes les nations, ou bien ferai-je mention des hommes qui s'y sont distingués par leurs lumières et par leur probité? Platon, Socrate, Aristide, Cimon, Thalès, Lycurgue, Agésilas, Archidamus; enfin, pour le dire en un mot, les Grecs ont eu un peuple de philosophes, de grands capitaines, de législateurs, d'habiles artistes; et même les généraux d'armée qui parmi eux ont été regardés comme les plus cruels et les plus scélérats, ont agi, envers ceux qui les avaient offensés, avec beaucoup plus de douceur et de clémence que Moïse à l'égard de ceux de qui il n'avait reçu aucune offense.

De quel règne glorieux et utile aux hommes vous parlerai-je? sera-ce de celui de Persée, d'Éaque, ou de Minos, roi de Crète? Ce dernier purgea la mer des pirates, après avoir mis les barbares en fuite, depuis la Syrie jusqu'en Sicile. Il établit sa domination non-seulement sur toutes les villes, mais encore sur toutes les côtes maritimes. Le même Minos, ayant associé son frère à son royaume, lui donna à gouverner une partie de ses sujets. Minos établit des lois admirables, qui lui avaient été communiquées par Jupiter; et c'était selon ces lois que Rhadamante exerçait la justice.

Mais qu'a fait votre Jésus, qui, après avoir séduit quelques Juifs des plus méprisables, est connu seulement depuis trois cents ans? pendant le cours de sa vie il n'a rien exécuté dont la mémoire soit digne de passer à la postérité, si ce n'est que l'on ne mette au nombre des grandes actions qui ont fait le bonheur de l'univers, la guérison de quelques boiteux et de quelques démoniaques[1] des petits villages de Bethsaïda et de Béthanie.

Après que Rome eut été fondée, elle soutint plusieurs guerres, se défendit contre les ennemis qui l'environnaient, et en vainquit une

---

1. C'est ici ce qu'on appelle un argument *ad hominem*. « Je vous passe la guérison de quelques boiteux, de quelques démoniaques, » Il semble qu'en effet Julien avait le faible de croire à toutes les guérisons miraculeuses d'Esculape, et qu'avec tous les Grecs et tous les Romains, il reconnaissait des démoniaques. Toutes les maladies inconnues étaient attribuées aux mauvais génies chez les Romains et chez les Grecs. Les Juifs n'avaient pas manqué d'ajouter cette superstition à toutes celles dont ils étaient accablés. L'exorcisme était établi depuis longtemps chez eux comme chez les Grecs. Julien dit donc aux chrétiens : Vous exorcisez, et nous aussi, « vous guérissez des boiteux, et nous aussi. » Il pouvait même ajouter : « Vous avez ressuscité des morts, et nous aussi. » Car chez les Grecs, Pélops, Hippolyte, Eurydice furent ressuscités. Apollon fut chassé du ciel pour avoir ressuscité trop de morts. Il semble que les nations aient disputé à qui dirait le plus de sottises.

grande partie; mais le péril étant augmenté, et par conséquent le secours lui étant devenu plus nécessaire, Jupiter lui donna Numa, qui fut un homme d'une vertu admirable, qui, se retirant souvent dans des lieux écartés, conversait avec les dieux familièrement, et recevait d'eux des avis très-salutaires sur les lois qu'il établit et sur le culte des choses religieuses.

Il paraît que Jupiter donna lui-même une partie de ces institutions divines à la ville de Rome, par des inspirations à Numa, par la Sibylle, et par ceux que nous appelons devins. Un bouclier[1] tomba du ciel; on trouva une tête en creusant sur le mont Capitolin, d'où le temple du grand Jupiter prit son nom. Mettrons-nous ces bienfaits et ces présents des dieux au nombre des premiers ou des seconds qu'ils font aux nations? Mais vous, Galiléens, les plus malheureux des mortels par votre prévention, lorsque vous refusez d'adorer le bouclier tombé du ciel, honoré depuis tant de siècles par vos ancêtres comme un gage certain de la gloire de Rome, et comme une marque de la protection directe de Jupiter et de Mars, vous adorez le bois d'une croix, vous en faites le signe sur votre front, et vous le placez dans le plus fréquenté de vos appartements. Doit-on haïr, ou plaindre et mépriser ceux qui passent chez vous pour être les plus prudents, et qui tombent cependant dans des erreurs si funestes? ces insensés, après avoir abandonné le culte des dieux éternels, suivi par leurs pères, prennent pour leur dieu un homme mort chez les Juifs.

L'inspiration divine que les dieux envoient aux hommes n'est le partage que de quelques-uns, dont le nombre est petit; il est difficile d'avoir part à cet avantage, et le temps n'en peut être fixé. Ainsi les oracles et les prophéties non-seulement n'ont plus lieu chez les Grecs, mais même chez les Égyptiens. L'on voit des oracles fameux cesser dans la révolution des temps : c'est pourquoi Jupiter, le protecteur et le bienfaiteur des hommes, leur a donné l'observation des choses qui servent à la divination, afin qu'ils ne soient pas entièrement privés de la société des cieux, et qu'ils reçoivent, par la connaissance de cette science, les choses qui leur sont nécessaires.

Peu s'en est fallu que je n'aie oublié le plus grand des bienfaits de Jupiter et du Soleil : ce n'est pas sans raison que j'ai différé d'en parler jusqu'à présent. Ce bienfait ne regarde pas les seuls Grecs, mais toutes les nations qui y ont eu part. Jupiter ayant engendré Esculape[2]

---

1. Julien pouvait se passer de citer ce bouclier tombé du ciel. S'il est abominable d'adorer une croix, il est ridicule de révérer un bouclier.

Tous les peuples ont adopté de pareilles rêveries. On gardait dans Jérusalem un boisseau de la manne céleste. Les rois francs ont eu leur ampoule apportée par un pigeon, et leur oriflamme leur fut donnée par un ange. La maison de Lorette est venue par les airs. Ces bêtises sont inventées dans des temps grossiers. On en rit ensuite, et on les laisse subsister pour la populace qui les aime. Mais il vient un temps où le plus bas peuple n'en veut plus. Les savetiers de Stockholm, d'Amsterdam, de Londres, de Berlin, les réprouvent. Il est temps que le reste de l'Europe devienne raisonnable.

2. Il faut plaindre Julien, s'il a cru de bonne foi à Esculape. Mais il dit : « Ce sont des vérités couvertes par la fable. » Il semble que le fond de sa pensée soit ulement que la médecine est un don de Dieu, que la Providence a mis sur

(ce sont des vérités couvertes par la fable et que l'esprit peut seul connaître), ce dieu de la médecine fut vivifié dans le monde par la fécondité du soleil. Un dieu si salutaire aux hommes étant donc descendu du ciel, sous la forme humaine, parut d'abord à Épidaure; ensuite il étendit une main secourable par toute la terre. D'abord Pergame se ressentit de ses bienfaits, ensuite l'Ionie et Tarente : quelque temps après Rome, l'île de Cos, et les régions de la mer Égée. Enfin toutes les nations eurent part aux faveurs de ce dieu, qui guérit également les maladies de l'esprit et celles du corps, détruit les vices du premier et les infirmités du second.

Les Hébreux peuvent-ils se vanter d'avoir reçu un pareil bienfait de l'Être suprême? Cependant, Galiléens, vous nous avez quittés, et vous avez, pour ainsi dire, passé comme des transfuges auprès des Hébreux. Du moins vous eussiez dû, après vous être joints à eux, écouter leurs discours, vous ne seriez pas actuellement aussi malheureux que vous l'êtes; et quoique votre sort soit beaucoup plus mauvais que lorsque vous étiez parmi nous, on pourrait le regarder comme supportable, si, après avoir abandonné les dieux, vous en eussiez du moins reconnu un, et n'eussiez pas adoré un simple homme comme vous faites aujourd'hui. Il est vrai que vous auriez toujours été malheureux d'avoir embrassé une loi remplie de grossièreté et de barbarie; mais, quant au culte que vous auriez, il serait bien plus pur et plus raisonnable que celui que vous professez : il vous est arrivé la même chose qu'aux sangsues, vous avez tiré le sang le plus corrompu, et vous avez laissé le plus pur.

Vous n'avez point recherché ce qu'il y avait de bon chez les Hébreux, vous n'avez été occupés qu'à imiter leur mauvais caractère et leur fureur : comme eux vous détruisez les temples et les autels. Vous égorgez non-seulement ceux qui sont chrétiens, auxquels vous donnez le nom d'hérétiques[1], parce qu'ils ont des dogmes différents des vôtres

---

la terre les remèdes à côté des maux, et que cette même Providence accorde à quelques hommes le talent très-rare d'être de bons médecins. Il faut du génie dans cet art comme dans tous les autres. Hippocrate était certainement un homme de génie ; et quand l'empereur reproche aux Hébreux de n'avoir jamais eu de pareils hommes, le reproche est très-juste. Ils n'eurent d'artistes en aucun genre. Ils avouent eux-mêmes que quand ils voulurent enfin avoir un temple comme les autres nations, au lieu de promener un coffre de bourgade en bourgade, leur magnifique roi Salomon (*III Rois*, v, 6) fut obligé de demander des ouvriers au roi de Tyr : ce qui cadre fort mal avec la prétendue sculpture et la prétendue dorure de leur coffre dans le désert. Il faut avoir des forgerons et des menuisiers avant d'avoir des médecins. Le peuple juif fut toujours le plus ignorant des peuples de Syrie : aussi fut-il le plus superstitieux et le plus barbare.

1. C'est ici où Julien triomphe. La conduite réciproque des athanasiens et des ariens est monstrueuse ; et malheureusement les chrétiens ont toujours été agités de cette même fureur, dont les massacres de Paris et d'Irlande ont été la suite exécrable.

Telle est la funeste contradiction qui fait la base du christianisme, que cette secte a toujours cru aux livres juifs, en abhorrant, en massacrant les Juifs. Phinées (*Nombres*, xxv, 9) fait tuer vingt-quatre mille de ses compatriotes ; donc nous devons tuer tous ceux qui ne pensent pas comme nous. Moïse (*Exode*, xxxii, 28) en fait égorger un jour vingt-trois mille. Samson met le feu aux

sur le Juif mis à mort par les Hébreux; mais les opinions que vous soutenez sont des chimères que vous avez inventées; car ni Jésus ni Paul ne vous ont rien appris sur ce sujet. La raison en est toute simple: c'est qu'ils ne se sont jamais figuré que vous parvinssiez à ce degré de puissance que vous avez atteint. C'était assez pour eux de pouvoir tromper quelques servantes et quelques pauvres domestiques; de gagner quelques femmes et quelques hommes du peuple comme Cornelius et Sergius[1]. Je consens de passer pour un imposteur, si, parmi tous les hommes qui, sous le règne de Tibère et de Claude, ont embrassé le christianisme, on peut en citer un qui ait été distingué ou par sa naissance ou par son mérite.

Je sens un mouvement qui paraît m'être inspiré, et qui m'oblige tout à coup, Galiléens, à vous demander pourquoi vous avez déserté les temples de nos dieux pour vous sauver chez les Hébreux. Est-ce parce que les dieux ont donné à Rome l'empire de l'univers, et que les Juifs, si l'on excepte un très-court intervalle, ont toujours été les esclaves de toutes les nations? Considérons d'abord Abraham[2]; il fut

---

moissons de ses maîtres (*Juges*, xv, 4, 5) avec trois cents renards liés par la queue. Jahel assassine Sizara (*Juges*, iv, 21); Aod assassine son roi Églon (*Id.*, III, 21) Judith ; (*Judith*, xIII, 10) assassine dans son lit son amant Holopherne; le sage Salomon assassine son frère Adonias (*III Rois*, II, 25) : donc nous devons tuer, brûler, assassiner tous les hérétiques, et les Juifs même qui nous ont enseigné ces homicides.

Or il y a toujours eu chez les chrétiens plusieurs sectes différentes depuis Jésus ; toutes se sont appelées hérétiques réciproquement : ainsi chacune a exercé le brigandage et le meurtre de droit divin.

« Tantum relligio potuit suadere malorum ! »
LUCR., l. I, 102.

O nature! ô sainte philosophie! éclairez donc enfin ces malheureux, adoucissez leurs abominables mœurs; changez ces monstres en hommes.

1. On a reproché beaucoup à l'empereur Julien d'avoir dit que ce Sergius était un homme du peuple. On lui oppose les *Actes des Apôtres*, qui disent (XIII, 7) que Sergius était proconsul de l'île de Chypre. Mais ce n'est pas Julien qui se trompe ; c'est le chrétien, demi-juif, auteur des *Actes des Apôtres*, quel qu'il soit. Il n'y eut jamais de proconsul en Chypre. Cette île était de la dépendance du proconsul de la Cilicie. Ce sont là des choses dont un empereur est mieux instruit qu'un faiseur d'actes d'apôtres. Le nom de Sergius est romain. Il n'est pas probable qu'un Romain se soit fait chrétien tout d'un coup sur la parole d'un énergumène tel que Paul, qui lui parlait pour la première fois, et qui ne savait pas la langue latine. Enfin, entre un empereur et un homme moitié chrétien, moitié juif, il n'y a pas à balancer. Certainement un empereur aussi instruit que Julien devait mieux connaître les usages des Romains qu'un demi-juif de la lie du peuple, qui écrit les faits et gestes de Paul, de Simon, d'André et de Philippe.

2. L'empereur bat toujours les Galiléens par leurs propres armes. Il suppose avec eux qu'ils descendaient d'Abraham, quoique cette généalogie n'ait aucune vraisemblance. Comment un Chaldéen aurait-il quitté un si beau pays pour aller s'établir dans les rochers de la Palestine par ordre de Dieu? Toute l'histoire d'Abraham est aussi fabuleuse que celle de Moïse. Le fils d'un potier de Mésopotamie qui se transplante vers Hébron, et qui de là va à la cour de Pharaon chercher du blé à cinq cents milles, est bien extraordinaire. Mais qu'il vende en quelque sorte sa vieille femme au roi d'Égypte, ce n'est qu'une extravagance dégoûtante. Il ne manquait à ces plates aventures que de vendre encore sa belle femme âgée de soixante et quinze ans à un prétendu roi du désert de Gérare ; et c'est à quoi la *Bible* ne manque pas (*Genèse*, xx, 2). Toute l'histoire d'Abraham est absurde. Julien n'en relève pas le ridicule, parce que son principal objet est le ridicule des Galiléens.

étranger et voyageur dans un pays où il n'était pas citoyen. Jacob ne servit-il pas en Syrie, ensuite dans la Palestine, et enfin, dans sa vieillesse, en Égypte? Mais, dira-t-on, est-ce que Moïse ne fit pas sortir d'Égypte les descendants de Jacob, et ne les arracha-t-il pas de la maison de servitude? A quoi servit aux Juifs, quand ils furent dans la Palestine, leur délivrance d'Égypte? est-ce que leur fortune en devint meilleure? elle changea aussi souvent que la couleur du caméléon. Tantôt soumis à leurs juges, tantôt à des étrangers, ensuite à des rois, que leur Dieu ne leur accorda pas de bonne grâce[1] : forcé par leur importunité, il consentit à leur donner des souverains, les avertissant qu'ils seraient plus mal sous leurs rois qu'ils ne l'avaient été auparavant. Cependant, malgré cet avis, ils cultivèrent et habitèrent plus de quatre cents ans leur pays. Ensuite ils furent esclaves des Assyriens, des Mèdes, des Perses; et ils sont les nôtres aujourd'hui.

Ce Jésus que vous prêchez, ô Galiléens! fut un sujet de César. Si vous refusez d'en convenir, je vous le prouverai bientôt, et même dès à présent. Ne dites-vous pas qu'il fut compris, avec son père et sa mère, dans le dénombrement sous Cyrénius[2]? Dites-moi, quel bien a-t-il fait, après sa naissance, à ses concitoyens, et quelle utilité ils en ont retirée? ils n'ont pas voulu croire en lui, et ont refusé de lui obéir. Mais comment est-il arrivé que ce peuple, dont le cœur et l'esprit avaient la dureté de la pierre, ait obéi à Moïse, et qu'il ait méprisé Jésus, qui, selon vos discours, commandait aux esprits, marchait sur la mer, chassait les démons, et qui même, s'il faut vous en croire, avait fait le ciel et la terre? Il est vrai qu'aucun de ses disciples n'a jamais osé

---

1. *I Rois*, VIII, 6 et suiv. (ÉD.)
2. Remarquez attentivement que l'empereur ne dit pas que Jésus soit né sous Cyrénius ; ce serait une ignorance impardonnable. Il dit que les chrétiens le font naître sous ce proconsul. En effet, c'est ce qu'on lit dans l'Évangile attribué à Luc, chap. II, v. 2. Or rien n'est plus faux. Il est constant par tous les monuments de l'histoire que c'était Varus qui gouvernait alors la Syrie, et que Cyrénius n'eut cette place que dix ans après l'année où l'on place la naissance de Jésus. Cet anachronisme démontre le mensonge. Il est visible que Julien releva cette impertinence, et que Cyrille, n'ayant rien à répondre, la retrancha des fragments qu'il osait vouloir réfuter.

« Ne dites-vous pas qu'il fut compris avec ses père et mère dans le dénombrement sous Cyrénius? » Il est naturel qu'après ces mots Julien en montre toute la turpitude, et qu'il fasse voir qu'il n'y eut alors ni de Cyrénius, ni de dénombrement. Mais point du tout ; vous trouvez tout de suite ces mots : « Dites-moi quel bien il a fait après sa naissance? » Cela n'est point lié, cela n'a point de sens. Quel rapport le bien que Jésus n'a pas fait après sa naissance peut-il avoir avec Cyrénius et un faux dénombrement? Il est clair qu'il y a ici une grande lacune. Julien a dû dire : « Vous êtes des imposteurs ignorants ; vous ne savez ni en quelle année votre Jésus est né, ni sous quel proconsul. Vous imaginez, dans le galetas où vous avez écrit ce tissu d'absurdités, qu'il y eut un dénombrement universel, ce qui est très-faux ; mais en quelque temps et en quelque endroit que Jésus soit né, quel bien a-t-il fait? »

Tel est le sens clair et naturel du texte.

Quel bien a-t-il fait? Ce n'est pas assurément aux Juifs, qui sont devenus le plus malheureux peuple du globe ; ce n'est pas à l'empire romain, dont les tristes débris languissent sur les bords du Danube ; ce n'est pas aux chrétiens, qui se sont continuellement déchirés. Si, pendant sa vie, on suppose, pour lui faire honneur, qu'il a chassé du temple des marchands (Jean, II, 15) qui devaient y être ; qu'il a ruiné un marchand de cochons en les noyant (Matth., VIII, 32 ;

dire rien qui concerne ce dernier article, si ce n'est Jean[1], qui s'est même expliqué là-dessus d'une manière très-obscure et très-énigmatique ; mais enfin convenons qu'il a dit clairement que Jésus avait fait le ciel et la terre. Avec tant de puissance, comment n'a-t-il pu faire ce que Moïse avait exécuté, et par quelle raison n'a-t-il pas opéré le salut de sa patrie, et changé les mauvaises dispositions de ses concitoyens ?

Nous reviendrons dans la suite à cette question, lorsque nous examinerons les prodiges et les mensonges dont les Évangiles sont remplis. Maintenant je vous demande quel est le plus avantageux, de jouir perpétuellement de la liberté, de commander à la plus grande partie de l'univers, ou d'être esclave et soumis à une puissance étrangère ? Personne n'est assez insensé pour choisir ce dernier parti ; car, quel est l'homme assez stupide pour aimer mieux être vaincu que de vaincre à la guerre ? Ce que je dis étant évident, montrez-moi chez les Juifs quelque héros qui soit comparable à Alexandre et à César. Je sais que j'outrage ces grands hommes de les comparer à des Juifs ; mais je les ai nommés parce qu'ils sont très-illustres. D'ailleurs je n'ignore pas qu'il y a des généraux qui, leur étant bien inférieurs, sont encore supérieurs aux Juifs les plus célèbres, et un seul de ces hommes est préférable à tous ceux que la nation des Hébreux a produits.

Passons de la guerre à la politique ; nous verrons que les lois civiles, la forme des jugements, l'administration des villes, les sciences et les arts n'eurent rien que de misérable et de barbare chez les Hébreux[2].

Marc, v, 13) ; qu'il a séché un figuier pour n'avoir pas porté des figues (Matth., XI, 19 ; Marc, XI, 13), « quand ce n'était pas le temps des figues ; » que le diable l'a emporté sur le haut d'une montagne (Matth., IV, 8 ; Luc, IV, 5), etc., etc. ; voilà certes de grands biens faits à la terre ! voilà des actions dignes d'un Dieu !

1. L'empereur n'examine pas si cet Évangile est en effet de Jean. Il n'entre dans aucune discussion critique sur ces Évangiles qui furent si ignorés des Romains pendant près de trois cents ans, qu'aucun auteur romain ne dit jamais le mot d'évangile. Il y en avait cinquante-quatre faits en divers temps par les différentes sectes des chrétiens. Il est évident que celui qui fut attribué à Jean fut composé par un platonicien qui n'était que médiocrement au fait de la secte juive ; car il fait dire à Jésus beaucoup de choses que Jésus n'a jamais pu dire. Entre autres celle-ci, chap. XIII, v. 34 : « Je vous donne un commandement nouveau, c'est que vous vous aimiez les uns les autres. » Ce commandement était fort ancien. La loi mosaïque avait dit, Lévitique, chap. XIX, v. 18 : « Tu aimeras ton prochain comme toi-même. »

Observons que le mot verbe, la doctrine du verbe, furent entièrement inconnus aux Juifs et aux premiers chrétiens. Quelques Juifs attendaient toujours un libérateur, un messie, mais jamais un verbe. La doctrine du premier chapitre attribué à Jean est probablement d'un chrétien platonicien d'Alexandrie. Si tous ces différents Évangiles se contredisent, ce n'est pas merveilles. Ils étaient tous faits secrètement dans de petites sociétés éloignées les unes des autres, on ne les communiquait pas même aux catéchumènes. C'était un secret religieux ; pendant près de deux siècles, aucun Romain n'en eut connaissance. Et après cela, des Abbadie, des Houteville, auront l'impudence de nous dire que les Évangiles ont été authentiques ! Fourbes insensés, montrez-moi un seul historien romain qui ait connu le mot d'évangile !

2. Les Juifs furent toujours plongés dans la plus crasse ignorance jusqu'au IXe siècle de notre ère vulgaire, où ils apprirent quelque chose dans les écoles des Arabes.

Les mots mêmes de géométrie, d'astronomie, ne se trouvent dans aucun de leurs livres antérieurs à cette époque. Ils avaient de la musique, mais à la ma-

quoique Eusèbe veuille qu'ils aient connu la versification, et qu'ils n'aient pas ignoré la logique. Quelle école de médecine les Hébreux ont-ils eue semblable à celle d'Hippocrate, et à plusieurs autres qui furent établies après la sienne ?

Mettons en parallèle le très-sage Salomon avec Phocylide, avec Théognis, ou avec Isocrate ; combien l'Hébreu ne sera-t-il pas inférieur au Grec ! Si l'on compare les *Avis* d'Isocrate avec les *Proverbes* de Salomon, l'on verra aisément que le fils de Théodore l'emporte beaucoup sur le roi très-sage. Mais, dira-t-on, Salomon avait été instruit divinement dans le culte et la connaissance de son Dieu ; qu'importe ? le même Salomon n'adora-t-il pas nos dieux, trompé[1], à ce que disent les Hébreux, par une femme ? Ainsi donc le très-sage Salomon ne put vaincre la volupté ; mais les discours d'une femme vainquirent le très-sage Salomon. O grandeur de vertu ! ô richesses de sagesse ! Galiléens, nière des sauvages, sans clef, sans mode. L'art de noter les tons leur était inconnu. Ils apprenaient par routine des chants qu'ils ont conservés jusqu'à nos jours. Quiconque les a entendus dans leurs synagogues, a cru entendre chanter les diables. Leurs hurlements, qu'ils appellent musique, sont si insupportables aux oreilles les moins délicates, qu'on appelle communément sabbat un bruit discordant et désagréable. Quand des clameurs confuses se font entendre, on dit : « Quel sabbat ! » A l'égard d'écoles de médecine, ils n'en eurent jamais. Il aurait fallu connaître l'anatomie, et ce nom fut autant ignoré d'eux que les termes de géométrie, d'astronomie, de physique, et même de chirurgie. Il y eut chez eux des charlatans, mais jamais des médecins qui eussent étudié le corps humain et la matière médicale. Leur chirurgie consistait à panser les blessures avec du vin et de l'huile. L'usage de quelques simples préparés par des femmes leur tenait lieu de tous médicaments ; et en cela seul ils étaient peut-être plus heureux que nous. Dans leurs maladies graves, ils avaient recours à leurs prêtres, à leurs devins, à leurs voyants, qu'ils appelèrent depuis prophètes, comme les Caraïbes à leurs jongleurs. Quand les Juifs connurent les diables, ils leur attribuèrent toutes les maladies ; donc elles ne pouvaient être guéries que par les prêtres. Celui qui réchappait croyait que le vrai n'avait guéri ; celui qui mourait était enterré.

4. L'empereur Julien n'examine pas si l'histoire de Salomon est vraie, et s'il a écrit les livres qu'on lui attribue ; il s'en tient à ce que les Juifs en disent. L'immensité de ses richesses, et le nombre de ses femmes, et ses livres, étonnent les pauvres gens de ce siècle. Mille femmes dans sa maison, à deux servantes seulement pour chaque dame, c'était trois mille femmes sous le même toit. S'il faisait, comme Doujat et Tiraqueau, un enfant à chaque femme et un livre par an, voilà de quoi peupler et de quoi instruire toute la terre.

Il n'était pas moins grand mangeur que grand auteur. Le troisième livre des *Rois*, chap. IV, y. 22 et 23, nous apprend qu'on consommait par jour, pour sa seule table, « quatre-vingt-dix tonneaux de farine, trente bœufs, cent moutons, autant de gibier, autant de cerfs, de chevreuils, de bœufs sauvages, et de volaille. » Il n'est point parlé du vin ; mais puisque Salomon mangeait quatre-vingt-dix tonneaux de farine par jour, il est à croire qu'il avalait quatre-vingt-dix queues de vin. Ses écuries étaient encore plus admirables que ses cuisines ; car le Saint-Esprit assure positivement, v. 26, « qu'il avait quarante mille écuries pour ses chevaux de carrosse, et douze mille chevaux de selle. » Il est vrai que le même Saint-Esprit, dans les *Paralipomènes*, liv. II, chap. I, v. 14, avoue ingénument que Salomon n'eut « que quatorze cents carrosses et douze mille chevaux de selle ; » mais aussi il faut considérer que ce même Saint-Esprit, se repentant de lui avoir donné si peu de chevaux au chap. I, lui en accorde « quarante mille pour ses courses, » au chap. IX, v. 25, outre douze mille cavaliers. Il faut avouer que de tous les rois qui ont fait des livres, il n'y en a aucun qui ait eu autant de carrosses que Salomon, pas même le roi de Prusse ; mais je crois que ce roi, tout huguenot qu'il est, a une meilleure

si Salomon s'est laissé vaincre par une femme, ne l'appelez plus sage ; si au contraire vous croyez qu'il a été véritablement sage, ne pensez pas qu'il se soit laissé honteusement séduire. C'est par prudence, par sagesse, par l'ordre même de son Dieu, que vous croyez s'être révélé à lui, qu'il a honoré les autres dieux. L'envie est une passion indigne des hommes vertueux, à plus forte raison des anges et des dieux. Quant à vous, Galiléens, vous êtes fortement attachés à un culte particulier : c'est là une vaine ambition, et une gloire ridicule dont les dieux ne sont pas susceptibles.

Pourquoi étudiez-vous dans les écoles des Grecs, si vous trouvez toutes les sciences abondamment dans vos Écritures ? Il est plus nécessaire que vous éloigniez ceux qui sont de votre religion des écoles de nos philosophes, que des sacrifices et des viandes offertes aux dieux : car votre Paul dit[1] : *Celui qui mange ne blesse point.* Mais, dites-vous, la conscience de votre frère, qui vous voit participer aux sacri-

cavalerie que Salomon. J'accorde en récompense qu'il a fait moins de proverbes. Mais il a fait des lois. Il a écrit l'histoire de son pays, qui vaut mieux que l'histoire juive.

A l'égard des livres de Salomon, qui connut tout depuis le cèdre jusqu'à l'hysope, on pourrait les mettre avec ses sept cents épouses et ses trois cents concubines. Il est fort vraisemblable que quelque bel esprit juif donna ses rêveries sous le nom de Salomon, longtemps après le règne de ce prince. Il n'y a pas, dans les *Proverb s*, une sentence qui fasse apercevoir que c'est un roi qui parle.

« La divination (*Proverbes*, XVI, 10) est sur les lèvres du roi, et sa bouche ne trompera point dans ses jugements. » (Quel est le souverain assez fat pour parler ainsi de lui-même ?)

« La colère du roi est un avant-coureur de la mort, l'homme sage tâchera de l'apaiser. » (XVI, 14.)

« La vie est dans la gaîté du visage du roi (XVI, 15), et sa clémence est comme une pluie du soir. » (Ne sont-ce pas là des discours d'esclaves ? est-ce ainsi qu'un prince s'explique ?)

« Celui qui cache son blé est maudit des peuples (XI, 26), et ceux qui vendent leurs blés sont bénis. » (Ce proverbe est apparemment d'un boulanger.)

« L'espérance de celui qui attend est une perle très-agréable (XVII, 8) ; de quelque côté qu'il se tourne, il agit prudemment. » (On ne voit pas trop en quoi consiste la beauté de ce proverbe.) Il ressemble à « Fiche ton nez dans mon épaule, et tu y trouveras du beurre salé. »)

La description, au chap. VII, d'une gourgandine qui attend un jeune homme au coin d'une rue, n'est pas assurément d'une grande finesse. Julien ne se trompe pas en disant que les Grecs écrivaient mieux.

Les chrétiens ont poussé la sottise, non-seulement jusqu'à croire ou à tâcher de croire ces livres d'un petit peuple détesté et persécuté par eux, mais jusqu'à admirer le style plat et grossier dans lequel ils sont écrits. C'est du sublime, à ce que disent les pédants de collège. Virgile n'a rien fait de si beau que ce verset d'un psaume : « Ouvre ta bouche bien grande (LXXX, 10), et tu la trouveras remplie de viandes. » Tibulle n'a rien écrit de si délicat que le *Cantique des cantiques* ; car il n'y est parlé que de tétons, de baisers sur la bouche, du doigt mis dans l'ouverture, et du ventre qui s'émeut, de petits tressaillements. Il faut absolument que ce soit le roi Salomon qui ait composé cette églogue ordurière. Il n'y a qu'un roi qui ait pu parler d'amour avec tant de finesse et de grâce. Et encore faut-il que ce soit un roi inspiré par Dieu même ; car les ordures dont le *Cantique des cantiques* est plein sont visiblement le mariage de Jésus et de son Église. Julien ne nie pas qu'elle ait épousé Jésus, et qu'elle ait eu pour dot le sang des peuples ; mais il nie que le paillard Salomon soit un grand écrivain.

1. *Épître aux Romains*, chap. XIV, v. 3.

fices, est offensée : O les plus sages des hommes! pourquoi la conscience de votre frère n'est-elle pas offensée d'une chose bien plus dangereuse pour votre religion? car, par la fréquentation des écoles de nos maîtres et de nos philosophes, quiconque est né d'une condition honorable parmi vous abandonne bientôt vos impiétés. Il vous est donc plus utile d'éloigner les hommes des sciences des Grecs que des victimes. Vous n'ignorez pas d'ailleurs combien nos instructions sont préférables aux vôtres pour acquérir la vertu et la prudence. Personne ne devient sage et meilleur dans vos écoles, et n'en rapporte aucune utilité : dans les nôtres, les tempéraments les plus vicieux et les caractères les plus mauvais sont rendus bons, malgré les oppositions que peuvent apporter à cet heureux changement la pesanteur de l'âme et le peu d'étendue de l'esprit. S'il se rencontre dans nos écoles une personne d'un génie heureux, il paraît bientôt comme un présent que les dieux font aux hommes pour leur instruction, soit par l'étendue de ses lumières, soit par les préceptes qu'il donne, soit en mettant en fuite les ennemis de sa patrie, soit en parcourant la terre pour être utile au genre humain, et devenant par là égal aux plus grands héros..... Nous avons des marques évidentes de cette vérité. Il n'en est pas de même parmi vos enfants, et surtout parmi ceux que vous choisissez pour s'appliquer à l'étude de vos Écritures. Lorsqu'ils ont atteint un certain âge, ils sont un peu au-dessus des esclaves. Vous pensez, quand je vous parle ainsi, que je m'éloigne de la raison ; cependant vous en êtes vous-mêmes si privés, et votre folie est si grande, que vous prenez pour des instructions divines celles qui ne rendent personne meilleur, qui ne servent ni à la prudence, ni à la vertu, ni au courage ; et lorsque vous voyez des gens qui possèdent ces vertus, vous les attribuez aux instructions de Satan, et à celles de ceux que vous dites l'adorer.

Esculape guérit nos corps, les muses instruisent notre âme ; Apollon et Mercure nous procurent le même avantage ; Mars et Bellone sont nos compagnons et nos aides dans la guerre ; Vulcain nous instruit de tout ce qui a rapport aux arts ; Jupiter, et Pallas, cette vierge née sans mère, règlent toutes ces choses. Voyez donc par combien d'avantages nous sommes supérieurs, par les conseils, par la sagesse, par les arts, soit que vous considériez ceux qui ont rapport à nos besoins, soit que vous fassiez attention à ceux qui sont simplement une imitation de la belle nature, comme la sculpture, la peinture ; ajoutons à ces arts l'économie, et la médecine qui, venant d'Esculape, s'est répandue par toute la terre, et y a apporté de grandes commodités, dont ce dieu nous fait jouir. C'est lui qui m'a guéri de plusieurs maladies, et qui m'a appris les remèdes qui étaient propres à leur guérison : Jupiter en est le témoin[1]. Si nous sommes donc plus avantagés que vous des dons

---

1. Il est triste que Julien atteste le maître des dieux qu'il a appris la médecine d'Esculape. Il regarde comme des inspirations d'Esculape quelques remèdes qu'il a découverts par la sagacité de son génie. Il est bien vrai qu'à parler rigoureusement on peut regarder tout comme un don de Dieu. Toute découverte que fait un homme de génie n'est que le résultat des idées que Dieu nous donne : car nous ne nous donnons rien nous-mêmes, nous recevons tout. Ho-

de l'âme et du corps, pourquoi, en abandonnant toutes ces qualités si utiles, avez-vous embrassé des dogmes qui vous en éloignent?

Vos opinions sont contraires à celles des Hébreux[1] et à la loi qu'ils disent leur avoir été donnée par Dieu. Après avoir abandonné la croyance de vos pères, vous avez voulu suivre les écrits des prophètes, et vous êtes plus éloignés aujourd'hui de leurs sentiments que des nôtres. Si quelqu'un examine avec attention votre religion, il trouvera que vos impiétés viennent en partie de la férocité et de l'insolence des Juifs, et en partie de l'indifférence et de la confusion des Gentils. Vous avez pris des Hébreux et des autres peuples ce qu'ils avaient de plus mauvais, au lieu de vous approprier ce qu'ils avaient de bon. De ce mélange de vices vous en avez formé votre croyance. Les Hébreux ont plusieurs lois, plusieurs usages, et plusieurs préceptes utiles pour la conduite de la vie. Leur législateur s'était contenté d'ordonner de ne rendre aucun hommage aux dieux étrangers, et d'adorer le seul Dieu, « dont la portion est son peuple, et Jacob le lot de son héritage. » A ce premier précepte Moïse en ajoute un second[2] : « Vous ne maudirez

mère reçut de Dieu le don de l'invention et de l'harmonie en poésie ; Archimède reçut le don de l'invention en mathématiques ; Hippocrate celui du pronostic en médecine ; mais le texte de Julien semble supposer une inspiration particulière. Ce passage pris à la lettre serait moins d'un philosophe que d'un enthousiaste. Nous pensons qu'il ne faut l'entendre que dans un sens philosophique, et que Julien ne veut dire autre chose, sinon que tous les dons du génie sont des dons de la Divinité.

1. Julien met ici le doigt dans la plaie. Il est démontré que, de son temps, les dogmes des chrétiens étaient absolument contraires non-seulement à ceux des Juifs, mais à ceux de Jésus. Rien ne s'écarte plus de la loi du Christ que le christianisme. Jésus fut circoncis, Jésus recommanda l'observation de la loi mosaïque, Jésus ne mangea point de cochon, il ne dit pas un mot de la trinité, pas un mot du péché originel. On ne voit pas que Jésus ait jamais dit la messe. Le mot de sacrement ne se trouve pas plus dans l'Évangile que dans le Pentateuque. Les chrétiens ont changé de siècle en siècle toute sa religion, et ce qui est très-étrange, mais très-vrai, c'est que le mahométisme approche beaucoup plus de la religion de Jésus que le christianisme ; car les musulmans sont circoncis comme lui, s'abstiennent du cochon comme lui, croient en un seul Dieu comme lui ; ils n'ont point imaginé de sacrements, ils n'ont point de simulacres. Si Jésus revenait au monde, et qu'il entrât dans la cathédrale de Rome chargée de peintures et de sculptures, retentissante des voix de deux cents châtrés, s'il y voyait un homme coiffé de trois couronnes, adoré sur un autel, et s'imaginant commander aux rois, de bonne foi reconnaîtrait-il sa religion ?

2. Il est dit expressément dans l'Exode, chap. XXII, v. 28 : « Vous ne maudirez point les dieux ; » mais on ne sait pas trop ce que ce passage signifie. Les anciens Juifs, comme Flavius Josèphe et Philon, l'entendent à la lettre. Vous ne maudirez point les dieux étrangers, de peur qu'ils ne maudissent le vôtre. C'est le sentiment d'Origène. On a prétendu depuis que par les dieux il faut entendre les juges du peuple israël ; mais il semble bien ridicule de donner le nom de dieux à des juges. Lorsqu'on donne des lois, on ne se sert point de métaphores si recherchées. On emploie le mot propre, on ne trompe point par des équivoques ceux à qui l'on parle. Toutefois il faut avouer que la langue hébraïque était si pauvre, si confuse, si mal ordonnée, qu'il n'y a presque pas un passage important dans les livres juifs qui ne soit susceptible de trois ou quatre sens différents ; c'est la langue de la confusion, c'est la véritable tour de Babel, et c'est dans ce cloaque d'équivoques que des fourbes ambitieux ont puisé des dogmes qui ont répandu sur une grande partie de la terre cet esprit de dispute, de fourberie, de méchanceté, qui arma tant de peuples les uns contre les autres, et qui fit répandre des torrents de sang.

point les dieux : » mais les Hébreux, dans la suite, voulant, par un crime et une audace détestables, détruire les religions de toutes les autres nations, tirèrent du dogme d'honorer un seul Dieu la pernicieuse conséquence qu'il fallait maudire les autres. Vous avez adopté ce principe cruel, et vous vous en êtes servis pour vous élever contre tous les dieux, et pour abandonner le culte de vos pères, dont vous n'avez retenu que la liberté de manger de toutes sortes de viandes. S'il faut que je vous dise ce que je pense, vous vous êtes efforcés de vous couvrir de confusion : vous avez choisi, parmi les dogmes que vous avez pris, ce qui convient également aux gens méprisables de toutes les nations : vous avez pensé devoir conserver, dans votre genre de vie, ce qui est conforme à celui des cabaretiers, des publicains, des baladins, et de cette espèce d'hommes qui leur ressemblent.

Ce n'est pas aux seuls chrétiens qui vivent aujourd'hui à qui l'on peut faire ces reproches : ils conviennent également aux premiers, à ceux mêmes qui avaient été instruits par Paul. Cela paraît évident par ce qu'il leur écrivait ; car je ne crois pas que Paul eût été assez impudent pour reprocher, dans ses lettres, des crimes à ses disciples, dont ils n'avaient pas été coupables. S'il leur eût écrit des louanges, et qu'elles eussent été fausses, il aurait pu en avoir honte, et cependant tâcher, en dissimulant, d'éviter le soupçon de flatterie et de bassesse ; mais voici ce qu'il leur mandait sur leurs vices¹ : « Ne tombez pas dans

---

1. C'est dans la première épître aux Corinthiens, chap. VI, v. 9-11. Plusieurs anciens exemplaires grecs portent : Vous avez été tout cela, καὶ ταῦτα τινὲς ἦτε ; mais tous les anciens exemplaires latins portent *Et hæc quidem fuistis*, et non pas *quidam fuistis*. Il importe peu de savoir si les garçons de boutique de Corinthe à qui Paul écrit cette lettre avaient tous été ivrognes, voleurs, paillards et sodomites, ou si la plus grande partie avait eu toutes ces belles qualités. La question est de savoir si de l'eau fraîche peut laver tant de crimes ; c'est là de quoi il est question.

« Ah nimium faciles, qui tristia crimina cædis
« Fluminea tolli posse putatis aqua ! »
Ovid., Fast., II, 45-46.

Les expiations furent le principal objet de toutes les religions. Les charlatans de tous les pays firent aisément accroire à la populace qu'on lave l'âme comme on lave le corps. On croit que les brachmanes furent les premiers qui imaginèrent ces ablutions. Les prêtres égyptiens baptisaient tous leurs initiés ; les Juifs prirent bientôt cette coutume ainsi que tant d'autres cérémonies égyptiennes. Non-seulement on arrosait les prêtres quand on les consacrait, mais on arrosait les lépreux quand on les supposait guéris. Le baptême des prosélytes se faisait par l'immersion totale du corps. Une femme étrangère enceinte qui embrassait la religion juive était mise toute nue dans l'eau ; il fallait même qu'elle y plongeât la tête, et alors l'enfant dont elle accouchait était réputé juif. D'ordinaire, il n'appartenait qu'aux prêtres de baptiser ; mais ceux qui se disaient prophètes, sans être prêtres, se mêlaient de baptiser aussi. Jean le baptiseur, se donnant pour prophète, se mit à baptiser dans le Jourdain tous ceux qui voulaient expier leurs crimes, et il eut même des disciples qui firent une secte nouvelle, laquelle subsiste encore vers l'Arabie. Jésus fut baptisé par lui, et ne baptisa jamais personne. Les chrétiens attachèrent depuis à leur baptême une vertu singulière. Le vol, le meurtre, le parricide, tout était expié au nom de leur Trinité ; c'est ce que Julien semble avoir ici principalement en vue ; il se souvenait que Constantin son grand-père, et Constance son oncle, avaient attendu l'heure de leur mort pour être baptisés, dans la ridicule espérance qu'un bain d'eau froide leur donnerait une vie éternellement heureuse, après s'être souillés à loisir d'incestes, de rapines, de meurtres et de parricides.

l'erreur : les idolâtres, les adultères, les paillards, ceux qui couchent avec les garçons, les voleurs, les avares, les ivrognes, les querelleurs, ne posséderont pas le royaume des cieux. Vous n'ignorez pas, mes frères, que vous aviez autrefois tous ces vices, mais vous avez été plongés dans l'eau, et vous avez été sanctifiés au nom de Jésus-Christ. » Il est évident que Paul dit à ses disciples qu'ils avaient eu les vices dont il parle, mais qu'ils avaient été absous et purifiés par une eau qui a la vertu de nettoyer, de purger, et qui pénètre jusqu'à l'âme. Cependant l'eau du baptême n'ôte point la lèpre, les dartres, ne détruit pas les mauvaises tumeurs, ne guérit ni la goutte ni la dyssenterie, ne produit enfin aucun effet sur les grandes et les petites maladies du corps ; mais elle détruit l'adultère, les rapines, et nettoie l'âme de tous ses vices.

Les chrétiens soutiennent qu'ils ont raison de s'être séparés des Juifs. Ils prétendent être aujourd'hui les vrais Israélites, et les seuls qui croient à Moïse, et aux prophètes qui lui ont succédé dans la Judée. Voyons donc en quoi ils sont d'accord avec ces prophètes : commençons d'abord par Moïse, qu'ils prétendent avoir prédit la naissance de Jésus. Cet Hébreu dit, non pas une seule fois, mais deux, mais trois, mais plusieurs, qu'on ne doit adorer qu'un dieu, qu'il appelle le Dieu suprême ; il ne fait jamais mention d'un second dieu suprême. Il parle des anges, des puissances célestes, des dieux des nations : il regarde toujours le Dieu suprême comme le Dieu unique ; il ne pensa jamais qu'il y en eût un second qui lui fût semblable, ou qui lui fût inégal, comme le croient les chrétiens. Si vous trouvez quelque chose de pareil dans Moïse, que ne le dites-vous ? vous n'avez rien à répondre sur cet article ; c'est même sans fondement que vous attribuez au fils de Marie ces paroles[1] : « Le Seigneur votre Dieu vous suscitera un prophète tel que moi, dans vos frères, et vous l'écouterez. » Cependant, pour abréger la dispute, je veux bien convenir que ce passage regarde Jésus. Voyez que Moïse dit qu'il sera semblable à lui, et non pas à Dieu ; qu'il sera pris parmi les hommes, et non pas chez Dieu. Voici encore un autre passage, dont vous vous efforcez de vous servir : « Le prince ne manquera point dans Juda, et le chef d'entre ses jambes. » Cela ne

---

1. Le raisonnement de l'empereur est très-convaincant. Ce passage du *Deutéronome*, chap. XVIII, v. 15, ne peut guère regarder que Josué, qui succéda à Moïse. On ne peut s'étonner assez de l'audace des premiers chrétiens qui corrompaient tous les passages des anciens livres juifs pour y trouver des prédictions de leur Jésus. Si Issachar est comparé à un âne, cela veut dire que Jésus entrera dans Jérusalem sur un âne. Si le prophète Isaïe (XIII, 8) dit qu'une femme ou fille accouchera d'un garçon qui s'appellera *paridges elles las dépouilles*, cela signifie que Marie, femme du charpentier Joseph, qui avait déjà deux enfants, accouchera de Jésus et demeurera vierge. Il ne faut pourtant pas s'étonner que de pareilles allusions, de pareilles prédictions, trompassent les ignorants et les faibles. Des enthousiastes leur disaient : « Tenez, lisez, voyez, Jésus a été prédit partout, Jésus est Dieu ; il viendra bientôt dans une nuée pour vous juger. Le monde va finir, il l'a prédit lui-même ; donnez-nous votre argent, et vous aurez le royaume des cieux. » Les femmelettes de tous les pays se laissent prendre à ces pièges. La canaille s'attroupe autour du charlatan, et enfin les grands sont obligés de suivre cette canaille devenue trop formidable.

peut être attribué à Jésus, mais au royaume de David qui finit sous le roi Zédéchias. D'ailleurs l'Écriture, dans ce passage que vous citez, est certainement interpolée, et l'on y lit le texte de deux manières différentes[1] : « Le prince ne manquera pas dans Juda, et le chef d'entre ses jambes; jusques à ce que les choses qui lui ont été réservées arrivent; » mais vous avez mis à la place de ces dernières paroles, « jusques à ce que ce qui a été réservé arrive. » Cependant, de quelque manière que vous lisiez ce passage, il est manifeste qu'il n'y a rien là qui regarde Jésus, et qui puisse lui convenir : il n'était pas de Juda, puisque vous ne voulez pas qu'il soit né de Joseph; vous soutenez qu'il a été engendré par le Saint-Esprit. Quant à Joseph, vous tâchez de le faire descendre de Juda, mais vous n'avez pas eu assez d'adresse pour y parvenir, et l'on reproche avec raison à Matthieu et à Luc d'être opposés l'un à l'autre dans la généalogie de Joseph

1. L'empereur a évidemment raison, et de telles absurdités devaient le mettre en colère. C'était une ancienne erreur asiatique d'imaginer que les dernières paroles des mourants étaient des espèces de prédictions. Dans cette idée, l'auteur de la fable de la *Genèse* imagine que Jacob fait un testament prophétique, et c'est sur ce modèle qu'un chrétien du premier siècle fabriqua aussi le *Testament des douze patriarches* que nous avons encore tout entier, et qui est aussi absurde que le testament du père Jacob. Ce Jacob assemble donc ses enfants autour de lui, *Genèse*, chap. XLIX; il dit à Ruben qu'il ne sera pas fort riche, parce qu'il a couché avec sa belle-mère. Il maudit Siméon et Lévi, et cependant Lévi eut le meilleur partage, puisqu'il eut la dîme. Il fait la meilleure part à Juda; et il faut bien que ce soit quelqu'un de la tribu de Juda qui ait forgé ce beau testament.

« Juda est un jeune lion, il ira à la proie, ses frères le loueront, la verge d'entre les cuisses ne sera point ôtée de Juda jusqu'à ce que Silo vienne; Juda liera son ânon et son ânesse à la vigne, il lavera sa robe dans le vin. »

« Zabulon sera sur le bord de la mer. » (En cela le bonhomme se trompa; Zabulon n'eut jamais de port.)

« Issachar sera comme un âne. » (Quand Jacob en aurait dit autant des onze autres tribus, il ne se serait pas trompé.)

« Dan sera une couleuvre dans le chemin, et mordra le pied du cheval. » (Remarquez que plusieurs Pères ont cru que l'antechrist viendrait de la tribu de Dan.)

« Gad sera troussé pour combattre et pour s'enfuir. »

« Nephtali est un cerf donnant des discours de beauté. »

« Le fils de Joseph croît, et les filles ont couru sur la muraille. »

« C'est de là que sort le pasteur, caillou d'Israël. »

Si on y avait songé, le pasteur caillou d'Israël aurait bien dû désigné Jésus, qu'on appelle le bon pasteur et la pierre angulaire, que non pas le lion de Juda : car, en quoi Jésus a-t-il été un lion ? C'est donc la verge et le chef d'entre les cuisses, qui, selon les Pères grecs, est une prophétie de Jésus. Quelle pitié et quel comble de bêtise ! Les centuries de Nostradamus ne sont-elles pas cent fois plus raisonnables ?

Voyez avec quelle force ces extravagances sont réfutées par le curé Meslier. Ce curé était véritablement le bon pasteur. Il donna tous les ans à ses pauvres paroissiens ce qu'il avait épargné sur son modique revenu. Il demanda pardon à Dieu, en mourant, d'avoir enseigné le christianisme. Son testament, qui a été imprimé plusieurs fois, vaut mieux sans doute que le testament de Jacob. Il rend raison avec une simplicité naïve de son horreur pour la religion sophistiquée. Il montre le ridicule de toutes ces prétendues prophéties, de tous ces miracles, de tous ces engins dont des scélérats se sont servis pour enlacer des imbéciles, et pour les rendre quelquefois aussi méchants, aussi barbares qu'eux-mêmes.

Nous examinerons la vérité de cette généalogie dans un autre livre, et nous reviendrons actuellement au fait principal. Supposons donc que Jésus soit un prince sorti de Juda, il ne sera pas « un dieu venu de Dieu, » comme vous le dites; ni toutes les choses n'ont pas été faites par lui, « et rien n'aura été fait sans lui². » Vous répliquerez qu'il est dit, dans le livre des *Nombres* ³ : « Il se lèvera une étoile de Jacob et un homme d'Israël... » Il est évident que cela concerne David et ses successeurs, car David était fils de Jessé. Si cependant vous croyez pouvoir tirer quelque avantage de ces deux mots, je consens que vous le fassiez : mais pour un passage obscur, que vous m'opposerez, j'en ai un grand nombre de clairs que je citerai, qui montrent que Moïse n'a jamais parlé que d'un seul et unique dieu, du Dieu d'Israël⁴. Il dit dans le *Deutéronome* : « Afin que tu saches que le Seigneur ton Dieu est seul et unique, et qu'il n'y en a point d'autre que lui; » et peu après : « Sache donc, et rappelle dans ton esprit, que le Seigneur ton Dieu est au ciel et sur la terre, et qu'il n'y en a point d'autre que lui.... Entends, Israël, le Seigneur notre Dieu; il est le seul Dieu.... » Enfin Moïse, faisant parler le Dieu des Juifs, lui fait dire : « Voyez qui je suis; il n'y a point d'autre Dieu que moi. » Voilà des preuves de l'évidence la plus claire que Moïse ne reconnut et n'admit jamais d'autre dieu que le Dieu d'Israël, le Dieu unique. Les Galiléens répondront peut-être qu'ils n'en admettent ni deux, ni trois; mais je les forcerai de convenir du contraire, par l'autorité de Jean, dont je rapporterai le témoignage⁵ : « Au commencement était le verbe, et le verbe était chez Dieu, et Dieu était le verbe. » Remarquez qu'il est dit que celui qui a été engendré de Marie était en Dieu : or, soit que ce soit un autre dieu (car il n'est pas nécessaire que j'examine à présent l'opinion de Photin : je vous laisse, ô Galiléens, à terminer les disputes qui sont entre vous à ce sujet), il s'ensuivra toujours que puisque ce verbe a été avec Dieu, et qu'il y a été dès le commencement, c'est un second dieu qui lui est égal. Je n'ai pas besoin de citer d'autre témoignage de votre croyance, que celui de Jean : comment donc vos sentiments peuvent-ils s'accorder avec ceux de Moïse ? Vous répliquerez qu'ils sont conformes aux

---

1. Nous n'avons plus le livre de Julien, dans lequel il daigna examiner cette épouvantable et ridicule contradiction entre la généalogie donnée par Matthieu et celle donnée par Luc. Il releva sans doute avec son éloquence ordinaire la misérable absurdité de ces deux généalogistes, qui sont entièrement opposées sur le nombre et les noms des prétendus ancêtres de Jésus, et qui, pour comble d'impertinence, font la généalogie de Joseph, qui, selon eux, n'est pas père de ce Jésus, au lieu de faire la généalogie de Marie, qui, selon eux, ne fut engrossée que par le Saint-Esprit. Avec quelle force ce judicieux empereur dut-il faire voir l'abrutissement des misérables qui cherchent à pallier des mensonges si grossiers et si détestables ! Mais que ne dut-il point dire de ces monstres qui persécutent, qui livrent aux bourreaux, au fer, aux flammes, des hommes dont l'unique crime est de ne pas croire ces mensonges ! « Luc et Matthieu, deux demi-juifs demi-chrétiens, se contredisent : crois qu'ils ont parlé tous deux de même, » ou je t'égorge, « tu ne peux le croire, » dis que tu le crois, ou je te fais brûler. » Dieu de bonté ! jusqu'à quand cette inconcevable fureur régnera-t-elle dans une partie de la terre ?
2. Jean, I, 3. (ÉD.). — 3. *Nomb.*, chap. XXIV, v. 17.
4. *Deutér.*, chap. V et VI. — 5. *Évangile de Jean*, chap. I.

écrits d'Ésaïe, qui dit : « Voici une vierge dont la matrice est remplie, et elle aura un fils. » Je veux supposer que cela a été dit par l'inspiration divine, quoiqu'il ne soit rien de moins véritable ; cela ne conviendra pas cependant à Marie : on ne peut regarder comme vierge, et appeler de ce nom celle qui était mariée, et qui, avant d'enfanter, avait couché avec son mari. Passons plus avant, et convenons que les paroles d'Ésaïe regardent Marie. Il s'est bien gardé de dire que cette vierge accoucherait d'un Dieu : mais vous, Galiléens, vous ne cessez de donner à Marie le nom de mère de Dieu. Est-ce qu'Ésaïe a écrit que celui qui naîtrait de cette vierge serait « le fils unique engendré de Dieu, et le premier-né de toutes les créatures? » Pouvez-vous, ô Galiléens ! montrer, dans aucun prophète, quelque chose qui convienne à ces paroles de Jean[1] : « Toutes choses ont été faites par lui, et sans lui rien n'a été fait? » Entendez au contraire comme s'expliquent vos prophètes. « Seigneur notre Dieu, dit Ésaïe[2], sois notre protecteur ; excepté toi nous n'en connaissons point d'autre. » Le même Ésaïe, introduisant le roi Ézéchias priant Dieu, lui fait dire[3] : « Seigneur, Dieu d'Israël, toi qui es assis sur les chérubins, tu es le seul Dieu. » Voyez qu'Ésaïe ne laisse pas la liberté d'admettre aucun autre dieu.

Si le verbe est un dieu, venant de Dieu, ainsi que vous le pensez, s'il est produit par la substance de son père, pourquoi appelez-vous donc Marie la mère de Dieu, et comment a-t-elle enfanté un dieu, puisque Marie était un homme ainsi que nous ? De même comment est-il possible, lorsque Dieu dit lui-même dans l'Écriture : « Je suis le seul Dieu et le seul conservateur, » qu'il y ait un autre conservateur? Cependant vous osez donner le nom de Sauveur à l'homme qui est né de Marie. Combien ne trouvez-vous pas de contradictions entre vos sentiments et celui des anciens écrivains hébreux !

Apprenez, Galiléens, par les paroles mêmes de Moïse, qu'il donne aux anges le nom de Dieu. « Les enfants de Dieu, dit-il[4], voyant que les filles des hommes étaient belles, ils en choisirent parmi elles, dont ils firent leurs femmes, et les enfants de Dieu ayant connu les filles des hommes, ils engendrèrent les géants qui ont été des hommes renommés dans tous les siècles. » Il est donc manifeste que Moïse parle des anges, cela n'est ni emprunté ni supposé. Il paraît encore par ce qu'il dit, qu'ils engendrèrent des géants, et non pas des hommes. Si Moïse eût cru que les géants avaient eu pour pères des hommes, il ne leur en eût point cherché chez les anges, qui sont d'une nature bien plus élevée, et bien plus excellente. Mais il a voulu nous apprendre que les géants avaient été produits par le mélange d'une nature mortelle et d'une nature immortelle. Considérons à présent que Moïse, qui fait mention des mariages des enfants des dieux, auxquels il donne le nom d'anges, ne dit pas un seul mot du fils de Dieu. Est-il possible de se persuader que s'il avait connu le verbe, le fils unique engendré de Dieu (donnez-lui le nom que vous voudrez), il n'en eût fait aucune

---

1. Jean, I. — 2. Isaïe, XXVI et XXVII.
3. XXXVII, 16. (ÉD.) — 4. Genèse, VI, 2 et suiv. (ÉD.)

mention, et qu'il eût dédaigné de le faire connaître clairement aux hommes, lui qui pensait qu'il devait s'expliquer avec soin et avec ostentation sur l'adoption d'Israël, et qui dit[1] : « Israël mon fils premier-né? » Pourquoi n'a-t-il donc pas dit la même chose de Jésus? Moïse enseignait qu'il n'y avait qu'un Dieu qui avait plusieurs enfants ou plusieurs anges, à qui il avait distribué les nations; mais il n'avait jamais eu aucune idée de « ce fils premier-né, de ce verbe Dieu, » et de toutes les fables que vous débitez à ce sujet, et que vous avez inventées. Écoutez ce même Moïse, et les autres prophètes qui le suivirent[2] : « Vous craindrez le Seigneur votre Dieu, et vous ne servirez que lui. » Comment est-il possible que Jésus ait dit à ses disciples[3] : « Allez enseigner les nations, et les baptisez au nom du Père, du Fils et du Saint-Esprit? » Il ordonnait donc que les nations devaient l'adorer avec le Dieu unique? et vous soutenez cette erreur, puisque vous dites que « le fils est Dieu ainsi que le père. »

Pour trouver encore plus de contrariété entre vos sentiments et ceux des Hébreux, auprès desquels, après avoir quitté la croyance de vos pères, vous vous êtes réfugiés, écoutez ce que dit Moïse des expiations[4]. « Il prendra deux boucs en offrande pour les péchés, et un bélier pour l'holocauste : et Aaron offrira son veau en offrande pour les péchés, et il priera pour lui et pour sa maison, et il prendra les deux boucs et les présentera devant le Seigneur à l'entrée du tabernacle d'assignation. Et puis Aaron jettera le sort sur les deux boucs, un sort pour le Seigneur, et un sort pour le bouc, qui doit être chargé des iniquités, afin qu'il soit renvoyé dans le désert. Il égorgera aussi l'autre bouc, celui du peuple, qui est l'offrande pour le péché, et il portera son sang au dedans du voile, et il en arrosera la base de l'autel, et il fera expiation pour le sanctuaire des souillures des enfants d'Israël et de leurs fautes selon tous leurs péchés. » Il est évident, par ce que nous venons de rapporter, que Moïse a établi l'usage des sacrifices, et qu'il n'a pas pensé ainsi que vous, Galiléens, qui les regardez comme immondes. Écoutez le même Moïse[5] : « Quiconque mangera de la chair du sacrifice de prospérité, laquelle appartient au Seigneur, et qui aura sur lui quelque souillure, sera retranché d'entre son peuple. »

L'on voit combien Moïse fut attentif et religieux dans tout ce qui regardait les sacrifices.

Il est temps actuellement de venir à la raison qui nous a fait parcourir toutes les opinions que nous venons d'examiner. Nous avons eu le dessein de prouver qu'après nous avoir abandonnés, pour passer chez les Juifs, vous n'avez point embrassé leur religion, et n'avez pas adopté leurs sentiments les plus essentiels. Peut-être quelque Galiléen mal instruit répondra : « Les Juifs ne sacrifient point. » Je lui répliquerai qu'il parle sans connaissance ; premièrement, parce que les Galiléens n'observent aucun des usages et des préceptes des Juifs ; secondement,

1. *Exode*, chap. IV. — 2. *Deutér.*, chap. VI. — 3. *Matth.*, XXVIII.
4. *Lévit.*, XVI. — 5. *Ibid.*, V. 15-16.

parce que les Juifs sacrifient aujourd'hui en secret, et qu'ils se nourrissent encore de victimes, qu'ils prient avant d'offrir les sacrifices, et qu'ils donnent l'épaule droite des victimes à leurs prêtres. Mais comme ils n'ont point de temples, d'autels, et de ce qu'ils appellent communément *sanctuaire*, ils ne peuvent point offrir à leur Dieu les prémices des victimes. Vous autres, Galiléens, qui avez inventé un nouveau genre de sacrifices, et qui n'avez pas besoin de Jérusalem, pourquoi ne sacrifiez-vous donc pas comme les Juifs, chez lesquels vous avez passé en qualité de transfuges? Il serait inutile et superflu si je m'étendais plus longtemps sur ce sujet, puisque j'en ai déjà parlé amplement, lorsque j'ai voulu prouver que les Juifs ne diffèrent des autres nations que dans le seul point de la croyance d'un Dieu unique. Ce dogme, étranger à tous les peuples, n'est propre qu'à eux. D'ailleurs toutes les autres choses sont communes entre eux et nous, les temples, les autels, les lustrations, plusieurs cérémonies religieuses; dans toutes ces choses nous pensons comme les Hébreux, ou nous différons de fort peu de chose en quelques-unes.

Pourquoi, Galiléens, n'observez-vous pas la loi de Moïse dans l'usage des viandes? Vous prétendez qu'il vous est permis de manger de toutes, ainsi que de différentes sortes de légumes. Vous vous en rapportez à Pierre, qui vous a dit[1] : « Ne dis point que ce que Dieu a purifié soit immonde. » Mais par quelle raison le Dieu d'Israël a-t-il tout à coup déclaré pur ce qu'il avait jugé immonde pendant si longtemps? Moïse, parlant des quadrupèdes, dit[2] : « Tout animal qui a l'ongle séparé, et qui rumine, est pur; tout autre animal est immonde. » Si, depuis la vision de Pierre, le porc est un animal qui rumine, nous le croyons pur : et c'est un grand miracle si ce changement s'est fait dans cet animal après la vision de Pierre; mais si, au contraire, Pierre a feint qu'il avait eu, chez le tanneur où il logeait, cette *révélation* (pour me servir de vos expressions), pourquoi le croirons-nous sur sa parole, dans un dogme important à éclaircir? En effet, quel précepte difficile ne vous eût-il pas ordonné, si, outre la chair de cochon, il vous eût défendu de manger des oiseaux, des poissons, et des animaux aquatiques, assurant que tous ces animaux, outre le cochon, avaient été déclarés immondes et défendus par Dieu?

Mais pourquoi m'arrêter à réfuter ce que disent les Galiléens, lorsqu'il est aisé de voir que leurs raisons n'ont aucune force? Ils prétendent que Dieu, après avoir établi une première loi, en a donné une seconde; que la première n'avait été faite que pour un certain temps, et que la seconde lui avait succédé, parce que celle de Moïse n'en avait été que le type. Je démontrerai par l'autorité de Moïse qu'il n'est rien de si faux que ce que disent les Galiléens. Cet Hébreu dit expressément, non pas dans dix endroits, mais dans mille, que la loi qu'il donnait serait éternelle. Voyons ce qu'on trouve dans l'*Exode*[3] : « Ce jour vous sera mémorable, et vous le célébrerez pour le Seigneur dans toutes les générations. Vous le célébrerez comme une fête solennelle par ordon-

1. *Act.*, x, 15. — 2. *Lévit.*, xi; et *Deutér.*, xiv. — 3. *Exode*, xii, 14 et 15.

nance perpétuelle. Vous mangerez pendant sept jours du pain sans levain, et dès le premier jour vous ôterez le levain de vos maisons. » Je passe un nombre de passages, que je ne rapporte pas pour ne point trop les multiplier, et qui prouvent tous également que Moïse donna sa loi comme devant être éternelle. Montrez-moi, ô Galiléens! dans quel endroit de vos écritures il est dit ce que Paul a osé avancer, « que le Christ était la fin de la loi[1]. » Où trouve-t-on que Dieu ait promis aux Israélites de leur donner dans la suite une autre loi, que celle qu'il avait d'abord établie chez eux? Il n'est parlé dans aucun lieu de cette nouvelle loi ; il n'est pas même dit qu'il arriverait aucun changement à la première. Entendons parler Moïse lui-même[2] : « Vous n'ajouterez rien aux commandements que je vous donnerai, et vous n'en ôterez rien. Observez les commandements du Seigneur votre Dieu, et tout ce que je vous ordonnerai aujourd'hui. Maudits soient tous ceux qui n'observent pas tous les commandements de la loi ! » Mais vous, Galiléens, vous comptez pour peu de chose d'ôter et d'ajouter ce que vous voulez aux préceptes qui sont écrits dans la loi[2]. Vous regardez comme grand et glorieux de manquer à cette même loi ; agissant ainsi, ce n'est pas la vérité que vous avez pour but, mais vous vous conformez à ce que vous voyez être approuvé du vulgaire.

Vous êtes si peu sensés, que vous n'observez pas même les préceptes

---

1. *Épître aux Romains*, x, 4. (Éd.)
2. *Deutér.*, IV, 2 ; et XXVII, 26.
3. C'est ici peut-être l'argument le plus fort de l'empereur Julien. Il est dit dans cent endroits qu'il faut suivre en tout la loi mosaïque. Les Juifs, en aucun temps, n'en ont jamais retranché un mot et n'y ont jamais ajouté une syllabe. Jésus l'a accomplie dans tous ses points ; il est né Juif, a vécu Juif, est mort Juif ; il a été condamné à la potence pour avoir outragé les pharisiens et les scribes, pour les avoir appelés race de vipères, sépulcres blanchis, pour leur avoir reproché de prévariquer contre la loi. Ceux qu'on appelle les apôtres ont observé cette loi ; ils ont mangé l'agneau pascal avec Jésus, ils ont prié dans le temple de Jérusalem. En un mot, les chrétiens qui brûlent les Juifs n'ont aucun prétexte pour n'être pas Juifs.

Voici comme s'exprime le théologien Théro (voyez les *Lettres sur les miracles*) dans sa lettre à un autre théologien, imprimées en 1765 à Amsterdam : « Un bourgmestre me demandait hier pourquoi Jésus avait fait des miracles « en Galilée. Je lui répondis que c'était pour convertir la Hollande. Pourquoi « donc, me dit-il, les Hollandais ne furent-ils chrétiens qu'au bout de huit cents « années? pourquoi donc n'a-t-il pas enseigné lui-même cette religion? Elle « consiste à croire le péché originel ; et Jésus n'a pas fait la moindre mention « du péché originel : à croire que Dieu a été homme, et Jésus n'a jamais dit « qu'il était Dieu et homme tout ensemble : à croire que Jésus avait deux na- « tures ; et il n'a jamais dit qu'il eût deux natures : à croire qu'il est né d'une « vierge, et il n'a jamais dit lui-même qu'il fût né d'une vierge ; au contraire « il appelle sa mère *femme* ; il lui dit durement (Jean, II, 4) *Femme, qu'y a-t-il « entre vous et moi*; à croire que Dieu est fils de David, et il se trouve qu'il « n'est point né de David : à croire sa généalogie ; et on lui en fait deux qui « se contredisent absolument.

« Cette religion consiste encore dans certains rites dont il n'a jamais dit un « seul mot. Il est clair par vos Évangiles que Jésus naquit Juif, vécut Juif, « mourut Juif ; et je suis fort étonné que vous ne soyez pas Juif. Il accomplit tous les préceptes de la loi juive ; pourquoi les réprouvez-vous?

« On lui fait dire même dans un Évangile (Matth., V, 17) *Je ne suis pas « venu détruire la loi, mais l'accomplir*. Or est-il accomplir la loi mosaïque « que d'en avoir tous les rites en horreur? Vous n'êtes point circoncis, vous « mangez du porc, du lièvre, et du boudin. En quel endroit de l'Évangile Jésus

que vous ont données les apôtres. Leurs premiers successeurs les ont altérés par une impiété et une méchanceté qui ne peuvent être assez blâmées. Ni Paul, ni Matthieu, ni Luc, ni Marc, n'ont osé dire que Jésus fût un Dieu; mais lorsque Jean eut appris que, dans plusieurs villes de la Grèce et de l'Italie, beaucoup de personnes parmi le peuple étaient tombées dans cette erreur, sachant d'ailleurs que les tombeaux de Pierre et de Paul commençaient d'être honorés, qu'on y priait en secret, il s'enhardit jusqu'à dire que Jésus était Dieu. « Le verbe, dit-il, s'est fait chair et a habité parmi nous. » Mais il n'a pas osé expliquer de quelle manière; car en aucun endroit il ne nomme ni Jésus ni Christ, lorsqu'il nomme *Dieu* et le *Verbe*. Il cherche à nous tromper d'une manière couverte, imperceptiblement et peu à peu. Il dit que Jean-Baptiste avait rendu témoignage de Jésus, et qu'il avait déclaré que c'était lui qui était le verbe de Dieu.

Je ne veux point nier que Jean-Baptiste n'ait parlé de Jésus dans ces termes, quoique plusieurs irréligieux parmi vous prétendent que Jésus n'est point le verbe dont parle Jean. Pour moi, je ne suis pas de leur sentiment, puisque Jean dit, dans un autre endroit, que le verbe qu'il appelle Dieu, Jean-Baptiste a reconnu que c'était ce même Jésus. Remarquons actuellement avec combien de finesse, de ménagement, et de précaution, se conduit Jean. Il introduit avec adresse l'impiété

« vous a-t-il permis d'en manger? Vous faites et vous croyez tout ce qui n'est
« pas dans l'Évangile. Comment donc pouvez-vous dire qu'il est votre règle? Les
« apôtres de Jésus observaient la loi juive comme lui. *Pierre et Jean mon-*
« *taient au temple à l'heure neuvième de l'oraison* (*Actes des Apôtres*, chap. III,
« v. 1). Paul alla longtemps après judaïser dans le temple pendant huit jours,
« selon le conseil de Jacques. Il dit à Festus, (*Actes*, XXII, 6); *Je suis phari-*
« *sien*. Aucun apôtre n'a dit : *Renoncez à la loi de Moïse*. Pourquoi donc les
« chrétiens y ont-ils entièrement renoncé dans la suite des temps?
« Comment Dieu serait-il venu mourir sur la terre par le plus grand et le plus
« infâme des supplices, pour ne pas annoncer lui-même sa volonté, pour lais-
« ser ce soin à des conciles qui ne s'assembleraient qu'après plusieurs siècles,
« qui se contrediraient, qui s'anathématiseraient les uns les autres, et qui fe-
« raient verser le sang par des soldats et par des bourreaux?
« Quoi! Dieu vient sur la terre, il y naît d'une vierge, il y habite trente-trois
« ans; il y périt du supplice des esclaves, pour nous enseigner une nouvelle re-
« ligion; et il ne nous l'enseigne pas! il ne nous apprend aucun de ces dog-
« mes! il ne nous commande aucun rite! tout se fait, tout s'établit, se détruit,
« se renouvelle avec le temps à Nicée, à Calcédoine, à Éphèse, à Antioche, à
« Constantinople, au milieu des intrigues les plus tumultueuses et des haines
« les plus implacables! Ce n'est enfin que les armes à la main qu'on soutient
« le pour et le contra de tous ces dogmes nouveaux.
« Dieu, quand il était sur la terre, a fait la pâque en mangeant un agneau
« cuit dans des laitues; et la moitié de l'Europe, depuis plus de huit siècles,
« croit faire la pâque en mangeant Jésus-Christ lui-même, en chair et en os.
« Et la dispute sur cette façon de faire la pâque a fait couler plus de sang que
« les querelles des maisons d'Autriche et de France, des guelfes et des gibelins,
« de la rose blanche et de la rose rouge, n'en ont jamais répandu. Si les cam-
« pagnes ont été couvertes de cadavres pendant ces guerres, les villes ont été
« hérissées d'échafauds pendant la paix. Il semble que les pharisiens, en assas-
« sinant le Dieu des chrétiens sur la croix, aient appris à ses suivants à s'as-
« sassiner les uns les autres, sous le glaive, sur la potence, sur la roue, dans
« les flammes. Persécutés et persécuteurs, martyrs et bourreaux tour à tour,
« également imbéciles, également furieux, ils tuent et ils meurent pour des
« arguments dont les prélats et les moines se moquent en recueillant les dé-
« pouilles des morts et l'argent comptant des vivants. »

fabuleuse qu'il veut établir; il sait si bien se servir de tous les moyens que la fraude peut lui fournir, que, parlant derechef d'une façon ambiguë, il dit : « Personne n'a jamais vu Dieu. Le fils unique, qui est au sein du père, est celui qui nous l'a révélé. » Il faut que ce fils, qui est dans le sein de son père, soit, ou le Dieu verbe, ou un autre fils. Or si c'est le verbe, vous avez nécessairement vu Dieu, puisque « le verbe a habité parmi vous, et que vous avez vu sa gloire. » Pourquoi Jean dit-il donc que « jamais personne n'a vu Dieu? » Si vous n'avez pas vu Dieu le père, vous avez certainement vu Dieu le verbe. Mais si Dieu, ce fils unique, est un autre que le *verbe Dieu*, comme je l'ai entendu dire souvent à plusieurs de votre religion, Jean ne semble-t-il pas, dans ses discours obscurs, oser dire encore quelque chose de semblable, et rendre douteux ce qu'il dit ailleurs?

On doit regarder Jean comme le premier auteur du mal, et la source des premières erreurs que vous avez établies, en ajoutant au culte du Juif mort que vous adorez celui de plusieurs autres. Qui peut assez s'élever contre un pareil excès! Vous remplissez tous les lieux de tombeaux, quoiqu'il ne soit dit dans aucun endroit de vos Écritures que vous deviez fréquenter et honorer les sépulcres. Vous êtes parvenus à un tel point d'aveuglement, que vous croyez, sur ce sujet ne devoir faire aucun cas de ce que vous a ordonné Jésus de Nazareth. Écoutez ce qu'il dit des tombeaux : « Malheur à vous, scribes, pharisiens, hypocrites, parce que vous êtes semblables à des sépulcres reblanchis : au dehors le sépulcre paraît beau, mais en dedans il est plein d'ossements de morts et de toutes sortes d'ordures. » Si Jésus dit que les sépulcres ne sont que le réceptacle des immondices et des ordures, comment pouvez-vous invoquer Dieu sur eux? Voyez ce que Jésus répondit à un de ses disciples, qui lui disait : « Seigneur, permettez, avant que je parte, que j'ensevelisse mon père. — Suivez-moi, répliqua Jésus, et laissez aux morts à enterrer leurs morts. »

Cela étant ainsi, pourquoi courez-vous avec tant d'ardeur aux sépulcres? voulez-vous en savoir la cause? Je ne la dirai point, vous l'apprendrez du prophète Isaïe : « Ils dorment dans les sépulcres, et dans les cavernes, à cause des songes. » On voit clairement, par ces paroles, que c'était un ancien usage chez les Juifs de se servir des sépulcres, comme d'une espèce de charme et de magie pour se procurer des songes. Il est apparent que vos apôtres, après la mort de leur maître, suivaient cette coutume, et qu'ils l'ont transmise à vos ancêtres, qui ont employé cette espèce de magie beaucoup plus habilement que ceux qui vinrent après eux, qui exposèrent en public les lieux (et pour ainsi dire les laboratoires) où ils fabriquaient leurs charmes.

Vous pratiquez donc ce que Dieu a défendu, soit par Moïse, soit par les prophètes. Au contraire, vous craignez de faire ce qu'il a ordonné par ces mêmes prophètes; vous n'osez sacrifier et offrir des victimes sur les autels. Il est vrai que le feu ne descend plus du ciel, comme vous

1. Matth., XXIII, 27. (Éd.)
2. Matth., VIII, 21, 22. — 3. Isaïe, LXV, 4.

dites qu'il descendit du temps de Moïse, pour consumer la victime; mais cela, de votre aveu, n'est arrivé qu'une fois sous Moïse[1], et une autre fois longtemps après, sous Élie[2], natif de Thèbes; d'ailleurs je montrerai que Moïse a cru qu'on devait apporter le feu d'un autre lieu, et que le patriarche Abraham avait eu longtemps avant lui le même sentiment. A l'histoire du sacrifice d'Isaac, « qui portait lui-même le bois et le feu, » je joindrai celle d'Abel, dont les sacrifices ne furent jamais embrasés par le feu du ciel, mais par le feu qu'Abel avait pris. Peut-être serait-ce ici le lieu d'examiner par quelle raison le Dieu des Hébreux approuva le sacrifice d'Abel, et réprouva celui de Caïn, et d'expliquer en même temps ce que veulent dire ces paroles[3] : « Si tu offres bien et que tu divises mal, n'as-tu pas péché? » Quant à moi, je pense que l'offrande d'Abel fut mieux reçue que celle de Caïn, parce que le sacrifice des victimes est plus digne de la grandeur de Dieu que l'offre des fruits de la terre.

Ne considérons pas seulement ce premier passage; voyons-en d'autres qui ont rapport aux prémices offertes à Dieu par les enfants d'Adam. « Dieu regarda Abel et son oblation, mais il n'eut point d'égard à Caïn, et il ne considéra pas son oblation. Caïn devint fort triste, et son visage fut abattu. Et le Seigneur dit à Caïn : « Pourquoi es-tu devenu

---

1. Remarquez, mon cher lecteur, qu'on vous dit tous les jours qu'il se faisait des miracles autrefois, mais qu'il ne s'en fait plus actuellement, parce qu'ils ne sont plus nécessaires, et que le messie étant venu, le christianisme (que jamais Jésus n'a prêché) est répandu aujourd'hui sur toute la terre. Oui, misérables, vos papes ont fait ce qu'ils ont pu pour étendre leur puissance aux bornes du monde, mais leurs émissaires imposteurs ont été chassés du Japon, de la Chine, du Tonquin, de la Cochinchine; enfin la religion des papes est en horreur dans toute l'Asie, dans toute l'Afrique, dans le vaste empire russe. Ce qu'ils appellent le catholicisme ne règne pas dans la dix-neuvième partie de la terre.
Ne dites donc pas que vous n'avez plus besoin de miracles; vous en avez tant de besoin que vous en supposez encore tous les jours, et vous ne canonisez pas un seul de vos prétendus saints, que vous ne lui attribuiez des miracles. Toutes les nations en supposèrent autrefois par centaines, et le peuple hébreu étant le plus sot de tous, il eut bien plus de miracles que tous les autres.
Celui d'Élie, dont parle ici l'empereur Julien, est sans doute un des plus impertinents; faire descendre le feu du ciel, et monter ensuite au ciel dans un char à quatre chevaux enflammés, c'est une imagination plus extravagante encore que celle de la femme de Loth changée en statue de sel.
Mais qui était cet Élie? qui l'a-t-on écrit son histoire? de quel pays était-il? les livres hébreux n'en disent rien. Ne voit-on pas clairement que la fable d'Élie se promenant dans les airs sur un char de feu à quatre chevaux, est une grossière imitation de la fable allégorique des Grecs sur le char du soleil nommé en grec Ἠλὼς? Les Juifs, comme on l'a déjà dit, pouvaient-ils faire autre chose que de déguiser stupidement les fables grecques et asiatiques à mesure qu'ils s'entendaient parler? Par quel exécrable prestige, s'il-il encore des idiots qui se laissent tromper par ces fadaises rabbiniques? Mettez tous les contes hébraïques sous des noms indiens, il n'y a personne parmi vous qui ne les regarde avec le mépris le plus dédaigneux; mais cela s'appelle la Bible, la sainte Ecriture, des fripons l'enseignent, des sots le croient, et cette crédulité enrichit des tyrans perfides. C'est pour s'engraisser de notre substance et de notre sang qu'on nous fait révérer ces contes de vieille.
Je parle comme Julien parlait, parce que je pense comme lui. Je crois avec lui que jamais la Divinité n'a été déshonorée que par ces fables absurdes.

2. III Rois, XVIII, 38. (Éd.) — 3. Genèse, IV, 7. (Éd.)

triste, et pourquoi ton visage est-il abattu? Ne pêches-tu pas, si tu offres bien et que tu ne divises pas bien? » Voulez-vous savoir quelles étaient les oblations d'Abel et de Caïn? « Or il arriva, après quelques jours, que Caïn présenta au Seigneur les prémices des fruits de la terre ; et Abel offrit les premiers-nés de son troupeau et leur graisse. » Ce n'est pas le sacrifice, disent les Galiléens, mais c'est la division que Dieu condamna, lorsqu'il adressa ces paroles à Caïn : « N'as-tu pas péché, si tu as bien offert et si tu as mal divisé? » Ce fut là ce que me répondit à ce sujet un de leurs évêques, qui passe pour être un des plus sages. Alors l'ayant prié de me dire quel était le défaut qu'il y avait eu *dans la division*[1] de Caïn, il ne put jamais le trouver, ni donner la moindre réponse un peu satisfaisante et vraisemblable. Comme je m'aperçus qu'il ne savait plus que dire : « Il est vrai, lui répondis-je, que Dieu a condamné avec raison ce que vous dites qu'il a condamné : la volonté était égale dans Abel et dans Caïn,

---

[1]. Cela prouve incontestablement que l'Église grecque, qui est la mère de toutes les autres, n'entendait pas autrement ce passage. La traduction latine que nous avons de la *Bible* est très-infidèle. Les savants y ont remarqué plus de douze mille fautes. Mais que veut dire *tu as mal divisé*? cela signifie, ce me semble, tu n'as pas fait les portions égales, tu as mal coupé l'agneau ou le chevreau que tu as offert. L'évêque qui ne sut que répondre à Julien, et qui se tenait confondu, avait bien raison de l'être : car il est évident que le prêtre, quel qu'il soit, qui écrivit le *Pentateuque* sous le nom de Moïse, veut insinuer, par la fable de Caïn et d'Abel, qu'il faut, quand on offre une victime, donner la meilleure part aux prêtres. Il n'osait pas donner cette explication à Julien, qui lui aurait répondu : « Vous avouez donc que vous êtes des fripons, vous avouez donc que le faussaire auteur du *Pentateuque*, tout rempli de l'idée des sacrifices qu'on faisait de son temps, impute maladroitement à Caïn ce qu'on reprocha dans la suite des temps aux indévots qui ne faisaient pas les parts des prêtres assez bonnes ; car enfin s'il n'y avait eu qu'Adam, Ève, Caïn, et Abel sur la terre, pourquoi Caïn aurait-il mal divisé? est-ce pour son père et pour sa mère? Cela n'intéresse guère les prêtres. » Les commentateurs n'expliquent point ce passage. Calmet, qui dit tant de choses inutiles, n'en dit mot.

Il y a des choses plus importantes à considérer dans ce chapitre de la *Genèse*. Dieu reçoit avec plaisir la graisse des agneaux que lui offre Abel, et rejette les fruits de Caïn. Pourquoi Dieu aime-t-il plus la graisse et le sang qu'une gerbe de blé ? Quelle abominable gourmandise on lui impute ! Quoi ! selon la *Genèse*, voilà donc l'origine des sacrifices sanglants ! Et après avoir immolé des agneaux et des chevreaux, on immolera bientôt nos fils et nos filles.

Il est triste qu'un sage comme Julien tombe ici dans le ridicule de croire qu'un agneau est une offrande plus digne de Dieu que du froment ou de l'orge. Apparemment qu'en attaquant les prêtres galiléens, il voulait ménager les prêtres païens.

Julien ne parle pas de la contradiction qui suit un moment après. Caïn, dans sa conversation avec Dieu, lui dit : « Je serai vagabond sur la terre, quiconque me verra, me tuera. » Or il n'y avait alors sur la terre qu'Adam, Ève, et Caïn, suivant le texte. Mais l'auteur inconsidéré de cette rapsodie ne sent pas la contradiction dans laquelle il tombe. Il fait parler Caïn comme dans le temps où la terre était couverte d'hommes. Elle l'était sans doute, mais non pas suivant la *Genèse*. Dieu met un signe à Caïn pour empêcher que les hommes, qui n'existaient pas, ne le tuent! quelle bêtise, mais quelle horreur ! Dieu protège un fratricide, et damne le genre humain pour une pomme ! Et pour quelle pomme encore! pour une pomme qui donnait la science! Bien des gens disent que c'est prodiguer sa raison que de combattre ainsi des choses qui n'en ont point ; mais la plupart des hommes ou ne lisent point la *Bible*, ou la lisent avec stupidité. Il faut donc réveiller cette stupidité, et leur dire : « Lisez avec attention. Lisez *la Bible* et *les Mille et une nuits*, et comparez. »

l'un et l'autre pensaient qu'il fallait offrir à Dieu des oblations; mais quant à la division, Abel atteignit au but, et l'autre se trompa. « Comment cela arriva-t-il? » me demanderez-vous. « Je vous répondrai que, parmi les choses terrestres, les unes sont animées, et les autres sont privées de l'âme : les choses animées sont plus dignes d'être offertes que les inanimées au Dieu vivant et auteur de la vie, parce qu'elles participent à la vie, et qu'elles ont plus de rapport avec l'esprit. Ainsi Dieu favorisa celui qui avait offert un sacrifice parfait, et qui n'avait point péché dans la division. »

Il faut que je vous demande, Galiléens, pourquoi ne circoncisez-vous pas? Vous répondez : « Paul a dit[1] que la circoncision du cœur était nécessaire, mais non pas celle du corps : selon lui celle d'Abraham ne fut donc pas véritablement charnelle, et nous nous en rapportons sur cet article à la décision de Paul et de Pierre. Apprenez, Galiléens, qu'il est marqué dans vos Écritures que Dieu a donné à Abraham la circoncision de la chair, comme un témoignage et une marque authentique. « C'est ici[2] mon alliance entre moi et vous, entre ta postérité dans la suite des générations. Et vous circoncirez la chair de votre prépuce, et cela sera pour signe de l'alliance entre moi et vous, et entre moi et la postérité. »

Jésus n'a-t-il pas ordonné lui-même d'observer exactement la loi ? « Je ne suis point venu, dit-il[3], pour détruire la loi et les prophètes, mais pour les accomplir. » Et dans un autre endroit ne dit-il pas encore[4] : « Celui qui manquera au plus petit des préceptes de la loi, et qui enseignera aux hommes à ne pas l'observer, sera le dernier dans le royaume du ciel? » Puisque Jésus a ordonné expressément d'observer soigneusement la loi, et qu'il a établi des peines pour punir celui qui péchait contre le moindre commandement de cette loi, vous, Galiléens, qui manquez à tous, quelle excuse pouvez-vous justifier? Ou Jésus ne dit pas la vérité, ou bien vous êtes déserteurs de la loi.

Revenons à la circoncision. La *Genèse* dit[5] : *La circoncision sera faite*

---

1. *Épître aux Romains*, II, 29. (ÉD). — 2. *Genèse*, XVII, 10, 11. (ÉD.)
3. Matth., V, 17. (ÉD.) — 4. Matth., V, 19. (ÉD.)
5. Saint Cyrille, qui réfute quelquefois avec beaucoup d'érudition les erreurs de Julien, me paraît avoir donné des raisons très-faibles de la suppression de la circoncision par les premiers chrétiens. « Voyons, dit saint Cyrille, à quoi est bonne la circoncision charnelle, lorsque nous en rejetterons le sens mystique. S'il est nécessaire que les hommes circoncisent le membre qui sert à la procréation des enfants, et si Dieu désapprouve et condamne le prépuce, pourquoi, dès le commencement, ne l'a-t-il pas supprimé, et pourquoi n'a-t-il pas formé ce membre comme il croyait qu'il devait l'être? A cette première raison de l'inutilité de la circoncision, joignons-en une autre. Dans tous les corps humains qui ne sont point gâtés et altérés par quelques maladies, on ne voit rien qui soit ou superflu ou qui y manque; tout y est arrangé par la nature d'une manière utile, nécessaire, et parfaite, et je pense que les corps seraient défectueux, s'ils étaient dépourvus de quelques-unes des choses qui sont pour ainsi dire innées avec eux. Est-ce que l'auteur de l'univers n'a pas connu ce qui était utile et décent, est-ce qu'il ne l'a point employé dans le corps humain, puisque partout ailleurs il a formé les autres créatures dans leur état de perfection? Quelle est donc l'utilité de la circoncision? Peut-être quelqu'un apportera, pour en autoriser l'usage, le ridicule prétexte dont les Juifs et plusieurs idolâtres se servent pour le soutenir : c'est, afin, disent-ils, que le corps soit exempt de crasse et

sur la chair. Vous l'avez entièrement supprimée, et vous répondez : *Nous sommes circoncis par le cœur*. Ainsi donc chez vous, Galiléens, personne n'est méchant ou criminel, vous êtes tous circoncis par le cœur[1]. Fort bien. Mais les azymes, mais la pâque? Vous répliquez : « Nous ne pouvons point observer la fête des azymes ni celle de la pâque : Christ s'est immolé pour nous une fois pour toutes, et il nous a défendu de manger des azymes. » Je suis ainsi que vous un de ceux qui condamnent les fêtes des Juifs, et qui n'y prennent aucune part : cependant j'adore le Dieu qu'adorèrent Abraham, Isaac et Jacob, qui, étant Chaldéens et de race sacerdotale, ayant voyagé chez les Egyptiens, en prirent l'usage de leur circoncision. Ils honorèrent un Dieu qui leur fut favorable, de même qu'il l'est à moi et à tous ceux qui l'invoquent ainsi qu'Abraham. Il n'y a qu'à vous seuls à qui il n'accorde pas ses bienfaits, puisque vous n'imitez point Abraham, soit en lui élevant des autels, soit en lui offrant des sacrifices.

Non-seulement Abraham sacrifiait souvent ainsi que nous, mais il se servait de la divination comme l'on fait chez les Grecs. Il se confiait beaucoup aux augures, et sa maison trouvait sa conservation dans cette science. Si quelqu'un parmi vous, ô Galiléens! refuse de croire ce que je dis, je vous le prouverai par l'autorité de Moïse. Écoutez-le parler : « Après ces choses, la parole du Seigneur fut adressée à Abraham dans une vision, en disant : « Ne crains point, Abraham, je te pro-« tége, et ta récompense sera grande. » Abraham dit : « Seigneur, que

de souille, il est donc nécessaire de dépouiller le membre viril des téguments qui le couvrent. Je ne suis pas de cet avis. Je pense que c'est outrager la nature, qui n'a rien de superflu et d'inutile. Au contraire, ce qui paraît en elle vicieux et déshonnête est nécessaire et convenable, surtout si l'on fuit les impuretés charnelles ; qu'on en souffre les incommodités, comme on supporte celles de la chair; celles des abcès qui sont la suite de cette chair, et qu'on laisse couverte par le prépuce la fontaine d'où découlent les enfants; car il convient plutôt de s'opposer fermement à l'écoulement de cette fontaine impure, et d'en arrêter le cours, que d'offenser ses conduits par des sections et des coupures. La nature du corps, lors même qu'elle sort des lois ordinaires, ne souille pas l'esprit. »

Saint Cyrille demande à quoi est bonne la circoncision, si on en ôte le sens mystique. Julien aurait pu lui répondre : « A rien, si vous voulez, » mais il ne s'agit pas de cela ; il s'agit de savoir si le Dieu d'Abraham a ordonné à ce patriarche la circoncision, comme une marque éternelle et certaine de son alliance entre lui et la postérité de ce même Abraham. Il est évident par l'Écriture que cela a été l'intention de Dieu, et qu'il s'est expliqué là-dessus d'une manière la plus claire et la plus forte. Moïse renouvela dans la suite la loi de la circoncision dans celle qu'il établit par l'ordre de Dieu. Jésus-Christ, qui nous a appris qu'il était venu pour accomplir, et non pas pour détruire la loi, n'a jamais rien dit qui tendît à la suppression de la circoncision. Les évangélistes n'ont fait aucune mention de ce qu'il eût voulu interrompre l'usage de cette cérémonie. Par quelle raison donc les chrétiens, quelque temps après la mort de leur divin législateur, se crurent-ils dispensés de la pratiquer? Saint Paul lui-même, qu'on cite pour autoriser la cessation de la circoncision, la fit à son disciple Timothée (*Actes*, XVI, 3). Il la crut donc nécessaire. Pourquoi changea-t-il de sentiment dans la suite? Juge pas une révélation ? Il ne dit point qu'il en ait eu aucune. Ne sait-il pas parce qu'il devint plus instruit ? Il n'avait donc été dans l'ignorance, lorsqu'il était apôtre pendant un assez long temps. (*Note de M. d'Argens*.)

1. Ajoutons à cette excellente note de M. le marquis d'Argens, que les nais-

« me donnerez-vous ? je m'en vais sans laisser d'enfants, et le fils de
« ma servante sera mon héritier. » Et d'abord la voix du Seigneur s'a-
dresse à lui et lui dit : « Celui-ci ne sera pas ton héritier; mais celui qui
« sortira de toi, celui-là sera ton héritier. » Alors il le conduisit dehors,
et lui dit : « Regarde au ciel et compte les étoiles, si tu peux les comp-
« ter; ta postérité sera de même. » Abraham crut à Dieu, et cela lui fut
réputé à justice. Dites-moi actuellement, pourquoi celui qui répondit à
Abraham, soit que ce fût un ange, soit que ce fût un dieu, le conduisit-il
hors de son logis ? car quoiqu'il fût auparavant dans sa maison, il n'ignorait pas la multitude innombrable des étoiles qui luisent pendant la
nuit. Je suis assuré que celui qui faisait sortir Abraham voulait lui montrer le mouvement des astres, pour qu'il pût confirmer sa promesse par
les décrets du ciel qui régit tout, et dans lequel sont écrits les événements.

Afin qu'on ne regarde pas comme forcée l'explication du passage que
je viens de citer, je la confirmerai par ce qui suit ce même passage[1].
« Le Seigneur dit à Abraham : « Je suis ton Dieu, qui t'ai fait sortir du
« pays des Chaldéens pour te donner cette terre en héritage. » Abraham
répondit : « Seigneur, comment connaîtrai-je que j'hériterai de cette
« terre ? » Le Seigneur lui répondit : « Prends une génisse de trois ans,
« une chèvre de trois ans, un bélier de trois ans, une tourterelle, et un
« pigeon. » Abraham prit donc toutes ces choses, et les partagea au milieu, et mit chaque moitié vis-à-vis l'une de l'autre ; mais il ne partagea

ralistes n'ont pas donné des raisons plausibles de la circoncision. Ils ont prétendu qu'elle prévenait les ordures qui pourraient se glisser entre le gland et
le prépuce. Apparemment qu'ils n'avaient jamais vu circoncire. On ne coupe
qu'un très-petit morceau du prépuce qui ne l'empêche point du tout de recou-
vrir le gland assez souvent dans l'état du repos. Pour prévenir les saletés, il
faut se laver les parties de la génération comme on se lave les mains et les
pieds. Cela est beaucoup plus aisé que de se couper le bout de la verge, et
beaucoup moins dangereux, puisque des enfants sont quelquefois morts de cette
opération.

Les Hébreux, dit-on, habitaient un climat trop chaud ; leur loi voulut éviter
les suites d'une chaleur excessive qui pouvait causer des ulcères à la verge.
Cela n'est pas vrai. Le pays montueux de la Palestine n'est pas plus chaud que
celui de Provence. La chaleur est beaucoup plus grande en Perse, vers Ormus,
dans les Indes, à Canton, en Calabre, en Afrique. Jamais les nations de ce pays
n'imaginèrent de se couper le prépuce par principe de santé. La véritable raison est que les prêtres de tous les pays ont imaginé de consacrer à leurs divinités quelques parties du corps, les uns en se faisant des incisions comme les
prêtres de Bellone ou de Mars; les autres en se faisant eunuques comme les
prêtres de Cybèle. Les talapoins se sont mis des clous dans le cul; les fakirs,
un anneau à la verge. D'autres ont fouetté leurs dévotes comme le jésuite Gi-
rard fouettait la Cadière. Les Hottentots se coupent un testicule en l'honneur
de leur divinité, et mettent à la place une boulette d'herbes aromatiques. Les
superstitieux Égyptiens se contentaient d'offrir à Osiris un bout de prépuce.
Les Hébreux, qui prirent d'eux presque toutes leurs cérémonies, se coupèrent
le prépuce, et se le coupent encore.

Les Arabes et les Éthiopiens eurent cette coutume de temps immémorial en
l'honneur de la divinité secondaire qui présidait à l'étoile du petit Chien. Les
Turcs, vainqueurs des Arabes, ont pris d'eux cette coutume, tandis que, chez
les chrétiens, on jette de l'eau sur un petit enfant, et qu'on lui souffle dans la
bouche. Tout cela est également sensé, et doit plaire beaucoup à l'Être suprême.

1. *Genèse*, chap. XV, v. 7, 8, 9, 10, et 11.

pas les oiseaux. Et une volée d'oiseaux descendit sur ces bêtes mortes, et Abraham se plaça avec elles. » Remarquez que celui qui conversait avec Abraham, soit que ce fût un ange, soit que ce fût un dieu, ne confirma pas sa prédiction légèrement, mais par la divination et les victimes : l'ange, ou le dieu qui parlait à Abraham, lui promettait de certifier sa promesse par le vol des oiseaux. Car il ne suffit pas d'une promesse vague pour autoriser la vérité d'une chose, mais il est nécessaire qu'une marque certaine assure la certitude de la prédiction qui doit s'accomplir dans l'avenir.

SUPPLÉMENT AU DISCOURS DE JULIEN,

PAR L'AUTEUR DU MILITAIRE PHILOSOPHE[1].

Un empereur qui se prépare à combattre les Perses avec l'épée n'a guère le temps d'employer sa plume à confondre tous les dogmes inventés par des chrétiens cent ans et deux cents ans avant lui; dogmes dont le Juif Jésus n'avait jamais parlé, dogmes entassés les uns sur les autres avec une impudence qui fait frémir, et une absurdité qui fait rire. Si Dieu avait donné une plus longue vie à ce grand homme, il eût sans doute fait rechercher tous ces monuments de fraude que les premiers chrétiens forgèrent dans leur obscurité, et qu'ils cachèrent pendant deux siècles aux magistrats romains avec un secret religieux ; il eût étalé à tous les yeux ces instruments du mensonge, comme on représente aux faux-monnayeurs les poinçons et les marteaux dont ils se sont servis pour frapper leurs espèces trompeuses.

Il eût tiré de la poussière le *Testament des douze patriarches* composé au premier siècle, ce livre ridicule dans lequel on ose faire prédire Jésus-Christ par Jacob.

Il eût exposé les romans d'Hégésippe, de Marcel, et d'Abdias, où l'on voit Simon Barjone, surnommé Pierre, allant à Rome avec Simon l'autre magicien, disputer devant Néron à qui ferait le plus de prodiges; l'un ressuscitant un parent de Néron à moitié, l'autre le ressuscitant tout à fait; l'un volant dans les airs, l'autre cassant les jambes de son rival, après s'être fait tous deux des compliments par leurs chiens qui parlaient très-bon latin.

Il eût montré les fausses lettres de Pilate, les fausses lettres de Jésus-Christ à un prétendu Abgare, roi d'Édesse, dans le temps qu'il n'y avait point de roi à Édesse; les fausses lettres de Paul à Sénèque, et de Sénèque à Paul; les fausses Constitutions apostoliques, dans lesquelles il est dit que lorsqu'on donne un bon souper, il faut porter deux portions au diacre et quatre à l'évêque, parce que l'évêque est au-dessus de l'empereur ; enfin de mauvais vers grecs attribués aux sibylles, dans lesquels on prédit Jésus-Christ en acrostiches.

1. Ce morceau est de Voltaire. (ÉD.)

Cet amas de turpitudes, dont je n'ai pas spécifié ici la dixième partie, eût sans doute porté l'indignation et le mépris dans tous ceux qui réfléchissaient. On eût reconnu l'esprit de la faction galiléenne, qui a commencé par la fraude, et qui a fini par la tyrannie.

Que n'eût-il point dit, s'il avait daigné examiner à fond les prodiges rapportés dans cinquante-quatre évangiles! un dieu fait homme pour aller à la noce chez des paysans et pour changer l'eau en vin en faveur des garçons de la noce déjà ivres[1]; un dieu fait homme pour aller sécher un figuier[2] en avouant que ce n'est pas le temps des figues; un dieu fait homme pour envoyer le diable dans un troupeau de deux mille cochons[3], et cela dans un pays qui n'eut jamais de cochons en aucun temps; un dieu que le diable emporte sur le haut d'un temple et sur le haut d'une montagne[4] dont on découvre tous les royaumes de la terre; un dieu qui se transfigure pendant la nuit[5], et cette transfiguration consiste à avoir un habit blanc, et à causer avec Moïse et Élie qui viennent lui rendre visite; un dieu législateur qui n'écrit pas un seul mot; un dieu qui est pendu en public, et qui ressuscite en secret; un dieu qui prédit qu'il reviendra dans la génération présente avec une grande majesté dans les nuées[6] et qui ne paraît point dans les nuées comme il l'avait promis; une foule de trépassés qui ressuscitent[7] et qui se promènent dans Jérusalem à la mort de ce dieu, sans qu'aucun sénateur romain ait jamais été instruit d'aucune de ces aventures, dans le temps que le sénat de Rome était le maître de la Judée, et se faisait rendre un compte exact de tout par le gouverneur et par tous les préposés. Quoi! des prodiges qui auraient occupé l'attention de la terre entière, auraient été ignorés de la terre entière! Quoi! le nom même d'*évangile* aurait été inconnu des Romains pendant plus de deux siècles!

Certes, si Julien avait eu assez de loisir pour rassembler toutes ces absurdités, et pour en faire un tableau frappant, il aurait anéanti cette secte enthousiaste.

Il aurait montré par quels degrés on parvint à ce point d'aveuglement et d'insolence; comment on entassa secrètement livres sur livres, contes sur contes, mensonges audacieux sur mensonges absurdes. Il eût fait voir comment le christianisme se guinda peu à peu sur les épaules du platonisme; comment il parvint à séduire les esprits sous l'ombre d'une initiation plus parfaite que les autres initiations; comment le serment de ne jamais révéler le secret au gouvernement servit à former un parti considérable dans l'État, et subvertit enfin le gouvernement auquel il s'était longtemps caché.

L'histoire fidèle de l'enthousiasme des premiers chrétiens, de leurs fraudes qu'ils appelaient pieuses, de leurs cabales, de leur ambition, se trouve parfaitement développée dans l'*Examen important* de feu milord *Bolingbroke*.

On exhorte tous ceux qui veulent s'instruire à lire cet excellent ouvrage. On les exhorte à adorer Dieu en esprit et en vérité, à fouler

---

1. Jean, II, 9. (Éd.) — 2. Matthieu, XI, 19; Marc, XI, 13. (Éd.) — 3. Matth., VIII, 32; Marc, XI, 13. (Éd.) — 4. Matth., IV, 8; Luc, IV, 5. (Éd.) — 5. Matth., XVII, 2, 3. (Éd.) — 6. Luc, XXI, 27. (Éd.) — 7. Matthieu, XXVII, 52, 53. (Éd.)

aux pieds toutes les affreuses superstitions sous lesquelles on nous accable.

Quiconque réfléchira verra évidemment que le but de tant de fourberies a été uniquement de s'enrichir à nos dépens, et d'établir le trône de l'ambition sur le marchepied de notre sottise. On a employé pendant seize siècles la fourberie, le mensonge, les prestiges, les prisons, les tortures, le fer, et la flamme, pour que tel moine eût quarante mille ducats de rente; pour que tel évêque dît, une fois l'an une messe en latin qu'il n'entend point, après quoi il va faire la revue de son régiment où s'enivrer avec sa maîtresse tudesque; pour que l'évêque de Rome usurpât le trône des césars; pour que les rois ne régnassent que sous le bon plaisir d'un scélérat adultère et empoisonneur tel qu'Alexandre VI, ou d'un débauché tel que Léon X, ou d'un meurtrier tel que Jules II, ou d'un vieillard imbécile tel qu'on en a vu depuis.

Il est temps de briser ce joug infâme que la stupidité a mis sur notre tête, que la raison secoue de toutes ses forces; il est temps d'imposer silence aux sots fanatiques gagés pour annoncer ces impostures sacriléges, et de les réduire à prêcher la morale qui vient de Dieu, la justice qui est dans Dieu, la bonté qui est l'essence de Dieu, et non des dogmes impertinents qui sont l'ouvrage des hommes. Il est temps de consoler la terre que des cannibales déguisés en prêtres et en juges ont couverte de sang. Il est temps d'écouter la nature qui crie depuis tant de siècles : « Ne persécutez pas mes enfants pour des inepties. » Il est temps enfin de servir Dieu sans l'outrager.

CINQUIÈME HOMÉLIE,

PRONONCÉE A LONDRES DANS UNE ASSEMBLÉE PARTICULIÈRE
LE JOUR DE PAQUES[1].

(1769).

Nous voici assemblés, mes frères, pour la plus auguste et la plus sainte cérémonie de l'année, pour la communion.

Qu'est-ce que la communion? c'est mettre en commun ses devoirs; c'est se communiquer l'esprit fraternel qui doit animer les hommes. Nous faisons ici la commémoration d'une cène que fit avec ses disciples le Christ que nous reconnaissons pour notre législateur. Il ordonna qu'on fît *ces choses en mémoire de lui*[2]; nous obéissons. Il est vrai que nous ne mangeons pas un agneau cuit avec des laitues, ainsi qu'il le mangea, selon les rites de la loi juive, qu'il observa depuis sa naissance jusqu'au dernier moment de sa vie; il est vrai que notre léger repas

1. Les quatre premières homélies sont de 1767. (ÉD.)
2. Luc, XXII, 19. (ÉD.)

n'est plus une cène comme il l'était autrefois; il est vrai que nous n'envoyons point chez un inconnu pour lui dire, comme dans saint Matthieu[1] : « Le maître vous envoie dire, Je viens faire la Pâque chez vous avec mes disciples : » nous nous assemblons le matin avec recueillement, nous mangeons le même pain consacré, nous buvons le même vin.

Mais à quoi nous servirait cette communauté de nourriture, si nous n'avions une communauté de charité, de bienfaisance, de tolérance, de toutes les vertus sociales?

Je ne vous parlerai point ici de la manducation spirituelle, différente de la réelle; je n'entrerai dans aucune des distinctions de l'école, elles sont trop au-dessus de notre heureuse simplicité. Que le pape Innocent III, dans son quatrième livre des *Mystères*, épuise son grand génie pour deviner ce que deviendrait le corps mystique ou réel de Jésus, s'il prenait un flux de ventre à un communiant, et de quelle matière seraient ses excréments : ces matières sont trop relevées pour moi.

Que Durand, dans son *Rational*[2], décide que ces matières ne seraient engendrées que par les accidents; que Tolet[3], dans son *Instruction sacerdotale*, affirme qu'un prêtre pourrait consacrer et transsubstantier tout le pain d'un boulanger et tout le vin d'un cabaretier; que le concile de Trente ajoute que ce changement ne se fait point, à moins que le prêtre n'en ait l'intention expresse; que plusieurs docteurs disent que dans l'eucharistie il y a quantité sans *quantum*, et accident sans substance; qu'ils déclarent qu'on peut être camus sans avoir de nez, et boiteux sans avoir de jambes, *simitas, sine naso, claudicatio sine crure*: je ne vois pas que la connaissance de ces questions sublimes serve beaucoup à rendre les hommes meilleurs, et qu'on acquière une vertu de plus, pour avoir approfondi comment on peut être camus sans nez.

Ce qu'il y a de déplorable, messieurs, ce qu'il y a d'horrible, c'est que le sang a coulé pendant deux siècles pour ces questions théologiques, et que notre reine Marie, fille de Henri VIII, a fait brûler plus de huit cents citoyens qui ne voulaient pas convenir que la rondeur existât sans un corps rond, et qu'il y eût de la blancheur sans un corps blanc. Nous ne pouvons que tremper de nos larmes le peu de pain que nous allons manger ensemble, en nous rappelant la mémoire des calamités et des horreurs qui ont inondé presque toute l'Europe pour des choses dont les Cafres, les Hottentots, rougiraient, et concevraient pour nous autant d'indignation que de mépris.

On appelle la sainte cérémonie que nous allons faire un *sacrement*; à la bonne heure : je ne viens pas ici pour disputer sur des mots. Nous ne savons, ni vous ni moi, ce que c'est qu'un sacrement; c'est un mot latin qui signifiait *serment* chez les Romains : je ne vois pas que nous fassions ici aucun serment. On nous dit aujourd'hui que sacrement veut dire *mystère*; j'y consens encore, sans savoir le moins du

1. Matth., xxvi, 18. (Éd.)
2. Liv. IV, chap. xli.
3. Tolet, *de Instructione sacerdotali*, liv. II, chap. xxv.

monde ce que c'est qu'un mystère : ce mot signifiait chez les Grecs une chose cachée. Mais pourquoi faut-il qu'il y ait des choses cachées dans la religion? tout ne doit-il pas être public? tout ne doit-il pas être commun à tous les hommes que le même Dieu a fait naître, et que le même soleil éclaire?

Si on venait nous dire que l'adoration de Dieu, l'amour du prochain, la justice, la modestie, la compassion, l'aumône, sont des mystères, nul de nous ne pourrait le croire. Les hommes ne cachent jamais leurs projets, leurs sentiments, leur conduite, que dans l'idée de mal faire, et dans la crainte d'être reconnus. Pourquoi donc mettrions-nous dans la religion ce que nous abhorrons dans la vie civile? Que dirions-nous d'une loi cachée, d'une loi qui ne pourrait à peine être entendue que d'un très-petit nombre de jurisconsultes? comment pourrions-nous suivre cette loi, surtout si ses interprètes ne s'étaient jamais accordés? Toute loi qui n'est pas claire, précise, intelligible à tous les esprits, n'est qu'un piége tendu par la fourberie à la simplicité. Une ordonnance mystérieuse d'un souverain serait même quelque chose de si absurde et de si intolérable, que je ne crois pas qu'il y en ait un seul exemple sur la terre. Accuserons-nous Dieu d'avoir fait ce que les tyrans les plus insensés n'ont jamais eu la démence de faire? Dieu n'aurait-il parlé qu'en énigmes au genre humain, que dis-je? à la plus petite partie du genre humain, pour se cacher entièrement à tout le reste, et pour ne se montrer qu'à demi à ce petit nombre de favoris qui se sont disputé par tant de crimes les bonnes grâces de leur maître? *Mersine hoc pulvere verum ut caneret paucis*[1]?

Dieu a dit à tous les hommes : « Aimez-moi, et soyez justes. » Voilà une loi claire, et sur laquelle il est impossible de disputer. Lorsque nous trouvons dans nos codes des passages équivoques, ce qui est un grand fléau du genre humain, nous tâchons de les ramener au sens le plus raisonnable; nous nous en tenons à la partie de la loi qui est la plus clairement énoncée. Or, qu'y a-t-il, je vous prie, de plus raisonnable et de plus lumineux que ces mots : *Faites ceci en mémoire de moi*? C'est donc en vertu de ces paroles que nous sommes assemblés. Nous nous acquittons d'une cérémonie que nous croyons nécessaire, parce qu'elle est ordonnée, parce qu'elle nous inspire la concorde, parce qu'elle nous rend plus chers les uns aux autres.

Mais en nous unissant plus étroitement, nous ne regardons pas comme nos ennemis ces chrétiens appelés quakers, ou anabaptistes, ou mennonites, qui ne communient point; les presbytériens qui communient en mangeant spirituellement Jésus-Christ; les luthériens et les anglicans, qui mangent à la fois le corps et le pain, et boivent à la fois le sang et le vin; et les papistes même qui prétendent manger le corps et boire le sang, en ne touchant ni au pain ni au vin. Nous ne comprenons rien aux idées ou plutôt aux paroles des uns et des autres; mais nous les regardons comme des frères dont nous n'enten-

1. Il y a dans Lucain, IX, 577 :

« Ut caneret paucis, mersitque hoc pulvere verum. » (Ed.)

dons pas le langage. Nous prions pour eux sans les comprendre; nous nous unissons à eux malgré eux-mêmes, dans cet esprit de charité qui fait du monde entier une grande famille dispersée : *Caritas humani generis*, dit Cicéron, s'il m'est permis de citer ici un profane qui était un homme de bien.

Malheur à toute secte qui dit : « Je suis seule sur la terre; la lumière ne luit que pour moi; une profonde nuit couvre les yeux de tous les autres hommes; ce n'est que pour moi que les vastes cieux ont été créés; c'est là ma demeure; tout le reste est condamné à un séjour d'horreur et de désolation éternelle ! »

Ce cruel langage est bien moins celui d'un cœur reconnaissant qui remercie Dieu de l'avoir distingué de la foule des êtres, que l'expression d'un orgueil insensé qui se complaît dans ses illusions téméraires. La dureté accompagne nécessairement un tel orgueil. Comment un homme malheureusement pénétré d'une si abominable croyance aurait-il des entrailles de pitié pour ceux qu'il pense être en horreur à Dieu, de toute éternité, et pour toute l'éternité ? Il ne les peut envisager que du même œil dont il croit voir les démons qu'on lui a peints comme ses ennemis sous des formes différentes. Si quelquefois il leur témoigne un peu d'humanité, c'est que la nature, plus forte en lui que ses préjugés, amollit malgré lui son cœur que sa secte endurcissait, et la vertu naturelle, que Dieu lui a donnée, l'emporte sur la religion qu'il a reçue des hommes.

Sachez, messieurs, que le chef de la secte papiste n'est pas le seul qui se dise infaillible; sachez que tous ceux qui sont de sa secte intolérante pensent être infaillibles comme lui, et cela ne peut être autrement; ils ont adopté tous ses dogmes. Ce chef, selon eux, ne peut être dans l'erreur : donc ils ne peuvent errer en croyant tout ce que leur maître enseigne, en faisant tout ce qu'il ordonne. Cet excès de démence s'est perpétué surtout dans les cloîtres. C'est là que domine la persuasion ennemie de l'examen, et le fanatisme enfant furieux de cette persuasion, c'est là que rampe l'aveugle obéissance, brûlant du désir de commander aux autres; c'est là que se forgent les fers qui ont enchaîné de proche en proche tant de nations. Le petit nombre qui a découvert la fraude, et qui en gémit en secret, n'en est que plus ardent à la répandre; il jouit du plaisir infâme de faire croire ce qu'il ne croit pas, et son hypocrisie est quelquefois plus persécutive que le fanatisme lui-même.

Voilà le joug sous lequel une partie de l'Europe baisse encore la tête, le joug que nous détestons, mais que nous-mêmes nous avons longtemps porté, lorsqu'un légat venait dans notre île¹ ouvrir et fermer le ciel à prix d'or; vendre des indulgences, et recueillir des décimes; effrayer les peuples, ou les exciter à des guerres qu'il appelait saintes. Ces temps ne reviendront plus, je le crois, mes frères; mais c'est afin qu'ils ne reviennent plus qu'il faut en rappeler souvent la mémoire.

---

1. Voyez l'*A, B, C*, quatorzième entretien, ci-dessus, p. 135. (Éd.)

Profitons de cette cérémonie sacrée qui nous inspire la charité, pour ne souffrir jamais que la religion nous inspire la tyrannie et la discorde. Ici nous sommes tous égaux; ici nous participons tous au même pain et au même vin; ici nous rendons à l'Être des êtres les mêmes actions de grâces. Ne souffrons donc jamais que des étrangers aient l'insolence de nous prescrire en maîtres, ni la manière dont nous devons adorer le Maître universel, ni celle dont nous devons nous conduire, ni celle dont nous devons penser. Un étranger n'a pas plus de droit sur nos consciences que sur nos bourses. Il est cependant un de nos trois royaumes[1] dans lequel cet étranger domine encore secrètement. Il y envoie des ministres inconnus qui sont les espions des consciences. Ce sont là en effet des mystères, c'est là une religion cachée. Elle insinue tout bas la discorde, tandis que nous annonçons hautement la paix; sa communion n'est que la réjection des autres hommes; tout est à ses yeux ou hérétique ou infidèle. Depuis qu'elle a usurpé le trône des Césars, elle n'a point changé de maximes; et quoique les yeux de presque toutes les nations se soient enfin ouverts sur ses prétentions absurdes, et sur ses déprédations, elle conserve, dans sa décadence, le même orgueil qui la possédait quand elle voyait tant de rois à ses genoux. C'est en vain que notre premier Législateur a dit : *Il n'y aura parmi vous ni premier ni dernier*[2]; l'évêque de Rome se dit toujours le premier des hommes, parce qu'il siége dans une ville qui fut autrefois la première de l'Occident.

Que penseriez-vous, mes chers frères, d'un géomètre de Londres qui se croirait le souverain de tous les géomètres de nos provinces, sous prétexte qu'il exercerait l'arpentage dans la capitale? Ne le ferait-on pas enfermer comme un fou, s'il s'avisait d'ordonner qu'on ne crût à aucune propriété des triangles, sans un édit émané de son portefeuille? C'est là cependant ce qu'a fait l'Église romaine : à cela près que les opinions qu'elle enseigne ne sont pas tout à fait des vérités géométriques.

Cependant nous prions ici pour elle, pourvu qu'elle ne soit point persécutante; et nous regardons les papistes comme nos frères, quoiqu'ils ne veuillent point être nos frères. Jugez qui de nous approche le plus de la grande loi de la nature. Ils nous disent : « Vous êtes dans l'erreur, et nous vous réprouvons. » Nous leur répondons : « Vous paraissez être dans l'esclavage, dans l'ignorance, dans la démence : nous vous plaignons, et nous vous chérissons. »

Que le fruit de notre communion soit donc toujours, mes frères, de voir les faiblesses et les misères humaines sans aversion et sans colère, et d'aimer, s'il se peut, ceux que nous jugeons déraisonnables, autant que ceux qui nous semblent être dans le chemin de la vérité, quand ils pensent comme nous.

Après nous être affermis dans ce premier devoir de tous les hommes,

---

1. L'Irlande. (Éd.)
2. Cela n'est pas textuellement dans l'Évangile; mais on y dit que les premiers seront les derniers; voyez Matthieu, XIX, 30; XX, 16; Marc, X, 31; Luc, XIII, 30. *(Note de M. Beuchot.)*

de quelque religion qu'ils puissent être, d'adorer Dieu et d'aimer son prochain, que nous servirait d'examiner quel jour Jésus fit le souper de la pâque, et s'il était couché sur un lit, en mangeant comme les seigneurs romains, ou s'il mangea debout, un bâton à la main, comme l'ordonnait la loi des Juifs[1]? La morale qui doit diriger toutes nos actions en sera-t-elle plus pure, lorsque nous aurons discuté si Jésus fut crucifié la veille ou l'avant-veille de la pâque juive? Si cela n'est pas clair dans les *Évangiles*, il est très-clair que nous devons être gens de bien tous les jours de l'année qui précèdent et qui suivent cette cérémonie.

Plusieurs savants s'inquiètent que l'*Évangile de saint Jean* ne dise pas un seul mot de l'institution de l'eucharistie, de la bénédiction du pain, et de ces paroles mystérieuses qui ont causé tant de malheurs: *Ceci est mon corps; ceci est le calice de mon sang*. Ils s'étonnent que le disciple bien-aimé garde le silence sur le principal point de la mission de son maître.

On dispute sur l'heure de sa mort, sur les femmes qui assistèrent à son supplice; saint Matthieu disant quelles étaient loin, et saint Jean affirmant au contraire qu'elles étaient auprès de la croix, et que Jésus leur parla.

On dispute sur sa résurrection, sur ses apparitions, sur son ascension dans les airs. Ces paroles même qu'on trouve dans saint Jean[2]: *Je vais à mon père qui est votre père, à mon Dieu qui est votre Dieu*, ont fourni à l'Église de ceux qu'on appelle sociniens un prétexte qu'ils ont cru plausible, de soutenir que Jésus n'était pas Dieu, mais seulement envoyé de Dieu.

On ne s'accorde pas sur le lieu duquel il monta au ciel. Saint Luc dit que ce fut en Béthanie; saint Marc ne dit pas en quel endroit; saint Matthieu, saint Jean, n'en parlent pas. Saint Luc même, dans son *Évangile*[3], nous fait entendre que Jésus monta au ciel le lendemain de sa résurrection; et dans les *Actes des apôtres*[4], il est dit que ce fut après quarante jours. Toutes ces contradictions exercent l'esprit des savants, mais elles ne les rendent ni plus modestes, ni plus doux, ni plus compatissants.

La naissance, la vie et la mort de Jésus, sont l'éternel sujet de disputes interminables. Saint Luc nous dit qu'Auguste ordonna un dénombrement de toute la terre, et que Joseph et Marie vinrent se faire dénombrer à Bethléem, quoique Joseph ne fût pas natif de Bethléem, mais de la Galilée. Cependant ni aucun auteur romain, ni Flavius Josèphe lui-même, ne parlent de ce dénombrement. Luc dit que Joseph et Marie furent dénombrés sous Cyrinus ou Quirinus, gouverneur de Syrie; mais il est avéré par Tacite que ce Cyrinus ou Quirinus ne gouverna la Syrie que dix ans après, et que c'était alors Quintilius Varus qui était gouverneur. Luc donne pour grand-père à Jésus, Héli, père de Joseph; Matthieu donne à Joseph, Jacob pour père: et tous

---

1. *Exode*, XII, 11. (ÉD.) — 2. xx, 17. (ÉD.)
3. XXIV, 51. (ÉD.) — 4. I, 3. (ÉD.)

deux, en donnant chacun à Joseph une généalogie absolument différente, disent que Jésus n'était pas son fils. Luc assure que Joseph et Marie emmenèrent Jésus en Galilée; Matthieu dit qu'ils l'emmenèrent en Égypte.

Quand un ange, mes frères, descendrait de la voie lactée pour venir concilier ces contrariétés, quand il nous apprendrait le véritable nom du père de Joseph, que nous en reviendrait-il? quel fruit en retirerions-nous? en serions-nous plus gens de bien? n'est-il pas évident que nous devons être bons pères, bons maris, bons fils, bons citoyens, soit que le père de Joseph s'appelât Héli ou Jacob, soit qu'on ait emmené l'enfant Jésus en Galilée ou en Égypte? Que Luc s'accorde ou ne s'accorde pas avec Matthieu, les gros bénéficiers d'Allemagne n'en seront pas moins riches, et nous ne leur envierons pas leurs richesses.

Il n'y a pas une page dans l'Écriture qui n'ait été un sujet de contestation, et par conséquent de haine. Que faut-il donc faire, mes très-chers frères, dans les ténèbres où nous marchons? Je vous l'ai déjà dit, et vous le pensez comme moi : nous devons rechercher la justice plus que la lumière, et tolérer tout le monde, afin que nous soyons tolérés.

LE CRI DES NATIONS.

(1769.)

Espagne, qui fus le berceau des jésuites; parlements de France, qui, depuis l'institution de cette milice, armâtes toujours les lois contre elle; Portugal, qui n'avais que trop éprouvé le danger de leurs maximes; Naples, Sicile, Parme, Malte, qui les avez connus, vous en avez enfin purgé vos États; non qu'il y eût parmi eux des hommes vertueux et utiles, mais parce qu'en général l'esprit de cet ordre était contraire aux intérêts des nations, et parce qu'en effet ils étaient les satellites d'un prince étranger.

C'est dans cette vue que la sagesse éclairée de presque toutes les puissances catholiques impose aujourd'hui le frein des lois à la licence des moines, qui se croyaient indépendants des lois mêmes. Cette heureuse révolution, qui paraissait impossible dans le siècle passé, quoiqu'elle fût très-aisée, a été reçue avec l'acclamation des peuples. Les hommes étant plus éclairés, en sont devenus plus sages et moins malheureux. Ce changement aurait produit des excommunications, des interdits, des guerres civiles, dans des temps de barbarie; mais dans le siècle de la raison l'on n'a entendu que des cris de joie.

Ces mêmes peuples, qui bénissent leurs souverains et leurs magistrats pour avoir commencé ce grand ouvrage, espèrent qu'il ne demeurera pas imparfait. On a chassé les jésuites, parce qu'ils étaient les principaux organes des prétentions de la cour de Rome : comment donc pourrait-on laisser subsister ces prétentions? Quoi! l'on punit ceux qui les soutiennent, et on se laisserait opprimer par ceux qui les exercent !

Des annates. — D'où vient que la France, l'Espagne, l'Italie payent encore des annates à l'évêque de Rome? Les rois confèrent le bénéfice de l'épiscopat, l'Église confère le Saint-Esprit : ces deux dons n'ont certainement rien de commun. Les rois ont fondé le bénéfice qui consiste dans le revenu, ou bien ils sont aux droits des seigneurs qui l'ont fondé ; la nomination est donc le privilége de la couronne. C'est donc par *la grâce unique du roi*, et non par celle d'un évêque étranger, qu'un évêque est évêque. Ce n'est point le pape qui lui donne le Saint-Esprit ; il le reçoit de l'imposition de quelques autres évêques ses concitoyens. S'il paye au pape quelque argent pour la collation de son bénéfice, c'est dans le fond un délit contre l'État; s'il paye cet argent pour recevoir le Saint-Esprit, c'est une simonie : il n'y a pas de milieu. On a voulu pallier ce marché qui offense la religion et la patrie, on n'a jamais pu le justifier.

Il est autorisé, dit-on, par le concordat entre le roi François Ier et le pape Léon X. Mais quoi! parce qu'ils avaient alors besoin l'un de l'autre, parce que des intérêts passagers les réunirent, faut-il que l'État en souffre éternellement? faut-il payer à jamais ce qu'on ne doit pas? sera-t-on esclave au dix-huitième siècle parce qu'on fut imprudent au seizième?

Des dispenses. — On paye chèrement à Rome la dispense pour épouser sa cousine et sa nièce. Si ces mariages offensaient Dieu, quel pouvoir sur la terre aurait droit de les permettre? Si Dieu ne les réprouve pas, à quoi sert une dispense? S'il faut cette dispense, pourquoi un Champenois et un Picard doivent-ils la demander et la payer à un prêtre italien? Ces Champenois et ces Picards n'ont-ils pas des tribunaux qui peuvent juger du contrat civil, et des curés qui administrent, en vertu du contrat civil, ce qui est du ressort du sacrement?

N'est-ce pas une servitude honteuse, contraire au droit des gens, à la dignité des couronnes, à la religion, à la nature, de payer un étranger pour se marier dans sa patrie?

On a poussé cette tyrannie absurde jusqu'à prétendre que le pape seul a le droit d'accorder pour de l'argent à un filleul la permission d'épouser sa marraine. Qu'est-ce qu'une marraine? c'est une femme inutile ajoutée à un parrain nécessaire, laquelle a de surcroît répondu pour vous que vous seriez chrétien. Or, parce qu'elle a dit que vous observeriez les rites du christianisme, ce sera un crime de contracter avec elle un sacrement du christianisme! et le pape seul pourra changer ce crime en une action méritoire et sacrée, moyennant une taxe[1]!

Ce prétendu crime n'était pas moins grand entre le parrain et la marraine, et les père et mère de l'enfant. Ils ont répondu qu'un enfant né en Bavière serait chrétien; donc les parrains et marraines ne pourront jamais épouser le père ou la mère, si un prêtre de Rome ne leur fait

---

1. Mon curé, en baptisant un enfant, le 11 juin 1769, dit à Mlle Nolet, la marraine : « Souvenez-vous que vous ne pouvez épouser ni l'enfant, ni son père, ni sa mère. »

payer chèrement une dispense! Et un homme qui aurait été parrain de son enfant ne peut plus coucher avec sa femme sans la permission du pape, ou d'un prêtre délégué par lui! Et c'est ainsi qu'on a traité les hommes! Ils le méritaient, puisqu'ils l'ont souffert.

De la bulle In cœna Domini. — La bulle *In cœna Domini* n'est pas à beaucoup près le monument le plus étrange de l'absurde despotisme si longtemps affecté autrefois par la cour de Rome. Les bulles des Grégoire VII, des Innocent IV, des Grégoire IX, des Boniface VIII, ont été, sans doute, plus funestes; mais la bulle *In cœna Domini* est d'autant plus remarquable, qu'elle a été forgée dans des temps où les hommes commençaient à sortir de l'épaisse barbarie qui avait si longtemps abruti toute l'Europe. L'Angleterre et la moitié du continent, soulevées, au seizième siècle, contre les usurpations romaines, semblaient avertir cette cour d'être modérée. Cependant, au mépris de toute bienséance et des droits divins et humains, l'évêque de Rome, Pie V, n'hésita pas à promulguer cette bulle, qu'on fulmine à Rome tous les jeudis de la semaine sainte[1], avec les cérémonies les plus pompeuses et les plus lugubres. On excommunie en ce jour tous les magistrats, tous les évêques, tous les hommes enfin qui appellent à un futur concile; tous les capitaines de vaisseau qui courent la mer sur les côtes de l'État ecclésiastique; tous ceux qui arrêtent les pourvoyeurs des viandes destinées pour le pape; les rois, leurs chanceliers, leurs parlements ou cours supérieures qui concourent à souffrir que le clergé paye des tributs à l'État sous quelque dénomination que ce puisse être; tous les magistrats, et particulièrement les parlements, qui s'opposent à la réception de la discipline du concile de Trente. Le pape seul peut absoudre ceux qui se rendent coupables de ces crimes énormes. Il faut qu'ils aillent demander pardon à Rome aux grands pénitenciers, qui doivent les frapper de leurs baguettes. Ainsi tous les parlements de France doivent faire le pèlerinage de Rome pour aller recevoir des coups de verges dans l'église de Saint-Pierre. Pourquoi non? le grand Henri IV en reçut bien par procureur sur le dos des cardinaux d'Ossat et Duperron[2].

Des juges délégués par Rome. — Un curé de nos provinces est jugé en matière purement ecclésiastique par l'officialité de son évêque. Il en appelle au métropolitain, du métropolitain au primat : n'est-ce pas assez? faut-il une quatrième juridiction pour achever sa ruine? faut-il que Rome délègue de nouveaux juges? Cela s'appelle en appeler aux apôtres; mais nous ne voyons pas que les apôtres aient jamais rendu des arrêts à Jérusalem par appel de la juridiction des Gaules.

Quelle peut être la cause de toutes ces prétentions. — Les usurpations de la cour romaine sont grandes et ruineuses; ses prétentions sont innombrables. Sur quoi sont-elles fondées? pourquoi l'évêque de Rome

---

1. Voltaire écrivait en 1769; l'année suivante, la bulle ne fut pas publiée à Rome. (*Note de M. Beuchot.*)
2. Le pape Ganganelli n'a pas révoqué cette bulle, mais il a cessé de la publier. L'empereur Joseph II a ordonné de l'arracher de tous les rituels dans ses États. (*Éd. de Kehl.*)

serait-il le despote de l'Église, le souverain des lois et des rois? Est-ce parce qu'il se nomme pape? mais ce titre est encore celui de tout prêtre de l'Église grecque, mère de l'Église romaine, et qui n'a jamais souscrit aux usurpations de sa fille. Est-ce parce que Jésus-Christ a dit expressément : « Il n'y aura parmi vous ni premiers ni derniers? » Est-ce parce qu'il a dit « que celui qui voudrait s'élever au-dessus de ses frères serait obligé de les servir[1]? »

Est-ce parce que les papes se sont dits successeurs de saint Pierre? mais il est démontré que saint Pierre n'a jamais eu aucune juridiction sur les apôtres, ses confrères; et il n'est pas moins démontré que saint Pierre n'a jamais été à Rome. S'il avait fait ce voyage, les *Actes des apôtres* en auraient parlé; la première église qu'on eût bâtie à Rome aurait été bâtie en l'honneur de Pierre, et non pas en l'honneur de Jean; l'église de Saint-Jean-de-Latran ne serait pas encore regardée aujourd'hui par les Romains comme la première église de l'Occident.

Ces auteurs qui ne sont pas des de Thou, un Abdias, un Marcel, un Hégésippe, écrivent que Simon Barjone, surnommé Pierre, vint à Rome sous l'empereur Néron; qu'il y rencontra Simon le magicien; qu'ils s'envoyèrent l'un et l'autre faire des compliments par leurs chiens; qu'ils disputèrent à qui ressusciterait un parent de Néron qui venait de mourir; que Simon le magicien n'opéra la résurrection qu'à moitié, et que l'autre Simon l'opéra entièrement; qu'ils se défièrent ensuite à qui volerait le plus haut dans l'air, en présence de l'empereur; que Simon Pierre, en faisant le signe de la croix, fit tomber son rival de la moyenne région, ce qui fut cause qu'il se cassa les deux jambes; et que saint Pierre, ayant vécu vingt-cinq ans à Rome, sous Néron, qui ne régna que treize années, fut crucifié la tête en bas.

Est-il possible que ce soit sur de pareils contes que l'imbécillité humaine ait établi, dans des temps barbares, la plus énorme puissance qui ait jamais opprimé la terre, et en même temps la plus sacrée?

Ceux qui ont voulu donner une ombre de vraisemblance à ces incompréhensibles usurpations ont dit que Rome ayant été la capitale du monde politique, elle devait être la capitale du monde chrétien. Mais, par cette raison, si l'empereur Charlemagne avait établi le siége de son empire à Vaugirard; si sa race avait conservé sa puissance au lieu de la démembrer; s'il y avait eu enfin un évêque à Vaugirard, ce prélat aurait donc été le maître des empereurs, des rois, et de l'Église universelle?

Quand même saint Pierre aurait fait le voyage de Rome, en quoi l'évêque de cette ville aurait-il eu la prééminence sur les autres? Rome n'avait point été le berceau du christianisme, c'était Jérusalem. La primauté appartenait naturellement à l'évêque de cette ville, comme les trésors appartiennent de droit à ceux sur le terrain desquels on les a trouvés.

Fraudes dont on s'est appuyé pour autoriser une domination in-

---

1. Matth., xx, 27. (Éd.)

juste. — On frémit quand on envisage ce long amas d'impostures, dont le tissu a formé enfin la tiare qui a opprimé tant de couronnes. Je ne parle pas des fausses constitutions apostoliques, des fausses citations, des mauvais vers attribués aux prétendues sibylles, des fausses lettres de saint Paul à Sénèque, des fausses reconnaissances du pape Clément, et de ce nombre innombrable de fraudes qu'on appelait autrefois fraudes pieuses : je parle de la prétendue donation de Constantin, qui est du IXᵉ siècle, et qu'on était obligé de croire, sous peine d'excommunication; je parle des absurdes décrétales qui ont été si longtemps le fondement du droit canon, et qui ont corrompu la jurisprudence de l'Europe; je parle de la prétendue concession faite par Charlemagne à l'évêque de Rome de la Sardaigne et de la Sicile, que ce monarque n'a jamais possédées. Chaque année ajouta un chaînon à la chaîne de fer dont l'ambition, revêtue des habits de la religion, liait les peuples ignorants. On ne peut faire un pas dans l'histoire sans y trouver des traces de ce mépris avec lequel Rome traita le genre humain, ne daignant pas même employer la vraisemblance pour le tromper.

De l'indépendance des souverains. — Souveraineté et dépendance sont contradictoires. Toute monarchie, toute république n'a que Dieu pour maître : c'est le droit naturel, c'est le droit de propriété. Deux choses seules peuvent vous en priver, la force d'un brigand usurpateur, ou votre imbécillité. Les Goths s'emparent de l'Espagne par la force; les Tartares s'emparent de l'Inde; Jean-sans-Terre donne l'Angleterre au pape. On se réintègre dans le droit naturel contre l'usurpation, quand on a du courage; on reprend son royaume des mains du pape, quand on a le sens commun.

Des royaumes donnés par les papes. — Quiconque a lu, sait que les papes ont donné ou cru donner tous les royaumes de l'Europe, sans en excepter aucun, depuis les montagnes glacées de la Norvège jusqu'au détroit de Gibraltar. Ceux qui n'ont pas lu ne le croiront pas, parce que d'un côté ce comble d'audace, et de l'autre cet excès d'avilissement, semblent incompréhensibles.

Hildebrand ou Childebrand, moine de Cluni, pape sous le nom de Grégoire VII, est le premier qui, au bout de mille ans, pervertit à ce point le christianisme. Il ose citer l'empereur Henri IV à comparaître devant lui en 1076; il prononce contre cet empereur un arrêt de déposition la même année : « Je lui défends, dit-il, de gouverner le royaume teutonique, et je délie tous ses sujets du serment de fidélité. »

L'année suivante, ayant soulevé contre lui l'Allemagne, il le force à venir lui demander pardon, pieds nus, et revêtu d'un cilice.

En 1088, le même Childebrand donne, de son autorité privée, l'empire à Rodolphe, duc de Souabe.

Urbain II, moine de Cluni, comme Grégoire VII, marche sur les mêmes traces.

Pascal II va plus loin; il arme le fils de Henri IV contre son père, et en fait un parricide.

Enfin ce grand empereur meurt en 1106, dépouillé de l'empire, et réduit à l'indigence. On l'enterre à Liége; mais comme il était excommunié, son propre fils, Henri V, le fait exhumer, et un manœuvre l'enterre à Spire, dans une cave.

Après cet horrible exemple, il est inutile de rapporter tous les attentats sans nombre que les papes exercèrent contre tant d'empereurs, et les calamités de la maison de Souabe.

Les papes ne permettaient pas qu'on lût l'Écriture sainte; il suffisait qu'on sût qu'ils étaient les vicaires de Dieu, et qu'en cette qualité ils devaient disposer de tous les royaumes de la terre. C'était précisément ce que le diable proposa à Jésus-Christ sur la montagne¹ où il est dit qu'il le transporta.

Nouvelles preuves du droit de disposer de tous les royaumes, prétendu par les papes. — Il y a cent bulles d'évêques de Rome qui assurent expressément que les royaumes ne sont que des concessions de la chaire pontificale. Arrêtons-nous à celle d'Adrien IV au roi d'Angleterre, Henri II. « On ne doute pas, et vous êtes persuadé que tout royaume chrétien est du patrimoine de saint Pierre, et que l'Irlande et toutes les îles qui ont reçu la foi appartiennent à l'Église romaine. Nous apprenons que vous voulez subjuguer cette île, pour faire payer un denier à saint Pierre par chaque maison, ce que nous vous accordons avec plaisir, etc. »

Il n'est presque point d'État en Europe où des bulles à peu près semblables n'aient fait répandre des torrents de sang. Ne parlons ici que des papes qui osèrent excommunier les rois de France, Robert, Philippe Iᵉʳ, Philippe Auguste, Louis VIII, père de saint Louis, excommunié par un simple légat, acceptant pour pénitence de payer au pape le dixième de son revenu de deux années, et de se présenter nu-pieds et en chemise à la porte de Notre-Dame de Paris, avec une poignée de verges, pour être fouetté par les chanoines; pénitence, dit-on, que ses domestiques accomplirent pour leur maître; Philippe le Bel, livré au diable par Boniface VIII; son royaume en interdit² et transféré à Albert d'Autriche; enfin le bon roi Louis XII excommunié par Jules II, et la France mise encore en interdit par ce vieux et fougueux soldat, évêque de Rome.

Les plaies que les papes fauteurs de la Ligue ont faites à la France ont saigné trente années, depuis que le cordelier Sixte-Quint eut l'au-

1. Math., IV, 8; Luc, IV, 5. (*Ép.*)
2. Le commun des lecteurs ignore la manière dont on interdisait un royaume. On croit que celui qui se disait le père commun des chrétiens se bornait à priver une nation de toutes les fonctions du christianisme, afin qu'elle méritât sa grâce en se révoltant contre le souverain. Mais on observait, dans cette sentence des cérémonies qui doivent passer à la postérité. D'abord on défendait à tout laïque d'entendre la messe, et on n'en célébrait plus au maître autel. On déclarait l'air impur. On ôtait tous les corps saints de leurs châsses, et on les étendait par terre dans l'église, couverts d'un voile. On dépendait les cloches, et on les enterrait dans des caveaux. Quiconque mourait dans le temps de l'interdit était jeté à la voirie. Il était défendu de manger de la chair, de se raser, de se saluer. Enfin le royaume appartenait de droit au premier occupant; mais le pape prenait toujours soin d'annoncer ce droit par une bulle particulière, dans laquelle il désignait le prince qu'il gratifiait de la couronne vacante.

dace d'appeler Henri IV « génération bâtarde et détestable de la maison de Bourbon, » et de le déclarer incapable de posséder un seul de ses héritages. Il faut le dire à nos contemporains, et les conjurer de redire à nos descendants, que ce sont ces seules maximes qui portèrent le couteau dans le cœur du plus grand de nos héros et du meilleur de nos rois. Il faut, en versant des larmes sur la destinée de ce grand homme, répéter qu'on eut une peine extrême à obtenir de Clément VIII qu'il lui donnât une absolution dont il n'avait que faire, et à empêcher que ce pape n'insérât dans cette absolution « qu'il réintégrait de sa pleine autorité Henri IV dans le royaume de France. »

Quelques personnes, plus confiantes qu'éclairées, veulent nous consoler, en nous disant que ces abominations ne reviendront plus. Hélas! qui vous l'a dit? le fanatisme est-il entièrement extirpé? ne savez-vous pas de quoi il est capable? La plupart des honnêtes gens sont instruits, je l'avoue; les maximes des parlements sont dans nos bouches et dans nos cœurs : mais la populace n'est-elle pas ce qu'elle était du temps de Henri III et de Henri IV? n'est-elle pas toujours gouvernée par des moines? n'est-elle pas trois cents fois au moins plus nombreuse que ceux qui ont reçu une éducation honnête? n'est-ce pas enfin une traînée de poudre à laquelle on peut mettre un jour le feu?

Jusqu'à quand se contentera-t-on de palliatifs dans la plus horrible et la plus invétérée des maladies? Jusqu'à quand se croira-t-on en pleine santé, parce que nos maux ont quelque relâche? C'est aux magistrats, c'est aux hommes qui partagent le fardeau du gouvernement, à voir quelle digue ils peuvent mettre à des débordements qui nous ont inondés depuis tant de siècles. Chaque père de famille est conjuré de peser ces grandes vérités, de les graver dans la tête de ses enfants, et de préparer une postérité qui ne connaisse que les lois et la patrie.

On se sert encore parmi nous du mot dangereux *des deux puissances*[1]; mais Jésus-Christ ne l'a jamais employé; il ne se trouve dans aucun Père de l'Église; il a toujours été inconnu à l'Église grecque; et, en dernier lieu, un évêque grec a été déposé par un synode d'évêques pour avoir usé de cette expression révoltante.

Il n'y a qu'une puissance, celle du souverain : l'Église conseille, exhorte, dirige; le gouvernement commande. Non, il n'est certes qu'une puissance. La cour de Rome a cru que c'était la sienne; mais quel gouvernement ne secoue pas aujourd'hui le joug de cette absurde tyrannie? Pourquoi donc le nom subsiste-t-il encore, quand la chose même est détruite? Pourquoi laisser sous la cendre un feu qui peut se rallumer? N'y a-t-il pas assez de malheurs sur la terre, sans mettre encore aux prises la discipline du sacerdoce avec l'autorité souveraine?

Nous n'entrerons pas ici dans cette grande question si les dignités temporelles conviennent à des ecclésiastiques de l'Église de Jésus, qui

1. Voyez les Remontrances du clergé au roi, en 1755, ses Actes de 1765, etc. On souffre ses entreprises parce qu'il les forme dans des assemblées où il donne quelques millions, et que l'on n'a pas encore osé le soumettre, comme les pairs du royaume, à la capitation et au vingtième, quoiqu'un grand vicaire soit souvent beaucoup mieux payé qu'un maréchal de France. (*Éd. de Kehl.*)

leur a si expressément et si souvent ordonné d'y renoncer. Nous n'examinons point si, dans ces temps d'anarchie, les évêques de Rome et d'Allemagne, les simples abbés, ont dû s'emparer des droits régaliens : c'est un objet de politique qui ne nous regarde pas ; nous respectons quiconque est revêtu du pouvoir suprême. Dieu nous préserve de vouloir troubler la paix des États, et de remuer des bornes posées depuis si longtemps ! Nous ne voulons que soutenir les droits incontestables des rois, de toute la magistrature, de tous nos concitoyens ; et nous nous flattons que ces droits, sur lesquels repose la félicité publique, seront désormais inébranlables.

COLLECTION D'ANCIENS ÉVANGILES,
ou
MONUMENTS DU PREMIER SIÈCLE DU CHRISTIANISME.
EXTRAITS DE FABRICIUS, GRABIUS, ET AUTRES SAVANTS.
PAR L'ABBÉ B****.
(1769.)

Non enim doctas fabulas secuti notam fecimus vobis Domini nostri Jesu-Christi virtutem et præsentiam, sed speculatores facti illius magnitudinis.

« Ce n'est point en suivant des contes fabuleux que nous vous
« avons fait connaître la vertu et la présence de Notre-Seigneur
« Jésus-Christ, mais c'est après avoir été nous-mêmes les contem-
« plateurs de sa grandeur. »
II° ÉPITRE DE SAINT PIERRE, chap. I, v. 16.

AVANT-PROPOS.

En publiant cette traduction de quelques anciens ouvrages apocryphes, on n'a pas cru devoir justifier par l'exemple de Cicéron, de Virgile, et d'Homère, les idiotismes[1] et les répétitions[2] qui choqueraient dans un écrit profane. Jésus ayant expressément déclaré qu'il avait été[3] envoyé pour prêcher l'Évangile aux pauvres, ses disciples, à son exemple, n'affectèrent jamais le langage étudié d'une sagesse humaine[4].

Saint Luc avoue à Théophile qu'on avait composé plusieurs *Évangiles* avant qu'il lui dédiât le sien et ses *Actes des apôtres*. Cependant les *Constitutions apostoliques* ne recommandent la lecture que[5] des *Évangiles* de Matthieu, de Jean, de Luc, et de Marc. Et la principale raison qu'en donne saint Irénée[6], c'est que le prophète David, pour demander l'avènement du Verbe, s'écrie[7] : « Vous qui êtes assis sur le chérubin, apparaissez. » Or, selon *Ézéchiel*[8] et l'*Apocalypse*[9], le chérubin ayant la figure de quatre animaux, le lion désigne la génération royale de Jésus écrite par Jean; le veau, sa génération sacerdotale décrite par Luc; l'homme, sa génération humaine racontée par Matthieu; et l'aigle volant, l'esprit prophétique dont Marc est saisi en commençant son

---

1. Asconius, in 2. Verr. On laisse les citations en latin comme inutiles au commun des lecteurs.
2. Macrob. Saturn. L. IV, chap. XV. — S. Luc, chap. IV, v. 18; et Isaïas, ch. LXI, v. 1. — 4. I. *Corinth*, chap. II, v. 13.
5. L. II, chap. LVII. — 6. L. III, chap. XI. — 7. Ps. LXXIX, v. 2.
8. Ch. I, v. 10. — 9. Ch. IV, v. 7.

Évangile. C'est pour cela qu'il n'y a eu que quatre Testaments donnés au genre humain : le premier, avant le déluge, sous Adam ; le second après le déluge, sous Noé ; le troisième, la loi sous Moïse ; et le quatrième, comme le sommaire de tous les autres, renouvelle l'homme et l'élève vers le royaume céleste par l'Évangile. Aussi conclut-il qu'il y aurait autant de vanité que d'ignorance et d'audace à recevoir plus ou moins de quatre *Évangiles.*

Saint Ambroise[1], saint Athanase[2] et saint Augustin[3] font, à la vérité, chacun une association différente des quatre animaux et des quatre évangélistes ; mais Jérôme, qui attribue[4] l'aigle à Jean, le bœuf à Luc, le lion à Marc, et l'homme à Matthieu, a été suivi par Fulgence[5], Eucher de Lyon[6], Sédulius, Théodulphe d'Orléans, Pierre de Riga, et par un très-grand nombre d'autres modernes tant latins que grecs, comme il paraît par Germain, patriarche de Constantinople[7] ; en un mot par toute la foule des peintres.

Ces quatre Évangiles furent appelés *authentiques* par opposition aux autres nommés *apocryphes.* On trouve ces deux mots grecs dans l'appendice du concile de Nicée[8], où il est dit qu'après avoir placé pêle-mêle les livres apocryphes et les livres authentiques sur l'autel, les Pères prièrent ardemment le Seigneur que les premiers tombassent sous l'autel, tandis que ceux qui avaient été inspirés par le Saint-Esprit resteraient dessus ; ce qui arriva sur-le-champ.

Nicéphore[10], Baronius[11] et Aurélius Peruginus[12] nous apprennent d'ailleurs que deux évêques nommés Chrysante et Musonius étant morts pendant la tenue du concile de Nicée, premier œcuménique, il était nécessaire d'avoir leur signature pour la validité dudit concile. On porta sur le tombeau des défunts le livre où étaient renfermés les actes divisés par sessions ; on passa la nuit en oraison ; on mit des gardes autour du tombeau, comme on avait fait autour de celui de Notre-Seigneur ; et le lendemain on trouva (ô chose incroyable !) que les trépassés avaient signé.

Comme le pape Léon 1er fit ensuite[13] livrer aux flammes les écritures apocryphes qui passaient sous le nom des apôtres, il n'y en a qu'un petit nombre qui soient parvenues jusqu'à nous, et l'on ne connaît plus des autres que les noms et quelques fragments épars dans les écrivains ecclésiastiques. Saint Jérôme, par exemple[14], fait mention de l'*Évangile selon les Égyptiens,* de celui de Thomas, de Mathias, de Barthélemi, des douze apôtres, de Basilides, d'Apelles, et ajoute qu'il serait trop long de faire l'énumération des autres.

Un décret[15] connu sous le nom du pape Gélase, quoique quelques manuscrits l'attribuent au pape Damase, et d'autres au pape Hormis-

---

1. Præf. in Luc. — 2. In Synopsi Scripturæ, t. II, p. 155. — 3. L. de Consensu Evangelist., chap. vi et alibi. — 4. L. I, Adversus Jovinianum, et alibi. 5. Homil. in natalem Christi. — 6. L. I, Instruction. — 7. Theoria ecclesiastica, p. 160. — 8. Joh. Molanus, Histor. sacrar. imagin., l. 2, 15 et 28. — 9. Concil. Labb., t. I, p. 84. — 10. L. VIII, chap. xiii. — 11. R. 87, ad annum 325. — 12. In annalibus abbreviatis ad annum 325. — 13. Epist. 93, ad Turibium, chap. xv. — 14. Procem. in Matth. — 15. In Jure canon., dist. 15, can. 8.

das[1], note comme apocryphes l'*Itinéraire de Pierre* apôtre en dix livres sous le nom de *saint Clément*, les *Actes d'André* apôtre, de *Philippe* apôtre, de *Pierre* apôtre, de *Thomas* apôtre; l'*Évangile* de *Thaddée*, de *Mathias*, de *Thomas* apôtre, de *Barnabé*, de *Jacques le Mineur*, de *Pierre* apôtre, de *Barthélemi* apôtre, d'*André* apôtre, de *Lucien*, d'*Hesyque*; le *Livre de l'Enfance du Sauveur*, de la *Naissance du Sauveur et de sainte Marie et de sa sage-femme*, du *Pasteur*, de *Lenticius*, les *Actes de Thècle et de Paul* apôtre; la *révélation de Thomas* apôtre, de *Paul* apôtre, d'*Étienne* apôtre; le *Livre du Trépas de sainte Marie*; ceux qu'on appelle les *Sorts des apôtres*, et la *Louange des apôtres*; celui des *Canons des apôtres*; l'*Épître de Jésus au roi Abgare*.

Les *Actes de Pierre*, son *Évangile*, et ceux de *Thaddée*, de *Jacques le Mineur*, et d'*André* ne se trouvent pas dans quelques manuscrits de ce décret. Le savant Fabricius a publié une notice de cinquante *Évangiles* apocryphes, que l'on trouvera dans ce recueil avant la traduction des quatre conservés en entier.

A tant d'écrits dictés[2] par un zèle qui n'était point selon la science, les ennemis du christianisme ne manquèrent pas d'en opposer d'autres qu'ils décoraient des mêmes titres. Pour ne parler d'abord que des *Évangiles*, saint Irénée[3] dit que les disciples de Valentin étaient parvenus à un tel point d'audace, qu'ils donnaient le titre d'*Évangile de vérité* à un écrit qui ne s'accordait en rien avec les *Évangiles* des apôtres; de sorte, ajoute-t-il, que, chez eux, l'Évangile même n'est pas sans blasphème.

Tertullien nous apprend[4] que cette infamie avait commencé par les Juifs; et que par eux, et à cause d'eux, le nom du Seigneur est blasphémé parmi les nations. En effet, au rapport de saint Justin[5], d'Eusèbe[6], et de Nicéphore[7], les Juifs de la Palestine avaient envoyé dans toutes les parties du monde, tant par mer que par terre, des écrits remplis de blasphèmes contre Jésus, pour les faire publier et même enseigner à la jeunesse dans les écoles des villes et des champs.

Quoique les empereurs Constantin[8] et Théodose[9] aient donné chacun un édit portant ordre, sous peine de mort, de brûler tous les écrits contre la religion des chrétiens, on trouve encore des traces des blasphèmes des Juifs dans les *Actes de Pilate*, mieux connus sous le nom d'*Évangile de Nicodème*. On y lit[10] que les Juifs, en présence de Pilate, reprochèrent à Jésus qu'il était magicien et né de la fornication.

On ne doutera pas que ce ne soit là le blasphème de l'*Évangile de vérité*, si l'on fait attention qu'Origène[11] témoigne que Celse intitulait

---

1. Cave, Hist. litterar., t. I.—2. Rom., chap. X, v. 2. — 3. L. III, Adversus hæreses, ch. XI.
4. Contra Marcion., 3, 22. — 5. Dialog. cum Tryphone, p. 234, n. 16 et 17.
6. L. IX, Hist., chap. v. — 7. L. VII. Hist., chap. xxvi.
8. Socrates, L. I, chap. IX. Gelas., Hist. concil. Nicæni, 2, 36 et Hist. tripartit., 2, 15.
9. Act. Synodi Ephesin., a. c. 435. T. I, Harduin, p. 1720 et cod. Justinian. de Summa Trin.
10. Art. 2. — 11. L. I, contra Celsum, chap. IX.

Discours de vérité un ouvrage, dans lequel il faisait reprocher par un Juif à Jésus d'avoir supposé qu'il devait sa naissance à une vierge, d'être originaire d'un petit hameau de la Judée, et d'avoir eu pour mère une pauvre villageoise qui ne vivait que de son travail, laquelle ayant été convaincue d'adultère avec un soldat nommé Panther, fut chassée par son fiancé qui était charpentier de profession. Qu'après cet affront, errant misérablement de lieu en lieu, elle accoucha secrètement de Jésus; que lui, se trouvant dans la nécessité, fut contraint de s'aller louer en Égypte, où ayant appris quelques-uns de ces secrets¹ que les Égyptiens font tant valoir, il retourna dans son pays, et que, tout fier des miracles qu'il savait faire, il se proclama lui-même Dieu.

Cet écrit pernicieux, quoique réfuté par Origène, fit cependant une telle impression, que deux Pères écrivirent sérieusement qu'en effet Jésus avait été appelé fils de Panther, et cela, dit saint Épiphane², parce que Josèphe était frère de Cléophas, fils de Jacques surnommé Panther, engendrés tous les deux d'un nommé Panther. Et selon saint Damascène³, parce que Marie était fille de Joachim, fils de Bar-Panther, fils de Panther.

Comme ces surnoms ne se trouvent point dans les deux généalogies différentes de Jésus, écrites l'une par saint Matthieu⁴, l'autre par saint Luc⁵, l'Église s'en est tenue au conseil de saint Paul⁶, de ne point s'attacher à des fables et à des généalogies sans fin, qui produisent plutôt des doutes que l'édification de Dieu, qui est dans la foi.

Lactance⁷ remarque aussi qu'Hiéroclès avait pris le titre d'*amateur de la vérité*, dans deux livres adressés aux chrétiens. Il ajoutait aux blasphèmes de Celse, que le Christ, ayant été chassé par les Juifs, rassembla une troupe de neuf cents hommes, avec lesquels il fit le métier de brigand. Ces nouvelles calomnies furent aussi aisément réfutées par Eusèbe de Césarée que celles de Celse l'avaient été par Origène.

J'ai honte de parler ici d'autres ouvrages encore subsistants. L'Arétin⁸, par exemple, compare Marie à Léda, qui devint enceinte de Jupiter, transformé en cygne, comme si c'était en cette occasion, que l'Esprit-Saint eût pris la forme d'un pigeon. Le jésuite Sanchez⁹, agitant de bonne foi la question, si la vierge Marie fournit de la semence dans l'incarnation du Christ¹⁰, s'autorise pour l'affirmative du sentiment de Suarez¹¹ et de Pero Mato¹². Ces théologiens ignoraient-ils que tout ce qui concerne ce mystère ineffable est si au-dessus des lumières de notre faible raison, qu'il fallut que Dieu révélât son fils à Pierre¹³ et à Paul¹⁴ avant de confier au premier l'*Évangile de la circoncision*, et au second l'*Évangile du prépuce*¹⁵.

Il en a été des *Actes des apôtres* tout comme des *Évangiles*. L'impos-

---

1. Voyez l'*Évangile de l'enfance*, art. XXXVII, note a. — 2. Hæres., 78. — 3. L. IV, de fide orthod., chap. XV. — 4. Chap. I, v. 1. — 5. Chap. III, v. 23. — 6. I Timoth., chap. I, v. 4. — 7. Institut. divin., l. V, chap. II. — 8. Quatro libri della humanità di Christo. Venet. 1538. — 9. Tract de matri. L. II, disp. 21, n. 11. — 10. *C.* 22 a. — 11. disp. 10, sect. 1. — 12. In Append. ad tract. de Semin. — 13. Matthieu, chap. XVI, v. 17. — 14. Galat. chap. I, v. 16. — 15. *Id.*, chap. II, v. 7.

ture des méchants et la pieuse curiosité des simples les ont également multipliés. Outre les actes apocryphes mentionnés dans le décret de Gélase, saint Épiphane[1] dit que les ébionites en avaient supposé, dans lesquels ils prétendaient que Paul était né d'un père et d'une mère gentils, et qu'étant venu demeurer à Jérusalem, il devint prosélyte, et fut circoncis dans l'espérance d'épouser la fille du pontife; mais que n'ayant pas eu cette vierge, ou bien *ne l'ayant pas eue vierge*, il en fut si irrité, qu'il écrivit contre la circoncision, contre le sabbat, et contre toute la loi. Cette assertion paraissait fondée sur ce que Paul lui-même se dit[2] natif de Tarse en Cilicie, dans les *Actes authentiques* écrits par Luc; mais Fabricius[3] en cite un manuscrit grec, dans lequel Paul ne dit pas qu'il est né à Tarse, mais qu'il a été fait citoyen de cette ville; et saint Jérôme lui-même, si savant dans les langues, vient à l'appui de ce sentiment. Dans deux de ses ouvrages[4], il fait naître Paul à Giscala, ville de la Galilée.

Sur ce que le même Paul écrit à Timothée[5] qu'Hermogène[6] et Démas l'ont abandonné, et qu'il lui parle en même temps[7] des grandes persécutions et des souffrances qu'il avait essuyées à Icone et à Antioche; un de ses disciples, pour suppléer aux *Actes des apôtres*, qui n'en disent qu'un mot[8], composa les *Actes de Thècle et de Paul*. Cet ouvrage a été si célèbre autrefois, que l'on ne sera pas fâché d'en trouver ici le précis avec les noms des Pères qui l'ont cité.

Lorsque Paul, dit l'auteur, après sa fuite d'Antioche, s'en allait à Icone, deux hommes pleins d'hypocrisie, Démas et Hermogène, se joignirent à lui. Cependant un certain Onésiphore, avec sa femme Lectre et ses enfants Simmie et Zénon, vint l'attendre sur le chemin royal qui conduit à Lystres, pour le recevoir chez lui. Comme il n'avait jamais vu Paul, il le reconnut à sa taille courte, sa tête chauve, ses cuisses courbées, ses grosses jambes, ses sourcils joints, et son nez aquilin. C'était là le signalement que Tite en avait donné.

Comme Paul prêchait à Icone, la vierge Thècle, qui était fiancée à un prince de la ville, nommé Thamyris[9], passait les jours et les nuits à l'écouter de la fenêtre de sa maison, voisine de celle d'Onésiphore, où se tenait l'assemblée. Elle n'avait point encore vu la figure de Paul; mais elle désirait de paraître devant lui, et d'être du nombre des femmes et des vierges qu'elle y voyait entrer. Théoclia, sa mère, fit avertir son gendre qu'il y avait trois jours que Thècle, séduite par les discours trompeurs de cet étranger, oubliait de boire et de manger.

Les tendres représentations de Thamyris pour la détourner des dis-

1. Hæres. 30, n. 16.—2. Act., chap. XXII, v. 13.—3. Codex apocryp., p. 571. 4. De viris illustr., chap. V, et Comment. in epist. ad Philem. — 5. II Timoth., chap. I, v. 15.—6. *Ibid.*, chap. IV, v. 9. — 7. *Ibid.*, chap. III, v. 11.—8. Act., chap. XIV, v. 1.
9. Grabius (T. I, Spicileg., p. 95) observe que Paul, dans le *Philopatris* de Lucien, est désigné par ces mots : « Ce chauve au nez aquilin, qui a été ravi par les airs jusqu'au troisième ciel. — Le *Philopatris* n'est pas de Lucien. » (ÉD.)
10. Saint Grégoire de Nysse cite ce trait dans sa quatorzième homélie sur le *Cantique*, t. I, p. 676. D.

cours de Paul, furent aussi vaines que les larmes de la mère et des servantes¹. Thamyris alors, voyant sortir d'auprès de Paul deux hommes qui se querellaient vivement, les alla joindre dans la rue et les invita à souper, ce qu'ils acceptèrent. Ces deux hypocrites, Démas et Hermogène, gagnés par la bonne chère et les grands présents que leur fit Thamyris, lui déclarèrent que Paul empêchait les jeunes gens de se marier, en leur persuadant que la résurrection ne sera que pour ceux qui persévéreront dans la chasteté. « Vous n'avez, ajoutèrent-ils, qu'à le faire conduire au gouverneur comme enseignant la nouvelle doctrine des chrétiens ; et, suivant le décret de César, on le fera mourir, et vous aurez votre fiancée, à laquelle nous enseignerons² que la résurrection que Paul annonce comme à venir est déjà faite dans les enfants que nous avons, et que nous sommes ressuscités lorsque nous avons connu Dieu. »

Thamyris, transporté d'amour et de colère, courut le lendemain matin, avec des gens armés de bâtons, se saisir de Paul; et l'ayant traîné devant le gouverneur Castellius, il l'accusa de détourner les vierges du mariage, et toute la troupe criait : « Ce magicien a corrompu toutes nos femmes. »

Paul fut mis en prison, et Thècle, pendant la nuit, détacha ses boucles d'oreilles³, dont elle fit présent au portier de la maison pour se faire ouvrir la porte; et, courant à la prison, elle donna son miroir d'argent au geôlier pour avoir la liberté d'entrer vers Paul, dont elle baisa les chaînes en se tenant debout à ses pieds.

Le gouverneur en étant informé, la fit comparaître avec Paul devant son tribunal, et lui demanda pourquoi elle n'épousait pas Thamyris. Comme Thècle, au lieu de répondre, avait les yeux fixés sur Paul, sa mère criait au gouverneur : « Brûlez, brûlez cette malheureuse au milieu du théâtre, afin d'effrayer toutes celles qui ont écouté les enseignements de ce magicien. » Alors le gouverneur, très-affligé, ordonna que Paul fut fouetté et chassé de la ville, et condamna Thècle à être brûlée. Comme elle parcourait des yeux la foule des spectateurs, elle vit le Seigneur assis⁴ sous la forme de Paul, et elle dit en elle-même : « Paul est venu me regarder comme si je ne pouvais pas souffrir avec courage; » et comme elle tenait les yeux arrêtés sur lui, il s'élevait au ciel en sa présence. Le gouverneur, la voyant nue, ne pouvait retenir ses larmes; il admirait sa rare beauté.

Thècle, ayant fait le signe de la croix, monta sur le bûcher. Le peuple y mit le feu qui ne la toucha point, quoiqu'il fût embrasé de tous

---

1. Saint Jean Chrysostôme (*Homil. de Thecla*, t. I, p. 885) et saint Épiphane (*Hæres*. 78, n. 16) commentent cet endroit.
2. Saint Hilaire (Comment. in II. Timoth., chap. XI) semble citer ce passage, quand il dit, en parlant de l'hérésie d'Hyménée et de Philète : « Ils prétendent que, *comme nous l'enseigne une autre écriture*, la résurrection se fait dans les fils. »
3. Saint Jean Chrysostome, Homélie XXV sur les Actes, propose cet exemple de Thècle.
4. Cette apparition est rapportée par Basile de Séleucie (L. I, de Thecla, p. 564) et par d'autres.

côtés, parce que Dieu, prenant pitié de Thècle, fit entendre sous terre un grand bruit; un nuage chargé de pluie et de grêle la couvrit, et le sein de la terre s'ouvrant et s'écroulant engloutit plusieurs spectateurs; le feu s'éteignit, et Thècle échappa sans avoir aucun mal.

Cependant Paul, avec Onésiphore, qui avait quitté les richesses mondaines pour le suivre avec sa femme et ses enfants, jeûnait caché dans un monument sur le chemin qui conduit d'Icone à Daphné. Un des enfants, étant allé vendre la tunique de Paul pour acheter du pain, aperçut Thècle auprès de la maison de son père, et il la conduisit vers Paul. Et sur ce qu'elle dit : « Je vous suivrai où que vous alliez, » Paul lui répliqua : « Nous sommes dans un temps où règne le libertinage, et vous êtes belle; prenez garde qu'il ne vous arrive une seconde tentation pire que la première. »

De là Paul renvoya Onésiphore chez lui avec toute sa famille; et prenant Thècle, il s'en alla à Antioche. Ils n'y furent pas plus tôt arrivés, qu'un Syrien, nommé Alexandre, qui en avait été gouverneur, voyant Thècle, en fut amoureux, et offrit de grands et riches présents à Paul, qui lui dit : « Je ne connais pas cette femme dont vous me parlez, et elle n'est point à moi. » Le gouverneur l'ayant embrassée et baisée dans la rue, elle courut vers Paul, en criant d'une voix triste : « N'insultez point une étrangère, et ne violez point la servante de Dieu. Je suis des premières familles d'Icone, et j'ai été contrainte de quitter la ville parce que je refusais d'épouser Thamyris. » Et se saisissant d'Alexandre, elle lui déchira sa tunique, fit tomber la couronne de sa tête, et le renversa par terre devant tout le monde. Alexandre, transporté d'amour et de honte, la conduisit au gouverneur, qui, gagné par un présent d'Alexandre, la condamna aux bêtes.

Thècle, se voyant condamnée, demanda au gouverneur d'être conservée chaste jusqu'au jour qu'elle devait combattre. Elle fut confiée à une veuve fort riche, nommée Trisina ou Tryphena, dont la fille venait de mourir, et qui la regarda comme sa fille.

Thècle fut d'abord exposée à une lionne très-cruelle, qui lui léchait les pieds. Et comme Trisina, qui n'avait pas rougi de la suivre, l'eut ramenée dans sa maison, voici que sa fille, qui était morte, lui apparut en songe, et lui dit : « Ma mère, prenez à ma place Thècle la servante du Christ, et demandez-lui qu'elle prie pour moi, afin que je sois transportée dans un lieu de repos. » Thècle, pour calmer les pleurs de la mère, se mit à prier le Seigneur, disant : « Seigneur, Dieu du ciel et de la terre, Jésus-Christ fils du Très-Haut, faite que sa fille Falconille vive éternellement. » Ce qu'entendant Trisina, elle pleura davantage, disant : « O jugements injustes! ô crime indigne, de livrer aux bêtes une telle personne ! »

Thècle fut exposée une seconde fois aux bêtes, après qu'on l'eut dépouillée de ses habits, et on lâcha contre elle des lions et des ours, et la cruelle lionne, courant à elle, se coucha à ses pieds. Une ourse l'ayant attaquée, fut arrêtée et mise en pièces par la lionne. Ensuite un lion accoutumé à dévorer des hommes, et qui appartenait à Alexandre, se jeta contre elle. Mais la lionne, en le combattant, tomba morte avec lui. On lâcha ensuite plusieurs bêtes, pendant que Thècle priait debout, les mains étendues vers le ciel. Ses prières étant finies, elle vit la fosse pleine d'eau; et s'y plongeant précipitamment, elle dit : « Mon Seigneur Jésus-Christ, c'est en votre nom que je suis baptisée en mon dernier jour. » Le gouverneur même ne pouvait retenir ses larmes, voyant que les veaux marins allaient avaler une telle beauté. Mais toutes les bêtes, frappées d'un éclat de foudre, surnagèrent sans force; et une nuée de feu entoura Thècle; de sorte que les bêtes ne la touchèrent point, et que sa nudité fut cachée.

Or, comme on avait lâché sur Thècle d'autres bêtes redoutables, toutes les femmes poussèrent un cri de tristesse; et ayant jeté sur elle, l'une du nard, l'autre de la casse, celle-ci des aromates, cette autre de l'onguent, toutes les bêtes furent comme accablées de sommeil, et ne touchèrent point Thècle; de sorte qu'Alexandre dit au gouverneur: « J'ai des taureaux fort terribles, nous l'y attacherons. » Le gouverneur tout triste lui ayant répondu : « Faites ce que vous voudrez, » ils l'attachèrent par les pieds entre deux taureaux, auxquels ils mirent dans l'aine des fers ardents; mais comme les taureaux s'agitaient et mugissaient horriblement, la flamme brûla autour des membres des taureaux les cordes dont Thècle était liée, et elle resta détachée dans le lieu du combat.

Enfin le gouverneur lui fit rendre ses habits; et Thècle ayant appris que Paul était à Myre en Lycie, elle s'habilla en homme pour l'aller rejoindre. Paul la renvoya ensuite à Icone, où elle apprit la mort de Thamyris, et n'ayant pu convertir sa mère, signant tout son corps, elle prit le chemin de Daphné; et étant entrée dans le monument où elle avait trouvé Paul avec Onésiphore, elle se prosterna et y pleura devant Dieu. Ensuite étant allée à Séleucie, elle en éclaira plusieurs de la parole du Christ, et elle y reposa en bonne paix.

Voilà le précis exact des *Actes de Thècle et de Paul apôtre*. Tertullien[1] le plus ancien des Pères latins, assure[2] que ce fut un prêtre d'Asie qui composa cet écrit par amour pour Paul. Saint Cyprien d'Antioche[3] fait mention de l'histoire de Thècle; Basile de Séleucie la mit en vers, au rapport de Photius, et saint Augustin[4], en remarquant que les manichéens s'autorisaient de l'exemple de Thècle, ne traite point son histoire de fable, quoiqu'il qualifie de ce nom d'autres écrits apocryphes.

Enfin trois autres disciples écrivirent chacun une *Relation de la mort de Pierre et de Paul*. On traduira, à la fin de ce recueil, celle de Marcel, et les notes indiqueront en quoi elles différent de celles d'Abdias et d'Hégésippe.

Nous allons commencer par la notice de cinquante *Évangiles* dont nous avons parlé.

[1] Maxime de Turin, Homélie sur la naissance de sainte Agnès, vers la fin, et saint Grégoire-de-Nazianze, t. II, p. 300, B, de son exhortation aux vierges, disent que Thècle échappa aux flammes et aux bêtes.
[2] De Baptismo, chap. XVII. — [3] Grabius, de Spicileg., p. 88.
[4] L. XXX, contra Faustum, chap. IV.

NOTICE ET FRAGMENTS
DE CINQUANTE ÉVANGILES.

A l'article de l'*Évangile selon les Égyptiens*, nombre 1 de la liste alphabétique de Fabricius, et nombre xi de la nôtre[1], ce judicieux écrivain observe que saint Clément Romain ne nomme ni la personne qui interrogeait le Seigneur, ni l'*Évangile* d'où il a tiré ces paroles que nous rapportons de lui[2]. « Le Seigneur étant interrogé par une certaine personne, quand son règne devait arriver, lui dit : « Lorsque deux seront un, et ce qui est dehors sera comme ce qui est dedans, et que le mâle avec la femelle ne seront ni mâle ni femelle. » Au lieu que saint Clément d'Alexandrie[3] nomme l'*Évangile selon les Égyptiens*, dans lequel cette question est faite par Salomé; et la réponse du Seigneur commence ainsi[4] : « Lorsque vous foulerez aux pieds l'habillement de la pudeur, et lorsque deux seront un, etc. » Ainsi la citation dans saint Clément Romain n'est pas exacte.

Il en est de même d'une autre qui se lit dans l'Épître de saint Ignace aux Smyrnéens[4]. « Et lorsque le Seigneur vint à ceux qui étaient autour de Pierre, il leur dit : « Tenez-moi et me touchez, et voyez que je ne suis pas un démon incorporel. » Et aussitôt ils le touchèrent, et ils crurent, étant convaincus par sa chair et par l'esprit. »

Eusèbe[5] avoue qu'il ne sait point où le martyr d'Antioche a puisé ce passage; mais saint Jérôme[6] le reconnaît pour être d'un *Évangile* qu'il avait traduit depuis peu, et le rapporte avec quelques différences. « Et lorsqu'il vint à Pierre et à ceux qui étaient avec Pierre, il leur dit : « Voilà, touchez-moi, et voyez que je ne suis pas un démon incorporel; » et aussitôt ils le touchèrent, et ils crurent. » Il cite ailleurs[7] ces dernières paroles comme étant de l'*Évangile des Hébreux* dont se servent les nazaréens. Cette citation de saint Ignace n'est pas plus exacte que celle de saint Clément Romain.

Non-seulement on peut conclure de là que les *Évangiles* apocryphes ont été cités par les Pères apostoliques, mais en même temps résoudre une grande difficulté touchant les quatre *Évangiles* authentiques. C'est que, comme il est incontestable que les noms de saint Matthieu, de saint Marc, de saint Luc, et de saint Jean, ne se trouvent dans aucun des Pères apostoliques avant saint Justin, on en infère que leurs *Évangiles* n'existaient pas, et que les seuls apocryphes avaient cours dans ces premiers temps.

Mais si l'on pose en fait que les Pères apostoliques ont cité peu exactement les *Évangiles* authentiques, et les apocryphes, sans en nom-

1. Fabricius a écrit *Ægyptios*; Voltaire, *Égyptiens*; de là vient la différence des numéros. (*Note de M. Beuchot.*) — 2. *Nombres*, xi, note 2. — 3. *Ibid.*, notes 3 et 4. — 4. Chap. iii. — 5. *Hist. ecclés.*, l. III, p. 37. — 6. *In catalog. Script. ecclés.* — 7. *Proœm. in* l. 18. *Isaïæ.*

mer aucun, rien n'empêche de dire que saint Matthieu et saint Luc sont cités dans ce passage de saint Clément Romain[1]. « Car le Seigneur dit : « Vous serez comme des agneaux au milieu des loups; » mais Pierre répondant, dit : « Si donc les loups mettent les agneaux en pièces ? » Jésus dit à Pierre : « Que les agneaux ne craignent pas les loups « après votre mort; et vous, ne craignez pas ceux qui vous tuent, et « ensuite ne peuvent rien vous faire; mais craignez celui qui, après « que vous serez morts, a la puissance de l'âme et du corps, et les « peut envoyer dans la géhenne. »

En effet, on lit dans saint Matthieu[2] : « Voilà, je vous envoie comme des brebis au milieu des loups[3]. Ne craignez point ceux qui tuent le corps et ne peuvent tuer l'âme; mais plutôt craignez celui qui peut perdre et l'âme et le corps dans la géhenne. » On trouve aussi dans saint Luc[4] : « Allez, voilà, je vous envoie comme des agneaux entre des loups[5]. Or, je vous dis, *à vous qui êtes* mes amis : « N'ayez point « peur de ceux qui tuent le corps, et après cela n'ont plus rien à faire « davantage; mais je vous montrerai qui il faut que vous craigniez. « Craignez celui qui, après qu'il aura tué, a la puissance d'envoyer « dans la géhenne; oui, je vous dis, craignez celui-là. »

Malgré la ressemblance de ces textes, on insiste sur ce, que l'*Évangile de saint Matthieu* parle de Zacharie, fils de Barachie, qui ne fut tué, suivant Josèphe[6], que pendant la guerre des Juifs contre les Romains. Donc, ajoute-t-on, l'*Évangile de saint Matthieu* fut écrit après cette guerre qui y paraît prédite[7].

Cette allégation spécieuse semble porter à faux dès que l'*Évangile des nazaréens*[8] nous apprend que le Zacharie dont parle saint Matthieu était fils de Joïada.

Sans nous étendre davantage sur l'utilité des *Évangiles* apocryphes, voyons en peu de mots ce que l'on connaît de ces anciens écrits[9].

I. ÉVANGILE D'ANDRÉ APÔTRE.

Cet *Évangile* n'est connu que par le décret du pape Gélase, dont on a parlé dans l'avant-propos.

II. ÉVANGILE D'APELLES.

Outre saint Jérôme cité dans l'avant-propos, Bède[10] fait mention de cet *Évangile* dont saint Épiphane[11] a conservé ce passage : « Le Christ a dit dans l'Évangile : « Soyez d'honnêtes banquiers; servez-vous de « toutes choses, en choisissant de chaque écriture ce qui vous sera « utile. »

---

1. Epist. 2. chap. v.
2. Matth., chap. x, v. 16. — 3. *Ibid.*, v. 28. — 4. Luc, chap. X, v. 3.
5. *Ibid.*, chap. XII, v. 4 et 5. — 6. Bell. Jud., l. IV, chap. XIX.
7. Matth., chap. XXIV, v. 6.
8. Voyez n° XXXVI.
9. Tout ce qui précède est de Voltaire. Le sommaire qui suit des cinquante évangiles, est non una traduction, mais une analyse de Fabricius. (*Note de M. Beuchot.*)
10. Comment. in Luc. — 11. Hæres., 44, n° 2.

III. ÉVANGILE DES DOUZE APÔTRES.

Saint Jérôme, Origène[1], saint Ambroise[2] et Théophylacte[3], en ont parlé.

IV. ÉVANGILE DE BARNABÉ.

Il est compris dans le décret de Gélase.

V. ÉVANGILE DE BARTHÉLEMI APÔTRE.

Son nom se trouve dans le décret de Gélase, dans saint Jérôme, et dans Bède.

VI. ÉVANGILE DE BASILIDES.

On ne connaît de cet *Évangile* que le nom cité par saint Jérôme, Origène et saint Ambroise.

VII. ÉVANGILE DE CÉRINTHE.

Saint Épiphane[4] pense que cet *Évangile* est un de ceux dont parle saint Luc en commençant le sien. Il avait insinué auparavant[5] que Cérinthe se servait de l'*Évangile de saint Matthieu*.

VIII. HISTOIRE DE LA FAMILLE DU CHRIST, TROUVÉE SOUS L'EMPEREUR JUSTINIEN.

Cette histoire, qui se trouve dans Suidas, le fit mettre par le pape Paul IV au nombre des livres défendus, au rapport de Possevin, qui parle aussi, dans son *Apparat*, de la réfutation qu'Hentenius en publia à Paris, l'an 1547, à la fin du commentaire d'Euthymius Zigabenus sur les quatre évangélistes qu'il avait traduits en latin.

IX. HISTOIRE DES DESPOSYNES SUR LA GÉNÉALOGIE DU CHRIST.

Jules Africain, dans sa lettre à Aristide[6], rapporte qu'Hérode, honteux de son origine ignoble[7], fit brûler tous les monuments des anciennes familles d'Israël; mais qu'un petit nombre, jaloux de l'antiquité de leur noblesse, suppléèrent à cette perte en se faisant une nouvelle généalogie, soit de mémoire, soit en s'aidant des titres particuliers qui leur restaient. De ce nombre étaient ceux qu'on appelle *desposynoi* en grec, parce qu'ils étaient proches parents du Sauveur.

X. ÉVANGILE DES ÉBIONITES.

Saint Épiphane[8] dit qu'ils avaient altéré et tronqué l'*Évangile de saint Matthieu*, qu'ils commençaient ainsi : « Sous le règne d'Hérode, roi de Judée, Jean, fils de Zacharie et d'Élisabeth, que l'on disait être de la race du prêtre Aaron, vint baptiser dans le fleuve du Jourdain, du

---

1. Homil. I, in Luc. ex vet. vers.
2. Proœm. Comment. in Luc. — 3. Ad id. Luc. Proœmium.
4. Hæres. 51, n° 7. — 5. Hæres. 30, n° 14.
6. Euseb., Hist. eccl. l. I, chap. VII, et Nicephor. l. I, chap. II.
7. Josèphe, Histoire des Juifs, l. XIV, chap. II, avoue cependant qu'il était petit-fils d'Antipas, Iduméen, gouverneur de toute la Judée.
8. Hæres. 30, n° 13.

baptême de la pénitence, et tout le monde allait à lui. Le peuple ayant été baptisé, Jésus y vint aussi, et fut baptisé par Jean. Et lorsqu'il fut sorti de l'eau, les cieux s'ouvrirent, et il vit le Saint-Esprit de Dieu qui descendait sous la forme d'une colombe, et qui entrait en lui. Et une voix éclata du ciel, disant : « Vous êtes mon fils bien-aimé, je me suis « complu en vous. » Et ensuite : « Je vous ai engendré aujourd'hui » : et aussitôt dans ce même lieu brilla une grande lumière [1]. Ce que Jean ayant vu, lui dit : « Qui êtes-vous, Seigneur ? » La voix reprit du ciel : « Celui-ci « est mon fils bien-aimé, en qui je me suis complu. » A ces mots, Jean se jetant à ses pieds : « Seigneur, dit-il, baptisez-moi, je vous prie; » mais lui l'en empêchait, disant : « Laissez; il est à propos que nous accomplissions ainsi toutes choses. » Ailleurs[2] les ébionites font dire à Jésus : « Je suis venu pour abroger les sacrifices; et, si vous ne cessez de sacrifier, la colère de Dieu contre vous ne cessera pas. » Ensuite[3] : « Ai-je désiré de manger la chair cette pâque avec vous ? » Paroles que Luc[4] rapporte sans interrogation et sans parler de la chair. Enfin[5], outre l'*Évangile* sous le nom de Matthieu, les mêmes ébionites paraissent en avoir supposé sous celui de Jacques et des autres disciples.

XI. ÉVANGILE SELON LES ÉGYPTIENS.

Saint Jérôme fait mention de cet *Évangile*, et saint Épiphane[6] dit que les sabelliens y puisaient leur erreur, comme si le Sauveur y déclarait à ses disciples que le Père, et le Fils, et le Saint-Esprit, sont le même.

Saint Clément Romain[7] et saint Clément d'Alexandrie en citent ces paroles : « Le Seigneur étant interrogé par une certaine[8] Salomé, quand son règne devait venir, lui dit » : « Lorsque vous foulerez aux « pieds l'habillement de la pudeur, et lorsque deux seront un, et ce qui « est dehors sera comme ce qui est dedans, et que le mâle avec la fe- « melle ne seront ni mâle ni femelle[9]. » Salomé demandant : « Jusqu'à « quand les hommes mourront-ils ? » le Seigneur dit : « Tant que vous « autres femmes enfanterez. » Et lorsqu'elle eut dit : « J'ai donc bien « fait, moi qui n'ai point enfanté, » le Seigneur répliqua : « Nourrissez- « vous de toute herbe, mais ne vous nourrissez pas de celle qui a de « l'amertume[10]. » Enfin[11], on rapporte que le Sauveur avait dit : « Je suis venu pour détruire les ouvrages de la femme, c'est-à-dire de la femme de la cupidité; or ses ouvrages sont la génération et la mort. »

XII. ÉVANGILE DES ENCRATITES.

Saint Épiphane[12] pense que l'*Évangile* dont se servaient les encratites était celui que Tatien avait composé en fondant ensemble les quatre *Évangiles* canoniques; mais il paraît se tromper lorsqu'il dit que quel-

1. Saint Justin, dans son colloque avec Tryphon, p. 315, dit qu'en ce même temps il parut du feu dans le Jourdain.
2. Epiphan. Hæres. 30, n° 16. — 3. *Id.*, n° 21. — 4. Chap. XXII, v. 15. — 5. Epiphan. Hæres. 30, n° 23. — 6. Hæres. 62, n° 2. — 7. Epist. II, n° 12. — 8. Clem. Alex., l. III, Strom., p. 465. — 9. *Id.* — 10. *Id.*, l. III Strom., p. 445. — 11. Strom., p. 452. — 12. Hæres. 46, n° 1.

ques-uns l'appelaient *selon les Hébreux* : en effet saint Jérôme, qui traduisit ce dernier en grec et en latin, ne dit nulle part qu'il ait vu celui de Tatien, dont se servaient non-seulement ses disciples, mais encore les autres catholiques qui habitaient en Syrie sur les bords de l'Euphrate, comme l'atteste Théodoret[1].

XIII. ÉVANGILE DE L'ENFANCE DU CHRIST.

Gélase déclare apocryphes les livres de l'enfance du Sauveur. On donnera en français le fragment de celui que Cotelier a traduit du grec en latin, et ensuite un autre complet que Sike de Brême a mis en latin d'après l'arabe. Le savant M. Sinner parle d'un autre manuscrit, n° 377, de la bibliothèque de Berne, dans lequel l'arrivée des mages à Jérusalem est rapportée deux ans après la naissance de Jésus. Il ajoute au voyage de Marie et de Joseph en Égypte, que, « le troisième jour de leur départ, Marie dans le désert se trouva fatiguée de la trop grande chaleur du soleil; et, voyant un palmier, elle dit à Joseph : « Reposons-« nous un peu sous son ombre. » Et Joseph se hâtant, la conduisit vers le palmier, et la fit descendre de sa monture. Et lorsque Marie fut assise, regardant les branches du palmier, et les voyant chargées de fruits, elle dit à Joseph : « J'ai envie, si cela se pouvait, de manger du fruit de « ce palmier. » Alors Joseph lui dit : « Je suis surpris que vous me disiez « cela, puisque vous voyez quelle hauteur ont les rameaux de ce palmier. « Pour moi, je suis très en peine où nous prendrons de l'eau pour rem-« plir nos outres qui sont déjà vides, et pour nous ranimer. » Alors le petit enfant Jésus, d'un air joyeux dans le sein de la vierge Marie sa mère, dit au palmier : « Arbre, recourbez-vous, et rafraîchissez ma mère « de vos fruits. » Aussitôt à cette parole il inclina son sommet jusqu'aux pieds de Marie; et, cueillant tous les fruits qu'il avait, ils se rafraîchi-rent. Or, après que tous les fruits furent cueillis, il demeurait incliné, attendant, pour se relever, l'ordre de celui qui l'avait fait baisser. Alors Jésus lui dit : « Palmier, dressez-vous, et vous affermissez, et soyez « comme les arbres qui sont dans le paradis de mon seigneur et de « mon père. Ouvrez aussi de vos racines la veine qui est cachée en « terre : il en coulera des eaux pour nous désaltérer. » Aussitôt le palmier se dressa, et des sources d'eaux très-claires et très-douces commencè-rent à sortir par ses racines. »

XIV. ÉVANGILE ÉTERNEL.

Comme il est fait mention de l'*Évangile éternel* dans l'*Apocalypse*[2], les frères mendiants, vers le milieu du XIII° siècle, en composèrent un par lequel l'*Évangile du Christ* devait être abrogé. Cet ouvrage fut condamné par le pape Alexandre IV à être brûlé, mais en secret, pour ne pas scandaliser les frères[3].

XV. ÉVANGILE D'ÈVE.

On lisait dans cet *Évangile*[4] : « J'étais arrêté sur une haute mon-

1. Hæretic. fab., l. I, chap. XX. — 2. Chap. XIV, v. 6. — 3. Matth., Paris, ad ann. 1257, p. 939. — 4. Epiphan., Hæres., 26, n° 3.

tagne, lorsque je vois un homme d'une haute taille et un autre fort court. Ensuite j'entends une voix comme celle du tonnerre. Je m'approche donc de plus près pour écouter; alors il me parla de cette manière : « Je suis le même que vous, et vous êtes le même que moi ; et « en quelque endroit que vous soyez, j'y suis, et je suis dispersé par « toutes choses. Et de quelque endroit que vous voudrez, vous me cueil- « lez. Or en me cueillant, vous vous cueillez vous-même. » Ensuite[1] : « Je vis un arbre portant douze fruits chaque année, et il me dit : « C'est « là le bois de vie. » Saint Épiphane, qui rapporte ces deux passages, dit que les gnostiques interprétaient ce dernier des règles des femmes.

XVI. ÉVANGILE DES GNOSTIQUES.

Les gnostiques[1], outre certaines *Interrogations de Marie*, avaient aussi d'autres *Évangiles* sous le nom des disciples.

XVII. ÉVANGILE SELON LES HÉBREUX.

Bède[3] remarque que l'*Évangile selon les Hébreux* ne doit pas être compris parmi les apocryphes, mais parmi les histoires ecclésiastiques, d'autant que saint Jérôme, interprète de l'Écriture sainte, en a pris nombre de témoignages.

XVIII. ÉVANGILES D'HESYCHIUS, OU HÉSYQUE.

Ils sont compris dans le décret de Gélase ; quoique Usserius[4] pense qu'Hesychius, Égyptien, de même que Lucianus, martyr, avaient plutôt entrepris de corriger les livres saints que de les falsifier. Saint Jérôme aussi[5] les cite l'un et l'autre, en rendant compte au pape Damase des tracasseries qu'il avait lui-même à essuyer en pareille conjoncture.

XIX. PROTÉVANGILE DE JACQUES LE MINEUR.

Le décret de Gélase en fait mention. Postel l'a traduit du grec en latin, et on le donne en français.

Un *Évangile* de Jacques le Majeur, trouvé en Espagne, l'an 1595[6], fut condamné par Innocent XI, l'an 1682[7].

Enfin, Cotelier[8] et Labbe[9] parlent d'un *Évangile* manuscrit qui est à la bibliothèque du roi de France, n° 2276, dont voici le titre : « Commence l'histoire de Joachim et d'Anne, et de la nativité de la bienheureuse mère de Dieu, Marie toujours vierge, et de l'Enfance du Sauveur. Moi, Jacques, fils de Joseph, etc. »

XX. ÉVANGILE DE JEAN DU TRÉPAS DE SAINTE MARIE.

Il est nommé dans le décret de Gélase. Quelques manuscrits grecs l'attribuent à Jacques[10].

---

1. Epiphan., Hæres. 26, n° 5. — 2. Epiphan. Hæres.26, n° 8.
3. Comment. in Luc. — 4. Syntagm. de 70 interpret., chap. VII.
5. Præfat. in quatuor Evangelia.
6. Bivarius, p. 57, not. ad commentitium Chron., Lucio Dextro suppositum A. C. 37. — 7. T. VII, Act. Sanctor. Maii, p. 285 et 293. — 8. In not. ad Constit. Apost., l. VI, chap. XVII. — 9. Bibl. nov. MSS., p. 306.
10. Lambecius, Comment. de Biblioth. Vindobon., l. IV, p. 181.

XXI. ÉVANGILE DE JUDE ISCARIOTH.

Cet *Évangile* n'est connu que par ce qu'en disent saint Irénée[1], saint Épiphane[2], et Théodoret[3].

XXII. ÉVANGILE DE JUDE THADDÉE.

On ne le connaît que par le décret de Gélase.

XXIII. ÉVANGILE DE LEUCIUS.

Il est nommé Lenticius, Lentius, Léontius, Lucius, Leicius, Seleucus, dans le décret de Gélase, et saint Augustin[4] l'appelle d'abord Léontius, et ensuite deux fois Leucius. Grabe[5] parle d'un manuscrit de cet *Évangile* qu'il a vu dans la bibliothèque d'Oxford, et le passage qu'il en rapporte se trouve aussi article XLIX de l'*Évangile de l'enfance*. Il s'agit d'un maître d'école qui mourut pour avoir frappé Jésus.

XXIV. ÉVANGILE DE LUCIANUS.

Voyez ce qu'on en dit n° XVIII, article d'Hesychius (pag. 251.)

XXV, XXVI, XXVII. ÉVANGILES DES MANICHÉENS.

Le 1ᵉʳ est l'*Évangile de Thomas*, apôtre, mentionné dans le décret de Gélase, dans l'*Histoire des manichéens*, de Pierre de Sicile[6], et dans Léontius[7]. Ce dernier y joint l'*Évangile* de Philippe.

Le 2ᵉ est l'*Évangile vivant* dont parlent Photius[8], Cyrille de Jérusalem[9], et saint Épiphane[10]. Il est nommé le premier, avant ceux de Thomas et de Philippe, par Timothée, prêtre de Constantinople[11], ou du moins par celui qui a interpolé tout ce passage qui manque dans quelques éditions, et dans quelques manuscrits.

Le 3ᵉ enfin, réfuté par Diodore[12], fut écrit, au rapport de Photius[13], par Ada, qui le nomma *Modion*, en faisant allusion au boisseau dont parle saint Marc[14], sous lequel on ne met pas la lumière. Meursius[15] se trompe en disant que ce dernier est le même que l'*Évangile de Thomas*. Tollius[16] et Cotelier[17] nomment expressément l'écrit d'Ada avec l'*Évangile vivant* et celui de Thomas, sans parler de celui de Philippe. Le nom d'Ada se trouve aussi dans l'*Évangile de Nicodème*, article XXVI.

XXVIII. ÉVANGILE DE MARCION.

C'était l'*Évangile de saint Luc* que Marcion prétendait avoir été écrit par saint Paul, à ce que disent saint Irénée[18], Origène[19], Tertullien[20] et saint Épiphane[21].

---

1. L. I, contra hæres. c. xxxv. — 2. Hæres. 128, n° 4.
3. L. I, Hæretic. fabul., chap. xv. — 4. L. de fide contra manichæos.
5. Ad Irenæum, l. I, chap. XVII.
6. P. 30. edit Raderi. — 7. De sectis lect. III, p. 432.
8. MS., l. I, contra manichæos. — 9. Catechesi. VI.
10. Hæres. 66, n° 2. — 11. Meursius in variis divinis, p. 117.
12. In libris 25 adversus manichæos. — 13. In Bibl. cod. 85. — 14. Chap. IV, v. 21.
15. In Gloss. græco-barbaro, p. 172. — 16. In insignibus itineris Italici, p. 142.
17. T. I, patres Apostol., p. 187.
18. L. I, chap. XXIX. — 19. III. chap. xii. — 19. L. II, contra Celsum, p. 77.
20. L. IV, contra Marcionem, chap. III. — 21. Hæres. 42.

XXIX. XXX. XXXI. TROIS LIVRES DE LA NAISSANCE DE SAINTE MARIE.

Saint Épiphane[1], saint Grégoire de Nysse[2] et saint Augustin[3] parlent des deux premiers. On donnera le troisième en français, d'après la traduction latine que saint Jérôme en a faite sur l'hébreu attribué à saint Matthieu.

XXXII. LIVRE DE SAINTE MARIE ET DE SA SAGE-FEMME.

Ce Livre, compris dans le décret de Gélase, est réfuté par saint Jérôme[4].

XXXIII, XXXIV. INTERROGATIONS DE MARIE GRANDES ET PETITES.

Saint Épiphane[5] est le seul qui fasse mention de ces deux livres, dont se servaient les gnostiques.

XXXV. LIVRE DU TRÉPAS DE MARIE.

C'est le même dont on a parlé sous le nom de saint Jean, n° XX.

XXXVI. ÉVANGILE HÉBREU DE SAINT MATTHIEU DONT SE SERVAIENT LES NAZARÉENS.

Saint Jérôme[6] dit que le Zacharie tué entre le temple et l'autel y est appelé fils de Joïada comme dans les *Paralipomènes*[7], au lieu de fils de Barachie comme dans saint Matthieu. Eusèbe[8], d'après Papias, croit que cet *Évangile* est le même que celui *selon les Hébreux*, n° XVII, parce que l'histoire d'une femme qui fut accusée de plusieurs crimes devant le Seigneur est rapportée dans l'un et dans l'autre.

XXXVII. ÉVANGILE DE MATHIAS.

Son nom se trouve dans le décret de Gélase, dans saint Jérôme, Origène[9], Eusèbe[10], Bède[11], et saint Ambroise[12].

XXXVIII. ÉVANGILE DE NICODÈME.

On lit au commencement de quelques manuscrits et à la fin de quelques autres, que « l'empereur Théodose trouva dans les archives publiques, dans le prétoire de Ponce-Pilate à Jérusalem, cet *Évangile* écrit en hébreu par Nicodème, la dix-neuvième année de l'empereur Tibère César, le 8 des calendes d'avril, qui est le 23 mars, sous le consulat de Rufus et de Léon, la quatrième année de la deux cent deuxième olympiade, Joseph et Caïphas étant princes des prêtres. »

Au reste, quoique cet *Évangile* soit le seul qui parle du péché originel[13], et de la descente de Jésus aux enfers, il ne faut pas croire que

---

1. Hæres., 26, n° 12.
2. Homil. de nativit. S. Mariæ virg., t. III, p. 346.
3. Contra Faustum, l. XXIII, chap. IX.
4. Contra Helvidium. — 5. Hæres., 26, n° 8.
6. L. IV, Ad Matth., chap. XXIII, v. 35.
7. L. II, chap. XXIV, v. 20. — 8. Hist. eccles., l. III, chap. XXXIX.
9. In Luc. hom., t. 40. Hist. eccles., l. III, chap. XXV. — 11. Comment. in Luc.
12. Procem. in Luc. — 13. Art. XXII.

saint Augustin y ait puisé ce qu'il en dit dans une de ses lettres[1]. Ce Père nous apprend lui-même[2] qu'il avait su, par révélation, le mystère de la grâce. Un semblable secours suffisait pour expliquer tous les dogmes qui ne sont pas assez clairement énoncés dans l'Écriture authentique.

XXXIX. ÉVANGILE DE PAUL.

Saint Jérôme[3] entend ces mots des épîtres de *Paul*[4] : *Selon mon Évangile*, de l'*Évangile* prêché par cet apôtre, et écrit par son disciple saint Luc. Voy. n. XXVIII, l'article de Marcion.

XL. ÉVANGILE DE LA PERFECTION.

On ne le connaît que par ce qu'en dit saint Épiphane[5]. Clément d'Alexandrie[6] fait aussi mention d'un ouvrage de Tatien, sous le titre de *la perfection selon le Sauveur*. Il est parlé d'un *Évangile* parfait dans celui de *l'enfance du Christ*[7].

XLI. ÉVANGILE DE PHILIPPE.

Saint Épiphane[8], Timothée, prêtre de Constantinople[9], et Léontius[10], parlent d'un *Évangile de Philippe*; mais on ignore si c'est du même livre qu'il est tiré, et si on l'attribuait à l'apôtre de ce nom, ou bien à l'un des sept diacres nommé Philippe[11].

XLII. ÉVANGILE DE PIERRE APÔTRE.

Le décret de Gélase, Origène[12], Eusèbe de Césarée[13], et d'autres, font mention d'un *Évangile de Pierre* comme supposé, et très-différent de celui de Marc son disciple, qu'on attribuait aussi à Pierre, suivant saint Jérôme[14] et Tertullien[15].

XLIII. LIVRE DE LA NAISSANCE DU SAUVEUR.

On ne le connaît que par le décret de Gélase.

XLIV. ÉVANGILE DES SIMONIENS.

Il en est parlé dans les *Constitutions des apôtres*[16], et dans la préface arabique du concile de Nicée[17].

XLV. ÉVANGILE SELON LES SYRIENS.

On n'en sait que le nom, qui se trouve dans Eusèbe[18] et saint Jérôme[19]. Fabricius cite aussi[20] une ancienne version syrienne de l'*Évangile de Nicodème*.

1. Epist. 59, ad Evodium, edit. benedict., t. 164.
2. L. de Præd. Sanctor., chap. IV. — 3. In catalogo.
4. Rom., chap. II, v. 16 ; Galat., chap. I, v. 8 ; et II Tim., chap. II, v. 8.
5. Hæres. 26, n° 2. — 6. Strom., li III, p. 480. — 7. Art. XXV.
8. Hæres. 26, n° 13. — 9. Voy. n° 25. — 10. *Ibid*.
11. Act., chap. VIII, v. 12 ; et chap. XXI, v. 8.
12. Comment. in Matth., t. II, p. 223. — 13. Hist. eccl., l. III, chap. XXV.
14. Catalog., chap. I. — 15. L. IV, contra Marcion., chap. V.
16. L. VI chap. XVI. — 17. T. II Concilior., edit. Labbe, p. 806.
18. Hist. eccl., l. IV, chap. XXII. — 19. In catalogo. — 20. T. I, p. 244.

XLVI. ÉVANGILE DE TATIEN.

C'est le même que celui des encratites, n° XII.

XLVII. ÉVANGILE DE THADDÉE.

Il en est parlé dans le décret de Gélase et dans Eusèbe[1].

XLVIII. ÉVANGILE DE THOMAS.

C'est le premier des manichéens, n° XXV. Son nom se trouve avec celui de Mathias dans les auteurs cités n. XXXVII.

XLIX. ÉVANGILE DE VALENTIN.

Voyez ce qu'en dit saint Irénée cité dans la préface.

L. ÉVANGILE VIVANT.

C'est le second *Évangile* des manichéens, n° XXVI.

Voici maintenant l'*Évangile de la naissance de Marie*, dont nous avons parlé, n° XXXI de la notice alphabétique.

ÉVANGILE DE LA NAISSANCE DE MARIE.

I.[2] La bienheureuse et glorieuse Marie toujours vierge, de la race royale et de la famille de David, naquit dans la ville de Nazareth, et fut élevée à Jérusalem, dans le temple du Seigneur. Son père se nommait Joachim, et sa mère Anne. La famille de son père était de Galilée, et de la ville de Nazareth. Celle de sa mère était de Bethléem. Leur vie était simple et juste devant le Seigneur, pieuse et irrépréhensible devant les hommes : car ayant partagé tout leur revenu en trois parts, ils dépensaient la première pour le temple et ses ministres, la seconde pour les pèlerins et les pauvres, et réservaient la troisième pour eux et leur famille. Ainsi, chéris de Dieu et des hommes, il y avait près de vingt ans qu'ils vivaient chez eux dans un chaste mariage sans avoir des enfants. Ils firent vœu, si Dieu leur en accordait un, de le consacrer au service du Seigneur ; et c'était dans ce dessein qu'à chaque fête de l'année ils avaient coutume d'aller au temple du Seigneur.

II. Or, il arriva que, comme la fête de la dédicace approchait, Joachim monta à Jérusalem avec quelques-uns de sa tribu. Le pontife Issachar se trouvait alors de fonction. Et lorsqu'il aperçut Joachim parmi les autres avec son oblation, il le rebuta et méprisa ses dons, en lui demandant comment, étant stérile, il avait le front de paraître

---

1. Hist. L. I, chap. XXIII.
2. Les dix articles qu'on lit ici sont la traduction entière de la pièce telle que la rapporte Fabricius dans son *Codex apocryphus Novi Testamenti*. Il en est de même des vingt-cinq articles du *Protévangile de Jacques*, des sept de l'*Évangile de l'enfance du Christ*, des cinquante-cinq de l'*Évangile de l'enfance*, des trente-huit de l'*Évangile de Nicodème*, des *Deux lettres de Pilate*, de la *Relation du gouverneur Pilate*, et de la *Relation de Marcel*. (Note de M. Beuchot.)

parmi ceux qui ne l'étaient pas. Que puisque Dieu l'avait jugé indigne d'avoir des enfants, il pouvait penser que ses dons n'étaient nullement dignes de Dieu : l'Écriture déclarant¹ « maudit celui qui n'a point engendré de mâle en Israël. » Il ajouta qu'il n'avait qu'à commencer d'abord par se laver de la tache de cette malédiction en ayant un enfant, et qu'ensuite il pourrait paraître devant le Seigneur avec ses oblations. Joachim, confus de ce reproche outrageant, se retira auprès des bergers qui étaient avec ses troupeaux dans ses pâturages : car il ne voulut pas revenir à la maison, de peur que ceux de sa tribu qui étaient avec lui ne lui fissent le même reproche outrageant qu'ils avaient entendu de la bouche du prêtre.

III. Or, quand il y eut passé quelque temps, un jour qu'il était seul, l'ange du Seigneur s'apparut à lui avec une grande lumière. Cette vision l'ayant troublé, l'ange le rassura, en lui disant : « Ne craignez point, Joachim, et ne vous troublez pas de me voir; car je suis l'ange du Seigneur : il m'a envoyé vers vous pour vous annoncer que vos prières sont exaucées, et que vos aumônes sont montées jusqu'à lui. Car il a vu votre honte, et il a entendu le reproche de stérilité que vous avez essuyé injustement. Or, Dieu punit le péché et non la nature; c'est pourquoi, lorsqu'il rend quelqu'un stérile, ce n'est que pour faire ensuite éclater ses merveilles, et montrer que l'enfant qui naît est un don de Dieu, et non pas le fruit d'une passion honteuse. Sara, la première mère de votre nation, ne fut-elle pas stérile jusqu'à l'âge de quatre-vingts ans²? Et cependant, au dernier âge de la vieillesse, elle engendra Isaac, auquel la bénédiction de toutes les nations était promise. De même Rachel³, si agréable au Seigneur, et si fort aimée du saint homme Jacob, fut longtemps stérile; et cependant elle engendra Joseph, qui devint le maître de l'Égypte, et le libérateur de plusieurs nations prêtes à mourir de faim. Lequel de vos chefs a été plus fort que Samson, ou plus saint que Samuel? Et cependant ils eurent tous les deux des mères stériles⁴. Si donc la raison ne vous persuade point par mes paroles, croyez par l'effet, que les conceptions longtemps différées et les accouchements stériles, n'en sont d'ordinaire que plus merveilleux. Ainsi votre femme Anne vous enfantera une fille que vous nommerez Marie; elle sera consacrée au Seigneur dès son enfance, comme vous en avez fait vœu; et elle sera remplie du Saint-Esprit, même dans le sein de sa mère⁵. Elle ne mangera ni ne boira rien d'impur, n'aura aucune société avec la populace du dehors; mais sa conversation sera dans le temple du Seigneur, de peur qu'on ne puisse soupçonner ou dire quelque chose de désavantageux sur son compte. C'est pourquoi en avançant en âge, comme elle-même naîtra d'une mère stérile, de même cette vierge incomparable engendrera le fils du Très-Haut, qui sera appelé Jésus, sera le sauveur de toutes les nations.

---

1. Isaïe, chap. IV, v. 1, ne maudit que la femme stérile.
2. La Genèse, chap. XVII, v. 17, lui donne alors quatre-vingt-dix ans.
3. Genèse, chap. XXX, v. 23.
4. Jud., chap. XIII, v. 3; et I Reg., chap. I, v. 20. — 5. Luc, chap. I, v. 15.

selon l'étymologie de ce nom[1]. Et voici le signe[2] que vous aurez des choses que je vous annonce. Lorsque vous arriverez à la porte d'or, qui est à Jérusalem, vous y trouverez votre épouse Anne qui viendra au-devant de vous, laquelle aura autant de joie de vous voir, qu'elle avait eu d'inquiétude du délai de votre retour. » Après ces paroles l'ange s'éloigna de lui.

IV. Ensuite il apparut à Anne son épouse, disant : « Ne craignez point, Anne, et, ne pensez pas que ce que vous voyez soit un fantôme[3]. Car je suis ce même ange qui ai porté devant Dieu vos prières et vos aumônes[4]; et maintenant je suis envoyé vers vous pour annoncer qu'il vous naîtra une fille, laquelle étant appelée Marie sera bénie sur toutes les femmes[5]. Elle sera pleine de la grâce du Seigneur. Aussitôt après sa naissance, elle restera trois ans dans la maison paternelle pour être sevrée; après quoi elle ne sortira point du temple, où elle sera comme engagée au service du Seigneur jusqu'à l'âge de raison; enfin y servant Dieu nuit et jour par des jeûnes et des oraisons, elle s'abstiendra de tout ce qui est impur, ne connaîtra jamais d'homme; mais seule sans exemple, sans tache, sans corruption, cette vierge, sans mélange d'homme, engendrera un fils; cette servante *enfantera* le Seigneur, le Sauveur du monde par sa grâce, par son nom, et par son œuvre. C'est pourquoi levez-vous, allez à Jérusalem; et lorsque vous serez arrivée à la porte d'orée, ainsi nommée parce qu'elle est dorée, vous aurez pour signe au-devant de vous votre mari dont l'état de la santé vous inquiète. Lors donc que ces choses seront arrivées, sachez que les choses que je vous annonce s'accompliront indubitablement. »

V. Suivant donc le commandement de l'ange, l'un et l'autre, partant du lieu où ils étaient, montèrent à Jérusalem; et lorsqu'ils furent arrivés au lieu désigné par la prédiction de l'ange, ils s'y trouvèrent l'un au-devant de l'autre. Alors joyeux de leur vision mutuelle, et rassurés par la certitude de la lignée promise, ils rendirent grâces comme ils le devaient au Seigneur qui élève les humbles[6]. C'est pourquoi ayant adoré le Seigneur, ils retournèrent à la maison, où ils attendaient avec assurance et avec joie la promesse divine. Anne conçut donc et accoucha d'une fille; et, suivant le commandement de l'ange, ses parents l'appelaient Marie.

VI. Et lorsque le terme de trois ans fut révolu, et que le temps de la sevrer fut accompli, ils amenèrent au temple du Seigneur cette vierge avec des oblations. Or, il y avait autour du temple quinze degrés à monter[7] selon les quinze psaumes des degrés. Car, parce que le temple était bâti sur une montagne, il fallait des degrés pour aller à l'autel de l'holocauste qui était par dehors. Les parents placèrent donc la petite bienheureuse vierge Marie sur le premier. Et comme ils quittaient les habits qu'ils avaient eus en chemin, et qu'ils en mettaient de plus beaux et de plus propres, selon l'usage, la vierge du Seigneur

---

1. Matth., chap. I, v. 21. — 2. Luc, ch. II, v. 12. — 3. Matth., ch. XIV, v. 26.
4. Tob., ch. XII, v. 15; Apocal., ch. VIII, v. 3. — 5. Luc, ch. I, v. 42.
6. Luc, ch. I, v. 52. — 7. Ézéchiél, ch. XL, v. 6, 34 et suiv.

monta tous[1] les degrés un à un sans qu'on lui donnât la main pour la conduire ou la soutenir, de manière qu'en cela seul on eût pensé qu'elle était déjà d'un âge parfait. Car le Seigneur, dès l'enfance de sa vierge, opérait déjà quelque chose de grand, et faisait voir d'avance, par ce miracle, combien grands seraient les suivants. Ayant donc célébré le sacrifice selon la coutume de la loi[2], et accompli leur vœu, ils l'envoyèrent dans l'enclos du temple pour y être élevée avec les autres vierges; et eux retournèrent à la maison.

VII. Or la vierge du Seigneur, en avançant en âge, profitait en vertus et, suivant le Psalmiste[3], « son père et sa mère l'avaient délaissée; mais le Seigneur prit soin d'elle. » Car tous les jours elle était fréquentée par les anges, tous les jours elle jouissait de la vision divine, qui la préservait de tous les maux et la comblait de tous les biens. C'est pourquoi elle vint à l'âge de quatorze ans, sans que non-seulement les méchants pussent rien inventer de répréhensible en elle, mais tous les bons qui la connaissaient trouvaient sa vie et sa conversation dignes d'admiration. Alors le pontife[4] annonçait publiquement que les vierges que l'on élevait publiquement dans le temple, et qui avaient cet âge accompli, s'en retournassent à la maison pour se marier selon la coutume de la nation et la maturité de l'âge. Les autres ayant obéi à cet ordre avec empressement, la vierge du Seigneur, Marie, fut la seule qui s'excusa de le faire, disant que non-seulement ses parents l'avaient engagée au service du Seigneur, mais encore qu'elle avait voué au Seigneur sa virginité, qu'elle ne voulait jamais violer en habitant avec un homme. Le pontife fort embarrassé, ne pensant pas qu'il fallût enfreindre son vœu, ce qui serait contre l'Écriture, qui dit : *Vouez et rendez*[5], ni s'ingérer d'introduire une coutume inusitée chez la nation, ordonna que tous les principaux de Jérusalem et des lieux voisins se trouvassent à la solennité qui approchait, afin qu'il pût savoir par leur conseil ce qu'il y avait à faire dans une chose si douteuse. Ce qui ayant été fait, l'avis de tous fut qu'il fallait consulter le Seigneur sur cela. Et tout le monde étant en oraison, le pontife, selon l'usage[6], se présenta pour consulter Dieu. Et sur-le-champ tous entendirent une voix qui sortit de l'oracle et du lieu du propitiatoire[7], qu'il fallait, suivant la prophétie d'Isaïe, chercher quelqu'un à qui cette vierge devait être recommandée et donnée en mariage. Car on sait qu'Isaïe dit[8] : « Il sortira une verge de la racine de Jessé; et de cette racine il s'élèvera une fleur sur laquelle se reposera l'esprit du Seigneur, l'esprit de sagesse et d'intelligence, l'esprit de conseil et de force, l'esprit de science et de piété; et elle sera remplie de l'esprit de la crainte du Seigneur. » Il prédit donc, selon cette prophétie, que tous ceux de la maison et de la

1. La chose est rapportée un peu différemment, art. IV du *Protévangile de Jacques.*
2. I Sam., ch. I, v. 25. — 3. Ps. XXVI, v. 10.
4. Il est nommé Zacharie dans le *Protévangile de Jacques.* — Voyez p. 270.
5. Ps. LXV, v. 11.
6. Num., ch. XXVII, v. 71. — 7. Num., ch. VII, v. 89. — 8. Ch. XI, v. 1.

famille de David qui seraient nubiles et non mariés, n'avaient qu'à apporter leurs verges à l'autel, et que l'on devait recommander et donner la vierge en mariage à celui dont la verge, après avoir été apportée, produirait une fleur, et au sommet de laquelle l'esprit du Seigneur se reposerait en forme de colombe.

VIII. Joseph, entre autres, de la maison et de la famille de David, était fort âgé, et tous portant leurs verges selon l'ordre, lui seul cacha la sienne. C'est pourquoi rien n'ayant apparu de conforme à la voix divine, le pontife pensa qu'il fallait derechef consulter Dieu, qui répondit que celui qui devait épouser la vierge était le seul de tous ceux qui avaient été désignés qui n'eût pas apporté sa verge. Ainsi Joseph fut découvert. Car lorsqu'il eut apporté sa verge, et qu'une colombe venant du ciel se fut reposée sur le sommet, il fut évident à tous que la vierge devait lui être donnée en mariage. Ayant donc célébré le droit[1] des noces selon la coutume, lui se retira dans la ville de Bethléem, pour arranger sa maison, et pourvoir aux choses nécessaires pour les noces. Mais la vierge du Seigneur, Marie, avec sept autres vierges de son âge, et sevrées avec elle, qu'elle avait reçues du prêtre, retourna en Galilée dans la maison de son père.

IX. Or, en ces jours-là, c'est-à-dire au premier temps de son arrivée en Galilée, l'ange lui fut envoyé de Dieu pour lui raconter qu'elle concevrait le Seigneur, et lui expliquer principalement la manière et l'ordre de la conception. Enfin étant entré vers elle, il remplit la chambre où elle demeurait d'une grande lumière, et la saluant très-gracieusement, il lui dit : « Je vous salue, Marie, vierge du Seigneur, très-agréable, vierge pleine de grâce; le Seigneur est avec vous; vous êtes bénie par-dessus toutes les femmes, bénie par-dessus tous les hommes nés jusqu'à présent. » Mais la vierge, qui connaissait déjà bien les visages des anges, et qui était accoutumée à la lumière céleste, ne fut point effrayée de voir un ange, ni étonnée de la grandeur de la lumière; mais son seul discours la troubla, et elle commença à penser quelle pouvait être cette salutation si extraordinaire, ce qu'elle présageait, ou quelle fin elle devait avoir. L'ange divinement inspiré allant au-devant de cette pensée : « Ne craignez point, dit-il, Marie, comme si je cachais par cette salutation quelque chose de contraire à votre chasteté. Car vous avez trouvé grâce devant le Seigneur, parce que vous avez choisi la chasteté. C'est pourquoi, étant vierge, vous concevrez sans péché et enfanterez un fils. Celui-là sera grand, parce qu'il dominera[2] depuis la mer jusqu'à la mer, et depuis le fleuve jusqu'aux extrémités de la terre. Et il sera appelé le fils du Très-Haut, parce qu'en naissant humble sur la terre, il règne élevé dans le ciel. Et le Seigneur Dieu lui donnera le siége de David, son père, et il régnera à jamais dans la maison de Jacob, et son règne n'aura point de fin. Il est lui-même le

---

1. C'est-à-dire les fiançailles, dans lesquelles on écrivait le nom de l'époux et de l'épouse sur des tablettes dans une assemblée solennelle. (Philo, de leg. special., p. 608, édit. de Genève.)
2. Ps. LXXII, v. 8.

roi des rois[1], et le Seigneur des seigneurs; et son trône[2] *subsistera* dans le siècle du siècle. » La Vierge crut à ces paroles de l'ange, mais voulant savoir la manière, elle répondit : « Comment cela pourra-t-il se faire? car, puisque suivant mon vœu je ne connais jamais d'homme, comment pourrai-je enfanter sans l'accroissement de la semence de l'homme? » A cela l'ange lui dit : « Ne comptez pas, Marie, que vous conceviez d'une manière humaine. Car sans mélange d'homme vous concevrez vierge, vous enfanterez vierge, vous nourrirez vierge. Car le Saint-Esprit surviendra en vous, et la vertu du Très-Haut vous couvrira de son ombre contre les ardeurs de l'impureté. C'est pourquoi ce qui naîtra de vous sera seul saint, parce que, seul conçu et né sans péché, il sera appelé le Fils de Dieu. » Alors Marie étendant les mains et levant les yeux au ciel, dit : Voici la servante du Seigneur (car je ne suis pas digne du nom de maîtresse) ; qu'il me soit fait selon votre parole. » (Il serait trop long et même ennuyeux de rapporter ici tout ce qui a précédé ou suivi la naissance du Seigneur. C'est pourquoi, passant ce qui se trouve plus au long dans l'*Évangile*, finissons par ce qui n'y est pas si détaillé. — Note du faux Jérôme, auquel on attribue la traduction latine.)

X. Joseph donc, venant de la Judée dans la Galilée, avait intention de prendre pour femme la Vierge qu'il avait fiancée, car trois mois s'étaient déjà écoulés, et le quatrième approchait, depuis le temps qu'il l'avait fiancée. Cependant le ventre de la fiancée grossissant peu à peu, elle commença à se montrer enceinte, et cela ne put être caché à Joseph ; car entrant vers la Vierge plus librement comme époux, et parlant plus familièrement avec elle, il s'aperçut qu'elle était enceinte. C'est pourquoi il commença à avoir l'esprit agité et incertain, parce qu'il ignorait ce qu'il avait à faire de mieux, car il ne voulut point la dénoncer[3], parce qu'il était juste, ni la diffamer par le soupçon de fornication, parce qu'il était pieux ; c'est pourquoi il pensait à rompre son mariage secrètement, et à la renvoyer en cachette. Comme il avait ces pensées, voici que l'ange du Seigneur lui apparut en songe, disant : « Joseph, fils de David, ne craignez point, c'est-à-dire n'ayez point de soupçon de fornication contre la Vierge, ou ne pensez rien de désavantageux à son sujet, et ne craignez point de la prendre pour femme, car ce qui est né en elle, et qui tourmente actuellement votre esprit, est l'ouvrage non d'un homme, mais du Saint-Esprit, car de toutes les vierges, elle seule enfantera le Fils de Dieu, et vous le nommerez Jésus, c'est-à-dire Sauveur; car c'est lui qui sauvera son peuple de leurs péchés. » Joseph donc, suivant le précepte de l'ange, prit la Vierge pour femme : cependant il ne la connut pas[4], mais en ayant soin chastement, il la garda; et déjà le neuvième mois depuis la conception approchait, lorsque Joseph, ayant pris sa femme et les autres choses qui lui étaient nécessaires, s'en alla à la ville de Bethléem d'où il était. Or

1. Deut., ch. X, v. 47 ; et 1 Timot., ch. VI, v. 15. — 2. Ps. XLIV, v. 7.
3. Matth., ch. I, v. 19. — 4. Matth., ch. I, v. 25.

il arriva, lorsqu'ils y furent, que les jours pour accoucher furent accomplis ; et elle enfanta son fils premier-né, comme l'ont enseigné les saints *Évangélistes*, notre Seigneur Jésus-Christ, qui étant Dieu avec le Père, et le Fils, et l'Esprit saint, vit et règne pendant tous les siècles des siècles.

Pour suivre l'ordre historique des matières, nous plaçons au second rang le Protévangile de Jacques, qui est le dix-neuvième de la notice. Fabricius avertit qu'il a retouché la version de Postel, et qu'il a mis entre deux crochets (....) ce qui ne se trouve pas dans le grec.

PROTÉVANGILE

ATTRIBUÉ A JACQUES, SURNOMMÉ LE JUSTE, FRÈRE DU SEIGNEUR.

I. Dans les histoires des douze tribus d'Israël, *on voit* que Joachim était fort riche, et offrait à Dieu des doubles offrandes, disant en soi-même : « Que mes facultés soient celles de tout le peuple pour la rémission de mes péchés auprès de Dieu, afin qu'il ait pitié de moi! » Or, le grand jour du Seigneur approchait, et les enfants d'Israël offraient leurs dons ; et Ruben s'éleva contre lui, disant : « Il ne vous est pas permis d'offrir votre don, parce que vous n'avez point eu d'enfant en Israël. » Joachim en fut très-attristé, et il s'en alla voir la généalogie des douze tribus d'Israël, disant en soi : « Je verrai dans les tribus d'Israël si je suis le seul qui n'ai point eu d'enfant en Israël. » C'est pourquoi, en examinant, il vit que tous les justes en avaient eu ; et il se ressouvint du patriarche Abraham, à qui, dans ses derniers jours, Dieu avait donné un fils Isaac. Alors Joachim, étant tout triste, n'alla point voir sa femme ; mais il se retira dans le désert, où, ayant dressé des tentes, il jeûna quarante jours et quarante nuits[2], disant en soi-même : « Je ne mangerai ni ne boirai jusqu'à ce que le Seigneur mon Dieu m'ait regardé ; mais mon oraison sera ma nourriture[3]. »

II. Or, son épouse Anne pleurait de deux pleurs et était accablée d'un double chagrin, disant : « Je pleure ma viduité et ma stérilité. » Le grand jour du Seigneur étant donc arrivé, Judith, sa servante, lui dit « Jusqu'à quand enfin affligerez-vous votre âme? Il ne vous est pas permis de pleurer, parce que c'est le grand jour du Seigneur[4]. Prenez donc ce diadème que m'a donné la maîtresse où j'allais travailler à la journée, et parez-en votre tête ; car, comme je suis votre servante, vous avez une forme royale. » Et Anne lui dit : « Laissez-moi[5] ; car je n'en ferai rien ; Dieu m'a trop humiliée. Prenez bien garde qu'il ne vous ait été donné par quelque voleur, et que Dieu ne m'implique dans votre pé-

---

1. Luc, ch. II, v. 6 et 7.
2. Moses, Exod., c. XXIV, v. 18 ; c. XXXIV, v. 28 ; et Deut. c. XIX, v. 9 et 11 ; Elias, II Reg., c. XIX, v. 8 ; Jesus, Matth., c. IV, v. 2.
3. Joan, c. IV, v. 34 — 4. Ps. CXVII, v. 24. — 5. Matth., c. IV, v. 10

ché. » Judith, sa servante, lui répondit : « Que vous dirai-je? est-ce que je vous souhaite un plus grand mal, puisque vous n'écoutez pas ma voix? car c'est avec raison que Dieu vous a rendue stérile, pour ne vous point donner de fils en Israël. » Et Anne en fut très-attristée; et ayant quitté ses habits de deuil, elle orna sa tête et se vêtit de ses habits de noces[1]; et sur les neuf heures, elle descendit dans son jardin pour se promener; et voyant un laurier, elle s'assit dessous, et fit ses prières au Seigneur Dieu, disant : « Dieu de mes pères, bénissez-moi, et écoutez mon oraison, comme vous avez béni le sein de Sara[2], et lui avez donné un fils Isaac. »

III. Et regardant vers le ciel, elle vit dans le laurier un nid de moineau, et elle se plaignit en elle-même, et dit : « Hélas! que je suis malheureuse! (à qui puis-je être comparée?) qui est-ce qui m'a engendrée, ou quelle mère m'a enfantée pour que je naquisse ainsi maudite devant les enfants d'Israël? car ils m'accablent de reproches et d'insultes; ils m'ont chassée du temple du Seigneur mon Dieu. Hélas! que je suis malheureuse! (à qui suis-je devenue semblable? je ne puis point être comparée aux oiseaux du ciel, parce que les oiseaux sont féconds en votre présence, Seigneur; car ce qui est en moi, je le remets en vous. Hélas! que je suis malheureuse! à qui puis-je être comparée?) Je ne puis être comparée avec les animaux mêmes de la terre, parce qu'ils sont féconds en votre présence, Seigneur. Hélas! que je suis malheureuse! à qui suis-je semblable? Je ne puis être comparée avec les eaux, parce qu'elles sont fécondes en votre présence (car les eaux elles-mêmes, tant claires que flottantes, vous louent avec les poissons de la mer). Mais, hélas! que je suis malheureuse! à qui puis-je être comparée? Je ne puis être comparée avec la terre, parce que la terre porte ses fruits en son temps, et vous bénit, Seigneur. »

IV. Et voici que l'ange du Seigneur vola vers elle, en lui disant : « Anne, Dieu a exaucé votre prière; vous concevrez et vous enfanterez, et votre enfant sera célèbre dans tout le monde. » Mais Anne dit : « Le Seigneur mon Dieu est vivant; soit que j'engendre garçon ou fille, je l'offrirai au Seigneur notre Dieu[3], et il servira dans les choses sacrées tous les jours de sa vie. » Et voici que deux anges vinrent en lui disant : « Joachim, votre mari, vient avec ses troupeaux; car l'ange du Seigneur est descendu vers lui, disant : « Joachim, Joachim, le Seigneur a exaucé « votre prière, descendez d'ici. Voici que Anne votre femme concevra dans « son sein. » Et Joachim descendit, et il appela ses bergers, disant : « Apportez-moi ici dix agneaux femelles (pures et sans taches), et elles seront pour le Seigneur mon Dieu; et amenez-moi douze veaux purs, ils seront pour les prêtres et pour le clergé, soit pour l'assemblée des vieillards; et apportez-moi cent boucs, et les cent boucs seront pour tout le peuple. » Et voici que Joachim vient avec ses troupeaux, et Anne se tenait debout sur la porte, et elle vit Joachim qui venait avec ses

1. Judith, X, v. 3. — 2. Genes., III.
3. Samuel, I, v. 11.

troupeaux; et accourant, elle s'attacha à son cou, disant : « A présent je connais que le Seigneur Dieu m'a extrêmement bénie; car moi qui étais veuve, je ne suis plus veuve, et moi qui étais stérile, j'ai conçu dans mon sein; » et Joachim se reposa dans sa maison le premier jour.

V. Le lendemain il offrit ses dons, disant en soi-même : « Si le Seigneur Dieu me bénit, la lame du prêtre[1] me le fera connaître; » (et Joachim offrit ses dons), et fit attention à la lame (soit à l'éphod ou au rational) du prêtre, lorsqu'il fut admis à l'autel du Seigneur, et il ne vit point de péché en soi; et Joachim dit : « A présent j'ai connu que Dieu a eu pitié de moi, et m'a remis tous mes péchés; » et il descendit justifié[2] de la maison du Seigneur, et il vint dans sa maison. Ainsi, Anne conçut, et ses six mois furent accomplis; mais au neuvième mois, Anne enfanta, et dit à la sage-femme : « Qu'est-ce que j'ai enfanté? » Elle dit : « Une femme; » et Anne dit : « Mon âme est magnifiée à cette heure-ci, » et elle se recoucha. Or, les jours étant accomplis, Anne fut purifiée, et elle allaitait sa fille, et nomma son nom Marie.

VI. Or, la petite fille se fortifiait de jour en jour, et lorsqu'elle eut six mois, sa mère la posa par terre pour essayer si elle se tiendrait debout; et elle fit sept pas en marchant, et elle vint dans le sein de sa mère; et Anne dit : « Le Seigneur mon Dieu est vivant, parce que vous ne marcherez pas sur la terre jusqu'à ce que je vous aie présentée au temple du Seigneur. » Et elle fit la sanctification dans son lit; et tout ce qui est souillé, elle avait soin de le séparer d'elle à cause d'elle, et elle appela des filles d'Hébreux sans tache, et elles la soignaient. Et la première année de la petite fille s'accomplit : et Joachim fit un grand repas[3]; et il y invita les princes des prêtres, et les scribes, et tout le sénat, et tout le peuple d'Israël. Et il offrit (des présents) aux princes des prêtres; et ils le bénirent, disant : « Dieu de nos pères, bénissez cette jeune fille, et donnez-lui un nom célèbre éternellement dans toutes les générations. » Et tout le peuple dit : « Soit fait, soit fait, ainsi soit-il. » Et il la présenta aux prêtres; et ils la bénirent, disant : « Dieu très-haut, regardez cette petite fille, et bénissez-la d'une bénédiction qui n'ait point de relâche. » Sa mère la prit et lui donna à teter; et[4] Anne fit un cantique au Seigneur Dieu, disant : « Je chanterai louange au Seigneur mon Dieu, parce qu'il m'a visitée, et m'a délivrée de l'opprobre de mes ennemis, et le Seigneur Dieu m'a donné un fruit de sa grande miséricorde en sa présence. Qui est-ce qui annoncera aux fils de Ruben qu'Anne allaite? (Écoutez, écoutez, douze tribus d'Israël, parce que Anne allaite.) » Et elle la recoucha dans le lieu de sa sanctification, et elle sortit, et elle les servait. Et ayant achevé le festin, ils se retirèrent tout joyeux (et ils lui donnèrent le nom de Marie) en glorifiant le Dieu d'Israël.

VII. Or, la petite fille avançait en âge, et lorsqu'elle eut deux ans, Joachim dit à Anne son épouse : « Introduisons-la dans le temple de Dieu, afin que nous rendions notre vœu que nous avons promis, de peur que

1. Exod., ch. XXVIII, v. 36. — 2. Luc, ch. XVIII, v. 14.
3. Genes., ch. XXI, v. 8 — 4. I Sam. 2; Luc, I.

Dieu ne nous l'enlève ou ne s'irrite contre nous. » Et Anne dit : « Attendons la troisième année, de peur que la petite fille ne demande son père et sa mère. » Et Joachim dit : « Attendons. » Et la petite fille eut trois ans, et Joachim dit : « Appelez des petites filles des Hébreux sans tache, et qu'elles reçoivent en particulier des lampes ; et qu'elles soient allumées, de peur que la petite fille ne se retourne en arrière, et que son esprit ne soit détourné du temple de Dieu. » Et ils firent ainsi, jusqu'à ce qu'elles entrèrent dans le temple. Et le prince des prêtres la reçut, et la baisa, et dit : « Marie le seigneur a magnifié votre nom dans toutes les générations, et dans les derniers jours le Seigneur manifestera en vous le prix de sa rédemption[1] aux enfants d'Israël. » Et il la plaça sur le troisième degré de l'autel ; et le Seigneur Dieu répandit sa grâce sur elle ; et elle tressaillit de joie en dansant avec ses pieds ; et toute la maison d'Israël la chérit.

VIII. Et ses parents descendirent, admirant et louant Dieu, parce que la petite fille ne s'est pas retournée vers eux. Or, Marie était comme une colombe élevée dans le temple du Seigneur, et elle recevait sa nourriture de la main d'un ange. Lorsqu'elle eut douze ans, il se tint (dans le temple du Seigneur) un conseil des prêtres, disant : « Voilà que Marie a douze ans dans le temple du Seigneur ; que lui ferons-nous, de peur que la sanctification du Seigneur notre Dieu ne soit peut-être souillée ? » Et les prêtres dirent à Zacharie : « Prince des prêtres, présentez-vous à l'autel du Seigneur, et priez pour elle ; et tout ce que Dieu nous aura manifesté, nous le ferons. » Et le prince des prêtres, ayant pris sa longue tunique à douze clochettes, entra dans le saint des saints, et pria pour elle. Et voici que l'ange du Seigneur se présenta, lui disant : « Zacharie, Zacharie, sortez, et convoquez les veufs du peuple ; et qu'ils apportent chacun une verge[2] ; et elle sera donnée en garde pour femme à celui à qui Dieu aura montré un signe. » Or des crieurs le publièrent par toute la région de la Judée, et la trompette du Seigneur sonna[3], et tous accoururent.

IX. Or, Joseph, ayant jeté sa hache, sortit au-devant d'eux ; et s'étant assemblés, ils s'en allèrent au grand prêtre, ayant pris leurs verges. Ainsi recevant d'eux leurs verges, il entra dans le temple, et pria. Et ayant achevé l'oraison, il prit les verges et sortit. Alors il les rendit à chacun d'eux, et il n'y apparut aucun signe. Mais Joseph reçut la dernière verge, et voici qu'une colombe sortit de la verge, et vola sur la tête de Joseph. Et le grand prêtre dit à Joseph : « Vous êtes choisi par le sort divin pour prendre la vierge du Seigneur en garde chez vous. » Joseph s'en défendait, disant : « J'ai des fils, et je suis vieux ; mais elle est très-jeune : de là je crains de devenir ridicule aux enfants d'Israël. » Mais le grand prêtre dit à Joseph : « Craignez le Seigneur votre Dieu, et ressouvenez-vous quelles grandes choses Dieu fit[4] contre Dathan, et Abiron, et Coré, comment la terre s'ouvrit, et les dévora à cause de leur contradiction. Maintenant donc craignez Dieu, Joseph,

1. Matth., chap. xx, v. 28. — 2. Num., xvii. — 3. Levit., xxv, v. 9.
4. Num., xvi.

de peur que ces choses ne soient dans votre maison. » Joseph, effrayé, la reçut, et lui dit : « Marie, voici que je vous prends du temple du Seigneur, et je vous laisserai à la maison, et j'irai pour exercer ma profession de charpentier (et je reviendrai à vous). Et que le Seigneur vous conserve (tous les jours). »

X. Or, il se tint un conseil des prêtres, disant : « Faisons un voile (ou un tapis) pour le temple du Seigneur. » Et le prince des prêtres dit : « Appelez-moi des vierges sans tache, de la tribu de David. » S'en allant donc et cherchant, ils trouvèrent sept vierges. Et le prince des prêtres se ressouvint de Marie, qu'elle était de la tribu de David, et sans tache devant Dieu. Et le prince des prêtres dit : « Tirez-moi au sort laquelle filera du fil d'or (d'amiante) et de fin lin (et de soie), et d'hyacinthe, et d'écarlate, et de la vraie pourpre; » et Zacharie se ressouvint de Marie, qu'elle était de la tribu de David; et la vraie pourpre (et l'écarlate) échut à Marie par le sort; et (les ayant reçues) elle s'en alla dans sa maison. Or, dans ce même temps, Zacharie perdit la parole[1]. Et Samuel prit sa place, jusqu'à ce que Zacharie recommença à parler. Marie ayant reçu la pourpre (et l'écarlate) fila.

XI. Et ayant pris une cruche, elle sortit puiser de l'eau[2]. Et voici une voix qui lui dit : « Je vous salue, pleine de grâce[3], le Seigneur est avec vous, vous êtes bénie entre les femmes. » Or, Marie regardait à droite et à gauche, pour savoir d'où venait cette voix. Et toute tremblante, elle entra dans sa maison, et quitta sa cruche; et ayant pris la pourpre, elle s'assit sur sa chaise pour travailler. Et voici que l'ange du Seigneur se présenta devant elle, disant : « Ne craignez point, Marie, vous avez trouvé grâce auprès du Seigneur. » Et l'entendant, Marie s'entretenait en soi-même de ces pensées : « Si je concevrai par le Dieu vivant, et j'enfanterai comme chaque femme engendre ? » Et l'ange du Seigneur dit : « Il n'en sera pas ainsi, ô Marie ! car le Saint-Esprit viendra sur vous, et la vertu de Dieu vous couvrira de son ombre. C'est pourquoi le saint qui naîtra de vous[4] sera appelé le fils du Dieu vivant. Et vous lui donnerez le nom de Jésus : car c'est lui qui sauvera son peuple de leurs péchés. Et voici que votre cousine Elisabeth a conçu son fils dans sa vieillesse : et ce mois-ci est le sixième pour celle qui était appelée *stérile*, parce que tout ce que je vous dis ne sera pas impossible auprès de Dieu. » Et Marie dit : « Voici la servante du Seigneur; qu'il me soit fait selon votre parole. »

XII. Et ayant achevé la pourpre et l'écarlate, elle l'apporta au grand prêtre. Il la bénit, et dit : « Ô Marie ! votre nom est magnifié, et vous serez bénie dans toute la terre. » Marie, ayant conçu une grande joie, s'en alla vers Elisabeth, sa cousine, et frappa à sa porte. Et Elisabeth, l'entendant, accourut à la porte, et lui ouvrit, et dit[5] : « Et d'où me vient ce *bonheur* que la mère de mon Seigneur vienne à moi ? car ce

1. Luc, I, v. 20. — 2. Genes., XXIV, v. 15. — 3. Luc, I, v. 28.
4. Luc, I, v. 35. — 5. Luc, I, v. 43.

qui est en moi a tressailli et vous a béni. » Or[1] Marie elle-même ignorait ces mystères, dont l'archange Gabriel lui avait parlé. Et regardant le ciel, elle dit : « Qui suis-je, pour que toutes les générations me disent ainsi bienheureuse?[2] » Mais de jour en jour son ventre grossissait ; et, frappée de crainte, Marie s'en alla dans sa maison, et se cacha des enfants d'Israël. Elle avait seize ans lorsque ces mystères s'accomplissaient.

XIII. Au bout de son sixième mois, voici que Joseph vint de ses ouvrages de charpente; et entrant dans sa maison, il la vit enceinte, et le visage abattu; (il se jeta par terre, et pleura amèrement) disant : « De quel front regarderai-je le Seigneur Dieu? or quelle prière ferai-je pour cette petite fille, laquelle j'ai reçue vierge du temple du Seigneur Dieu, et je ne l'ai pas gardée? qui m'a trompé? qui a fait ce mal dans ma maison? qui a captivé et séduit la vierge? ne m'est-il pas arrivé une histoire pareille à celle d'Adam? car à l'heure de son bonheur, le serpent entra et trouva Ève seule, et il la séduisit : oui, pareille chose m'est arrivée. » Et Joseph se releva de terre; et, ayant pris Marie, il lui dit : « O vous qui étiez si agréable à Dieu, pourquoi avez-vous fait cela, et avez-vous oublié le Seigneur votre Dieu, vous qui avez été élevée dans le saint des saints? pourquoi avez-vous avili votre âme, vous qui receviez votre nourriture de la main des anges[3]? Pourquoi avez-vous fait cela? » Mais elle pleurait très-amèrement, disant : « Je suis pure, et n'ai point connu d'homme. » Mais Joseph lui dit : « Eh! d'où vient donc ce que vous avez dans le sein? » Et Marie répondit : « Le Seigneur mon Dieu est vivant : je ne sais d'où cela me vient. »

XIV. Et Joseph fut tout interdit et persistait dans cette pensée : « Que ferai-je d'elle? » Et Joseph dit en soi-même : « Si je cache son péché, je serai trouvé coupable dans la loi du Seigneur ; si je la dénonce à la vue de tous les enfants d'Israël, je crains que cela ne soit pas juste, et que je ne sois trouvé livrant le sang innocent à un jugement de mort[4]. Que ferai-je donc d'elle? assurément, je l'abandonnerai en cachette. » et la nuit le surprit. Et voici que l'ange du Seigneur lui apparaît en songe, disant : « Ne craignez point de recevoir cette jeune fille, car ce qui est né en elle est du Saint-Esprit ; elle enfantera donc un fils, et vous lui donnerez le nom de Jésus ; car ce sera lui qui sauvera son peuple de leurs péchés. » Joseph se leva donc après ce songe, et glorifia le Dieu d'Israël qui lui a fait cette grâce; et il garda la jeune fille.

XV. Or, le scribe Annas vint à Joseph et lui dit : « Pourquoi n'avez-vous pas assisté à l'assemblée? » Et Joseph lui dit : « J'étais fatigué du chemin, et je me suis reposé le premier jour. » Et s'étant retourné, le scribe vit Marie enceinte, et il s'en alla courant au prêtre, et lui dit : « Joseph, à qui vous rendez témoignage, a grandement péché. » Et le prêtre dit : « Qu'est-ce que c'est? » Et il lui dit : « Il a souillé la vierge

---

1. Luc, II, v. 33 et 50. — 2. Luc, I, v. 24.
3. *Supra*, ch. VIII, v. 13. — 4. Deut., XXII, v. 23.

qu'il avait reçue du temple du Seigneur, et a dérobé ses noces, et ne les a point déclarées aux enfants d'Israël. » Et le prince des prêtres répondant, dit : « Joseph a-t-il fait cela ? » et le scribe Annas dit : « Envoyez des ministres, et ils la trouveront enceinte. » Et les ministres y allèrent et trouvèrent comme il leur dit : et ils l'amenèrent ainsi que Joseph en jugement, et le prêtre dit : « Marie, pourquoi avez-vous fait cela ? et pourquoi avez-vous avili votre âme, et avez-vous oublié le Seigneur votre Dieu, vous qui avez été élevée dans le saint des saints, qui avez reçu votre nourriture de la main de l'ange, qui avez entendu ses mystères (et qui avez tressailli de joie, en sa présence) ; pourquoi avez-vous fait cela ? » Mais elle pleurait amèrement, disant : « Le Seigneur mon Dieu est vivant, parce que je suis pure en présence du Seigneur, et je ne connais point d'homme. » Et le prêtre dit à Joseph : « Pourquoi avez-vous fait cela ? » Et Joseph dit : « Le Seigneur Dieu est vivant (et son Christ[1] est vivant), parce que je suis pur d'elle. » Et le prêtre dit : « Ne dites point un faux témoignage[2], mais dites vrai ; vous avez dérobé ses noces, et ne les avez point manifestées aux enfants d'Israël ; et vous n'avez point incliné votre tête sous la main toute-puissante[3] afin que votre race fût bénie. » Et Joseph se tut.

XVI. Et le prêtre lui dit (encore une fois) : « Restituez la vierge que vous avez reçue du temple du Seigneur » : et Joseph fondait en larmes ; et le prêtre dit : « Je vous ferai boire de l'eau de conviction[4] ; et votre péché sera manifesté devant vos yeux. » Et le prêtre ayant pris de l'eau en fit boire à Joseph, et l'envoya dans les montagnes ; et il revint sain : (il en fit aussi boire à Marie, et l'envoya de même dans les montagnes ; et elle revint saine.) Et tout le peuple admira qu'il ne se fût point manifesté en eux de péché. Et le prêtre dit : « Dieu n'a point manifesté votre péché, et moi, je ne vous juge pas ; » et il les renvoya absous. Joseph ayant donc reçu Marie, s'en alla dans sa maison tout joyeux, et glorifiant le Dieu d'Israël.

XVII. Or, on publia un décret d'Auguste César pour faire inscrire tous ceux qui étaient à Bethléem[5]. Et Joseph dit : « J'aurai soin de faire inscrire mes enfants ; mais que ferai-je de cette petite fille ? (Comment l'inscrirai-je ?) l'inscrirai-je comme ma femme ? (Elle n'est point ma femme,) car je l'ai reçue du temple du Seigneur pour la conserver.) Comme ma fille ? mais (tous) les enfants d'Israël savent qu'elle n'est pas ma fille. Qu'en ferai-je ? assurément au jour du Seigneur je ferai comme le Seigneur voudra. » Et Joseph sella une ânesse, et la fit monter sur l'ânesse. Or, Joseph[6] et Simon suivaient à trois milles. Et Joseph se retournant la vit triste, et il dit en soi-même : « Peut-être que ce qui est en elle l'attriste. » Et s'étant retourné une seconde fois, Joseph la vit riante, et il lui dit : « O Marie, qu'est-ce qui est cause que je vois votre face tantôt joyeuse, et tantôt triste ? » et Marie dit à Joseph : « C'est que

1. 1. Sam., XII, v. 3 et 5. — 2. Exod., XX, v. 16. — 3. I. Pet. ep., c. v. v. 6.
4. Num., V, v. 18.
5. Luc, II, v. 1.
6. Marc, VI, v. 3. Ce Joseph est aussi nommé Josès, et les quatre frères de Jésus sont Jacques, Joseph, Judas, et Simon.

je vois devant mes yeux deux peuples[1], un qui pleure et qui gémit, mais l'autre qui tressaille de joie et qui rit. » Et il vint à mi-chemin; et Marie lui dit : « Descendez-moi de l'ânesse, parce que ce qui est en moi me presse pour sortir. » Et il la descendit de l'ânesse et lui dit : « Où vous conduirai-je, parce que le lieu est désert? » Or, Marie dit encore une fois à Joseph : « Emmenez-moi, car ce qui est en moi me presse extrêmement; » et aussitôt il l'emmena.

XVIII. Et trouvant là une caverne, il l'y fit entrer, et la laissa en garde à son fils; et il sortit pour chercher une sage-femme juive dans la région de Bethléem. Or, comme Joseph était en marche, il vit le pôle ou le ciel arrêté, et l'air tout interdit, et les oiseaux du ciel s'arrêtant au milieu de leur cours. Et, regardant à terre, il vit une marmite de viande dressée, et des ouvriers assis à table, dont les mains étaient dans la marmite; et mâchant ils ne mâchaient pas, et ceux qui portaient les mains à la tête ne prenaient rien, et ceux qui présentaient à leur bouche n'y portaient rien, mais les faces de tous étaient attentives en haut. Et voici que des brebis étaient dispersées, (elles n'avançaient point, mais) elles étaient arrêtées. Et le berger levant la main pour les frapper avec sa verge, sa main restait en haut. Et, regardant dans le torrent du fleuve, il vit les museaux des boucs qui approchaient à la vérité de l'eau, mais qui ne buvaient pas, (enfin toutes choses en ce moment étaient détournées de leur cours).

XIX. Et voici qu'une femme descendant des montagnes lui dit : « Je vous dis, ô homme, où allez-vous? » Et il dit : « Je cherche une sage-femme juive. » Et elle lui dit : « Êtes-vous d'Israël, vous? » Et il dit : « Oui. » Mais elle dit : « Quelle est celle qui accouche dans la caverne? » et il dit : « C'est ma fiancée. » Et elle dit : « N'est-elle pas votre femme? » Et Joseph dit : « Elle n'est point ma femme; mais c'est Marie, élevée dans le saint des saints, dans le temple du Seigneur; et elle m'est échue par le sort, et elle a conçu du Saint-Esprit. » Et la sage-femme lui dit : « Cela est-il vrai? » Il lui dit : « Venez et voyez. » Et la sage-femme alla avec lui. Et elle s'arrêta devant la caverne. Et voici qu'une nuée lumineuse ombrageait la caverne; et la sage-femme dit : « Mon âme a été magnifiée aujourd'hui, parce que mes yeux ont vu des choses étonnantes, et le salut est né à Israël. » Or, tout d'un coup la nuée fut dans la caverne, et une grande lumière, de sorte que leurs yeux ne la supportaient pas; mais peu à peu la lumière se modéra, de sorte que l'enfant fut aperçu, et il prenait les tetons de sa mère Marie, et la sage-femme s'écria, et dit : « Ce jour d'aujourd'hui est grand pour moi, parce que j'ai vu ce grand spectacle. » Et la sage-femme sortit de la caverne, et Salomé se trouva à sa rencontre. Et la sage-femme dit à Salomé : « J'ai un grand spectacle à vous raconter; une vierge a engendré celui que sa nature ne comporte pas (et cette vierge demeure vierge). » Et Salomé dit : « Le Seigneur mon Dieu est vivant; si je n'examine pas sa nature, je ne croirai pas qu'elle ait enfanté. »

1. Genes., XXV, v. 23.

XX. Et la sage-femme entrant, dit à Marie : « Couchez-vous, car un grand combat se prépare pour vous. » Et lorsque Salomé l'eut touchée dans le lieu même, elle sortit disant : « Malheur à moi impie et perfide, parce que j'ai tenté le Dieu vivant; et voici que ma main (brûlante de feu) tombe de moi ! » Et elle fléchit les genoux vers Dieu, et dit : « Dieu de nos pères, souvenez-vous de moi, parce que je suis de la race d'Abraham, d'Isaac, et de Jacob; et ne me déshonorez pas devant les enfants d'Israël, mais rendez-moi à mes parents; car vous savez, Seigneur, que c'était en votre nom que j'employais (tous) mes soins (et mes vacations), et je recevais de vous ma récompense. » Et l'ange du Seigneur se présenta à elle, disant : « (Salomé, Salomé,) le Seigneur vous a exaucée; présentez votre main à l'enfant, et portez-le ; car il sera pour vous le salut et la joie. » Et Salomé s'approcha et le porta, disant : « Je l'adorerai, parce qu'il est le grand roi né en Israël. » Et (ayant porté l'enfant) tout d'un coup Salomé fut guérie, et la sage-femme sortit de la caverne, justifiée. Et voici qu'une voix lui dit : « N'annoncez pas les grandes choses que vous avez vues, jusqu'à ce que l'enfant entre dans Jérusalem. » Et Salomé se retira justifiée.

XXI. Et voici que Joseph fut prêt à sortir (en Judée). Et il se fit un grand tumulte à Bethléem, parce que des mages vinrent d'Orient, disant : « Où est le roi des Juifs qui est né? car nous avons vu son étoile en Orient, et nous sommes venus l'adorer. » Et Hérode l'entendant, il fut extrêmement troublé, et il envoya des ministres aux mages. Et il fit venir les grands prêtres et les interrogeait, disant : « Comment est-il écrit touchant le Christ roi? où naît-il? » Ils lui disent : « En Bethléem de Juda. Car c'est ainsi qu'il est écrit[1] : « Et vous, Bethléem, terre de « Juda, vous n'êtes pas la moindre parmi les princes de Juda, car c'est « de vous qu'il me sortira un chef qui gouvernera mon peuple d'Israël. » Et il les renvoya, et interrogea les mages, leur disant : « Quel signe avez-vous vu touchant le roi engendré? dites-le-moi. » Et les mages lui dirent : « Sa grande étoile est née, et a brillé sur les étoiles du ciel, de telle sorte qu'elle les a fait disparaître au point qu'on ne les voyait plus. Et ainsi nous avons connu qu'il est né un grand roi à Israël; et nous sommes venus l'adorer. » Or Hérode dit : « Allez, et cherchez-le soigneusement ; et si vous le trouvez, redites-le-moi, afin que, venant moi-même, je l'adore. » Et les mages sortirent, et voici que l'étoile qu'ils avaient vue en Orient les conduisait jusqu'à ce que (elle entra dans la caverne; et) elle s'arrêta sur le haut de la caverne. (Et les mages virent l'enfant avec Marie sa mère; et ils l'adorèrent.) Et tirant des dons de leurs bourses, ils lui donnèrent de l'or, de l'encens, et de la myrrhe. Et ayant reçu réponse d'un ange de ne pas revenir à Hérode, ils retournèrent dans leur pays par un autre chemin.

XXII. Mais Hérode, irrité de ce qu'il avait été trompé par les mages, envoya des homicides tuer tous les enfants[2] qui étaient dans Bethléem

1. Mich., v, v. 2.; Matth., II, v. 6.
2. Les Arabes disent aussi qu'un roi des Perses fit mourir tous les enfants à cause de Daniel. Bochart, part. I, Hieroz, l. et c. III.

depuis deux ans et au-dessous ; et Marie apprenant que l'on tuait les enfants, frappée de crainte, prit l'enfant, et l'ayant enveloppé de langes, elle le coucha dans la crèche des bœufs[1], parce qu'il n'y avait point de place pour lui dans l'hôtellerie. Or, Élisabeth apprenant que son fils (Jean) était recherché, elle monta sur les montagnes, et regardait de tous côtés où elle le cacherait, et il n'y avait pas de lieu secret ; et Élisabeth, gémissant, dit d'une voix haute : « Ô montagne de Dieu[2], recevez la mère avec le fils ; » car Élisabeth ne pouvait pas monter ; et tout d'un coup la montagne se divisa et la reçut. Une lumière les éclaira ; car l'ange du Seigneur était avec eux qui les gardait.

XXIII. Or, Hérode cherchait Jean, et il envoya des ministres à Zacharie (son père), qui servait à l'autel, disant : « Où avez-vous caché votre fils ? » Mais il répondit, disant : « Je suis prêtre servant Dieu, et j'assiste au temple du Seigneur ; je ne sais point où est mon fils ; » et les ministres s'en allèrent et rapportèrent toutes ces choses à Hérode ; et étant en colère, il dit : « Son fils doit régner sur Israël ; » et il envoya une seconde fois à Zacharie, disant : « Dites-nous la vérité, où est votre fils ? Ne savez-vous pas que votre sang est sous ma main ? » Et les ministres allèrent, et en firent le rapport à Zacharie même ; mais il dit : « Dieu est témoin que je ne sais où est mon fils. Si vous voulez, répandez mon sang ; car Dieu recevra mon esprit, parce que vous répandez le sang innocent. » Zacharie fut tué dans les vestibules du temple de Dieu et de l'autel, auprès de l'enclos, et les enfants d'Israël ne savaient pas quand il avait été tué.

XXIV. Et les prêtres allèrent à l'heure de la salutation, et selon la coutume, la bénédiction de Zacharie ne vint pas au-devant d'eux, et les prêtres attendaient pour le saluer et bénir le Très-Haut. Or, comme il tardait, (ils craignaient d'entrer, mais) un d'eux eut le courage d'entrer dans le saint où était l'autel, et il vit le sang caillé ; et voici qu'une voix cria : « Zacharie est tué, et son sang ne sera point effacé jusqu'à ce qu'il vienne un vengeur. » Ce qu'ayant entendu, il craignit, et étant sorti, il rapporta aux prêtres (que Zacharie est tué ; et l'entendant, et devenant plus hardis), ils entrèrent et virent le fait, et les lambris du temple poussant des hurlements, et ils étaient entr'ouverts du haut jusqu'en bas[3]. On ne trouva point son corps ; mais son sang, dans les vestibules du temple, était devenu comme de la pierre ; et, tout tremblants, ils sortirent, et annoncèrent au peuple que Zacharie avait été tué ; et toutes les tribus du peuple l'apprirent, et portèrent le deuil, et le pleurèrent trois jours et (trois nuits ; mais après trois jours) les prêtres tinrent conseil, lequel ils mettraient à sa place ; et le sort vint sur Siméon ; car il avait été assuré par un oracle du Saint-Esprit qu'il ne verrait point la mort, qu'il ne vît le Christ en chair.

XXV. Et moi, Jacques, qui ai écrit cette histoire, voyant dans Jé-

1. Luc, II, v. 7. — 2. Apocal., VI, v. 16.
3. Matth., XXVII, v. 51.

rusalem un tumulte qu'avait excité Hérode[1], je me retirai dans le désert, jusqu'à ce que le tumulte fût apaisé dans Jérusalem. Or, je glorifie Dieu, qui m'a donné la tâche d'écrire cette histoire; mais que sa grâce soit avec ceux qui craignent le Seigneur (Jésus-Christ), à qui la gloire et la force (avec le Père éternel, et l'Esprit-Saint, bon et vivifique, maintenant et toujours, et) dans les siècles des siècles. Ainsi soit-il.

Ce fragment de l'*Évangile de l'enfance du Christ*, étant trop étendu pour entrer dans la notice, nous le ferons précéder l'*Évangile* complet dont nous avons fait mention à son article, n° XIII.

ÉVANGILE DE L'ENFANCE DU CHRIST.

I. Moi, Thomas, j'ai cru nécessaire de faire connaître à tous les Israélites, nos frères entre les nations, les œuvres enfantines et magnifiques du Christ qu'a opérées notre Seigneur et Dieu Jésus-Christ, né dans notre région à Bethléem, en étant moi-même étonné, dont voici le commencement.

II. L'enfant Jésus avait l'âge de cinq ans. Or, comme il avait plu et que la pluie avait cessé, Jésus, avec d'autres enfants hébreux, jouait aux bords d'un ruisseau; et les eaux courantes se rassemblaient dans des fossés. Alors les eaux devinrent incontinent pures et efficaces. Cependant il ne les frappa que de la parole, et elles lui obéissaient entièrement; et ayant pris sur leur rive de la terre molle, il en forma des petits moineaux au nombre de douze. Or, il y avait avec lui des enfants qui jouaient; et un certain Juif, ayant vu ce que Jésus avait fait avec de la terre un jour de sabbat, s'en alla sur-le-champ, et l'annonça à son père Joseph, disant : « Voici que votre fils, en jouant près d'un ruisseau, a pris de la terre, en a formé douze moineaux, et il profane le sabbat. » Joseph donc venant sur le lieu et le voyant, il le gronda en ces termes : « Pourquoi faites-vous des choses un jour de sabbat, puisqu'il n'est pas permis ? » Mais Jésus, ayant frappé des mains, cria aux moineaux, et leur dit : « Allez, volez, et souvenez-vous de moi étant vivants. » Alors les petits moineaux s'envolèrent, et sortirent en criant; et les Juifs le voyant, l'admirèrent beaucoup; et s'en allant, ils racontèrent aux principaux d'entre eux le miracle que Jésus avait fait en leur présence.

III. Or, le fils d'Annas le scribe était là avec Joseph; et ayant pris un rameau de saule, il fit écouler les eaux que Jésus avait assemblées. L'enfant Jésus le lui ayant vu faire, il en fut fâché, et lui dit : « Sot *que vous êtes*, quel mal vous ont fait ces fossés, pour que vous répandiez les eaux? Voilà sur l'heure que vous séchiez aussi vous-même comme un arbre, et que vous ne portiez ni feuilles, ni rameaux, ni fruits[2]. »

1. Act. XII, v. 1 et 2. — 2. Marc, IX, v. 14.

et tout à coup il devint tout sec; mais Jésus se retira, et s'en alla dans sa maison. Au reste, les parents de celui qui avait séché, l'ayant pris, l'emportèrent en pleurant sa jeunesse, et le conduisirent à Joseph, qu'ils accusaient : « Pourquoi avez-vous un enfant de cette façon qui opère de telles choses? » Ensuite Jésus étant prié par toute l'*assemblée*, le guérit : il lui laissa cependant un petit membre[1] sans mouvement, et sans force, pour qu'ils y fissent attention.

IV. Une autre fois, Jésus passait par le village, et un enfant, en courant, se jeta avec violence sur son épaule; de quoi Jésus étant irrité, lui dit : « Vous ne finirez pas votre chemin; » et aussitôt l'enfant tomba et mourut; mais quelques-uns voyant cela, dirent : « D'où est né cet enfant, que chacune de ses paroles a un si prompt effet? » Et les parents du mort, s'approchant de Joseph, se plaignaient, disant : « Puisque vous avez cet enfant, vous ne pouvez pas habiter avec nous dans notre ville, ou apprenez à votre enfant à bénir au lieu de faire des imprécations, ou sortez avec lui de ces lieux; car il tue nos enfants. »

V. Joseph ayant donc pris l'enfant à part, l'avertissait, disant : « Pourquoi faites-vous de cette façon, et les faites-vous souffrir, nous haïr, et nous persécuter? » Jésus répondit : « Je sais que ces paroles ne sont pas de vous; je me tairai cependant à cause de vous; mais ceux qui vous les ont suggérées en porteront la peine éternellement. » Et sur-le-champ ses accusateurs furent privés des yeux; et ceux qui virent cela en furent tous fort épouvantés, et ils hésitaient, et disaient de lui que tout discours qu'il proférerait, soit bon, soit mauvais, aurait son effet, et ils l'admiraient; mais Joseph ayant vu cette œuvre de Jésus, se levant, lui prit l'oreille et la pinça. L'enfant en fut indigné, et lui dit : « Qu'il vous suffise qu'ils cherchent, et qu'ils ne trouvent pas. Vous n'avez point du tout fait sagement. Ne savez-vous pas que je suis à vous? Ne me chagrinez pas. »

VI. Au reste, un certain maître d'école nommé Zachée, étant dans un certain lieu, apprit ces choses de Jésus de la bouche de son père, et fut fort étonné de ce qu'un enfant tenait de tels propos. Et peu de jours après il alla vers Joseph, et lui dit : « Vous avez un enfant judicieux, qui a de l'entendement; allons donc, confiez-le-moi, pour qu'il apprenne les lettres. » Et lorsque le maître fut assis pour enseigner les lettres à Jésus, il commença par la première, *Aleph*. Mais Jésus prononça la seconde Beth et Ghimel, et lui nomma les autres lettres jusqu'à la fin. Et ayant ouvert le livre il enseigna les prophètes au maître d'école, qui resta tout honteux, parce qu'il ne savait pas d'où il avait appris les lettres; et se levant il retourna à la maison, saisi d'admiration, et étonné d'une chose incroyable.

VII. Après cela, comme Jésus passait son chemin, il vit une boutique, et certain jeune homme qui trempait dans des chaudières des habits et divers morceaux d'étoffe de couleur brune, préparant le tout

---

1. Une main. Luc, VI, v. 8.

selon la volonté d'un chacun. Alors l'enfant Jésus étant entré vers le jeune homme qui était ainsi en ouvrage, il prit aussi des morceaux d'étoffe qui se trouvèrent sous sa main.

ÉVANGILE DE L'ENFANCE.

Au nom du Père, et du fils, et du Saint-Esprit d'un seul Dieu.

Par le secours et la faveur du grand Dieu, nous commençons à écrire le livre des miracles de notre maître, et seigneur et sauveur, Jésus-Christ, qui est appelé l'*Évangile de l'enfance*, dans la paix du Seigneur; ainsi soit-il.

I. Nous trouvons dans le livre du pontife Joseph, qui vécut au temps du Christ (quelques-uns le prennent pour Cajapha, il dit) que Jésus parla même lorsqu'il était au berceau, et qu'il dit à sa mère Marie : « Je suis Jésus, fils de Dieu, ce verbe que vous avez enfanté, comme l'ange Gabriel vous l'a annoncé; et mon père m'a envoyé pour le salut du monde. »

II. Or, l'an trois cent neuf de l'ère d'Alexandre, Auguste ordonna que chacun fût inscrit dans sa patrie. C'est pourquoi Joseph se leva; et ayant pris Marie sa fiancée, il alla à Jérusalem, et vint à Bethléem pour être inscrit avec sa famille dans la ville de son père. Et quand ils furent arrivés près d'une caverne, Marie dit à Joseph que son temps d'accoucher était proche, et qu'elle ne pouvait point aller jusqu'à la ville : « Mais, dit-elle, entrons dans cette caverne. » Comme Joseph alla vite pour amener une femme qui l'aidât (dans l'accouchement), il vit une vieille Juive, originaire de Jérusalem, et lui dit : « Holà! ma bonne, venez ici, et entrez dans cette caverne, où vous trouverez une femme prête d'accoucher. »

III. Ainsi, après le coucher du soleil, la vieille, et avec elle Joseph, arrivèrent à la caverne, et y entrèrent tous les deux. Et voici, elle était remplie de lumières, qui effaçaient l'éclat des lampes et des chandelles, et étaient plus grandes que la clarté du soleil; l'enfant, enveloppé de langes, suçait les mamelles de la divine Marie, sa mère, étant couché dans la crèche. Comme ils admiraient tous les deux cette lumière, la vieille demanda à la divine Marie : « Êtes-vous la mère de cet enfant? » et la divine Marie faisant signe que oui : « Vous n'êtes pas, lui dit-elle, semblable aux filles d'Ève; » La divine Marie disait : « Comme entre tous les enfants il n'y en a point de semblable à mon fils, de même sa mère n'a point sa pareille entre les femmes. » La vieille répondant et disant : « Ma maîtresse, je suis venue pour acquérir un prix qui durera toujours. » notre divine Marie lui dit : « Imposez vos mains à l'enfant; » ce que la vieille ayant fait, dès ce temps elle s'en alla purifiée. C'est pourquoi étant sortie, elle disait : « Depuis ce temps je serai la servante de cet enfant tous les jours de ma vie. »

IV. Ensuite, lorsque les bergers furent venus, et qu'ayant allumé du feu, ils se réjouissaient grandement, il leur apparut des armées célestes louant et célébrant le Dieu suprême; et les bergers faisant la même chose, alors cette caverne paraissait très-semblable à un temple auguste, parce que les voix célestes de même que les terrestres célébraient et magnifiaient Dieu à cause de la naissance du Seigneur Christ. Or, la vieille Juive, voyant ces miracles manifestes, rendait grâces à Dieu, disant : « Je vous rends grâces, ô Dieu, Dieu d'Israël, parce que mes yeux ont vu la naissance du Sauveur du monde. »

V. Et lorsque le temps de la circoncision fut arrivé, c'est-à-dire le huitième jour, auquel la loi ordonne de circoncire un enfant[1], ils le circoncirent dans la caverne; et la vieille Juive prit cette pellicule (mais d'autres disent qu'elle prit la rognure du nombril); et elle la renferma dans un vase d'albâtre plein de vieille huile de nard. Or elle avait un fils parfumeur, à qui elle le remit, lui disant : « Prenez garde de vendre ce vase d'albâtre rempli de parfum de nard, quand même on vous en offrirait trois cents deniers. » Et c'est là ce vase d'albâtre que Marie la pécheresse acheta, et qu'elle répandit sur la tête et les pieds de notre Seigneur Jésus-Christ, et les essuya avec les cheveux de sa tête. Ayant laissé passer l'espace de dix jours, ils le portèrent à Jérusalem, et le quarantième après sa naissance ils le présentèrent dans le temple devant la face du Seigneur, offrant pour lui les dons, ce qui est prescrit par la loi de Moïse[2]; savoir, tout mâle premier-né sera appelé *le saint de Dieu*.

VI. Et le vieillard Siméon le vit brillant comme une colonne de lumière lorsque la divine vierge Marie sa mère le portait dans ses bras, toute transportée de joie; et les anges l'entouraient comme un cercle, e célébrant et se tenant comme des gardes auprès d'un roi[3]. C'est pourquoi Siméon s'approchant au plus vite de la divine Marie, et étendant les mains vers elle, il disait au Seigneur Christ[4] : « Maintenant, ô mon Seigneur, votre serviteur s'en va en paix, selon votre parole; car mes yeux ont vu votre miséricorde que vous avez préparée pour le salut de toutes les nations, la lumière de tous les peuples, et la gloire de votre peuple d'Israël. » Anne la prophétesse était aussi là, et s'approchant, elle rendait grâces à Dieu, et vantait le bonheur de la dame Marie.

VII. Et il arriva, lorsque le Seigneur Jésus fut né à Bethléem, ville de Judée, au temps du roi Hérode, voici, des mages vinrent de l'Orient à Jérusalem, comme l'avait prédit Zorodastcht (Zoroastre); et ils avaient avec eux des présents, de l'or, de l'encens, et de la myrrhe; et ils l'adorèrent, et lui offrirent leurs présents. Alors la dame Marie prit une des bandelettes dont l'enfant était enveloppé, et la leur donna au lieu de bénédiction; et ils la reçurent d'elle comme un très-beau présent. Et à la même heure il leur apparut un ange en forme de l'é-

---

1. Genès., XVII, v. 12; et Lévit., XII, v. 3.
2. Exod. VIII, v. 2; et Luc, II, v. 23. — 3. Matth., IV, v. 11. — 4. Luc, II, v. 29.

toile qui les avait auparavant conduits dans leur chemin, et dont ils suivirent la lumière en s'en allant, jusqu'à ce qu'ils fussent retournés dans leur patrie.

VIII. Or, il y avait des rois, et leurs princes qui leur demandaient ce qu'ils avaient vu, ou ce qu'ils avaient fait; comment ils étaient allés et revenus; enfin quels compagnons de voyage ils avaient eus. Mais eux leur montrèrent cette bandelette que la divine Marie leur avait donnée : c'est pourquoi ils célébrèrent une fête, et, selon leur coutume, ils allumèrent du feu, et l'adorèrent, et y jetèrent cette bandelette; et le feu la saisit et l'environna. Et le feu étant éteint, ils en retirèrent la bandelette entière, comme si le feu ne l'eût pas touchée. C'est pourquoi ils commencèrent à la baiser, à la mettre sur leurs têtes et sur leurs yeux disant : « C'est certainement ici la vérité indubitable ! Sans doute que c'est une grande chose, que le feu n'a pu la brûler ou la perdre. » Ensuite ils la prirent et la mirent dans leurs trésors avec vénération.

IX. Mais Hérode, voyant que les mages tardaient et ne revenaient pas vers lui, fit venir les prêtres et les sages[1], et leur dit : « Enseignez-moi où le Christ doit naître; » et lorsqu'ils eurent répondu : « A Bethléem, ville de Judée, » il commença à rouler dans son esprit le massacre du Seigneur Jésus-Christ. Alors l'ange du Seigneur apparut à Joseph en songe, et lui dit : « Levez-vous, prenez l'enfant et sa mère, et allez en Égypte, vers le chant du coq. » C'est pourquoi il se leva, et partit.

X. Et comme il pensait en lui-même quel devait être son voyage, il fut surpris par l'aurore; et la fatigue du chemin avait rompu la sangle de la selle. Et ils approchaient déjà d'une grande ville dans laquelle était une idole, à qui les autres idoles et les dieux d'Égypte offraient des dons et des vœux; et auprès de cette idole se tenait un prêtre qui en était le ministre, et qui, chaque fois que Satan parlait par la bouche de cette idole, le rapportait aux habitants de l'Égypte et de ces contrées. Ce prêtre avait un fils de trois ans[2] obsédé d'une grande multitude de démons, lequel tenait plusieurs propos; et lorsque les démons se saisissaient de lui, il déchirait ses habits, et courait tout nu en jetant les pierres aux passants. Or, dans le voisinage de cette idole était l'hôpital de cette ville, dans laquelle Joseph et la divine Marie furent à peine entrés, et descendus dans cet hôpital, que ses citoyens furent fort consternés; et tous les princes et les prêtres de l'idole s'assemblèrent auprès de cette idole, lui demandant : « Quelle est cette consternation et cette épouvante qui a saisi notre pays? » L'idole leur répondit : « Il est arrivé ici un Dieu inconnu, qui est véritablement Dieu, et pas un autre que lui n'est digne du culte divin, parce qu'il est véritablement fils de Dieu[3]: à sa seule renommée cette région a tremblé, et son arrivée la trouble et l'agite, et nous craignons beaucoup de la grandeur de son empire. »

1. Matth., II, v. 4.
2. Marc, V, v. 9; et Luc, VIII, v. 30.
3. Marc, V, v. 7; Matth., VIII, v. 29; Luc, IV, v. 41.

Et à l'heure même cette idole fut renversée, et tous les habitants d'Égypte, outre les autres, accoururent à sa ruine.

XI. Mais le fils du prêtre, attaqué de sa maladie accoutumée, entra dans l'hôpital, où il offensa Joseph et la divine Marie, que tous les autres avaient abandonnés par la fuite. Et parce que la divine Marie avait lavé les langes du Seigneur Christ, et les avait étendus sur une latte, cet enfant possédé arracha un de ces langes et le mit sur sa tête, et aussitôt les démons commencèrent à sortir de sa bouche, et à fuir sous la figure de corbeaux et de serpents. Depuis ce temps donc, par l'empire du Seigneur Christ, l'enfant fut guéri, et commença à chanter des louanges et à rendre grâces au Seigneur qui l'avait guéri. Et son père le voyant rétabli dans sa première santé : « Mon fils, dit-il, que vous est-il arrivé? et par quel moyen avez-vous été guéri? » Le fils répondit : « Comme les démons m'agitaient, je suis entré dans l'hôpital, et j'y ai trouvé une femme d'un visage charmant, avec son enfant, dont elle avait étendu sur une latte les langes qu'elle venait de laver : pendant que j'en mettais sur ma tête un que j'avais arraché, les démons se sont enfuis, et m'ont quitté. » Le père, transporté de joie, lui dit : « Mon fils, il se peut faire que cet enfant soit le fils du Dieu vivant, qui a créé le ciel et la terre; car aussitôt qu'il est venu vers nous, l'idole a été brisée, et tous les dieux ont été renversés et détruits par une force supérieure. »

XII. Ainsi s'accomplit la prophétie qui dit [1] : « J'ai appelé mon fils d'Égypte; » car Joseph et Marie, ayant appris que l'idole avait été renversée et détruite, furent tellement saisis de crainte et d'épouvante, qu'ils dirent : « Lorsque nous étions dans la terre d'Israël, Hérode a voulu faire mourir Jésus; c'est pour cela qu'il a massacré tous les enfants de Bethléem et de ses environs, et il n'y a point de doute que les Égyptiens ne nous fassent brûler s'ils apprennent que cette idole a été brisée et renversée. »

XIII. Étant donc sortis de là, ils parvinrent auprès d'un repaire de voleurs, qui, ayant dépouillé des voyageurs de leurs bagages et de leurs habits, les conduisaient enchaînés. Or, ces voleurs entendaient un grand bruit, tel qu'est ordinairement celui d'un roi qui sort de sa ville, suivi d'une nombreuse armée et de sa cavalerie au son retentissant des tambours; c'est pourquoi, laissant toute leur proie, ils s'enfuirent. Alors les captifs, se levant, détachaient les chaînes l'un de l'autre; et ayant repris leurs bagages et s'en allant, lorsqu'ils virent approcher Joseph et Marie, ils leur demandèrent : « Où est ce roi dont les voleurs entendant le bruit de l'arrivée, nous ont laissé échapper sans nous faire aucun mal? » Joseph répondit : « Il vient après nous. »

XIV. Ensuite ils vinrent dans une autre ville où était une femme possédée, dont Satan, maudit et rebelle, s'était emparé, comme elle était allée une fois de nuit puiser de l'eau. Elle ne pouvait ni souffrir

---

1. Num., XXIV, v. 8; Osée, XI, v. 1; Matth., II, v. 15.

des habits¹ ni rester dans les maisons; et chaque fois qu'on l'attachait avec des chaînes ou des courroies, elle les rompait, et fuyait toute nue dans les lieux déserts; et se tenant dans les carrefours et dans les cimetières, elle jetait des pierres aux hommes, de sorte qu'elle causait beaucoup de dommage à ses proches. La divine Marie l'ayant donc vue, en eut pitié; et tout d'un coup Satan la quitta, et s'enfuyant sous la forme d'un jeune homme, il dit : « Malheur à moi à cause de vous, Marie, et de votre fils! » Ainsi, cette femme fut délivrée de son tourment; et revenant à son bon sens, et rougissant de sa nudité, elle retourna vers ses proches, évitant la rencontre des hommes; et ayant repris ses habits, elle expliqua la raison de son état à son père et à ses proches, lesquels, étant des principaux de la ville, reçurent chez eux la divine Marie et Joseph avec vénération.

XV. Le jour suivant, ils partirent de chez eux, munis d'une honnête provision pour le voyage, et sur le soir du même jour, ils arrivèrent dans une autre ville où l'on célébrait des noces; mais l'épousée était devenue muette par les tromperies maudites de Satan et par le moyen de la magie, de sorte qu'elle ne pouvait plus ouvrir la bouche. Cette épousée muette, voyant donc la divine Marie lorsqu'elle entrait dans la ville en portant dans ses bras son fils le Seigneur Christ, elle étendit ses mains vers le Seigneur Christ, et l'ayant tiré à soi, elle le prit dans ses bras, et le serrant étroitement, elle lui donna de fréquents baisers, en l'agitant plusieurs fois et l'approchant de son corps. Aussitôt le nœud de sa langue se délia², et ses oreilles s'ouvrirent, et elle commença à chanter des louanges et des actions de grâces à Dieu, de ce qu'il lui avait rendu la santé. C'est pourquoi il se répandit cette nuit une si grande joie parmi les citoyens de cette ville, qu'ils pensaient² que Dieu et ses anges étaient descendus vers eux.

XVI. Ils y restèrent trois jours, traités avec grande vénération, et reçus avec un splendide appareil. Munis ensuite de provisions pour le voyage, ils les quittèrent, et vinrent dans une autre ville, dans laquelle ils désiraient passer la nuit, parce qu'elle était florissante par la célébrité des hommes. Or, il y avait dans cette ville une femme noble, laquelle étant un jour descendue vers le fleuve pour laver, voici que le maudit Satan, en forme de serpent, avait sauté sur elle, et s'était entortillé autour de son ventre, et toutes les nuits il s'étendait sur elle. Cette femme, ayant vu la divine dame Marie et le Seigneur Christ enfant dans son sein, pria la divine dame Marie qu'elle lui remît cet enfant pour le tenir et le baiser; elle y ayant consenti, et ayant à peine approché l'enfant, Satan s'éloigna d'elle, et fuyant, il la laissa; et depuis ce jour cette femme ne le vit jamais. Tous les voisins louaient donc le Dieu suprême; et cette femme les récompensait avec une grande honnêteté.

XVII. Le jour suivant, la même femme prit de l'eau parfumée pour

---

1. Luc, chap. VIII, v. 27 ; et Marc, v, v. 2. — 2. Marc, VII, v. 35.
3. Act., XIV, v. 10.

laver le Seigneur Jésus; et l'ayant lavé, elle mit à part cette eau chez elle. Il y avait là une jeune fille donc le corps était blanc de lèpre, qui, s'étant arrosée et lavée avec cette eau, fut guérie de sa lèpre depuis ce temps-là. Le peuple disait donc: « Il n'y a point de doute que Joseph et Marie et cet enfant ne soient des dieux; car ils ne paraissaient pas mortels. » Or, comme ils se préparaient à partir, cette jeune fille que la lèpre avait infectée, s'approchant, les priait qu'ils la prissent pour compagne de voyage.

XVIII. Ils y consentaient, et la jeune fille allait avec eux, jusqu'à ce qu'ils vinrent dans une ville dans laquelle était la forteresse d'un grand prince, dont le palais n'était pas loin de l'hôtellerie. Ils y allaient, lorsque la jeune fille les quitta, et étant entrée vers l'épouse du prince, et l'ayant trouvée triste et pleurante, elle lui demandait la cause de ses pleurs. « Ne vous étonnez point, dit-elle, de mes sanglots; car j'éprouve une grande calamité, que je ne oserai raconter à personne. » Or, la jeune fille dit : « Peut-être que, si vous me confiez votre mal secret, le remède s'en trouvera auprès de moi. — Tenant donc mon secret caché, répondit l'épouse du prince, vous ne le raconterez à aucun mortel. J'ai été mariée à ce prince qui, comme un roi, a plusieurs terres sous sa domination : ainsi, j'ai longtemps vécu avec lui, et il n'avait point d'enfant de moi. A la fin, je conçus de lui; mais, hélas! j'accouchai d'un fils lépreux, qu'il ne reconnut point pour sien lorsqu'il le vit, et il me dit : « Ou tuez-le, ou abandonnez-le à quelque nourrice pour être élevé dans un lieu que je n'en entende jamais parler. « D'ailleurs, prenez ce qui est à vous, je ne vous verrai jamais plus. » Ainsi, je me suis consumée en déplorant mon affliction et ma condition misérable. Hélas! mon fils! hélas! mon époux! — Ne vous ai-je pas dit, reprit la jeune fille, que j'ai trouvé à votre mal un remède dont je vous réponds? car j'ai été aussi lépreuse; mais Dieu, qui est Jésus, fils de la dame Marie, m'a guérie. » Or, cette femme lui demandant où était ce Dieu dont elle parlait : « Il est ici avec vous, dit la jeune fille, dans la même maison. — Mais comment, dit-elle, cela se peut-il faire? où est-il? — Voici, répliqua la jeune fille, Joseph et Marie. Or, l'enfant qui est avec eux s'appelle Jésus, et c'est lui qui a guéri ma maladie et mon affliction. — Mais comment, dit-elle, avez-vous été guérie de la lèpre? ne me l'indiquerez-vous pas? — Pourquoi non? dit la jeune fille : j'ai pris de l'eau dont son corps avait été lavé, je l'ai versée sur moi, et ma lèpre a disparu. » C'est pourquoi l'épouse du prince, se levant, les logea chez elle, et prépara à Joseph un festin splendide dans une nombreuse assemblée. Or, le jour suivant, elle prit de l'eau parfumée pour en laver le Seigneur Jésus, et ensuite de la même eau elle arrosa son fils qu'elle avait pris avec elle, et sur-le-champ son fils fut guéri de sa lèpre. Chantant donc des actions de grâces et des louanges à Dieu: « Bienheureuse, dit-elle, est la mère qui vous a enfanté, ô Jésus! Est-ce ainsi que de l'eau dont votre corps a été lavé, vous guérissez les hommes, qui participent avec vous à la même nature? » Au reste, elle

1. Luc, XI, v. 27.

fit des présents considérables à la dame Marie, et la laissa aller avec un honneur distingué.

XIX. Étant ensuite arrivés dans une autre ville, ils désiraient y passer la nuit. C'est pourquoi ils entrèrent chez un homme nouvellement marié, mais qui, étant ensorcelé, ne pouvait pas jouir de sa femme; et lorsqu'ils eurent passé cette nuit, son charme fut levé; mais au point du jour, comme ils se préparaient à partir, l'époux les en empêcha, et leur prépara un grand festin.

XX. Étant donc partis le lendemain et approchant d'une nouvelle ville, ils aperçoivent trois femmes qui revenaient d'un certain tombeau en pleurant beaucoup. La divine Marie, les ayant vues, dit à la jeune fille qui l'accompagnait : « Allez, et demandez-leur quelle est leur condition, et quelle calamité leur est arrivée. » La fille le leur ayant demandé, elles ne répondirent rien, et lui demandèrent à leur tour : « D'où êtes-vous, et où allez-vous ? car le jour va finir, et la nuit approche. — Nous sommes des voyageurs, dit la jeune fille, et nous cherchons une hôtellerie pour y passer la nuit. » Elles dirent : « Allez avec nous, et passez la nuit chez nous. » Les ayant donc suivies, ils furent conduits dans une maison neuve, ornée, et diversement meublée. Or, c'était le temps de l'hiver, et la jeune fille, étant entrée dans la chambre de ces femmes, les trouva encore qui pleuraient et se lamentaient. Il y avait auprès d'elles un mulet couvert d'une étoffe de soie, ayant un pendant d'ébène à son cou; elles lui donnaient des baisers, et lui présentaient à manger. Or, la jeune fille disant : « O, mesdames, que ce mulet est beau ! » elles répondirent en pleurant, et dirent : « Ce mulet que vous voyez a été notre frère, né de notre même mère que voilà; et notre père en mourant nous ayant laissé de grandes richesses, comme nous n'avions que ce seul frère, nous lui cherchions un mariage avantageux, désirant lui préparer des noces, suivant l'usage des hommes; mais des femmes, agitées des fureurs de la jalousie, l'ont ensorcelé à notre insu; et une certaine nuit, ayant exactement fermé la porte de notre maison un peu avant l'aurore, nous vîmes que notre frère avait été changé en mulet, comme vous le voyez aujourd'hui. Étant donc tristes, comme vous voyez, parce que nous n'avions point de père pour nous consoler, nous n'avons laissé dans le monde aucun sage, ou mage, ou enchanteur, sans le faire venir; mais cela ne nous a servi de rien du tout. C'est pourquoi, chaque fois que nos cœurs sont accablés de tristesse, nous nous levons, et nous allons avec notre mère que voilà, auprès du tombeau de notre père, et après que nous y avons pleuré, nous revenons. »

XXI. Ce qu'ayant entendu la jeune fille : « Reprenez courage, dit-elle, et cessez vos pleurs; car le remède de votre douleur est proche, ou plutôt il est avec vous, et au milieu de votre maison. Car j'ai aussi été lépreuse moi ; mais lorsque je vis cette femme et avec elle ce petit enfant qui se nomme Jésus, j'arrosai mon corps de l'eau dont sa mère l'avait lavé, et je fus guérie. Or, je sais qu'il peut aussi remédier à votre mal; c'est pourquoi levez-vous, allez voir madame Marie, et l'ayant conduite dans votre cabinet, découvrez-lui votre secret, la priant humblement qu'elle ait pitié de vous. » Après que les femmes eurent entendu le discours de la jeune fille, elles allèrent vite vers la divine dame Marie, et l'ayant introduite chez elles, et s'étant assises devant elle en pleurant, elles lui dirent : «O notre dame! divine Marie! ayez pitié de vos servantes; car il ne nous reste plus ni vieillard ni chef de famille, ni père ni frère, qui entre et sorte en notre présence; mais ce mulet, que vous voyez, a été notre frère, que des femmes, par enchantement, ont rendu tel que vous voyez; c'est pourquoi nous vous prions que vous ayez pitié de nous. » Alors la divine Marie, touchée de leur sort, ayant pris le Seigneur Jésus, le mit sur le dos du mulet, et dit à son fils : « Hé! Jésus-Christ, guérissez ce mulet par votre rare puissance, et rendez-lui la forme humaine et raisonnable, telle qu'il l'a eue auparavant. » A peine cette parole fut-elle sortie de la bouche de la divine dame Marie, que le mulet, changé tout à coup, reprit la forme humaine, et redevint un jeune homme, sans qu'il lui restât la moindre difformité. Alors lui, sa mère, et ses sœurs, adoraient la divine dame Marie, et baisaient l'enfant en l'élevant sur leurs têtes, disant[1] : « Bienheureuse est votre mère, ô Jésus! ô Sauveur du monde! bienheureux sont les yeux[2] qui jouissent du bonheur de vous voir! »

XXII. Au reste, les deux sœurs disaient à leur mère : « Certainement notre frère a repris sa première forme par le secours du Seigneur Jésus, et par la bénédiction de cette jeune fille qui nous a fait connaître Marie et son fils. Actuellement donc, comme notre frère est garçon, il est convenable que nous lui donnions en mariage cette jeune fille, leur servante. » En ayant fait la demande à la divine Marie, qui la leur accorda, elles préparèrent à cette jeune fille des noces splendides; et changeant leur tristesse en joie, et leurs pleurs en ris, elles commencèrent à se réjouir, à se divertir, à danser et chanter, après s'être parées de leurs habits et de leurs colliers les plus brillants, à cause de l'excès de leur plaisir. Ensuite, en glorifiant et louant Dieu, elles disaient : « O Jésus fils de David, qui changez la tristesse en joie, et les pleurs en ris! » Et Joseph et Marie y demeurèrent dix jours. Ensuite ils partirent, accablés d'honneurs par ces personnes qui, leur ayant dit adieu et s'en étant retournées, versaient des larmes, et plus que les autres, la jeune fille.

XXIII. Au sortir de là, étant arrivés dans une terre déserte, et ayant appris qu'elle était infestée par les voleurs, Joseph et la divine Marie se préparaient à la traverser de nuit. Et en marchant, voilà qu'ils aperçoivent dans le chemin deux larrons endormis, et avec eux une multitude de larrons qui étaient leurs associés, et ronflaient aussi. Et ces deux larrons qu'ils rencontraient, étaient Titus et Dumachus[2]; et Titus disait à Dumachus : « Je vous prie de laisser en aller librement ces gens-

1. Luc, II, v. 27. — 2. Id, x, v. 23.
2. Nicodème les appelle *Demas* et *Gestas*, art. IX de son *Évangile* ; et Bède *Matha* et *Joca*.

là, de peur que nos associés ne les aperçoivent. » Or, Dumachus le refusant, Titus lui dit une seconde fois : « Prenez ces quarante drachmes, et cette ceinture que je vous donne, » et qu'il lui présentait plus promptement qu'il ne le disait, de peur qu'il n'ouvrît la bouche, ou qu'il ne parlât. Et la divine dame Marie, voyant que ce larron leur faisait du bien, lui dit : « Le Seigneur Dieu vous recevra à sa droite, et vous accordera la rémission des péchés. » Et le Seigneur Jésus répondit, et dit à sa mère : « Après trente ans, ô ma mère! les Juifs me crucifieront à Jérusalem; et ces deux larrons, en même temps que moi, seront élevés en croix, Titus à ma droite et Dumachus à ma gauche; et depuis ce jour-là, Titus me précédera en paradis[1]. » Et lorsqu'elle eut dit : « Mon fils, que Dieu détourne cela de vous[2]! » ils allèrent de là à la ville des idoles, laquelle fut changée en collines de sable lorsqu'ils en eurent approché.

XXIV. De là ils allèrent à ce Sycomore, qui s'appelle aujourd'hui Matarea, et le Seigneur Jésus produisit à Matarea une fontaine dans laquelle la divine Marie lava sa tunique; et de la sueur qui y coula du Seigneur Jésus, provint le baume dans cette région.

XXV. Ensuite ils descendirent à Memphis, et ayant vu Pharaon, ils restèrent trois ans en Égypte, et le Seigneur Jésus fit en Égypte plusieurs miracles (qui ne sont écrits ni dans l'*Évangile de l'enfance*, ni dans l'*Évangile parfait*).

XXVI. Mais les trois ans étant passés, il sortit d'Égypte, et revint; et lorsqu'ils approchèrent de la Judée, Joseph craignit d'y rentrer, car apprenant qu'Hérode était mort, et que son fils Archélaüs avait succédé à sa place, il eut peur; et l'ange de Dieu alla en Judée, et lui apparut, et dit : « O Joseph! allez dans la ville de Nazareth, et y demeurez. » (Chose étonnante, sans doute, que le maître des contrées fût ainsi porté et promené par les contrées.)

XXVII. Étant ensuite entrés dans la ville de Bethléem, ils y voyaient des maladies nombreuses et difficiles qui incommodaient les yeux des enfants, de sorte que plusieurs mouraient. Il y avait là une femme ayant un fils malade, qu'elle amena à la divine dame Marie comme il était près de mourir, et qui la regarda lorsqu'elle lavait Jésus-Christ. Cette femme disait donc : « O madame Marie, regardez mon fils qui souffre de cruels tourments. » Et la divine Marie l'entendant : « Prenez, dit-elle, un peu de cette eau dont j'ai lavé mon fils, et l'en arrosez. » Prenant donc un peu de cette eau comme la divine Marie l'avait ordonné, elle en arrosa son fils, qui, lassé d'une violente agitation, s'assoupit; et lorsqu'il eut un peu dormi, il s'éveilla après sain et sauf. La mère fut si joyeuse de cet événement, qu'elle alla revoir une seconde fois la divine Marie, et la divine Marie lui disait : « Rendez grâces à Dieu, qui a guéri votre fils. »

XXVIII. Il y avait là une autre femme, voisine de celle dont le fils

1. Luc, XXIII, v. 43. — 2. Matth., XVI, v. 22.

venait d'être guéri. Comme le fils de celle-ci avait la même maladie, et que ses yeux étaient presque fermés, elle se lamentait jour et nuit. La mère de l'enfant guéri lui dit : « Pourquoi ne portez-vous pas votre fils vers la divine Marie, comme j'y ai porté mon fils lorsqu'il était à l'agonie de la mort, qui a été guéri avec l'eau dont le corps de son fils Jésus avait été lavé? » Ce que cette femme ayant appris d'elle, y alla aussi elle-même; et ayant pris de la même eau, elle en lava son fils, dont le corps et les yeux recouvrèrent leur première santé. La divine Marie ordonna aussi à celle-ci, lorsqu'elle lui apporta son fils et lui raconta cet événement, de rendre grâces à Dieu pour la santé que son fils avait recouvrée, et de ne raconter à qui que ce soit ce qui était arrivé [1].

XXIX. Il y avait dans la même ville deux femmes, épouses d'un homme dont chacune avait un fils malade; l'une se nommait Marie, et le nom de son fils était Kaljufe [2]. Celle-là se leva, et ayant pris son fils, elle alla vers la divine Marie, mère de Jésus, et lui ayant présenté une très-belle serviette : « O madame Marie! dit-elle, recevez de moi cette serviette, et rendez-moi à la place un de vos langes. » Marie le fit; et la mère de Kaljufe s'en allant, en fit une tunique dont elle habilla son fils. Ainsi sa maladie fut guérie; mais le fils de sa rivale mourut. De là vint une mésintelligence entre elles : comme elles avaient le soin du ménage chacune leur semaine, et que c'était le tour de Marie mère de Kaljufe, elle chauffait le four pour cuire du pain; et ayant laissé son fils Kaljufe auprès du four, elle sortit pour aller chercher de la farine. Sa rivale, le voyant seul (or le four chauffait à grand feu), le prit et le jeta dans le four, et se retira de là. Marie revenant, et voyant son fils Kaljufe rire couché au milieu du four [3], et le four refroidi comme si on n'y avait point mis de feu, elle connut que sa rivale l'avait jeté dans le feu. L'ayant donc retiré, elle le porta à la divine dame Marie, et lui raconta son accident. « Taisez-vous, lui dit-elle, car je crains pour nous, si vous divulguez ces choses. » Ensuite sa rivale alla tirer de l'eau au puits, et voyant Kaljufe qui jouait auprès du puits, et qu'il n'y avait personne, elle le prit, et le jeta dans le puits. Et lorsque des personnes furent venues chercher de l'eau au puits, elles virent cet enfant assis sur la surface de l'eau, et lui ayant tendu des cordes, ils le retirèrent. Et cet enfant leur causa une si grande admiration, qu'ils glorifiaient Dieu. Or, sa mère étant survenue, elle le prit et le porta vers la divine dame Marie, en pleurant et disant : « O madame! voyez ce que ma rivale a fait à mon fils, et comment elle l'a jeté dans un puits; et il n'y a point de doute que quelque jour elle ne lui cause quelque malheur. » La divine Marie lui dit : « Dieu vengera l'injustice qu'elle vous a faite. » Peu de jours après, comme sa rivale allait puiser de l'eau au puits, son enfant s'embarrassa dans la corde, de façon qu'il fut précipité dans le puits; et ceux qui accoururent à son secours lui trouvèrent la tête cassée et les os brisés. Ainsi il périt misérablement;

1. Matth. VIII, v. 4; IX, 30; XII, v. 16. — 2. Caleb. — 3. Daniel, III, v. 24.

et ce proverbe d'un auteur s'accomplit en elle[1] : « Ils ont creusé un puits, et ont jeté la terre fort loin; mais ils sont tombés dans la fosse qu'ils avaient préparée. »

XXX. Il y avait une autre femme qui avait deux enfants attaqués de la même maladie : l'un étant mort et l'autre près de mourir, elle le prit dans ses bras, et le porta à la divine dame Marie en fondant en larmes : « O madame ! dit-elle, aidez-moi, et me donnez du secours; car j'avais deux fils, je viens d'en ensevelir un, et je vois l'autre à deux doigts de la mort; voyez comment je demande grâce à Dieu, et je le prie humblement; » et elle commença à dire : « O Seigneur ! vous êtes clément, miséricordieux et doux ! vous m'avez donné deux fils, et comme vous en avez retiré un à vous, laissez-moi au moins celui-ci. » C'est pourquoi la divine Marie, voyant la violence de ses larmes, eut pitié d'elle, et lui dit : « Hé ! mettez votre fils dans le lit de mon fils, et couvrez-le de ses habits. » Et lorsqu'elle l'eut mis dans le lit où le Christ était couché (or ses yeux allaient se fermer pour toujours), aussitôt que l'odeur des habits du Seigneur Jésus-Christ eut touché cet enfant, ses yeux s'ouvrirent, et appelant sa mère d'une voix forte[2], il demanda du pain, et quand on lui en eut donné, il le suçait. Alors sa mère dit : « O dame Marie ! je connais maintenant que la vertu de Dieu habite en vous, de sorte que votre fils guérit les enfants qui deviennent avec lui participants de la même nature, aussitôt qu'ils touchent ses habits. » Cet enfant qui fut guéri de cette sorte est celui qui, dans l'*Évangile*, est appelé Barthélemi[3].

XXXI. Au reste, il y avait là une femme lépreuse qui, allant voir la divine dame Marie, mère de Jésus, disait : « Madame, aidez-moi; » et la divine dame Marie répondait : « Quel secours demandez-vous ? est-ce de l'or ou de l'argent, ou que votre corps soit guéri de la lèpre ? — Mais qui est-ce, demandait cette femme, qui pourrait me donner cela ? » La divine Marie lui dit : « Attendez un moment, jusqu'à ce que j'aie lavé mon fils Jésus, et que je l'aie remis au lit. » La femme attendait comme on lui avait dit, et Marie, après qu'elle eut mis Jésus au lit, donnant à la femme l'eau dont elle avait lavé son corps : « Prenez, dit-elle, un peu de cette eau, et la répandez sur votre corps : » ce qu'ayant fait, étant guérie sur-le-champ, elle glorifiait Dieu, et lui rendait grâces.

XXXII. Elle s'en alla donc, après qu'elle eut demeuré trois jours chez elle; et lorsqu'elle fut revenue à la ville, elle y vit un prince qui avait épousé la fille d'un autre prince; mais, lorsqu'il eut regardé sa femme, il aperçut entre ses yeux des marques de lèpre, de la forme d'une étoile, de sorte que son mariage fut cassé et déclaré nul. Cette femme les ayant vues dans cet état, chagrinée et fondant en pleurs, leur demanda la cause de leurs larmes. « Mais ne vous informez pas, lui dirent-elles, de notre état; car nous ne pouvons raconter notre mal-

---

1. Prov., XXVI, v. 27. — 2. Act., IX, v. 40.
3. Matth., X, v. 3 ; Marc, III, v. 18 ; et Luc, VI, v. 14.

heur à aucun mortel, ou le communiquer à aucun étranger. » Elle insistait cependant, et les priait de le lui confier, qu'elle leur en montrerait peut-être le remède. Comme ils lui montrèrent donc la jeune femme, et les marques de lèpre qui paraissaient entre ses yeux : « Moi que vous voyez, dit la femme, j'ai eu la même maladie, et j'allai à Bethléem pour mes affaires. Y étant entrée dans une certaine caverne, je vis une femme nommée Marie, laquelle avait un fils qui s'appelait Jésus : me voyant lépreuse, elle me plaignit et me donna de l'eau dont elle avait lavé le corps de son fils; j'en arrosai mon corps et j'ai été guérie. » Ces femmes disaient donc : « O madame, ne vous lèverez-vous pas, et partant avec nous, ne nous montrerez-vous pas la divine dame Marie? » Elle y consentant, elles se levèrent et allèrent vers la divine dame Marie, portant avec elles de magnifiques présents; et lorsqu'elles furent entrées et lui eurent offert les présents, elles lui montraient cette jeune femme lépreuse qu'elles avaient amenée. La divine Marie disait donc : « Que la miséricorde du Seigneur Jésus-Christ habite sur vous! » et leur donnant un peu de l'eau dont elle avait lavé le corps de Jésus-Christ, elle ordonnait qu'on en lavât la malade ; ce qu'elles firent, et tout d'un coup elle fut guérie, et elle et tous les assistants glorifiaient Dieu. Étant donc joyeuses et de retour dans leur ville, elles chantaient des louanges au Seigneur. Or, le prince, apprenant que son épouse était guérie, la reçut chez lui; et célébrant de secondes noces, il rendit grâces à Dieu de ce que son épouse avait recouvré la santé.

XXXIII. Il y avait aussi une jeune fille tourmentée par Satan; car ce maudit lui apparaissait de temps en temps sous la forme d'un grand dragon, et avait envie de l'avaler; il avait aussi sucé tout son sang, de sorte qu'elle ressemblait à un cadavre. Chaque fois donc qu'il s'approchait d'elle, joignant ses mains sur sa tête, elle criait et disait : « Malheur! malheur à moi! parce qu'il n'y a personne qui me délivre de ce très-méchant dragon. » Or, son père et sa mère, et tous ceux qui étaient autour d'elle, ou la voyaient, s'attristaient autour d'elle et pleuraient; et tous ceux qui étaient présents pleuraient et se lamentaient, principalement lorsqu'elle pleurait et disait : « O mes frères et mes amis! n'y a-t-il personne qui me délivre de cet homicide? » Mais la fille du prince, qui avait été guérie de sa lèpre, entendant la voix de cette jeune fille, monta sur le toit de son château, et la vit qui fondait en larmes les mains jointes sur sa tête, et toute l'assemblée qui l'environnait pleurant également. Ainsi, elle demanda au mari de la possédée si la mère de sa femme était vivante. Lui ayant dit que son père et sa mère vivaient : « Envoyez-moi, dit-elle, sa mère; » et lorsqu'elle la vit venir : « Cette possédée, dit-elle, est-elle votre fille? — Oui, dit-elle, triste et pleurante : ô madame, elle est engendrée de moi. » La fille du prince répondit : « Cachez mon secret; car je vous avoue que j'ai été lépreuse; mais la dame Marie, mère de Jésus-Christ, m'a guérie. Que si vous désirez que votre fille recouvre sa première santé, la menant à Bethléem, cherchez Marie, mère de Jésus; et ayez confiance que votre fille sera guérie; car je crois que votre fille étant saine, vous reviendrez joyeuse. » Elle n'eut pas achevé le mot qu'elle se leva; et étant partie avec sa fille pour le lieu désigné, elle alla vers la divine dame Marie et lui apprit l'état de sa fille. La divine Marie, ayant entendu sa prière, lui donna un peu de l'eau dont elle avait lavé le corps de son fils Jésus, et ordonna de la répandre sur le corps de la fille; et lui ayant donné une petite bande des langes du Seigneur Jésus : « Prenez, dit-elle, cette bande, et faites-la voir à votre ennemi chaque fois que vous le verrez; » et elle les renvoya en paix.

XXXIV. Lorsqu'elles l'eurent quittée et furent de retour dans leur ville, le temps auquel Satan avait coutume de l'épouvanter approchait, et à la même heure ce maudit lui apparut sous la forme d'un grand dragon, et la fille le voyant fut saisie de frayeur. « O ma fille! dit sa mère, cessez de craindre et laissez-le approcher de vous; alors vous lui opposerez la bande que la dame Marie vous a donnée, et voyons ce qui en arrivera. » Ainsi ce Satan approchant en dragon terrible, le corps de la fille fut saisi d'une crainte effroyable; mais aussitôt qu'elle montra cette bande mise sur sa tête et déployée aux yeux, il sortait de la bande des flammes et des étincelles de feu qui s'élançaient contre le dragon. Ah! combien grand est ce miracle, qui arrivait à mesure que le dragon regardait la bande du Seigneur Jésus! car le feu en sortait et se répandait contre sa tête et ses yeux, de sorte qu'il s'écriait d'une voix forte[1] : « Qu'ai-je à faire avec vous, ô Jésus, fils de Marie ? Où fuirai-je loin de vous ? » Et étant tout effrayé et se retirant, il laissa la jeune fille. Ainsi il cessa de faire de la peine à cette jeune fille, qui chantait à Dieu des actions de grâces et des louanges, et avec elle tous ceux qui avaient été présents à ce miracle.

XXXV. Dans ce même endroit était une autre femme dont le fils était tourmenté par Satan. Il se[2] nommait Judas, et chaque fois que Satan s'emparait de lui, il mordait tous ceux qui étaient présents; et s'il ne se trouvait personne devant lui, il se mordait les mains et les autres membres. La mère de ce misérable entendant donc parler de la divine Marie et de son fils Jésus, se leva promptement; et ayant pris son fils Judas dans ses bras, elle le porta vers la dame Marie. Cependant Jacques et Joses[3] venaient d'emmener le Seigneur enfant Jésus pour jouer avec les autres enfants; et étant sortis de la maison, ils s'étaient assis, et avec eux le Seigneur Jésus. Or, Judas le possédé s'approchant, et s'asseyant à la droite de Jésus, comme Satan le tourmentait suivant la coutume, il tâchait de mordre le Seigneur Jésus, et ne pouvant pas l'atteindre, il le frappait au côté droit, de sorte que Jésus pleurait; et à la même heure, Satan fuyant sortit de cet enfant sous la forme d'un chien enragé. Or, cet enfant qui frappa Jésus, et duquel Satan sortit sous la forme d'un chien, fut Judas Iscariote, qui le livra aux Juifs; et les Juifs percèrent d'une lance ce même côté où Judas l'avait frappé.

1. Marc, I, v. 24 ; Luc, IV, v. 34, etc. — 2. Luc, XXII, v. 3, et Jean, XIII, 26
3. Deux fils de Joseph, frères de Jésus. Voyez l'art. XVII du *Protévangile de Jacques*, note a, p. 267.

XXXVI. Lors donc que le Seigneur Jésus eut sept ans accomplis, un certain jour qu'il était avec d'autres enfants ses camarades du même âge, lesquels en jouant faisaient différentes figures avec de la terre, des ânes, des bœufs, des oiseaux et autres semblables; et chacun vantant son ouvrage, tâchait de l'élever au-dessus de celui des autres. Alors le Seigneur Jésus disait aux enfants : « Pour moi, j'ordonnerai aux figures que j'ai faites qu'elles marchent. » Ces enfants lui demandant s'il était le fils du Créateur, le Seigneur Jésus leur commandait qu'elles marchassent; et à la même heure elles sautaient; et lorsqu'il leur ordonnait de revenir, elles revenaient. Il avait aussi fait des figures d'oiseaux et de moineaux, lesquelles, lorsqu'il leur ordonnait de voler, volaient, et s'arrêtaient lorsqu'il le leur commandait; que s'il leur présentait à manger et à boire, elles mangeaient et buvaient. Lorsque ensuite les enfants se furent en allés, et eurent rapporté ces choses à leurs parents, leurs pères leur disaient : « Gardez-vous, ô mes enfants! d'aller davantage avec lui, parce qu'il est sorcier; fuyez-le et l'évitez, et dès ce moment ne jouez jamais avec lui. »

XXXVII. Un certain jour aussi le Seigneur Jésus, jouant et courant avec des enfants, passait devant la boutique d'un teinturier dont le nom était Salem, et il y avait dans sa boutique plusieurs pièces d'étoffe des citoyens de cette ville, qu'ils voulaient faire teindre de diverses couleurs. Le Seigneur Jésus étant donc entré dans la boutique du teinturier, prit tous ces morceaux d'étoffe et les jeta dans la chaudière de teinture. Salem étant de retour, et voyant ses étoffes perdues, commença à crier très-fort et à gronder le Seigneur Jésus, disant : « Que m'avez-vous fait, ô fils de Marie? vous avez fait tort à moi et à mes citoyens; car chacun demande la couleur qui lui convient, et vous êtes venu tout perdre. » Le Seigneur Jésus répondait : « De quelque pièce d'étoffe que vous vouliez changer la couleur, je vous la changerai; » et aussitôt il commença à tirer de la chaudière les morceaux d'étoffe teints chacun de la couleur que le teinturier désirait, jusqu'à ce qu'il les eût tous sortis[1]. Les Juifs, voyant ce prodige et ce miracle, glorifiaient Dieu.

XXXVIII. Or, Joseph, qui allait par toute la ville, menait avec lui le Seigneur Jésus, lorsqu'à cause de[2] son métier des personnes le demandaient pour leur faire des portes, ou des pots au lait, ou des cribles, ou des coffres; et le Seigneur Jésus l'accompagnait où qu'il allât. Et chaque fois qu'il arrivait à Joseph de faire quelque ouvrage trop long ou trop court, trop large ou trop étroit, le Seigneur Jésus étendait sa main contre, et cela s'arrangeait aussitôt comme Joseph le dé-

---

1. Pline (liv. XXXV, ch. II, § 42) dit que les teinturiers d'Égypte savaient donner diverses couleurs aux étoffes, en les plongeant dans la même chaudière.

2. Marc, VI, v. 3; et Matth, XIII, v. 55. Justin, p. 316 de son *Dialogus avec Tryphon*, dit que Jésus avait fait des charrues, des jougs, et autres ouvrages. Théodoret (liv. III, Hist., ch. XXIII) rapporte aussi que Libanius ayant demandé à son précepteur chrétien ce que faisait le charpentier, il lui répondit : « Il fait une bière pour Julien. »

sirait; de sorte qu'il n'avait pas besoin d'achever aucun ouvrage de sa main, parce qu'il n'était pas fort entendu dans son métier.

XXXIX. Or, un certain jour Hérode, roi de Jérusalem, le fit venir, et lui dit : « Joseph, je veux que vous me construisiez un trône de la mesure de ce lieu où j'ai coutume de m'asseoir. » Joseph obéit; et, mettant aussitôt la main à l'ouvrage, il demeura deux ans dans le palais, jusqu'à ce qu'il eut achevé la construction de ce trône. Et comme il le posait à sa place, il vit qu'il s'en manquait de chaque côté dix-huit pouces de la mesure fixée : ce qu'ayant vu, le roi se fâchait très-fort contre Joseph, et Joseph, craignant la colère du roi, allait coucher sans souper, n'ayant rien goûté du tout. Alors le Seigneur Jésus lui demandant pourquoi il avait peur : « Parce que, dit Joseph, j'ai perdu un ouvrage auquel j'ai travaillé deux ans entiers. » Et le Seigneur Jésus lui dit : « Quittez la crainte et ne vous abattez pas l'esprit; vous prendrez un des côtés de ce trône, et moi l'autre, afin que nous le réduisions à la juste mesure. » Et lorsque Joseph eut fait comme le Seigneur Jésus avait dit, et que l'un et l'autre tirait fortement de son côté, le trône obéit et fut réduit à la juste mesure de ce lieu. Les assistants qui voyaient ce prodige en étaient étonnés et glorifiaient Dieu. Or, ce trône était fait de ce bois qui avait existé du temps de Soleiman[1], c'est-à-dire d'un bois marqueté de différentes formes et figures.

XL. Un autre certain jour le Seigneur Jésus étant venu dans la rue, et ayant vu des enfants qui s'étaient assemblés pour jouer, il se mêla dans la troupe. Ceux-ci l'ayant vu, comme ils se cachaient, pour qu'il les cherchât, le Seigneur Jésus vint à la porte d'une certaine maison, et demanda à des femmes qui étaient là, où ces enfants étaient allés. Et comme elles répondaient qu'il n'y avait personne là, le Seigneur Jésus reprit : « Qui sont ceux que vous voyez dans le four? » Comme elles répondirent que c'étaient des chevreaux de trois ans, le Seigneur Jésus s'écria et dit : « Sortez ici, chevreaux, vers votre pasteur. » Et aussitôt les enfants sortaient semblables à des chevreaux, et bondissaient autour de lui; ce que ces femmes ayant vu, elles furent fort étonnées, et la crainte et le tremblement les saisit. Tout d'un coup donc elles adoraient le Seigneur Jésus et le priaient, disant : « O notre Seigneur Jésus! fils de Marie, vous êtes véritablement ce bon pasteur d'Israël[2]! ayez pitié de vos servantes qui se tiennent devant vous et qui ne doutent point que vous, ô notre Seigneur! ne soyez venu pour guérir et non pas pour détruire[3]. » Ensuite, comme le Seigneur Jésus eut répondu que les enfants d'Israël étaient entre les peuples comme les Éthiopiens[4], les femmes disaient : « Seigneur, vous connaissez toutes choses, et rien ne vous est caché[5]; maintenant donc nous vous prions et nous demandons à votre douceur que vous rétablissiez ces enfants, vos serviteurs,

1. Salomon. — 2. Jean, X, v. 11. — 3. Jean, III, v. 17. — 4. Jérém., XIII, v. 23. 5. Jean, XI, v. 24, seq. ; XVI, v. 17.

dans leur premier état. Le Seigneur Jésus disait donc : « Venez enfants, afin que nous nous en allions et que nous jouions » : et sur-le-champ, en présence de ces femmes, les chevreaux furent changés et revinrent sous la forme d'enfants.

XLI. Au mois d'Adar[1] Jésus assembla des enfants, et les rangea comme *étant leur roi;* car ils avaient étendu leurs habits[2] par terre pour qu'il s'assît dessus, et avaient mis sur sa tête une couronne de fleurs, et se tenaient à droite et à gauche comme des gardes se tiennent auprès d'un roi. Or, si quelqu'un passait par ce chemin-là, ces enfants l'amenaient par force, disant : « Venez ici, et adorez le roi, afin que vous fassiez un bon voyage. »

XLII. Cependant, tandis que ces choses se passaient, des hommes qui portaient un enfant dans une litière approchaient. Car cet enfant était allé sur la montagne chercher du bois avec ses camarades, et y ayant trouvé un nid de perdrix, et ayant porté la main sur lui pour en prendre les œufs, un malin serpent se glissant du milieu du nid, le piqua, de sorte qu'il implorait le secours de ses camarades, lesquels étant accourus promptement, le trouvèrent étendu par terre comme mort; et ses parents étaient venus, et, l'ayant enlevé, ils le reportaient à la ville. Étant donc parvenus à l'endroit où le Seigneur Jésus était assis comme un roi, et les autres enfants l'entouraient comme ses ministres, les enfants couraient au-devant de celui qui avait été mordu du serpent, et disaient à ses proches : « Approchez, et saluez le roi. » Mais comme ils ne voulaient pas approcher, à cause de la tristesse où ils étaient plongés, les enfants les entraînaient malgré eux. Et quand ils furent venus auprès du Seigneur Jésus, il leur demandait pourquoi ils portaient cet enfant. Et comme ils répondaient qu'un serpent l'avait mordu, le Seigneur Jésus disait aux enfants : « Allez avec nous, afin que nous tuions ce serpent. » Or, les parents de l'enfant demandant qu'on les laissât en aller, parce que leur enfant était à l'agonie de la mort, les enfants répondaient, disant : « N'avez-vous pas entendu ce que le roi a dit : *Allons, et tuons le serpent;* et vous ne lui obéissez pas? » Et ils faisaient ainsi rebrousser chemin à la litière. Et lorsqu'ils furent arrivés auprès du nid, le Seigneur Jésus disait aux enfants : « Est-ce là le trou du serpent? » Eux disant qu'oui, le serpent, ayant été appelé par le Seigneur Jésus, paraissait aussitôt, et se soumettait à lui. « Allez, lui dit-il, et sucez tout le venin que vous avez insinué à cet enfant. » C'est pourquoi ce serpent se glissant vers l'enfant, enleva de nouveau tout son venin; et alors le Seigneur Jésus le maudit, pour qu'il mourût déchiré sur-le-champ; et il toucha l'enfant de sa main, pour qu'il recouvrât sa première santé. Et comme il commençait à pleurer : « Retenez vos larmes, lui dit le Seigneur Jésus; car vous serez bientôt mon disciple . et c'est *lui qui* est Simon le Cananéen, dont il est fait mention dans l'*Évangile*[3]. »

1. C'est le douzième chez les Juifs; il répond à la fin de février et au commencement de mars.
2. Matth., XXI, v. 8. — 3. Matth., x, v. 4.

XLIII. Un autre jour Joseph avait envoyé son fils Jacques au bois, et le Seigneur Jésus l'avait accompagné; et lorsqu'ils furent arrivés à l'endroit où il y avait du bois, et que Jacques eut commencé à en ramasser, voilà qu'une maligne vipère le mordit, de sorte qu'il commençait à pleurer et à crier. Jésus le voyant donc en cet état, s'approcha de lui, et souffla sur l'endroit où la vipère l'avait mordu, pour qu'il fût guéri sur-le-champ.

XLIV. Un certain jour aussi que Jésus se trouvait parmi des enfants qui jouaient sur un toit, un des enfants, tombant d'en haut, mourut tout d'un coup. Or, les autres enfants s'enfuyant, le Seigneur Jésus resta seul sur le toit, et lorsque les parents de cet enfant furent venus, ils disaient au Seigneur Jésus : « Vous avez jeté notre fils à bas du toit. » Mais lui le niant, ils criaient en disant : « Notre fils est mort, et voilà celui qui l'a tué. » Le Seigneur Jésus leur dit : « Ne m'accusez pas d'une action dont vous ne pourrez nullement me convaincre; mais écoutez, interrogeons l'enfant lui-même, qu'il mette au jour la vérité. » Alors le Seigneur Jésus descendant, se tint debout sur la tête de l'enfant, et d'une voix forte : « Zeinum[1], dit-il, Zeinum, qui est-ce qui vous a précipité du toit ? » Alors le mort répondant : « Seigneur, dit-il, ce n'est pas vous qui m'avez jeté, mais c'est quelqu'un qui m'en a fait tomber. » Et lorsque le Seigneur eut dit aux assistants qu'ils fissent attention à ses paroles, tous ceux qui étaient présents louaient Dieu pour ce miracle.

XLV. Une fois la divine dame Marie avait ordonné au Seigneur Jésus de s'en aller, et de lui apporter de l'eau d'un puits. Lors donc qu'il fut allé puiser de l'eau, la cruche pleine se brisa en la retirant; mais le Seigneur Jésus étendant sa serviette, en ramassa l'eau et la portait à sa mère, laquelle étonnée d'une chose toute merveilleuse, tenait cependant cachées et conservait dans son cœur[2] toutes celles qu'elle avait vues.

XLVI. Un autre jour le Seigneur Jésus se trouvait encore avec des enfants sur le bord de l'eau, et ils avaient détourné l'eau de ce ruisseau par des fossés, se construisant de petites piscines; et le Seigneur Jésus avait fait douze moineaux, et les avait arrangés, trois de chaque côté, autour de sa piscine. Or, c'était un jour de sabbat; et le fils du Juif Hanani, s'approchant et les voyant agir de la sorte : « Est-ce ainsi, dit-il, qu'un jour de sabbat vous faites des figures de terre ? » et accourant promptement, il détruisait leurs piscines. Mais lorsque le Seigneur Jésus eut frappé des mains sur les moineaux qu'il avait faits, ils s'envolaient en criant. Ensuite le fils d'Hanani s'approchant aussi de la piscine de Jésus pour la détruire, son eau s'évanouit, et le Seigneur Jésus lui dit : « Comme cette eau s'est évanouie, de même votre vie s'évanouira; » et sur-le-champ cet enfant se dessécha.

XLVII. Dans un autre temps, comme le Seigneur Jésus retournait le soir à la maison avec Joseph, il fut rencontré par un enfant qui, courant rapidement, le heurta et le fit tomber. Le Seigneur Jésus lui

1. Zénon. — 2. Luc, II, v. 19.

dit : « Comme vous m'avez poussé, de même vous tomberez, et ne vous relèverez pas; » et, à la même heure, l'enfant tomba et expira.

XLVIII. Au reste, il y avait à Jérusalem un certain Zachée qui enseignait la jeunesse. Il disait à Joseph : « Pourquoi, ô Joseph, ne m'envoyez-vous pas Jésus, pour qu'il apprenne les lettres? » Joseph le lui promettait, et le rapportait à la divine Marie. Ils le menaient donc au maître qui, aussitôt qui l'eut vu, lui écrivit un alphabet, et lui commanda qu'il dît aleph. Et lorsqu'il eut dit aleph, le maître lui ordonnait de prononcer beth. Le Seigneur Jésus lui repartit : « Dites-moi premièrement la signification de la lettre aleph, et alors je prononcerai beth. » Et comme le maître lui donnait des coups, le Seigneur Jésus expliquait les significations des lettres aleph et beth ; de même quelles figures des lettres étaient droites, obliques, doublées, avaient des pointes, en manquaient, pourquoi une lettre précédait une autre ; et il se mit à détailler et éclaircir plusieurs autres choses que le maître n'avait jamais ni entendues ni lues dans aucun livre. Ensuite le Seigneur Jésus dit au maître : « Faites attention à ce que je vais dire » : et il commença à réciter clairement et distinctement aleph, beth, gimel, daleth, jusqu'à la fin de l'alphabet. Ce que le maître admirant : « Je pense, dit-il, que cet enfant est né avant Noé ; » et se tournant vers Joseph : « Vous m'avez, dit-il, donné à instruire un enfant plus savant que tous les maîtres. » Il dit aussi à la divine Marie : « Vous avez là un fils qui n'a besoin d'aucun enseignement. »

XLIX. Ils le menèrent ensuite à un autre maître qui, lorsqu'il le vit : « Dites a leph, » dit-il. Et lorsqu'il eut dit aleph, le maître lui commandait de prononcer beth. Le Seigneur Jésus lui répondit : « Dites-moi premièrement la signification de la lettre aleph, et alors je prononcerai beth. » Comme ce maître le frappait de la main, aussitôt sa main sécha, et il mourut. Alors Joseph disait à la divine Marie : « Dorénavant ne le laissons plus sortir de la maison, parce que qui que ce soit qui le contrarie, il est puni de mort. »

L. Et lorsqu'il eut douze ans, ils le menèrent à Jérusalem à la fête¹ : et la fête passée, ils s'en retournaient : mais le Seigneur Jésus restait en arrière dans le temple, parmi les docteurs et les vieillards, et les savants des enfants d'Israël, à qui il faisait diverses questions sur les sciences, et répondait aux leurs. Car il leur disait : « Le messie de qui est-il fils²? » Ils lui répondaient : « Fils de David. — Pourquoi donc, dit-il, l'appelle-t-il en esprit son Seigneur, quand il dit³ : *Le Seigneur a dit à mon Seigneur : Asseyez-vous à ma droite, afin que je soumette vos ennemis aux traces de vos pieds?* » Alors un certain prince des maîtres l'interrogeait : « Avez-vous lu des livres? — Et des livres, répondait le Seigneur Jésus, et les choses qui sont renfermées dans les livres ; » et il expliquait les livres et la loi, et les préceptes, et les statuts, et les mystères contenus dans les livres des prophètes, choses que l'entendement

1. Luc, II, v. 42. — 2. Matth., XXII, v. 42. — 3. Ps. CIX, v. 1.

d'aucune créature n'a comprises. Ce maître disait donc : « Pour moi, jusqu'à présent je n'ai vu ni entendu une telle science : que penserez-vous que sera cet enfant[1]? »

LI. Et comme il se trouvait là un philosophe savant dans l'astronomie, et qui demandait au Seigneur Jésus s'il avait étudié l'astronomie, le Seigneur Jésus lui répondait, et expliquait le nombre des sphères et des corps célestes, et leurs natures et opérations; l'opposition, l'aspect trine, quadrat, et sextil; leur progression et rétrogradation; enfin le comput et le prognostic, et autres choses que jamais la raison d'aucun homme n'a approfondies.

LII. Il y avait aussi parmi eux un philosophe très-savant en médecine et en science naturelle, qui, comme il demandait au Seigneur Jésus s'il avait étudié en médecine, lui, répondant, lui expliqua la physique et la métaphysique, l'hyperphysique et l'hypophysique, les vertus et les humeurs du corps et leurs effets; le nombre des membres et des os, des veines, des artères, et des nerfs, aussi les tempéraments, le chaud et le sec, le froid et l'humide, et ceux qui en dérivaient; quelle était l'opération de l'âme sur le corps, ses sensations et ses vertus; les facultés de parler, de se fâcher et de désirer ; enfin la congrégation et la dissipation, et autres choses que jamais l'entendement d'aucune créature n'a pénétrées. Alors ce philosophe se levait et adorait le Seigneur Jésus : « O Seigneur Jésus, dit-il, désormais je serai votre disciple et votre serviteur. »

LIII. Comme ils s'entretenaient de ces choses et d'autres, la divine dame Marie arrivait, après avoir couru trois jours en le cherchant avec Joseph : et le voyant assis entre les docteurs[2], les interrogeant et leur répondant tour à tour, elle lui disait : « Mon fils, pourquoi avez-vous agi ainsi avec vous? voici que moi et votre père vous avons cherché avec une grande fatigue. — Mais pourquoi, leur dit-il, me cherchiez-vous? ne saviez-vous pas qu'il convient que je vaque dans la maison de mon père? » Mais eux ne comprenaient pas les paroles qu'il leur disait. Alors ces docteurs demandaient à Marie s'il était son fils; et elle disant qu'oui : « O Marie, disaient-ils, que vous êtes heureuse d'avoir un tel fils! » Or, il retournait avec eux à Nazareth[3], et il leur obéissait en toutes choses. Et sa mère conservait toutes ses paroles dans son cœur. Et le Seigneur profitait en taille, et en sagesse, et en grâce devant Dieu et les hommes.

LIV. Et depuis ce jour il commença à cacher ses miracles et ses secrets, et à s'appliquer à la loi, jusqu'à ce qu'il eût trente ans accomplis[4]; quand le père le déclara publiquement vers le Jourdain, par cette voix venue du ciel[5] : « Celui-ci est mon fils bien-aimé, en qui je me plais; » le Saint-Esprit présent sous la forme d'une colombe blanche.

LV. C'est là celui que nous adorons humblement, parce qu'il nous a donné l'essence et la vie, et nous a fait sortir du sein de nos mères[6],

1. Luc, I, v. 66. — 2. Luc, II, v. 46. — 3. Id., II, v. 51. — 4. Id., III, v. 23. 5. Luc, III, v. 22. — 6. Ps. CXXXVIII, v. 13.

qui a pris un corps humain à cause de nous et nous a rachetés, afin que la miséricorde éternelle nous environnât, et qu'il nous donnât sa grâce par sa libéralité, sa bienfaisance, sa générosité et sa bienveillance. A lui soit gloire et louange, et puissance, et empire, depuis ce temps dans les siècles éternels. Ainsi soit-il.

Fin de tout l'*Évangile de l'enfance*, par le secours du Dieu suprême, suivant ce que nous avons trouvé dans l'original.

Enfin le quatrième Évangile apocryphe qui nous reste en entier est celui de Nicodème, dont nous avons donné le préambule selon quelques manuscrits, ou la conclusion suivant d'autres, n° XXXVIII. En voici donc actuellement la suite.

ÉVANGILE DU DISCIPLE NICODÈME[1],

DE LA PASSION ET DE LA RÉSURRECTION DE NOTRE MAITRE ET SAUVEUR JÉSUS-CHRIST.

I. Car Annas et Caïphas, et Summas, et Datam, Gamaliel, Judas, Lévi, Nephthalim, Alexandre, et Cyrus, et les autres Juifs, viennent vers Pilate au sujet de Jésus, l'accusant de plusieurs mauvaises accusations, et disant : « Nous savons que Jésus est le fils de Joseph le charpentier, né de Marie, et il dit qu'il est fils de Dieu[2] et roi; et non-seulement il dit cela, mais il veut détruire le sabbat[3] et la loi de nos pères. Les Juifs lui disent : « Nous avons pour loi de ne point guérir un jour de « sabbat; » or, il a guéri des boiteux, des sourds, des paralytiques, des aveugles, et des lépreux, et des démoniaques par de mauvaises pratiques. » Pilate leur dit : « Comment, par de mauvaises pratiques? » Ils lui disent : « Il est magicien; et c'est par le prince des démons qu'il chasse les démons, et qu'ils lui sont tous soumis[4]. » Pilate dit : « Ce n'est point là chasser les démons par l'esprit immonde, mais par la vertu de Dieu[5]. » Et les Juifs disent à Pilate : « Nous prions Votre Grandeur que vous le fassiez paraître devant votre tribunal, et entendez-le. » Or Pilate, appelant un coureur, lui dit : « Par quel moyen amènera-t-on le Christ? » Mais le coureur sortant et le connaissant, il l'adora et étendit par terre un manteau qu'il portait à sa main, disant : « Seigneur, marchez là-dessus, entrez, parce que le gouverneur vous demande. » Mais les Juifs, voyant ce que fit le coureur, s'en plaignirent à Pilate, disant : « Pourquoi ne l'avez-vous pas fait assigner par un huissier plutôt que par un coureur? Car le coureur le voyant l'a adoré, et a étendu par terre le manteau qu'il tenait à la main, et lui a dit : « Seigneur, le gouverneur vous demande. » Pilate, appelant le coureur, lui dit:

---

1. Appelé aussi les *Actes de Pilate*. (En.)
2. Matth., XXVII, v. 11; Marc. XV, v. 2; Luc, XXIII, v. 3
3. Matth., XII, ; Luc, XIII, v. 16; et Jean, v. 18.
4. Matth., IX, v. 34; et XII, v. 24; et Luc, X, v. 17.
5. Matth., XII, v. 28; Luc, XI, v. 20.

« Pourquoi avez-vous fait cela? » Le coureur lui dit : « Lorsque vous m'envoyâtes de Jérusalem à Alexandrie[1], je vis Jésus monté sur une humble ânesse, et les enfants des Hébreux criaient *Hosanna*, tenant des rameaux dans leurs mains; mais d'autres étendaient leurs habits dans le chemin, disant : « Sauvez-nous, vous qui êtes dans les cieux ; béni celui « qui vient au nom du Seigneur! » Les Juifs crièrent donc contre le coureur, disant : « A la vérité les enfants des Hébreux criaient en hébreu ; mais vous qui êtes Grec, comment entendez-vous la langue hébraïque? » Le coureur leur dit : « J'ai interrogé quelqu'un des Juifs et lui ai dit : « Qu'est-ce que ces enfants crient en hébreu? » et il me l'a expliqué, disant : » Ils crient *Hosanna*, ce qui veut dire, ô Seigneur, rendez saint, « ou bien, Seigneur, sauvez. » Pilate leur dit : « Mais vous, pourquoi attestez-vous les paroles que les enfants ont dites? en quoi le coureur a-t-il péché? » et eux se turent. Le gouverneur dit au coureur : « Sortez, et de quelque manière que ce soit, faites-le entrer. » Mais le coureur sortant fit comme la première fois et lui dit : « Seigneur, entrez, parce que le gouverneur vous demande. » Jésus entra donc vers les porte-enseignes qui tenaient leurs étendards, et leurs têtes se courbèrent, et ils adorèrent Jésus; ce qui fit crier davantage les Juifs contre les porte-enseignes. Or, Pilate dit aux Juifs : « Vous n'approuvez pas que les têtes des étendards se sont courbées d'elles-mêmes, et ont adoré Jésus; mais comment criez-vous contre les porte-enseignes parce qu'ils se sont baissés et l'ont adoré? » Eux dirent à Pilate : « Nous avons vu que les porte-enseignes se sont inclinés et ont adoré Jésus. » Mais le gouverneur appelant les porte-enseignes, il leur dit : « Pourquoi avez-vous fait ainsi? » Les porte-enseignes disent à Pilate : « Nous sommes des hommes païens et serviteurs des temples ; comment l'avons-nous adoré? mais comme nous tenions nos étendards, ils se sont courbés et l'ont adoré. » Pilate dit aux chefs de la synagogue : « Choisissez vous-mêmes des hommes forts, et qu'ils tiennent les étendards, et voyons s'ils se courberont d'eux-mêmes. » Les vieillards des Juifs voyant donc douze hommes très-forts, ils leur firent tenir les étendards et paraître devant le gouverneur. Pilate dit au coureur : « Faites sortir Jésus, et faites-le rentrer comme vous voudrez; » et Jésus et le coureur sortirent du prétoire. Et Pilate appelant les premiers porte-enseignes, leur jurant par le salut de César que s'ils ne portent pas ainsi les étendards lorsque Jésus entrera, je couperai vos têtes. Et le gouverneur ordonna que Jésus entrât une seconde fois, et le coureur fit comme la première fois, et pria instamment Jésus de marcher sur son manteau; et il y marcha et entra. Mais comme Jésus entrait, les étendards se courbèrent et l'adorèrent.

II. Or, Pilate, voyant cela, fut saisi de crainte, et commença à se lever de son siège; mais comme il pensait à se lever, l'épouse de Pilate, qui était éloignée, lui envoya dire : « Ne vous mêlez point de ce juste[2]; car j'ai beaucoup souffert à cause de lui cette nuit en songe. »

---

1. Act., IV, v. 8. — Cette citation, prise dans Fabricius, n'est pas exacte. Il fallait citer : Matth., xxi, 9; Marc, xi, 9; Jean, xii, 13. (*Note de M. Beuchot*.)
2. Matth., xxvii, v. 19

Les Juifs, entendant cela, dirent à Pilate : « Ne vous avons-nous pas dit qu'il est magicien ? Voilà qu'il a envoyé ce songe à votre épouse; » mais Pilate, appelant Jésus, lui dit : « Entendez-vous ce qu'ils déposent contre vous ? et vous ne dites rien. » Jésus lui répondit : « S'ils n'avaient pas le pouvoir de parler, ils ne parleraient pas ; mais parce que chacun a le pouvoir de parler bien ou mal, ils verront. » Les vieillards des Juifs répondirent à Jésus : « Que verrons-nous ? La première chose que nous avons vue de vous, c'est que vous êtes né de la fornication. Secondement, qu'à votre naissance les enfants de Bethléem ont été massacrés. Troisièmement, que votre père et votre mère Marie s'enfuirent en Égypte, parce qu'ils n'avaient pas confiance au peuple. » Quelques-uns des Juifs assistants, qui pensaient bien, disent : « Nous ne disons pas qu'il est né de la fornication ; le discours que vous tenez là n'est pas vrai, parce que le mariage s'est fait, comme le disent ceux mêmes qui sont de votre nation. » Annas et Caïphas disent à Pilate : « Il faut entendre toute la multitude qui dit qu'il est né de la fornication, et qu'il est magicien ; mais ceux qui nient qu'il soit né de la fornication sont des prosélytes et ses disciples. » Pilate dit à Annas et Caïphas : « Quels sont les prosélytes ? » Ils disent : « Ils sont fils de païens, et maintenant ils sont devenus Juifs. » Éliézer et Astérius, et Antoine, et Jacques, Caras[1] et Samuel, Isaac et Phinées, Crippus et Agrippa, Annas et Judas, disent : « Nous ne sommes point prosélytes, mais nous sommes fils de Juifs, et nous disons la vérité, et nous avons assisté au mariage de Marie. » Or, Pilate, portant la parole aux douze hommes qui dirent cela, leur dit : « Je vous conjure par le salut de César, s'il n'est pas né de la fornication, ou si ce que vous avez dit est véritable. » Ils disent à Pilate : « Nous avons pour loi de ne point jurer, parce que cela est péché : qu'ils jurent eux par le salut de César, que ce n'est pas comme nous avons dit, et nous sommes coupables de mort. » Annas et Caïphas disent à Pilate : « Ces douze ne nous croiront pas parce que nous savons qu'il est né du crime, et qu'il est magicien ; et il dit qu'il est fils de Dieu et roi, ce que nous ne croyons pas, et que nous craignons d'entendre. » Pilate faisant donc sortir tout le peuple, excepté les douze hommes qui ont dit qu'il n'est pas né de la fornication, et ayant aussi fait ressortir Jésus à l'écart, il leur dit : « Pour quelle raison les Juifs veulent-ils faire mourir Jésus ? » Ils lui disent : « Leur zèle vient de ce qu'il guérit le jour du sabbat. » Pilate dit : « C'est pour une bonne œuvre qu'ils veulent le faire mourir ? » Ils lui disent : « Oui, Seigneur. »

III. Pilate alors, rempli de colère, sortit du prétoire, et dit aux Juifs : « Je prends la terre à témoin que je ne trouve aucune faute en cet homme. » Les Juifs disent à Pilate : « S'il n'était pas un malfaiteur, nous ne vous l'eussions pas livré. » Pilate leur dit : « Prenez-le, vous, et le jugez selon votre loi. » Les Juifs disent à Pilate : « Il ne nous est permis de faire mourir personne. » Pilate dit aux Juifs : « Elle vous dit donc[2] : *Ne tues point* ; mais non pas à moi ? » Et il entra une seconde fois dans le

1. Cyrus. — 2. Exod., xx, v. 13.

prétoire, et il fît venir Jésus seul, et lui dit : « Êtes-vous le roi des Juifs? » et Jésus répondant, dit à Pilate : « Dites-vous cela de vous-même, ou d'autres vous l'ont-ils dit de moi ? » Pilate répondant, dit à Jésus : « Est-ce que je suis Juif, moi ? la nation et les princes des prêtres vous ont livré à moi. Qu'avez-vous fait? » Jésus répondant, dit : « Mon royaume n'est pas de ce monde; si mon royaume était de ce monde, mes ministres résisteraient, et je n'aurais pas été livré aux Juifs; mais maintenant mon royaume n'est pas d'ici. » Pilate dit : « Vous êtes donc roi ? » Jésus répondit : « Vous dites que je suis roi. » Jésus dit encore à Pilate : « Je suis né en cela, je suis né pour cela, et je suis venu pour cela, afin que je rende témoignage à la vérité; et tout homme qui est de la vérité entend ma voix. » Pilate lui dit : « Qu'est-ce que la vérité? » Jésus dit; « La vérité est du ciel. » Pilate dit : « La vérité n'est donc pas sur la terre? » Jésus dit à Pilate : « Faites attention que la vérité est sur la terre parmi ceux qui, pendant qu'ils ont le pouvoir de juger, se servent de la vérité, et rendent des jugements justes. »

IV. Pilate laissant donc Jésus dans le prétoire, sortit dehors vers les Juifs, et leur dit : « Je ne trouve pas une seule faute en Jésus. » Les Juifs lui disent : « Il a dit[1] : « Je puis détruire le temple de Dieu et le rebâtir « en trois jours. » Pilate leur dit : « Quel est le temple dont il parle? » Les Juifs lui disent : « Celui que Salomon bâtit en quarante-six ans[2], il a dit *qu'il peut* le détruire et le rebâtir dans trois jours. » Et Pilate leur dit une seconde fois : « Je suis innocent du sang de cet homme, vous verrez. » Les Juifs lui disent : « Que son sang *soit* sur nous et sur nos enfants! » Pilate appelant les vieillards et les scribes, les prêtres et les lévites, il leur dit secrètement : « Ne faites pas ainsi : je n'ai rien trouvé digne de mort dans votre accusation touchant la guérison des malades et la violation du sabbat. » Les prêtres et les lévites disent à Pilate : « Par le salut de César, si quelqu'un a blasphémé[3], il est digne de mort. Or, celui-ci a blasphémé contre le Seigneur. » Le gouverneur fit une seconde fois sortir les Juifs du prétoire, et faisant venir Jésus, il lui dit : « Que vous ferai-je? » Jésus lui répondit : « Ainsi qu'il est dit. » Pilate lui dit : « Comment est-il dit? » Jésus lui dit : « Moïse et les prophètes ont annoncé ma passion et ma résurrection. » Ce que les Juifs ayant appris, ils en furent irrités, et dirent à Pilate : « Que voulez-vous entendre davantage le blasphème de cet *homme?* » Pilate leur dit : « Si ce discours vous paraît un blasphème, prenez-le, vous, et le citez à votre synagogue, et jugez-le selon votre loi. » Les Juifs disent à Pilate : « Notre loi décide que si un homme pèche contre un homme, il soit digne de recevoir quarante moins un *coups*[4]; mais s'il a blasphémé contre le Seigneur, d'être alors lapidé. » Pilate leur dit : « Si ce discours est un blas-

1. Jean, II, v. 20.
2. On trouve le même nombre dans l'*Evangile de saint Jean* (c. II, v. 20) quoique Salomon l'eût bâti en sept ans (liv. III Reg. c. XI, v. 38), et qu'il eût été rebâti par Hérode en neuf ans et demi. (Josèphe, Antiq., liv. XV, ch. XIV.)
3. Lévit., XXIV, v. 16 ; Deut., XIII, v. 10. — Au lieu du Deutéronome, il faut probablement lire loi ; *Nombres*, XVI, 30. (ÉD.)
4. II Corinth., XI, v. 24.

phème, jugez-le vous-mêmes selon votre loi. » Les Juifs disent à Pilate : « Notre loi nous ordonne¹ de ne tuer personne. Nous voulons qu'il soit crucifié, parce qu'il est digne de la croix. » Pilate leur dit : « Il n'est pas bon qu'il soit crucifié; mais châtiez-le², et le renvoyez. » Or, le gouverneur, regardant le peuple des Juifs qui l'environnait, vit plusieurs Juifs qui pleuraient, et il dit aux princes des prêtres Juifs : « Toute la multitude ne désire pas qu'il meure. » Les vieillards des Juifs disent à Pilate : « Nous ne sommes venus ici, nous et toute la multitude, qu'afin qu'il meure. » Pilate leur dit : « Pourquoi mourra-t-il ? » Ils lui disent : « Parce qu'il se dit être fils de Dieu et roi. »

V. Or, un certain Nicodème, homme juif, se présenta devant le gouverneur, et dit : « Je vous prie, juge miséricordieux, que vous daigniez m'entendre un instant. » Pilate lui dit : « Parlez. » Nicodème dit : « C'est moi qui ai dit aux vieillards des Juifs, et aux scribes, et aux prêtres, et aux lévites, et à toute la multitude des Juifs dans la synagogue : « Que cherchez-vous avec cet homme ? Cet homme fait plu-
« sieurs prodiges bons et glorieux, tels qu'aucun homme sur la terre
« n'en a fait ou n'en fera; renvoyez-le, et ne lui faites *aucun* mal. S'il
« est de Dieu³, ses prodiges subsisteront; mais s'il est des hommes,
« ils seront dissipés. De même que *quand* Moïse, envoyé de Dieu en
« Égypte, fit des prodiges que Dieu lui dit de faire devant Pharaon,
« roi d'Égypte, il y avait Jannès et Mambrès⁴, magiciens, et ils firent
« par leurs enchantements, les prodiges qu'avait faits Moïse, mais non
« pas tous; et les prodiges que firent les magiciens n'étaient pas de
« Dieu, comme vous savez, vous scribes et pharisiens : ils périrent
« eux qui les firent et tous ceux qui les crurent⁵ ; » et maintenant renvoyez cet homme, parce que les prodiges dont vous l'accusez sont de Dieu, et il n'est pas digne de mort. » Les Juifs disent à Nicodème : « Vous êtes devenu son disciple, et vous parlez pour lui. » Nicodème leur dit : « Est-ce que le gouverneur est aussi devenu son disciple, et qu'il parle pour lui ? Est-ce qu'il ne tient pas sa dignité de César ? » Or, les Juifs frémissaient lorsqu'ils entendirent ces *paroles* et grinçaient des *dents* contre Nicodème, et lui disaient : « Recevez de lui la vérité, et ayez votre possession avec le Christ. » Nicodème dit : « Ainsi soit-il, que je la reçoive comme vous l'avez dit. »

VI. Un certain autre, sortant d'entre les Juifs, priait le gouverneur qu'il voulût entendre une parole. Le gouverneur dit : « Dites tout ce que vous voulez dire. — J'ai été couché pendant trente ans à Jérusalem auprès de la piscine probatique⁶, souffrant une grande infirmité, attendant la santé, qui revenait à l'arrivée de l'ange qui troublait l'eau selon le temps; et celui qui descendait le premier dans l'eau après l'agitation de l'eau, était guéri de toute infirmité; et Jésus m'y trouvant languissant, me dit : « Voulez-vous être guéri ? » Et je répondis : « Seigneur, je

1. Exod., XX, v. 13. — 2. Luc, XXIII, v. 16.
3. Act., V, v. 39. — 4. II Tim. III, v. 8., on lit *Jambrès*. — 5. *Act.* V, v. 37.
6. Jean, V, v. 5.

« n'ai pas un homme qui me mette dans la piscine, lorsque l'eau aura
« été troublée; » et il me dit : « Levez-vous, prenez votre lit, et marchez. »
Et étant guéri sur-le-champ, je pris mon lit et je marchai. » Les Juifs
disent à Pilate : « Seigneur gouverneur, demandez-lui quel jour c'était
quand ce languissant fut guéri. » Le languissant guéri dit : « Le sabbat. » Les Juifs disent à Pilate : « N'est-ce pas ainsi que nous vous avons
appris qu'il guérit dans le sabbat, et qu'il chasse les démons par le
prince des démons?[1] » Et un certain autre Juif sortant dit : « J'étais aveugle, j'entendais les voix, et ne pouvais voir personne, et comme Jésus
eut passé, j'entendis la troupe qui passait, et je demandai ce que c'était,
et ils me dirent que Jésus passait ; et je criai, disant : « Jésus, fils de
« David, ayez pitié de moi ; » et s'arrêtant, il me fit conduire vers lui,
et me dit : « Que voulez-vous ? » Et je dis : « Seigneur, que je voie ; » et il
me dit : « Regardez ; » et aussitôt je vis, et je le suivis plein de joie et
rendant grâces. » Et un autre Juif sortant, dit : « J'étais lépreux, et il
m'a guéri d'une seule parole, disant : « Je veux[2] soyez guéri », et tout
d'un coup je fus guéri de la lèpre. » Et un autre Juif sortant, dit : « J'étais courbé[3], et il m'a redressé d'une parole. »

VII. Et une certaine femme[4], nommée Véronique, dit : « J'avais une
perte de sang depuis douze ans, et j'ai touché la frange de son vêtement, et aussitôt le flux de mon sang s'est arrêté. » Les Juifs disent :
« Nous avons une loi[5] qu'une femme n'est pas reçue en témoignage; »
et un certain Juif, après autres choses, dit : « J'ai vu Jésus[6] être invité à
des noces avec ses disciples, et le vin manquer en Cana de Galilée ; et
lorsque le vin eut manqué, il ordonna à ceux qui servaient de remplir
d'eau six cruches qui étaient là, et ils les remplirent jusqu'au bord, et
il les bénit et changea l'eau en vin; et toutes sortes de gens en furent en admirant ce prodige. » Et un autre Juif se présenta dans le milieu, et dit : « J'ai vu Jésus[7] à Capharnaüm enseigner dans la synagogue; et un certain homme était dans la synagogue, ayant le démon,
et il s'écria, disant : « Laissez-moi. Qu'y a-t-il entre nous et vous, Jésus
« de Nazareth ? vous êtes venu nous perdre. Je sais que vous êtes le
« saint de Dieu ; » et Jésus le reprit, et lui dit : « Taisez-vous, esprit immonde, et sortez de cet homme; » et aussitôt il en sortit, et ne lui fit
aucun mal. » Et un certain pharisien dit ces *paroles :* « J'ai vu qu'une
grande troupe[8] est venue vers Jésus, de Galilée et de la Judée, et des
bords de la mer, et de plusieurs régions en deçà du Jourdain; et plusieurs infirmes venaient à lui, et il les guérissait tous[9], et j'ai entendu
les esprits immondes[10] criant et disant : « Vous êtes le Fils de Dieu ; » et
Jésus les menaçait fortement, pour qu'ils ne le fissent pas connaître. »

VIII. Après cela, un certain nommé Centurion[11] dit : « J'ai vu Jésus à

---

1. Marc, x, v. 46. — 2. Matth., viii, v. 3.
3. Luc, xiii, v. 12; dit que c'était une femme.
4. Matthieu, ix, v. 20, ne dit pas son nom.
5. Selden, liv. II, *de Synedr.*, XIII, n° 11. — 6. Jean, II. — 7. Marc, I, v. 21.
8. Marc, III, v. 7. — 9. Matthieu, xII, v. 15. — 10. Marc, III, v. 11.
11. Matth., viii, v. 5, dit que *centurion* était le nom de son office.

Capharnaüm, et je l'ai prié, disant : « Seigneur[1], mon enfant est couché « paralytique à la maison. » Et Jésus me dit : « Allez, et qu'il vous soit fait « comme vous avez cru ; » et l'enfant fut guéri à l'heure même. » Ensuite un certain prince[2] dit : « J'avais un fils à Capharnaüm qui se mourait ; et lorsque j'appris que Jésus arrivait en Galilée, j'allai et le priai qu'il descendît dans ma maison, et qu'il guérît mon fils, car il commençait à mourir. Et il me dit : « Allez, votre fils est vivant ; » et mon fils fut guéri à l'heure même. » Et plusieurs autres d'entre les Juifs, tant hommes que femmes, crièrent, disant : « Celui-là *est* véritablement le fils de Dieu, puisqu'il guérit tous les *maux* d'une seule parole, et que les démons lui sont soumis en toutes choses. » Quelques-uns d'eux disent : « Cette puissance n'est que de Dieu. » Pilate dit aux Juifs : « Pourquoi les démons ne se soumettent-ils pas à vous qui enseignez ? » Quelques-uns d'entre eux disent : « Cette puissance n'est que de Dieu, pour que les démons soient soumis. » Mais d'autres dirent à Pilate[3] : « Parce qu'il a fait sortir du tombeau Lazare mort depuis quatre jours. » Le gouverneur, entendant ces *choses*, dit, tout effrayé, à la multitude des Juifs : « Que vous servira-t-il de répandre le sang innocent ? »

IX. Et Pilate faisant venir Nicodème et les douze hommes qui dirent qu'il n'était pas né de la fornication, il leur dit : « Que ferai-je, parce qu'il se fait une sédition dans le peuple ? » Il lui disent : « Nous ne savons pas ; que ceux qui excitent la sédition voient eux-mêmes. » Pilate, faisant revenir une seconde fois la multitude, leur dit : « Vous savez que c'est votre coutume, le jour des azymes[4], que je vous délivre un prisonnier ; j'ai un insigne prisonnier[5] homicide, qui se nomme Barrabas, et Jésus qui s'appelle Christ, en qui je ne trouve aucune cause de mort. Lequel donc de ces deux voulez-vous que je vous délivre ? » Ils crièrent tous, disant : « Délivrez-nous Barrabas. » Pilate leur dit : « Que ferai-je donc de Jésus, qui s'appelle Christ ? » Ils disent tous : « Qu'il soit crucifié ! » Ils crièrent une seconde fois disant à Pilate[6] : « Vous n'êtes pas ami de César si vous le délivrez, parce qu'il a dit qu'il est fils de Dieu et roi ; est-ce peut-être que vous voulez que ce soit lui et non César ? » Alors Pilate, rempli de fureur, leur dit : « Votre nation a toujours été séditieuse, et vous avez été contraires à ceux qui vous ont fait du bien. » Les Juifs répondirent : « Qui sont ceux qui ont été pour nous ? » Pilate leur dit[7] : « Votre Dieu, qui vous a tirés de la dure servitude des Égyptiens, et vous a fait traverser la mer Rouge à sec, et vous a nourris dans le désert avec la manne, et la chair des cailles, et a produit de l'eau de la pierre, et vous a donné une loi du ciel ; et en toutes choses vous avez irrité Dieu et vous avez cherché à vous faire un veau jeté en fonte, et vous avez adoré, et vous avez immolé, et vous avez dit : « Israël, ce sont « là tes dieux, qui t'ont fait sortir de la terre d'Égypte. » Et votre Dieu a voulu vous perdre ; et[8] Moïse a prié pour vous afin que vous ne mou-

---

1. Luc, VII, v. 2, dit mon serviteur.
2. Jean, IV, v. 46. — 3. *Id.*, XI.
4. Jean, XVIII, v. 39. — 5. Matth., XXVII, v. 16. — 6. Jean, XIX, v. 12.
7. Act., VII, v. 36. — 8. Exod., XXII v. 34

russiez pas, et votre Dieu l'a écouté, et il vous a remis votre péché. Ensuite, étant irrités, vous avez voulu tuer[1] vos prophètes, Moïse et Aaron, quand ils s'enfuirent dans le tabernacle; et vous avez toujours murmuré contre Dieu et ses prophètes. » Et, se levant de son tribunal, il voulut sortir dehors. Mais tous les Juifs crièrent : « Nous savons que César est roi, et non Jésus....[2]. Car quand il naquit, alors des mages vinrent et lui offrirent des présents. Ce qu'Hérode ayant appris, il fut fort troublé, et il voulut le faire mourir. Ce que son père ayant connu, il s'enfuit en Égypte avec sa mère Marie. Hérode, lorsqu'il eut appris qu'il était né, voulut le faire mourir, et il envoya massacrer tous les enfants qui étaient nés à Bethléem, et dans tous les environs, depuis l'âge de deux ans et au-dessous. » Pilate, entendant ces paroles, craignit, et le silence étant fait dans le peuple qui criait, il dit à Jésus[3] : « Vous êtes donc roi? » Tous les Juifs disent à Pilate : « C'est là celui qu'Hérode cherchait à faire mourir. » Or Pilate, prenant de l'eau[4], lava ses mains devant le peuple, disant : « Je suis innocent du sang de ce juste, vous n'avez qu'à voir. » Et les Juifs répondirent disant : « Que son sang soit sur nous et nos enfants! » Alors Pilate fit amener Jésus devant lui, et lui dit ces paroles : « Votre nation vous a réprouvé en qualité de roi. C'est pourquoi, moi, Hérode[5], j'ordonne que vous soyez flagellé selon les statuts des premiers princes, et que vous soyez d'abord lié, et pendu en croix dans le lieu où vous avez été arrêté, et deux méchants avec vous dont les noms sont Dimas et Gestas. »

X. Et Jésus sortit du prétoire et deux larrons avec lui. Et lorsqu'ils furent arrivés au lieu qui s'appelle Golgotha[6], ils le dépouillèrent de son vêtement, et le ceignent d'un linge, et mettent une couronne d'épines sur sa tête, et lui donnent un roseau dans sa main. Et ils pendent pareillement les deux larrons avec lui, Dimas à sa droite, et Gestas à gauche. Et Jésus dit : « Mon père, pardonnez-leur, parce qu'ils ne savent ce qu'ils font. » Et ils partagèrent ses vêtements en jetant le sort sur sa robe. Et les peuples se tinrent là; et les princes des prêtres, et les vieillards des Juifs le raillaient, disant : « Il a sauvé les autres, qu'il se sauve à présent lui-même s'il peut. S'il est fils de Dieu, qu'il descende maintenant de la croix. » Or, les soldats se moquaient de lui; et, prenant du vinaigre et du fiel, ils lui présentaient à boire et lui disaient : « Si vous êtes le roi des Juifs, délivrez-vous vous-même. » Mais le soldat Longin prenant une lance, ouvrit son côté; et aussitôt il en sortit du sang et de l'eau. Or, Pilate mit sur la croix un écriteau en lettres hébraïques, et latines, et grecques, contenant ces paroles : « Celui-ci est le roi des Juifs. » Mais un des deux larrons qui étaient crucifiés avec Jésus, nommé Gestas, dit à Jésus : « Si vous êtes le Christ, délivrez-vous vous-même, et nous aussi. » Mais le larron qui était pendu à sa droite, nommé Dimas, répondant, le reprit et dit : « Ne craignez-vous pas Dieu, vous qui êtes du nombre des condamnés dans le juge-

---

1. Num., XIV. — 2. Il semble qu'il manque ici une phrase. Matth., II.
3. Jean, XVIII, v. 37. — 4. Matth., XXVII, v. 24.
5. Matth. XXVII, v. 26, dit Pilate. — 6. Matth., XXVII, v. 33.

ment? Pour nous, c'est avec raison et justice que nous avons reçu la récompense de nos actions; mais ce Jésus, quel mal a-t-il fait? » Et après cela il dit à Jésus en soupirant : « Seigneur, souvenez-vous de moi lorsque vous serez venu dans votre royaume. » Mais Jésus répondit, et lui dit : « En vérité, je vous dis que vous serez aujourd'hui avec moi en paradis. »

XI. Or, il était près de la sixième heure, et les ténèbres couvrirent toute la terre jusqu'à la neuvième heure. Mais le soleil s'obscurcissant, voilà que le voile du temple se fendit depuis le haut jusqu'en bas, et les pierres se fendirent, et les monuments furent ouverts, et plusieurs corps des saints qui sont morts, ressuscitèrent. Et environ la neuvième heure, Jésus s'écria à haute voix, disant : *Eli! Eli! lamma sabacthani;* ce qu'on a interprété : « Mon Dieu, mon Dieu, pourquoi m'avez-vous délaissé ? » Et après cela, Jésus dit : « Mon père, je recommande mon esprit en vos mains. » Et disant cela il rendit l'esprit. Mais le centurion voyant que Jésus, en criant ainsi, avait rendu l'esprit, glorifia Dieu, et dit : « Véritablement cet homme était juste. » Et tous *ceux du* peuple qui étaient présents furent grandement troublés à ce spectacle ; et considérant ce qui s'était passé, ils frappèrent leurs poitrines, et alors ils revenaient à la ville de Jérusalem. Le centurion, venant vers le gouverneur, lui rapporta tout ce qui s'était passé. Et lorsque le gouverneur eut appris tout ce qui s'était passé, il fut très-chagrin ; et, faisant assembler *tous* les Juifs à la fois, il leur dit : « Avez-vous vu les signes qui ont paru au soleil, et tous les autres *prodiges* qui sont arrivés tandis que Jésus mourait? » Ce que les Juifs ayant entendu, ils répondirent au gouverneur : « L'éclipse est arrivée selon la vieille coutume. » Or, tous ceux de sa connaissance se tenaient de loin, de même que les femmes qui avaient suivi Jésus de la Galilée, en regardant ces choses. Et voici un certain homme d'Arimathie, nommé Joseph[1], lequel Joseph était aussi disciple, en cachette cependant, à cause de la crainte des Juifs ; il vint au gouverneur, et pria le gouverneur qu'il lui permit qu'il enlevât le corps de Jésus de la croix. Et le gouverneur le permit. Or, Nicodème vint, apportant avec soi un mélange de myrrhe et d'aloès, d'environ cent livres ; et ils descendirent, en pleurant, Jésus de la croix, et l'enveloppèrent dans des linges avec des aromates, comme les Juifs ont coutume d'ensevelir, et ils le mirent dans un monument neuf que Joseph avait construit, et qu'il avait fait tailler dans la pierre, dans lequel aucun homme n'avait été mis, et ils roulèrent une grande pierre à la porte de la caverne.

XII. Or, les Juifs injustes apprenant qu'il a demandé le corps de Jésus et qu'il l'a enseveli, cherchaient et Nicodème et ces douze hommes qui ont dit devant le gouverneur qu'il n'est pas né de la fornication, et les autres bons qui avaient déclaré ses bonnes œuvres. Or, tous s'étant cachés à cause de la crainte des Juifs, le seul Nicodème se montra à eux quand ils entrèrent dans la synagogue, et les Juifs

---

1. Jean, XIX, v. 28.

lui dirent : « Et vous, comment avez-vous osé entrer dans la synagogue, parce que vous étiez sectateur du Christ? Que sa part soit avec vous dans le siècle à venir! » Et Nicodème répondit : « Ainsi soit-il, que cela soit ainsi, que ma part soit avec lui dans son royaume! » Joseph pareillement, lorsqu'il fut monté vers les Juifs, il leur dit : « Pourquoi êtes-vous irrités contre moi, parce que j'ai demandé à Pilate le corps de Jésus? Voilà que je l'ai mis dans mon monument, et je l'ai enveloppé dans un suaire propre, et j'ai placé une grande pierre à la porte de la caverne : pour moi, j'ai bien agi à son égard, au lieu que vous avez mal agi envers le juste pour le crucifier; mais vous l'avez abreuvé de vinaigre, et vous l'avez couronné d'épines, et vous l'avez déchiré de verges, et vous avez fait des imprécations sur son sang. » Les Juifs, entendant cela, eurent l'esprit chagrin et troublé. Ils se saisirent de Joseph, et le firent garder avant le jour du sabbat jusqu'après le jour des sabbats; et ils lui dirent : « Reconnaissez qu'à cette heure il ne convient pas de vous faire aucun mal jusqu'au premier jour du sabbat. Mais nous savons que vous ne serez pas digne de la sépulture, mais nous donnerons vos chairs aux volatiles du ciel et aux bêtes de la terre. » Joseph répondit : « Ce discours est semblable à l'orgueilleux Goliath, qui insulta le Dieu vivant envers saint David[1]. Mais vous, savez-vous, scribes et docteurs, que Dieu dit par le prophète[2] : « A moi la vengeance, et je rendrai le mal dont vous me menacez seulement? » Dieu, que vous avez pendu en croix, est *assez* puissant pour m'arracher de votre main. Tout le crime viendra sur vous. Car lorsque le gouverneur a lavé ses mains, il a dit[3] : « Je suis pur du sang de ce juste. » Et vous répondant, vous avez crié : « Que son sang soit sur nous et nos enfants! » Puissiez-vous, comme vous avez dit, périr à jamais! » Mais les Juifs, entendant ces discours, en furent très-irrités. Et, se saisissant de Joseph, ils l'enfermèrent dans une chambre où il n'y avait point de fenêtre. Annas et Caïphas mirent le scellé à la porte sous la clef, y posèrent des gardes, et tinrent conseil avec les prêtres et les lévites pour faire une assemblée générale après le jour du sabbat. Et ils pensèrent de quelle mort ils feraient mourir Joseph. Cela étant fait, les princes Annas et Caïphas ordonnèrent qu'on amenât Joseph. Toute l'assemblée, entendant ces choses, fut saisie d'admiration, parce qu'ils trouvèrent la clef de la chambre scellée[4], et ne trouvèrent pas Joseph. Annas et Caïphas s'en allèrent.

XIII. Comme tous admiraient ces choses, voici qu'un des soldats qui gardaient le sépulcre dit dans la synagogue : « Que comme nous gardions le monument de Jésus, il s'est fait un tremblement de terre[5], et nous avons vu l'ange de Dieu; comment il a roulé la pierre du monument, et il était assis dessus, et son regard était comme la foudre, et son vêtement comme la neige. Et nous sommes devenus comme morts de peur. Et nous avons entendu l'ange disant aux femmes *qui étaient venues* au sépulcre de Jésus : « Ne craignez point; je sais que vous cher-

---

1. I, Sam., XVII, v. 10. — 2. Deut., XXXII, v. 35. — 3. Matth., XXVII, v. 24.
4. Act., 5, 18 et 23. — 5. Matth., XXVIII, v. 2.

« chez Jésus crucifié; il est ressuscité ici comme il l'a prédit. Venez et
« voyez le lieu où il avait été mis, et allez vite dire à ses disciples qu'il
« est ressuscité des morts, et il vous précédera en Galilée; c'est là que vous
« le verrez, comme il vous l'a dit. » Et les Juifs faisant venir tous les
soldats qui avaient gardé le tombeau de Jésus, ils leur dirent : « Quelles
sont ces femmes à qui l'ange a parlé? pourquoi ne les avez-vous pas arrêtées? » Les soldats répondant dirent : « Nous ne savons ce qu'ont été
ces femmes et nous sommes devenus comme morts par la crainte de
l'ange; et comment aurions-nous pu arrêter ces femmes? » Les Juifs
leur dirent : « Le Seigneur est vivant parce que nous ne vous croyons
pas. » Les soldats répondant dirent aux Juifs : « Vous avez vu et entendu
Jésus qui faisait de si grands miracles, et vous ne l'avez pas cru,
comment pourriez-vous nous croire? Vous avez certes bien dit : « Le
« Seigneur est vivant, » et le Seigneur est véritablement vivant. Nous
avons appris que vous avez enfermé Joseph, qui ensevelit le corps de
Jésus, dans une chambre dont vous aviez scellé la clef, et l'ouvrant
vous ne l'avez pas trouvé. Donnez-nous donc Joseph que vous avez
gardé dans une chambre, et nous vous donnerons Jésus, que nous
avons gardé dans le sépulcre. » Les Juifs répondant dirent : « Nous vous
donnerons Joseph; donnez-nous Jésus. Joseph est dans sa ville d'Arimathie. » Les soldats répondant dirent : « Si Joseph est dans Arimathie,
Jésus est en Galilée, comme nous l'avons appris de l'ange qui le disait
aux femmes. » Les Juifs, entendant ces choses, craignirent, disant en
eux-mêmes : « Certes, tous ceux qui entendront ces discours croiront en
Jésus. » Et rassemblant beaucoup d'argent, ils le donnèrent aux soldats,
disant : « Dites que, comme vous dormiez, les disciples de Jésus sont
venus la nuit, et ont dérobé le corps de Jésus. Et si cela est rapporté
à Pilate le gouverneur, nous répondrons pour vous, et nous vous met-
trons en sûreté. » Or, les soldats, en recevant ainsi, dirent comme les
Juifs le leur avaient ordonné, et leur discours se divulgua partout.

XIV. Or, un certain prêtre nommé Phinées, et Ada maître d'école,
et un lévite nommé Agée, ces trois vinrent de Galilée à Jérusalem, et
dirent aux princes des prêtres et à tous ceux qui étaient dans les sy-
gogues : « Ce Jésus que vous avez crucifié, nous l'avons vu parlant avec
ses onze disciples, étant assis au milieu d'eux sur la montagne [1] des
Oliviers, et leur disant : « Allez dans tout le monde, prêchez toutes les
« nations, les baptisant au nom du Père, du Fils et du Saint-Esprit [2]. Et
« celui qui aura cru et aura été baptisé, sera sauvé. » Et lorsqu'il eut dit
ces paroles à ses disciples, nous l'avons vu qui montait au ciel. » Et les
princes des prêtres, et les vieillards et les lévites entendant cela, dirent
à ces trois hommes : « Rendez [3] gloire au Dieu d'Israël, et confessez-lui
si ce que vous avez vu et entendu est vrai. » Mais eux répondant dirent :
« Le Seigneur de nos pères est vivant, le Dieu d'Abraham, et le Dieu
d'Isaac, et le Dieu de Jacob, comme nous avons entendu Jésus parler

1. Matth., XXVIII, v. 16. — 2. Marc, XVI, v. 16 et 19. — 3. Jos., VII, v. 19.

avec ses disciples, et comme nous l'avons vu monter au ciel, ainsi nous vous disons la vérité. » Et ces trois hommes répondant dirent¹:... Et ajoutant ces paroles, ces trois hommes dirent : « Nous pécherons, si nous ne disons pas les paroles que nous avons entendues de Jésus, et que nous l'avons vu monter au ciel. » Aussitôt les princes des prêtres se levant, tenant la loi du Seigneur, ils jurèrent contre eux, disant : « N'annoncez plus désormais les paroles que vous avez dites de Jésus; » et ils leur donnèrent beaucoup d'argent. Et ils envoyèrent avec eux d'autres hommes, pour les conduire jusque dans leur contrée, afin qu'ils ne s'arrêtassent point à Jérusalem. Tous les Juifs s'assemblèrent donc, et firent entre eux une grande lamentation, disant : « Quel est ce prodige qui s'est fait à Jérusalem? » Mais Annas et Caïphas les consolant, dirent : « Est-ce que nous devons croire les soldats qui ont gardé le monument de Jésus, qui nous disent qu'un ange a roulé la pierre de la porte du monument? Peut-être que ce sont ses disciples qui le leur ont dit, et qui leur ont donné de l'argent pour le leur faire dire, et pour enlever le corps de Jésus. Or, sachez qu'il ne faut croire en aucune manière à des étrangers, parce qu'ils ont reçu de nous beaucoup d'argent. Et ils ont dit à tout le monde comme nous leur avons dit de dire. Ou ils nous garderont la foi, ou aux disciples de Jésus. »

XV. Nicodème se levant donc, dit : « Vous parlez à propos, enfants d'Israël. Vous avez entendu tout ce qu'ont dit ces trois hommes jurant en la loi du Seigneur, lesquels ont dit : « Nous avons vu Jésus parlant « avec ses disciples sur la montagne des Oliviers, et nous l'avons vu « monter au ciel. » Et l'Écriture nous enseigne que le bienheureux prophète Élias² fut enlevé, et qu'Élisée, interrogé par les fils des prophètes : « Où est notre père Élias? » leur dit qu'il a été enlevé. Et les fils des prophètes lui dirent : « Peut-être l'esprit l'a-t-il enlevé dans les montagnes d'Israël. Mais choisissons des hommes avec nous, et, parcou« rant les montagnes d'Israël, peut-être le trouverons-nous. » Et ils prièrent Élisée, et il marcha trois jours avec eux, et ils ne le trouvèrent point. Et maintenant, fils d'Israël, écoutez-moi, et envoyons des hommes dans les montagnes d'Israël, de peur que l'esprit n'ait enlevé Jésus, et peut-être nous le trouverons et nous ferons pénitence. » Et le conseil de Nicodème plut à tout le peuple, et ils envoyèrent des hommes, et cherchant ils ne trouvèrent pas Jésus, et étant de retour, ils dirent : « En allant de côté et d'autre, nous n'avons pas trouvé Jésus, mais nous avons trouvé Joseph dans sa ville d'Arimathie. » Les princes et tous les peuples entendant ces choses se réjouirent et glorifièrent le Dieu d'Israël, parce qu'on a trouvé Joseph qu'ils ont enfermé dans une chambre, et qu'ils n'ont pas trouvé. Et faisant une grande assemblée, les princes des prêtres dirent : « Par quel moyen pouvons-nous faire venir Joseph à nous, et parler avec lui? » Et prenant un tome de papier, ils écrivirent à Joseph, disant : « La paix soit avec vous et tous

---

1. Il semble qu'il manque ici quelques paroles.
2. IV, Rege, II, v. 14.

ceux qui sont avec vous! Nous savons que nous avons péché contre vous et contre Dieu. Daignez donc venir vers vos pères, parce que nous avons admiré votre délivrance. Nous savons que nous avons eu un mauvais dessein contre vous, et le Seigneur a pris soin de vous, et le Seigneur lui-même vous a délivré de notre dessein. Paix à vous, Joseph honorable, *de la part* de tout le peuple. » Et ils choisirent sept hommes amis de Joseph, et ils leur dirent : « Lorsque vous serez arrivés vers Joseph, saluez-le en paix en lui donnant la lettre. » Et les hommes arrivant vers Joseph, le saluant en paix, lui donnèrent le livret de la lettre. Et lorsque Joseph eut lu, il dit : « Béni *soyez-vous*, Seigneur Dieu, qui m'avez délivré d'Israël, afin qu'il ne répandît pas mon sang! Béni *soyez-vous*, Seigneur Dieu, qui m'avez couvert de vos ailes ! » Et Joseph les embrassa et les reçut dans sa maison. Mais un autre jour Joseph, montant son âne, marcha avec eux, et ils allèrent à Jérusalem. Et tous les Juifs l'ayant appris, ils lui coururent au-devant criant et disant : « Paix à votre entrée, père Joseph ! » Auxquels répondant, il dit : « Paix à tout le peuple ! » Et tous l'embrassèrent. Et Nicodème le reçut dans sa maison, faisant un grand festin[1]. Mais un autre jour de préparation, Annas, Caïphas et Nicodème, dirent à Joseph : « Confessez au Dieu d'Israël, et manifestez-nous toutes choses sur lesquelles vous serez interrogé, parce que nous avons été fâchés de ce que vous avez enseveli le corps du Seigneur Jésus : vous enfermant dans une chambre, nous ne vous avons pas trouvé, et nous avons été fort étonnés, et la crainte nous a saisis jusqu'à ce que nous vous avons reçu présent. Devant Dieu donc manifestez-nous ce qui s'est fait. Or, Joseph répondant, dit : « Vous m'enfermâtes bien un jour de préparation vers le soir. Comme je faisais mon oraison le jour du sabbat à minuit, la maison fut suspendue par les quatre angles, et je vis Jésus comme un éclat de lumière, et je tombai par terre de frayeur. Mais Jésus, tenant ma main, m'éleva de terre, et une rosée me couvrit. Et essuyant ma face il m'embrassa, et me dit : « Ne craignez point, Joseph, « regardez-moi, et voyez que c'est moi[2]. » Je regardai donc et je dis : « Mon « maître Élias. » Et il me dit : « Je ne suis pas Élias moi, mais je suis « Jésus de Nazareth, dont vous avez enseveli le corps. » Mais je lui dis : « Montrez-moi le monument où je vous ai mis. » Or, Jésus tenant ma main, me conduisit dans le lieu où je l'ai mis, et me montra le suaire et le lange dans lequel j'avais enveloppé sa tête. Alors je connus que c'est Jésus, et je l'adorai, et je dis[3] : « Béni *soit* celui qui vient au nom du Sei-« gneur ! » Mais Jésus, tenant ma main, me conduisit à Arimathie dans ma maison, et me dit : « Paix à vous, » et jusqu'au quarantième jour ne sor-« tez pas de votre maison. Pour moi, je vais vers mes disciples. »

XVI. Lorsque les princes des prêtres et les autres prêtres et les lévites eurent entendu toutes ces choses, ils furent étonnés, et tombèrent par terre comme morts sur leurs visages, et s'écriant entre eux, ils dirent : « Quel est ce prodige qui s'est fait à Jérusalem ? Nous connaissons le père et la mère de Jésus. » Et un certain lévite dit : « J'ai

1. Luc, v. v. 29. — 2. Luc, XXIV, v. 39. — 3. Matth., XXIII, v. 39.

connu plusieurs *personnes* de sa parenté craignant Dieu, et offrant toujours dans le temple des hosties et des holocaustes avec des oraisons au Dieu d'Israël. Et lorsque le grand prêtre Siméon le reçut, le « tenant dans ses mains, il lui dit[1] : Maintenant, Seigneur, vous ren- « voyez votre serviteur en paix selon votre parole, parce que mes yeux « ont vu votre salut que vous avez préparé devant la face de tous les « peuples, la lumière pour la révélation des nations et la gloire de votre « peuple d'Israël. » Pareillement le même Siméon bénit Marie, mère de Jésus, et lui dit : « Je vous annonce touchant cet enfant qu'il a été mis « pour la ruine et pour la résurrection de plusieurs, et pour signe de « contradiction. Et le glaive traversera votre âme, et les pensées seront « révélées de plusieurs cœurs. » Alors tous les Juifs dirent : « Envoyons à ces trois hommes qui dirent qu'ils l'avaient vu parlant avec ses disciples sur la montagne des Oliviers. » Cela étant fait, ils leur demandèrent qu'est-ce qu'ils avaient vu. Lesquels répondant dirent d'une voix : « Le Seigneur Dieu d'Israël est vivant, parce que nous avons vu clairement Jésus parlant avec ses disciples sur la montagne des Oliviers, et montant au ciel. » Alors Annas et Caïphas les séparèrent l'un de l'autre, et les interrogèrent séparément. Lesquels, confessant unanimement la vérité, dirent qu'ils avaient vu Jésus. Alors Annas et Caïphas dirent : « Notre loi contient[2] : « De la bouche de deux ou de trois témoins « toute parole est assurée. » Mais que disons-nous ? le bienheureux Énoch plut à Dieu[3], et fut transporté par la parole de Dieu, et[4] la sépulture du bienheureux Moïse ne se trouve pas. Mais Jésus a été livré à Pilate, flagellé, couvert de crachats, couronné d'épines, frappé d'une lance, et crucifié, mort sur le bois, et enseveli, comme l'honorable père Joseph a enseveli son corps dans un sépulcre neuf, et a témoigné qu'il l'a vu vivant. Et ces trois hommes ont témoigné qu'ils l'ont vu parlant avec ses disciples sur la montagne des Oliviers, et montant au ciel. »

XVII. Joseph donc se levant, dit à Annas et Caïphas : « C'est véritablement avec raison que vous admirez ce que vous avez entendu, que Jésus, depuis sa mort, a été vu vivant et montant au ciel. C'est véritablement admirable, parce que non-seulement il est ressuscité des morts, mais encore il a ressuscité les morts des monuments, et[5] ils ont été vus de plusieurs *personnes* à Jérusalem. Et maintenant écoutez-moi, parce que nous avons tous connu le bienheureux Siméon, grand prêtre, qui reçut dans ses mains[6] l'enfant Jésus dans le temple. Et ce même Siméon a eu deux fils, frères de père et de mère, et nous avons tous été à leur mort et à leur sépulture. Marchez donc et voyez leurs monuments, car ils sont ouverts, parce qu'ils sont ressuscités, et voilà qu'ils sont dans la ville d'Arimathie, vivant ensemble en oraison. Quelques-uns les entendent criant, ne parlant cependant avec personne, mais se taisant comme des morts. Mais venez, allons vers eux avec tout honneur et modération, conduisons-les vers nous. Et si nous

---

1. Luc, II, v. 29.
2. Deuter., XVII, v. 6. — 3. Genes., v, v. 24. — 4. Deuter., XXXXIV, v, 6.
5. Matth., XXVII, v. 53. — 6. Luc, II, v. 28.

les conjurons, peut-être nous diront-ils quelques mystères touchant leur résurrection. » Les Juifs entendant ces choses se réjouirent tous grandement; et Annas et Caïphas, Nicodème et Joseph, et Gamaliel, allant, ne les trouvèrent pas dans leur sépulcre, mais marchant dans la ville d'Arimathie, ils les trouvèrent à genoux appliqués en oraison. Et les embrassant avec toute vénération et crainte de Dieu, ils les conduisirent à Jérusalem dans la synagogue. Et ayant fermé les portes, prenant la loi du Seigneur et la mettant dans leurs mains, ils les conjurèrent par le Dieu Adonaï, et le Dieu d'Israël, qui par la loi et les prophètes a parlé à nos pères, disant : « Si vous croyez que c'est Jésus même qui vous a ressuscités des morts, dites-nous ce que vous avez vu, et comment vous êtes ressuscités des morts. » Charinus et Lenthius, entendant cette conjuration, tremblèrent du corps, et troublés du cœur, ils gémirent. Et regardant ensemble vers le ciel, ils firent un signe de croix sur leurs langues avec leurs doigts. Et aussitôt ils parlèrent ainsi, disant : « Donnez-nous à chacun des tomes de papier, et nous vous écrirons tout ce que nous avons vu. » Et ils leur donnèrent, et s'asseyant ils écrivirent chacun disant :

XVIII. « Seigneur Jésus et Dieu père, résurrection et vie des morts, permettez-nous de dire vos mystères que nous avons vus après la mort de votre croix, parce qu'on nous a conjurés par vous. Car vous avez défendu à vos serviteurs de rapporter les secrets de votre divine majesté, que vous avez faits dans les enfers. Or, comme nous étions placés avec nos pères dans le profond de l'enfer, dans l'obscurité des ténèbres, tout à coup une couleur d'or du soleil et une lumière rougeâtre nous a éclairés, et aussitôt Adam le père de tout le genre humain avec tous les patriarches et prophètes ont tressailli, disant : « Cette lumière « est l'auteur de la lumière éternelle, qui nous a promis de nous trans- « mettre une lumière coéternelle. » Et le prophète Jésaïas s'est écrié, et a dit : « C'est là la lumière du père et du fils de Dieu, comme j'ai prédit « lorsque j'étais vivant sur la terre [1] : la terre de Zabulon et la terre de « Nephtalim au delà du Jourdain; le peuple qui marche dans les ténèbres « a vu une grande lumière : et la lumière est levée à ceux qui habitent « dans la région de l'ombre de la mort. Et maintenant elle est arrivée et « a brillé pour nous qui étions assis dans la mort. » Et comme nous tressaillions tous de joie dans la lumière qui a brillé sur nous il nous est survenu notre père Siméon, et en tressaillant de joie il a dit à tous : « Glorifiez le Seigneur Jésus-Christ fils de Dieu, que j'ai reçu enfant dans mes « mains dans le temple, et poussé par le Saint-Esprit, je lui ai dit et con- « fessé [2] : « Parce que maintenant mes yeux ont vu votre salut, que vous « avez préparé devant la face de tous les peuples; la lumière pour la « révélation des nations et la gloire de votre peuple d'Israël. » Tous les saints qui étaient au profond de l'enfer, entendant ces choses, se réjouirent davantage. Et ensuite il survint comme un ermite, et tous lui demandent : « Qui êtes-vous ? » Et leur répondant, il d't : « Je suis la voix

1. Isaïe, IX, v. 1. — 2. Matth., III, 3.

« de celui qui crie dans le désert, Jehan-Baptiste, prophète du Très-Haut,
« présent devant la face de son avénement *pour préparer ses voies, pour
« donner la science du salut à son peuple, pour la rémission de leurs pé-
« chés. Et moi Jehan, voyant Jésus venir à moi, j'ai été poussé par le Saint-
« Esprit, et j'ai dit : *Voilà l'agneau de Dieu, voilà celui qui ôte les péchés
« du monde.* Et je l'ai baptisé dans le fleuve du Jourdain, et j'ai vu le
« Saint-Esprit descendant sur lui en espèce de colombe. Et j'ai entendu
« une voix du ciel disant : *Celui-ci est mon fils bien-aimé, dans lequel
« je me suis bien complu; écoutez-le.* Et maintenant[1] le précédant de-
« vant sa face, je suis descendu vous annoncer que dans très-peu le
« fils de Dieu même, se levant d'en haut, nous visitera, venant à nous,
« qui sommes assis dans les ténèbres et dans l'ombre de la mort. »

XIX. « Mais lorsque le père Adam, premier formé, eut entendu ces choses que Jésus a été baptisé dans le Jourdain, il cria à son fils Seth : « Racontez à vos fils les patriarches et les prophètes toutes les choses « que vous avez entendues de Michel archange, quand je vous ai envoyé « aux portes du paradis, afin que vous priassiez Dieu, et qu'il oignît[2] « ma tête lorsque j'étais malade. » Alors Seth, s'approchant des saints patriarches et des prophètes, dit : « Moi, Seth, comme j'étais priant « le Seigneur aux portes du paradis, voilà que l'ange du Seigneur, « Michel, m'apparut, disant : J'ai été envoyé vers vous par le Seigneur; « je suis établi[3] sur le corps humain. Je vous dis, Seth : Ne priez « point Dieu dans les larmes, et ne le suppliez point à cause de l'huile « de la miséricorde du bois, afin que vous oigniez votre père Adam « pour la douleur de sa tête, parce que vous ne pourrez le recevoir en « aucune façon, si ce n'est dans les derniers jours et les derniers « temps, si ce n'est quand cinq mille et cinq cents ans auront été ac-
« complis; alors le très-tendre Fils de Dieu viendra sur la terre ressus-
« citer le corps humain d'Adam[4], et ressusciter en même temps les
« corps des morts, et lui-même venant sera baptisé dans l'eau du Jour-
« dain[5]; et lorsqu'il sera sorti de l'eau du Jourdain, alors il oindra de
« l'huile de sa miséricorde tous ceux qui croiront en lui, et l'huile de
« sa miséricorde sera pour la génération de ceux qui doivent naître de
« l'eau et du Saint-Esprit pour la vie éternelle. Alors Jésus-Christ le
« très-tendre Fils de Dieu, descendant sur la terre, introduira notre
« père Adam vers l'arbre de miséricorde dans le paradis. » Tous les
patriarches et les prophètes, entendant toutes ces choses de Seth, tres-
saillirent davantage de joie.

XX. « Et comme tous les saints tressaillaient de joie, voilà que Satan,
prince et chef de la mort, dit au prince des enfers : « Je m'apprête à
« prendre Jésus de Nazareth lui-même, qui s'est glorifié d'être Fils de
« Dieu, et qui est un homme craignant la mort, et disant[6] : *Mon âme
« est triste jusqu'à la mort;* et me causant plusieurs maux et à plusieurs
« autres que j'ai rendus aveugles et boiteux, et que de plus j'ai tour-

---

1. Luc, I, v. 76. — 2. Marc, VI, v. 13 ; et Jac., v, v. 14.
3. Et Jude Ep., v. 9. — 4. Matth., XXVII, v. 52. — 5. Matth., III, v. 13.
6. Matth., XXVI, v. 38; et Ps. XLII, v. 6.

« mentés par différents démons, il les a guéris d'une parole, et il vous
« a enlevé les morts que je vous ai amenés. » Or, le prince des enfers
répondant, dit à Satan : « Quel est ce prince si puissant, puisqu'il est
« un homme craignant la mort? Car tous les puissants de la terre sont
« tenus assujettis par ma puissance, *après* que vous les avez amenés
« assujettis par votre force. Si donc il est puissant dans son humanité,
« je vous dis véritablement, il est tout-puissant dans sa divinité, et per-
« sonne ne peut résister à son pouvoir; et lorsqu'il dit qu'il craint la mort,
« il veut vous tromper, et malheur à vous sera dans des siècles éternels. »
Or Satan, répondant, dit au prince du Tartare : « Qu'avez-vous hésité, et
« qu'avez-vous craint de prendre ce Jésus de Nazareth, votre adversaire
« et le mien? Car je l'ai tenté et j'ai excité contre lui par le zèle et la co-
« lère mon ancien peuple juif. J'ai aiguisé une lance pour sa passion; j'ai
« mêlé du fiel et du vinaigre, et je lui ai fait donner à boire, et j'ai
« préparé du bois pour le crucifier, et des clous pour percer ses mains
« et ses pieds; et sa mort est très-proche; et je vous l'amènerai assu-
« jetti à vous et à moi. » Or, le prince du Tartare répondant, dit : « Vous
« m'avez dit que c'est lui qui m'a arraché les morts. Ceux qui sont dé-
« tenus ici, pendant qu'ils vivaient sur la terre, n'ont point été enlevés
« par leurs pouvoirs, mais par les divines prières, et leur Dieu tout-
« puissant me les a arrachés. Quel est donc ce Jésus de Nazareth, qui,
« par sa parole, m'a arraché les morts sans prières? C'est peut-être lui
« qui m'a arraché, et a rendu à la vie, par son pouvoir, Lazare mort
« depuis quatre jours, sentant mauvais et dissous[1], que je détenais
« mort. » Satan, répondant au prince des enfers, dit : « C'est ce même
« Jésus de Nazareth. » Le prince des enfers entendant ces choses, lui
dit : « Je vous conjure par vos vertus et par les miennes, ne me l'amenez
« pas; car lorsque j'ai appris la force de sa parole, j'ai tremblé très-
« effrayé de crainte; et en même temps tous mes mauvais ministres ont
« été troublés avec moi, et nous n'avons pas pu retenir Lazare même;
« mais se secouant avec toute la malignité et la vitesse *possibles*, il est
« sorti sain d'avec nous, et la terre même qui tenait le corps mort de
« Lazare l'a aussitôt rendu vivant. Or, je sais maintenant que le Dieu
« tout-puissant a pu faire ces choses, *lui* qui est puissant dans son empire,
« et puissant dans son humanité, et qui est le sauveur du genre humain.
« Ne me l'amenez donc point; car tous ceux que je retiens ici renfermés
« en prison sous l'incrédulité, et enchaînés par les liens de leurs péchés,
« il les dégagera, et les conduira à la vie éternelle de sa divinité. »

XXI. « Et comme Satan et le prince de l'enfer disaient ces choses al-
ternativement, tout d'un coup on entendit une voix comme le tonnerre[2] et un bruit comme un orage. « Prince, levez vos portes; et portes
« éternelles, élevez-vous, et le roi de gloire entrera[3]. » Or, quand le
prince du Tartare eut entendu ces *paroles*, il dit à Satan : « Éloignez-
« vous de moi, et sortez dehors de mes demeures; si vous êtes un puis-
« sant combattant, combattez contre le roi de gloire; mais qu'avez-vous

---

1. Jean, XI, v. 39. — 2. Apocal., XIV, v. 2. — 3. Ps. XXIII, v. 7.

« avec lui ? » Et il renvoya Satan hors de ses demeures; et le prince dit à ses impies ministres : « Fermez les solides portes d'airain, et poussez les « verrous de fer, et résistez vaillamment, de peur que nous ne soyons « emmenés captifs en captivité. » Toute la multitude des saints entendant ces *paroles*, ils dirent au prince des enfers, en le réprimandant d'une voix forte : « Ouvrez vos portes, afin que le roi de gloire entre; » et David, ce divin prophète, s'écria, disant : « Est-ce que, lorsque j'étais vi« vant sur la terre, je ne vous ai pas bien prédit¹? Que les miséricordes « du Seigneur le louent et ses merveilles pour les enfants des hommes, « parce qu'il a rompu les portes d'airain et brisé les verrous de fer. Il les « a retirés de la voie de leur iniquité, car ils ont été humiliés à cause « de leurs injustices. » Et, après cela, un autre prophète, savoir saint Ésaïas, dit pareillement à tous les saints : « Est-ce que, lorsque j'étais « vivant sur la terre, je ne vous ai pas bien prédit²? Les morts qui sont « dans les monuments s'éveilleront et ressusciteront, et ceux qui sont « dans la terre tressailleront de joie, parce que la rosée qui est du Sei« gneur est leur santé. » Et j'ai encore dit³ : Mort, où est votre victoire? « Mort, où est votre aiguillon ? » Or, tous les saints, entendant ces pa-roles d'Isaïe, dirent au prince des enfers : « Ouvrez maintenant vos « portes, et enlevez vos verrous de fer, parce que vous serez vaincu et « sans pouvoir; » et on entendit une grande voix comme le bruit du ton-nerre, disant⁴ : « Princes, levez-vos portes, et portes infernales, élevez-« vous, et le roi de gloire entrera; » mais le prince des enfers voyant qu'on avait crié deux fois, feignant d'ignorer, dit : « Qui est le roi de « gloire?» Or, David, répondant au prince des enfers, dit : « Je connais ces « paroles de la voix, parce que ce sont les mêmes que j'ai prophétisées « par son esprit; et maintenant je vous dis ce que j'ai dit ci-devant : Le « Seigneur fort et puissant, le Seigneur puissant dans le combat, c'est « lui qui est le roi de gloire; et⁵ le Seigneur est dans le ciel, et il a re« gardé sur la terre, afin qu'il entendît les gémissements de ceux qui « sont dans les fers, et qu'il délivrât les fils de ceux qui ont été mis à « mort; et maintenant, très-vilain et très-sale prince de l'enfer, ouvrez « vos portes, et que le roi de gloire entre, parce qu'il est le Seigneur du « ciel et de la terre. » David disant ces *mots* au prince des enfers, le Seigneur de majesté survint en forme d'homme, et il éclaira les ténèbres éternelles, et il rompit les liens indissolubles; et, par une vertu invincible, il visita ceux qui étaient assis dans les profondes ténèbres des crimes, et dans l'ombre de la mort des péchés.

XXII. « La Mort impie entendant cela avec ses cruels ministres, ils furent saisis de crainte dans leurs propres royaumes, ayant connu la clarté de la lumière; tandis qu'ils virent tout d'un coup le Christ établi dans leurs demeures, ils s'écrièrent disant : « Nous sommes déjà vaincus « par vous, vous dirigez au Seigneur notre confusion. Qui êtes-vous qui, « sans atteinte de corruption, avez, pour preuve incorruptible de majesté,

1. Ps. CVI, v. 15 et seq. — 2. Isaïe, XXVI, v. 14. — 3. Osée, XIII, v. 14. 4. Ps. XXIII, v. 9. — 5. Ps. CII, v. 19 et 20.

« des splendeurs que vous méprisez? Qui êtes-vous si puissant ou im-
« puissant, grand et petit, humble et élevé soldat, qui pouvez comman-
« der sous la forme de serviteur, comme humble combattant? et roi de
« gloire mort et vivant, que la croix a porté étant tué, qui avez été
« couché mort dans le sépulcre, et qui êtes descendu vivant vers nous?
« Et à votre mort toute créature a tremblé, et tous les astres ont ét'
« ébranlés; et maintenant vous êtes devenu libre entre les morts, et vous
« troublez nos légions. Qui êtes-vous qui déliez les captifs et remettez
« dans leur première liberté ceux qui sont tenus liés par le péché ori-
« ginel? Qui êtes-vous, qui pénétrez d'une lumière divine, brillante, et
« éclatante, *ceux qui sont* aveuglés par les ténèbres des péchés? » De
même toutes les légions des démons, effrayées d'une pareille crainte,
crièrent avec une soumission craintive, et d'une voix, disant : « Comment
« et d'où vient, Jésus-Christ, que vous êtes un homme si fort et brillant
« de majesté, si beau, sans tache, et pur de crimes? car ce monde ter-
« restre, qui nous a toujours été assujetti jusqu'à présent, qui nous payait
« des tributs pour nos sombres usages, ne nous a jamais fourni un tel
« homme mort, n'a jamais destiné de pareils présents aux princes des
« enfers. Qui êtes-vous donc, vous qui êtes ainsi entré sans crainte dans
« nos confins? et non-seulement vous ne craignez pas de nous causer de
« grands supplices, mais, de plus, vous tâchez de nous délivrer tous de
« nos liens. Peut-être êtes-vous ce Jésus, de qui Satan disait tout à
« l'heure à notre prince, que, par votre mort de la croix, vous deviez
« enlever toute la puissance de la Mort. » Alors le Seigneur de gloire,
foulant aux pieds la Mort, et saisissant le prince des enfers, le priva
de toute sa puissance, et attira notre père terrestre à sa clarté.

XXIII. « Alors les princes du Tartare, prenant Satan, lui dirent en
le reprenant fortement : « O Belzébuth, prince de perdition et chef de
« destruction, dérision des anges de Dieu, ordure des justes, qu'avez-
« vous voulu faire ici? Vous avez voulu crucifier le roi de gloire, dans
« la ruine duquel vous nous avez promis de si grandes dépouilles : igno-
« rant comme insensé, qu'avez-vous fait? Car ne voilà-t-il pas que déjà
« ce Jésus de Nazareth, par l'éclat de sa glorieuse divinité, chassa tou-
« tes les horribles ténèbres de la Mort, a brisé les bas et les hauts des
« prisons, et a mis dehors tous les captifs, et a délivré tous ceux qui
« étaient dans les fers? et tous ceux qui, à cause des cruels tourments,
« avaient coutume de soupirer et de gémir, nous insultent, et nous
« sommes accablés de leurs imprécations. Nos royaumes impies sont
« vaincus; et il ne nous reste plus aucun genre d'homme, mais plutôt
« ils nous menacent fortement, parce que ces morts ne nous ont jamais
« été superbes, et ces captifs n'ont jamais pu être joyeux. O Satan,
« prince de tous les maux, père des impies et des violateurs, qu'avez-
« vous voulu faire ici, parce que, depuis le commencement jusqu'à pré-
« sent, ils ont désespéré du salut et de la vie? maintenant aucun de leurs
« gémissements ne se fait entendre, et on ne trouve aucune trace de
« larmes dans la face d'aucun d'eux. O prince Satan, possession des en-
« fers, vous avez maintenant perdu, par le bois de la croix, vos riches-

« ses que vous aviez acquises par le bois de la prévarication et la perte
« du paradis, et toute votre joie a péri : pendant que vous avez pendu
« ce Jésus-Christ roi de gloire, vous avez agi contre vous et contre moi :
« désormais vous connaîtrez quels grands tourments et *quels* supplices
« éternels et infinis vous devez souffrir. O Satan, prince de tous les
« méchants, auteur de la mort et source de tout orgueil, vous auriez
« dû premièrement chercher une mauvaise cause de ce Jésus de Naza-
« reth contre lequel vous n'avez trouvé aucune cause de mort. Pourquoi,
« sans raison, avez-vous osé le crucifier injustement, et amener dans
« notre région l'innocent et le juste? et vous avez perdu les mauvais, les
« impies, et les injustes, de tout le monde. » Et comme le prince des enfers parlait à Satan, alors le roi de gloire dit au prince même des enfers Belzébuth : « Le prince Satan sera sous votre puissance pendant tous
« les siècles, substitué à la place d'Adam et de ses enfants mes justes. »

XXIV. « Et Jésus, étendant sa main, dit : « Venez à moi, tous mes
« saints, qui avez été créés à mon image, qui avez été damnés par le
« bois, le diable, et la Mort. Vivez par le bois de ma croix, maintenant
« que le diable prince du monde est damné, et que la Mort est renver-
« sée. » Alors aussitôt tous les saints de Dieu furent réunis sous la main
de Dieu très-haut. Mais le Seigneur Jésus, tenant la main d'Adam, lui
dit : « Paix à vous avec tous vos enfants mes justes. » Or, Adam, se jetant
aux genoux du Seigneur Jésus-Christ, le supplia humblement avec
larmes, disant d'une voix forte[1] : « Seigneur, je vous exalterai, parce
« que vous m'avez reçu, et que vous n'avez pas délecté mes ennemis
« sur moi. Seigneur Dieu, j'ai crié à vous, et vous m'avez guéri, Sei-
« gneur. Vous avez retiré mon âme de l'enfer, vous m'avez sauvé de ceux
« qui descendaient dans le lac. Chantez des psaumes au Seigneur, tous
« ses saints, et confessez à la mémoire de sa sainteté. Parce que la co-
« lère est dans son indignation, et la vie dans sa volonté. » Et pareillement tous les saints de Dieu, se jetant aux genoux du Seigneur Jésus,
dirent d'une voix : « Vous êtes arrivé, rédempteur du monde, et vous
« avez accompli par les faits en ce moment, comme vous avez prédit
« par la loi et par vos saints prophètes. Vous avez racheté les vivants par
« votre croix, et par la mort de la croix vous êtes descendu vers nous,
« pour nous arracher des enfers et de la mort par votre majesté. Sei-
« gneur, comme vous avez placé votre croix, le titre de votre gloire,
« dans le ciel, et vous l'avez érigée le titre de la rédemption sur la terre ;
« de même, Seigneur, placez dans l'enfer le signe de la victoire de votre
« croix, afin que la Mort ne domine plus. » Et le Seigneur Jésus, étendant
sa main, fit un signe de croix sur Adam et sur tous ses saints ; et,
prenant la main droite d'Adam, il sortit des enfers. Et tous les saints
de Dieu le suivirent. Alors le prophète royal saint David cria fortement
disant[2] : « Chantez au Seigneur un cantique nouveau, parce qu'il a fait
« des choses admirables. Sa droite et son saint bras nous a sauvés pour
« lui. Le Seigneur a fait connaître son salut, et a révélé sa justice en

1. Ps. XXX, v. 1, 2 et 3. — 2. Ps. CXLVIII, v. 1, 2 et 3.

face des nations. » Et toute la troupe des saints répondirent disant[1] : « Toute cette gloire est à tous les saints de Dieu. Ainsi soit-il. Louez « Dieu. » Et après cela le prophète Habacuc s'écria disant[2] : « Vous êtes « sorti pour le salut de votre peuple, pour délivrer vos peuples. » Et tous les saints répondirent disant[3] : « Béni soit celui qui vient au nom du Sei- « gneur, le Seigneur Dieu qui nous a éclairés. C'est ici notre Dieu à ja- « mais et pour le siècle du siècle, il nous régira pour les siècles. Ainsi soit-il. Louez Dieu. » Et de même tous les prophètes, rapportant des *textes* sacrés de ses louanges, suivaient le Seigneur.

XXV. « Or, le Seigneur, tenant la main d'Adam, la donna à Michel archange, et tous les saints suivaient Michel archange, et la grâce glorieuse les introduisit dans le paradis ; et deux hommes anciens des jours vinrent au-devant d'eux ; mais étant interrogés par les saints : « Qui êtes-vous, qui n'avez pas encore été avec nous dans les enfers, et « qui avez été placés corporellement en paradis ? » un d'eux, répondant, dit : « Je suis Énoch qui ai été transporté par une parole. Et celui-ci qui « est avec moi est Élias thesbite, qui a été enlevé par un char de feu[4]. « Ici, et jusqu'à présent, nous n'avons point éprouvé la mort ; mais nous « devons revenir pour l'avénement du Christ, armés de signes divins et « de prodiges pour combattre avec lui et en être tués dans Jérusalem, « et, après trois jours et demi[5], vivant derechef, être enlevés dans les « nuées. »

XXVI. Et comme saint Énoch et Élias disaient ces *paroles*, voici qu'il survient un autre homme très-misérable, portant sur ses épaules le signe de la croix. Et lorsque tous les saints le virent, ils lui dirent : « Qui êtes-vous ? parce que vous avez l'air d'un larron, et pourquoi por- « tez-vous une croix sur vos épaules ? » Et leur répondant, il dit : « Vous « avez dit vrai que j'ai été un larron, faisant tous les maux sur la terre. « Et les Juifs me crucifièrent avec Jésus ; et je vis les merveilles des « créatures qui furent faites par la croix du Seigneur Jésus crucifié ; et je « crus qu'il est le Créateur de toutes les créatures, et le roi tout-puissant ; « et je le priai, disant : « Souvenez-vous de moi, Seigneur, lorsque vous « serez venu dans votre royaume. » Aussitôt, ayant égard à ma prière, il « me dit[6] : « En vérité, je vous dis, vous serez aujourd'hui avec moi en pa- « radis. » Et il me donna ce signe de croix, disant : « Portez-le, et mar- « chez dans le paradis ; et si l'ange[7] gardien du paradis ne vous laisse pas « entrer, montrez-lui le signe de croix, et dites-lui que Jésus-Christ fils « de Dieu, qui est maintenant crucifié, m'a envoyé à vous. » Lorsque j'eus « fait cela, je dis toutes ces choses à l'ange gardien du paradis, qui, « lorsqu'il me les entendit dire, ouvrant aussitôt, il me fit entrer, et me « plaça à la droite du paradis, disant : « Voilà, tenez-vous un moment là, « afin qu'Adam, le père de tout le genre humain, entre avec tous ses fils « les saints et les justes du Christ Seigneur crucifié. » Lorsqu'ils eurent

---

1. Ps. CXLIX, v. 9. — 2. Habacuc, III, v. 13.
3. Matth., XXIII, v. 39. — 4. IV, Reg. II, v. 11.
5. Apocal., XI, v. 11. — 6. Luc, XXIII, v. 43. — 7. Genès., III, v. 24.

entendu toutes les paroles du larron, tous les patriarches d'une voix dirent : « Vous êtes béni, Dieu tout-puissant, père des biens éternels, et « père des miséricordes, qui avez donné une telle grâce à ses péchés, « et l'avez rétabli en grâce du paradis, et l'avez placé par une vie spi- « rituelle très-sainte dans vos pâturages spirituels et abondants. Ainsi « soit-il. »

XXVII. « Ce sont là les divins et sacrés mystères que nous avons vus et entendus, moi Charinus et Lenthius; il ne nous est plus permis de raconter les autres mystères de Dieu, comme Michel archange déclarant hautement nous dit : « Allant avec mes frères à Jérusalem, vous se« rez en oraison, criant et glorifiant la résurrection du Seigneur Jésus« Christ, vous qu'il a ressuscités avec lui. Et vous ne parlerez avec aucun « homme, et vous resterez comme muets jusqu'à ce que l'heure arrive que « le Seigneur vous permette de rapporter les mystères de sa divinité. » Or Michel archange nous ordonna d'aller au delà du Jourdain, dans un lieu très-bon et abondant, où sont plusieurs qui sont ressuscités en témoignage de la résurrection du Christ : parce que c'est seulement pour trois jours que nous sommes ressuscités des morts, que nous avons été envoyés à Jérusalem pour célébrer la pâque du Seigneur avec nos parents en témoignage du Seigneur Christ, et nous avons été baptisés dans le saint fleuve du Jourdain. Et depuis nous n'avons été vus de personne. Ce sont là les grandes choses que Dieu nous a ordonné de vous rapporter, et donnez-lui louange et confession, et faites pénitence, et il aura pitié de vous. Paix à vous par le Seigneur Dieu Jésus-Christ et Sauveur de tous les nôtres. Ainsi soit-il, ainsi soit-il, ainsi soit-il. » Et après qu'en écrivant ils eurent accompli toutes choses, ils écrivirent chaque tome de papier. Or Charinus donna ce qu'il écrivit dans les mains d'Annas et de Caïphas, et de Gamaliel. Et pareillement Lenthius donna ce qu'il écrivit dans les mains de Nicodème et de Joseph; et tout d'un coup ils furent transfigurés très-blancs[1], et on ne les vit plus. Or leurs écrits se trouvèrent égaux, n'ayant rien, pas même une lettre de moins ou de plus. Toute la synagogue des Juifs, entendant tous ces discours admirables de Charinus et de Lenthius, se dirent l'un à l'autre : « Véritablement c'est Dieu qui a fait toutes ces choses, et béni soit le Seigneur Jésus dans les siècles des siècles, ainsi soit-il. » Et ils sortirent tous avec une grande inquiétude, avec crainte et tremblement, et ils frappèrent leurs poitrines, et chacun se retira chez soi[2]. Toutes ces choses que les Juifs dirent dans leur synagogue, Joseph et Nicodème l'annoncèrent aussitôt au gouverneur; et Pilate écrivit tout ce que les Juifs avaient fait et dit touchant Jésus, et mit toutes ces paroles dans les registres publics de son prétoire.

XXVIII. Après cela Pilate, étant entré dans le temple des Juifs, assembla tous les princes des prêtres, et les scribes, et les docteurs de la loi, et il entra avec eux dans le sanctuaire du temple, et ordonna que toutes les portes fussent fermées, et il leur dit : « Nous avons appris

1. Marc, IX, v. 2. — 2. Act., XXI, v. 6.

que vous avez une certaine grande bibliothèque dans ce temple, c'est pourquoi je vous prie qu'elle soit présentée devant nous ; » et lorsqu'ils eurent apporté cette grande bibliothèque ornée d'or et de pierres précieuses par quatre ministres, Pilate dit à tous : « Je vous conjure par le Dieu votre père qui a fait et ordonné que ce temple fût bâti, de ne me point taire la vérité : vous savez tout ce qui est écrit dans cette bibliothèque, mais dites-moi maintenant si vous avez trouvé dans les Écritures que ce Jésus que vous avez crucifié est le fils de Dieu qui doit venir pour le salut du genre humain, et manifestez-moi en combien d'années des temps il devait venir. » Étant ainsi conjurés, Annas et Caïphas firent sortir du sanctuaire tous les autres qui étaient avec eux, et ils fermèrent eux-mêmes les portes du temple et du sanctuaire, et ils dirent à Pilate : « Nous sommes conjurés par vous, ô juge ! par l'édification de ce temple, de vous manifester la vérité et la raison. Après que nous avons crucifié Jésus, ignorant qu'il était le fils de Dieu, et pensant qu'il faisait les vertus par quelque enchantement, nous avons fait une grande assemblée dans ce temple. Et conférant l'un avec l'autre les signes des vertus que Jésus avait faites, nous avons trouvé plusieurs témoins de notre race qui ont dit qu'ils l'ont vu vivant après la passion de sa mort, et nous avons vu deux témoins dont Jésus a ressuscité les corps d'entre les morts, qui nous ont annoncé plusieurs merveilles que Jésus a faites chez les morts, que nous avons écrites entre nos mains. Et c'est notre coutume que chaque année, ouvrant cette sainte bibliothèque devant notre synagogue, nous cherchons le témoignage de Dieu ; et nous avons trouvé dans le premier livre des *Septante*, où Michel archange parla au troisième fils d'Adam le premier homme, de cinq mille cinq cents ans dans lesquels devait venir du ciel le très-aimé fils de Dieu le Christ, et nous avons encore considéré que peut-être il est le Dieu d'Israël qui dit à Moïse[1] : « Faites-vous une arche du *Testament* de la « longueur de deux coudées et demie, de la hauteur d'une coudée et « demie, de la largeur d'une coudée et demie. » Dans ces cinq coudées et demie, nous avons compris et nous avons connu dans la fabrique de l'arche du vieux *Testament*, que dans cinq mille ans et demi Jésus-Christ devait venir dans l'arche de son corps ; et ainsi nos Écritures attestent qu'il est le fils de Dieu, et le Seigneur, et le roi d'Israël, parce qu'après sa passion, nous princes des prêtres, admirant les signes qui se faisaient à cause de lui, nous avons ouvert cette bibliothèque, examinant toutes les générations jusqu'à la génération de Joseph et de Marie, mère de Jésus, pensant qu'il était de la race de David ; nous avons trouvé ce que fit le Seigneur, et quand il fit le ciel et la terre, et Adam le premier homme, jusqu'au déluge, deux mille deux cent et douze ans. Et depuis le déluge jusqu'à Abraham, neuf cent douze ans. Et depuis Abraham jusqu'à Moïse, quatre cent trente ans. Et depuis Moïse jusqu'au roi David, cinq cent dix ans. Et depuis David jusqu'à la transmigration de Babylone, cinq cents ans. Et depuis la transmigration de Babylone jusqu'à l'incarnation du Christ, quatre cents ans. Et

[1] Exod., XXV, v. 10.

ils font ensemble cinq mille et demi[1]; et ainsi il apparaît que Jésus que nous avons crucifié est Jésus-Christ fils de Dieu, vrai Dieu, et tout-puissant. » Ainsi soit-il.

Pour rendre ce recueil plus intéressant, nous joindrons ici deux lettres et une relation de Pilate à l'empereur Tibère; et nous finirons par les Actes de Pierre et de Paul que nous avons promis dans l'avant-propos.

DEUX LETTRES
DE PILATE A L'EMPEREUR TIBÈRE.

LETTRE PREMIÈRE.
PONCE PILATE SALUE CLAUDE[2].

Il arriva dernièrement, et je l'ai moi-même prouvé, que les Juifs par envie se punirent, ainsi que leurs descendants, par une cruelle condamnation. Comme il avait été promis à leurs pères que Dieu leur enverrait du ciel son saint qui serait à juste titre appelé leur roi, et qu'il leur avait promis de l'envoyer sur terre par une vierge; et comme le Dieu des Hébreux l'avait envoyé en Judée lorsque j'en étais gouverneur, voyant qu'il avait rendu la vue aux aveugles, purifié les lépreux, guéri les paralytiques, chassé les démons des possédés, même ressuscité des morts, commandé aux vents, marché à pied sec sur les eaux de la mer, et fait plusieurs autres miracles, tout le peuple des Juifs disait qu'il était fils de Dieu; mais les princes des Juifs prirent envie contre lui, s'en saisirent, me le livrèrent, et le chargèrent de fausses accusations, m'assurant qu'il était magicien et qu'il agissait contre la loi. Je crus que cela était ainsi, et l'ayant fait flageller, je le leur abandonnai pour en faire ce qu'ils voudraient. Ils le crucifièrent et mirent des gardes à son tombeau. Mais comme mes soldats le gardaient, il ressuscita le troisième jour; mais la méchanceté des Juifs en fut si irritée, qu'ils donnèrent de l'argent aux gardes pour leur faire dire que ses disciples avaient enlevé son corps; mais, quoiqu'ils eussent reçu de l'argent, ils ne purent taire ce qui était arrivé; car ils attestèrent qu'ils l'avaient vu ressusciter et que les Juifs leur avaient donné de l'argent. C'est pourquoi je vous l'ai écrit, de peur que quelqu'un ne le rapporte autrement, et ne croie devoir ajouter foi aux mensonges des Juifs.

1. De 5500, il s'en manque 536; l'addition ne donne que 4964.
2. Tibère avait ce nom, parce qu'il était de la famille patricienne Claudia (Suéton., ch. I et XLII, *in ejus vita*.)

LETTRE II.

PILATE SALUE TIBÈRE CÉSAR.

Je vous ai nettement déclaré dans ma dernière lettre que, par le complot du peuple, Jésus-Christ avait enfin subi un cruel supplice, comme malgré moi, et sans que j'aie osé m'y opposer. Aucun âge n'a certainement vu ni ne verra un homme si pieux et si sincère; mais ce qu'il y a d'étonnant dans cet acharnement du peuple, et cet accord de tous les scribes et les vieillards, c'est que leurs prophètes, ainsi que nos sibylles, ont prédit le crucifiement de cet interprète de la vérité, et les signes surnaturels qui ont paru, tandis qu'il était en croix, et qui ont fait craindre la ruine de l'univers, de l'aveu des philosophes. Ses disciples, loin de démentir leurs maîtres par leurs œuvres et la continence de leur vie, font au contraire beaucoup de bien en son nom. Si je n'avais pas craint la sédition du peuple qui était prête à éclater, peut-être ce gentilhomme vivrait encore *parmi* nous; mais suivant moins ma volonté que me laissant entraîner par la foi de Votre Grandeur, je n'ai pas résisté de toutes mes forces pour *empêcher* que le sang du juste, exempt de toute accusation, ne fût livré et répandu pour assouvir la cruelle méchanceté des hommes (comme les Écritures l'expliquent). Portez-vous bien. Le quatre des nones d'avril[1].

RELATION DU GOUVERNEUR PILATE,

TOUCHANT JÉSUS-CHRIST NOTRE SEIGNEUR, ENVOYÉE A L'EMPEREUR TIBÈRE QUI ÉTAIT A ROME[2].

Lorsque notre Seigneur Jésus-Christ eut souffert la mort sous Ponce Pilate, gouverneur de la province de Palestine et de Phénicie, ces *Actes* furent composés à Jérusalem, *sur ce* que les Juifs firent contre le Seigneur; mais Pilate, de sa province, en envoya à Rome une copie à l'empereur en ces termes :

« Au très-puissant, très-auguste et invincible empereur Tibère, Pilate, gouverneur de l'Orient.

« Je suis obligé, très-puissant empereur, quoique saisi de crainte et de terreur, de vous apprendre par ces lettres ce qu'un tumulte a causé dernièrement, d'où je prévois ce qui peut arriver par la suite. A Jérusalem, ville de cette province où je préside, toute la multitude des Juifs m'a livré un homme nommé Jésus, et, l'a dit coupable de plusieurs crimes, sans pouvoir le prouver par de solides raisons. Ils s'accordèrent cependant tous à dire que Jésus avait enseigné qu'il ne fallait pas observer le sabbat; car il en a guéri plusieurs ce jour-là, a rendu la vue aux aveugles, la faculté de marcher aux boiteux, a ressuscité

---

1. C'est-à-dire le premier.
2. N° 2493 des Manuscrits de Colbert.

des morts, purifié des lépreux, fortifié des paralytiques qui étaient si débiles, qu'il ne leur restait plus aucune force du corps ou des nerfs. Non-seulement d'une seule parole il a rendu à tous ces malades l'usage de la voix, de l'ouïe, et la faculté de marcher et de courir; mais il a fait quelque chose de plus grand, et que nos dieux ne peuvent faire : il a ressuscité un mort de quatre jours d'une seule parole, et seulement en l'appelant par son nom; et le voyant dans le tombeau déjà rongé de vers et puant comme un chien, il lui ordonna de courir; de sorte qu'il ressemblait moins à un mort qu'à un époux sortant du lit nuptial, tout parfumé : et ceux qui avaient l'esprit aliéné, étaient possédés des démons, et se tenaient dans les déserts comme des bêtes féroces, et se nourrissaient avec les serpents, il les a rendus doux et tranquilles, et d'une seule parole les a fait revenir à eux, habiter de nouveau les villes, parmi des hommes nobles, qui, ayant tout leur esprit et toutes leurs forces, mangeassent avec eux et les vissent combattre en ennemis les démons pernicieux dont ils avaient été tourmentés. Il y avait un homme qui avait une main sèche, ou plutôt la moitié du corps comme changée en pierre, et qui, à force de maigreur, avait à peine la forme d'homme : il l'a aussi guéri et lui a rendu la santé d'une seule parole. De même une femme ayant une perte de sang, les veines et les artères épuisées, tenant à peine aux os, elle ressemblait à une morte, avait perdu la voix, et les médecins de cet endroit n'y pouvaient apporter aucun remède. Comme Jésus passait, ayant repris des forces par son ombre, elle toucha en secret la frange de sa robe par derrière, et à la même heure elle fut remplie de sang et délivrée de son mal; ce qu'étant fait, elle courut bien vite dans sa ville de Capharnaüm, et put faire le chemin en six jours. Or, je vous ai rapporté ces miracles de Jésus, plus grands que ceux des dieux que nous adorons, comme ils se sont d'abord présentés à ma mémoire. Hérode, Archélaüs, Philippe, Annas et Caïphas, avec tout le peuple, me le livrèrent, ayant excité contre moi un grand tumulte à son sujet. J'ordonnai donc qu'après avoir été flagellé, il fût mis en croix, quoique je n'eusse trouvé en lui aucune cause de maléfices et de crimes; mais aussitôt qu'il fut crucifié, les ténèbres couvrirent toute la terre, le soleil s'étant obscurci en plein midi, et les astres paraissant; tandis qu'au milieu des étoiles, la lune, loin de briller, était comme teinte de sang et éclipsée. Alors tout l'ornement des choses terrestres était enseveli; de sorte qu'à cause de l'épaisseur des ténèbres, les Juifs ne pouvaient pas même voir ce qu'ils appellent leur sanctuaire; mais on entendait le bruit de la terre qui s'ouvrait et des foudres qui éclataient. Au milieu de cette terreur, des morts ressuscités se firent voir, comme les Juifs eux-mêmes qui en furent témoins l'affirmèrent. On vit entre autres Abraham, Isaac, Jacob, les douze patriarches, Moïse et Jean, dont une partie était morte, comme ils disent, il y avait plus de trois mille et cinq cents ans; et plusieurs qu'ils avaient connus pendant leur vie, pleuraient la guerre qui les menaçait à cause de leur impiété, et plaignaient le renversement des Juifs et de leur loi. Le tremblement de terre dura depuis la sixième heure du jour de la préparation jusqu'à la neuvième; mais le premier jour de la semaine étant arrivé, on entendit un bruit du ciel le matin, et le ciel parut sept fois plus lumineux que les autres jours. Le troisième jour de la nuit, le soleil parut brillant d'une clarté incomparable; et, comme les éclairs brillent tout à coup dans une tempête, de même des hommes, vêtus d'une robe brillante et d'une grande gloire, apparurent avec une multitude innombrable qui criait et disait, d'une voix comme d'un fort tonnerre : « Le Christ crucifié est ressuscité! » Et ceux qui avaient été en servitude sous terre, dans les enfers, revinrent à la vie, la terre s'étant aussi fort ouverte que si elle n'avait point eu de fondements; de sorte que les eaux mêmes paraissaient sous l'abîme, tandis que des esprits célestes, ayant pris un corps, venaient au-devant de plusieurs morts qui étaient ressuscités : mais Jésus, qui avait ressuscité tous les morts et qui avait enchaîné les enfers : « Dites « aux disciples, dit-il, qu'il vous précédera en Galilée; c'est là que vous « le verrez. Au reste, cette lumière ne cessa point d'éclairer pendant toute la nuit; mais un grand nombre de Juifs furent engloutis dans l'ouverture de la terre; de sorte que le lendemain il manquait plusieurs des Juifs qui avaient parlé contre le Christ. Les autres virent des fantômes tels qu'aucun de nous n'en a jamais vu; et il ne subsista pas à Jérusalem une seule synagogue des Juifs, car elles furent toutes renversées. Au reste, les soldats qui gardaient le sépulcre de Jésus, effrayés de la présence de l'ange, s'en allèrent tout hors d'eux-mêmes par l'excès de la crainte et de la terreur. Ce sont là les choses que j'ai vues se passer de mon temps; et, faisant le rapport à votre puissance de tout ce que les Juifs ont fait, avec Jésus, Seigneur, je l'ai envoyé à Votre Divinité. »

Lorsque ces lettres furent arrivées à Rome, et qu'on en eut fait la lecture, plusieurs qui étaient dans la ville étaient tout étonnés que l'injustice de Pilate, les ténèbres et les tremblements de terre, eussent affligé toute la terre. C'est pourquoi l'empereur, rempli d'indignation, ayant envoyé des soldats, se fit amener Pilate enchaîné.

EXTRAIT DE JEAN D'ANTIOCHE [1].

Pendant la jeunesse de Néron Auguste, l'administration de la république était entre les mains de Sénèque et de Burrhus. Cependant Néron s'appliquait aux études de la philosophie, et, entre autres, s'informait de Jésus, qu'il croyait certainement être encore vivant. Mais lorsqu'il eut appris que les Juifs l'avaient mis en croix, il en fut si irrité, qu'il se fit amener les pontifes Annas et Caïphas, avec Pilate, enchaînés, et les questionna sur tout ce qui s'était passé dans son jugement. Annas et Caïphas dirent que, pour eux, ils l'avaient jugé suivant leurs lois, et qu'ils n'avaient en rien péché contre la majesté du prince, et que tout s'était passé à la volonté du gouverneur Pilate. Ce qu'ayant entendu, Néron mit Pilate en prison, mais renvoya Annas et Caïphas sans leur faire aucun mal. Et peu de temps après, il fit passer Pilate au fil de l'épée, parce qu'il avait osé punir de mort un si grand homme sans

---

1. *In excerptis Peiresc.*, p. 809.

l'autorité du prince. Après cela, Néron fit élever Pierre en croix et décapiter Paul.

RELATION DE MARCEL.

Des choses merveilleuses, et des Actes des bienheureux apôtres Pierre et Paul, et des arts magiques de Simon le magicien.

Lorsque Paul fut venu à Rome, tous les Juifs s'assemblèrent auprès de lui, disant : « Défendez notre foi dans laquelle vous êtes né, car il n'est pas juste que vous qui êtes Hébreu, venant des Hébreux, vous vous déclariez le maître des Gentils, et que, devenu le défenseur des incirconcis, vous qui êtes circoncis, vous anéantissiez la foi de la circoncision. Lors donc que vous verrez Pierre, entreprenez de disputer contre lui, parce qu'il a anéanti toute l'observation de notre loi ; il a retranché le sabbat et les néoménies[1], et supprimé toutes les fêtes établies par les lois. » Paul leur répondit : « Vous pourrez éprouver ici que je suis Juif, et vrai Juif, puisque vous pourrez voir que j'observe véritablement le sabbat et la circoncision. Car le jour du sabbat, Dieu se reposa de ses œuvres. Nous avons les pères, et les patriarches, et la loi. Que prêche de tel Pierre dans le royaume des Gentils ? Mais si par hasard il veut introduire quelque nouvelle doctrine, sans trouble, sans envie et sans bruit, annoncez-lui que nous nous voyions, et je le convaincrai en votre présence. Que si par hasard sa doctrine est munie d'un véritable témoignage, et des livres des Hébreux, il est convenable que nous lui obéissions tous. » Comme Paul tenait ces discours et autres semblables, les Juifs allèrent vers Pierre et lui dirent : « Paul vient des Hébreux, il vous prie de venir vers lui, parce que ceux qui l'ont amené disent qu'ils ne peuvent pas lui permettre de voir qui il veut, avant qu'ils le présentent à César. » Pierre, entendant ces choses, en eut une grande joie, et se levant aussitôt il alla vers lui. En le voyant ils pleurèrent de joie, et se tenant très-longtemps embrassés, ils se mouillèrent réciproquement de leurs larmes. Et lorsque Paul lui eut rendu compte de toutes ses affaires, et que Pierre lui eut dit quelles embûches lui dressait Simon le magicien, Pierre se retira sur le soir pour revenir le lendemain matin.

A peine le jour commençait avec l'aurore, que voilà Pierre qui arrive à la porte de Paul, où il trouva une multitude de Juifs. Or, il y avait une grande altercation entre les Juifs, les Chrétiens et les Gentils. Car les Juifs disaient : « Nous sommes la race choisie, royale, des amis de Dieu, Abraham, Isaac et Jacob, et de tous les prophètes avec lesquels Dieu a parlé, auxquels Dieu a montré ses secrets ; mais vous, Gentils, vous n'avez rien de grand dans votre race, si ce n'est dans les idoles, et, souillés par vos figures taillées, vous avez été exécrables. » A ces choses et autres semblables que disaient les Juifs, les Gentils répondaient, disant : « Pour nous, aussitôt que nous avons entendu la vérité, nous avons abandonné nos erreurs, et nous l'avons suivie ; mais vous, qui avez vu les vertus de vos pères, les sectes, et les signes des

---

[1] Nouvelles lunes.

prophètes, et avez reçu la loi, et avez passé la mer à pied sec, et avez vu vos ennemis abaissés, et une colonne vous a apparu dans le ciel pendant le jour, et du feu pendant la nuit; et la manne vous a été donnée du ciel, et les eaux ont coulé pour vous de la pierre; et après toutes ces choses vous vous êtes fait l'idole d'un veau et vous avez adoré une figure taillée; mais nous, sans voir aucun signe, nous avons cru ce Seigneur que vous avez abandonné sans croire en lui. » Comme ils disputaient sur ces choses et autres semblables, l'apôtre Paul leur dit qu'ils ne devaient point avoir ces disputes entre eux, mais plutôt faire attention que le Seigneur avait accompli ses promesses, qu'il avait juré à Abraham notre père que, dans sa race, toutes les nations deviendraient son héritage; car il n'y a point d'acception de personnes auprès du Seigneur; que quiconque aurait péché sous la loi serait jugé selon la loi, et que ceux qui auraient erré sans la loi périraient sans la loi; car il y a tant de sainteté dans les sens humains, que la nature loue les bonnes choses et punit les mauvaises, tandis qu'elle punit jusqu'aux pensées qui s'accusent entre elles ou récompense celles qui s'excusent.

Comme Paul disait ces choses et autres semblables, il arriva que les Juifs et les Gentils furent apaisés; mais les princes des Juifs insistaient. Or, Pierre dit à ceux qui le reprenaient de ce qu'il interdisait leurs synagogues : « Mes frères, écoutez le Saint-Esprit, qui promit au patriarche David qu'il mettrait sur son siège du fruit de son ventre. C'est donc celui à qui le Père dit *du haut* des cieux : « Vous êtes mon Fils, je vous ai « engendré aujourd'hui. » C'est celui que les princes des prêtres ont crucifié par envie; mais pour qu'il accomplît la rédemption nécessaire au siècle, il a permis qu'on lui fît souffrir toutes ces choses, afin que, de même que de la côte d'Adam fut formée Ève, de même, du côté du Christ mis en croix, fût formée l'Église qui n'eût ni tache ni ride. Dieu a ouvert cette entrée à tous les fils d'Abraham, d'Isaac et de Jacob, afin qu'ils soient dans la foi de l'Église et non dans l'infidélité de la synagogue. Convertissez-vous donc, et entrez dans la joie d'Abraham votre père, parce que ce qu'il lui a promis, il l'a accompli; aussi le prophète chante-t-il : « Le Seigneur a juré, et il ne s'en repentira pas, « vous êtes prêtre pour toujours, selon l'ordre de Melchisédech. » Car il a été fait prêtre sur la croix, lorsqu'étant hostie, il a offert le sacrifice de son corps et de son sang pour tout le siècle. » Pierre et Paul disant ces choses et autres semblables, la plus grande partie des peuples crut : et il y en eut peu qui, avec une foi feinte, ne pouvaient cependant négliger ouvertement leurs avis ou leurs préceptes. Or, les principaux de la synagogue et les pontifes des Gentils voyant que, par leur prédication, leur fin en particulier approchait, ils firent en sorte que leur discours excitât le murmure du peuple; d'où il arriva qu'ils firent paraître Simon le magicien devant Néron, et qu'ils les accusèrent. Car tandis que des peuples innombrables se convertissaient au Seigneur par la prédication de Pierre, il arriva que Livie, femme de Néron, et que la femme du gouverneur Agrippa, nommée Agrippine, se convertirent aussi et se retirèrent d'auprès de leurs maris. Or, par la prédication de Paul, plusieurs, abandonnant la milice, s'attachaient au Seigneur, de sorte qu'ils venaient même à lui de la chambre du roi; et étant chrétiens, ils ne voulurent retourner ni à la milice, ni au palais. De là Simon, irrité par le murmure séditieux des peuples, se mit à dire beaucoup de mal de Pierre, disant qu'il était un magicien et un séducteur. Or, ceux qui admiraient ses signes le croyaient; car il faisait qu'un serpent d'airain se mouvait, courait et paraissait tout à coup dans l'air. Au contraire, Pierre guérissait les malades par la parole, rendait la vue aux aveugles en priant, faisait fuir les démons à son ordre, et cependant ressuscitait les morts mêmes. Or, il disait au peuple non-seulement de fuir sa séduction, mais encore de l'abandonner, de peur qu'ils ne parussent s'accorder avec le diable. Ainsi il arriva que tous les hommes religieux, ayant Simon en exécration, l'abandonnèrent comme un magicien scélérat, et vantèrent Pierre dans les louanges du Seigneur. Au contraire, tous les scélérats, les railleurs, les séducteurs et les méchants, s'attachèrent à Simon, en quittant Pierre comme magicien, ce qu'ils étaient eux-mêmes, puisqu'ils disaient que Simon était Dieu. Et ce discours vint jusqu'à Néron César, et il ordonna que Simon le magicien entrât vers lui; lequel, étant entré, commença à se tenir debout devant Néron et à changer tout à coup de figure, de sorte qu'il devenait d'abord enfant et ensuite vieillard, et à une autre heure jeune homme. Il changeait de sexe et d'âge, et prenait successivement plusieurs figures par le ministère du diable. Ce que voyant Néron, il pensait qu'il était le véritable fils de Dieu : mais l'apôtre Pierre enseignait qu'il était voleur, menteur, magicien, vilain scélérat, et dans toutes les choses qui sont de Dieu, adversaire de la vérité; et qu'il ne restait plus rien qu'à faire connaître, par l'ordre de Dieu, son iniquité devant tout le monde. Alors Simon, étant entré vers Néron, dit : « Écoutez-moi, bon empereur; je suis le fils de Dieu qui suis descendu du ciel : jusqu'à présent, je souffrais Pierre qui se dit apôtre; mais à présent le mal est doublé; car l'on dit que Paul, qui enseigne aussi les mêmes choses, et qui pense contre moi, prêche avec lui : ce qu'il y a de certain, c'est que si vous ne pensez pas à les faire mourir, votre royaume ne pourra pas subsister. »

Alors Néron, agité d'inquiétude, ordonna qu'on les lui amenât promptement. Or, le lendemain, comme Simon le magicien et les apôtres du Christ, Pierre et Paul, furent entrés vers Néron, Simon dit : « Ce sont là les disciples de ce Nazaréen, qui n'ont pas tant de bonheur que d'être du peuple des Juifs. » Néron dit : « Qu'est-ce que le Nazaréen ? » Simon dit : « Il y a une ville dans la Judée qui a toujours fait contre vous; elle s'appelle Nazareth, et leur maître en était. » Néron dit : « Dieu avertit tout homme et le chérit. Pourquoi les persécutez-vous ? » Simon dit : « C'est cette race d'hommes qui ont détourné toute la Judée de me croire. » Néron dit à Pierre : « Pourquoi êtes-vous si perfides, comme votre race ? » Alors Pierre dit à Simon : « Vous en avez pu imposer à tous, mais jamais à moi, et ceux que vous aviez trompés, Dieu les a retirés par moi de votre erreur; et puisque vous avez éprouvé que vous ne pouvez me surpasser, j'admire de quel front vous vous vantez, en présence du roi, de surpasser par votre art magique les disciples de Jésus-

Christ. » Néron dit : « Quel est le Christ? » Pierre dit : « Celui-là est le Christ, qui a été crucifié pour la rédemption du monde; et ce Simon le magicien affirme que c'est lui qui l'est; mais il est un homme très-méchant, et ses œuvres sont diaboliques. Or, si vous voulez savoir, ô empereur! ce qui s'est passé en Judée touchant le Christ, envoyez, et prenez les lettres de Ponce Pilate adressées à Claude César; et ainsi vous connaîtrez toutes choses. » Néron ayant entendu cela, les fit prendre et lire en sa présence. Or, le texte de l'Écriture était de cette manière :

PONCE PILATE SALUE CLAUDE, etc.

Et lorsque la lettre eut été lue, Néron dit : « Dites-moi, Pierre, est-ce ainsi que toutes choses ont été faites par lui? » Pierre dit : « Oui, je ne vous trompe pas, bon empereur. Ce Simon, plein de mensonges et environné de tromperies, pense être aussi ce que Dieu est quoiqu'il soit un homme très-méchant. Or, il y a dans le Christ les deux substances de Dieu et de l'homme; de l'homme qu'a pris cette majesté incompréhensible, qui par l'homme a daigné subvenir aux hommes : mais dans ce Simon, il y a les deux substances de l'homme et du diable, qui par l'homme tâche d'embarrasser les hommes[1]. » Simon dit : « Je vous admire, ô empereur, que vous regardiez comme de quelque conséquence cet homme ignorant, pêcheur, très-menteur, qui n'est remarquable ni par la parole, ni par sa famille, ni par quelque puissance. Mais, pour ne pas souffrir plus longtemps cet ennemi, je vais commander à mes anges qu'ils viennent, et me vengent de lui. » Pierre dit : « Je ne crains pas vos anges, mais eux pourront me craindre dans la vertu, et dans la confiance de mon Seigneur Jésus-Christ, que vous prétendez faussement être. » Néron dit : « Pierre, vous ne craignez pas Simon, qui affirme sa divinité par des effets? » Pierre dit : « La divinité est dans celui qui sonde les secrets des cœurs; si donc la divinité est en lui, qu'il me dise maintenant ce que je pense ou ce que je fais. Avant qu'il devine ma pensée, je vais vous la dire à l'oreille, afin qu'il n'ose pas mentir ce que je pense. » Néron dit : « Dites-moi qu'est-ce que vous pensez? » Pierre dit : « Ordonnez que l'on m'apporte un pain d'orge, et qu'on me le donne en cachette. » Et lorsqu'il eut ordonné qu'on l'apportât, et qu'on le donnât à Pierre, ayant pris le pain, Pierre le rompit, le cacha sous sa manche, et dit : « Qu'il dise maintenant ce que j'ai pensé, ce qu'on a dit, ou ce qu'on a fait. » Néron dit : « Voulez-vous donc que je croie, parce que Simon n'ignore pas ces choses, lui qui a ressuscité un mort, et qui, ayant été décollé, s'est représenté après le troisième jour, et a fait tout ce qu'il avait dit qu'il ferait? » Pierre dit : « Mais il

[1] Hégésippe, l. III, ch. II, *De Bello judaico, et urbis Hierosolymitanæ excidio*, et Abdias, ch. XVI, *Apostol. Histor.*, avant de rapporter l'aventure des chiens et du pain d'orge, racontent comment Pierre, par la prière, ressuscita, au nom de Jésus-Christ, un jeune homme, noble et parent de César, après que Simon eut en vain tâché de le faire revivre par ses enchantements. Le mort avait paru remuer la tête; mais Pierre le fit parler, marcher, et le rendit vivant à sa mère.

ne l'a pas fait devant moi. » Néron dit : « Il a fait toutes ces choses en ma présence, car il a dit à ses anges de venir à lui, et ils sont venus. » Pierre dit : « Donc il a fait ce qui est très-grand, pourquoi ne fait-il pas ce qui est moindre? Qu'il dise ce que j'ai pensé, et ce que j'ai fait. » Néron dit : « Que dites-vous, Simon? Je ne saurais être d'accord entre vous. » Simon dit : « Que Pierre dise ce que je pense. » Pierre répondit : « Je vous ferai voir que je sais ce que pense Simon, pourvu que je fasse ce qu'il aura pensé. » Simon dit : « Sachez cela, ô empereur! que personne ne connaît les pensées des hommes, sinon Dieu seul. » Pierre dit : « Vous donc qui dites que vous êtes fils de Dieu, dites ce que je pense ; exprimez, si vous pouvez, ce que je viens de faire en cachette. » Car Pierre avait béni le pain d'orge qu'il avait reçu, et l'avait rompu, et l'avait mis dans sa manche droite et gauche. Alors Simon, indigné de ce qu'il ne pouvait pas dire le secret de l'apôtre, s'écria, disant : « Que des grands chiens s'avancent et le dévorent en présence de César! », et sur-le-champ parurent des chiens d'une grandeur étonnante, et ils s'élancèrent contre Pierre. Or, Pierre, étendant les mains pour prier, montra aux chiens le pain qu'il avait béni. Et les chiens ne l'eurent pas plus tôt vu, qu'ils disparurent tout à coup. Alors Pierre dit à Néron : « Voilà que je vous ai montré que je sais ce qu'a pensé Simon, non par des paroles, mais par des faits ; car ayant promis qu'il ferait venir contre moi des anges, il n'a fait paraître que des chiens, afin qu'il montrât qu'il n'avait pas des anges de Dieu, mais de chien. » Alors Néron dit à Simon : « Qu'est-ce que c'est, Simon? nous sommes vaincus, je pense. » Simon dit : « Il m'a fait ces choses dans la Judée, dans toute la Palestine, et dans la Césarée, et en combattant souvent avec moi ; c'est pourquoi il dit que cela lui est contraire ; il dit donc cela pour m'échapper. Car, comme j'ai dit, personne ne connaît les pensées des hommes que Dieu seul. » Et Pierre dit à Simon : « Certes vous mentez en vous disant dieu : pourquoi donc ne manifestez-vous pas les pensées de chacun? » Alors Néron, s'étant tourné vers Paul, dit ainsi : « Paul, pourquoi ne dites-vous rien? » Paul dit : « Sachez cela, César, parce que si vous laissez ce magicien faire de si grandes choses, il en arrivera un plus grand mal à votre patrie, et il fera déchoir votre royaume de son état. » Néron dit à Simon : « Que dites-vous, Simon? » Simon répondit : « Si je ne démontre pas ouvertement que je suis dieu, personne ne me rendra la vénération qui m'est due. » Néron dit : « Et pourquoi différez-vous, et ne montrez-vous pas que vous êtes dieu, afin que ceux-ci soient punis? » Simon dit : « Ordonnez que l'on me fasse une tour élevée de bois, et je monterai dessus, et j'appellerai mes anges ; et je leur ordonnerai qu'à la vue de tout le monde ils me portent au ciel vers mon père. Comme ceux-ci ne pourront pas le faire, vous éprouverez qu'ils sont des hommes ignorants. » Or Néron dit à Pierre : « Avez-vous entendu, Pierre, ce que Simon a dit? de là il apparaîtra quelle grande vertu il a, ou lui ou votre Dieu. » Pierre répondit à cela : « Très-bon empereur, si vous vouliez, vous pouviez le comprendre, parce qu'il est plein du démon. » L'empereur Néron dit : « Que me faites-vous chercher des détours de paroles? Le jour de demain vous éprouvera. » Simon dit : « Vous croyez, bon empereur, que je suis magicien, puisque j'ai été mort, et je suis ressuscité. » Car le perfide Simon avait fait par son prestige, qu'il avait dit à Néron : « Ordonnez que l'on me décolle dans l'obscurité, et que l'on m'y laisse, après m'avoir tué ; et si je ne ressuscite pas le troisième jour, sachez que j'étais un magicien ; mais si je ressuscite, sachez que je suis le fils de Dieu. » Et comme Néron avait ordonné que cela se fît dans l'obscurité, il fit, par son art magique, qu'un bélier fut décollé, lequel bélier parut être Simon pendant le temps qu'on le décollait. Ayant été décollé dans l'obscurité, lorsque celui qui l'avait décollé eut examiné et porté sa tête à la lumière il trouva que c'était une tête de bélier ; mais il n'en voulut rien dire au roi, de peur de se découvrir ; car on lui avait ordonné de faire cela en cachette. C'était donc de là que Simon disait qu'il était ressuscité le troisième jour, parce qu'il avait enlevé la tête et les membres du bélier, et le sang y était figé ; et le troisième jour il se montra à Néron, et dit : « Faites essuyer mon sang qui a été répandu, parce que voilà que j'avais été décollé, et que je suis ressuscité le troisième jour, comme je l'ai promis. » Lors donc que Néron eut dit : « Le jour de demain vous éprouvera, » s'étant tourné vers Paul, il dit : « Vous Paul, pourquoi ne dites-vous rien, ou qui vous a enseigné, ou quel maître avez-vous eu, ou comment avez-vous enseigné dans les villes, ou quels disciples avez-vous formés par votre doctrine ? car je pense que vous n'avez aucune sagesse, et que vous ne pouvez opérer aucune vertu. » A cela Paul répondit : « Pensez-vous que je doive parler contre un homme perfide, et un magicien désespéré, un enchanteur qui a destiné son âme à la mort, et à qui le trépas et la perdition arriveront bientôt, qui feint d'être ce qu'il n'est pas, et par l'art magique fait illusion aux hommes pour leur perdition ? Si vous voulez écouter ses paroles, vous perdrez peut-être votre âme et votre empire, car cet homme est très-méchant. Et comme les magiciens d'Égypte, Jannès et Mambrès, qui entraînèrent Pharaon et son armée dans l'erreur jusqu'à ce qu'ils fussent engloutis dans la mer, de même celui-ci persuade les hommes par la science du diable son père, et fait plusieurs maux par la nécromancie, et d'autres maux s'il y en a chez les hommes, et en séduit ainsi plusieurs qui ne se tiennent point sur leurs gardes, pour la perdition de votre empire. Mais moi, voyant répandre la parole du diable par cet homme, j'agis avec le Saint-Esprit, par les gémissements de mon cœur, afin qu'il puisse bientôt paraître ce qu'il est ; car autant qu'il pense s'élever vers les cieux, autant il sera englouti dans le plus profond de l'enfer, où il y a des pleurs et le grincement des dents. Or, quant à la doctrine de mon maître sur laquelle vous m'avez interrogé, il n'y a que ceux qui y apportent un cœur pur qui la comprennent ; car je n'ai enseigné que ce qui regarde la paix et la charité, et j'ai accompli la parole de paix par le circuit depuis Jérusalem jusqu'en Illyrie, et j'ai surtout enseigné que les hommes se chérissent. J'ai enseigné qu'ils se préviennent réciproquement d'honneur. J'ai enseigné aux grands et aux riches de ne pas s'élever, et de ne pas espérer en l'incertain des richesses, mais de mettre en Dieu leur espérance. J'ai enseigné aux médiocres à être contents de la vie et du vêtement. J'ai enseigné aux pauvres à se réjouir dans leur indigence. J'ai enseigné aux pères à enseigner à leurs fils la discipline de la crainte du Seigneur. J'ai enseigné aux fils à obéir à leurs parents, et à leurs avis salutaires. J'ai enseigné à ceux qui ont des possessions, à payer les impôts aux ministres de la république. J'ai enseigné aux femmes à chérir leurs maris, et à les craindre comme leurs seigneurs. J'ai enseigné aux hommes à garder la foi à leurs épouses, comme ils veulent qu'elles leur gardent la pudeur en toutes manières; car ce qu'un mari punit dans une épouse adultère, le Seigneur, père et créateur des choses, le punit dans un mari adultère. J'ai enseigné aux maîtres qu'ils traitent leurs serviteurs plus doucement. J'ai enseigné aux serviteurs qu'ils servent leurs maîtres fidèlement, et comme Dieu. J'ai enseigné aux Églises des croyants à adorer un Dieu tout-puissant et invisible. Or, cette doctrine ne m'a pas été donnée des hommes, ni par quelque homme, mais par Jésus-Christ, et par le Père de gloire, qui m'a parlé du ciel ; et tandis que mon Seigneur Jésus-Christ m'envoyait pour la prédication, il me dit : « Allez, et je serai avec vous, et tout ce que vous « direz ou ferez, je le justifierai. » Néron ayant entendu ces choses, fut interdit, et s'étant tourné vers Pierre, il dit : « Et vous, que dites-vous ? » Pierre dit : « Toutes les choses que Paul a dites sont vraies, car il y a quelques années que j'ai reçu des lettres de nos évêques qui sont dans tout l'empire romain, et ils m'ont écrit des lettres de presque toutes les villes touchant ses actions ; car comme il était persécuteur de la loi du Christ, une voix l'a appelé du ciel, et lui a enseigné la vérité, parce qu'il n'était pas ennemi de notre foi par envie, mais par ignorance. Car il y a eu avant nous de faux christs comme est Simon ; il y a eu de faux apôtres, il y a eu de faux prophètes qui, venant contre les livres sacrés, se sont appliqués à détruire la vérité ; et il était nécessaire d'agir contre eux ; mais celui-ci qui, dès son enfance, ne s'était appliqué à autre chose qu'à examiner les mystères de la loi divine dans lesquels il avait appris cela, d'où il était le défenseur de la vérité, et le persécuteur de la fausseté, parce que sa persécution ne se faisait pas par émulation, mais pour défendre la loi, la vérité elle-même lui a parlé du ciel, lui disant : « Je suis Jésus de Nazareth, que « vous persécutez ; cessez de me persécuter, parce que je suis la vérité « même pour laquelle vous paraissez combattre. » Ayant donc connu que cela était ainsi, il abandonna ce qu'il défendait, et il commença à défendre ce sentier du Christ qu'il poursuivait, qui est la véritable voie pour ceux qui marchent purement, la vérité pour ceux qui ne trompent point, et la vie éternelle pour ceux qui croient. » Simon dit : « Bon empereur, comprenez leur conspiration, ils sont sages contre moi. » Pierre dit : « Il n'y a aucune vérité en vous, ennemi de la vérité ; mais c'est du seul mensonge que vous dites et que vous faites toutes ces choses. » Néron dit : « Et vous Paul, que dites-vous ? » Paul répondit : « Croyez ce que vous avez entendu dire à Pierre et à moi, car nous avons un seul sentiment, parce que nous avons un seul Seigneur Jésus-Christ. » Simon dit : « Pensez-vous, ô empereur, que j'aie une dispute avec eux, qui ont fait un complot contre moi? » Et s'étant tourné vers les apôtres, il dit : « Écoutez, Pierre et Paul ; si je ne puis rien faire ici avec vous, nous viendrons où il faut que vous me jugiez. » Paul répondit : « Bon empereur, voyez quelles menaces il nous fait. » Et Pierre dit : « Pourquoi ne vous riez-vous pas d'un homme vain et d'une tête aliénée qui, joué par les démons, pense ne pouvoir pas se manifester? » Simon répondit : « Je vous pardonne maintenant, jusqu'à ce que je montre ma vertu. » À cela Pierre répondit : « Si Simon ne voit la vertu de Christ notre Jésus-Christ, il ne croira pas qu'il n'est pas le Christ. » Simon dit : « Très-sacré empereur, gardez-vous de les croire, parce que ce sont eux qui sont circoncis, et qui circoncisent. » A cela Paul répondit : « Pour nous, avant que nous connussions la vérité, nous avons gardé la circoncision de la chair ; mais dès que la vérité nous a apparu, c'est de la circoncision du cœur que nous sommes circoncis, et que nous circoncisons. » Et Pierre dit à Simon : « Si la circoncision est mauvaise, pourquoi êtes-vous circoncis? » L'empereur dit : « Simon est-il donc aussi circoncis? » Pierre répondit : « Il ne pouvait pas autrement tromper les âmes, s'il n'eût pas fait semblant d'être Juif, et n'eût montré qu'il enseignait la loi de Dieu. » L'empereur dit : « Vous, Simon, comme je vois, vous êtes conduit par le zèle, c'est pourquoi vous les poursuivez. Car il y a, comme je vois, un grand zèle entre vous et leur Christ, et je crains que vous ne soyez convaincu par eux, et que vous ne paraissiez détruit par de grands maux. » Simon dit : « Êtes-vous séduit, ô empereur? » Néron dit : « Qu'est-ce que c'est, êtes-vous séduit? Ce que je vois en vous, je le dis, que vous êtes l'adversaire évident de Pierre et de Paul, et de leur maître. » Simon répondit : « Le Christ n'a pas été le maître de Paul. » Paul répondit : « Celui qui a enseigné Pierre, m'a instruit par révélation ; car parce qu'il nous accuse d'être circoncis, qu'il dise maintenant pourquoi il est lui-même circoncis. » A cela Simon répondit : « Pourquoi m'interrogez-vous là-dessus? » Paul dit : « C'est la raison que nous vous interrogions. » L'empereur dit : « Pourquoi craignez-vous de leur répondre? » Simon dit : « Je suis circoncis, moi, parce que la circoncision était commandée de Dieu dans le temps que je la reçus. » Paul dit : « Avez-vous entendu, empereur, ce qu'a dit Simon? Si donc la circoncision est bonne, pourquoi avez-vous trahi les circoncis, et les avez-vous obligés d'être tués précipitamment? » L'empereur dit : « Mais je ne pense pas bien de vous. » Pierre et Paul dirent : « Que vous pensiez bien ou mal de nous, cela ne fait rien à la chose ; car il faudra nécessairement que ce que notre maître nous a promis se fasse. » L'empereur dit : « Et si je ne veux pas, moi? » Pierre dit : « Ce n'est pas ce que vous voudrez, mais ce qu'il nous a promis. » Simon répondit : « Bon empereur, ces hommes ont abusé de votre clémence, et vous ont mis dans leur parti. » Néron dit : « Mais vous ne m'avez pas encore rassuré sur votre compte. » Simon répondit : « Je suis surpris qu'après que je vous ai fait voir de si grandes choses, et de tels signes, vous paraissiez encore douter. » L'empereur répondit : « Je ne doute ni ne crois à aucun de vous, mais répondez-moi plutôt à ce que je vous demande. » Simon dit : « Je ne vous réponds rien à présent. » L'empereur dit : « Vous dites cela parce que vous mentez. Et si je ne puis rien vous faire, Dieu qui est puissant le fera. » Simon dit : « Je ne vous répondrai plus. » L'empereur dit : « Et moi, je ne vous compterai plus pour quelque chose, car, comme je le sens, vous êtes trompeur en tout. Mais à quoi bon plus de *discours?* Vous m'avez fait voir tous trois votre esprit indécis, et vous m'avez rendu si incertain en toutes choses que je ne trouve pas à qui je puisse croire. » A cela Pierre répondit : « Pour moi, je suis Juif de nation, et je prêche toutes ces choses que j'ai apprises de mon maître, afin que vous croyiez qu'il y a un Dieu, père invisible et incompréhensible et immense, et un notre Seigneur Jésus-Christ, sauveur et créateur de toutes choses. Nous annonçons au genre humain *celui* qui a fait le ciel et la terre, la mer et toutes les choses qui y sont, qui est le véritable roi, et son règne n'aura point de fin. » Et Paul dit : « Ce qu'il a dit, je le confesse semblablement, d'autant qu'il n'y a point de salut par un autre, sinon par Jésus-Christ. » L'empereur dit : « Qui est le roi Christ? » Paul répondit : « Le Sauveur de toutes les nations. » Simon dit : « Je suis celui que vous dites; et sachez, Pierre et Paul, qu'il ne vous arrivera pas ce que vous désirez, que je vous trouve digne du martyre. » Pierre et Paul dirent : « Que ce que nous désirons nous arrive, et puissiez-vous, Simon, magicien et plein d'amertume, n'être jamais bien, parce que dans tout ce que vous dites vous mentez ! » Simon dit : « Écoutez-moi, César Néron, afin que vous sachiez qu'eux sont des faussaires, et que moi j'ai été envoyé du ciel; le jour de demain j'irai aux cieux, et je rendrai heureux ceux qui croient en moi; et je montrerai ma colère contre ceux-là qui ont osé me nier. » Pierre et Paul dirent : « Dieu nous appela autrefois à sa gloire, mais vous êtes appelé maintenant par le diable, vous courez aux tourments. » Simon dit : « César Néron, écoutez-moi. Séparez ces insensés de vous, afin que lorsque je serai venu vers mon père dans les cieux, je puisse vous être favorable. » L'empereur dit : « Et d'où prouvons-nous cela, que vous allez au ciel? Simon dit : Ordonnez que l'on fasse une tour élevée de bois et de grandes poutres, et qu'on la place dans le champ de Mars, afin que j'y monte ; et lorsque j'y serai monté, je commanderai à mes anges qu'ils descendent du ciel vers moi, et qu'ils me portent dans le ciel vers mon père, afin que vous sachiez que j'ai été envoyé du ciel. Car ils ne peuvent pas venir à moi sur la terre entre les pécheurs. » L'empereur Néron dit : « Je veux voir si vous accomplirez ce que vous dites. » Simon répondit : « Ordonnez donc que cela se fasse au plus vite, afin que vous voyiez. »

Alors Néron fit faire une tour élevée dans le champ de Mars, et ordonna que tous les peuples et toutes les dignités s'assemblassent à ce spectacle. Or, le lendemain, l'empereur Néron, avec le sénat et les chevaliers romains, et tout le peuple, vinrent dans le champ de Mars au spectacle; et, lorsque tous furent venus, l'empereur ordonna que Pierre et Paul fussent présents dans toute cette assemblée; et comme ils eurent aussitôt été amenés devant lui, il leur dit : La vérité va maintenant paraître. Pierre et Paul dirent : « Ce n'est pas nous qui le démasquons, mais le Seigneur Jésus-Christ fils de Dieu, qu'il a dit faussement qu'il était lui-même. » Et Paul, s'étant tourné vers Pierre, dit : « C'est à moi à prier Dieu à genoux, c'est à vous à ordonner, si vous voyez Simon entreprendre quelque chose, parce que vous avez été élu le premier par le Seigneur. » Et s'étant mis à genoux, Paul priait devant tout le peuple; mais Pierre regarda Simon, disant : « Commencez ce que vous avez entrepris ; car le moment approche que vous allez être découvert, et que nous allons être appelés de ce siècle ; car je vois le Christ qui m'appelle et Paul aussi. » Néron dit : « Et où irez-vous contre ma volonté ? » Pierre répondit : « Où le Seigneur nous appellera. » Néron dit : « Quel est votre Seigneur ? » Pierre répondit : « Le Seigneur Jésus-Christ que je vois, qui nous appelle. » Néron dit : « Et irez-vous au ciel ? » Pierre répondit : « Nous irons où il plaira à celui qui nous appelle. » A cela Simon répondit : « Afin que vous sachiez, ô empereur ! qu'ils sont des trompeurs, bientôt, quand je serai monté aux cieux, je vous enverrai mes anges et je vous ferai venir à moi. » L'empereur dit : « Faites donc comme vous avez parlé[1]. » Alors Simon monta dans la tour devant tout le monde, les mains étendues, couronné de lauriers, et commença à voler. Néron l'ayant vu, dit ainsi à Pierre : « Ce Simon est véritable, mais vous et Paul êtes des séducteurs; » et Pierre lui dit : « Sans tarder vous saurez que nous sommes de véritables disciples du Christ, et que lui n'est pas le Christ, mais un magicien et un enchanteur. » L'empereur dit : « Persévérez-vous encore dans votre mensonge? Voilà que vous le voyez pénétrer jusque dans le ciel. » Alors Pierre dit à Paul : « Paul, levez la tête et voyez ; » et lorsque Paul eut élevé la tête pleine de larmes et qu'il eut vu Simon voler, il dit ainsi : « Pierre, que tardez-vous? Achevez ce que vous avez commencé ; car notre Seigneur Jésus-Christ nous appelle maintenant; » et Néron, les entendant, dit en souriant : « Ils voient déjà qu'ils sont vaincus; ils sont actuellement en délire. » Pierre répondit : « Vous allez éprouver que nous ne sommes pas en délire. » Paul dit à Pierre : « Faites au plus vite ce que vous devez faire; et regardant contre Simon, » Pierre dit : « Je vous conjure, anges de Satan, qui le portez dans les airs pour tromper les cœurs des hommes infidèles, par Dieu, créateur de toutes choses, et par Jésus-Christ, que dès cette heure vous ne le portiez plus, mais que vous l'abandonniez; » et ayant été lâché tout à coup[2], il tomba dans l'endroit qui s'appelle la voie Sacrée; et s'étant partagé en quatre parts, il assembla quatre cailloux en un, qui servent encore de témoignage à la victoire des apôtres, jusqu'aujourd'hui. Alors Paul leva la tête au bruit qu'il fit en se brisant, et dit : « Nous vous rendons grâces, Seigneur Jésus-Christ, qui nous avez exaucés et démasqué Simon le magicien, et avez prouvé que nous sommes vos disciples dans la vérité. »

1. Hégésippe et Abdias disent qu'il monta sur le mont Capitolin, et que s'élançant d'un rocher, il commença à voler.
2. Abdias dit que les ailes qu'il avait prises s'étant embarrassées, il tomba, se brisa tout le corps, s'estropia les cuisses, et expira dans ce lieu même quelques heures après; au contraire, Arnobe, l. II *Adversus gentes*, rapporte que son char et ses quatre chevaux de feu s'étant dissipés, il tomba par son propre poids, se brisa les cuisses, et qu'ayant été porté à Brindes, de douleur et de honte il se précipita une seconde fois du haut d'un bâtiment.

Alors Néron, plein d'une grande colère, fit mettre Pierre et Paul dans les chaînes; et, pour le corps de Simon, il le fit soigneusement garder trois jours et trois nuits, pensant qu'il ressusciterait le troisième jour; et Pierre lui dit : « Vous vous trompez, ô empereur! il ne ressuscitera pas, parce qu'il est véritablement mort et condamné à la peine éternelle. » Néron lui répondit : « Qui vous a permis de commettre un tel crime ? » Pierre répondit : « Son obstination ; et, si vous le comprenez, c'est un grand avantage pour lui qu'il soit péri, pour ne plus multiplier de si grands blasphèmes contre Dieu, qui aggraveraient son supplice. » Néron dit : « Vous m'avez rendu l'esprit suspect ; c'est pourquoi, par un mauvais exemple, je vous perdrai. » Pierre répondit : « Ce n'est pas ce que vous voulez, mais ce qui nous a été promis, qui doit nécessairement s'accomplir. » Alors Néron, rempli de colère, dit à son préfet Agrippa : « Il faut perdre misérablement ces hommes irréligieux ; c'est pourquoi, les ayant liés de chaînes de fer, faites-les périr dans le bassin où se donne le combat naval ; car il faut que tous les hommes de cette sorte périssent misérablement. » Le préfet Agrippa dit : « Très sacré empereur, vous ne les faites pas punir par un exemple convenable. » Néron dit : « Pourquoi n'est-il pas convenable ? » Agrippa dit : « Parce que Paul paraît innocent. Pierre, qui est coupable d'un homicide, doit souffrir une peine amère. » Néron dit : « De quel exemple périront-ils donc ? Agrippa dit : « A ce qu'il me semble, il est juste que Paul, irréligieux, ait la tête tranchée, et Pierre, qui de plus a commis un homicide, faites-le élever en croix. » Néron dit : « Vous avez très bien jugé ; » et, sur-le-champ, Pierre et Paul furent amenés en la présence de Néron. Paul fut décollé dans la voie d'Ostie ; mais Pierre étant venu vers sa croix, dit : « Parce que mon Seigneur Jésus-Christ est descendu du ciel en terre, il a été élevé sur une croix droite ; mais moi que ma croix daigne appeler de la terre au ciel, ma tête doit être près de la terre et mes pieds dirigés vers le ciel ; donc, parce que je ne suis pas digne d'être en croix comme mon Seigneur, tournez ma croix et crucifiez-moi la tête en bas ; » mais eux tournèrent la croix, et attachèrent ses pieds en haut et ses mains en bas. Or, il s'assembla en ce lieu une multitude innombrable de peuple qui maudissait César Néron, qui étaient si pleins de fureur, qu'ils voulaient brûler Néron lui-même ; mais Pierre les empêchait, disant : « Gardez-vous bien, mes petits enfants, gardez-vous bien de faire cela ; mais écoutez plutôt ce que je m'en vais vous dire ; car il y a peu de jours qu'à la sollicitation des frères, je m'éloignai d'ici, et mon Seigneur Jésus-Christ me rencontra en chemin à la porte de cette ville, et je l'adorai, et lui dis : « Seigneur, « où allez-vous ? » Et il me dit : « Suivez-moi, parce que je vais à Rome « être crucifié une seconde fois ; » et pendant que je le suivais, je revins à Rome et il me dit : « Ne craignez point, parce que je suis avec vous, « jusqu'à ce que je vous introduise dans la maison de mon père. » C'est

---

1. Lin, *de Passione Petri*, ajoute une autre cause du supplice de l'apôtre : c'est qu'il avait détourné les épouses d'Agrippa, d'Albin, et de quelques autres grands, de l'amour conjugal envers leurs maris.

pourquoi, mes petits enfants, gardez-vous bien d'empêcher mon voyage; mes pieds marchent déjà dans la voie du ciel. Ne vous chagrinez point; mais réjouissez-vous avec moi, parce que j'obtiens aujourd'hui le fruit de mes travaux. » Et après qu'il eut dit ces *paroles*, il dit : « Je vous rends grâces, bon pasteur, parce que les brebis que vous m'avez données ont compassion de moi. Je vous demande qu'elles participent avec moi à votre grâce. Je vous recommande les brebis que vous m'avez confiées, afin qu'elles ne sentent pas qu'elles sont sans moi, en vous ayant, et je vous prie qu'elles soient toujours protégées par votre secours, Seigneur Jésus-Christ, par qui j'ai pu gouverner ce troupeau; » et disant cela, il rendit l'esprit. Aussitôt y apparurent de saints hommes que jamais personne n'avait vus auparavant, et qu'ils ne purent voir depuis; car ils disaient que c'était à cause d'eux qu'ils étaient arrivés de Jérusalem; et de compagnie avec Marcel, homme illustre, qui avait cru, et qui, laissant Simon, avait suivi Pierre, ils enlevèrent son corps en cachette, et le mirent vers le Térébinthe auprès du canal, où se donne le combat naval, dans le lieu qui s'appelle le Vatican. Or, ces hommes qui dirent qu'ils étaient arrivés de Jérusalem, dirent au peuple : « Réjouissez-vous et tressaillez de joie, parce que vous avez mérité d'avoir de grands patrons, et des amis de notre Seigneur Jésus-Christ. Or, sachez que ce Néron très-méchant, après la mort des apôtres, ne pourra garder le royaume. »

Or, il arriva après cela que Néron encourut la haine de son armée, et la haine du peuple romain, de sorte qu'ils résolurent de lui couper enfin le cou publiquement, jusqu'à ce qu'il fût mort et expirât. Ayant eu vent de ce complot, il fut saisi d'un tremblement et d'une crainte insupportable, de sorte qu'il s'enfuit et ne parut plus depuis. Il y en eut aussi qui disaient que comme il errait dans les forêts en fuyant, il était mort de froid et de faim et avait été dévoré par les loups. Or, comme les Grecs enlevaient les corps des saints apôtres Pierre et Paul, pour les porter en Orient, il survint un grand tremblement de terre, et le peuple romain courut, et ils les arrêtèrent vers le lieu que l'on nomme Catacombe, dans la voie Appienne au troisième mille, et les corps y furent gardés un an et sept mois, jusqu'à ce qu'on eût préparé les lieux où leurs corps furent mis; et c'est là qu'ils sont considérés avec l'honneur et la révérence convenables, et par les louanges des hymnes; et le corps du très-heureux Pierre fut mis dans le Vatican du combat naval, et celui de saint Paul dans la voie d'Ostie au second mille, où reçoivent les bienfaits de leurs prières ceux qui les demandent assidûment et fidèlement, pour la louange et la gloire de notre Seigneur Jésus-Christ, qui vit et règne dans les siècles des siècles. Ainsi soit-il.

Moi, Marcel, disciple de mon maître l'apôtre Pierre, j'ai écrit ce que j'ai vu.

Les curieux trouveront encore beaucoup d'autres pièces dans Fabricius, Grabius, Cotelerius, etc. On a cru que celles-ci suffisaient au grand nombre des lecteurs, que les savants ont toujours trop négligés.

LETTRE A L'ÉVÊQUE D'ANNECY[1].

(1768.)

Monseigneur, J'espère que non-seulement vous excuserez, mais que vous approuverez une importunité qui me pèse beaucoup plus qu'à vous. Je ne comprends rien aux articles de vos lettres qui regardent mon oncle. Il fait plus de bien à la province qu'aucun homme en place n'y en a fait depuis plusieurs siècles. Il fait dessécher tous les marais qui infectent le pays; il prête de l'argent sans intérêt aux gentilshommes; il en donne aux pauvres; il établit des écoles où il n'y en a jamais eu; il défriche les terres incultes; il nourrit plus de cent personnes; il rebâtit une église. J'ose dire que la province le respecte et le chérit, et qu'il a droit d'attendre de vous autant de bonté et de considération qu'il a pour vous de déférence et de respect.

Je vous parle au nom de la province, monseigneur, pour les affaires qui vous intéressent. Nous sommes tous indignés de voir des curés qui ne savent que plaider et battre les paysans. Voilà un curé de Meyrin qui vient de perdre le septième procès à Dijon, et qui est condamné à l'amende; voilà le curé de Moens qui a eu huit procès civils, et qui est actuellement à un deuxième procès criminel. Au nom de Dieu! mettez ordre à ces scandales et à ces violences : on vous trompe bien cruellement; croyez qu'il peut résulter des choses très-funestes de la conduite violente du curé de Moens. Si vous versez des *larmes de sang*, vous empêcherez qu'un prêtre ne fasse verser le sang des chrétiens et des sujets du roi mon maître; vous n'êtes point étranger à la France, puisqu'une grande partie de votre diocèse est en France.

Ne vous laissez point prévenir par les artifices de ceux qui croient l'honneur de leur corps intéressé à sauver un coupable, et qui ne savent pas que leur véritable honneur est de l'abandonner.

Je me flatte toujours que vous agirez en père commun; que vous n'écouterez ni la faction ni la calomnie, que vous honorerez la vertu bienfaisante, et que nous nous louerons de votre justice autant que j'ai l'honneur d'être avec respect, Monseigneur, votre très-humble et très-obéissante servante.

V° Denis.

LETTRE A L'ÉVÊQUE D'ANNECY[2].

(1769.)

Monsieur, En revenant d'un assez long voyage, j'ai revu le vieillard qui m'est très-cher par mille raisons, à qui je dois la plus tendre reconnaissance, et dont je vous avais parlé dans ma lettre. J'avais quel-

1. De Voltaire. (Éd.) — 2. Biord. (Éd.)
2. De Voltaire, qui la fit signer et envoyer par M. de Mauléon, son cousin. (Éd.)

ques affaires à régler avec lui pour la succession d'un de nos parents nommé M. Daumart, mousquetaire du roi, qu'il a gardé neuf ans entiers chez lui, estropié, paralytique, livré continuellement à des douleurs affreuses. Vous savez qu'il en a eu soin comme de son fils; et vous savez aussi que, quand vous passâtes à Ferney, vous ne daignâtes pas venir consoler cet infortuné, après le grand repas que le seigneur du lieu vous fit porter chez le curé.

Ce n'est pas votre méthode, monsieur, de consoler les mourants, vous vous bornez à les persécuter, eux et les vivants, autant qu'il est en vous. J'ai trouvé le parent de feu M. Daumart et le mien très-malade, et ayant plus besoin de médecins que de vos lettres, qu'il m'a montrées, et qui n'ont paru que des libelles à tous ceux qui les ont vues.

Il se faisait lire à table (où il ne se met que pour recevoir ses hôtes) les sermons du P. Massillon, selon sa coutume. Le sermon qu'on lisait roulait sur la calomnie. Faites-vous faire la même lecture : il est triste que vous en ayez besoin.

Mais relisez surtout le portrait que fait saint Paul de la charité[1]; vous verrez s'il approuve les impostures, les délations malignes, les injures, et toutes les manœuvres de la méchanceté.

Vous n'avez pas oublié que mon parent, en rendant le pain bénit dans sa paroisse, le jour de Pâques 1768, ayant recommandé à voix basse à son curé de prier pour la reine qui était en danger, vous eûtes le malheur d'écrire à son roi qu'il avait prêché dans l'église.

Vous vous souvenez que vous eûtes l'indiscrétion (pour ne rien dire de plus fort) de publier une lettre que M. le comte de Saint-Florentin vous écrivit en réponse, au nom de Sa Majesté Très-Chrétienne, avant que cette imposture ridicule fût juridiquement reconnue : vous eûtes la discrétion de ne pas montrer l'autre lettre que vous reçûtes, à ce qu'on dit, du même ministre, quand tout l'opprobre de cette accusation absurde demeura à l'accusateur.

Il eût été honnête d'avouer au moins que vous vous étiez trompé : vous pouviez vous faire un mérite de cet aveu. Vous le deviez comme chrétien, comme prêtre, comme homme.

Au lieu de prendre ce parti, vous publiâtes et vous fîtes imprimer, monsieur, la première lettre de M. le comte de Saint-Florentin, ministre d'État d'un roi de France, sous ce titre : *Lettre de M. de Saint-Florentin à monseigneur l'évêque d'Annecy*. C'est dommage que vous n'ayez pas mis : *A sa grandeur monseigneur l'évêque prince de Genève*; si vous êtes *prince de Genève*, il vous faut de *l'altesse*. Avouez que vous seriez une singulière altesse.

Mais il n'est pas ici question de dignités, de titres, et de toutes les puérilités de la vanité, qui vous sont si chères et qui vous conviennent si peu. Il s'agit d'équité, il s'agit d'honneur : tâchez que cela vous convienne.

Si vous connaissez les premiers éléments du savoir-vivre, concevez

---

1. Ire *Épître aux Corinthiens*, ch. XIII. (ÉD).

combien il est indécent de faire publier, non-seulement la lettre d'un ministre d'État, sans sa permission, mais les lettres du moindre des citoyens. C'est donc en cela seul que vous êtes homme de lettres! Au lieu d'agir en pasteur qui doit exhorter, et ensuite se taire, vous commencez par calomnier, et ensuite vous faites imprimer votre petit *Commercium epistolicum*, pour vous donner la réputation d'un bel esprit savoyard. Vous y parlez d'orthographe : ne trouvez-vous pas que cela est bien épiscopal? Quand on a voulu perdre un homme innocent, savez-vous ce qui serait épiscopal? ce serait de lui demander pardon. Mais vous êtes bien loin de remplir ce devoir, et de vous repentir de votre manœuvre.

Vous lui imputez, à ce que je vois par vos lettres, des livres misérables, et jusqu'à la *Théologie portative*[1], ouvrage fait apparemment dans quelque cabaret : vous n'êtes pas obligé d'avoir du goût, mais vous êtes obligé d'être juste.

Comment avez-vous pu lui dire qu'on lui attribue la traduction du fameux *Discours de l'empereur Julien*, tandis que vous devez savoir que cette traduction, si bien faite et accompagnée de remarques judicieuses, est du chambellan du Julien de nos jours? je veux dire d'un roi victorieux et philosophe, et je ne veux dire que cela.

Comment ignorez-vous que ce livre est imprimé, débité à Berlin, et dédié au respectable beau-frère de ce grand roi et de ce grand capitaine? Souvenez-vous du fou des fables d'Ésope, qui jetait des pierres à un simple citoyen. « Je ne peux vous donner que quelques oboles, lui dit le citoyen; adressez-vous à un grand seigneur, vous serez mieux payé. »

Adressez-vous donc, monsieur, au souverain que sert M. le marquis d'Argens, auteur de la traduction du *Discours de Julien*, et soyez sûr que vous serez payé comme vous méritez de l'être. Faites mieux, examinez devant Dieu votre conduite.

Vous avez cru pouvoir faire chasser de ses terres celui qui n'y a fait que du bien; arracher aux pauvres celui qui les fait vivre, qui rebâtit leurs maisons, qui relève leur charrue, qui encourage leurs mariages, qui par là est utile à l'État; un vieillard qui a deux fois votre âge; un homme qui devait attendre de vous d'autant plus d'égards, que toute votre famille lui a toujours été chère : votre grand-père a bâti de ses mains un pavillon de sa basse-cour; vos proches parents travaillent actuellement à ses granges; et votre cousin, nommé Mudri, a demandé depuis peu à être son fermier. Plût à Dieu qu'il l'eût été! il eût pu adoucir la mauvaise humeur qui vous dévore contre un seigneur de paroisse vertueux qui ne vous a jamais offensé, et qui ne donne à ses paroissiens que des exemples de charité, de véritable piété, de douceur, et de concorde.

Quoi! vous avez osé demander qu'on le fit sortir de ses terres, parce que des brouillons vous ont dit qu'il vous trouvait ridicule? Quoi! vous avez proposé la plus cruelle injustice au plus juste de tous les rois?

---

1. Du baron d'Holbach. (Éd.)

Sachez connaître le siècle où nous vivons, la magnanimité du roi qui nous gouverne, l'équité de ses ministres, les lois que tous les parlements soutiennent contre des entreprises aussi illicites qu'odieuses.

D'où vient que le curé du seigneur de paroisse que vous insultez chérit sa vertu, sa piété, sa charité, sa bienfaisance, ses mœurs, l'ordre qui est dans sa maison et dans ses terres? d'où vient que ses vassaux et ses voisins le bénissent? d'où vient que le premier président du parlement de Bourgogne et le procureur-général le protégent? d'où vient qu'il a de même la protection déclarée du gouverneur? d'où vient que le grand pape Benoît XIV et son secrétaire des brefs, le cardinal Passionei, digne ministre d'un tel pape, l'ont honoré d'une bonté constante? et d'où vient enfin que vous êtes son seul ennemi?

Est-ce parce qu'il a remboursé à ses vassaux l'argent que vous avez exigé d'eux quand vous êtes venu faire votre visite? argent que vous ne deviez pas prendre, et que depuis il vous a été défendu de prendre en Savoie.

Celui que vous insultez, prosterné aux pieds des autels, prie Dieu pour vous, au lieu de répondre à vos injures : il n'y répondra jamais; et dans le lit de mort où il souffre (et où vous serez comme lui), il n'est ni en état ni en volonté de repousser vos outrages et vos manœuvres.

C'est ici que je dois surtout vous parler de l'impertinente *profession de foi* supposée, dans laquelle on a la bêtise de lui faire dire que *la seconde personne de la Trinité s'appelle Jésus-Christ*, comme si on ne le savait pas; et qu'il *condamne toutes les hérésies et tous les mauvais sens qu'on leur donne.*

Quel sacristain ivre a jamais pu composer un pareil galimatias? Quel brouillon a pu faire dire à un séculier qu'il condamne les hérésies? Je ne crois pas que vous soyez l'auteur de cette pièce extravagante. Vous devez savoir que notre sage monarque a imposé le silence à tous ces ridicules reproches d'hérésie, par un édit solennel, enregistré dans tous nos parlements. D'ailleurs, un seigneur de paroisse qui habite auprès du canton de Berne et aux portes de Genève doit de très-grands égards à ces deux républiques. Les noms d'*hérétiques*, de *huguenots*, de *papistes*, sont proscrits par nos traités. Mon parent se contente de prier Dieu pour la prospérité des Treize-Cantons et de leurs alliés, ses voisins.

S'il n'est pas de la communion de Berne, il est de sa religion, en ce que le conseil de Berne est noble et juste, bienfaisant et généreux; en ce qu'il a donné des secours à la famille des Sirven, opprimés par un juge de village, ignorant et fanatique; entendez-vous, ignorant et fanatique? En un mot, il respecte le conseil de Berne, et laisse à vos grands théologaux le soin de le damner. Il est fermement convaincu qu'il n'appartient qu'à messieurs d'Annecy d'envoyer en enfer messieurs de Berne, de Bâle, de Zurich, et de Genève; ajoutez-y le roi de Prusse, le roi d'Angleterre, celui de Danemark, les sept Provinces-Unies, la moitié de l'Allemagne, toute la Russie, la Grèce, l'Arménie, l'Abyssinie, etc., etc.

Il n'appartient, dis-je, qu'à vos semblables, et surtout à l'abbé Riballier, de juger tous ces peuples, attendu qu'il a déjà *quatre nations*[1] sous ses ordres : mais pour mon parent et mon ami, il croit qu'il doit aimer tous les hommes, et attendre en silence le jugement de Dieu. Il est absolument incapable d'avoir fait une profession de foi si impertinente et si odieuse. Les faussaires qui l'ont rédigée et qui l'ont fait signer, longtemps après, par des gens qui n'y étaient pas, seraient repris de justice si on les traduisait devant nos tribunaux. Les fraudes qu'on appelait jadis *pieuses* ne sont plus aujourd'hui que des fraudes.

Celui qu'on fait parler s'en tient à la déclaration de foi qu'il fit étant en danger de mort, quand il fut administré malgré vous selon les lois du royaume ; déclaration véritable, signée de lui par-devant notaire ; déclaration juridique, par laquelle il vous pardonne, et qui démontre qu'il est meilleur chrétien que vous. Voilà sa profession de foi.

Vous avez été vicaire de paroisse à Paris ; votre esprit turbulent s'y est signalé par des billets de confession et des refus de sacrements ; soyez à l'avenir plus circonspect et plus sage. Vous êtes entre deux souverains également amis de la bienséance et de la paix ; une petite partie de votre diocèse est située en France : respectez ses lois, respectez surtout celles de l'humanité. Imitez les sages archevêques d'Albi[2], de Besançon[3], de Lyon[4], de Toulouse[5], de Narbonne[6], et tant d'autres pasteurs également pieux et prudents, qui savent entretenir la paix.

Si vous faites la moindre de ces démarches que vous faisiez à Paris, et qui furent réprimées, sachez qu'on prendra la défense d'un moribond dont vous voulez avancer le dernier moment. Je me charge d'implorer la justice du parlement de Bourgogne contre vous.

J'ai renoncé depuis très-longtemps au métier de la guerre ; mais je n'ai pas renoncé (il s'en faut beaucoup) aux devoirs qu'imposent la parenté, l'amitié, la reconnaissance à un gentilhomme qui a un cœur, et qui connaît l'honneur, très-inconnu aux brouillons.

Quand vous serez rentré dans les voies de la charité, de l'honnêteté, et de la bienséance, dont vous vous êtes tant écarté, je serai alors, avec toutes les formules que votre amour-propre désire, et qui ont fait, à votre honte, le sujet de vos querelles, monsieur, votre très-humble et très-obéissant serviteur. ***

---

1. Riballier était un professeur au collége des Quatre-Nations. (ÉD.)
2. Le cardinal de Bernis. (ÉD.) — 3. Le cardinal de Choiseul-Beaupré. (ID.)
4. Malvin de Montazet. (ÉD.) — 5. De Loménie de Brienne. (ÉD.)
6. Arthur-Richard Dillon. (ÉD.)

PROCÈS DE CLAUSTRE.
(1769.)

SUPPLÉMENT AUX CAUSES CÉLÈBRES.

Ingratitude, hypocrisie, rapacité, et impostures jugées. — Toutes les causes intitulées *célèbres* ne le sont pas; il y en a même de fort obscures, et qui ont été écrites d'une manière très-conforme au sujet; mais il n'est guère de procès dont la connaissance ne puisse être utile au public. Car dans le labyrinthe de nos lois, dans l'incertitude de notre jurisprudence, au milieu de tant de coutumes et de maximes qui se combattent, un arrêt solennel sert au moins de présomption en cas pareil, s'il est des cas absolument pareils.

La cause que nous traitons ici est des plus communes et des plus obscures par elle-même. Il s'agit d'un prêtre ingrat; rien n'est plus commun. Il s'agit d'un précepteur nommé Claustre; quoi de plus obscur? Mais si ce précepteur Claustre a mis le trouble dans une nombreuse famille; si son ingratitude, fortifiée par son intérêt, a voulu s'approprier le bien d'autrui; s'il s'est servi, selon l'usage, du manteau de la religion pour soulever un fils contre son père; s'il a charitablement séduit son pupille pour lui donner sa nièce en mariage; si, devenu l'oncle de son élève, il a été assez mondain dans sa dévotion pour tenter de s'emparer, sous le nom de cet élève, du bien d'une famille entière; s'il a employé les fraudes pieuses et les dévotes calomnies pour faire réussir ses manœuvres, alors la pièce devient intéressante, malgré la bassesse du sujet; elle sert d'instruction aux pères de famille, et Claustre devient un objet digne du public, comme Tartufe qui commence par demander l'aumône à Orgon, et qui finit par le vouloir chasser de son logis.

Claustre, qui dans les factums écrits par lui-même a négligé de nous faire connaître son nom de baptême[1], s'est donné celui de Mentor, parce qu'il obtint d'être reçu chez le sieur Jean-François de Laborde, pour précepteur de ses deux enfants. L'emploi d'instituteur, de précepteur, de gouverneur, est sans doute aussi honorable que pénible. Un bon précepteur est un second père : le Mentor dont Homère parle était Minerve elle-même; mais quand on se dit un Mentor, il ne faut pas être un Sisyphe.

Après ce petit exorde, il faut une narration exacte; la voici :

Jean-François de Laborde, écuyer, né à Bayonne d'une famille ancienne et alliée à de grandes maisons, avait eu de son mariage avec la fille du sieur Le Vasseur, ingénieur de la marine, quinze enfants, dont dix sont morts en bas âge. Il reste aujourd'hui deux garçons et

---

1. Il s'appelait André de Claustre, et était prêtre du diocèse de Lyon. (Éd.)

trois filles. Ainsi le sieur Claustre est réduit à ne vexer que cinq personnes en ligne directe, au lieu de quinze.

Ces cinq personnes sont Jean-Benjamin de Laborde, premier valet de chambre du roi; Jean-Louis de Laborde, qui a fait les fonctions de maréchal général des logis de l'armée, et qui est mestre-de-camp de dragons; Monique de Laborde, épouse du sieur Fontaine de Cramayel, fermier général; Elisabeth-Joséphine de Laborde, épouse du sieur Binet Demarchais, premier valet de chambre du roi, gouverneur du Louvre, major d'infanterie; Henriette de Laborde, épouse du sieur Brissard, ancien fermier général.

Le père de cette nombreuse famille n'était pas riche; mais étant né avec des talents, et ayant étudié la science économique, qui depuis a fait tant de progrès parmi nous, il fut employé par le gouvernement dans plusieurs traités de commerce, et le roi le gratifia, en 1739, d'une place de fermier général, qu'il abandonna au bout de vingt ans, pour s'occuper uniquement du bonheur de tous ses parents.

Il avait deux frères et une sœur : les frères étaient Pierre-Joseph de Laborde Desmartres, qui vit encore; l'autre, Léon de Laborde, mousquetaire, qui mourut jeune.

La sœur était Jeanne-Joséphine, mariée au sieur de Verdier, seigneur de La Flachère, dans le Lyonnais.

Jean-François de Laborde servait de père à ses deux frères et à sa sœur; il était leur conseil, ainsi que celui de tous ses amis. Ses lumières et sa probité lui avaient acquis cette considération personnelle et cette autorité que donne la vertu; tous ceux qui l'ont connu rendent ce témoignage à sa mémoire.

Non-seulement il veilla avec la plus scrupuleuse attention sur l'éducation de tous ses enfants, mais il étendit les mêmes soins sur ceux de son frère, Pierre-Joseph Desmartres, marié en 1725 à une Hollandaise catholique, nommée Ditgens, parente du célèbre Van-Svieten, qui a été depuis premier médecin de l'impératrice-reine de Hongrie. C'était une riche héritière qui aurait environ trois millions de bien, si ses parents, très-patriotiques, avaient laissé une si grande succession sortir du pays.

Jean-François de Laborde eut la consolation de voir tous ses soins paternels réussir. Tous ses enfants se signalèrent dans le monde par des talents distingués, et eurent le bonheur de plaire.

Il n'y eut que Pierre-Joseph Desmartres, son neveu, qui ne put répondre à ses empressements. Cet enfant était né avec une faiblesse d'organes qui le mit longtemps hors d'état de recevoir l'éducation ordinaire, laquelle exige une santé ferme dont dépend la faculté de s'expliquer et de concevoir. On fut obligé de le confier quelques années à sa nourrice, femme de bon sens et expérimentée, qui connaissait son tempérament. Lorsqu'il fut un peu fortifié, son père le mit entre les mains d'un maître de pension très-intelligent, et accoutumé à diriger des enfants tardifs.

La nature n'ayant pas secondé les attentions de cet instituteur, son père Desmartres le retira chez lui à sa terre de Palerne en Auvergne.

Ensuite sa tante, la dame de La Flachère, qui n'avait point d'enfants, s'en chargea comme de son fils, et le garda trois ans, tantôt à sa terre de La Flachère, tantôt à Lyon. On lui donna un précepteur qui avait 600 livres d'appointements, et auquel on assura 300 livres de pension viagère. C'est ce même enfant, ce Pierre-Joseph de Laborde Desmartres dont l'abbé Claustre s'est emparé, et qui fait le sujet du procès.

Pendant que ses parents tâchaient de lui donner tout ce qui lui manquait, et de forcer la nature, elle accordait tout à ses cousins et à ses cousines, élevés chez son oncle Jean-François de Laborde, et ils faisaient des progrès rapides dans plus d'un art, malgré Claustre, reçu précepteur dans la maison, qui ne savait que du latin.

Claustre éleva les deux fils de Jean-François de Laborde, qui bientôt n'eurent plus besoin de lui. Il resta dans la maison comme ami, logé, nourri, meublé, chauffé, éclairé, blanchi, servi, avec 800 livres de pension et quelques présents.

Il nous apprend dans son Mémoire, page 4, qu'il espérait une reconnaissance plus *analogue* à son état et à son goût. Qu'entend-il par ce mot grec *analogue*, mis depuis peu à la mode, et qui veut dire *convenable*? Le sieur de Laborde ne pouvait donner ni évêché ni abbaye.

Claustre, se bornant aux biens purement terrestres, s'adresse à un de ses élèves, le sieur Jean-Benjamin de Laborde, fils aîné de celui qui le nourrit et le pensionne; il saisit le jour même de sa majorité pour lui faire un beau sermon sur la bienfaisance, et il lui fait signer à la fin du sermon une donation de 1200 livres de rente par-devant notaire. De qui exige-t-il cette donation? d'un fils de famille qui n'avait alors aucune fortune, et qui était sous la puissance de père et de mère.

La nouvelle pension de 1200 livres fut payée quelque temps en secret au commensal, qui jouissait d'ailleurs de celle de 800 livres; mais le père, dont la fortune avait essuyé des échecs considérables, ayant appris le succès du sermon de Claustre à la majorité de son fils, mécontent avec raison de cette manœuvre clandestine, fit réduire la somme à 800 livres, et s'en chargea lui-même. Le prêtre, craignant de perdre le logement, la table, et les bonnes grâces d'une famille nombreuse, fut obligé de consentir à la suppression de ce premier acte de la majorité de son élève.

Jusqu'ici on ne voit aucun délit; ce n'est qu'un homme occupé de son petit intérêt personnel, qui dit, qui écrit sans cesse qu'il veut faire son salut dans la retraite, et qui cherche à rendre cette retraite commode. La justice n'a rien à punir dans cette conduite. Pour satisfaire à la fois sa dévotion et son goût pour les pensions de 1200 livres, en attendant mieux, il ne s'adresse plus au fils du sieur de Laborde, mais à son gendre, le sieur de Fontaine, seigneur de la belle terre de Cramayel; il s'en fait nommer chapelain, et au lieu de se retirer du monde, comme il l'avait tant dit et tant écrit, il prend l'emploi de régisseur de la terre, à 1200 livres de gages. Ce n'est pas encore là une prévarication; un saint peut gouverner une terre, quoiqu'il ne soit pas conséquent de crier qu'on veut se mettre dans un cloître, quand on se fait premier domestique de campagne.

Il s'accoutuma si bien à mêler le spirituel au temporel, qu'il fit dès lors le projet de retirer des dangers du monde le jeune Laborde Desmartres, qui passait pour devoir un jour posséder des millions, et qui, par la simplicité de son caractère, était en péril de son salut. Il était alors à Paris dans la propre maison de son oncle avec ses cousins. Sa mère était morte, son père s'était remarié. Le jeune homme était majeur. Voilà une belle occasion de secourir le jeune Pierre-Joseph Desmartres contre une belle-mère et contre les illusions de la fortune et des plaisirs.

Quoique les abbayes fussent très-*analogues* à l'état et au goût de Claustre, il crut encore plus *analogue* de devenir le maître de tout le bien de ce facile Desmartres. C'était lui qui avait fourni un précepteur; il lui fournit bientôt un procureur. Voici comme il s'y prit.

D'abord, après deux petits stellionats faits au sieur Jean-François de Laborde, son bienfaiteur[1], il feint, en 1762, de se retirer à la Doctrine chrétienne; mais auparavant il avait jeté dans le cœur de Desmartres les soupçons d'avoir été lésé par son père et par son oncle. Ces soupçons étaient fortifiés par le procureur qui s'était joint à lui.

Quand il vit enfin toutes ses batteries préparées, il écrivit, le 8 septembre 1762, à la dame de Laborde, femme du sieur Jean-François, fermier général : « La religion m'a principalement déterminé à cette retraite. Notre état n'est pas de vivre dans le monde : et quand l'utilité du prochain ne nous retient plus, je crois que nous ne devons pas y rester. Un prêtre n'est pas fait pour avoir toujours ses aises (il entend les prêtres sans bénéfice) : une vie sobre, dure, doit être son partage s'il veut entrer dans l'esprit de son état. Je vais vivre dans une société de bons prêtres; tous mes vœux vont se tourner du côté de l'éternité. »

En se tournant vers l'*éternité*, il ne laissait pas de se tourner depuis longtemps vers Clermont en Auvergne, où demeurait mademoiselle sa nièce, fille d'un pauvre imprimeur nommé Boutaudon. Il fait venir à Paris Mlle Boutaudon, âgée alors de trente-quatre ans. Il la recommande d'abord aux charités et à la protection de tous les parents et de tous les amis du sieur de Laborde. Comme la nièce ne pouvait pas demeurer à la Doctrine chrétienne, il en sort pour aller loger avec elle dans l'île Saint-Louis; et il persuade au bon et facile Desmartres de venir s'établir dans ce quartier. « Vous demeurez, lui dit-il, auprès de votre oncle le fermier général; rien n'est plus dangereux pour l'innocence; les séductions du grand monde sont diaboliques. Retirez-vous dans l'île Saint-Louis, j'aurai soin de votre salut et de vos affaires. »

Desmartres se livre avec componction à ces remontrances. Le pieux Claustre lui trouve bien vite un appartement. Un heureux hasard fait rencontrer ensemble, quelque temps après, Mlle Boutaudon et le sieur Desmartres chez des gens de bien; le sieur Desmartres rend

---

1. Ils sont prouvés dans le mémoire de MM. les avocats L'Herminier, Cellier, et Tronchet.

de fréquentes visites à la provinciale, qui prend insensiblement un intérêt véritable à Desmartres. « Ma nièce n'est pas belle, lui disait quelquefois le convertisseur Claustre, mais elle est capable de rendre un mari heureux. Elle a peu d'esprit, mais le peu qu'elle a est bon, elle conduirait ses affaires avec beaucoup de prudence; et, entre nous, je vous souhaiterais une femme semblable à elle, une épouse selon le cœur de Dieu. »

Desmartres fit de profondes réflexions sur ces ouvertures; le bon cœur de la nièce les seconda. Desmartres avoua enfin à son directeur qu'il ne pouvait vivre sans Mlle Boutaudon, et qu'il voulait l'épouser. Claustre, tout étonné, lui dit qu'il ne parlait pas sérieusement. Mais, après quelques mûres réflexions, il lui conseilla, pour son bien, de prendre ce parti. Mademoiselle sa nièce, il est vrai, n'avait rien; mais son bon sens devait faire rentrer à son mari deux millions dont il avait été dépouillé dans sa minorité; ainsi elle apportait réellement deux millions en mariage. De plus, lui Claustre, devenant son oncle, était obligé, en conscience, d'intenter un procès à toute sa famille, et de faire tous ses efforts pour la ruiner et pour la déshonorer, ce qui serait un grand avantage pour les nouveaux mariés, et le tout pour la plus grande gloire de Dieu.

D'ailleurs Mlle Boutaudon était d'une des meilleures maisons auvergnaques. « Du côté paternel, dit-il, dans son Mémoire, page 16, elle est sœur, fille, petite-fille d'un imprimeur du roi; et du côté maternel, son trisaïeul, Noël Claustre, avait été soldat aux gardes de Catherine de Médicis. » De plus, un frère de la future était actuellement soldat; de sorte que tous les honneurs municipaux et militaires décoraient la famille. Le mal était que ce soldat risquait d'être pendu pour n'avoir pas obéi à deux sommations de revenir au régiment. Que fait Claustre? il va se jeter aux pieds de la dame Demarchais, fille de son bienfaiteur Jean-François de Laborde. Il obtient de sa générosité plus d'argent qu'il n'en faut pour acheter le congé de son neveu Boutaudon le guerrier; il garde le reste pour lui.

Enfin, le 8 avril 1766, les deux amants se marient dans la paroisse de Saint-Louis. Le sieur Desmartres avait alors trente-quatre ans; il pouvait contracter sans avertir ses parents. « Ce fut, dit Claustre, page 14, par un ordre singulier de la Providence, qui avait des desseins de justice et de miséricorde sur toutes les parties. » Il s'écrie, quelques lignes après : « Je ne conçois pas encore comment tout cela s'est opéré, mais j'ai dit souvent en moi-même, DIGITUS DEI EST HIC. » En effet, il n'eut pas de peine à persuader au sieur Desmartres fils que la Providence jetait des yeux très-attentifs sur son bien; et il eut une mission expresse de se rendre maître absolu de tout.

Dans les premiers transports de sa joie, il ne peut résister à la tentation de faire sentir son triomphe au sieur Jean-François de Laborde. Il lui écrit immédiatement après la célébration du mariage :

« MONSIEUR, Je suis chargé de vous annoncer un nouvel événement dans votre famille. M. votre neveu Desmartres s'est marié ce matin, et a épousé ma nièce, fille du sieur Boutaudon, imprimeur du roi à Clermont. Elle est à peu près de son âge; elle a de l'éducation, du bon sens, de l'intelligence dans les affaires : il y a lieu d'espérer qu'elle régira avec prudence les affaires de son mari, et qu'elle les défendra avec modération.

« Le sieur Delaune, procureur, est révoqué; je me mets à la tête des affaires en attendant que ma nièce en ait pu prendre connaissance; mais nous ne ferons rien sans un bon conseil.

« Serai-je assez heureux pour rétablir la bonne intelligence entre le père et le fils, entre l'oncle et le neveu? C'est ce que je désire le plus vivement, pour vous donner des marques de mon attachement.

« J'ai l'honneur d'être avec respect, etc. »

C'était un peu insulter le sieur Jean-François de Laborde et toute la famille. Mais les saints ont leurs faiblesses.

Voilà donc cet homme qui, ayant choisi une retraite chrétienne pour s'occuper uniquement de l'affaire de son salut, se met à la tête de celles du sieur Desmartres, et prend la place du procureur Delaune, pour intenter un procès criminel à presque toute la famille chez laquelle il a vécu vingt-deux ans entiers, comme le maître de la maison. Je dis un procès criminel, car c'en est un très-réellement d'accuser le père et l'oncle du sieur Desmartres de l'avoir dépouillé de son bien pendant sa minorité, de l'avoir volé, de l'avoir maltraité, d'avoir soustrait des pièces. C'est là ce que le saint chicaneur impute à la famille; c'est là sa doctrine chrétienne.

L'ardeur de son zèle l'enflamme au point qu'il veut embraser de la même charité jusqu'à la dame de La Flachère, sœur des sieurs de Laborde, et jusqu'à la dame de Cramayel, fille du fermier général. Il n'est rien qu'il ne tente, il n'est point de ressort qu'il ne fasse jouer pendant le cours du procès, pour attirer les deux dames dans son parti. C'est surtout à la dame de La Flachère qu'il s'adresse; c'était une femme chrétienne, vertueuse encore plus que dévote, aimant véritablement la paix et la justice.

La lettre qu'il lui écrivit, le 14 avril 1768, dans la plus grande chaleur du procès, est curieuse et mérite l'attention des juges.

LETTRE DE L'APOTRE CLAUSTRE A MADAME DE LA FLACHÈRE.

« Un ministre[1] du Seigneur que sa providence a constitué le défenseur d'un opprimé, ne doit négliger aucun des moyens humains qu'elle lui suggère pour arriver au but : il doit ne se lasser ni se rebuter de rien, quels que soient les obstacles qu'on lui oppose, les contradictions qu'on lui fasse essuyer, les dangers même auxquels il puisse être exposé : il doit, revêtu des armes de la vérité, combattre, sous l'auto-

1. Quel ministre ! un précepteur, régisseur de la terre de Cramayel, à douze cents livres de gages, qui séduit un fils de famille pour lui faire épouser sa nièce Boutaudon, à l'insu de ses parents !

rité des lois, à temps et à contre-temps, à droite et à gauche[1], avec la bonne et la mauvaise réputation.

« Vous avez de la religion, vous craignez Dieu; vous voulez lui plaire et vous sauver; vous vaquez assidûment à la prière, aux œuvres de charité; vous fréquentez les sacrements; vous venez de satisfaire au devoir pascal[2], et vous l'avez sans doute fait précéder d'un examen sérieux de votre conscience. Eh quoi! la conscience ne vous a rien reproché par rapport à M. Desmartres, votre neveu? Vous croyez pouvoir rester neutre dans ses différends avec messieurs vos frères?

« La nature a donné à un enfant, pour premiers défenseurs, ses père et mère; à leur défaut, ses oncles et ses tantes. Ici le père et l'oncle sont les oppresseurs du fils : c'est donc à la tante qu'est dévolu le soin de le défendre. Oui, madame, c'est pour vous un devoir devant Dieu et devant les hommes[3]. En vain direz-vous que votre neveu vous a dispensée de ce soin en se mariant sans votre aveu; l'omission d'un devoir de bienséance, surtout l'omission étant forcée, ne saurait vous dispenser d'une obligation que la nature vous impose indépendamment de la religion.

« Par votre silence vous avez enhardi les oppresseurs; vous avez approuvé les injustices que vous ne condamniez pas; vous y avez consenti. Vous êtes donc injuste vous-même. Or, ignorez-vous, madame, que les injustes n'entreront point dans le royaume des cieux[4]? *Premier scrupule*[5].

« Vous vous croyez en sûreté de conscience en ne prenant aucune part au procès. Quelle est donc votre morale ou votre religion? *Second scrupule*[6].

« Il y aura avant la Pentecôte deux nouveaux Mémoires imprimés, lesquels seront suivis de fort près par quatre autres Mémoires, tous destinés à traiter en particulier chacune de nos prétentions : ils seront courts afin qu'ils soient lus; mais ils n'en seront pas moins forts de choses. Nous avons fait des oppositions sur les biens de M. de Laborde, et les oppositions seront converties en saisies réelles au premier jugement que nous aurons. Les avocats, les procureurs, les huissiers, les notaires nous consomment en frais. C'est une perte réelle, une perte énorme, une perte certaine pour votre famille; perte qui ne se réparera jamais, quels que soient les vainqueurs. Vous auriez pu la prévenir, et vous la voyez faire tranquillement! vous laissez couler l'eau

---

1. Quel ministre du Seigneur, qui soutient qu'il faut plaider à contre-temps avec sa mauvaise réputation!
2. Quel ministre du Seigneur, qui veut persuader à Mme de la Flachère qu'elle doit entretenir le feu de la discorde dans la famille, parce qu'elle a fait ses pâques!
3. Quel ministre du Seigneur, qui dit que Dieu et les hommes exigent d'une tante qu'elle soutienne son neveu, qu'il a marié clandestinement malgré toute toute la famille!
4. Saint Paul, *aux Corinthiens*, VI; 9. (ÉD.)
5. Quel ministre du Seigneur, qui assure que Mme de La Flachère sera damnée pour n'avoir pas plaidé contre son frère!
6. Quel ministre du Seigneur! si on n'intente point un procès infâme à sa famille, on n'a point de religion.

sans faire aucun effort pour l'arrêter. L'incendie fait tous les jours de nouveaux progrès, et vous ne vous en mettez point en peine. Pouvez-vous croire que Dieu ne vous en demandera aucun compte? Quel aveuglement! quel oubli de la justice du Dieu que nous servons! Voilà, madame, *trois sujets de scrupule*, qu'une charité sacerdotale propose à vos méditations[1]. »

Ce n'est pas tout; il envoie cette lettre à la dame de Cramayel, au curé de Saint-Paul, et à trois ou quatre prêtres directeurs de dévotes qui ne manqueront pas de la répandre, qui formeront une pieuse cabale contre la famille Laborde, qui solliciteront les juges, qui animeront le public, en faveur de l'innocence opprimée par un fermier général. La cause va devenir celle de Dieu et celle du peuple; car on suppose toujours que ni l'un ni l'autre n'aiment les fermiers généraux.

Cette manœuvre n'était pas maladroite; mais Dieu ne l'a pas bénie comme l'espérait Claustre. Ce n'est pas assez, quand il s'agit d'un compté de tutelle, de parler de piété et de dévotion; il faut des faits vrais et des calculs justes. C'est précisément ce qui a manqué au zèle de l'abbé Claustre. Il se flattait que le sieur Jean-François de Laborde, principalement attaqué dans ce procès, étant âgé de quatre-vingts ans, succomberait à la faiblesse de son âge, et à la fatigue de rassembler un tas immense de papiers oubliés depuis longtemps, et peut-être égarés. Il était sûr de compromettre le frère avec sa sœur de La Flachère, le père avec sa fille de Cramayel. Il avait l'espérance de conduire au tombeau la vieillesse du sieur Jean-François de Laborde, et celle de sa sœur la dame de La Flachère; et c'est dans cette unique vue qu'il ne s'est pas trompé. L'un et l'autre sont morts, en effet, de chagrin; mais du moins ils ne sont morts qu'après avoir pleinement confondu leur adversaire, et après avoir obtenu des arrêts contre le calomniateur. Claustre n'était pas aussi exact qu'il était zélé. Ses mensonges étaient pieux, mais ils n'étaient pas fins.

Premier mensonge de Claustre. — Il redemandait pour le mari de sa nièce Boutaudon environ deux millions dont la mère de Desmartres avait hérité en Hollande. Mais, par les comptes juridiquement arrêtés, il se trouva que le bien de sa mère ne se montait à sa mort qu'à deux cent soixante-seize mille vingt livres, qui devaient être partagées entre Desmartres fils et sa sœur; et à la mort de la sœur ces deux cent soixante-seize mille vingt livres appartinrent au fils; mais sur ce bien il fallait payer au sieur Desmartres père douze mille livres de pension à lui léguées par sa femme, et trois mille livres de pension à lui léguées par sa fille avec d'autres dons. Ainsi voilà l'abbé Claustre

---

1. Quel ministre du Seigneur! comme il fête la Pentecôte! comme il est *fort de choses* ce petit Fontenelle! comme il mêle sagement l'inondation et l'incendie! comme il est éloquent, comme sa charité sacerdotale propose *trois* scrupules à une femme pieuse! On verra ci-dessous ses mensonges: ils surpassent de beaucoup le nombre des trois scrupules, de ce saint personnage. — Fontenelle, dans sa réponse à l'évêque de Luçon, successeur de La Motte à l'Académie française, le 6 mars 1732, avait appelé ce dernier un *poëte fort de choses*. (*Remarque de M. Beuchot.*)

bien loin de son compte. *Et nihil invenerunt viri divitiarum in manibus suis*[1].

Second mensonge de Claustre. — Il dit assez malignement que la bisaïeule de Desmartres fils, qui était hollandaise, mourut en 1728; et il le dit pour insinuer que des actes de 1729 n'étaient pas légitimes. Il ajoute que cette dame laissa une grosse succession. Il a été prouvé qu'elle était morte en 1730, que la succession était fort petite, et qu'il raisonnait fort mal.

Troisième mensonge de Claustre. — Il fait dire à Desmartres fils qu'on ne lui a pas rendu ses papiers à sa majorité; et il a été prouvé par acte juridique, du 13 mai 1761, que tous ses papiers lui avaient été rendus.

Quatrième mensonge de Claustre. — Il dit qu'on ne laisse jouir Desmartres fils que de dix mille livres de rente; que ce n'est pas assez pour lui Claustre et pour sa nièce Boutaudon; qu'il comptait sur un fonds de deux millions.

A l'égard de ces deux millions, il faut bien que Claustre et sa nièce Boutaudon s'en passent; mais il a été prouvé que le sieur Desmartres fils jouissait de quatorze mille livres de rente, provenantes de l'administration sage de son père, et qu'à la mort de ce père il jouira de quinze mille livres de pension qu'il est obligé de lui faire; ce qui composera environ trente mille livres de rente au sieur Desmartres fils. C'est un bien fort honnête; il y a beaucoup de gens d'esprit dans Paris qui n'en ont pas tant, et qui n'ont pas des Claustre pour directeurs de conscience et de finances.

Cinquième mensonge de Claustre. — Il fait dire à Desmartres fils qu'étant malade, en 1760, son père le força de faire un testament par lequel il instituait ce père son héritier universel; et il se trouve que ce testament fut fait le 11 avril 1757, dans la ville d'Aigueperse, son père étant alors à cent lieues de là; ce père Desmartres n'est point institué héritier universel, c'est l'oncle même Jean-François. Quand on a reproché à Claustre qu'il avait dit la chose qui n'est pas, il a répondu qu'on peut en user ainsi pour le bien des mineurs, que des patriarches ont fait des mensonges officieux; mais qu'en effet il a dit la vérité, puisqu'il y a un testament. Voilà le point principal; la date et le contenu ne sont que des accessoires.

Sixième mensonge de Claustre. — Nous passons quelques menues fraudes qui seraient excessivement ennuyeuses, et que les curieux peuvent voir dans les Mémoires imprimés; mais en voici une importante. Il accuse le sieur de Laborde, fermier général, d'avoir volé cinquante-huit mille livres, avec les arrérages, à sa belle-sœur, la dame Desmartres, mère du complaignant.

Voici le fait. La dame Desmartres, ayant conservé quelques incli-

1. *Ps.* LXXV, verset 6. (ÉD.)

nations de la Hollande, son pays, se plaisait quelquefois à mettre de l'argent dans le commerce de Cadix. Elle fit une avance de cinquante-huit mille livres sur des effets estimés soixante-sept mille, que le sieur Jean-François de Laborde envoyait à Buenos-Ayres, en 1731. Jean-François de Laborde perdit presque tout. Il ne reçut qu'en 1751 les faibles débris de cette espèce de banqueroute, et cependant il eut la générosité, dès 1744, de rembourser les 58 000 livres avec les intérêts. Alonzo Rubio de Rivas, et Bartolomé Pinto de Ribera, chargés de la commission de vendre au Pérou les effets du sieur de Laborde, s'en étaient fort mal acquittés, malgré leurs grands noms. Je n'en suis point étonné; ces messieurs m'ont causé, à moi qui vous parle, une perte de plus de cent mille livres; mais n'ayant point affaire à un dévot, je n'ai pas essuyé de procès pour surcroît de ma perte. Claustre, au contraire, a redemandé les 58 000 livres avec les intérêts, quoiqu'ils eussent été payés, et qu'on eût la quittance. Cela est effronté; mais il ne faut s'étonner de rien.

Septième mensonge de Claustre. — Il prétend que son Desmartres fils était abandonné de son père et de son oncle, et qu'on lui retenait son bien dans le temps même qu'il était majeur; mais une preuve qu'on ne lui retenait pas son bien, et qu'il en pouvait disposer, c'est qu'alors il se rendait caution de plusieurs emprunts que faisait son cousin Jean-Baptiste de Laborde, fils du fermier général Jean-François.

Huitième mensonge de Claustre. — Le prêtre ayant fait trois libelles contre le sieur Jean-François de Laborde, son bienfaiteur, en fait un quatrième contre son élève Jean-Benjamin de Laborde le fils, qui fut son bienfaiteur aussi dès qu'il eut atteint le moment de sa majorité. Dans ce libelle injurieux il étale des craintes chimériques sur les engagements pris par Pierre de Laborde Desmartres en faveur de son cousin germain Jean-Baptiste; engagements mutuels, remplis, acquittés, annulés; affaires nettes, affaires consommées. Il voudrait les faire revivre pour en faire naître quelque nouveau procès. Dans cette honnête intention, ne sachant comment s'y prendre, il avance que dans le temps du premier engagement des deux cousins, ils étaient tous deux majeurs. Il ment encore sans utilité et par pure habitude. Le premier engagement est du 18 février 1759. Or Benjamin ne fut majeur que le 5 septembre de cette année. Le lecteur se soucie fort peu, et moi aussi, du temps où les parties furent majeures; mais le public n'aime pas qu'un prêtre mente. Je hais ces mensonges sacrés plus que personne, parce que je sais ce qu'il m'en a coûté.

Neuvième mensonge de Claustre. — Ce bon prêtre, sachant bien que Pierre de Laborde Desmartres n'était pas si riche que Jean-François de Laborde, ancien fermier général, a voulu s'adresser à lui plutôt qu'à Pierre : il s'est imaginé qu'il pourrait le faire passer pour tuteur des enfants de sa sœur, et pour administrateur de leur bien, afin de pouvoir tomber sur lui. Il dirigeait ainsi ses attaques contre ceux qui étaient en état de payer la plus grosse rançon. Il s'est encore trompé dans cette supposition. Les accusateurs sont obligés d'avoir doublement raison, et Claustre a toujours tort.

Voici ce qu'il demandait avec discrétion :

58 000 livres qui avaient été payées.
10 388 livres aussi déjà payées.
77 155 livres aussi déjà payées en plusieurs articles.

Voici déjà une somme d'environ deux cent trente-neuf mille francs que ce Claustre, qui voulait passer sa vie à la Doctrine chrétienne, demandait pour lui et pour la demoiselle Boutaudon, sous le nom de sieur Desmartres fils qui n'en savait rien. Il y a encore d'autres articles; le tout monte à environ cent mille écus. Il a déjà été condamné d'une voix unanime aux requêtes du Palais sur presque tous les articles.

Conclusion. — Il y a deux sortes de justices, celle du barreau, et celle du public. Au barreau l'on est *débouté*, c'est-à-dire déchu de ses prétentions injustes, *debotat et debotavit;* le public juge l'hypocrisie, l'ingratitude, l'esprit de rapacité, et le mensonge. A quoi condamne-t-il un tel coupable? il le déboute de ses prétentions à la piété et à l'honneur; il lui conseille de retourner à la Doctrine chrétienne, de ne plus apporter le glaive[1]; mais la paix dans les familles, de ne plus diviser le fils et le père, la fille et la mère, la bru et la belle-mère. Cela est très-bon ailleurs, mais non dans un précepteur qui reçoit des gages; chaque chose, chaque homme doit être à sa place.

Tel est le précis très-informe de la cause célèbre ou non célèbre de l'abbé Claustre. Je n'ai pas l'honneur d'être de l'ordre des avocats, mais je suis de l'ordre de ceux qui aiment la vérité et l'équité.

1. Matth. x, 34, 35. (ÉD.)

TOUT EN DIEU,
COMMENTAIRE SUR MALEBRANCHE,
PAR L'ABBÉ DE TILLADET[1].
(1769.)

> In Deo vivimus, et movemur, et sumus. »
> Tout se meut, tout respire, et tout existe en Dieu.

Aratus, cité et approuvé par saint Paul[2], fit cette confession de foi chez les Grecs.

Le vertueux Caton dit la même chose dans Lucain :

« Jupiter est quodcumque vides; quocumque moveris. »
Phars., liv. IX, v. 580.

Malebranche est le commentateur d'Aratus, de saint Paul, et de Caton. Il a réussi en montrant les erreurs des sens et de l'imagination ; mais quand il a voulu développer cette grande vérité, que *Tout est en Dieu*, tous les lecteurs ont dit que le commentaire est plus obscur que le texte.

Avouons avec Malebranche que nous ne pouvons nous donner nos idées.

Avouons que les objets ne peuvent par eux-mêmes nous en donner ; car comment se peut-il qu'un morceau de matière ait en soi la vertu de produire dans moi une pensée ?

Donc l'Être éternel, producteur de tout, produit les idées, de quelque manière que ce puisse être.

Mais qu'est-ce qu'une idée ? qu'est-ce qu'une sensation, une volonté, etc. ? C'est moi apercevant, moi sentant, moi voulant.

On sait enfin qu'il n'y a pas plus d'être réel appelé *idée*, que d'être réel nommé *mouvement* ; mais il y a des corps mus.

De même, il n'y a point d'être réel particulier nommé *mémoire*, *imagination*, *jugement* ; mais nous nous souvenons, nous imaginons, nous jugeons.

Tout cela est d'une vérité incontestable.

Loi de la nature. — Maintenant, comment l'Être éternel et formateur produit-il tous ces modes dans les corps organisés ?

A-t-il mis deux êtres dans un grain de froment dont l'un fera germer l'autre ? A-t-il mis deux êtres dans un cerf dont l'un fera courir l'autre ? Non sans doute ; mais le grain est doué de la faculté de végéter, et le cerf, de celle de courir.

Qu'est-ce que la végétation ? c'est du mouvement dans la matière.

---

1. Voltaire. (Éd.)
2. *Acta apostol.*, chap. xvii, verset 28. (Éd.)

Quelle est cette faculté de courir? c'est l'arrangement des muscles qui, attachés à des os, conduisent en avant d'autres os attachés à d'autres muscles.

C'est évidemment une mathématique générale qui dirige toute la nature, et qui opère toutes les productions. Le vol des oiseaux, le nagement des poissons, la course des quadrupèdes, sont des effets démontrés des règles du mouvement connues.

La formation, la nutrition, l'accroissement, le dépérissement des animaux, sont de même des effets démontrés de lois mathématiques plus compliquées.

Les sensations, les idées de ces animaux, peuvent-elles être autre chose que des effets plus admirables de lois mathématiques plus subtiles?

Mécanique des sens. — Vous expliquez par ces lois comment un animal se meut pour aller chercher sa nourriture; vous devez donc conjecturer qu'il y a une autre loi par laquelle il a l'idée de sa nourriture, sans quoi il n'irait pas la chercher.

Dieu a fait dépendre de la mécanique toutes les actions de l'animal: donc Dieu a fait dépendre de la mécanique les sensations qui causent ces actions.

Il y a dans l'organe de l'ouïe un artifice bien sensible; c'est une hélice à tours anfractueux, qui détermine les ondulations de l'air vers une coquille formée en entonnoir; l'air pressé dans cet entonnoir entre dans l'os pierreux, dans le labyrinthe, dans le vestibule, dans la petite conque nommée *colimaçon*; il va frapper le tambour légèrement appuyé sur le marteau, l'enclume, et l'étrier, qui jouent légèrement en tirant ou en relâchant les fibres du tambour.

Cet artifice de tant d'organes, et de bien d'autres encore, porte les sons dans le cervelet; il y fait entrer les accords de la musique sans les confondre; il y introduit les mots qui sont les courriers des pensées, dont il reste quelquefois un souvenir qui dure autant que la vie.

Une industrie non moins merveilleuse lance dans vos yeux, sans les blesser, les traits de lumière réfléchis des objets: traits si déliés et si fins, qu'il semble qu'il n'y ait rien entre eux et le néant; traits si rapides, qu'un clin d'œil n'approche pas de leur vitesse. Ils peignent dans la rétine les tableaux dont ils apportent les contours. Ils y tracent l'image nette du quart du ciel.

Voilà des instruments qui produisent évidemment des effets déterminés et très-différents en agissant sur le principe des nerfs, de sorte qu'il est impossible d'entendre par l'organe de la vue, et de voir par celui de l'ouïe.

L'auteur de la nature aura-t-il disposé avec un art si divin ces instruments merveilleux, aura-t-il mis des rapports si étonnants entre les yeux et la lumière, entre l'air et les oreilles, pour qu'il ait encore besoin d'accomplir son ouvrage par un autre secours? La nature agit toujours par les voies les plus courtes : la longueur du procédé est une impuissance; la multiplicité des secours est une faiblesse.

Voilà tout préparé pour la vue et pour l'ouïe ; tout l'est pour les autres sens avec un art aussi industrieux. Dieu sera-t-il un si mauvais artisan, que l'animal formé par lui pour voir et pour entendre ne puisse cependant ni entendre ni voir si on ne met dans lui, un troisième personnage interne qui fasse seul ces fonctions? Dieu ne peut-il nous donner tout d'un coup les sensations, après nous avoir donné les instruments admirables de la sensation?

Il l'a fait, on en convient, dans tous les animaux ; personne n'est assez fou pour imaginer qu'il y ait dans un lapin, dans un lévrier, un être caché qui voie, qui entende, qui flaire, qui agisse pour eux.

La foule innombrable des animaux jouit de ses sens par des lois universelles ; ces lois sont communes à eux et à nous. Je rencontre un ours dans une forêt ; il a entendu ma voix comme j'ai entendu son hurlement ; il m'a vu avec ses yeux comme je l'ai vu avec les miens ; il a l'instinct de me manger comme j'ai l'instinct de me défendre, ou de fuir. Ira-t-on me dire : « Attendez, il n'a besoin que de ses organes pour tout cela ; mais pour vous, c'est autre chose ; ce ne sont point vos oreilles qui l'ont entendu, ce n'est pas le jeu de vos organes qui vous dispose à l'éviter ou à le combattre ; il faut consulter une petite personne qui est dans votre cervelet, sans laquelle vous ne pouvez ni voir ni entendre cet ours, ni l'éviter, ni vous défendre? »

Mécanique de nos idées. — Certes, si les organes donnés par la Providence universelle aux animaux leur suffisent, il n'y a nulle raison pour oser croire que les nôtres ne nous suffisent pas ; et qu'outre l'Artisan éternel et nous, il faut encore un tiers pour opérer.

S'il y a évidemment des cas où ce tiers vous est inutile, n'est-il pas absurde, au fond, de l'admettre dans d'autres cas? On avoue que nous faisons une infinité de mouvements sans le secours de ce tiers. Nos yeux, qui se ferment rapidement au subit éclat d'une lumière imprévue, nos bras et nos jambes, qui s'arrangent en équilibre par la crainte d'une chute, mille autres opérations démontrent au moins qu'un tiers ne préside pas toujours à l'action de nos organes.

Examinons tous les automates dont la structure interne est à peu près semblable à la nôtre ; il n'y a guère chez eux et chez nous que les nerfs de la troisième paire, et quelques-uns des autres paires qui s'insèrent dans des muscles obéissants aux désirs de l'animal ; tous les autres muscles qui servent aux sens, et qui travaillent au laboratoire chimique des viscères, agissent indépendamment de sa volonté. C'est une chose admirable, sans doute, qu'il soit donné à tous les animaux d'imprimer le mouvement à tous les muscles qui servent à les faire marcher, à resserrer, à étendre, à remuer les pattes ou les bras, les griffes ou les doigts, à manger, etc., et qu'aucun animal ne soit le maître de la moindre action du cœur, du foie, des intestins, de la route du sang qui circule tout entier environ vingt-cinq fois par heure dans l'homme.

Mais s'est-on bien entendu quand on a dit qu'il y a dans l'homme un petit être qui commande à des pieds et à des mains, et qui ne peut commander au cœur, à l'estomac, au foie, et au pancréas? et ce petit être n'existe ni dans l'éléphant, ni dans le singe, qui font usage de leurs membres extérieurs tout comme nous, et qui sont esclaves de leurs viscères tout comme nous?

On a été encore plus loin; on a dit : « Il n'y a nul rapport entre les corps et une idée, nul entre les corps et une sensation; ce sont choses essentiellement différentes; donc, ce serait en vain que Dieu aurait ordonné à la lumière de pénétrer dans nos yeux, et aux particules élastiques de l'air d'entrer dans nos oreilles pour nous faire voir et entendre, si Dieu n'avait mis dans notre cerveau un être capable de recevoir ces perceptions. Cet être, a-t-on dit, doit être simple; il est pur, intangible; il est en un lieu sans occuper d'espace; il ne peut être touché, et il reçoit des impressions; il n'a rien absolument de la matière, et il est continuellement affecté par la matière. »

Ensuite on a dit : « Ce petit personnage qui ne peut avoir aucune place, étant placé dans notre cerveau, ne peut, à la vérité, avoir par lui-même aucune sensation, aucune idée par les objets mêmes. Dieu a donc rompu cette barrière qui le sépare de la matière, et a voulu qu'il eût des sensations et des idées à l'occasion de la matière. Dieu a voulu qu'il vit quand notre rétine serait peinte, et qu'il entendît quand notre tympan serait frappé. Il est vrai que tous les animaux reçoivent leurs sensations sans les secours de ce petit être; mais il faut en donner un à l'homme : cela est plus noble; l'homme combine plus d'idées que les autres animaux, il faut donc qu'il ait ses idées et ses sensations autrement qu'eux. »

Si cela est, messieurs, à quoi bon l'Auteur de la nature a-t-il pris tant de peine? si ce petit être que vous logez dans le cervelet ne peut, par sa nature, ni voir ni entendre, s'il n'y a nulle proportion entre les objets et lui, il ne fallait ni œil ni oreille. Le tambour, le marteau, l'enclume, la cornée, l'uvée, l'humeur vitrée, la rétine, étaient absolument inutiles.

Dès que ce petit personnage n'a aucune connexion, aucune analogie, aucune proportion, avec aucun arrangement de matière, cet arrangement était entièrement superflu. Dieu n'avait qu'à dire : « Tu auras le sentiment de la vision, de l'ouïe, du goût, de l'odorat, du tact, sans qu'il y ait aucun instrument, aucun organe. »

L'opinion qu'il y a dans le cerveau humain un être, un personnage étranger qui n'est point dans les autres cerveaux, est donc au moins sujette à beaucoup de difficultés; elle contredit toute analogie, elle multiplie les êtres sans nécessité, elle rend tout l'artifice du corps humain un ouvrage vain et trompeur.

Dieu fait tout. — Il est sûr que nous ne pouvons nous donner aucune sensation; nous ne pouvons même en imaginer au delà de celles que nous avons éprouvées. Que toutes les académies de l'Europe proposent un prix pour celui qui imaginera un nouveau sens, jamais on ne gagnera ce prix. Nous ne pouvons donc rien purement par nous-mêmes, soit qu'il y ait un être invisible et intangible dans notre cervelet, soit qu'il n'y en ait pas. Et il faut convenir que, dans tous les systèmes, l'Auteur de la nature nous a donné tout ce que nous avons, organes, sensations, idées, qui en sont la suite.

Puisque nous sommes ainsi sous sa main, Malebranche, malgré toutes ses erreurs, a donc raison de dire philosophiquement que nous sommes dans Dieu, et que nous voyons tout dans Dieu, comme saint Paul le dit dans le langage de la théologie, et Aratus et Caton dans celui de la morale.

Que pouvons-nous donc entendre par ces mots *voir tout en Dieu* ? Ou ce sont des paroles vides de sens, ou elles signifient que Dieu nous donne toutes nos idées.

Que veut dire recevoir une idée? Ce n'est pas nous qui la créons quand nous la recevons; donc c'est Dieu qui la crée; de même que ce n'est pas nous qui créons le mouvement, c'est Dieu qui le fait. Tout est donc une action de Dieu sur les créatures.

Comment tout est-il action de Dieu? — Il n'y a dans la nature qu'un principe universel, éternel et agissant; il ne peut en exister deux; car ils seraient semblables ou différents. S'ils sont différents, ils se détruisent l'un l'autre; s'ils sont semblables, c'est comme s'il n'y en avait qu'un. L'unité de dessein dans le grand tout, infiniment varié, annonce un seul principe; ce principe doit agir sur tout être, ou il n'est plus principe universel.

S'il agit sur tout être, il agit sur tous les modes de tout être; il n'y a donc pas un seul mouvement, un seul mode, une seule idée, qui ne soit l'effet immédiat d'une cause universelle toujours présente.

Cette cause universelle a produit le soleil et les astres immédiatement. Il serait bien étrange qu'elle ne produisît pas en nous immédiatement la perception du soleil et des astres.

Si tout est toujours effet de cette cause, comme on n'en peut douter, quand ces effets ont-ils commencé? quand la cause a commencé d'agir. Cette cause universelle est nécessairement agissante, puisqu'elle agit, puisque l'action est son attribut, puisque tous ses attributs sont nécessaires; car s'ils n'étaient pas nécessaires, elle ne les aurait pas.

Elle a donc agi toujours. Il est aussi impossible de concevoir que l'Être éternel, essentiellement agissant par sa nature, eût été oisif une éternité entière, qu'il est impossible de concevoir l'être lumineux sans lumière.

Une cause sans effet est une chimère, une absurdité, aussi bien qu'un effet sans cause. Il y a donc eu éternellement, et il y aura toujours des effets de cette cause universelle.

Ces effets ne peuvent venir de rien; ils sont donc des émanations éternelles de cette cause éternelle.

La matière de l'univers appartient donc à Dieu tout autant que les idées, et les idées tout autant que la matière.

Dire que quelque chose est hors de lui, ce serait dire qu'il y a quelque chose hors de l'infini.

Dieu étant le principe universel de toutes les choses, .ouxes existent donc en lui et par lui.

Dieu inséparable de toute la nature. — Il ne faut pas inférer de là qu'il touche sans cesse à ses ouvrages par des volontés et des actions particulières. Nous faisons toujours Dieu à notre image. Tantôt nous le représentons comme un despote dans son palais, ordonnant à des domestiques, tantôt comme un ouvrier occupé des roues de sa machine. Mais un homme qui fait usage de sa raison peut-il concevoir Dieu autrement que comme un principe toujours agissant? S'il a été principe une fois, il l'est donc à tout moment; car il ne peut changer de nature. La comparaison du soleil et de sa lumière avec Dieu et ses productions est sans doute imparfaite; mais enfin elle nous donne une idée, quoique très-faible et fautive, d'une cause toujours subsistante et de ses effets toujours subsistants.

Enfin, je ne prononce le nom de Dieu que comme un perroquet ou un imbécile, si je n'ai pas l'idée d'une cause nécessaire, immense, agissante, présente à tous ses effets, en tout lieu, en tout temps.

On ne peut m'opposer les objections faites à Spinosa. On lui dit qu'il faisait un Dieu intelligent et brute, esprit et citrouille, loup et agneau, volant et volé, massacrant et massacré; que son Dieu n'était qu'une contradiction perpétuelle; mais ici on ne fait point Dieu l'universalité des choses : nous disons que l'universalité des choses émane de lui; et pour nous servir encore de l'indigne comparaison du soleil et de ses rayons, nous disons qu'un trait de lumière lancé du globe du soleil, et absorbé dans le plus infect des cloaques, ne peut laisser aucune souillure dans cet astre. Ce cloaque n'empêche pas que le soleil ne vivifie toute la nature dans notre globe.

On peut nous objecter encore que ce rayon est tiré de la substance même du soleil, qu'il en est une émanation, et que si les productions de Dieu sont des émanations de lui-même, elles sont parties de lui-même. Ainsi nous retomberions dans la crainte de donner une fausse idée de Dieu, de le composer de parties, et même de parties désunies, de parties qui se combattent. Nous répondrons ce que nous avons déjà dit, que notre comparaison est très-imparfaite, et qu'elle ne sert qu'à former une faible image d'une chose qui ne peut être représentée par des images. Nous pourrions dire encore qu'un trait de lumière, pénétrant dans la fange, ne se mêle point avec elle, et qu'elle y conserve son essence invisible; mais il vaut mieux avouer que la lumière la plus pure ne peut représenter Dieu. La lumière émane du soleil et tout émane de Dieu. Nous ne savons pas comment; mais nous ne pouvons, encore une fois, concevoir Dieu que comme l'Être nécessaire de qui tout émane. Le vulgaire le regarde comme un despote qui a des huissiers dans son antichambre.

Nous croyons que toutes les images sous lesquelles on a représenté ce principe universel, nécessairement existant par lui-même, nécessairement agissant dans l'étendue immense, sont encore plus erronées que la comparaison tirée du soleil et de ses rayons. On l'a peint assis sur les vents, porté dans les nuages, entouré des éclairs et des tonnerres, parlant aux éléments, soulevant les mers; tout cela n'est que l'expression de notre petitesse. Il est au fond très-ridicule de placer dans un brouillard, à une demi-lieue de notre petit globe, le principe éternel de tous les millions de globes qui roulent dans l'immensité. Nos éclairs et nos tonnerres, qui sont vus et entendus quatre ou cinq lieues à la ronde tout au plus, sont de petits effets physiques perdus dans le grand tout, et c'est ce grand tout qu'il faut considérer quand c'est Dieu dont on parle.

Ce ne peut être que la même vertu qui pénètre de notre système planétaire aux autres systèmes planétaires qui sont plus éloignés mille et mille fois de nous, que notre globe ne l'est de Saturne. Les mêmes lois éternelles régissent tous les astres; car si les forces centripètes et centrifuges dominent dans notre monde, elles dominent dans le monde voisin, et ainsi dans tous les univers. La lumière de notre soleil et de Sirius doit être la même; elle doit avoir la même ténuité, la même rapidité, la même force; s'échapper également en ligne droite de tous les côtés, agir également en raison directe du carré de la distance.

Puisque la lumière des étoiles, qui sont autant de soleils, vient à nous dans un temps donné, la lumière de notre soleil parvient à elles réciproquement dans un temps donné. Puisque ces traits, ces rayons de notre soleil, se réfractent, il est incontestable que les rayons des autres soleils, dardés de même dans leurs planètes, s'y réfractent précisément de la même façon s'ils y rencontrent les mêmes milieux[1].

Puisque cette réfraction est nécessaire à la vue, il faut bien qu'il y ait dans ces planètes des êtres qui aient la faculté de voir. Il n'est pas vraisemblable que ce bel usage de la lumière soit perdu pour les autres globes. Puisque l'instrument y est, l'usage de l'instrument doit y être aussi. Partons toujours de ces deux principes que rien n'est inutile, et que les grandes lois de la nature sont partout les mêmes; donc ces soleils innombrables, allumés dans l'espace, éclairent des planètes innombrables; donc leurs rayons y opèrent comme sur notre petit globe; donc des animaux en jouissent.

La lumière est de tous les êtres ou de tous les modes du grand Être celui qui nous donne l'idée la plus étendue de la Divinité, tout loin qu'elle est de la représenter.

En effet, après avoir vu les ressorts de la vie des animaux de notre globe, nous ne savons pas si les habitants des autres globes ont de tels organes. Après avoir connu la pesanteur, l'élasticité, les usages de notre atmosphère, nous ignorons si les globes qui tournent autour de Sirius ou d'Aldébaran sont entourés d'un air semblable au nôtre. Notre mer salée ne nous démontre pas qu'il y ait des mers dans ces autres

---

1. Cette conjecture de M. de Voltaire, que la lumière des étoiles est de la même nature que celle du soleil, a été rigoureusement vérifiée par les expériences de M. l'abbé Rochon, qui est parvenu à la décomposer. (*Éd. de Kehl.*)

planètes; mais la lumière se présente partout. Nos nuits sont éclairées d'une foule de soleils. C'est la lumière qui, d'un coin de cette petite sphère sur laquelle l'homme rampe, entretient une correspondance continuelle entre tous ces univers et nous. Saturne nous voit et nous voyons Saturne. Sirius, aperçu par nos yeux, peut aussi nous découvrir; il découvre certainement notre soleil, quoiqu'il y ait entre l'un et l'autre une distance qu'un boulet de canon, qui parcourt six cents toises par seconde, ne pourrait franchir en cent quatre milliards d'années.

La lumière est réellement un messager rapide qui court dans le grand tout de mondes en mondes. Elle a quelques propriétés de la matière, et des propriétés supérieures; et si quelque chose peut fournir une faible idée commencée, une notion imparfaite de Dieu, c'est la lumière; elle est partout comme lui; elle agit partout comme lui.

Résultat. — Il résulte, ce me semble, de toutes ces idées, qu'il y a un Être suprême, éternel, intelligent, d'où découlent en tout temps tous les êtres, et toutes les manières d'être dans l'étendue.

Si tout est émanation de cet Être suprême, la vérité, la vertu, en sont donc aussi des émanations.

Qu'est-ce que la vérité émanée de l'Être suprême? La vérité est un mot général, abstrait, qui signifie les choses vraies. Qu'est-ce qu'une chose vraie? Une chose existante, ou qui a existé, et rapportée comme telle. Or, quand je cite cette chose, je dis vrai : mon intelligence agit conformément à l'intelligence suprême.

Qu'est-ce que la vertu? un acte de ma volonté qui fait du bien à quelqu'un de mes semblables. Cette volonté est émanée de Dieu, elle est conforme alors à son principe.

Mais le mal physique et le mal moral viennent donc aussi de ce grand Être, de cette cause universelle de tout effet?

Pour le mal physique, il n'y a pas un seul système, pas une seule religion qui n'en fasse Dieu auteur. Que le mal vienne immédiatement ou médiatement de la première cause, cela est parfaitement égal. Il n'y a que l'absurdité du manichéisme qui sauve Dieu de l'imputation du mal; mais une absurdité ne prouve rien. La cause universelle produit les poisons comme les aliments, la douleur comme le plaisir. On ne peut en douter.

Il était donc nécessaire qu'il y eût du mal? Oui, puisqu'il y en a. Tout ce qui existe est nécessaire; car quelle raison y aurait-il de non existence?

Mais le mal moral, les crimes! Néron, Alexandre VI! Eh bien! la terre est couverte de crimes comme elle l'est d'aconit, de ciguë, d'arsenic; cela empêche-t-il qu'il y ait une cause universelle? Cette existence d'un principe dont tout émane est démontrée; je suis fâché des conséquences. Tout le monde dit: «Comment sous un Dieu bon y a-t-il tant de souffrances?» Et là-dessus chacun bâtit un roman métaphysique; mais aucun de ces romans ne peut nous éclairer sur l'origine des maux, et aucun ne peut ébranler cette grande vérité, que tout émane d'un principe universel.

Mais si notre raison est une portion de la raison universelle, si notre intelligence est une émanation de l'Être suprême, pourquoi cette raison ne nous éclaire-t-elle pas sur ce qui nous intéresse de si près? Pourquoi ceux qui ont découvert toutes les lois du mouvement, et la marche des lunes de Saturne, restent-ils dans une si profonde ignorance de la cause de nos maux? C'est précisément parce que notre raison n'est qu'une très-petite portion de l'intelligence du grand Être.

On peut dire hardiment et sans blasphème qu'il y a de petites vérités que nous savons aussi bien que lui; par exemple, que trois est la moitié de six, et même que la diagonale d'un carré partage ce carré en deux triangles égaux, etc. L'Être souverainement intelligent ne peut savoir ces petites vérités, ni plus lumineusement, ni plus clairement que nous; mais il y a une suite infinie de vérités, et l'Être infini peut seul comprendre cette suite.

Nous ne pouvons être admis à tous ses secrets, de même que nous ne pouvons soulever qu'une quantité déterminée de matière.

Demander pourquoi il y a du mal sur la terre, c'est demander pourquoi nous ne vivons pas autant que les chênes.

Notre portion d'intelligence invente des lois de société bonnes ou mauvaises; elle se fait des préjugés ou utiles ou funestes; nous n'allons guère au delà. Le grand Être est fort, mais les émanations sont nécessairement faibles. Servons-nous encore de la comparaison du soleil. Ses rayons réunis fondent les métaux; mais quand vous réunissez ceux qu'il a dardés sur le disque de la lune, ils n'excitent pas la plus légère chaleur.

Nous sommes aussi nécessairement bornés que le grand Être est nécessairement immense.

Voilà tout ce que me montre ce faible rayon de lumière émané dans moi du soleil des esprits; mais sachant combien ce rayon est peu de chose, je soumets incontinent cette faible lueur aux clartés supérieures de ceux qui doivent éclairer mes pas dans les ténèbres de ce monde.

DE LA PAIX PERPÉTUELLE,

PAR LE DOCTEUR GOODHEART.

TRADUCTION DE M. CHAMBON.

(1769.)

I. La seule paix perpétuelle qui puisse être établie chez les hommes est la tolérance; la paix imaginée par un Français, nommé l'abbé de Saint-Pierre, est une chimère qui ne subsistera pas plus entre les princes qu'entre les éléphants et les rhinocéros, entre les loups et les chiens. Les animaux carnassiers se déchireront toujours à la première occasion [1].

II. Si on n'a pu bannir du monde le monstre de la guerre, on est parvenu à le rendre moins barbare : nous ne voyons plus aujourd'hui les Turcs faire égorger un Bragadini, gouverneur de Famagouste, pour avoir bien défendu sa place contre eux. Si on fait un prince prisonnier, on ne le charge point de fers, on ne le plonge point dans un cachot, comme Philippe, surnommé *Auguste*, en usa avec Ferrand, comte de Flandre, et comme un Léopold d'Autriche traita plus lâchement encore notre Richard Cœur-de-Lion. Les supplices de Conradin, légitime roi de Naples, et de son cousin, ordonnés par un tyran vassal, autorisés par un prêtre souverain, ne se renouvellent plus : il n'y a plus de Louis XI surnommé *très-chrétien* ou *Phalaris*, qui fasse bâtir des oubliettes, qui érige un taurobole dans les halles, et qui arrose de jeunes princes souverains [2] du sang de leur père : nous ne voyons plus les horreurs de la *rose rouge* et de la *rose blanche*, ni les têtes couronnées tomber dans notre île sous la hache des bourreaux; l'humanité semble succéder enfin à la férocité des princes chrétiens; ils n'ont pas la coutume de faire assassiner des ambassadeurs qu'ils soupçonnent ourdir quelques trames contre leurs intérêts, ainsi que Charles-Quint fit tuer les deux ministres de François Ier, Rincon et Frégose; personne ne fait plus la guerre comme ce fameux bâtard du pape Alexandre VI, qui se servit du poison, du stylet, et de la main des bourreaux plus que de son épée : les lettres ont enfin adouci les mœurs. Il y a bien moins de cannibales dans la chrétienté qu'autrefois; c'est

---

1. Le projet d'une paix perpétuelle est absurde, non en lui-même, mais de la manière qu'il a été proposé. Il n'y aura plus de guerre d'ambition ou d'humeur, lorsque tous les hommes sauront qu'il n'y a rien à gagner dans les guerres les plus heureuses, que pour un petit nombre de généraux ou de ministres; parce qu'alors tout homme qui entreprendrait la guerre par ambition ou par humeur serait regardé comme l'ennemi de toutes les nations, et qu'au lieu de fomenter des troubles chez ses voisins, chaque peuple emploierait ses forces pour les apaiser : lorsque tous les peuples seront convaincus que l'intérêt de chacun est que le commerce soit absolument libre, il n'y aura plus de guerre de commerce; lorsque tous les hommes conviendront que si l'héritage d'un prince est contesté, c'est aux habitants de ses États à juger le procès entre les compétiteurs, il n'y aura plus de guerre pour les successions ou d'antiques prétentions. Alors les guerres devenant extrêmement rares, les auteurs des guerres étant souvent punis, on pourrait dire : « Les hommes jouissent d'une paix perpétuelle, » comme on dit qu'ils jouissent de la sûreté dans les États policés quoiqu'il s'y commette quelquefois des assassinats.

L'établissement d'une diète européenne pourrait être très-utile pour juger différentes contestations sur la restitution des criminels, sur les lois du commerce, sur les principes d'après lesquels doivent être décidés certains procès où l'on invoque les lois de différentes nations. Les souverains conviendraient d'un code d'après lequel ces contestations seraient décidées, et s'engageraient à se soumettre à ses décisions, ou à en appeler à leur épée ; condition nécessaire pour qu'un tel tribunal puisse s'établir, puisse être durable et utile. On peut persuader à un prince qui dispose de deux cent mille hommes qu'il n'est pas de son intérêt de défendre ses droits ou ses prétentions par la force; mais il est absurde de lui proposer d'y renoncer. (*Éd. de Kehl.*)

2. C'étaient les enfants du comte d'Armagnac.

toujours une consolation dans l'horrible fléau de la guerre, qui ne laisse jamais l'Europe respirer vingt ans en repos.

III. Si la guerre même est devenue moins barbare, le gouvernement de chaque État semble devenir aussi moins inhumain et plus sage. Les bons écrits faits depuis quelques années ont percé dans toute l'Europe, malgré les satellites du fanatisme qui gardaient tous les passages. La raison et la pitié ont pénétré jusqu'aux portes de l'inquisition. Les actes d'anthropophages, qu'on appelait actes de foi, ne célèbrent plus si souvent le Dieu de miséricorde à la lumière des bûchers et parmi les flots de sang répandus par les bourreaux. On commence à se repentir en Espagne d'avoir chassé les Maures qui cultivaient la terre; et s'il était question de révoquer aujourd'hui l'édit de Nantes, personne n'oserait proposer une injustice si funeste.

IV. Si le monde n'était composé que d'une horde sauvage, vivant de rapines, un fripon ambitieux serait excusable peut-être de tromper cette horde pour la civiliser, et d'emprunter le secours des prêtres. Mais qu'arriverait-il? bientôt les prêtres subjugueraient cet ambitieux lui-même; et il y aurait entre sa postérité et eux une haine éternelle, tantôt cachée, tantôt ouverte : cette manière de civiliser une nation serait en peu de temps pire que la vie sauvage. Quel homme en effet n'aimerait pas mieux aller à la chasse avec les Hottentots et les Cafres, que de vivre sous des papes tels que Sergius III, Jean X, Jean XI, Jean XII, Sixte IV, Alexandre VI, et tant d'autres monstres de cette espèce? Quelle nation sauvage s'est jamais souillée du sang de cent mille manichéens, comme l'impératrice Théodora? Quels Iroquois, quels Algonquins ont à se reprocher des massacres religieux tels que la Saint-Barthélemy, la guerre sainte d'Irlande, les meurtres saints de la croisade de Montfort, et cent abominations pareilles, qui ont fait de l'Europe chrétienne un vaste échafaud couvert de prêtres, de bourreaux et de patients? L'intolérance chrétienne a seule causé ces horribles désastres ; il faut donc que la tolérance les répare.

V. Pourquoi le monstre de l'intolérantisme habita-t-il dans la fange des cavernes habitées par les premiers chrétiens? Pourquoi, de ces cloaques où il se nourrissait, passa-t-il dans les écoles d'Alexandrie, où ces demi-chrétiens demi-juifs enseignèrent? pourquoi s'établit-il bientôt dans les chaires épiscopales, et siégea-t-il enfin sur le trône à côté des rois, qui furent obligés de lui faire place, et qui souvent furent précipités par lui du haut de leur trône? Avant que ce monstre naquît, jamais il n'y avait eu de guerres religieuses sur la terre; jamais aucune querelle sur le culte. Rien n'est plus vrai; et les plus déterminés imposteurs qui écrivent encore aujourd'hui contre la tolérance n'oseraient contrarier cette vérité.

VI. Les Égyptiens semblent être les premiers qui ont donné l'idée de l'intolérance; tout étranger était impur chez eux, à moins qu'il ne se fît associer à leurs mystères : on était souillé en mangeant dans un plat dont il s'était servi, souillé en le touchant, souillé même quelquefois en lui parlant. Ce misérable peuple, fameux seulement pour avoir employé ses bras à bâtir les pyramides, les palais et les temples de ses tyrans, toujours subjugué par tous ceux qui vinrent l'attaquer, a payé bien cher son intolérantisme, et est devenu le plus méprisé de tous les peuples après les Juifs.

VII. Les Hébreux, voisins des Égyptiens, et qui prirent une grande partie de leurs rites, imitèrent leur intolérance, et la surpassèrent; cependant il n'est point dit dans leurs histoires que jamais le petit pays de Samarie ait fait la guerre au petit pays de Jérusalem uniquement par principe de religion. Les Hébreux juifs ne dirent point aux Samaritains : «Venez sacrifier sur la montagne Moriah, ou je vous tue»; les Juifs samaritains ne dirent point : «Venez sacrifier à Garizim, ou je vous extermine.» Ces deux peuples se détestaient comme voisins, comme hérétiques, comme gouvernés par de petits roitelets dont les intérêts étaient opposés; mais, malgré cette haine atroce, on ne voit pas que jamais un habitant de Jérusalem ait voulu contraindre un citoyen de Samarie à changer de secte : je consens qu'un imbécile me haïsse, mais je ne veux pas qu'il me subjugue et me tue. Le ministre Louvois disait aux plus savants hommes qui fussent en France : «Croyez à la transsubstantiation, dont je me moque entre les bras de Mme Dufresnoi, ou je vous ferai rouer.» Les Juifs, tout barbares qu'ils étaient, n'ont point approché de cette abomination despotique.

VIII. Les Tyriens donnèrent aux Juifs un grand exemple, dont cette horde, nouvellement établie auprès d'eux, ne profita pas; ils portèrent la tolérance, avec le commerce et les arts, chez toutes les nations. Les Hollandais de nos jours pourraient leur être comparés, s'ils n'avaient pas à se reprocher leur concile de Dordrecht contre les bonnes œuvres, et le sang du respectable Barneveldt condamné à l'âge de soixante et onze ans pour avoir *contristé au possible l'Église de Dieu*. O hommes! ô monstres! des marchands calvinistes, établis dans des marais, insultent au reste de l'univers! Il est vrai qu'ils expient ce crime en reniant la religion chrétienne au Japon.

IX. Les anciens Romains et les anciens Grecs, aussi élevés au-dessus des autres hommes que leurs successeurs sont rabaissés au-dessous, se signalèrent par la tolérance comme par les armes, par les beaux-arts, et par les lois.

Les Athéniens érigèrent un temple à Socrate, et condamnèrent à mort les juges iniques qui avaient empoisonné ce vieillard respectable, ce Barneveldt d'Athènes. Il n'y a pas un seul exemple d'un Romain persécuté pour ses opinions, jusqu'au temps où le christianisme vint combattre les dieux de l'empire. Les stoïciens et les épicuriens vivaient paisiblement ensemble. Pesez cette grande vérité, chétifs magistrats de nos pays barbares, dont les Romains furent les conquérants et les législateurs; rougissez, Séquanais, Septimaniens, Cantabres, et Allobroges.

X. Il est constant que les Romains tolérèrent jusqu'aux infâmes superstitions des Égyptiens et des Juifs; et dans le temps même que Titus prenait Jérusalem, dans le temps même qu'Adrien la détruisait, les Juifs avaient dans Rome une synagogue : il leur était permis de vendre des haillons, et de célébrer leur pâque, leur pentecôte, leurs tabernacles : on les méprisait, mais on les souffrait. Pourquoi les Romains oublièrent-ils leur indulgence ordinaire jusqu'à faire mourir quelquefois des chrétiens pour lesquels ils avaient autant de mépris que pour les Juifs? Il est vrai qu'il y en eut très-peu d'envoyés au supplice. Origène lui-même l'avoue dans son troisième livre contre Celse, en ces propres mots : « Il y a eu très-peu de martyrs, et encore de loin en loin; cependant, dit-il, les chrétiens ne négligent rien pour faire embrasser leur religion par tout le monde; ils courent dans les villes, dans les bourgs, dans les villages. » Mais enfin il est vrai qu'il y eut quelques chrétiens d'exécutés à mort : voyons donc s'ils furent punis comme chrétiens ou comme factieux.

Faire périr un homme dans les tortures, uniquement parce qu'il ne pense pas comme nous, est une abomination dont les anthropophages même ne sont pas capables. Comment donc les Romains, ces grands législateurs, auraient-ils fait une loi de ce crime? On répondra que les chrétiens ont commis tant de fois cette horreur, que les anciens Romains peuvent aussi s'en être souillés. Mais la différence est sensible. Les chrétiens, qui ont massacré une multitude innombrable de leurs frères, étaient possédés d'une violente rage de religion; ils disaient : « Dieu est mort pour nous, et les hérétiques le crucifient une seconde fois : vengeons par leur sang le sang de Jésus-Christ. » Les Romains n'ont jamais eu une telle extravagance. Il est évident que s'il y eut quelques persécutions, ce fut pour réprimer un parti, et non pour abolir une religion.

XI. Rapportons-nous-en à Tertullien lui-même. Jamais homme n'écrivit avec plus de violence; les *Philippiques* de Cicéron contre Antoine sont des compliments en comparaison des injures que cet Africain prodigue à la religion de l'empire, et des reproches qu'il fait aux mœurs de ses maîtres. On accusait les chrétiens de boire du sang, parce qu'en effet ils figuraient le sang de Jésus-Christ par le vin qu'ils buvaient dans leur cène; il récrimine en accusant les dames romaines d'avaler une liqueur plus précieuse que le sang de leurs amants, une chose que je ne puis nommer, et qui doit former un jour des hommes : *Quia futurum sanguinem lambunt.* Chap. IX.

Tertullien ne se borne pas, dans son *Apologétique*, à dire qu'il faut tolérer la religion chrétienne; il fait entendre en cent endroits qu'elle doit régner seule, qu'elle est incompatible avec les autres.

Celui qui veut être admis dans ma maison y sera reçu s'il est sage et utile; mais celui qui n'y entre que pour m'en chasser est un ennemi dont je dois me défaire. Il est évident que les chrétiens voulaient chasser les enfants de la maison; il était donc très-juste de les réprimer : on ne punissait pas le christianisme, mais la faction intolérante ; et encore la punissait-on si rarement qu'Origène et Tertullien, les deux plus violents déclamateurs, sont morts dans leur lit. Nous ne voyons aucun de ceux qu'on appelait papes de Rome supplicié sous les premiers césars. Ils étaient intolérants et tolérés dans la capitale du monde. La misérable équivoque du mot *martyr* ne doit point faire croire que le pape Télesphore ait été supplicié. *Martyr* signifiait témoin, confesseur.

XII. Pour bien connaître l'intolérance des premiers chrétiens, ne nous en rapportons qu'à eux-mêmes. Ouvrons ce fameux *Apologétique* de Tertullien, nous y verrons la source de la haine des deux partis. Tous deux croyaient fermement à la magie ; c'était l'erreur générale de l'antiquité, depuis l'Euphrate et le Nil jusqu'au Tibre. On imputait à des êtres inconnus les maladies inconnues qui affligeaient les hommes : plus la nature était ignorée, plus le surnaturel était en vogue. Chaque peuple admettait des démons, des génies malfaisants ; et partout il y avait des charlatans qui se vantaient de chasser les démons avec des paroles. Les Égyptiens, les Chaldéens, les Syriens, les Juifs, les prêtres grecs et romains, avaient tous leur formule particulière. On opérait des prodiges en Égypte et en Phénicie en prononçant le mot *Iao*, *Jéhova*, de la manière dont on le prononce dans le ciel. On faisait plusieurs conjurations par le moyen du mot *Abraxas*. On chassait par la parole tous les mauvais démons qui tourmentaient les hommes. Tertullien ne conteste pas le pouvoir des démons. « Apollon, dit-il dans son chapitre XXII, devina que Crésus faisait cuire dans son palais, en Lydie, une tortue avec un agneau dans une marmite d'airain. Pourquoi en fut-il si bien informé ? c'est qu'il alla en Lydie en un clin d'œil, et qu'il en revint de même. »

Tertullien n'en savait pas assez pour nier ce ridicule oracle ; il était si ignorant qu'il en rendait raison et qu'il l'expliquait. « Les démons, continue-t-il, séjournent dans l'air entre les nuées et les astres. Ils annoncent la pluie quand ils voient qu'elle est prête à tomber, et ils ordonnent des remèdes pour des maladies qu'eux-mêmes ont envoyées aux hommes. »

Ni lui ni aucun Père de l'Église ne contestent le pouvoir de la magie ; mais tous prétendent chasser les démons par un pouvoir supérieur. Tertullien s'exprime ainsi : « Qu'on amène un possédé du diable devant votre tribunal ; si quelque chrétien lui commande de parler, ce démon avouera qu'il n'est qu'un diable, quoique ailleurs il soit un dieu. Que votre vierge céleste qui promet les pluies, qu'Esculape qui guérit les hommes, comparaissent devant un chrétien ; si dans le moment il ne les force pas d'avouer qu'ils sont des diables, répandez le sang de ce chrétien téméraire. »

Quel homme sage ne sera pas convaincu, en lisant ces paroles, que Tertullien était un insensé qui voulait l'emporter sur d'autres insensés, et qui prétendait avoir le privilége exclusif du fanatisme ?

XIII. Les magistrats romains étaient, sans doute, bien excusables aux yeux des hommes, de regarder le christianisme comme une faction dangereuse à l'empire. Ils voyaient des hommes obscurs s'assembler secrètement, et on les entendait ensuite déclamer hautement contre tous les usages reçus à Rome. Ils avaient forgé une quantité incroyable de fausses légendes. Que pouvait penser un magistrat quand il voyait tant d'écrits supposés, tant d'impostures appelées par les chrétiens eux-mêmes *fraudes*, et colorées du nom de *fraudes pieuses* ? *Lettres de Pilate à Tibère* sur la personne de Jésus; *Actes de Pilate*; *Lettres de Tibère au sénat et du sénat à Tibère*, à propos de Jésus; *Lettres de Paul à Sénèque et de Sénèque à Paul*; *Combat de Pierre et de Simon devant Néron*; prétendus vers des sibylles; plus de cinquante Évangiles tous différents les uns des autres, et chacun d'eux forgé pour le canton où il était reçu; une demi-douzaine d'Apocalypses qui ne contenaient que des prédictions contre Rome, etc., etc.

Quel sénateur, quel jurisconsulte n'eût pas reconnu à ces traits une faction pernicieuse? La religion chrétienne est sans doute céleste; mais aucun sénateur romain n'aurait pu le deviner.

XIV. Un Marcel, en Afrique, jette son ceinturon par terre, brise son bâton de commandement, à la tête de sa troupe, et déclare qu'il ne veut plus servir que le Dieu des chrétiens; on fait un saint de ce séditieux !

Un diacre nommé Laurent, au lieu de contribuer comme un citoyen aux nécessités de l'empire, au lieu de payer au préfet de Rome l'argent qu'il a promis, lui amène des borgnes et des boiteux; et on fait un saint de ce téméraire !

Polyeucte, emporté par le fanatisme le plus punissable, brise les vases sacrés, les statues d'un temple où l'on rendait grâces au ciel pour la victoire de l'empereur; et on fait un saint de ce perturbateur du repos public, criminel de lèse-majesté !

Un Théodore, imitateur d'Érostrate, brûle le temple de Cybèle dans Amasie en 305; et on fait un saint de cet incendiaire ! Les empereurs et le sénat, qui n'étaient pas illuminés par la foi, ne pouvaient donc s'empêcher de regarder le christianisme comme une secte intolérante et comme une faction téméraire qui, tôt ou tard, aurait des suites funestes au genre humain.

XV. Un jour un Juif de bon sens et un chrétien comparurent devant un sénateur éclairé, en présence du sage Marc-Aurèle, qui voulait s'instruire de leurs dogmes. Le sénateur les interrogea l'un après l'autre.

Le sénateur au chrétien. — Pourquoi troublez-vous la paix de l'empire? pourquoi ne vous contentez-vous pas, comme les Syriens, les Égyptiens et les Juifs, de pratiquer tranquillement vos rites? pourquoi voulez-vous que votre secte anéantisse toutes les autres?

Le chrétien. — C'est qu'elle est la seule véritable. Nous adorons un Dieu juif, né dans un village de Judée, sous l'empereur Auguste, l'an de Rome 752 ou 756; son père et sa mère furent inscrits, selon le divin saint Luc, dans ce village, lorsque l'empereur fit faire le dénombrement de tout l'univers, Cyrenius étant alors gouverneur de Syrie.

Le sénateur. — Votre Luc vous a trompés. Cyrenius ne fut gouverneur de Syrie que dix ans après l'époque dont vous parlez : c'était Quintilius Varus qui était alors proconsul de Syrie ; nos annales en font foi (1). Jamais Auguste n'eut le dessein extravagant de faire un dénombrement de l'univers : jamais même il n'y eut sous son règne un recensement entier des citoyens romains. Quand même on en aurait fait un, il n'aurait pas eu lieu en Judée, qui était gouvernée par Hérode, tributaire de l'empire, et non par des officiers de César. Le père et la mère de votre Dieu étaient, dites-vous, des habitants d'un village juif ; ils n'étaient donc pas citoyens romains : ils ne pouvaient être compris dans le cens.

Le chrétien. — Notre Dieu n'avait point de père juif. Sa mère était vierge. Ce fut Dieu même qui l'engrossa par l'opération d'un esprit, qui était Dieu aussi, sans que la mère cessât d'être pucelle. Et cela est si vrai, que trois rois ou trois philosophes vinrent de l'Orient pour l'adorer dans l'étable où il naquit, conduits par une étoile nouvelle qui voyagea avec eux.

Le sénateur. — Vous voyez bien, mon pauvre homme, qu'on s'est moqué de vous. S'il avait paru alors une étoile nouvelle, nous l'aurions vue ; toute la terre en aurait parlé : tous les astronomes auraient calculé ce phénomène.

Le chrétien. — Cela est pourtant dans nos livres sacrés.

Le sénateur. — Montrez-moi vos livres.

Le chrétien. — Nous ne les montrons point aux profanes, aux impies ; vous êtes un profane et un impie, puisque vous n'êtes point de notre secte. Nous avons très-peu de livres ; ils restent entre les mains de nos maîtres. Il faut être initié pour les lire. Je les ai lus, et si Sa Majesté Impériale le permet, je vais vous en rendre compte en sa présence : elle verra que notre secte est la raison même.

Le sénateur. — Parlez, l'empereur vous l'ordonne, et je veux bien oublier qu'en digne chrétien que vous êtes vous m'avez appelé impie.

Le chrétien. — Oh ! seigneur, impie n'est pas une injure ; cela peut signifier un homme de bien qui a le malheur de n'être pas de notre avis. Mais pour obéir à l'empereur, je vais dire tout ce que je sais.

Premièrement, notre Dieu naquit d'une femme pucelle qui descendait de quatre prostituées : Bethsabée, qui se prostitua à David ; Thamar, qui se prostitua à Juda le patriarche ; Ruth, qui se prostitua au vieux Booz, et la fille de joie Rahab, qui se prostituait à tout le monde ; le tout pour faire voir que les voies de Dieu ne sont pas celles des hommes.

Secondement, vous devez savoir que notre Dieu mourut par le der-

(1) *Histoire romaine.*

hier supplice, puisque c'est vous qui l'avez fait mettre en croix comme un esclave et un voleur; car les Juifs n'avaient pas alors le droit du glaive; c'était Pontius Pilatus qui gouvernait Jérusalem au nom de l'empereur Tibère : vous n'ignorez pas que ce Dieu ayant été pendu publiquement ressuscita secrètement; mais ce que vous ne savez peut-être pas, c'est que sa naissance, sa vie, sa mort, avaient été prédites par tous les prophètes juifs : par exemple, nous voyons clair comme le jour lorsqu'un Isaïe dit, sept[2] ou quatorze cents ans avant la naissance de notre Dieu : « Une fille ou femme va faire un enfant qui mangera du beurre et du miel, et il s'appellera Emmanuel; » cela veut dire que Jésus sera Dieu.

Il est dit, dans une de nos histoires[3], que Juda serait comme un jeune lion qui s'étendrait sur sa proie, et que la Vierge ne sortirait point des cuisses de Juda jusqu'à ce que Shilo parût. Tout l'univers avouera que chacune de ces paroles prouve que Jésus est Dieu. Ces autres paroles remarquables[4], *il lie son ânon à la vigne*, démontrent par surabondance de droit que Jésus est Dieu.

Il est vrai qu'il ne fut pas Dieu tout d'un coup, mais seulement fils de Dieu. Sa dignité a été bientôt augmentée, quand nous avons fait connaissance avec quelques platoniciens dans Alexandrie. Ils nous ont appris ce que c'était que le verbe dont nous n'avions jamais entendu parler, et que Dieu faisait tout par son *verbe*, par son *logos*; alors Jésus est devenu le *logos* de Dieu; et comme l'homme et la parole sont la même chose, il est clair que Jésus étant *verbe* est Dieu manifestement.

Si vous nous demandez pourquoi Dieu est venu se faire supplicier en Judée, il est avéré que c'est pour ôter le péché de la terre : car depuis son exécution, personne n'a commis la plus petite faute parmi ses élus. Or ses élus, du nombre desquels je suis, composent tout le monde; le reste est un ramas de réprouvés qui doit être compté pour rien. Le monde n'a été créé que pour les élus; notre religion remonte à l'origine du monde, car elle est fondée sur la juive qu'elle détruit, laquelle juive est fondée sur celle d'un Chaldéen nommé Abraham : la religion d'Abraham a renchéri sur celle de Noé, que vous ne connaissez pas, et celle de Noé est une réforme de celle d'Adam et d'Ève, que les Romains connaissent encore moins. Ainsi, Dieu a changé cinq fois sa religion universelle, sans que personne en sût rien, excepté autrefois les Juifs, et excepté nous aujourd'hui qui sommes substitués aux Juifs. Cette filiation aussi ancienne que la terre, le péché du premier homme racheté par le sang du Dieu hébreu[5], l'incarnation de ce Dieu prédite par tous les prophètes, sa mort figurée par tous les événements de l'histoire juive, ses miracles faits à la vue du monde entier, dans un coin de la Galilée, sa vie écrite hors de Jérusalem, cinquante ans après qu'il eut été supplicié à Jérusalem, le *logos* de Platon que nous avons iden-

1. vii, 14, 15. (Éd.)
2. Telle est la différence entre les chronologies de la Bible.
3. *Genèse*, XLIX, 9, 10. (Éd.) — 4. *Id., ibid.,* 11. (Éd.)
5. Le péché originel n'était point connu alors.

tifié avec Jésus, enfin les enfers dont nous menaçons quiconque ne croira pas en lui et en nous, tout ce grand tableau de vérités lumineuses démontre que l'empire romain nous sera soumis, et que le trône des Césars deviendra le trône de la religion chrétienne.

Le sénateur. — Cela pourrait arriver. La populace aime à être séduite; il y a toujours au moins cent gredins imbéciles et fanatiques contre un citoyen sage. Vous me parlez des miracles de votre Dieu : il est bien certain que si on se laisse infatuer de prophéties et de miracles joints au *logos* de Platon; si on fascine ainsi les yeux, les oreilles, et l'esprit des simples; si, à l'aide d'une métaphysique insensée, réputée divine, on échauffe l'imagination des hommes, toujours amoureux du merveilleux, certes on pourra parvenir un jour à bouleverser l'empire. Mais, dites-nous, quels sont les miracles de votre Juif-Dieu?

Le chrétien. — Le premier est que le diable l'emporta[1] sur une montagne; le second, qu'étant à une noce de paysans où tout le monde était ivre[2], et tout le vin ayant été bu, il changea en vin l'eau qu'il fit mettre dans des cruches; mais le plus beau de tous ses miracles est qu'il envoya deux diables[3] dans le corps de deux mille cochons qui allèrent se noyer dans un lac, quoiqu'il n'y eût point de cochons dans le pays.

XVI. Marc-Aurèle, ennuyé de ces choses divines, qui ne paraissaient que des bêtises à son esprit aveuglé, imposa silence au chrétien, qui aurait encore parlé longtemps. Il ordonna au Juif de s'expliquer, de lui dire en effet si la secte chrétienne était une branche de la judaïque, et ce qu'il pensait de l'une et de l'autre. Le Juif s'inclina profondément, puis leva les yeux au ciel, puis s'énonça en ces termes :

« Sacrée Majesté, je vous dirai d'abord que les Juifs sont bien éloignés de vouloir dominer comme les chrétiens. Nous n'avons pas l'audace de prétendre soumettre la terre à nos opinions; trop contents d'être tolérés, nous respectons tous vos usages, sans les adopter : on ne nous voit point porter la sédition dans vos villes et dans vos camps; nous n'avons coupé le prépuce à aucun Romain, tandis que les chrétiens les baptisent. Nous croyons à Moïse, mais nous n'exhortons aucun Romain à y croire : nous sommes (du moins à présent) aussi paisibles, aussi soumis que les chrétiens sont turbulents et factieux.

« Vous voyez les beaux miracles que nos ennemis cruels imputent à leur prétendu Dieu. S'il s'agissait ici de miracles, nous vous ferions voir d'abord un serpent[4] qui parle à notre bonne mère commune; une ânesse qui parle à un prophète idolâtre[5], et ce prophète, venu pour nous maudire, nous bénissant malgré lui; nous vous ferions voir un Moïse surpassant en prodiges tous les sorciers du roi d'Égypte, remplissant tout un pays de grenouilles et de poux, conduisant deux ou trois millions de Juifs à pied sec à travers la mer Rouge[6] à l'exemple

---

1. Matth., IV, 8; Luc, IV, 5. (ÉD.) — 2. Jean, II, 9. (ÉD.)
3. Matth., VIII, 32; Marc, V, 13. (ÉD.)
4. *Genèse*, III, 1. (ÉD.) — 5. *Nombres*, XXII, 28; et XXIII, 11. (ÉD.)
6. *Exode*, XIV, 16. (ÉD.)

de l'ancien Bacchus; je vous montrerais un Josué, qui fait tomber une pluie de pierres sur les habitants d'un village ennemi, à onze heures du matin, et arrêtant le soleil et la lune à midi, pour avoir le temps de tuer mieux ses ennemis qui étaient déjà morts. Vous m'avouerez, Sacrée Majesté, que les deux mille cochons dans lesquels Jésus envoie le diable sont bien peu de chose devant le soleil et la lune de Josué, et devant la mer Rouge de Moïse; mais je ne veux point insister sur nos anciens prodiges; je veux imiter la sagesse de notre historien Flavien Josèphe, qui, en rapportant ces miracles tels qu'ils sont écrits par nos prêtres, laisse au lecteur la liberté de s'en moquer.

« Je viens à la différence qui est entre nous et les sectaires chrétiens.

« Votre Sacrée Majesté saura que de tout temps il s'est élevé en Égypte et en Syrie des enthousiastes qui, sans être légalement autorisés, se sont avisés de parler au nom de la divinité : nous en avons eu beaucoup parmi nous, surtout dans nos calamités; mais assurément aucun d'eux n'a prédit et n'a pu prédire un homme tel que Jésus. Si par impossible ils avaient prophétisé touchant cet homme, ils auraient au moins annoncé son nom, et ce nom ne se trouve dans aucun de leurs écrits; ils auraient dit que Jésus devait naître d'une femme nommée Mirja, que les chrétiens prononcent ridiculement Maria; ils auraient dit que les Romains le feraient pendre à la sollicitation du sanhédrin. Les chrétiens répondent à cette objection puissante qu'alors les prophéties auraient été trop claires, et qu'il fallait que Dieu fût caché. Quelle réponse de charlatans et de fanatiques ! Quoi, si Dieu parle par la voix d'un prophète qu'il inspire, il ne parlera pas clairement ! Quoi, le Dieu de vérité ne s'expliquera que par les équivoques qui appartiennent au mensonge ! Cet énergumène imbécile, qui a parlé avant moi, a montré toute la turpitude de son système, en rapportant les prétendues prophéties que la secte chrétienne tâche de corrompre en faveur de Jésus par des interprétations absurdes. Les chrétiens cherchent partout des prophéties; ils poussent la démence jusqu'à trouver Jésus dans une églogue[1] de Virgile : ils ont voulu le trouver dans les vers des sibylles; et, n'en pouvant venir à bout, ils ont eu la hardiesse absurde d'en forger une en vers grecs acrostiches, qui pèchent même par la quantité : je la mets sous les yeux de Votre Sacrée Majesté. »

Le Juif, à ces mots, fouillant dans sa poche sale et grasse, en tira prédiction que saint Justin et d'autres avaient attribuée aux sibylles :

Avec cinq pains et deux poissons
Il nourrira cinq mille hommes au désert,
Et en ramassant les morceaux qui resteront
Il en remplira douze paniers.

XVII. Marc-Aurèle leva les épaules de pitié, et le Juif continua ainsi « Je ne dissimulerai point que, dans nos temps de calamité, nous avons

1. La quatrième. (Éd.)

attendu un libérateur. C'est la consolation de toutes les nations malheureuses, et surtout des peuples esclaves : nous avons toujours appelé *messie* quiconque nous a fait du bien, comme les mendiants appellent *domine*, monseigneur, ceux qui leur font quelque aumône; car nous ne devons pas ici faire les fiers : *Nec tanta superbia victis*[1]. Nous pouvons nous comparer à des gueux sans rougir.

« Nous voyons dans l'histoire de nos roitelets que le Dieu du ciel et de la terre envoya un prophète[2] pour élire Jéhu, hérétique, roitelet de Sichem; et même Hazael, roi de Syrie, tous deux messies du Très-Haut : notre grand prophète Isaïe, dans son seizième capitulaire, appelle Cyrus messie; notre grand prophète Ézéchiel, dans son vingt-huitième capitulaire, appelle messie et chérubin un roi de Tyr. Hérode, connu de Votre Majesté, a été appelé messie.

« Messie signifie oint. Les rois juifs étaient oints; Jésus n'a jamais été oint, et nous ne voyons pas pourquoi ses disciples lui donnent le nom d'oint, de messie. Il n'y a qu'un seul de leurs historiens qui lui donne ce titre de messie, d'oint; c'est Jean[3], ou celui qui a écrit un des cinquante Évangiles sous le nom de Jean : or cet Évangile n'a été écrit que plus de quatre-vingts ans après la mort de Jésus : jugez quelle foi on peut avoir à un pareil ouvrage.

« Jésus était un homme de la populace, qui voulut faire le prophète comme tant d'autres : mais jamais il ne prétendit établir une loi nouvelle. Ceux qui se sont avisés d'écrire sa vie, sous le nom de Matthieu, Marc, Luc et Jean, disent en cent endroits qu'il suivit la loi de Moïse. Il fut circoncis suivant cette loi; il allait au temple suivant cette loi. « Je suis venu, dit-il, pour accomplir la loi qui a été donnée par Moïse; « vous avez la loi et les prophètes. La loi de Moïse ne doit point être « détruite[4]. »

« Jésus n'était donc réellement qu'un de nos Juifs prêchant la loi juive. Il est dit, dans cette loi juive, qu'elle doit être éternelle. « N'y « ajoutez pas un seul mot, et n'en ôtez pas un seul[5]. »

« Il y a plus; nous voyons dans cette loi ces propres paroles : « S'il « s'élève au milieu de vous un prophète, ou quelqu'un qui dise avoir « eu des visions en songe, et qu'il prédise des signes et des prodiges, « et si ces signes et ces prodiges arrivent, et s'il vous dit : *Suivons de* « *nouveaux dieux*, que ce prophète soit puni de mort.... parce qu'il a « voulu vous détourner de la voie que le Seigneur Dieu vous a pres- « crite... Si votre frère ou le fils de votre mère, ou votre fils, ou votre « fille, ou votre femme, ou votre ami, que vous aimez comme votre âme, « vous dit : *Allons, servons d'autres dieux*, etc., tuez-le aussitôt, et que « tout le peuple le frappe après vous[6]. »

« Selon tous ces préceptes, dont je ne garantis pas la douceur, Jésus

---

1. Virgile, *Æn.*, I, 533. (ÉD.) — 2. *III Rois*, XIX, 15, 16. (ÉD.)
3. I, 41; et IV, 25. (ÉD.)
4. Jean, chap. XXIII. — L'Évangile de saint Jean n'a que XXI chapitres ; dans les chapitres VII, 19, et X, 35, on trouve le sens de ce que dit Voltaire. (*Remarque de M. Beuchot.*)
5. *Deutéron.*, chap. IV, 2. — 6. *Id.*, chap. XIII.

devait périr par le dernier supplice, s'il avait voulu changer quelque chose à la loi de Moïse. Mais si nous en voulons croire le propre témoignage de ceux qui ont écrit en sa faveur, nous verrons qu'il n'a été accusé devant les Romains que parce qu'il avait toujours insulté la magistrature et troublé l'ordre public. Ils disent [1] qu'il appelait continuellement les magistrats hypocrites, menteurs, calomniateurs, injustes, race de vipères, sépulcres blanchis.

« Or je demande quel est le Romain qu'on ne punirait pas, s'il allait tous les jours au pied du Capitole appeler les sénateurs sépulcres blanchis, race de vipères. On l'accusa d'avoir blasphémé [2], d'avoir battu des marchands dans le parvis du temple, d'avoir dit qu'il détruirait le temple, et qu'il le rebâtirait dans trois jours ; sottises qui ne méritaient que le fouet.

« On dit qu'il fut encore accusé de s'être appelé fils de Dieu ; mais les chrétiens ignorants, qui ont écrit son histoire, ne savent pas que, parmi nous, fils de Dieu signifie un homme de bien, comme fils de Bélial veut dire un méchant. Une équivoque a tout fait, et c'est à une pure logomachie que Jésus doit sa divinité. C'est ainsi que parmi ces chrétiens celui qui ose se dire évêque de Rome prétend être au-dessus des autres évêques, parce que Jésus lui dit un jour, à ce qu'on prétend : « Tu es Pierre [3], et sur cette pierre je bâtirai mon assemblée. »

« Certainement Jésus, malgré l'équivoque, ne songea jamais à se faire regarder comme fils de Dieu au pied de la lettre, ainsi qu'Alexandre, Bacchus, Persée, Romulus. L'Évangile attribué à Jean dit même positivement qu'il fut reconnu par Philippe et par Nathanael pour fils de Joseph, charpentier du village de Nazareth [4].

« D'autres chrétiens lui ont composé des généalogies ridicules et toutes contradictoires, sous le nom de Matthieu et de Luc : ils disent que Mirja ou Maria l'enfanta par l'opération d'un esprit, et en même temps ils donnent la généalogie de Joseph, son père putatif ; et ces deux généalogies sont absolument différentes dans les noms et dans le nombre de ses prétendus ancêtres : il est bien sûr, Sacrée Majesté, qu'une imposture si énorme et si ridicule aurait été pour jamais ensevelie dans la fange où le christianisme est né, si les chrétiens n'avaient pas rencontré dans Alexandrie des platoniciens dont ils ont emprunté quelques idées, et s'ils n'avaient appuyé leurs mystères par cette philosophie dominante ; c'est là ce qui les a fait réussir auprès de ceux qui se payent de grands mots et de chimères philosophiques.

« C'est avec je ne sais quelle trinité de Platon, avec je ne sais quels mystères emphatiques, touchant le verbe, qu'on en imposa à la multitude ignorante, avide de nouveautés. La morale de ces nouveaux venus n'est certainement pas meilleure que la vôtre et la nôtre ; elle est même pernicieuse. On fait dire à ce Jésus : « [5] qu'il est venu apporter la guerre, et non la paix ; [6] qu'il ne faut pas prier ses amis à dîner quand ils sont riches ; qu'il faut jeter dans un cachot celui qui n'aura pas une

---

1. Matth., XXIII. (ÉD.) — 2. Jean, II, 15, 20. (ÉD.) — 3. Matth., XVI, 18.(ÉD.)
4. Jean, chap. I, verset 45.
5. Matth., ch. X, v. 34. — 6. Luc, ch. XIV, v. 12.

belle robe au festin; qu'il faut contraindre les passants de venir à son festin, » et cent autres bêtises atroces de la même espèce.

« Comme les livres chrétiens se contredisent à chaque page, ils lui font dire aussi qu'il faut aimer son prochain, quoique ailleurs il prononce qu'il faut haïr son père et sa mère pour être digne de lui[1]; mais par une erreur inconcevable, on trouve dans l'Évangile attribué à Jean ces propres paroles : « Je fais un commandement nouveau [2], « c'est de vous aimer les uns les autres. » Comment peut-il donner l'épithète de nouveau à ce commandement, puisque ce précepte est de toutes les religions, et qu'il est expressément énoncé dans la nôtre en termes infiniment plus forts : « Tu aimeras ton prochain comme « toi-même [3] ? »

« Vous voyez, magnanime empereur, comme, dans les choses les plus raisonnables, les chrétiens introduisent l'imposture et le déraisonnement. Ils couvrent toutes leurs innovations des voiles du mystère et des apparences de la sanctification. On les voit courir de ville en ville, de bourgade en bourgade, ameuter les femmes et les filles; ils leur prêchent la fin du monde. Selon eux, le monde va finir; leur Jésus a prédit que dans la génération où il vivait [4] la terre serait détruite, et qu'il viendrait dans les nuées avec une grande puissance et une grande majesté. L'apostat Saul l'a prédit de même; il a écrit aux fanatiques de Thessalonique [5] qu'ils iraient avec lui dans les airs au-devant de Jésus.

« Cependant le monde dure encore; mais les chrétiens en attendent toujours la fin prochaine; ils voient déjà de nouveaux cieux et une nouvelle terre se former : deux insensés, nommés Justin et Tertullien, ont déjà vu de leurs yeux, pendant quarante nuits [6], la nouvelle Jérusalem, dont les murailles, disent-ils, avaient cinq cents lieues de tour, et dans laquelle les chrétiens doivent habiter pendant mille ans, et boire d'excellent vin d'une vigne dont chaque cep produira dix mille grappes, et chaque grappe dix mille raisins.

« Que Votre Majesté ne s'étonne point s'ils détestent Rome et votre empire, puisqu'ils ne comptent que sur leur nouvelle Jérusalem. Ils se font un devoir de ne jamais faire de réjouissance publique pour vos victoires; ils ne couronnent point de fleurs leurs portiques, ils disent que c'est une idolâtrie. Nous, au contraire, nous n'y manquons jamais. Vous avez daigné même recevoir nos présents; nous sommes des vaincus fidèles, et ils sont des sujets factieux. Daignez juger entre eux et nous. »

L'empereur alors se tourna vers le sénateur, et lui dit : Je juge qu'ils sont également insensés; mais l'empire n'a rien à craindre des Juifs, et il a tout à redouter des chrétiens. » Marc-Aurèle ne se trompa point dans sa conjecture.

XVIII. On sait assez comment les chrétiens, s'étant prodigieusement

1. Luc, Chap. XIV, v. 26.—2. Jean, chap. XIII, verset 34.—3. Lévit., chap. XIX
4. Luc, chap. XXI, verset 27.— 5. Thessal., IV, 17. (ÉD.) — 6. Voyez Irénée

enrichis par le commerce pendant près de trois cents années, prêtèrent de l'argent à Constance Chlore, et à Constance, fils de ce Constance et d'Hélène, sa concubine. Ce ne fut pas certainement par piété qu'un monstre tel que Constantin, souillé du sang de son beau-père, de son beau-frère, de son neveu, de son fils, et de sa femme, embrassa le christianisme. L'empire dès lors pencha visiblement vers sa ruine.

Constantin commença d'abord par établir la liberté de toutes les religions, et aussitôt les chrétiens en abusèrent étrangement. Quiconque a un peu lu sait qu'ils assassinèrent le jeune Candidien, fils de l'empereur Galérius, et l'espérance des Romains; qu'ils massacrèrent un fils de l'empereur Maximin presque au berceau, et sa fille âgée de sept ans; qu'ils noyèrent leur mère dans l'Oronte; qu'ils poursuivirent d'Antioche à Thessalonique l'impératrice Valéria, veuve de Galérius; qu'ils hachèrent son corps en pièces, et jetèrent ses membres sanglants dans la mer.

C'est ainsi que ces doux chrétiens se préparèrent au grand concile de Nicée; c'est par ces saints exploits qu'ils engagèrent le Saint-Esprit à décider, au milieu des factions, que Jésus était *omoúsios* à Dieu, et non pas *omoioúsios*, chose très-importante à l'empire romain. C'est dans la dernière partie des actes de ce concile de discorde qu'on lit le miracle opéré par le Saint-Esprit pour distinguer les livres *canoniques* des livres nommés *apocryphes*. On les met tous sur une table, et les apocryphes tombent tous à terre.

Plût à Dieu qu'il ne fût resté sur la table que ceux qui recommandent la paix, la charité universelle, la tolérance et l'aversion pour toutes ces disputes absurdes et cruelles qui ont désolé l'Orient et l'Occident! Mais de tels livres, il n'y en avait point.

XIX. L'esprit de contention, d'irrésolution, de division, de querelle, avait présidé au berceau de l'Église. Paul, ce persécuteur des premiers chrétiens, que son dépit contre Gamaliel son maître avait rendu chrétien lui-même; ce fougueux Paul, assassin d'Étienne, avait fait éclater l'insolence de son caractère contre Simon Barjone. Immédiatement après cette querelle, les disciples de Jésus, qui ne s'appelaient pas encore chrétiens, se divisèrent en deux partis, l'un nommé les pauvres, l'autre les nazaréens. Les pauvres, c'est-à-dire les ébionites, étaient demi-juifs, ainsi que leurs adversaires; ils voulaient retenir la loi mosaïque; les nazaréens, nommés ainsi de Jésus, originaire de Nazareth, ne voulurent point de l'*Ancien Testament*; ils ne le regardèrent que comme une figure du nouveau, une prophétie continuelle touchant Jésus, un mystère qui annonçait un nouveau mystère: cette doctrine, étant beaucoup plus merveilleuse que l'autre, l'emporta à la fin; et les ébionites se confondirent avec les nazaréens.

Parmi ces chrétiens, chaque ville syrienne, égyptienne, grecque, romaine, eut sa secte qui différait des autres. Cette division dura jusqu'à Constantin: et au temps du grand concile de Nicée, tous ces petits partis furent étouffés par les deux grandes sectes des omoioúsiens et des omoúsiens, les premiers tenant pour Arius et Eusèbe, les seconds pour Alexandre et Athanase ; et c'était le procès de l'ombre de l'âne ; personne n'y comprenait rien. Constantin lui-même avait senti le ridicule de la dispute, et avait écrit aux deux partis « qu'il était honteux de se quereller pour un sujet si frivole. » Plus la dispute était absurde, plus elle devint sanglante ; une diphthongue de plus ou de moins ravagea l'empire romain trois cents années.

XX. Dès le IVe siècle, l'Église d'Orient commence à se séparer de celle d'Occident : tous les évêques orientaux assemblés à Philippopoli, en 342, excommunient l'évêque de Rome, Jules. Et la haine qui a été depuis irréconciliable entre les prêtres chrétiens qui parlent grec et les prêtres chrétiens qui parlent latin, commence à éclater. On oppose partout concile à concile, et le Saint-Esprit, qui les inspire, ne peut empêcher que quelquefois les Pères ne se battent à coups de bâton. Le sang coule de tous côtés sous les enfants de Constantin, qui étaient des monstres de cruauté comme leur père. L'empereur Julien le Philosophe, ne peut arrêter les fureurs des chrétiens. On devrait avoir continuellement sous les yeux la cinquante-deuxième lettre de ce grand empereur :

« Sous mon prédécesseur, plusieurs chrétiens ont été chassés, emprisonnés, persécutés ; on a égorgé une grande multitude de ceux qu'on nomme hérétiques, à Samosate en Paphlagonie, en Bithynie, en Galatie, en plusieurs autres provinces ; on a pillé, on a ruiné des villes. Sous mon règne, au contraire, les bannis ont été rappelés, les biens confisqués ont été rendus. Cependant ils sont venus à ce point de fureur, qu'ils se plaignent de ce qu'il ne leur est plus permis d'être cruels, et de se tyranniser les uns les autres. »

XXI. On sait assez que l'impitoyable Théodose, soldat espagnol parvenu à l'empire, cruel comme Sylla et dissimulé comme Tibère, feignit d'abord de pardonner au peuple de Thessalonique, ville où il avait reçu le baptême. Ce peuple était coupable d'une sédition arrivée en 390 dans les jeux du cirque. Mais au bout de six mois, après avoir promis de tout oublier, il invita le peuple à de nouveaux jeux ; et dès que le cirque fut rempli, il le fit entourer de soldats, avec ordre de massacrer tous les spectateurs, sans pardonner à un seul. On ne croit pas qu'il y ait jamais eu sur la terre une action si abominable. Cette horreur de sang-froid, qui n'est que trop vraie, ne paraît pas être dans la nature humaine : mais ce qui est plus contraire encore à la nature, c'est que des soldats aient obéi, et que, pour une solde modique, ces monstres aient égorgé quinze mille personnes sans défense, vieillards, femmes et enfants.

Quelques auteurs, pour excuser Théodose, disent qu'il n'y eut que sept mille hommes de massacrés ; mais il est aussi permis d'en compter vingt mille que de réduire le nombre à sept. Certes il eût mieux valu que ces soldats eussent tué l'empereur Théodose, comme ils en avaient tué tant d'autres, que d'égorger quinze mille de leurs compatriotes. Le peuple romain n'avait point élu cet Espagnol pour qu'il le massacrât à son plaisir. Tout l'empire fut indigné contre lui et contre son ministre Rufin, principal instrument de cette boucherie. Il craignit que quelque nouveau concurrent ne saisît cette occasion pour lui arracher l'empire; il courut soudain en Italie, où l'horreur de son crime soulevait tous les esprits contre lui ; et pour les apaiser, il s'abstint pendant quelque temps d'entrer dans l'église de Milan. Ne voilà-t-il pas une plaisante réparation! expie-t-on le sang de ses sujets en n'allant point à la messe? Toutes les histoires ecclésiastiques, toutes les déclamations sur l'autorité de l'Église, célèbrent la pénitence de Théodose; et tous les précepteurs des princes catholiques proposent encore aujourd'hui pour modèles à leurs élèves les empereurs Théodose et Constantin, c'est-à-dire les deux plus sanguinaires tyrans qui aient souillé le trône des Titus, des Trajan, des Marc-Aurèle, des Alexandre Sévère, et du philosophe Julien, qui ne sut jamais que combattre et pardonner.

XXII. C'est sous l'empire de ce Théodose qu'un autre tyran, nommé Maxime, pour engager dans son parti les évêques espagnols, leur accorde, en 383, le sang de Priscillien et de ses adhérents, que ces évêques poursuivaient comme hérétiques. Quelle était l'hérésie de ces pauvres gens? on n'en sait que ce que leurs ennemis leur reprochaient. Ils n'étaient pas de l'avis des autres évêques; et sur cela seul, deux prélats députés par les autres vont à Trèves, où était l'empereur Maxime; ils font donner la question, en leur présence, à Priscillien et à sept prêtres, et les font périr par la main des bourreaux.

Depuis ce temps la loi s'établit dans l'Église chrétienne, que le crime horrible de n'être pas de l'avis des évêques les plus puissants serait puni par la mort; et comme l'hérésie fut jugée le plus grand des crimes, l'Église, qui abhorre le sang, livra bientôt tous les coupables aux flammes. La raison en est évidente : il est certain qu'un homme qui n'est pas de l'avis de l'évêque de Rome est brûlé éternellement dans l'autre monde : Dieu est juste, l'Église de Dieu doit être juste comme lui; elle doit donc brûler dans ce monde les corps que Dieu brûle ensuite dans l'autre; c'est une démonstration de théologie.

XXIII. C'est encore sous le règne de Théodose, en 415, que cinq cents moines, brûlants d'un divin zèle, sont appelés par saint Cyrille, pour venir égorger dans Alexandrie tous ceux qui ne croient pas en notre Seigneur Jésus. Ils soulèvent le peuple; ils blessent à coups de pierres le gouverneur, qui était assez insolent pour vouloir contenir leur saint emportement. Il y avait alors dans Alexandrie une fille nommée Hypatie, qu'on regardait comme un prodige de la nature. Le philosophe Théon, son père, lui avait enseigné les sciences; elle les professait à l'âge de vingt-huit ans; et les historiens, même chrétiens, disent que des talents si rares étaient relevés par une extrême beauté jointe à la plus grande modestie : mais elle était de l'ancienne religion égyptienne. Oreste, gouverneur d'Alexandrie, la protégeait; c'en est assez. Saint Cyrille envoie un de ses sous-diacres, nommé Pierre, à la tête des moines et des autres factieux, à la maison d'Hypatie; ils brisent les portes; ils la cherchent dans tous les recoins où elle peut être cachée; ne la trouvant point, ils mettent le feu à la maison : elle s'échappe, on la saisit, on la traîne dans l'église nommée la Césarée, on la dépouille nue : les charmes de son corps attendrissent quelques-uns de ces tigres; mais les autres, considérant qu'elle ne croit pas en Jésus-Christ, l'assomment à coups de pierres, la déchirent, et traînent son corps par la ville.

Quel contraste s'offre ici aux lecteurs attentifs! Cette Hypatie avait enseigné la géométrie et la philosophie platonicienne à un homme riche, nommé Synesius, qui n'était pas encore baptisé; les évêques égyptiens voulurent absolument avoir Synesius le riche pour collègue, et lui firent conférer l'évêché de Ptolémaïde. Il leur déclara que s'il était évêque, il ne se séparerait point de sa femme, quoique cette séparation fût ordonnée depuis quelque temps aux prélats; qu'il ne voulait pas renoncer au plaisir de la chasse, qui était défendue aussi; qu'il n'enseignerait jamais des mystères qui choquent le bon sens; qu'il ne pouvait croire que l'âme fût produite après le corps; que la résurrection et plusieurs autres doctrines des chrétiens lui paraissaient des chimères; qu'il ne s'élèverait pas publiquement contre elles, mais que jamais il ne les professerait; que si on voulait le faire évêque à ce prix, il ne savait pas même encore s'il daignerait y consentir.

Les évêques persistèrent : on le baptisa, on le fit diacre, prêtre, évêque; il concilia sa vertu avec son ministère; c'est un des faits les plus avérés de l'histoire ecclésiastique. Voilà donc un platonicien, un théiste, un ennemi des dogmes chrétiens, évêque avec l'approbation de tous ses collègues, et ce fut le meilleur des évêques; tandis qu'Hypatie est pieusement assassinée dans l'église, par les ordres ou du moins par la connivence d'un évêque d'Alexandrie décoré du nom de saint. Lecteur, réfléchissez et jugez : et vous, évêques, tâchez d'imiter Synesius.

XXIV. Pour peu qu'on lise l'histoire, on voit qu'il n'y a pas un seul jour où les dogmes chrétiens n'aient fait verser le sang, soit en Afrique, soit dans l'Asie Mineure, soit dans la Syrie, soit en Grèce, soit dans les autres provinces de l'empire. Et les chrétiens n'ont cessé de s'égorger en Afrique et en Asie que quand les musulmans, leurs vainqueurs, les ont désarmés et ont arrêté leurs fureurs.

Mais à Constantinople, et dans le reste des États chrétiens, l'ancienne rage prit de nouvelles forces. Personne n'ignore ce que la querelle sur le culte des images a coûté à l'empire romain. Quel esprit n'est pas indigné, quel cœur n'est pas soulevé, quand on voit deux siècles de massacres pour établir un culte de dulie à l'image de sainte Potamienne et de sainte Ursule? Qui ne sait que les chrétiens, dans les trois premiers siècles, s'étaient fait un devoir de n'avoir jamais d'images? Si quelque chrétien avait alors osé placer un tableau, une statue dans une église, il aurait été chassé de l'assemblée comme un idolâtre. Ceux qui voulurent rappeler ces premiers temps ont été regardés longtemps comme d'infâmes hérétiques : on les appelait *iconoclastes*; et cette sanglante querelle a fait perdre l'Occident aux empereurs de Constantinople.

XXV. Ne répétons point ici par quels degrés sanglants les évêques de Rome se sont élevés, comment ils sont parvenus jusqu'à l'insolence de fouler les rois à leurs pieds, et jusqu'au ridicule d'être infaillibles. Ne redisons point comment ils ont donné tous les trônes de l'Occident, et ravi l'argent de tous les peuples ; ne parlons point de vingt-sept schismes sanglants de papes contre papes qui se disputaient nos dépouilles. Ces temps d'horreurs et d'opprobres ne sont que trop connus. On a dit assez que l'histoire de l'Église est l'histoire des folies et des crimes.

XXVI. « Omnia jam vulgata. »
Virg., *Georg.*, lib. III, v. 4.

Il faudrait que chacun eût au chevet de son lit un cadre, où fussent écrits en grosses lettres : « Croisades sanglantes contre les habitants de la Prusse et contre le Languedoc ; massacres de Mérindol ; massacres en Allemagne et en France au sujet de la réforme ; massacres de la Saint-Barthélemy ; massacres d'Irlande ; massacres des vallées de Savoie ; massacres juridiques ; massacres de l'inquisition ; emprisonnements, exils sans nombre pour des disputes sur l'ombre de l'âne. »

On jetterait tous les matins un œil d'horreur sur ce catalogue de crimes religieux, et on dirait pour prière : « Mon Dieu, délivrez-nous du fanatisme. »

XXVII. Pour obtenir cette grâce de la miséricorde divine, il est nécessaire de détruire, chez tous les hommes qui ont de la probité et quelques lumières, les dogmes absurdes et funestes qui ont produit tant de cruautés. Oui, parmi ces dogmes il en est peut-être qui offensent la Divinité autant qu'ils pervertissent l'humanité.

Pour en juger sainement, que quiconque n'a pas abjuré le sens commun se mette seulement à la place des théologiens qui combattirent ces dogmes avant qu'ils fussent reçus ; car il n'y a pas une seule opinion théologique qui n'ait eu longtemps et qui n'ait encore des adversaires : pesons les raisons de ces adversaires ; voyons comment ce qu'on croyait autrefois un blasphème est devenu un article de foi. Quoi ! le Saint-Esprit ne procédait pas hier, et aujourd'hui il procède ! Quoi ! avant-hier Jésus n'avait qu'une nature et une volonté, et aujourd'hui il en a deux ! Quoi ! la cène était une commémoration, et aujourd'hui !... n'achevons pas de peur d'effrayer par nos paroles plusieurs provinces de l'Europe. Eh ! mes amis, qu'importe que tous ces mystères soient vrais ou faux ? quel rapport peuvent-ils avoir avec le genre humain, avec la vertu ? est-on plus honnête homme à Rome qu'à Copenhague ? fait-on plus de bien aux hommes en croyant manger Dieu en chair et en os qu'en croyant le manger par la foi ?

XXVIII. Nous supplions le lecteur attentif, sage et homme de bien, de considérer la différence infinie qui est entre les dogmes et la vertu. Il est démontré que, si un dogme n'est pas nécessaire en tout lieu et en tout temps, il n'est nécessaire ni en aucun temps ni en aucun lieu. Or certainement les dogmes qui enseignent que l'Esprit procède du

Père et du Fils n'ont été admis dans l'Église latine qu'au huitième siècle, et jamais dans l'Église grecque. Jésus n'a été déclaré consubstantiel à Dieu qu'en 325 ; la descente de Jésus aux enfers n'est que du siècle cinquième ; il n'a été décidé qu'au sixième que Jésus avait deux natures, deux volontés, et une personne : la transsubstantiation, n'a été admise qu'au douzième.

Chaque Église a encore aujourd'hui des opinions différentes sur tous ces principaux dogmes métaphysiques : ils ne sont donc pas absolument nécessaires à l'homme. Quel est le monstre qui osera dire de sang-froid qu'on sera brûlé éternellement pour avoir pensé à Moscou d'une manière opposée à celle dont on pense à Rome ? quel imbécile osera affirmer que ceux qui n'ont pas connu nos dogmes il y a seize cents ans seront à jamais punis d'être nés avant nous ? Il n'en est pas de même de l'adoration d'un Dieu, de l'accomplissement de nos devoirs.

Voilà ce qui est nécessaire en tout lieu et en tout temps. Il y a donc l'infini entre le dogme et la vertu.

Un Dieu adoré de cœur et de bouche, et tous les devoirs remplis, font de l'univers un temple, et des frères de tous les hommes. Les dogmes font du monde un antre de chicane, et un théâtre de carnage. Les dogmes n'ont été inventés que par des fanatiques et des fourbes : la morale vient de Dieu.

XXIX. Les biens immenses que l'Église a ravis à la société humaine sont le fruit de la chicane du dogme ; chaque article de foi a valu des trésors, et c'est pour les conserver qu'on a fait couler le sang. Le purgatoire des morts a fait seul cent mille morts : qu'on me montre, dans l'histoire du monde entier une seule querelle sur cette profession de foi : « J'adore Dieu, et je dois être bienfaisant ! »

XXX. Tout le monde sent la force de ces vérités. Il faut donc les annoncer hautement ; il faut ramener les hommes, autant qu'on le peut, à la religion primitive, à la religion que les chrétiens eux-mêmes confessent avoir été celle du genre humain du temps de leur Chaldéen ou de leur Indien Abraham ; du temps de leur prétendu Noé, dont aucune nation, hors les Juifs, n'entendit jamais parler ; du temps de leur prête du Enoch, encore plus inconnu. Si, dans ces époques, la religion était la vraie, elle l'est donc aujourd'hui. Dieu ne peut changer ; l'idée contraire est un blasphème.

XXXI. Il est évident que la religion chrétienne est un filet dans lequel les fripons ont enveloppé les sots pendant plus de dix-sept siècles, et un poignard dont les fanatiques ont égorgé leurs frères pendant plus de quatorze.

XXXII. Le seul moyen de rendre la paix aux hommes est donc de détruire tous les dogmes qui les divisent, et de rétablir la vérité qui les réunit ; c'est donc là en effet la paix perpétuelle. Cette paix n'est point une chimère ; elle subsiste chez tous les honnêtes gens, depuis la Chine jusqu'à Québec ; vingt princes de l'Europe l'ont embrassée assez publiquement ; il n'y a plus que les imbéciles qui s'imaginent croire les dogmes : ces imbéciles sont en grand nombre, il est vrai ; mais le petit nombre qui pense, conduit le grand nombre avec le temps. L'idole tombe, et la tolérance universelle s'élève chaque jour sur ses débris : les persécuteurs sont en horreur au genre humain.

Que tout homme juste travaille donc, chacun selon son pouvoir, à écraser le fanatisme, et à ramener la paix que ce monstre avait bannie des royaumes, des familles, et du cœur des malheureux mortels. Que tout père de famille exhorte ses enfants à n'obéir qu'aux lois, et à n'adorer que Dieu.

FIN DU VINGT-HUITIÈME VOLUME.

TABLE.

MÉLANGES. (SUITE.)

	Pages.
LES DROITS DES HOMMES ET LES USURPATIONS DES PAPES............	1
LES COLIMAÇONS DU R. P. L'ESCARBOTIER par la grâce de Dieu capucin indigne, prédicateur ordinaire et cuisinier du grand couvent de la ville de Clermont en Auvergne, AU R. P. ÉLIE, carme chaussé, docteur en théologie. 1768...........................	15
HOMÉLIE DU PASTEUR BOURN, prêchée à Londres le jour de la Pentecôte 1768	26
LE PYRRHONISME DE L'HISTOIRE, par un bachelier en théologie. 1768.	31
INSTRUCTION DU GARDIEN DES CAPUCINS DE RAGUSE, A FRÈRE PÉDICULOSO partant pour la Terre-Sainte................................	79
L'A, B, C, OU DIALOGUES ENTRE A, B, C, traduit de l'anglais de M. Huet. 1769. — *Premier Entretien.* Sur Hobbes, Grotius et Montesquieu..	85
Second Entretien. Sur l'âme..	97
Troisième Entretien. Si l'homme est né méchant et enfant du diable.	99
Quatrième Entretien. De la loi naturelle, et de la curiosité.......	105
Cinquième Entretien. Des manières de perdre et de garder sa liberté, et de la théocratie...	108
Sixième Entretien. Des trois gouvernements, et mille erreurs anciennes...	111
Septième Entretien. Que l'Europe moderne vaut mieux que l'Europe ancienne...	114
Huitième Entretien. Des serfs de corps...............................	116
Neuvième Entretien. Des esprits serfs................................	119
Dixième Entretien. Sur la religion.................................	121
Onzième Entretien. Du droit de la guerre............................	125
Douzième Entretien. Du code de la perfidie..........................	131
Treizième Entretien. Des lois fondamentales......................	133
Quatorzième Entretien. Que tout État doit être indépendant.......	135
Quinzième Entretien. De la meilleure législation.................	137
Seizième Entretien. Des abus......................................	139
Dix-septième Entretien. Sur des choses curieuses..................	140
LETTRE ANONYME écrite à M. de Voltaire, et la RÉPONSE. 1769.....	147
CANONISATION DE SAINT CUCUFIN....................................	159
LETTRES A M. L'ABBÉ FOUCHER, de l'Académie des belles-lettres. 1769.	167
DISCOURS DE L'EMPEREUR JULIEN CONTRE LES CHRÉTIENS, traduit par M. le marquis d'Argens ; avec de nouvelles notes de divers auteurs. 1769.	172
CINQUIÈME HOMÉLIE, prononcée à Londres, dans une assemblée particulière, le jour de Pâques 1769....................................	224
LE CRI DES NATIONS. 1769...	230
Des annates, 231. — Des dispenses, 231. — De la bulle *In cœna Domini*, 232. — Des juges délégués par Rome, 232. — Quelle peut	

être la cause de toutes ces prétentions, 232. — Fraudes dont on s'est appuyé pour autoriser une domination injuste, 233. — De l'indépendance des souverains, 234. — Des royaumes donnés par les papes, 234. — Nouvelles preuves du droit de disposer de tous les royaumes, prétendu par les papes............................... 232

COLLECTION D'ANCIENS ÉVANGILES, OU MONUMENTS DU PREMIER SIÈCLE DU CHRISTIANISME, extraits de Fabricius, Grabius, et autres savants, par l'abbé B***. 1769... 239
LETTRE A L'ÉVÊQUE D'ANNECY. 1768.. 331
LETTRE A L'ÉVÊQUE D'ANNECY. 1769.. 331
PROCÈS DE CLAUSTRE. 1769... 335
TOUT EN DIEU, commentaire sur Malebranche, par l'abbé de Tilladet. 1769.. 347
DE LA PAIX PERPÉTUELLE, par le docteur Goodheart. Traduction de M. Chambon. 1769.. 355

FIN DE LA TABLE DU VINGT-HUITIÈME VOLUME

Coulommiers. — Imp. PAUL BRODARD.

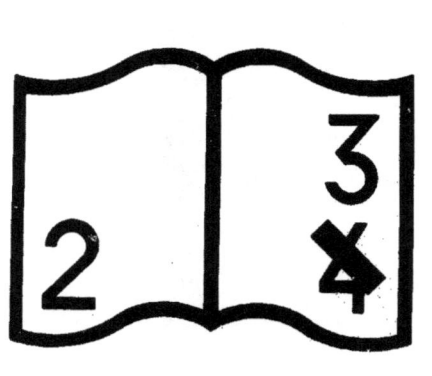

Lire page 378 au lieu de 574

RAPPORT = 15

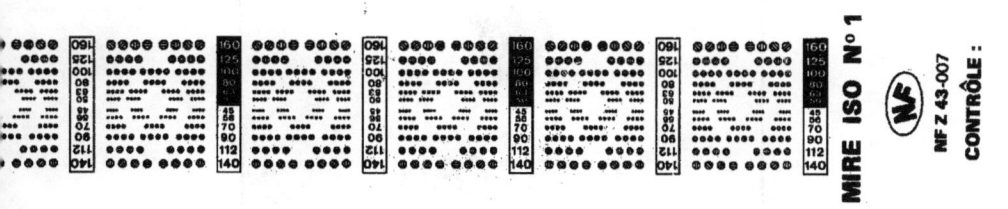

BIBLIOTHÈQUE
NATIONALE

CHÂTEAU
de
SABLÉ
1981

www.ingramcontent.com/pod-product-compliance
Lightning Source LLC
Chambersburg PA
CBHW070432170426
43201CB00010B/1060